中长期青年发展规划解读与研究

姚建龙 主编

常怡蓉 郗培植 副主编

中国政法大学出版社

2018·北京

声　　明	1. 版权所有，侵权必究。
	2. 如有缺页、倒装问题，由出版社负责退换。

图书在版编目（ＣＩＰ）数据

中长期青年发展规划解读与研究/姚建龙主编.—北京：中国政法大学出版社，2018.1
ISBN 978-7-5620-8067-1

Ⅰ.①中… Ⅱ.①姚… Ⅲ.①青年工作－规划－研究－中国－2016-2025 Ⅳ.①D432.6

中国版本图书馆CIP数据核字(2018)第016585号

出 版 者	中国政法大学出版社
地　　址	北京市海淀区西土城路25号
邮寄地址	北京100088 信箱8034 分箱　邮编100088
网　　址	http://www.cuplpress.com（网络实名：中国政法大学出版社）
电　　话	010-58908586(编辑部) 58908334(邮购部)
编辑邮箱	zhengfadch@126.com
承　　印	北京九州迅驰传媒文化有限公司
开　　本	720mm×960mm　1/16
印　　张	24
字　　数	540千字
版　　次	2018年1月第1版
印　　次	2018年1月第1次印刷
定　　价	79.00元

主编简介

姚建龙，上海政法学院刑事司法学院院长、教授、博士生导师，《预防青少年犯罪研究》杂志副主编，团中央权益部副部长、规划办副主任、全国学联副秘书长（挂职），全国青联委员兼法律界别工作委员会副秘书长。

曾为重庆市劳教戒毒所管教民警、上海市长宁区人民检察院副检察长、华东政法大学副教授（2006年破格聘任）、教授（2009年破格聘任）、《青少年犯罪问题》杂志主编、北京师范大学刑事法律科学研究院博士后等。

主要学术任职有中国行为法学会越轨预防与矫治研究会副会长、中国预防青少年犯罪研究会常务理事、中国犯罪学学会常务理事、中国刑事诉讼法学研究会理事、上海市法学会未成年人法研究会会长兼禁毒法研究会会长等。华东政法大学、复旦大学、中国政法大学、南京大学等十余所高校兼职教授、博导、硕导、特邀研究员。

受聘为中央综治委预防青少年违法犯罪专项组、最高人民检察院、国务院妇儿工委办、共青团中央等相关领域咨询专家、顾问，以及北京、上海、江苏、广东、山东、河北、福建等十余省市公、检、法、教育、共青团、妇联等部门咨询专家。

已出版个人专著七部、法律童话一部、散文及诗集一部、随笔两部，主编、副主编、合著、校勘著作二十余部，发表论文百余篇，主持国家社科基金项目、司法部项目、中国博士后科研基金项目、上海市哲社项目、上海市曙光项目等多项国家级、省部级课题。科研成果获首届"全国刑法学优秀学术著作奖（1984~2014年）"一等奖、中国犯罪学学会"五年优秀犯罪学科研成果奖"论文类一等奖、中国青少年研究会优秀论文一等奖、钱端升法学成果奖、第三届上海市法学优秀成果奖等。

入选中国哲学社会科学最有影响力学者排行榜（2017年）、中国被引次数超过百次刑法学科青年学者（45岁以下）第八位（2017年），获全国未成年人思想道德建设先进工作者（第四届）、上海市十大杰出青年（第十八届）、上海市优秀中青年法学家（第五届）、上海市杰出青年岗位能手（第十二届）、上海市禁毒先进工作者、上海市曙光学者、上海市教学成果一等奖（合作）等荣誉。

前言

2017年4月,中共中央、国务院印发了《中长期青年发展规划(2016~2025年)》(简称《规划》),这是新中国历史上第一个专门针对青年发展的规划,充分体现了党和国家对青年的关爱、对青年发展的重视,是我国青年发展史上里程碑式的事件。

《规划》的出台经历了地方规划先行的过程。2000年,山东省烟台市委、市政府在"五四"前夕颁布了我国第一个青年发展规划——《烟台市青少年事业发展纲要(2000~2005年)》,此后上海、北京、重庆、山西、浙江、江苏、湖南、江西等省级单位以及西安、武汉、南宁、海西州、扬州、阳泉、丽水、上海各区县等地市级单位在"十一五""十二五""十三五"期间也先后编制和实施了青年发展规划。[1] 在党中央书记处指导下,2015年5月国家规划的起草工作正式启动,并指定共青团中央牵头,共35家中央部委参与,前后历时近两年才完成正式颁布。

2017年10月18日,习近平总书记在党的十九大报告中满怀深情地指出:"青年兴则国家兴,青年强则国家强。青年一代有理想、有本领、有担当,国家就有前途,民族就有希望。中国梦是历史的、现实的,也是未来的;是我们这一代的,更是青年一代的。中华民族伟大复兴的中国梦终将在一代代青年的接力奋斗中变为现实。全党要关心和爱护青年,为他们实现人生出彩搭建舞台。广大青年要坚定理想信念,志存高远,脚踏实地,勇做时代的弄潮儿,在实现中国梦的生动实践中放飞青春梦想,在为人民利益的不懈奋斗中书写人生华章!"

对于如何让青年兴、青年强,总书记提出了"全党要关心和爱护青年,为他们实现人生出彩搭建舞台"的要求,并且早在2017年4月,就由中共中央、国务院印发了《中长期青年发展规划(2016~2025年)》,要求各地区、各部门结合实际认真贯彻落实。《规划》是习近平新时代中国特色社会主义思想的体现,也是"党和政府在青年工作领域从理念到实践的一次深化与创新,是推进国家治理能力和治理体系现代化的战

---

[1] 参见刘俊彦:"三大维度看规划",载《中国青年报》2017年4月24日。

略选择"。[1]各地区、各部门应当从"青年兴则国家兴,青年强则国家强"的高度来认识贯彻落实这一《规划》的重大意义和价值,因为只有青年发展得好,才有青年兴和青年强。

布朗芬·布伦纳的生态系统理论（ecological systems theory）认为,发展是不断变化的人与环境互动的产物;发展个体嵌套于影响的一系列环境系统之中,在这些系统中,系统与个体相互作用并影响着个体相互的发展。《规划》聚焦当前青年成长发展迫切需要关注的核心权益,从思想道德、教育、健康、婚恋、就业创业、文化、社会融入与社会参与、权益保护、预防犯罪、社会保障等10个领域,分别提出了具体发展目标,并且针对每个领域青年发展的突出问题有针对性和有重点地提出了发展措施,其目标是致力于为青年发展创造良好的政策、社会、法律等发展环境,培养有理想、有本领、有担当的青年。

尽管《规划》是由共青团中央牵头,但却是在党中央的直接指导下由35家中央部委共同制定的。就《规划》的实施机制而言,也明确是在党中央统一领导下,设立推动规划落实的部际联席会议机制,共青团中央具体承担协调、督促职责;县级以上党委和政府建立青年工作联席会议机制,负责推动规划在本地区的落实,协调解决规划落实中的问题,县级以上团委具体承担协调、督促职责。值得注意的是,《规划》虽然是由共青团牵头制定并具体承担协调、督促职责,但绝不能将规划的制定与实施理解为仅仅是共青团的职责,而应当确立这是中央规划、国家规划、国家行为的正确观念,避免认识和理解的误区。与此同时,《规划》的出台和实施也为共青团改革提出了更高的要求,能否在这一中央规划、国家规划的实施中履行好协调、督促职责,是对共青团改革的一大挑战。

《规划》的实施具有专业性、长期性、多部门协同性等特征,这些都是传统共青团组织与工作的薄弱点,这也为如何进一步推进共青团改革明晰了方向、提出了更高的要求。作为新中国第一个青年发展规划,这一由党中央、国务院制定和颁布的《规划》的出台在某种意义上标志着青年事务正式成为党和政府关注的"专门事务"类型。习近平总书记在党的十九大报告中提出"在省市县对职能相近的党政机关探索合并设立或合署办公",党的群团组织也应认真思考如何贯彻这一要求。

党的政策是法律的渊源与来源,法律是党的政策的转化与固化。从长远来看,如何将党的政策转化为法律,也是一个需要认真对待和思考的议题。在我国现行法律体系中,尚只有未成年人法律类型,还没有青年法的概念和门类。和我国不同的是,很多国家除了少年法、儿童法之外,还制定有专门的青年法。加强对青年法的理论研究,推动青年立法的进程,早日制定出台青年法,也是贯彻实施《规划》的必然要求。

---

[1] 参见:"筑牢青年发展之基础——解读《中长期青年发展规划（2016~2025年）》",载《中国青年报》2017年4月24日。

目 录

前 言 ………………………………………………………………………… 1

第一章 《规划》出台的原因、过程与意义 …………………………… 1

第一节 《规划》概述 ……………………………………………… 2
一、青年的界定 …………………………………………………… 2
二、《规划》内容概述 …………………………………………… 2
三、《规划》的特点 ……………………………………………… 6

第二节 《规划》出台的原因 ……………………………………… 8
一、《规划》的出台是党和国家重视青年发展问题的重要举措 … 9
二、《规划》的出台是解决新时期青年发展问题的必然选择 …… 9
三、《规划》的出台是推动国家治理现代化的必然选择 ………… 10
四、《规划》的出台是适应中国社会深化改革发展的需要 ……… 11
五、《规划》的出台是实现国家长治久安的需要 ………………… 11
六、《规划》的出台是应对复杂多变的国际环境的需要 ………… 12

第三节 《规划》出台的过程 ……………………………………… 12
一、《规划》的初期探索阶段 …………………………………… 13
二、《规划》体系的完善、发展阶段 …………………………… 13
三、《规划》的编制和实施阶段 ………………………………… 13

第四节 《规划》出台的意义 ……………………………………… 14
一、有利于青年的成长和发展 …………………………………… 14
二、有利于将青年发展融入国家治理现代化的各领域、各环节 … 15
三、符合现代社会的发展理念和趋势 …………………………… 15
四、适应全球化背景的国际形势 ………………………………… 16

第五节 《规划》与相关政策文件及法规的关系 ·· 17
一、《规划》与国际条约的关系 ·· 17
二、《规划》与"十三五"规划的关系 ·· 18
三、《规划》与青少年法律法规的关系 ··· 19
四、《规划》与《国务院儿童发展纲要》之间的关系 ··· 19
五、《规划》与其他关联文件的关系 ··· 20

第二章 青年的界定与状况 ·· 21
第一节 科学界定青年的必要性 ·· 21
一、青年年龄段划分的乱象 ·· 21
二、因主体不明给青年工作所造成的困惑 ··· 22
第二节 青年概念的厘清 ·· 22
一、"青年"与相邻概念的辨析 ·· 22
二、不同时期、不同标准下青年的界定 ··· 23
三、科学界定青年概念的内涵和外延 ··· 28
第三节 社会环境对青年年龄界定的影响 ·· 31
一、青年界定标准方面因素的变化 ··· 31
二、青年人口因素方面的变化 ·· 32
第四节 我国青年人口的状况 ·· 33
一、青年人口比例 ·· 33
二、青年人口的基本发展状况 ·· 34
三、青年人口的特点 ·· 35

第三章 青年发展观 ·· 38
第一节 马克思主义青年发展观的概念与特点 ·· 38
一、马克思主义青年发展观概述 ·· 38
二、马克思主义青年发展观的概念厘清 ··· 39
三、马克思主义青年观的特点 ·· 42
第二节 党管青年原则的确立 ·· 44
一、党管青年原则的目标设立 ·· 44
二、党管青年原则的组织运行 ·· 45
三、党管青年原则的措施落地 ·· 46
第三节 青年优先发展理念的明晰 ·· 47
一、着眼未来确定发展战略 ·· 48

  二、促进青年成长列为优先 ……………………………………………………… 48
  三、相关重点政策的实施 ………………………………………………………… 49
 第四节 践行马克思主义青年发展观 ……………………………………………… 50
  一、树立坚定的理想信念 ………………………………………………………… 50
  二、保持与整体利益的一致性 …………………………………………………… 51
  三、通过实践锻炼自身 …………………………………………………………… 52
  四、做社会进步的推动力量 ……………………………………………………… 52

第四章 青年思想道德 …………………………………………………………… 54
 第一节 青年思想道德的内涵 ……………………………………………………… 54
  一、青年思想道德的基本范畴 …………………………………………………… 54
  二、青年思想道德建设的重要意义 ……………………………………………… 57
 第二节 当代青年思想道德的现状 ………………………………………………… 59
  一、青年价值观总体健康向上 …………………………………………………… 59
  二、高度拥护中国共产党的领导 ………………………………………………… 60
  三、青年理想信念更加坚定 ……………………………………………………… 60
  四、青年创新创业热情高涨 ……………………………………………………… 60
  五、青年道德素质不断提高 ……………………………………………………… 61
  六、青年爱国热情高涨 …………………………………………………………… 61
 第三节 青年思想道德工作中存在的问题 ………………………………………… 61
  一、"民粹主义"思潮 …………………………………………………………… 61
  二、拜金主义、极端享乐主义 …………………………………………………… 62
  三、新自由主义思潮 ……………………………………………………………… 63
 第四节 青年思想道德问题成因 …………………………………………………… 63
  一、客观背景 ……………………………………………………………………… 64
  二、主观原因 ……………………………………………………………………… 66
 第五节 青年思想道德发展目标 …………………………………………………… 68
  一、广大青年积极践行社会主义核心价值观 …………………………………… 68
  二、中国特色社会主义道路自信、理论自信、制度自信、文化自信进一步
    增强 …………………………………………………………………………… 69
 第六节 青年思想道德发展措施 …………………………………………………… 70
  一、加强青年理想信念教育 ……………………………………………………… 70
  二、在青年中培育和践行社会主义核心价值观 ………………………………… 73

三、分类开展青年思想教育和引导 ……………………………………… 77
四、强化网上思想引领 …………………………………………………… 77

第五章 青年教育 …………………………………………………………… 80
第一节 青年教育基本概念 ………………………………………………… 80
一、基本范畴 ……………………………………………………………… 80
二、青年教育的重要性 …………………………………………………… 82
第二节 青年教育的发展问题 ……………………………………………… 83
一、教育质量问题 ………………………………………………………… 83
二、教育公平问题 ………………………………………………………… 84
三、教育水平问题 ………………………………………………………… 85
第三节 中国青年教育发展目标及发展措施 ……………………………… 87
一、青年受教育权利得到更好保障 ……………………………………… 88
二、基本公共教育服务均等化逐步体现 ………………………………… 89
三、教育公平程度明显提升 ……………………………………………… 89
四、我国青年教育发展措施 ……………………………………………… 90
第四节 我国未来青年教育的展望 ………………………………………… 93
一、青年的学校教育 ……………………………………………………… 93
二、青年的家庭教育 ……………………………………………………… 94
三、青年的社会教育 ……………………………………………………… 95
四、建立三位一体的青年教育体系 ……………………………………… 95

第六章 青年健康 …………………………………………………………… 97
第一节 概念界定与发展状况 ……………………………………………… 97
一、青年健康的概念 ……………………………………………………… 97
二、青年健康发展状况 …………………………………………………… 99
第二节 青年健康发展目标 ………………………………………………… 102
一、体质健康 ……………………………………………………………… 102
二、心理健康 ……………………………………………………………… 103
三、健康中国 ……………………………………………………………… 104
第三节 青年健康发展措施 ………………………………………………… 105
一、提高青年体质健康水平 ……………………………………………… 105
二、加强青年心理健康教育和服务 ……………………………………… 106
三、提高各类青年群体健康水平 ………………………………………… 108

四、加强青年健康促进工作 ……………………………………………… 109
　第四节　青年健康发展指标体系建设 ………………………………………… 109
　　一、青年健康发展指标体系概述 ………………………………………… 109
　　二、青年健康状况指标体系解析与适用 ………………………………… 111

第七章　青年婚恋 …………………………………………………………… 114
　第一节　我国青年婚恋的现状 ………………………………………………… 114
　　一、婚姻状况多样化 ……………………………………………………… 114
　　二、家庭规模小型化 ……………………………………………………… 116
　第二节　我国青年婚恋存在的问题 …………………………………………… 119
　　一、婚恋观念偏差 ………………………………………………………… 119
　　二、婚恋能力缺失 ………………………………………………………… 121
　第三节　缓解青年婚恋问题的对策措施 ……………………………………… 125
　　一、引导青年形成正确的婚恋观 ………………………………………… 125
　　二、加大青年婚恋交友服务力度 ………………………………………… 127
　　三、维持人口均衡发展 …………………………………………………… 128

第八章　青年就业、创业 …………………………………………………… 131
　第一节　青年就业、创业发展成效 …………………………………………… 131
　　一、青年就业创业的政策环境持续优化 ………………………………… 131
　　二、面向各类青年群体的就业服务不断加强 …………………………… 132
　　三、青年创业实践的舞台日益广阔 ……………………………………… 133
　　四、青年就业的权益保障机制不断健全 ………………………………… 134
　第二节　国外青年就业、创业形势及借鉴 …………………………………… 134
　　一、完善的创业教育 ……………………………………………………… 135
　　二、创业过程的鼎力支持 ………………………………………………… 137
　第三节　青年就业创业促进措施 ……………………………………………… 138
　　一、青年就业创业困境原因分析 ………………………………………… 139
　　二、青年就业创业发展措施 ……………………………………………… 143

第九章　青年文化 …………………………………………………………… 148
　第一节　青年文化概念界定与发展状况 ……………………………………… 149
　　一、青年文化概念及相关概念厘清 ……………………………………… 149
　　二、青年文化的历史渊源 ………………………………………………… 149

第二节 青年文化发展的主要成就 ………………………………………… 150
　一、符合青年需求的文化产品日益丰富 ………………………………… 150
　二、青年享有的公共文化服务标准化、均等化水平不断提升 ………… 151
　三、青年文化人才队伍逐步壮大 ………………………………………… 151
　四、青年网络文化环境进一步改善 ……………………………………… 151
　五、青年宗教信仰自由权利得到切实保障 ……………………………… 152

第三节 青年文化发展存在的主要问题 …………………………………… 152
　一、文化精品数量不足 …………………………………………………… 152
　二、文化活动形式单一 …………………………………………………… 153
　三、文化优秀人才紧缺 …………………………………………………… 153
　四、文化发展环境有待改善 ……………………………………………… 153
　五、网络文化建设滞后 …………………………………………………… 154
　六、保障体系不够健全 …………………………………………………… 154

第四节 青年文化发展中要关注的几个关系 ……………………………… 155
　一、青年文化与网络文化 ………………………………………………… 155
　二、青年文化与外来文化 ………………………………………………… 156
　三、青年文化与传统文化 ………………………………………………… 157

第五节 青年文化发展措施 ………………………………………………… 158
　一、加强青年文化精品生产 ……………………………………………… 158
　二、丰富青年文化活动 …………………………………………………… 158
　三、造就青年文化人才 …………………………………………………… 159
　四、优化青年文化环境 …………………………………………………… 160
　五、推动青年网络文化建设 ……………………………………………… 160
　六、强化青年文化保障 …………………………………………………… 161

第十章 青年社会融入与社会参与 ……………………………………… 162

第一节 青年社会融入与社会参与相关概念的界定 ……………………… 162
　一、青年社会融入与社会参与 …………………………………………… 162
　二、青年社会参与的类型 ………………………………………………… 165

第二节 我国青年社会参与的总况 ………………………………………… 169
　一、我国青年社会参与全貌 ……………………………………………… 169
　二、我国青年社会参与与青年组织 ……………………………………… 171
　三、我国青年社会参与的项目与领域 …………………………………… 171

四、我国青年社会参与的动机与期望 …… 173
　　五、我国青年社会参与与国际交往 …… 173
第三节　我国青年社会融入现状 …… 174
　　一、我国青年社会融入现状 …… 174
　　二、我国青年社会融入存在的特殊困难 …… 174
第四节　促进青年社会融入与社会参与的措施 …… 177
　　一、组织层面 …… 177
　　二、文化层面 …… 177
　　三、社会层面 …… 178

第十一章　维护青少年合法权益 …… 180

第一节　青少年合法权益的内涵 …… 180
　　一、青少年合法权益的含义 …… 180
　　二、青少年的主要合法权益 …… 181
第二节　青少年权益保障的现状 …… 184
　　一、青少年权益保障方面的法规与机制 …… 184
　　二、青少年权益保障的效果 …… 188
第三节　当前青少年权益保障工作中存在的不足 …… 190
　　一、青少年权益保护立法的滞后 …… 190
　　二、侵害青少年权益案件频发，多发态势尚未扭转 …… 191
　　三、维权保障部门的权责严重片面化 …… 192
　　四、特殊困境青少年群体权益保障问题日益突出 …… 192
　　五、青少年的维权意识和观念亟待强化 …… 193
第四节　维护青少年合法权益的发展趋势 …… 193
　　一、对象：着眼于全体青少年的成才成长 …… 193
　　二、内容：由生存权向发展权拓展 …… 194
　　三、领域：制度建设与个案保护并重 …… 194
　　四、责任：由共青团主导向政府主责转变 …… 195
第五节　完善青少年合法权益保障的措施 …… 195
　　一、落实并完善有关青少年权益保障的法规政策 …… 196
　　二、完善青少年合法权益保护机制 …… 197
　　三、依法打击各类侵害青少年合法权益的行为，完善青少年维权网络环境 …… 199
　　四、多角度并举维护青少年的各项权益 …… 200

五、加大对弱势群体的权益保护 …………………………………………… 202

第十二章　预防青少年违法犯罪 ………………………………………… 205
第一节　青少年违法犯罪概念的界定 …………………………………… 205
　　一、关于青少年年龄的界定 ………………………………………………… 205
　　二、青少年违法犯罪的界定 ………………………………………………… 206
第二节　青少年违法犯罪状况分析 ……………………………………… 207
　　一、青少年违法犯罪得到有效控制 ………………………………………… 207
　　二、我国青少年违法犯罪遏制的原因分析 ………………………………… 208
　　三、青少年违法犯罪特点分析 ……………………………………………… 210
第三节　青少年违法犯罪原因分析 ……………………………………… 212
　　一、西方关于青少年犯罪原因的主要理论 ………………………………… 213
　　二、现阶段我国青少年犯罪的主要因素 …………………………………… 215
第四节　进一步深化青少年违法犯罪的预防 …………………………… 221
　　一、《规划》目标解读 ……………………………………………………… 221
　　二、青少年违法犯罪预防原则 ……………………………………………… 222
　　三、青少年违法犯罪预防措施 ……………………………………………… 224

第十三章　青年社会保障 …………………………………………………… 233
第一节　青年社会保障的理论基础 ……………………………………… 234
　　一、两大社会保障理论对全部青年群体的覆盖 …………………………… 235
　　二、福利经济学对困境青年群体的适用 …………………………………… 236
　　三、凯恩斯的国家干预理论对青年就业问题的启示 ……………………… 237
第二节　我国青年社会保障的现状 ……………………………………… 238
　　一、我国社会保障的基本理论体系 ………………………………………… 238
　　二、我国青年社会保障的政策现状及问题 ………………………………… 239
　　三、我国青年社会保障问题的原因分析 …………………………………… 241
　　四、我国青年的现实生活困境 ……………………………………………… 242
第三节　中外青年社会保障政策比较研究 ……………………………… 244
　　一、对就业与培训的侧重不同 ……………………………………………… 244
　　二、青年享有社会保障权的条件不同 ……………………………………… 245
　　三、有关政策的制定与实施机制不同 ……………………………………… 245
第四节　构建青年社会保障制度 ………………………………………… 246
　　一、制定城乡一体化的青年社会保障制度 ………………………………… 246

二、明确青年社会保障制度的责任主体 ………………………………… 247
三、加强对残疾青年的扶持保障 …………………………………………… 248
四、完善青年社会救助机制 ………………………………………………… 248
五、建立健全青年就业服务与培训体系 ………………………………… 249
六、完善有关青年政府补贴制度 …………………………………………… 249
七、加强青年婚恋家庭观的建设 …………………………………………… 250
八、建立专门的青年社会保障动态监测指标系统 ……………………… 251
九、加强青年社会保障制度的监督工作 ………………………………… 251

第十四章 青年发展十大工程 ………………………………………………… 252
第一节 我国青年发展十大工程的定位与意义 ……………………………… 252
一、我国青年发展十大工程的定位 ………………………………………… 252
二、我国青年发展十大工程的意义 ………………………………………… 254
第二节 我国青年发展十大工程的主要内容 ………………………………… 255
一、青年马克思主义者培养工程 …………………………………………… 256
二、青年社会主义核心价值观培养工程 ………………………………… 258
三、青年体质健康提升工程 ………………………………………………… 260
四、青年就业见习计划 ……………………………………………………… 262
五、青年文化精品工程 ……………………………………………………… 264
六、青年网络文明发展工程 ………………………………………………… 266
七、中国青年志愿者行动 …………………………………………………… 268
八、青年民族团结进步促进工程 …………………………………………… 270
九、港澳台青少年交流工程 ………………………………………………… 272
十、青少年事务社会工作专业人才队伍建设工程 ……………………… 274
第三节 青年发展十大工程执行中的难点与期许 …………………………… 276
一、规划的统一性与权威性 ………………………………………………… 276
二、规划的组织与实施 ……………………………………………………… 277
三、规划的宣传与引导 ……………………………………………………… 277
四、规划中的青年参与 ……………………………………………………… 278
五、规划的监测与评估 ……………………………………………………… 279

第十五章 规划的组织实施 …………………………………………………… 281
第一节 规划实施的基本定位 …………………………………………………… 281
一、中央规划 ………………………………………………………………… 281

二、国家行为 ··· 281
　　三、避免误区 ··· 282
第二节　健全规划实施的组织体系 ·· 283
　　一、加强对规划实施工作的组织领导 ···································· 283
　　二、充分发挥共青团的重要作用 ·· 284
第三节　形成青年发展规划体系 ··· 286
　　一、完善国家规划实施的配套政策 ······································· 286
　　二、加快编制地方青年发展规划 ·· 287
　　三、注重与其他相关规划的衔接 ·· 288
第四节　加强规划实施的保障体系 ·· 288
　　一、加强服务青年发展阵地建设 ·· 288
　　二、保障青年发展经费投入 ·· 289
　　三、营造规划实施良好社会环境 ·· 291
第五节　建立规划实施监测评估机制 ··· 291
　　一、年度监测 ··· 292
　　二、中期评估 ··· 297
　　三、终期评估 ··· 297

第十六章　联合国青年发展政策 ··· 299
第一节　联合国青年发展政策的滥觞 ··· 299
　　一、国际联盟时期（1919~1944年） ································· 299
　　二、联合国成立初期（1945~1964年） ······························ 300
第二节　联合国青年发展政策的三大阶段 ··································· 301
　　一、联合国青年发展政策的摸索期（1965~1984年） ··········· 302
　　二、联合国青年发展政策的蓬勃期（1985~1994年） ··········· 303
　　三、联合国青年发展政策体系的形成期（1995年~） ············ 304
第三节　当前联合国青年发展政策的主要内容 ···························· 306
　　一、青年发展的十大优先领域 ··· 306
　　二、近年来联合国青年发展政策的关注焦点 ························· 310
第四节　联合国青年发展政策与中国青年发展 ···························· 314
　　一、我国的青年发展与政策支持 ··· 314
　　二、联合国青年发展政策的中国启示 ··································· 315

第十七章 国外青年发展政策的比较借鉴······318

第一节 部分国际组织的青年发展政策······318
一、欧盟······318
二、东盟······319
三、非盟······320

第二节 代表性国家的青年发展政策······321
一、英国······321
二、美国······323
三、日本······324
四、俄罗斯······325
五、法国······325

第三节 国外青年发展政策的特点······326
一、统筹管理盛行······327
二、青年优先发展······327
三、就业问题凸出······328
四、聚焦青年健康······329
五、彰显本国国情······329

第四节 对完善我国青年发展政策的启示······330
一、我国青年发展政策的不足······331
二、我国青年发展政策的完善······332

附 录 中长期青年发展规划（2016~2025年）······335

参考文献······352

后 记······364

第一章

《规划》出台的原因、过程与意义

为促进青年健康的成长和发展,依据党和国家的相关政策法规,按照社会发展的总体目标和要求,结合我国青年发展的实际情况,党中央和国务院制定了《中长期青年发展规划(2016~2025年)》(简称《规划》)。制定出台国家层面的青年发展规划这一举措,是前无古人的,因此本《规划》的出台被称为是在中国青年发展事业进程中具有里程碑意义的重要举措。习近平总书记指出:"青年一代有理想、有本领、有担当,国家就有前途,民族就有希望。"当代青年的成长和发展状况关系着国家和民族的未来,是实现中华民族伟大历史复兴的重大战略部署,因此,重视青年的发展就是重视未来中国的发展。当今的国际局势风云变幻,中国在迎接机遇的同时,也面临着前所未有的挑战,处在这一时代环境中的当代青年也同样面临着纷繁复杂的国内外环境,国家在这个时期制定青年发展规划有着深刻的时代原因。制定规划,并在青年中广泛宣传教育,有利于当代青年在当前严峻的国内外形势下,正视机遇与挑战,进一步坚定信念,振奋民族精神、时代精神,专于所做所学,最终共同实现中国梦。

《规划》的出台,显示了党和国家领导人对于青年发展的重视,以及我国青年事业发展进步和不断创造的成就。习近平总书记在十九大报告中对于青年工作的发展做出了重要的论述,对青年的成长和发展给予了极大的关注,其中有关于青年的健康、教育、就业等方面的要求,对《规划》的贯彻和落实具有重要的指导意义。《规划》对于青年发展的指导思想、根本遵循、总体目标作出了明确的规定。聚焦当前青年成长发展迫切需要关注的核心权益,从思想道德、教育、健康、婚恋、就业创业、文化、社会融入与社会参与、维护合法权益、预防违法犯罪、社会保障等10个领域提出了青年的具体发展目标,并针对10个领域中青年发展存在的突出问题,有重点地提出了发展措施。[1]同时,还从国家和青年持续发展的角度,提出了10个重点项目。本章将从《规划》的内容和特点展开论述,探讨《规划》出台的原因、过程和意义。

---

〔1〕 参见朱基钗:"聚焦首个青年发展10年规划",载《中国青年报》2017年4月14日。

第一节 《规划》概述

党的十八大以来,以习近平同志为核心的党中央高度重视青年工作与青年发展,习近平总书记在开拓治国理政新境界的过程中,提出了一系列富有创见的青年工作新思想、新观点,形成了习近平总书记青年工作思想,不断丰富和发展了具有中国特色的青年观。[1]党和国家制定了新中国历史上第一个青年发展规划,明确强调了党管青年原则和青年优先发展理念,提出了促进青年发展的重大政策举措,[2]为广大青年指明了正确成长的道路,创造了良好的成长环境,开启了中国青年事业发展的新篇章。《规划》对于青年的范围做出了界定,并对青年发展的指导思想、根本遵循、总体目标做出了明确的规定。同时聚焦当前青年成长发展迫切需要关注的核心权益,从10个不同的领域提出了青年的具体发展目标,并针对10个领域中青年发展存在的突出问题,有重点地提出发展措施。此外,从国家和青年持续发展的角度,提出了10个重点项目。

一、青年的界定

《规划》所指的青年的年龄范围被限制为14周岁~35周岁,其中《规划》还作出了例外的规定,如《规划》如果涉及婚姻、就业、未成年人保护等领域,年龄界限依据有关法律法规的规定。这从根本上解决了长期以来关于"何为青年"的争议,统一了关于青年的范围。

《规划》将青年的年龄范围界定为14周岁~35周岁,依当前中国的社会实际情况而言,基本指的是自1982年之后出生的一代人。这一代人最显著的特点就是,他们是在改革开放的时代背景下,物质富裕之后成长起来的,这些"80后""90后""00后",拥有新特点,也面临新问题。他们拥有开阔的视野、国际化的思维,具有较为浓厚的学习精神和创新精神,同时又具有鲜明的时代特征,具有明显的公益精神,结群欲望和社会参与精神都比较强,在价值观上相对包容,但人际关系比较宽松,强调个性和自我价值。这些都是这一代人所具有的优势,应该加强引导,大力发扬以奉献社会。[3]

二、《规划》内容概述

《规划》是党和国家青年工作的行动纲领,在中国青年发展事业进程中具有重要的

---

[1] 参见曲青山:"坚持和发展中国特色社会主义的最新理论成果——学习《习近平总书记系列重要讲话读本》",载《求是》2014年第13期。

[2] 参见共青团中央书记处:"坚持党管青年的重要原则",载《求是》2017年第16期。

[3] 参见"蓝图已就青年可期《规划》为青年发展注入洪荒之力",载中国青年网:https://baijiahao.baidu.com/s?id=1564881556140022&wfr=spider&for=pc,访问日期:2017年7月23日。

里程碑意义。《规划》明确提出"坚持党管青年原则",这是对我们党96年来始终重视发挥青年作用,领导一代又一代青年不断投身革命、建设、改革伟大实践的经验总结,是党的青年工作理论的重大创新,是青年发展事业始终沿着正确方向前进的根本保证。[1]《规划》明确提出了"党和国家事业要发展,青年首先要发展"的理念,将青年发展纳入国家战略,摆在了党和国家工作全局中更为重要的战略地位。

《规划》充分贯彻以人为本的发展理念,将促进青年发展、满足青年需求的理念贯穿始终,从思想道德、教育、健康、婚恋、就业创业、文化、社会融入与社会参与、维护合法权益、预防违法犯罪、社会保障等10个领域提出了具体发展目标和有针对性的发展措施,充分回应了当代青年的普遍关切,构建并形成了覆盖青年需求主要领域、照顾不同青年群体发展特点的青年发展政策体系。

《规划》提出了一整套确保《规划》有效落实、促进青年更好发展的实施机制,明确在党中央统一领导下,设立推动《规划》落实的部际联席会议机制,共青团中央具体承担协调、督促职责;要求县级以上党委和政府建立青年工作联席会议机制,负责推动《规划》在本地区的落实,协调解决《规划》落实中的问题,县级以上团委具体承担协调、督促职责。

《规划》在内容上注重"突出发展导向、问题导向、目标导向,充分照顾青年的时代特点和利益关切,努力让青年有更多获得感"。从已经发布的内容来看,《规划》分为总论、分论和组织实施三部分内容。第一部分是总论,包括序言和指导思想、根本遵循、总体目标;第二部分是分论,包括发展领域、发展目标、发展措施、重点项目;第三部分是《规划》的组织实施。[2] 下面将从上述三个方面对《规划》进行简要的介绍:

(一)《规划》的总论部分

在总论部分,《规划》强调了党和国家领导人对于青年发展的重视,以及我国青年事业的发展进步和历史成就。同时对于《规划》的指导思想、根本遵循、总体目标做出了明确的规定。"党的十八大以来,以习近平同志为核心的党中央高度重视青年发展事业",制定实施了一系列促进青年发展的政策措施,激励引导青年与民族同命运、与祖国共奋进、与时代齐发展,为广大青年指明了正确成长道路,创造了良好成长环境。在党和国家的关心、支持和推动下,我国青年发展事业取得了巨大进步和历史性成就。[3] 同时,《规划》对目前我国青年发展存在的问题进行了论述,即"青年发展事业与社会主义现代化建设的新要求、经济社会发展的新形势、广大青年的新期待相比,还存在不少亟待解决的突出问题",如青年体质健康水平亟待提高,部分青年心理健康问题日益凸显;青年社会教育和实践教育需要加强等许多方面。

---

[1] 参见共青团中央书记处:"坚持党管青年的重要原则",载《求是》2017年第16期。
[2] 参见李昌禹:"筑牢青年发展之基——团中央负责人解读中长期青年发展规划",载《人民日报》2017年5月18日。
[3] 参见《中长期青年发展规划(2016~2025年)》。

高举中国特色社会主义伟大旗帜,全面贯彻党的十八大和十八届三中、四中、五中、六中全会精神,坚持以马克思列宁主义、毛泽东思想、邓小平理论、"三个代表"重要思想、科学发展观为指导,深入学习贯彻习近平总书记系列重要讲话精神和治国理政新理念、新思想、新战略为《规划》总的指导思想,在此基础上提出了《规划》实施的总体目标是到2020年,具有中国特色的青年发展政策体系和工作机制初步形成,广大青年思想政治素养和全面发展水平进一步提升,在决胜全面建成小康社会伟大实践中的生力军和突击队作用得到充分发挥。到2025年,具有中国特色的青年发展政策体系和工作机制更加完善,广大青年思想政治素养和全面发展水平明显提升,不断成长为志存高远、德才并重、情理兼修、勇于开拓,堪当实现中华民族伟大复兴中国梦历史重任的有生力量。[1]

(二)《规划》的分论部分

十九大报告对于青年在思想道德方面、青年教育方面,以及婚恋、创业就业等方面均提出了具体、细致的要求。在思想道德方面,"广泛开展理想信念教育,深化中国特色社会主义和中国梦的宣传教育";对于青年教育,要"办好学前教育、特殊教育和网络教育,普及高中阶段的教育,努力让每个孩子都能享有公平而有质量的教育";在青年健康方面,"倡导健康文明的生活方式,预防控制重大疾病";在文化方面,倡导积极"开展移风易俗、弘扬时代新风行动,抵制腐朽落后的文化侵蚀";对于青年的就业问题要"注重结构性就业矛盾,鼓励创业带动就业。提供全方位的就业服务,促进高校毕业生等青年群体多渠道的就业创业"。十九大报告中关于青年发展的内容为更好地贯彻落实青年发展规划指明了前进方向,且与《规划》分论的总体思路不谋而合,都聚焦于当前青年成长、发展迫切需要关注的核心权益和需求。《规划》更加细致地从10个领域,分别提出具体发展目标,并且针对每个领域青年发展的突出问题,有重点地提出发展措施。

1. 青年思想道德

发展目标是广大青年积极践行社会主义核心价值观,中国特色社会主义道路自信、理论自信、制度自信、文化自信进一步增强,思想道德水平和文明素质进一步提高,为实现中国梦而奋斗的共同思想道德基础更加巩固。发展措施是加强青年理想信念教育;在青年中培育和践行社会主义核心价值观;分类开展青年思想教育和引导;强化网上思想引领。

2. 青年教育

发展目标是青年受教育权利得到更好保障,基本公共教育服务均等化逐步实现,教育公平程度明显提升。新增劳动力平均受教育年限达到13.5年以上,高等教育毛入学率达到50%以上。发展措施是提高学校育人质量;科学配置教育资源;强化社会实践教育;促进青年终身学习;培育青年人才队伍。

---

[1] 参见邵景均:"全方位帮助青年健康发展",载《中国行政管理》2017年第6期。

3. 青年健康

发展目标是持续提升青年营养健康水平和体质健康水平,青年体质达标率不低于90%;有效控制青年心理健康问题发生率,青年心理健康辅导和服务水平得到较大提升;引领青年积极投身健康中国建设。发展措施是提高青年体质健康水平;加强青年心理健康教育和服务;提高各类青年群体健康水平;加强青年健康促进工作。

4. 青年婚恋

发展目标是青年婚恋观念更加文明、健康、理性;青年婚姻家庭和生殖健康服务水平进一步提升;青年的相关法定权利得到更好保障。发展措施是加强青年婚恋观、家庭观教育和引导;切实服务青年婚恋交友;开展青年性健康教育和优生优育宣传教育;保障青年在孕期、产假、哺乳期期间享有的法定权益。

5. 青年就业创业

"就业是最大的民生",《规划》确定的青年就业创业的发展目标是青年就业比较充分,高校毕业生就业保持在较高水平;青年就业权利保障更加完善,青年的薪资待遇、劳动保护、社会保险等合法权益得到充分保护;青年创业服务体系更加完善,创业活力明显提升。发展措施是推动完善促进青年就业、创业政策体系;加强青年就业服务;推动青年投身创业实践;加强青年就业权益保障。

6. 青年文化

发展目标是更好地引导青年传承中华优秀传统文化、弘扬社会主义先进文化。青年文化活动更加丰富,文化精品不断增多,传播能力大幅提升,人才队伍发展壮大,服务设施、机构和体制更加健全。青年对提升国家文化软实力贡献率显著提高。发展措施是加强文化精品创作生产;丰富青年文化活动;造就青年文化人才;优化青年文化环境;积极支持青年文化建设。

7. 青年社会融入与社会参与

发展目标是青年更加主动、自信地适应社会、融入社会。青年社会参与的渠道和方式进一步丰富和畅通,实现积极有序、理性合法参与。共青团、青联、学联组织在促进青年社会融入和社会参与中的主导作用充分发挥,带动各类青年组织在促进青年有序社会参与中发挥积极作用。青年参与社会主义现代化建设的积极性主动性进一步增强,青年志愿服务水平进一步提高。不同青年群体相互理解尊重。青年对外交流合作不断拓展。发展措施是健全党领导下的以共青团为主导的青年组织体系;着力促进青年更好地实现社会融入;引领青年有序参与政治生活和社会公共事务;鼓励青年在经济社会发展中充分发挥生力军和突击队作用;引导青年社会组织健康有序发展;增进不同青年群体的交流融合;增强港澳台青年的国家认同、民族认同和文化认同;支持青年参与国际交往。

8. 维护青少年合法权益

发展目标是青少年权益维护的法律法规和政策体系更加完善,得到全面贯彻实施。青少年权益保护的工作体系和工作机制更加健全,合法权益得到切实维护。侵害青少年合法权益的行为受到有效打击和遏制。发展措施是全面贯彻实施有关青少年发展的法律法规;完善青少年权益维护法律法规和政策;健全青少年权益保护机制;依法打击侵害青少年合法权益的行为。

9. 预防青少年违法犯罪

发展目标是青少年法治宣传教育常态化、全覆盖,青少年法治观念和法治意识不断增强,成长环境进一步净化。形成比较完善的重点青少年群体服务管理和预防犯罪工作格局,建立针对有严重不良行为和涉罪青少年进行教育矫治的有效机制,青少年涉案、涉罪数据逐步下降。发展措施是加强法治宣传教育;优化青少年成长环境;做好重点青少年群体服务管理工作;完善未成年人司法保护制度。

10. 青年社会保障

发展目标是社会保障体系充分覆盖青年急需的保障需求,并在各类青年群体之间逐步实现均等化。发展措施是加强对残疾青年的关心关爱和扶持保障;加强青年社会救助工作。

同时,《规划》从对国家发展、青年发展具有支撑作用的角度,提出了10个重点项目,包括青年马克思主义者培养工程;青年社会主义核心价值观培养工程;青年体质健康提升工程;青年就业见习计划;青年文化精品工程;青年网络文明发展工程;中国青年志愿者行动;青年民族团结进步促进工程;港澳台青少年交流工程;青少年事务社会工作专业人才队伍建设工程等10项内容。[1]

(三)《规划》的组织实施部分

在党中央统一领导下,设立推动规划落实的部际联席会议机制,共青团中央具体承担协调、督促职责,各地区各部门要高度重视青年工作,关心、支持青年事业的发展,形成工作合力。建立健全青年发展规划体系,充分发挥共青团维护青年发展权益的重要作用,加强服务青年发展阵地建设,大力推进"青年之声"网络互动社交平台建设,保障青年发展经费投入,最后是建立规划实施情况监测评估机制,对《规划》实施情况进行年度监测、中期评估和终期评估,制定和调整促进青年发展政策措施,推动《规划》的实现。规范和完善与青年发展有关的统计指标体系,收集、整理、分析相关数据和信息,建立和完善监测数据库。[2]

三、《规划》的特点

我国是第一次制定这样的规划,在《规划》起草过程中,中国向世界上五十多个国家,包括相关的国际机构,进行了认真学习和借鉴。这些国家包括俄罗斯、法国等重要国家,国际机构包括联合国计划开发署、欧盟、非盟等等。学习他们好的做法和成功的经验,可以帮助我们把中国的青年规划做得更好、更完善。但在吸收、借鉴的

---

[1] 参见:《中长期青年发展规划(2016~2025年)》。
[2] 参见"新闻办就《中长期青年发展规划(2016~2025年)》举行发布会",载中国政府网:http://www.gov.cn/xinwen/2017-05/17/content_ 5194648.htm#1,访问日期:2017年7月29日。

过程中我们也在积极地探索和实践具有中国特色的、我们自己的青年发展规划，因此，发布实施的中长期青年发展规划除了具有国际上重要国家的特征外，还具有我国自己的特点。

(一)《规划》具有明确的导向性

"党和国家事业要发展，青年首先要发展，这是一个鲜明的导向。"党委加强领导，政府、群团、社会协同施策，营造青年发展的良好环境，这是一个鲜明的导向。其次，中国的青年要成为中国特色社会主义的建设者和接班人，需要健康成长、发展，这也是一个鲜明的导向。《规划》的最终目的，就是为了新形势下的党更好地把握和做好青年的群众工作、思想工作、服务工作，把青年的愿望和需求集中起来，把党的声音传播到青年中去，把党对青年的关心和要求落实到实际工作中去。这些方面都具有明显的导向作用，为青年工作的开展指明了方向和目标。

(二)《规划》具有明显的群众性基础

《规划》的制定，其最终目的就是为了解决青年的问题，因此《规划》的内容和制定过程都处处体现了以青年为本的理念。在《规划》的起草过程中，面向广大青年面对面、一对一地征求意见。在网上，梳理了近两年青年网友向"青年之声"所提的问题，抽出了一万个样本，梳理出带有倾向性、规律性的一些需求，回应这些需求，就体现在10个发展领域当中。[1]同时，青年是党执政兴国的重要群众基础，是促进国家和社会不断发展的生力军，党始终将青年作为后备军来培养，始终将青年工作放在国家战略的高度来对待。《规划》的出台对中央及各级共青团组织提出了新的要求和新的任务，就是在新形势下深刻把握青年工作的规律性，努力建设一个具有强大凝聚力和群众性基础的组织来指导青年工作。

(三)《规划》具有完善的系统性

首先，建立规划实施部际联席会议机制，并明确职责、工作方式，这本身组成了一个系统。其次，就《规划》的内容，从指导思想、根本遵循、总体目标到发展领域、发展目标、发展措施，10个发展领域，44条发展措施，以及支撑的10项重点项目，这本身也形成了一个系统。青年发展涉及的10个领域，是经过充分的调研、借鉴国外的一些做法提出的，它覆盖了青年核心利益的方方面面，应该说也形成了一个系统，所以系统性也是很明显的特点。[2]

(四)《规划》具有鲜明的民族特色

《规划》将思想道德放在十大发展领域的第一条，可见其对于青年成长和发展的重要性。中华民族历来重视礼仪和道德修养，所谓"修身、齐家、治国、平天下"，修身被放在了第一位，所以《规划》在关注青年核心权益的时候，也把思想道德放在了第

---

[1] 参见"新闻办就《中长期青年发展规划（2016～2025年）》举行发布会"，载中国政府网：http://www.gov.cn/xinwen/2017-05/17/content_ 5194648.htm#1，访问日期：2017年7月29日。

[2] 参见《中长期青年发展规划（2016～2025年）》。

一位。[1]民族文化始终是具有强大的感染力的,《规划》的内容最终要落实到建设中国特色社会主义和实现中华民族复兴的伟大实践中,因此,青年只有在社会实践活动中不断增强民族意识和民族责任感,弘扬和培育民族精神,增长回报社会的本领,才能最终实现自身的价值。同时,青年在志愿服务和社会实践中能够真正发挥积极的社会作用和经济效用,提升他们的自信心和服务能力,让他们感知民族精神的强大力量。

（五）《规划》具有很强的时代前瞻性

《规划》从培养建设者和接班人的角度,设计了一些能够促进青年健康成长的项目和措施,有很多前瞻性的考虑。同时,《规划》直面青年发展的种种问题和需求,明确指出:当前,"青年发展事业与社会主义现代化建设的新要求、经济社会发展的新形势、广大青年的新期待相比,还存在不少亟待解决的突出问题"。这些问题主要包括青年思想教育、身心健康、就业创业、生活和工作等多方面。而所有这些问题的背后,往往都存在着资源短缺和匮乏等深层原因。

（六）《规划》具有显著的包容性和开放性

从《规划》的制定看,这是一个完全开放的过程,向青年、团干部、党政干部、青年社会组织等方方面面征求了意见。从《规划》的实施看,具有多部门协作的特点,建立了包括51家部门的部际联席会议,同时也吸收了联席会议机制之外的全社会的力量。从《规划》的内容看,包括了青年发展的诸多方面。可见,《规划》的体系不是封闭的,而是一个具有包容性和开放性的体系。

第二节 《规划》出台的原因

为保障和促进青年的全面发展,党和国家不断完善维护青年权益的法律体系,制定实施有利于青年成长的政策规划,健全职能工作机构,加大青年事业投入,加强青年组织体系建设,形成了全方位促进青年发展的国家机制。中国是当代世界青年议题和政策的重要倡导者和积极践行者。中国政府认真履行保障和促进青年生存权、受保护权、发展权、参与权等方面的国际义务和庄严承诺,为世界青年事业发展做出了应有贡献。在履行国际义务的同时,中国也在不断完善本国的法律法规,不断加强青年权益的维护和提高促进青年发展的能力。目前,以《中华人民共和国宪法》为核心制订的多部门的法律法规,如《中华人民共和国未成年人保护法》《中华人民共和国预防未成年人犯罪法》等,为推动我国建立以青年权益保护为核心的法律体系发挥了积极的推动作用。同时,国家注重从政策层面维护青年的整体权益,把促进青年发展作为经济社会发展总体规划的重要内容。国家在制订和实施科教兴国、人才强国、创新驱动发展、区域协调发展、文化强国等重大国家战略过程中,提出的许多政策内容均与

---

[1] 参见"新闻办就《中长期青年发展规划（2016~2025年）》举行发布会",载中国政府网：http://www.gov.cn/xinwen/2017-05/17/content_5194648.htm#1,访问日期：2017年7月29日。

促进青年发展密切相关,为青年成长、成才创造良好条件。

青年并不是一个弱势群体,国家之所以会如此关注他们,其主要的原因是因为青年是一个极其重要而又特殊的群体。青年正在从少年向成年过渡,这段时期是世界观、人生观、价值观形成的重要时期。[1]客观上,他们确实面临着不少困难,比如要把学业搞好,更重要的是如何实现从学业到就业的转变,适应社会对青年的严峻挑战,再加上我们国家当前的人口结构和家庭结构,也使青年在婚恋、权益保护等方面面临着一些困难。基于此,在党中央的直接关心下,国家开始着手制定实施青年发展规划。

一、《规划》的出台是党和国家重视青年发展问题的重要举措

党和国家历来高度重视青年的发展和进步,始终坚信青年是党的事业的生力军,为青年在革命、建设、改革中施展才华创造条件、提供舞台;尊重青年敢想敢干、富有梦想的特质,注重激发青年的参与热情和创新活力,引领青年勇开风气之先、走在时代前列;关心、解决青年的现实问题和迫切需求,支持青年在伟大奋斗中实现自己的人生理想。党的十八大以来,以习近平同志为核心的党中央高度重视青年发展事业,反复强调青年一代有理想、有担当,国家就有前途,民族就有希望,实现中华民族伟大复兴就有源源不断的强大力量;进一步明确中国特色社会主义青年运动方向,全面加强对青年的思想政治引领和成长成才服务,制定实施一系列促进青年发展的政策措施,激励引导青年与民族同命运、与祖国共奋进、与时代齐发展,为广大青年指明了正确成长道路,创造了良好成长环境。

二、《规划》的出台是解决新时期青年发展问题的必然选择

中国青年人口数量庞大。截至2015年底,中国14岁~35岁青年4.33亿,约占总人口的31.9%。因此,青年是一个国家和一个政党不断发展的动力和后备力量。党和国家事业要发展,青年首先要发展。在党和政府以及全社会的重视关心下,伴随改革开放以来经济社会的快速发展,中国青年的成长发展水平得到了显著提升,呈现出了一些明显特点。

首先,青年的基本生活条件持续改善,成长环境日益优化。当前,青年的生存环境和生活条件有了显著改善,社会为青年的身心健康和学习发展提供了有力的保障,也为青年寻求更高、更广阔的发展机会创造了有利条件。其次,青年自身的素质有了显著的提高。随着义务教育的普及和高等教育的发展,青年受教育年水平和教育范围得到了前所未有的发展,教育的普及壮大了青年的人才队伍,提高了青年的创新能力和创新水平。再次,青年的就业选择更加广泛,流动机会和范围也更加广阔。改革开

---

[1] 参见"新闻办就《中长期青年发展规划(2016~2025年)》举行发布会",载中国政府网:http://www.gov.cn/xinwen/2017-05/17/content_5194648.htm#1,访问日期:2017年7月29日。

放以来，中国的经济社会发展更加多元和包容，充满生机和活力，这些因素都为青年学习、就业注入了更加丰富的选择机会，青年人才的社会流动性也大大加强，促进了工业化和城镇化的发展。最后，青年的价值观和人生观总体向好，当代青年愿意积极投身社会实践、为中国的发展贡献力量。当代中国青年对中国的制度和发展道路充满自信，对在党的领导下创造的改革开放的奇迹深感自豪，对社会主义核心价值观高度认同，对实现中国梦伟大历史进程深信不疑。在社会实践和国际交往中，当代中国青年越来越自豪、越来越自信，这种自信源于自身素质水平的提高，更源于对中国未来发展的信心。因为有信心，中国当代的青年会表现出极大的热情，愿意积极地投身于中国特色社会主义的伟大历史实践中去，在实现中华民族伟大复兴的中国梦的历史进程中贡献自己的青春和力量。

在认识到当代青年优势的同时，必须清醒认识到青年发展事业与社会主义现代化建设的新要求、经济社会发展的新形势、广大青年的新期待相比，还存在不少亟待解决的突出问题。主要是青年思想道德教育需要不断增强；青年体质健康水平亟待提高，部分青年心理健康问题日益凸显；青年社会教育和实践教育需要加强，提高教育质量的任务仍十分艰巨；青年就业的结构性矛盾比较突出，影响就业公平的障碍有待进一步破除；青年创业创新的热情有待进一步激发，鼓励青年创业创新的环境还需要不断优化；当代青年工作和生活压力随着人口结构的变化不断增加，而国家政策和社会的保障方面有待加强；青年发展工作的机制还不完善。

三、《规划》的出台是推动国家治理现代化的必然选择

在党和国家的关心、支持和推动下，我国青年发展事业取得了巨大进步和历史性成就。青年在政治理想信念和思想道德方面，总体上是健康向上的，即表现出对党的领导的拥护，也对中国特色社会主义事业的发展充满信心；青年的基本生活条件不断改善，物质生活水平显著提高，精神文化生活日益丰富，青年群体文明程度不断提升；教育事业长足发展，青壮年人口文盲基本消除，新增劳动力平均受教育年限达到 13.3 年，处于我国历史上最高水平，与发达国家之间的差距显著缩小；社会保障制度更加健全、生活水平不断提高。依法治国理念深入人心，法治中国的制度建设不断向前推进，青年的权益维护越来越制度化、法制化，青年的发展权益获得了更加有效的保障；青年的教育水平不断提高，基础教育水平的普遍提升为青年的创新能力、创业活力注入了生机和动力，为青年成才提供了更加有利的环境，当代青年在建设祖国的伟大历史实践中不断实现自身的价值。

当代青年是引领中国社会不断向前发展的未来力量，他们的成长和思想发展状况对整个国家未来的发展和治理必将会产生重大影响。因此，不断完善当代青年的教育水平和培养方式，提高国家管理青年实务的能力，既是中国特色社会主义事业建设的内在要求，也是深入推进国家治理体系和治理能力现代化的必然选择。

四、《规划》的出台是适应中国社会深化改革发展的需要

未来的十年，是实现"两个一百年"奋斗目标、实现中华民族伟大复兴中国梦的关键时期。面对复杂多变的国际环境和国内艰巨繁重的改革发展任务，统筹推进"五位一体"总体布局和协调推进"四个全面"战略布局，[1]适应和引领经济发展新常态，牢固树立和贯彻落实创新、协调、绿色、开放、共享的发展理念，需要青年一代充分发挥作用，在改革发展稳定第一线建功立业、接续奋斗。要站在党和国家事业后继有人、兴旺发达的高度，把青年发展摆在党和国家工作全局中更加重要的战略位置，整体思考、科学规划、全面推进，努力形成青年人人都能成才、人人皆可出彩的生动局面，为实现"两个一百年"奋斗目标、实现中华民族伟大复兴的中国梦注入强劲、持久的青春动力。

五、《规划》的出台是实现国家长治久安的需要

一个政党要想长久发展，必须在整合社会的基础上重视青年的发展。从1919年以来中国的奋斗史来看，先进政党与先进青年具有较强的内在共通性。中国共产党的诞生改变了中国青年的命运，同时广大青年在革命、建设和改革中发挥生力军作用。[2]在整个社会化过程当中，社会化的规则程序和活动结构是有序、可行的，社会为青年的社会化奠定了坚实的基础，青年社会化的主流是好的。但也存在着一些值得我们重视和研究的障碍及隐忧问题。如果不能处理好两者的关系，往往会出现极端的事件。如突尼斯爆发的"茉莉花革命"已着实呈现燎原之火，引起中东大乱，造成世界之殇。在我国，随着社会结构的高速转型与变迁，青少年社会化问题也日益严峻。与此相伴的是，越来越严重的青少年社会适应问题、价值观与行为偏差问题以及违法、犯罪问题。

一个政党要想长久发展，必须在整合社会的基础上重视青年的发展。从1919年以来中国的奋斗史来看，先进政党与先进青年具有较强的内在共通性。中国共产党的诞生改变了中国青年的命运，同时广大青年在革命、建设和改革中发挥着生力军作用，青年的成长需要通过政党政策和指引来实现自身价值。[3]当代青年在进行社会实践活动中不免会遇到困难和障碍，这需要青年自身的努力去克服，但是，也需要国家和社会的关心，特别是政府在其中发挥着不可替代的作用。中国共青团作为党联系青年的桥梁和纽带，发挥着传播政治理念、组织动员青年、选拔青年精英等重要作用，因此《规划》的出台有利于中国共青团组织引导青年适应国家发展的要求，在社会环境中通过外在教化、人际交往、文化熏陶、自身经验等途径，学习基本生活技能、生产技能、

---

[1] 参见"在贯彻落实'四个全面'上凝神聚焦发力——张德江委员长参加十二届全国人大三次会议代表团审议侧记"，载《中国人大》2015年第6期。

[2] 胡献忠、郗杰英："中国共产党与中国青年关系论略"，载《青年探索》2013年第1期。

[3] 胡献忠、郗杰英："中国共产党与中国青年关系论略"，载《青年探索》2013年第1期。

文化知识、社会规范，获得生活目标，培养社会角色，使自己成为合格的社会成员。

六、《规划》的出台是应对复杂多变的国际环境的需要

《规划》指出，"青年是国家的未来、民族的希望"，"青年是国家经济社会发展的生力军和中坚力量。党和国家事业要发展，青年首先要发展"。青年群体不仅是能影响一个国家和民族未来的群体，随着现代科技的发展、社会化进程的加快，青年也已经成了当今社会中最富有梦想、最具创新活力的人群。[1]当前中国的国内国际形势十分复杂，但同时又日趋稳定，和平与发展成为时代主题，全球化、多极化也成为中国近些年来的发展目标，国与国之间关注更多的是现实国家利益，对利益的追求也越来越大，矛盾与分歧随之而来。国内，社会大转型在取得巨大成就的同时，也暴露出了更多的问题，而且有很多问题日益尖锐。

如何在多变的国际形势中做出正确的选择，是对中国人，更是对我们当代青年一代提出的命题。从五四运动起，青年就是革命的力量和血液。习总书记在五四讲话精神中更是强调了这一点，指明了当代青年肩负的历史责任、成长道路，并对全国广大青年提出了五点殷切期望，为当代青年健康成长、投身实现"中国梦"伟大实践指明了方向。我们要深入学习、深刻把握习近平总书记讲话的丰富内涵和精神实质，把思想和行动统一到中央对青年一代的希望和要求上来，用"中国梦"打牢青年的共同思想基础，用"中国梦"激发青年的历史责任感，引导青年学生为实现中国梦、青春梦而努力学习、奋斗。

第三节　《规划》出台的过程

《中长期青年发展规划（2016~2025年）》是在习近平总书记的亲自关心下制定的，充分体现了党和政府对青年的关心、对青年工作的重视。2015年5月，《规划》起草工作正式启动。在党中央书记处指导下，由共青团中央牵头，35家中央部门和单位参与，历时近2年。[2]在起草过程中，始终坚持全面、辩证、发展的马克思主义青年观，紧紧围绕为实现中华民族伟大复兴中国梦而奋斗的青年运动时代主题，深入贯彻习近平总书记系列重要讲话特别是关于青年工作的一系列重要指示精神，注重突出发展导向、问题导向、目标导向，全面体现创新、协调、绿色、开放、共享的新发展理念，充分照顾青年的时代特点和利益关切，努力让青年有更多获得感。[3]

---

[1] 参见刘宏森："青年发展规划资源意义解读"，载《中国青年报》2017年6月5日。
[2] 参见"新闻办就《中长期青年发展规划（2016~2025年）》举行发布会"，载中国政府网：http://www.gov.cn/xinwen/2017-05/17/content_ 5194648.htm#1，访问日期：2017年7月29日。
[3] 参见"新闻办就《中长期青年发展规划（2016~2025年）》举行发布会"，载中国政府网：http://www.gov.cn/xinwen/2017-05/17/content_ 5194648.htm#1，访问日期：2017年7月29日。

一、《规划》的初期探索阶段

党和国家历来对青年高度重视、关怀和信任,特别是十八大以后,习近平总书记在青年发展方面,倾注了大量的心血。为了能够充分体现以青年为本的理念,在《规划》的起草过程中,面向广大青年面对面、一对一地征求意见。据悉,"青年之声"网络平台开通2年来,活跃粉丝数600多万,年点击量超过10亿次。从网上梳理了近2年青年网友向"青年之声"所提的问题,抽出了1万个样本,梳理出带有倾向性、规律性的一些需求。对这些需求的回应,体现在10个发展领域当中。因此,"青年发展涉及的10个领域,是经过充分的调研、借鉴国外的一些做法提出的,它覆盖了青年核心利益的方方面面,应该说也形成了一个系统"。[1]

二、《规划》体系的完善、发展阶段

《规划》在起草期间进行了大量论证研讨工作,开展了青年发展状况专题研究,学习借鉴了国内外的好经验好做法,面向党政部门、专家学者、青年群众等1000多人广泛征求意见建议,与有关部委反复沟通,充分集中各方面的智慧。[2]

《规划》起草工作始终在党中央统一领导下推进,中央政治局常委会会议、国务院常务会议、党中央书记处会议研究审议规划稿,十二届全国人大四次会议审议通过的"十三五"规划纲要明确写入了"制定实施青年发展规划",这些都为青年发展规划制定出台指明了方向、提供了遵循。中国青年要成为中国特色社会主义事业的建设者和接班人,要为实现中华民族伟大复兴的中国梦而努力奋斗,这就是所有当代中国青年的人生航向。在这次制定的规划中首次提出了党管青年的重要原则。"在我们国家,中国共产党是执政党,东西南北中,党政军民学,党是领导一切的。党对青年工作如此重视,必定会在全社会引起积极响应,一起做好青年事务。"[3]充分体现了党的温暖,拉近了青年和党中央的距离,把青年更好地凝聚在党中央周围。

三、《规划》的编制和实施阶段

《规划》从起草到实施落实跨度有10年,目前已经设立了推动《规划》实施的部际联席会议机制,由中央领导同志牵头,51个部委包括共青团中央在内共同实施。目前51个部委正在沟通协调具体问题,比如10个领域的目标怎么分解,监测指标怎么建立,年度重点工作任务怎么确定等。

《规划》的实施确实是一个大的系统工程,会面临着不少问题。要把这个事情做

---

[1] 参见"新闻办就《中长期青年发展规划(2016~2025年)》举行发布会",载中国政府网:http://www.gov.cn/xinwen/2017-05/17/content_ 5194648.htm#1,访问日期:2017年7月29日。

[2] 参见"新闻办就《中长期青年发展规划(2016~2025年)》举行发布会",载中国政府网:http://www.gov.cn/xinwen/2017-05/17/content_ 5194648.htm#1,访问日期:2017年7月29日。

[3] 参见"新闻办就《中长期青年发展规划(2016~2025年)》举行发布会",载中国政府网:http://www.gov.cn/xinwen/2017-05/17/content_ 5194648.htm#1,访问日期:2017年7月29日。

好,在党中央的领导下,形成一个好的制度、好的机制,是最重要的保障。《规划》提出设立部际联席会议机制,同时也要求各地要设立相应的机制,根据当地的情况制定出台符合当地实际的青年发展规划。当然,《规划》的实施由团中央、各级团组织来履行协调和督促的职责,这是党中央对共青团的巨大信任,同时也是一个巨大的责任。[1]不过,要特别注意的是,《规划》的性质是中央规划、国家规划,也要注意防止将《规划》的实施异化为共青团一家之责。

第四节 《规划》出台的意义

我们党和国家历来对青年高度重视、关怀和信任,特别是十八大以后,习近平总书记在青年发展方面,倾注了大量的心血。[2]2017年5月3日,习近平总书记在中国政法大学参加本科班团支部的主题团日活动时讲到,每年到了五四前后,我都把这段时间留给青年。十八大之后的每一年总书记都参加共青团和青年的重要活动,主持一些重要的会议,研究青年问题,给一些青年群体回信,对青年和共青团工作作出重要批示指示,非常关心青年的成长。[3]总书记的重视推动了我国青年发展规划的进程。这是新中国历史上第一个青年发展规划,是党和国家青年工作的行动纲领。制定《规划》,充分体现了以习近平同志为核心的党中央对青年一代的亲切关心、对青年工作的高度重视,对于激励广大青年在实现中国梦进程中建功立业、接续奋斗,对于确保党和国家事业后继有人、兴旺发达,具有重大而深远的意义。

一、有利于青年的成长和发展

《规划》指明了当代中国青年的人生航向。《规划》一开始就提出,中国青年要成为中国特色社会主义事业的建设者和接班人,要为实现中华民族伟大复兴的中国梦而努力奋斗,这就是我们所有当代中国青年的人生航向。《规划》大大激发了广大青年的奋斗热情。《规划》的意义还在于在全社会营造一个帮助青年成长、促进青年发展的环境,激发广大青年奋发图强,为更好地建设国家而努力。党和国家如此关注、支持、帮助青年成长,必定会激发出青年巨大的热情,来回报我们的社会,把党和国家建设得更好。

《规划》直面青年发展的种种问题和需求,明确指出:当前,"青年发展事业与社会主义现代化建设的新要求、经济社会发展的新形势、广大青年的新期待相比,还存在不少亟待解决的突出问题"。这些问题主要包括青年思想教育、身心健康、就业创

---

[1] 参见"共青团中央:通过每年评估、五年评估等确保规划落实",载央视网:http://news.cctv.com/2017/05/17/ARTIE652TdMvLR8JzuiQmn5M170517.shtml,访问日期:2017年7月26日。

[2] 参见共青团中央书记处:"用社会主义核心价值观培育当代新青年——学习习近平总书记关于在青少年中培育和践行社会主义核心价值观的重要论述",载《求是》2015年第5期。

[3] 参见"秦宜智书记在全团学习贯彻习近平总书记重要批示精神暨2014年年中工作交流会上的讲话纲要",载《北京青年工作研究》2014年第4期。

业、生活和工作等多方面。而所有这些问题的背后，往往都存在着资源短缺和匮乏等深层原因。比如，青年体质健康水平不高，与运动、健康等方面的制度、精力、资金等资源的投入和支持不足直接相关；青年就业创业中的种种问题，与国家和社会在物质、智力等方面资源的支持不足有关；青年生活和工作中压力大，与工作、婚恋、社会保障等方面的资源支持不足有关……青年及其发展亟须得到各种物质、精神资源的大力支持，从资源支持入手可以有效破解与满足"青年的现实问题和迫切需求"。[1]

二、有利于将青年发展融入国家治理现代化的各领域、各环节

青年兴则民族兴，青年强则国家强，青年的发展关乎一个国家和民族的未来。要把中国的事情持续做好，非常重要的一点就是要把青年人培养好，就像《规划》里所陈述的一样，"党和国家的事业要发展，青年首先要发展"。青年是国家的未来、民族的希望。因此，促进青年更好成长、更快发展被认为是国家的基础性、战略性工程，在这一阶段出台青年发展规划具有一定的必然性。

（一）《规划》促进全社会对青年事务的高度关注

在《规划》中首次明确提出了党管青年的重要原则，在我们国家，中国共产党是执政党，东、西、南、北中，党、政、军、民、学，党是领导一切的。党对青年工作如此重视，必定会在全社会引起大家的积极响应，一起来做好青年事务。能够进一步促进各级党委和政府把青年工作摆上重要位置，努力实践，做"青年朋友的知心人、青年工作的热心人、青年群众的引路人"。

（二）《规划》设计了一个关心支持青年发展的国家机制

为了推动《规划》的实施，要坚持党委领导，政府、群团、社会协同施策，共同营造青年人健康成长的良好环境，同时设立推动《规划》实施的部际联席会议机制，由中央领导同志牵头、51家部委包括共青团中央在内一起实施。《规划》还要求各地都制定青年规划，都建立青年工作联席会议机制。这样一种国家机制将对青年的发展起到巨大的推动作用。在这其中，共青团作为党的青年工作的重要承担者，要肩负起规划实施的协调、督促职责，充分发挥好党和政府联系青年的桥梁纽带作用，协调各方力量切实把党和政府的关怀送到青年中去。各地也要根据实际编制本地区青年发展规划，逐步建立健全青年发展规划体系，加强对规划实施情况的监测评估，形成全社会关心、支持青年发展的良好氛围。[2]

三、符合现代社会的发展理念和趋势

探讨青年发展，离不开青年发展的社会背景。人类历史发展进程表明：青年发展与社会发展之间一直是处于互动状态之中，它们之间的辩证关系具体表现为两个方面：

---

[1] 参见刘宏森："青年发展规划资源意义解读"，载《中国青年报》2017年6月5日。
[2] 参见《中长期青年发展规划（2016~2025年）》。

一方面是社会发展的现有状况为青年提供必要的资源、条件和机会。青年生活在变化发展的社会之中，其成长必定要受到社会各方面因素的影响和制约，现存的社会关系决定着青年的经济地位、价值观念和政治态度，从而也决定着他们人生的发展方向。另一方面，青年作为承前启后、继往开来，富有创造力和生命力的群体，是认识社会、改造社会的主体力量，对社会的发展起着能动的反作用。青年在自身的发展过程中总是会不断产生新的需要、愿望和要求，并在将这些期待转变成为现实而付出各种努力的过程中，从不同的维度和层面推动着社会的发展。[1]总之，社会为青年提供了其存活和发展的必要条件，青年在自身的成长过程中反过来又不断地推动社会发展进步。青年发展与社会发展之间的辩证关系充分地体现在中国社会的变迁历程当中。

《规划》的颁布，正是中国共产党在实现"两个一百年"宏伟目标的奋斗过程中所探索的完善之举，增强了中国共产党对于青年工作的整体力度。从中国共产党青年观整体的提升和完善角度而言，《规划》的颁布，体现的是我们党引导青年、教育青年、服务青年的鲜明原则和方针，同时，也是在我国走向世界大国、实现中国梦的过程中，与世界接轨的一个表现。现今，世界上的很多国家都有专门的青年管理部门，我党自成立之初就专门成立了共青团这样引导、服务广大青年的组织，迄今已走过了95年的风雨历程。《规划》的颁布，是我国更加自信地融入世界的一种体现。与其他国家同类青年发展规划相比，我们所制定的规划既带有国际上通行的青年发展权利要求，同时又具有我国自身特色。比如说，我们将思想引导放在首要位置，为青年成长成才服务，显得非常重要。中国在青年发展规划中要始终坚定地遵循具有自身特色的原则。

四、适应全球化背景的国际形势

当今世界是一个多元化的世界，逐渐融为一体，同时我们越来越容易看到我国在世界上的影响力越来越大，责任也越来越重。这一切不仅给正在处于经济转型期的中国带来了挑战，更要看到其中蕴含的机遇。中国青年的发展应当以社会的发展为基本前提和根本保证，而社会发展又离不开国内国外大环境的影响。当前和今后一段时期内，就中国的国际环境和国内形势而言呈现出如下背景：现代化建设快速推进，全球化进程逐步深入，网络化趋势日益凸显，科学发展观全面实施。[2]青年发展也呈现出了相应的特点。全球化进程逐步深入，青年发展面临的挑战与机遇并存。全球化是当今时代的重要特点。以经济全球化为主要特点的全球化运动正以全新的方式，影响和优化着世界经济的发展模式。其实，全球化并不仅限于经济领域，尤其是当今时代，人类的经济、政治、文化和社会活动等各方面都不同程度地受到彼此之间的影响和作用。在这种全球化的大背景下，对于中国社会发展和青年发展都将会产生巨大而深刻的影响，挑战与机遇并存，这需要我们中国新青年一代必须以前所未有的视野、更高

---

[1] 参见沈杰："中国社会发展进程青年发展：阶段及其特点"，载《青年探索》2001年第5期。

[2] 参见沈杰："中国社会发展进程中的青年发展——一项宏观视角的分析（下）"，载《青年探索》2001年第6期。

的素质和更充分的准备去进行应对。同时我们也要跟得上时代和青年变化的客观形势，对全球化背景下青年发展的战略部署做出新的调整。

《规划》的出台有利于当代青年在面对国内国外的复杂环境中坚持自我价值实现与服务社会相统一。改革开放以来，随着中国社会的生产力的发展和对外开放的深入推进，青年的价值意识和价值取向也随之发生了巨大变化。青年的自我意识逐渐觉醒，主体意识不断增强，注重个性的发挥和个体潜能的实现，带来了真正意义上的"个性解放"。在这个阶段，个人的价值观念还未完全成熟，容易受到不健康的价值观念和思想观念的影响。因此，《规划》的出台有利于使思想处于萌动阶段的青年坚定正确的价值方向、信仰和人生追求。

发展成为当代青年最本质和最根本的需求，追求人生价值的实现是青年与生俱来的基本权利，但是青年要理性选择价值目标，合理使用价值手段，在注重自身价值实现的同时必须与奉献社会结合起来，实现个人价值与服务社会的统一。青年是思维最活跃、求新愿望最强的群体，已经成为我国社会中最积极、最活跃的因素。党领导人民进行革命、建设、革新所取得的辉煌成就，都包含着一代又一代青年的奋斗业绩。青年是祖国的未来和民族的希望，是革命、建设和革新的生力军和突击队。因此，此时出台青年发展规划是符合中国实际的正确选择，有利于在全社会的范围内形成共同关心青年群体的整体合力，推动更加完善的青年发展政策的出台，从而真正落实关心和爱护青年一代健康成长的目的。

第五节 《规划》与相关政策文件及法规的关系

制定青年发展规划是联合国和各国较为普遍的做法，国外已经有很多国家出台了青年发展方面的规划或政策。在这个国际化趋势的大背景下，我国的《中长期青年发展规划》只有符合我国国情，连接国际潮流，顺应规律才能够发挥出它最大的功能和价值。在组织实施过程中，首先必须梳理清楚《规划》与其他相关联的条约、规划、法律法规之间的关系，在准确把握之后能够更好地帮助工作的组织和实施。

一、《规划》与国际条约的关系

习近平总书记在致全国青联十二届全委会和全国学联二十六大的贺信中提到："祖国的未来属于青年，重视青年就是重视未来。各级党委和政府要加强对青年工作的领导，认真研究新形势下青年运动的特点和规律，为广大青年成长成才、建功立业创造良好环境和条件，帮助和支持广大青年在时代的舞台上展现风采、发光发热，努力为实现'两个一百年'奋斗目标、实现中华民族伟大复兴的中国梦贡献青春的激情和力量。"

《规划》完全体现了我国参与发起或签署批准的有关国际条约的精神和成员国义务，与世界各国青年发展的规则相容。我国现已加入的国际有关条约包括《关于进一步规划及推进青年领域工作的行动纲领》《联合国少年司法最低限度标准规则》（又称《北京规则》）、《联合国预防少年犯罪规则》（又称《利亚得准则》）、《到2000年及其后世界青年行动纲领》《经济社会及文化权利国际公约》《儿童权利公约》等。

《关于进一步规划及推进青年领域工作的行动纲领》（1985年）强调了政策干预对于青年状况的影响作用以及各国政府与青年对话、促进形成青年参与社会决策过程的重要性。《联合国少年司法最低限度标准规则》强调要加强对少年违法犯罪的预防，《联合国预防少年犯罪准则》则更进一步规定了预防少年犯罪的六项基本原则，这两个国际文件对于《中长期青年发展规划》中针对预防处理青少年违法犯罪案件的规定有着指导性的作用。《到2000年及其后世界青年行动纲领》（1995年）是早期在青年领域中最具综合性、纲领性的指导性文件，较为系统地提出具有普遍意义的青年政策框架和行动指导原则。《中长期青年发展规划》在其基础上进一步改善青年状况，在该行动纲领的指导下，提出了政策框架和切实可行的指导方针，促进了我国青年的发展。《经济、社会及文化权利国际公约》第一次以法律形式对经济、社会及文化权利加以确认，推动了发展中国家倡导的民族自决权等集体人权的形成、发展和完善。《中长期青年发展规划》也进一步体现了我国对于人权发展的推动以及保护青年权益的强烈目标。

二、《规划》与"十三五"规划的关系

十二届全国人民代表大会第四次会议审议通过的"十三五"规划纲要明确写入了"制定实施青年发展规划"。这为青年发展规划制定出台，进一步推动青年发展工作指明了方向，提供了依据。青年发展规划现已经被明确纳入了"十三五"规划纲要，是我国"十三五"规划下的一个子规划，它是在"十三五"规划的核心指导下针对青年这一群体做出的专项规划。《中长期青年发展规划》是"十三五"规划的延伸，时间跨度更长，工作内容更具有针对性。

青年发展规划贯彻了"十三五"规划提出的五大发展理念。实现"十三五"时期发展目标，破解发展难题，厚植发展优势，必须牢固树立并切实贯彻创新、协调、绿色、开放、共享的发展理念。在创新发展方面，《规划》围绕加强青年创新教育、推动青年投身创新实践提出了一系列举措，在传承中不断创新发展，在开拓中创造时代品牌，例如团中央大力支持广大青年学生参与创青春大赛、挑战杯大赛等。在协调发展方面，《规划》围绕组织青年投身城乡协调发展、参与精神文明建设等方面提出了一系列举措，以达到政治文明和精神文明协调发展。在绿色发展方面，《规划》鼓励青年积极参与生态环境保护、绿色公益行动、低碳出行，一同保护祖国大地，共创美丽中国、绿色中国。在开放发展方面，《规划》就支持青年参与国际交往提出了一系列举措，如在一国两制的大背景下，规划提出实施港澳台青少年交流工程，旨在增强港澳台青年的国家认同、民族认同和文化认同，拓宽青年参与国际交往渠道，培养推荐青年优秀人才到国际组织任职等。在共享发展方面，《规划》既保障青年与全国人民一道实现小康，同时也注重发挥青年在脱贫攻坚中的作用。

青年发展规划的时间跨度是中长期的，《规划》预期到2020年，具有中国特色的青年发展政策体系和工作机制初步形成，广大青年思想政治素养和全面发展水平进一步提升，在决胜全面建成小康社会伟大实践中的生力军和突击队作用得到充分发挥。《规划》将2020年作为一个重要的时间节点，明确将发挥青年在决胜全面建成小康社会伟大实践中的生力军和突击队作用作为阶段性的发展目标，这与"十三五"规划是完全契合的。而《规划》又再一步提出了2025的远景，争取到2025年，具有中国特色的青年发展政策体系和工作机制更加完善，广大青年思想政治素养和全面发展水平明显提升，不断成长为志存高远、德才并重、情理兼修、勇于开拓，堪当实现中华民族伟大复兴中国梦历史重任的有生力量。这一2025远景规划与"十三五"规划项下的其他子规划相辅相成、相互促进，形成了一个共同转型的战略目标。

三、《规划》与青少年法律法规的关系

法律法规就青年规划而言是一种能够推进预防工作逐步前行的后盾，一种能够赋予规划执行部门及人员有理、有据、有节地推动工作的依据。我国已经初步形成了以《未成年人保护法》《预防未成年人犯罪法》为核心，相关联的其他法律法规、行政规章、司法解释、部门规章、地方性法规为配套的保护未成年人的法律体系。我国《民法》《刑法》《刑事诉讼法》《义务教育法》等多部法律在相关的篇章中也对于未成年人保护作了规定。《禁止使用童工规定》《社会救助暂行办法》等行政法规以及配套的措施都能够良好地保护未成年人权益。

《规划》有关预防青少年违法犯罪工作的发展目标是将青少年法治宣传教育常态化、全覆盖，进一步净化青少年成长环境，同时形成比较完善的重点青少年群体服务管理和预防犯罪工作格局，建立针对有严重不良行为和涉罪青少年进行教育矫治的有效机制，最终争取达到青少年涉案涉罪数据逐步下降的效果。《规划》也贯彻了我国预防青少年违法犯罪工作采用综合治理的基本原则，在各级党委的领导下，由共青团依托综治工作体制，发挥牵头作用，协调并且配合各部门的发展工作，整合社会力量，共同开展。《规划》在一定程度上进一步维护未成年人及青少年的权益，优化青少年成长环境。

四、《规划》与《国务院儿童发展纲要》之间的关系

中国作为《儿童权利公约》《儿童生存、保护和发展世界宣言》和《执行九十年代儿童生存、保护和发展世界宣言行动计划》的签署国，为了进步一地履行职责，成立了专门的儿童工作机构，并于1992年发布了《九十年代中国儿童发展规划纲要（1991~2000年）》，之后，又分别于2001年和2011年颁布了《中国儿童发展纲要（2001~2010年）》和《中国儿童发展纲要（2011~2020年）》。这三个纲要作为以上公约、宣言和行动计划在中国的国家行动方案，体现了在不同的历史时期，中国政府优先保障的儿童权利以及我国相应的儿童政策。

《规划》与儿童发展纲要最为密切相关。儿童时期和青年时期是紧密相连的,甚至有部分的重合过渡期,《儿童发展纲要》与青年发展规划也应当是紧密相连的,可以说《规划》是纲要的延伸,也可以说纲要是《规划》的雏形。《规划》是在纲要的基础上,就其未尽的事项予以完善,就其已有的数据进行分析,进而给青年发展规划指标提出借鉴与参考。

习近平总书记在北京市海淀区民族小学主持召开座谈会时,发表了关于从小积极培育和践行社会主义核心价值观的讲话。他提到任何一个思想观念,要在全社会树立起来并长期发挥作用,都要从少年儿童抓起。借鉴儿童发展纲要,青年发展规划要坚持开展组织教育、自主教育、实践活动,更好地为青年培育和践行社会主义核心价值观服务,把广大青年团结好、服务好、带领好。全社会应该了解当代青年、尊重青年、关心青年、服务青年,为青年一代提供良好社会环境。对损害青年权益、破坏青年身心健康的言行,要坚决防止和依法打击。因此,儿童发展纲要和青年发展规划是一脉相承的,不可断裂的。一个民族的文明进步,一个国家的发展壮大,需要一代又一代人接力努力,需要很多力量来推动,青年则是最强有力的推动力量。

五、《规划》与其他关联文件的关系

青年发展规划与国家其他涉及青年的专项规划之间总体上是协调的,互补的关系。我国的青年发展政策散见于教育、婚恋、人才、健康、就业等党委、政府、群团等有关部门的专项规划之中。《规划》根据青年发展过程中面临的突出矛盾和问题,就其需求和重要程度进行分类排序,系统梳理,再进一步结合相关具体政策、规划给予综合治理。《规划》明确了青年发展有关政策的优先次序及重点领域,对有关专业规划具有导向作用。而与此同时,《规划》也会根据青年这一群体具有的特点、需求、集中矛盾等情况,对于现有专项规划中的政策盲区和未尽事宜,进行查漏补缺,重点研究和设计有针对性的举措。《规划》提出而其它专业规划未述及的措施,或者其它专业规划已述及而《规划》未涉及的,均按各自归口执行。

青年,对于一个国家和民族来说,其重要性是不言而喻的。梁启超先生曾说"少年富则国富,少年强则国强",国家的重任迟早要交到青少年的肩上,所以青少年的发展关乎国家和民族的未来。一个国家的进步和发展,须依靠一代又一代人的努力,而作为充满满腔热血的青年来说,如何引领他们走上正确的人生道路尤为重要。同时,青年人才的成长,需要一个与其特点相适应的环境条件。因此,党和国家高瞻远瞩,积极地开拓实践,为青年的发展创造有利的社会环境。《规划》的起草和实施就是国家关注青年成长的社会大环境,致力于管理好社会,为青年的成长和发展营造出一种充满生机、充满活力的社会环境和制度环境,帮助青年健康成长。

第二章
青年的界定与状况

青年是国家的未来、民族的希望,促进青年更好地成长、更快地发展是国家的基础性、战略性工程。"青年"阶段一般被理解为是一个过渡期,指一个人从童年对父母、对家庭的依赖到具备每一个社会成员所应有的独立性的这一时间段。青年一词的含义在全世界不同的社会中是各有差异的,同时其定义也随着政治经济和社会文化环境的变换一直在变化,故在研究与青年有关的问题时,首要的任务就是科学界定青年的概念与范畴。

第一节 科学界定青年的必要性

长期以来,我国对"青年"这一概念并没有一个明确的界定标准,在这种状况下,各机关、各部门在青年界定方面都有自己的一套标准,或是将青年的年龄段划分得过于狭窄,或是规定得过于宽泛,严重脱离正常的判断标准。同时,青年年龄段划分的模糊性和不确定性,也给青年工作的开展造成了一定的阻碍,故科学界定青年的概念与范畴刻不容缓。

一、青年年龄段划分的乱象

自"青年"这个词诞生以来,无论是在我国,还是在世界范围内,关于青年年龄段划分的争议一直存在,而不同标准下青年的界定也大相径庭,莫衷一是。

国际范围内青年的界定同样标准不一,甚至连联合国、联合国教科文组织及世界卫生组织这样的权威性机构在对青年界定的问题上也持不同观点。

(一)联合国及相关国际组织的界定

出于对所有地区统计一致性的考虑,联合国将"青年"定义为15岁~24岁的人群。联合国所发布的人口、教育、就业和健康系统的相关统计数据都是基于这一定义。

但是,联合国有关组织则采取了不同的青年定义。例如,联合国教科文组织将16岁~45岁的人群界定为青年人口。2013年,世界卫生组织根据人的生理状况则将44岁以下的人定义为青年人。

(二) 我国的界定

我国在青年界定问题上也存在诸多的争议，与青年有关的专门组织如共青团、全国青年联合会对青年的界定也存在差异。

共青团。《共青团章程》第1条规定："年龄在14岁以上，28岁以下的中国青年可以申请加入共青团。"

全国青年联合会。全国青年联合会简称全国青联，是以中国共产主义青年团为核心力量的各青年团体的联合组织，而这里的"青年"是指18岁~40岁的人。

国家统计局。国家统计局将青年界定为14岁~35岁的人，而全国人口普查的相关数据也是基于这个标准。

二、因主体不明给青年工作所造成的困惑

由上述可以看出，有关青年年龄的界定问题长久以来并没有一个明确的定论，每个部门、机构都有自己的标准，这也给与青年有关的工作的开展带来了不小的阻碍。

之所以要将青年与其他的社会群体区分开来，主要原因在于与其他社会群体相比，青年具有特殊性与独立性。即将踏出校门、迈入社会的他们面临着一系列的问题，如就业、婚恋问题。而另一方面，他们初入社会，知识、经验的缺乏使他们处处碰壁，如果没有很好的抗压能力，许多人会产生一定的心理问题，如果不能正确引导，他们很有可能自暴自弃，甚至误入歧途，更谈不上为国家和社会的建设出谋划策了。青年是国家经济社会发展的主力军与中坚力量，青年发展的优劣程度直接决定了国家未来的发展方向。在这种大背景下，为了支持、鼓励青年更好地、更快地适应社会，针对青年群体所普遍存在的就业等问题，国家出台了一系列的优惠政策。但问题就在于有关青年的界定并不是很明确，现实中经常有一些明显不符合条件的人打着青年的旗号来享受这些优惠政策，而真正适格的、迫切需要这些政策来扶持的青年人却往往因此错失机会。而正是这种主体界定的模糊性给了那些不法分子可乘之机，徇私舞弊的现象也难以避免。

第二节 青年概念的厘清

在界定青年概念之前，有两样工作是必不可少的，一是对"青年"和与其相邻的其他概念之间做一定的区分；二是了解我国不同时期、不同学科视角下关于青年界定的状况。在此基础上，再去分析青年概念的内涵和外延就显得比较清晰了。

一、"青年"与相邻概念的辨析

在社会生活中，与"青年"最容易混淆的两个概念就是"少年"与"青少年"，这两个概念虽与"青年"概念密切相关，但它们之间的差别也是较为明显的。

(一)"青年"与"少年"

"青年"与"少年"分别表示人所处于的两个不同的年龄阶段,这两个概念无论是在内涵上还是在外延上都是有区别的。

少年期是从童年期向青年期发展的一个过渡阶段,也是儿童心理发展的一个重要的转变期,处在这一时期的人的主要特征是半幼稚和半成熟性、独立性和依赖性、冲动性和自觉性等交错发展。而少年期也是一个人的个性形成的关键期,所以这一时期人的生理和心理方面都会有巨大的变化。

与少年相比,青年时期人的生理和心理都逐渐发育成熟,人格已经基本形成,处于一个相对比较稳定的状态。这个时期人逐渐开始变得独立起来,脱离父母和学校,逐渐步入社会,独立地享有权利和承担责任。

就外延方面而言,根据我国最新出台的文件,14岁~35岁的人为"青年",而一般认为"少年"是指十岁左右至十五六岁这一时期的孩子。由此可以看出,"少年"这一年龄段的上限正好与"青年"这一年龄段的下限相接。而无论是从心理上还是从生理上来说,"青年"都比"少年"更加成熟,也更趋于稳定。

(二)"青年"与"青少年"

"青少年"顾名思义是处于"青年"与"少年"这两个年龄段相重合的区域的群体,从生理和心智的发育程度而言,指的是已满13周岁但不满20周岁的群体。而从青少年犯罪研究的角度而言,青少年的年龄界限在14周岁~25周岁,横跨了法律上的未成年人和小年龄成年人两个年龄区域。

这一时期的个体正处于青春期的特殊时段,最主要的特点是身心发展不平衡,成人感和半成熟之间的错综矛盾及这些矛盾会带来心理和行为上的特殊变化。经过青春期,他们的生理机能迅速增强,而且这个时期,性发育的速度也开始直线上升,表现为性器官的发育与第二性征的出现。生殖系统是人体各系统中发育成熟最晚的,而它的成熟也标志着个体生理发育的基本完成。同时在这一时期,个体心理发展的矛盾也逐渐凸显出来。青少年时期人的自我意识和独立意识逐渐形成,但由于心理发展的缓慢性,其心理水平尚处于从幼稚的童年向成熟发展的过渡阶段,于是这种强烈的自我意识和独立意识与心理发展的幼稚性、不成熟性相互发生碰撞,从而产生了不可调和的矛盾,而这也是青少年时期个体发展最突出的特征之一。

通过上述对"青少年"年龄的界定及对其生理与心理的分析,"青少年"与"青年"这两个概念之间的差异也就变得清晰起来了。单就年龄的划分来看,"青少年"这个年龄段完全包含于"青年"这个年龄段,"青年"这一概念的外延要远远大于"青少年"的外延,"青少年"是"青年"的一个组成部分。从整体上而言,"青年"这一年龄段的下限正是"青少年"这一时期,是个体由半成熟、半独立向成熟、基本独立阶段的过渡,而当经历过这一阶段之后,个体才会成为一个真正意义上的"青年"。

二、不同时期、不同标准下青年的界定

了解不同时期、不同学科背景下青年的界定不仅有助于我们拓宽研究的视野,而且在充分了解它们之间的差异后，可以寻找其中的共通点，得出"青年"这一概念的真正内涵。

（一）对青年的认识发展

青年概念是对人生中青年阶段和人类社会群体中青年群体的历史的、具体的确认，青年概念并不是从人类诞生以来就有的，也不是绝对的、固定的、一成不变的，人们对青年的概念的认识是一个发展的过程。[1]

1. 我国古代对青年的界定

在人类早期的远古氏族社会，由于人的寿命相对较短，只将人生阶段简单地划分为儿童期和成人期，并没有再进一步细化，所以那时人们的意识中并不存在青年这个概念。进入奴隶社会以后至封建社会，青年这一概念才慢慢作为年龄阶梯中的一个阶段开始得到承认。

在我国"青年"的概念源起于对"青春"的认识，而"青春"一词早在春秋战国时期就有了，屈原的《楚辞》中就有"青春受谢，白日昭只，春气奋发，万物遽只"之语。及至唐朝，王维将青春演绎成青年的代称，在《洛阳女儿行》一诗中，"狂夫富贵在青春，意气骄奢剧季伦"这两句诗将青年现象与自然现象相统一，将青年人生周期的无限可能性与地球的东方相对应，是对青春的赞美。"青年"一词在唐朝前后才开始出现，但在唐朝文献中并不多见，到了宋朝，使用的频率才大幅度增加，而到了元代，"青年"一词已经成了一个人们较为熟知的词语。元代文献中多有"青年敏学""青年俊气""青年如画""青年尚奇伟"等句子。元代诗人谢应芳的诗集中常有青年的话题，如"爱尔青年二十余，无心富贵独耽书"；"青年自是好游者，白首始知行路难"；"青年去了，青衫破了"等。元代这些或多或少带有近代青年现象的各种青春期特征的描述，是对现实社会中青年概念认识的大跃进。明朝对青年现象的认识基本上继承元代，到了清朝，青年人口大幅增加，"青年"一词也被广泛地运用，特别是在许多地方志中，出现了包括女青年在内的"青年守节""青年矢志""青年励志""青年誓志"等词，这也说明了清代中叶以后，中国社会已经在潜意识中认识到青年的主体性，而且也越来越接近现代青年的含义。[2]

从古代"青年"一词的演变过程就能看出，在古代，人们对青年的认识较为模糊，更谈不上对青年的年龄阶段有一个较为准确的定位了。"二十弱冠、三十而立、四十不惑、五十知天命、六十花甲"这是古人对年龄的划分，而"十岁不愁、二十不悔"又比较准确地描述了 10 岁、20 岁这两个年龄段人的状态。"十岁不愁"表明了儿童贪玩的天性，根本不知道愁为何物；"二十不悔"即人在 20 岁最富于青春，赌资雄厚，学性方勃，顽劣尚存，不论跌倒或撞得头破血流，都不会后悔，而这恰是青年人的表现之一。"三十而立"表明人在 30 岁时不仅要在经济上完全独立，而且应该树立起自己

---

[1] 参见李毅红："青年概念的当代阐释"，载《北京行政学院学报》2007 年第 5 期。
[2] 参见谢昌逵："中国历史中的青年"，载《中国青年研究》2010 年第 4 期。

做人做事的准则，告别青壮年时期的莽撞，确定自己的人生目标和发展方向。根据上述对古代年龄划分所隐藏含义的分析，结合现代青年的划分标准，可以看出，古代青年这一年龄段的下限应在 20 岁左右，而年龄的上限则应在 30 岁左右。

2. 近代社会对青年的界定

近代以来，随着生产力的发展和生产关系的变革，青年作为一种社会存在和社会变革中的重要力量，广泛地参与社会生产生活，影响着社会的政治、经济、文化等方方面面，从而使青年群体的社会地位得以确立。[1]

清末民初这一历史时期，有关"青年"的界定还不像现在这样清晰，经常和"少年"等混用，直到五四之后，伴随着新式学校的学生群体兴起并走上历史舞台，"少年"与"青年"这两个名词之间的界限才渐渐明晰起来，"青年"继而取代清末的"少年"成了年轻人普遍的代称。[2]在中国近代较为特殊的历史背景下，作为国家与社会希望的青年们异常活跃，对国家及民族命运的关切使他们积极地参与到了爱国活动和政治斗争中去。从"五四运动"到"一二·九运动"，爱国青年担起了先锋的重任，促进了爱国运动、抗日救亡运动的开展，而在这些青年中，学生是绝对的主力军。而相比科举制不限年龄，新学制对学生的年龄和学制作了规定，梁启超曾参照日本的学制对中国学生进行了年龄的划分，他认为"5 岁以下为幼儿期，接受家庭和幼稚园教育，6 岁至 13 岁为儿童期，接受小学教育，14 岁至 21 岁为少年期，接受中学教育或寻常师范及各种实业教育，22 岁至 25 岁为成人期，接受大学教育"。[3]而参加运动的青年学生中的绝大多数正是中学生及大学生，由此也能推导出近代青年的范畴大概介于这两者之间。

1919 年的五四运动是一场以青年学生为主的学生运动，而这场运动也让青年学生首次登上了历史的舞台，彰显了新时代青年的热血与抱负，成为青年精神的体现。同时五四运动也是五四青年节的由来，五四青年节并不仅仅是一个节日、一个纪念日，透过五四青年节传达的是青年所应具有的那种朝气蓬勃、积极向上的精神，这种精神也是我们新时期广大青年们所应具备的，而且应该坚定不移地传承下去。

3. 现代社会对青年的界定

现代以来，特别是进入 21 世纪以来，随着科技的发展，人们生活水平的日益提升，人的寿命也大大延长，而人年龄的阶段性也越来越清晰。在这样一个快速发展的时代，青年作为这个社会最富活力、最具创新性的一类群体，其社会地位和作用日益凸显。与此同时，人们对人生的发展阶段的认识也发生了新变化，产生了完整的幼年、少年、青年、中年和老年五人生阶段的认识，人们对青年概念的认识也更加丰富和深化。[4]

---

[1] 参见李毅红："青年概念的当代阐释"，载《北京行政学院学报》2007 年第 5 期。
[2] 参见徐小倩："中国近代'青年说'研究"，宁夏大学 2016 年硕士学位论文。
[3] 参见刘秀生、杨雨青：《中国清代教育史》，人民出版社 1994 年版，第 234 页。
[4] 参见李毅红："青年概念的当代阐释"，载《北京行政学院学报》2007 年第 5 期。

21世纪以来，科学文化快速发展，人们对青年的认识已经不仅仅局限于年龄层面，而是从多个角度对青年的概念进行剖析。这样虽有利于人们更全面地认识青年，但同时也产生了一个问题，即不同视角下的青年界定的标准也是不一样的，而多标准最后的结果就是没标准，这从我国国内对青年的年龄段的划分标准上就能看出来。截至目前，我国国内对青年年龄段的划分有六七种之多，而这种多标准的划分不但没有使青年年龄的界限更明晰，反而更容易使人摸不着头脑，不知道哪个标准更科学、更准确。

（二）多重学科角度下青年的界定

从生理学、心理学和社会学这三个角度对青年进行界定，是学界最常用的，也是最为社会认可的界定方式。

1. 生理学和心理学角度

从生理发育的角度来界定青年概念由来已久，也最为直观。在青年时期，人的身体和生理机能都发生了急速的变化，这种变化首先表现在外形上，身体迅速长高、体重明显增加。其次是第二性征的发育及至性成熟，还有一个变化是体内机能的增强，在青春发育期，人体内的器官和组织迅速增强，并逐步趋于成熟，如心脏在青春发育期与童年期相比，心肌特别厚，弹力增强，色泽光亮，血压接近成年人，心脏供血能力显著提高，保证了青春期日益旺盛的新陈代谢的需要。从生理学角度来界定青年人是有一定的科学性的，而且比较直观和稳定，但仅用生理学标准来界定难免会有一定的局限性、片面性，要想科学界定青年的年龄还需要考虑其他方面的因素，如心理学因素。

从心理发展角度来界定青年，一个首要的前提是认为青年的年龄界限与心理成熟的过程一致，始于自我意识的萌发，而以自我一致的形成为终结。一般而言，个体进入青春期以后，自我意识便开始萌发，自我意识是对自己身心活动的觉察，即自己对自己的认识，具体包括认识自己的生理状况、心理特征以及自己与他人的关系等，具有意识性、社会性、能动性、同一性等特点；而自我一致即随着个体心理逐渐发育成熟，能正确、全面地认识自己的特点和长处，正确认识自我与社会、个人与集体之间的关系，而这也是个体从少年期的懵懂到青年期成熟的一个标志。

总的来说，生理学和心理学的青年定义在内涵和外延上均比较稳定，并逐渐成为社会学等其他学科和社会化角度综合吸收的基础，尤其是以生理特征为划分的青年下限年龄，在司法界具有不可撼动的地位，对法律制定也有特别的意义。

2. 社会化角度

学术界对青年年龄的划分多是围绕人的社会化进程来展开的，人的社会化进程经历着不同的阶段，青年是社会化过程中的一个阶段。这种青年的社会化进程包含了身心状态、文化特征、社会取向等各类具体的标准和角度，因此，对青年年龄的界定必须充分体现人在青年时期的社会特点和现实作用。[1]

---

[1] 参见吴烨宇：“青年年龄界定研究”，载《中国青年研究》2002年第2期。

从社会化的角度出发，青年时期应该是从依赖成人的童年到能进行独立的、负责的成人活动时期的过渡。如前所述，以社会化的标准来界定青年时，应将个体在青年时期的社会特点作为首要的考虑因素，在青年时期，个体正处于从半成熟到成熟、从半独立到完全独立的过渡阶段，即将从学校踏入社会或者初入社会，缺乏一定的社会经验，尚未拥有独立的社会地位。社会化角度下青年年龄的下限与生理学、心理学标准下的青年年龄下限差不多，但是在青年年龄上限的划分上，还是有一定的差异的。

在社会化标准下的青年年龄上限的划分，应以个体能独立地进行成人活动并可以为此承担责任为依据，而具体的判断标准大概有三个，即职业的确立、经济的完全独立和家庭的建立，具备这三个因素之后，个体基本上已经达到了社会成熟，开始由青年期向中年期过渡。但随着社会的发展，这个界限变得越来越模糊了：一方面，社会发展对青年的作用和要求不断变化；另一方面，青年对社会的认同和适应也存在偏差，由世界观、人生观等的变化而产生的诸如独身、丁克家庭等社会现象使社会产生的所谓"硬指标"变得机械化而失去实际意义。[1]

为了解决这个缺陷，有学者提出青年的上限年龄应至于社会定位的完成，社会定位即自我社会角色的定位。而对青年来说，就是其在社会生活过程中所具备的群体性特征，包括生理成熟、社会生活地位独立、人生观逐渐趋于稳定等。与社会成熟这一标准所对应的硬性指标不同的是，这些指标是通过生理发育、获取知识、选择职业进而获得经济独立、心理上的成人感，使得家庭观等显现出来，而且形式也不是唯一的，看重的是相关观念和意识的形成与实际存在，并通过相应的社会、经济、文化等具体形式反映出来，而并不仅仅是刻板的形式。

3. 政策与法律角度

这种视角主要是以青年人所应承担的社会权利与义务作为划分标准，如将18岁作为划分成年人与未成年人的界限，规定年满18周岁的人享有完全的民事行为能力，享有与成年人相同的权利，并负担相应的义务。

我国目前并没有专门的与青年相关的法律，而且在其他法律中也没有将青年作为一个独立法律主体进行界定，在具体的司法实践中和与犯罪有关的研究中，只对青少年的年龄界限作出了规定。公安部门在进行青少年犯罪统计时，将青少年的年龄限定在14周岁~25周岁，而法学界在进行青少年犯罪的相关研究时，侧重于研究18岁以下的未成年，可以看出，即使是在同一个学科领域，在进行理论研究与实践操作时，对同一类社会群体的年龄也会有不同的划分标准。

除此之外，《中国共产主义青年团团章》的第1条对青年的年龄作了明确的认定，即"年龄在14周岁以上，28周岁以下的中国青年，承认团的章程，愿意参加团组织并在其中积极工作、执行团的决议和按期交纳团费的，可以申请加入中国共产主义青年

---

[1] 参见冷熙亮："14岁至35岁：当代青年的年龄界限"，载《中国青年研究》1999年第3期。

团",而五四青年节放假的适用人群年龄段,也是根据共青团章程的规定来施行的。但很多人认为这仅仅是对共青团团员年龄的限定,并不代表对青年年龄的认定,因为在国内非常权威的"十大杰出青年"评选过程中,参评的青年年龄的上限达到了40岁,而若按共青团团章程的规定,将青年的年龄限定为14岁~28岁,无疑缩小了青年的范围。

三、科学界定青年概念的内涵和外延

要想准确地界定青年的年龄,还得从青年概念的本身出发,对其内涵和外延进行分析,方能得出一个合理的年龄区间。

(一)青年概念的内涵

青年概念的内涵即青年这个概念所反映的对象的本质属性的总和,而如何确定青年的本质属性呢,一般应从青年的生理、心理与社会角色的定位这三个方面来分析。

1. 生理逐渐发育成熟

这是从人的生物发展的角度来认识和定义青年的,人的这种生长发育的自然属性是人类存在和发展的基础,也是人的社会性的物质前提,所以在定义任何一类人群时,都要将生理发育状况作为其最重要的本质属性加以阐述。

为了更清楚地了解青年生理发育的特点,可将青年这一年龄段进一步细分为"青年初期"和"青年中后期"这两个时间段。其中"青年初期"这个时间段是个体由不成熟发育到成熟的转化时期,也就是个体由儿童到成年的过渡时期,即生物学上的青春期。青春期是人体迅速生长发育的关键时期,也是继婴儿期之后,人生第二个生长发育的高峰。一般来说,女孩子的青春期要比男孩子早,大约在10岁~12岁,而男孩子则从12岁~14岁才开始,在这一期间,无论是男孩还是女孩,在身体内外都发生着许多巨大而奇妙的变化。[1]

青春期是个体由儿童向成年的过渡时期,而人们通常将性成熟作为儿童期与青春期的界限,对于男性来说,性成熟的标志是射精,而女孩是月经初潮,即第一次来月经。随着性机能和第二性征的发育成熟,个体的性器官也在慢慢发生着变化,逐渐趋于成熟,如女性的外阴部开始出现阴毛,阴道分泌物也开始增多,子宫发育变大,卵巢皮质中的卵泡开始有了不同阶段的发育变化。除了性机能的发育成熟之外,个体的外貌体征也发生了较为明显的变化,身高、体重、肌肉力量、肩宽等都有所增加。[2]

而"青年中后期"这一时间段,个体经过了青春期的快速发育,生理已经基本发育成熟,身体各方面的机能也趋于稳定,不会有太大的波动。在这个阶段,个体的身体已经发育成熟,但是却并未进入身体器官和机能开始衰退的阶段,身体各方面的机能正处于富有活力的时期,这也与身体机能出现退化和衰老的中年和老年人相区别。

---

[1] 参见"父母需换个角度看待孩子'叛逆'",载腾讯网:http://cd.qq.com/a/20110726/001663.htm,访问日期:2017年6月21日。

[2] 参见"青春期心理",载百度百科:https://baike.so.com/doc/5622899-5835517.html,访问日期:2017年6月21日。

如果将个体的生理发育各阶段绘制成一幅曲线图的话,那么青年时期所对应的那部分曲线一定是处于最高点的,也是个体最富有活力、身体机能最棒的时期。

2. 心理发育成熟,人格基本形成

青年在生理逐渐发育成熟的过程中,其心理也渐渐趋于成熟。进入青年期后,个体开始逐渐摆脱早期单一的、具体和简单的形象思维,进入抽象思维阶段,即已懂得试验、假说、推论这类形式化的思考,运用理论来推想因果关系,懂得处理复杂的信息或资料。同时,他们也能对自我有一个比较全面的认识,学会听取别人的意见,也学会了自我批评,同时他们在处理问题时能考虑更多的可能性,不是一味地钻牛角尖,这表明他们无论在自我认知上还是在处理事务上都懂得理性思考,在思维活动的数量和质量上都有很大的提高。

一个人的人格不是自发产生的,而是习得的结果,一般来说,与获得知识和技能的原理并没有多大的差别。社会生活中的道德信念和价值观念一旦被人在潜移默化中所吸收,它们就会被逐步分化,组合成为"自我",构成人格的一个部分。一般认为,青年期是个体的价值观念形成的重要时期,也正是在这一时期,个体逐渐将习得的道德习惯和内心已有的价值观念内化为"人格",而个体的人格一旦形成,便很难再有所改变。如前所述,一个人的道德信念和价值观念都是在日常的生活交往中所习得的,青年时期,个体逐渐开始摆脱对父母、对家庭的依赖,其主要的生活场所不是学校就是社会,因而不可避免地会与他人进行接触。而在接触的过程中,由于文化背景和成长环境等的差异,各种价值观念之间的碰撞是在所难免的,个体在心智发育已经基本成熟的情况下,会主动选择一种自认为比较正确的价值观念,并遵从下去。久而久之,个体就会形成自己的一套价值观念体系,而这正是人格的重要组成部分。

3. 相对的自立发展

进入青年期以后,随着与社会的交往越来越广泛,个体的独立意识也越来越强。他们开始渴望独立,对父母的权威产生了质疑,与父母、家庭渐行渐远,甚至为了摆脱父母的管教,出现了一些反抗性的行为。随着年龄的逐渐增长,一方面这种自我独立的意识有增无减,另一方面,个体寻求自我独立的这种现实条件也逐渐具备。大部分人从高中开始就已经脱离了家庭而独立生活,而上大学乃至工作以后,更是完全摆脱了父母、家庭的束缚,自立程度也更高。

其实,与内心的独立意识相比,这里的"自立发展"表现得更多的是一种真正意义上的生活上的独立、经济上的独立。这里的经济上的独立是通过与经济状况相联系的一系列因素体现出来的。这些具体形态主要包括:有维持自身生存的比较稳定的收入;有对自己的收入和时间等个人经济资源进行独立支配的权利和能力;有比较固定的生活居所;有一定的满足自身发展的人际交往圈;有抵御一般生活风险的经济能力等。[1] 由此可见,青年阶段以内心独立意识的萌发为起点,而以生活上、经济上的真

---

[1] 参见吴烨宇:"青年年龄界定研究",载《中国青年研究》2002年第3期。

正独立为终结。

(二) 青年概念的外延

概念的外延就是具体的、具有概念所反映的特有属性的事物,而青年概念的外延就是具有青年概念内涵所反映的那些特有属性的人的集合。要想科学地界定青年这一群体,最重要的问题就在于合理确定青年年龄的上限和下限,但无论是上限还是下限的确定,都应该以青年概念的内涵为依据。

1. 青年年龄下限的确定

青年最显著的特点是心理与生理发育基本成熟以及相对独立地发展,确立青年年龄的下限时,应充分考虑个体生理与心理的发育程度,而"相对独立性地发展"有两层寓意,即自我独立的意识和真正的经济上的独立。事实上,从独立意识的萌发到完全地独立生存中间还有一个过程,而这个过程,是每一个处于青年阶段的人都要经历的,据此,青年年龄下限的确定应以自我独立意识的萌发作为界限。

现代生物学一般将性的成熟作为个体生理成熟的标志,而影响性成熟的因素有很多,如性别、个体之间体质的差异等。研究表明,女性性成熟的年龄要早于男性,女性性成熟的平均年龄大概在13.38岁左右,而男性则在14.43岁左右。在生理发育的过程中,个体的心理也在发生变化,这种变化在青春期(目前国内并没有统一标准,通说是十三四岁至十七八岁)更加明显,自尊心和独立意识增强,甚至变得比较叛逆。综合来看,应将青年年龄的下限定为14岁,这不仅符合青年的生理和心理特点,而且这一年龄也正是其独立意识的萌发时期,再恰当不过了。

将青年年龄的下限确定为14岁,除充分考虑了青年概念的内涵外,还考量了其他因素。在划分的时候,规划借鉴了国际组织、有关国家对于青年年龄界定的不同标准,也参考了国内有关权威文件和专家学者对青年年龄的界定。虽然国内外各种青年年龄界定的标准有很大差异,但在年龄的下限上还是比较接近的,一般都是十四五岁。另外,我国共产主义青年团章程规定的入团年龄的下限也为14岁。显然,将青年年龄的下限定为14岁是在综合考虑多种因素之后得出的,其科学性不言而喻。

2. 青年年龄上限的确定

青年年龄上限确定的意义在于将人青年期与中年期准确地区分开来。随着受教育年限的拉长、国民平均寿命的提升,青年基本完成社会化的年龄有所提高,到35岁左右,个体才能够达到社会成熟。一般到35岁,绝大多数人都有了稳定的工作,经济能够完全独立,而且也有了自己的家庭,开始肩负起家庭和社会的责任。

从生理发展水平看,青春期后至35岁是身体发育成熟发展阶段。有关研究认为,人身体各个器官的功能在20岁~35岁这段时间总体上保持着平稳的态势,而35岁以后,则会出现衰退。[1]青年时期是人体各方面机能最富活力的时期,而到了中年期,

---

[1] 参见罗中云:"北京大学张宗玉教授指出基因决定了男人比女人寿命短",载《北京科技报》2004年9月15日。

无论是人的精力还是身体的健康状态都开始不同程度地下滑，故从人的生理机能和社会化程度来看，宜将35岁作为青年年龄的上限。

除此之外，将青年年龄上限确定为35岁也满足与各地实际执行的有关政策接轨的需要。目前，我国按青年人数划拨青年工作经费的省份中，将35周岁作为青年年龄上限的居多。

通过上述对青年概念内涵和外延的分析，可以看出将青年年龄界定在14岁~35岁这一区间是有充分的科学性的。《规划》之所以将青年的年龄统一界定为14岁~35岁，正是在准确分析了青年概念的内涵和外延之后，又借鉴了国际组织、有关国家对于青年年龄界限的不同标准，充分参考了国内有关权威文件和专家学者对青年年龄界定的基础上才得出来的，是有足够说服力的。

第三节 社会环境对青年年龄界定的影响

科学界定青年的年龄，如果仅从青年概念本身出发难免具有一定的片面性，在准确把握青年概念的同时，还要将青年年龄的界定放在特定的社会历史环境中加以考虑。从世界范围来看，大多数国家对青年这一群体的界定标准大体上一致，但在青年年龄段的划分上却各有差异，原因就在于任何一个国家对青年年龄进行界定时，都是放在其特定的社会历史环境中的。一旦脱离了社会这个大背景，青年年龄的界定也就变得毫无意义可言。

从我国对青年年龄界定的历史来看，青年年龄的上限在整体上不断提升，而下限则相对比较稳定，即青年期延长现象较为明显。从本质上而言，青年期的延长与我国社会整体环境的变化密切相关。

一、青年界定标准方面因素的变化

学业的基本完成、经济上的独立（就业）和组建家庭（婚姻）是当代社会对青年这一群体进行划分的主要标准，而这些因素的变化则会直接影响青年期的界定。

（一）国民受教育程度普遍提升

全国第六次人口普查数据显示，与2000年相比，每十万人中具有大学文化程度的由3611人上升为8930人，具有高中文化程度的由11 146人上升为14 032人，具有初中文化程度的由33 961人上升为38 788人。可以看出，我国国民的受教育程度在不断提升，而高中及以上学历的受教育人数更是大幅增长。青年是接受教育的主要对象，在青年群体中，越来越多的人拥有大学及以上学历，而这也导致其受教育年限越来越长。青年界定的标准之一就是学业的基本完成，在保持这一标准相对不变的前提下，受教育年限的增长也导致了青年年龄段的延长。

（二）"啃老"现象

2008年两会期间，一份来自全国政协委员的提案使"啃老族"这一群体首次进入人们的视野，引起了社会各界的广泛关注。"啃老族"即那些主动放弃就业机会，赋闲在家，靠父母供养的年轻人。统计显示，我国青年人口中既不就业也不学习的比例大幅上升，从 2000 年的 9.4% 上升到 2013 年的 20.4%，截止到 2013 年，16 岁~34 岁青年人口中约有 1/5 的人既不上学也不出去工作，[1] 他们正是所谓的"啃老族"。

"啃老族"年龄大多在 23 岁~30 岁左右，而这一阶段大多数青年人正处于完成学业迈入社会的关键时期，但"啃老"现象的出现，使这些青年人怠于就业，就业的压力使他们产生了退缩心理，转而在家寻求所谓的庇护，在父母的供养下变得无所事事。一般来说，毕业后的一两年是就业的绝佳时期，一旦错过就业的压力就会越来越大，而这些"啃老族"直到父母无力供养之时，才会被迫寻找就业机会，而这时他们为就业所付出的代价则远远大于其刚踏出校门时期。"啃老"现象的出现，无疑使青年的初次就业年龄越来越大，基本上到 30 岁以后，绝大多数的人才会步入工作岗位，完成就业。

（三）"剩男剩女"现象

随着我国社会的发展，"剩男剩女"在我国越来越普遍，未婚男性多集中在农村地区，而未婚女性则更多集中在城镇地区。导致这种现象的原因主要来自于两方面：其一，我国城乡发展不均衡，在一些贫穷地方，条件差的男性往往很难在适婚年龄段找到配偶；其二，现在城镇女性的受教育程度和经济的独立性相对都比较高，为了追求自我价值的实现和职业的发展，她们一再推迟结婚的年龄，导致错过了适婚年龄段，成为大龄女青年。而这些"剩男剩女"的年龄普遍达到了 30 岁以上，有的甚至到 35 岁左右才结束单身生活，组建家庭。

可以看出，受教育年限的增长、就业和婚姻的推迟，这三种因素之间不仅紧密相关，而且共同导致了青年期的延长。

二、青年人口因素方面的变化

2000 年我国青年人口的数量达到了峰值，有 4.42 亿之多，但之后我国青年人口的数量开始大幅回落，预计到 2018 年，我国青年人口总量约为 4.03 亿，而青年人口在总人口中的占比也将从 2000 年的 37% 下降到 2018 年的 31%。[2]

青年人口数量的负增长在我国越来越明显，而青年人口数量的变化不仅会影响青年这一群体自身的发展，甚至对整个国家的发展都会产生重大的影响。青年是社会的精英人群，也是推动国家和社会发展的主力军，而在这个过程中，青年人口无疑是这一力量最基础的来源和保障。我国目前正处于发展的关键阶段，青年人口数量的锐减对我国的整体发展而言极为不利，甚至会使整个社会失去发展的活力，停滞不前，而这种变化首先会给整个社会的经济发展带来巨大的冲击。人口数量与经济发展具有密切的联系，当人口数量、质量和结构适应社会发展的要求时，将起到促进经济发展的

---

[1] 参见李春玲："80 后和 90 后的尼特与啃老现象"，载《黑龙江社会科学》2015 年第 1 期。
[2] 参见共青团中央专项课题组："中国青年发展状况综述"，载《中国青年研究》2017 年专刊。

作用，反之将起到延缓经济发展的作用。青年作为国家主要的经济发展力量，也是未来社会生产力中最为活跃的部分，其人口的下跌势必会对我国的经济发展产生负面影响。

除了经济方面的影响，青年的发展对国家安全也有重要的意义。在社会这个大系统中，青年群体显得格外活跃，具有旺盛的生命力，但同时他们又具有极大的可煽动性，容易被一些消极、负面的言论所影响，如果对这种情绪不能进行恰当的疏导，就会给整个社会带来巨大的动荡，甚至可能威胁到国家安全，青年对国家安全的重要性可见一斑。另一方面，某一群体的人口数量往往与这一群体对社会的重要性成反比关系，而青年人口数量的下降在一定程度上又会进一步提升其对社会的重要性。

综合分析以上因素，可以看出，青年期的延长是各类因素共同导致的结果。青年界定标准方面因素的变化——学业的延长、就业和婚姻的推迟——是青年期延长的主要原因；此外，出于对国家经济和安全方面的考虑，适当将青年年龄的上限延长以延缓青年人口下降给社会发展造成的负面影响，是明智的，也是必要的。

由此可见，将35岁作为青年年龄的上限不仅是出于学理方面的考虑，更具有重大的社会学和政治学意义。

第四节 我国青年人口的状况

青年人口数量是制定青年政策和评价青年发展状况的最基本的数据。根据国家统计局的《中国2010年人口普查资料》和《中国统计年鉴（2016年）》的相关数据推算可知，截止到2015年底，我国14岁~35岁的青年人口约为4.33亿，其中男性约2.2亿，女性约2.1亿。整体而言，随着中国计划生育政策效应的不断显现，青年人口数量的峰值已过，青年人口的总量和比例均呈现出逐渐下降的态势。

一、青年人口比例

从世界范围来看，截止到2015年，全球20岁以下的人占世界总人口的1/3，而大多数非洲国家甚至超过了一半，大多数发达国家低于20%，我国为23%，而其中14岁以下的人约占世界总人口的25%，我国为17%。从我国范围内看，根据《中国统计年鉴（2016年）》的相关数据，截止到2015年底，我国14岁~35岁的青年人口约占全国总人口的31.9%。

从青年人口的民族分布来看，截止到2016年底，全国共有少数民族青年3815.3万人，占少数民族人口的34.3%，占全国青年人口的8.97%。此外，港澳台青年是我国青年人口群体的重要组成部分，2016年，香港特区15岁~44岁人口共298万人，占特区总人口的41%；澳门特区15岁~44岁人口共31.2万人，占特区总人口的51%；台湾地区15岁~44岁人口共有1016万人，占台湾地区总人口的46.4%。[1]

---

[1] 参见共青团中央专项课题组："中国青年发展状况综述"，载《中国青年研究》2017年专刊。

二、青年人口的基本发展状况

研究青年人口的基本发展状况，宜主要从婚姻、健康、教育、就业这几个与其生活密切相关的方面来展开分析。

（一）青年人口的婚姻状况

截止到 2013 年，我国 20 岁~35 岁的青年中，未婚的比例为 38.25%，较上一年度提高了 0.81 个百分点，其中来自城市、城镇和乡村的青年未婚比例分别为 43.89%、35.37% 和 34.57%，可以看出，城市青年未婚比例明显高于乡镇青年。其中在进入法定婚龄的 22 岁~35 岁的男青年中，未婚的占 38.37%，而进入法定婚龄的 20 岁~35 岁的女青年中，未婚的占 31.33%。而在 30 岁~35 岁的大龄男青年中，未婚的比例为 12.91%，在 28 岁~35 岁大龄女青年中，未婚的比例为 7.85%[1]，均呈现出上升趋势，这也说明我国的"剩男剩女"现象越来越严重。

（二）青年人口的健康状况

首先从患慢性病的比例来看，2013 年 15 岁~24 岁青年慢性病患病率为 14.4%，比 2008 年降低了 5.8 个百分点；25 岁~34 岁青年慢性病患病率为 38.3%，比 2008 年降低了 13 个百分点。

其次是住院率，其中 15 岁~24 岁青年住院率为 5.0%，比 2008 年提高了 0.4 个百分点；25 岁~34 岁青年住院率为 7.3%，比 2008 年提高了 0.4 个百分点。

就青年死亡率方面来看，2013 年，15 岁~19 岁、20 岁~24 岁、25 岁~29 岁、30 岁~34 岁各个年龄段城市青年的死亡率分别为 28.87/10 万、32.68/10 万、45.97/10 万和 63.60/10 万，农村这四个年龄段的青年死亡率分别为 42.54/10 万、46.14/10 万、71.30/10 万、100.01/10 万，[2] 可以看出，乡村的青年死亡率远远高于城市青年的死亡率。

（三）青年人口的教育状况

随着我国在教育领域内投入的加大，青年受教育程度也越来越高。2013 年，我国高中阶段教育在校学生达 4369.92 万人，其中普通高中在校生为 2435.88 万人，较以前相比有所下降。从 1999 年开始，我国本科和专科的招生量逐年增长，截止到 2011 年，共有 682 万人，[3] 由此可以看出，对于现在的青年人来说，其接受高等教育的人数越来越多，文化程度也越来越高。

（四）青年人口的就业状况

2013 年，我国 16 岁以上就业人员为 76977 万，其中 16 岁~34 岁的青年就业人员占 35.3%，比上一年降低了 0.2 个百分点。其中，男青年占全国男性就业人员的 34.5%，女青年占全国女性就业人员的 36.2%，[4] 从整体上看，青年就业人口在全国

---

[1] 参见邓希泉："中国青年人口与发展统计报告（2015 年）"，载《中国青年研究》2015 年第 11 期。
[2] 参见邓希泉："中国青年人口与发展统计报告（2015 年）"，载《中国青年研究》2015 年第 11 期。
[3] 参见张翼："中国青年人口的基本特征及其面临的主要问题"，载《江苏社会科学》2012 年第 5 期。
[4] 参见邓希泉："中国青年人口与发展统计报告（2015 年）"，载《中国青年研究》2015 年第 11 期。

所占的比重呈略微的下降趋势。就学历与就业的关系来看，男性是高学历就业人员的主要力量，但女青年的高学历优势相较而言更加明显，在城镇的失业青年人口中，有近25%的人为大专及以上学历人员。

三、青年人口的特点

研究青年人口的特点，一般应从青年人口占总人口的比重、青年人口的区域分布状况以及青年男女之间的比例等方面来展开。

（一）青年人口占人口总量比例大且呈下降趋势

截止到2015年底，我国14岁～35岁的青年人口占全国人口总比重的31%，由此可见，我国的青年人口数量还是非常庞大的，故与青年有关的问题，如就业、婚恋等已经成为当前我国主要的社会问题之一。不过，近年来，我国青年人口的比例有下降趋势。2000年，我国青年人口约占全国总人口的39.48%，2005年时，约占33.52%，2011年约占26.75%。而且从不同的年份看，青年人口比重下降的幅度并不一样，2000年至2001年间、2004年至2005年间下降了约2个百分点，而2005至2010年间，平均每年下降不到1个百分点，[1]相对比较平稳。虽然到2015年青年人口的比例又上升至31%，但从整体上看，我国青年人口的比例下降趋势还是比较明显的。

（二）区域、城乡青年人口的巨大不平衡

与我国人口分布特点类似，青年人口也显现出区域、城乡分布不均衡的特点。首先就青年人口分布的区域特点而言，我国东部地区的青年人口比西部地区要多，尤其是在东部沿海城市，青年人口的数量与所占比例都比较大，另一方面，大中城市的青年人口要明显多于较小城市。青年是中国流动人口的主体，我国2016年流动人口总数达到了2.45亿，其中青年流动人口占51%。珠三角、长三角、京津地区等东部经济活跃地区吸引了越来越多的青年人，青年人口流出最多的地区是中西部省份。青年常住人口最为密集的三个地区依次是广东、北京、上海，青年人口比分别为39.5%、38.5%、36.1%；最低的三个地区依次是贵州、四川、重庆，青年人口比分别为26.5%、25.7%、23.6%。[2]其实这种现象并不难解释，青年人精力旺盛，不安于现状，为了发展自我，一直在寻求新的机遇，而他们想要的这些，只有在经济发达的大城市才能得到满足。除此之外，在青年人口中，学生占很大的比例，而我国的高校又多分布于大城市，而上完大学之后，大部分的人会选择留在当地工作、成家，这也是大城市青年人口密集的原因之一。

自改革开放以来，我国就一直处于城镇化的历史进程之中，根据国家统计局数据，2016年年末全国总人口为138 271万人，其中，城镇常住人口79 298万人，占人口比重的57.35%。目前，我国有13个省份的城镇化率已经超过了全国平均水平，有10个

---

[1] 参见安国启、邓希泉：《新世纪中国青年发展报告（2000～2010年）》，光明日报出版社2012年版，第9页。
[2] 参见共青团中央专项课题组："中国青年发展状况综述"，载《中国青年研究》2017年专刊。

省份超过60%，主要分布在沿海发达地区，其中上海、北京和天津超过了80%，达到了发达国家的水平。[1]在这种大趋势下，城镇青年人口的数量在整体上呈上升趋势，与此同时，农村青年人口的数量持续降低。不得不说，在城镇化的大流中，青年人口获益匪浅，城市给了青年人更多发展机遇，而青年人也反过来给城市注入了更多的新鲜血液。

（三）性别比例失衡

从性别的分布来看，截至2015年底，我国青年男女人口的比例约达到了105∶100，此外青年人口性别比还存在着越往低龄段失衡越严重的现象。15岁~34岁的男性共有2.07亿人，女性1.96亿人，其中，30岁~34岁的男女性别比为103.64∶100，15岁~19岁的为111.15∶100。[2]虽然这些比例还算是在可接受的范围内，但在过去的20年间，我国出生性别比一直高于115，已成为世界上出生性别比失衡最严重的国家，这也意味着未来青年男女人口之间的比例会越拉越大。性别比例失衡不止在青年人群中比较明显，从我国整体人口的性别比例来看，这种现象也很明显。性别比例失衡所带来的最直接的一个问题就是婚姻问题，人口专家甚至预言，到2020年，将会有3000万至4000万处于婚育年龄的男青年无妻可娶，中国的"光棍危机"将全面爆发。

其实影响出生婴儿性别比例失衡的因素是众多的，如生育政策、生育意愿、人工技术鉴定选择、出生的女婴漏报、瞒报等；[3]而另一方面，我国社会中仍然存在着重男轻女的思想，有些父母在胎儿出生前，会通过各种途径来弄清楚胎儿的性别，如果是女婴的话，会毫不犹豫地选择流产，这也在一定程度上影响了出生婴儿的性别比。人口性别比例失衡会给社会的发展带来很大阻碍，不过现在随着我国二胎政策的开放以及禁止非法胎儿性别鉴定政策的施行，相信我国人口的性别比例失衡现状会慢慢有所改善。

（四）临近的"人口断崖"

根据国家统计局发布的数据显示，2015年中国人口超过了13.6亿，其中60周岁以上的老龄人口超过2.1亿，占总人口的15.5%，65周岁及以上人口13755万人，占总人口的10.1%，这两项指标都超过了国际上公认的人口老龄化的"红线"。[4]在人口老龄化的大背景下，我国青年人口出现了断崖式的下降。从青年人口内部的年龄结构来看，当前我国10岁~19岁的青少年人口数比25岁~34岁的青年人口数少8263.6万人，存在较大落差。[5]相比较20世纪80年代出生的人口，20世纪90年代出生的人口整整减少了30%~40%，而1990年至2000年这十年间，每年人口的出生率都在下

---

〔1〕 参见"中国城镇化率排名名单 10个省份超60% 京津沪超80%"，载闽南网：http://www.jlonline.com/caijing/2017-06-07/429569.shtml，访问日期：2017年6月22日。
〔2〕 参见共青团中央专项课题组："中国青年发展状况综述"，载《中国青年研究》2017年专刊。
〔3〕 参见"男女比例失调"，载百度百科：https://baike.so.com/doc/6304887-6518414.html，访问日期：2017年6月22日。
〔4〕 参见王林、任明超："中国如何应对'低生育率陷阱'"，载《中国青年报》2016年3月26日。
〔5〕 参见共青团中央专项课题组："中国青年发展状况综述"，载《中国青年研究》2017年专刊。

跌，到2000年后，人口出生率才有所上升，但是也很难与七八十年代的人口出生率相比较。总的来说，从"80后"到"00后"出生人口萎缩了约32%，而在这一阶段出生的人目前刚好处于青年时期，尤其是处于青年中期的"90后"，人口断崖式下降的趋势更明显。自1990年的2600万人口出生顶峰后，中国的出生人数又开始快速下滑，1992年后便一直低于2002万，直到1999年降低至1150万的最低谷。这一时期的出生人口最早在2012年开始进入20岁，也正是从2012年开始，中国经济告别了9%的高速增长，大宗商品价格开始由盛转衰，CPI也告别了高增速，全国除了少数城市外，大部分地区房价甚至也开始下降，目前是2017年，今年将有1600余万年轻人满20岁，较7年前下降了约40%，这一数字再过3年还将下降30%，也就是说，由青年人口断崖式下降所导致的经济低迷周期，目前刚完成上半场，还有更严峻的下半场等待着我们。[1] 由此可以看出，人口断崖对经济乃至整个社会的发展有很大的影响，这一现象不得不引起我们的注意。

但从另一方面来说，伴随着我国生育政策的调整，未来我国青年群体数量的减少速度会渐渐放缓，新进入青年序列的群体和新退出青年序列的群体在数量上的差异扩大趋势会得到一定程度的缓解。[2]

青年工作历来为党和国家所重视。自党的十八大以来，习近平总书记"站在现实与未来、中国与世界、实现青年人生理想与实现民族伟大复兴等方面辩证结合的高度"，围绕为什么要培养青年、培养什么样的青年以及怎样培养青年三大基本问题展开了全面而深刻的论述。[3] 在党的十九大报告中，习近平总书记又提到"青年兴则国家兴，青年强则国家强。青年一代有理想、有本领、有担当，国家就有前途，民族就有希望"。由此可见他对青年工作的重视及对广大青年的殷切希望。

青年是国家经济社会发展的中坚力量，青年的发展关乎国家的发展，赢得青年才能赢得未来。近年来，虽然青年人口的比例发生了轻微的波动，但是目前我国青年人口的数量优势还是比较明显的，再加上国家对青年发展的重视和关怀，青年未来的发展方向还是非常明朗的。

---

[1] 参见"中国劳动力人口断崖式下跌，新的陷阱已经出现"，载搜狐网：http://www.sohu.com/a/119844773_511534，访问日期：2017年6月24日。
[2] 参见共青团中央专项课题组："中国青年发展状况综述"，载《中国青年研究》2017年专刊。
[3] 参见王晓南："习近平青年观的丰富内涵探析"，载《思想政治教育研究》2017年第2期。

第三章
青年发展观

党的十九大报告正式提出了习近平新时代中国特色社会主义思想，这是马克思主义中国化的最新理论成果，是全党全国人民实现中华民族伟大复兴的行动指南和思想旗帜。习近平总书记在报告中特意提及了对年轻人的新寄语，他表示，中国梦是现在的，也是未来的，而且终将是未来的，会在代代青年的不懈努力下最终变为现实。习近平总书记深刻地指出，中国梦作为实现中华民族伟大复兴的梦想，只有赢得青年，才能赢得未来。马克思主义青年发展观作为习近平新时代中国特色社会主义思想关于青年成长指引的组成部分，包含了习总书记对于青年人的谆谆教诲和殷切希望，是青年人成人成才的思想保障。只有牢牢树立马克思主义青年发展观，才能指引青年扣好人生的第一枚扣子，从而为人民的利益不懈奋斗，最终书写出青年各自独特的人生华章。在当前社会，随着多元化文化的冲击，网络世界的全球化局面已经形成，青年道德缺失、信仰迷茫、精神家园荒芜等一系列令人担忧的问题不绝于耳。[1]面对复杂多变的世界局势、国内艰巨的改革重担以及青年人精神世界极其容易受到外部环境侵蚀影响的现实状况，习近平总书记多次在各种场合强调，当前的年轻人，应当积极弘扬和继承中华民族的传统美德，自觉践行社会主义核心价值观，用良好的个人修养和道德水准要求自己，脚踏实地，仰望星空，胸怀祖国和人民。只有这样，才能够形成青年人人皆可成才、人人都能出彩的局面，为两个一百年伟大目标的最终实现注入激扬悦动的青春活力。

第一节 马克思主义青年发展观的概念与特点

一、马克思主义青年发展观概述

需要明确的是，马克思主义青年发展观是由马克思和恩格斯开创的，列宁和斯大林在苏联进行首先实践的，并由毛泽东、邓小平、江泽民、胡锦涛、习近平等承继和

---

[1] 参见毛俊、双传学："论习近平的青年观及启示"，载《江苏师范大学学报（哲学社会科学版）》2015年第1期。

发展，不断完善从而提出的有中国国情特色的关于青年发展的系统论述。

马克思首先指出，青年是推动历史进步的重要力量，所以"最先进的工人完全了解，他们阶级的未来，从而也是人类的未来，完全取决于正在成长的工人一代的教育"。[1]恩格斯则在谈到德国工人运动时认为，广大青年将在社会变革中产生伟力，并对青年的性质做出预言，认为不会在资产阶级青年中率先产生领导变革者，领导者会产生在劳动无产阶级的工人兄弟中。这是对无产阶级青年力量的极大肯定和伟大预期。

1903年，列宁在《革命青年的任务》中指出："在文明国家里，没有一个政党会不了解尽可能广泛地和尽可能牢固地建立起来的学生会和工会的巨大益处，但是任何一个政党都力求在这些团体中扩大自己的影响。"他认为，青年作为一种进步的政治力量，是不容忽视的，并指出"不吸收全体工农青年参加共产主义建设，你们就不能建设共产主义"。青年需要不断地通过学习充实自己，才能了解革命，从而成为一名真正的共产主义者并为之奋斗终生。斯大林在长期的领导工作中也认识到了青年的力量，他从青年道德观出发，对青年做出了新要求，也即青年需要把握无产阶级发展的社会规律，从而成为一名合格的苏维埃干部。

毛泽东在吸收和借鉴青年发展的相关理论后，提出了"青年是早晨八九点钟的太阳"的脍炙人口的论断，毛泽东长期从事革命工作，在他的青年观中，更多的是蕴含爱国主义。王新则认为，毛泽东青年观（青年思想）具有突出的创造性、浓郁的民族性、强烈的实践性、鲜明的完整性、显著的辩证统一性的特征。[2]成立芳、范贤超认为，邓小平和毛泽东就青年观问题上的认识基本一致，并做了进一步的扩充和个人见解的提出，例如，邓小平完善了领导干部退休制度，大力提拔青年干部，并强调要面向未来，对青年做出了新的期许，希望未来的青年能够成为"有理想、有道德、有文化、有纪律"的"四有"青年。同样，在"三个代表"重要思想以及科学发展观中，也包含了江泽民和胡锦涛关于青年发展的相关理论总结。习近平总书记的青年发展观在之后有专门的论述，此处不再赘述。

二、马克思主义青年发展观的概念厘清

马克思主义青年发展观由于与马克思主义发展观有着语义相近的特点，所以需要与马克思主义发展观相互区分。总的来看，青年观是人们对青年的基本问题的认识和态度的总和，其取向决定了青年工作的成效，影响国家和社会的发展。[3]马克思主义青年发展观主要是面向青年问题，通过党管青年原则的树立以及青年优先发展理念的普及，更好地对青年发展观进行理论上的丰富和实践上的践行。马克思主义发展观则由马克思主义、毛泽东思想、邓小平理论、"三个代表"重要思想、科学发展观以及习近平新时代中国特色社会主义思想等所构成，马克思主义青年发展观是其重要组成部

---

[1] 参见《马克思恩格斯全集》（第1卷），人民出版社1965年版，第410页。
[2] 王新："毛泽东青年观研究"，广西师范大学2008年硕士学位论文。
[3] 毛俊："中国共产党人青年观研究述评"，载《青少年研究（山东省团校学报）》2014年第3期。

分。把握青年发展观，需要在牢牢树立马克思主义发展观的同时，高举中国特色社会主义的伟大旗帜，深入学习习近平新时代中国特色社会主义思想，特别是习总书记关于青年问题的系列讲话及其精神，通过照顾青年的特点及利益、优化青年的发展环境、维护青年的各项权益来促进青年的全面发展。

（一）马克思主义发展观

马克思主义发展观在我国一脉相承，早在1984年，邓小平在会见巴西总统时，就首先提出了和平与发展是当今时代的两大主题，邓小平表示，所谓发展问题，既包括各种不同类型国家和地区的发展和再发展，又包括经济、社会、科技、文化等各个领域的综合协调发展。并在之后国内外的多个场合对和平与发展两个问题做了一定程度的补充和解释，这是中国特色马克思主义发展观的首倡。

随后，江泽民提出了"三个代表"重要思想，第一个代表的就是先进生产力的发展要求，第二个代表的是先进文化的前进方向，第三个代表的是最广大人民的根本利益。发展的观点是马克思主义的基本观点，"三个代表"重要思想是对于马克思主义发展观点的根本贯彻和落实。

党的十六大之后，胡锦涛提出科学发展观。科学发展观第一要义是发展，核心是以人为本，包含了全面、协调、可持续的发展观。这是对发展观的进一步总结和升华。

近来，就发展问题，习近平总书记在参加联合国发展峰会时指出，和平和发展仍是时代的两大主题。在发展方向的具体明晰上，习近平总书记提出了具有特色的"一二三四五"新理念。一即"一个中国梦"的伟大愿景，二即"两个一百年"的奋斗目标，三即"三严三实"的治党医病，四即"四个全面"的发展战略，五即"五位一体"的总体布局。同时习近平也认为，适应和引领经济发展新常态，牢固树立和贯彻落实创新、协调、绿色、开放、共享的发展理念，需要青年一代充分发挥作用，在改革发展稳定第一线建功立业、接续奋斗。

（二）当代马克思主义青年发展观

马克思主义青年发展观同马克思主义发展观有所不同，马克思主义发展观的中国化进程中，侧重于从经济建设的角度出发进行理论的进一步构架，主要关注的是国民生计。当代中国马克思主义青年发展观，是习近平新时代中国特色社会主义理论的重要组成部分，是习近平总书记自党的十八大以来关于青年问题的总的指导思想和理论依据的总结升华。习近平总书记心系青年，关心关爱青年人的不断成长，深入了解青年群体的精神状况，在多个场合都讲述了对广大青年的寄语。而且，在理论不断的提炼升华中，形成了以党管青年原则和青年优先发展理念两大核心理论为基础的当代马克思主义青年发展观的理论体系。

2013年5月4日，习近平在同各界优秀青年代表座谈时的讲话时表示，青年兴则国家兴，青年强则国家强。我们党自成立之日起，就始终代表广大青年、赢得广大青年、依靠广大青年。青年一代有理想有担当，国家民族就有前途有希望。同年5月29日，也即六一儿童节前夕，习近平强调，孩子们成长得更好，是我们最大的心愿。党和政府要始终关心各族少年儿童，努力为他们学习成长创造更好的条件。老师、家长要承担起教育引导少年儿童成长成才的责任。少先队组织要更好地为少年儿童服务。全社会都要关心少年儿童成长，支持少年儿童工作。[1]习近平在同团中央新一届领导班子讲话时指出，代表广大青年，赢得广大青年，依靠广大青年，是我们党不断从胜利走向胜利的重要保证。团的工作要把握住广大青年的脉搏，要扩大团工作的覆盖面。[2]时间跨入2014年5月4日，习近平总书记在北京大学的座谈会上同师生进行讲话；5月30日，在海淀区民族小学召开了座谈会；6月27日，对共青团工作做了相关的批示。习近平总书记分别阐述了以下观点：首先，青年是标志时代的最灵敏的晴雨表，时代的责任赋予青年，时代的光荣属于青年。广大青年对五四运动的最好纪念，就是在党的领导下，勇做走在时代前列的奋进者、开拓者、奉献者，同全国各族人民一道，担负起历史重任，让五四精神放射出更加夺目的时代光芒。[3]其次，对小学生提出了16字方针的要求，也即：记住要求、心有榜样、从小做起、接受帮助。最后，习近平总书记在对共青团工作的指示中强调青年是实现中国梦的伟大力量源泉，中国梦离不开青年，青年也需要梦想来成就自身。2015年6月1日，习近平总书记在会见少年先锋队第七次全国代表大会代表时寄语：希望全国各族少年儿童从小学习做人、从小学习立志、从小学习创造，强调童年是人的一生中最宝贵的时期，在这个时期就注意树立正确的人生目标，培养好思想、好品行、好习惯，做祖国的好儿童。[4]7月6日，习近平总书记在党的群团工作会议上做了重要讲话，深刻指出党的群团工作依靠青年，群团工作也离不开党的指导，当前群团存在脱离群众的危险，需要引起高度的重视，同年7月13日中央印发了《关于加强和改进党的群团工作的意见》。2016年4月26日，习近平总书记在知识分子、劳动模范和青年代表座谈会上的讲话中再次强调党和国家事业要发展，青年首先要发展。青年是国家经济社会发展的生力军和中坚力量，青年更是最富有朝气、最富有梦想的一个群体，所以，青年兴则国家兴，青年强则国家强。

　　作为新时代的青年，树立正确的世界观、人生观、价值观是更好地践行社会主义核心价值观的前提和基础，也是成就伟大中国梦的根本要求。2017年4月13日，《中长期青年发展规划》正式出台，标志着青年作为一个群体，已经列入了国家发展规划大计之中。

　　2017年的5月3日，五四青年节前夕，习近平总书记再次来到青年中间，来到了中国政法大学参与了学生的团日活动，并传达了青年应当立志做大事，不应当立志做

---

[1] 参见"习近平在同全国各族少年儿童代表共庆'六一'国际儿童节时强调让孩子们成长得更好"，载新华网：http://cpc.people.com.cn/n/2013/0530/c64094-21680190.html，访问日期：2017年7月29日。

[2] 参见"习近平同团中央新一届领导班子成员集体谈话新华社"，载人民网：http://politics.people.com.cn/n/2013/0620/c70731-21917348.html，访问日期：2017年7月29日。

[3] 参见"习近平在北大考察：青年要自觉践行社会主义核心价值观"，载新华网：http://news.xinhuanet.com/politics/2014-05/04/c_126460590.htm，访问日期：2017年7月28日。

[4] 参见："习近平寄语全国各族少年儿童：美好的生活属于你们美丽的中国梦属于你们"，载人民网：http://cpc.people.com.cn/n/2015/0602/c64094-27088929.html，访问日期：2017年7月28日。

大官的期许。正如习近平总书记指出的那样,"青年的价值取向决定了未来整个社会的价值取向,而青年又处在价值观形成和确立的时期,抓好这一时期的价值观养成十分重要。这就像穿衣服扣扣子一样,如果第一粒扣子扣错了,剩余的扣子都会扣错。人生的扣子从一开始就要扣好"。[1]扣好每一颗扣子,尤其是第一颗纽扣,绝离不开马克思主义青年发展观的树立,习近平总书记的"扣子论"深刻反映了马克思主义青年发展观在树立青年正确的人生观、价值观过程中起到的关键作用,不论是第一颗扣子还是接下来的每一颗扣子,都是青年成长过程中的关键,应当正确地认识和把握。

上述的讲话内容以及《中长期青年发展规划》的出台表明习近平总书记的青年发展观理论体系已经基本形成,并成为习近平新时代中国特色社会主义思想的重要组成部分。

马克思主义青年观是指看待、对待青年的基本方法、原则和立场以及正确处理青年问题、开展青年工作的基本方式。马克思主义与青年本质是一致的,都具有创新的实践品格、发展的精神基因和对真理的追求。[2]我们的当代青年绝不能做一个"精致的利己主义者",而应当成为一名"奋斗者、努力者、实践者"。通过对马克思主义青年观的牢牢把握,坚定树立中国特色社会主义道路自信、理论自信、制度自信、文化自信,自觉团结凝聚在党的周围,更好地成长为中国特色社会主义事业的合格建设者和可靠接班人。

三、马克思主义青年观的特点

(一)社会生产力决定青年观

马克思认为,青年观与社会生产力是决定与被决定的关系。这是因为青年观念虽然会随着社会生产力的进步而不断进步,但是始终无法脱离对社会生产力的依赖而存在,而且青年观往往是社会生产力的具体体现。简而言之,青年观念的形成本身就依赖于由社会生产力不断发展而形成的社会,所以难以逾越社会产生超越社会的观念。

马克思对生产力的概念进行了详解,所谓"生产力"是指"有用的劳动的生产力"。在《资本论》中他强调了"社会生产力"的概念,这是因为生产具有社会性,同时社会生产力本身包含了:协作、分工、机器、科学和自然力的使用,而青年作为社会生产关系的一个环节,既是社会生产的客体,同时也是主体。从主体的角度来看,青年作为社会生产的劳动力,自然在其进行社会生产的过程中能产生相应的社会生产关系,而青年作为劳动者中的重要组成部分,由于其知识能力和水平一直处于上升阶段,所以这毫无疑问能够使整个劳动者群体的力量不断上升从而带动社会生产力的提高;从客体的角度来看,青年作为整个社会的有机组成部分,在从事生产的过程中,必然受到相应社会生产关系的制约而不可能超越生产关系进行生产。所以,社会生产

---

[1] 参见"青年要自觉践行社会主义核心价值观——在北京大学师生座谈会上的讲话",载新华网:http://news.xinhuanet.com/politics/2014-05/05/c_1110528066.htm,访问日期:2017年7月28日。

[2] 参见曾静:"马克思主义青年观及其当代价值",载《青年研究》2016年第4期。

力与青年观是相互的决定与被决定关系。

（二）传统文化浸润青年观

中国拥有五千年灿烂而悠久的文化，在世界四大文明古国中，古埃及、古巴比伦、古印度早已随时间的长河消逝在历史之中，唯有中华民族的古中国文化源远流长、薪火相传，时至今时今日尚不断蓬勃发展，这其中，儒家文化起了很大作用，不仅对周边国家起到了辐射作用，形成了儒家传统文化圈，而且在面临外敌入侵的时候也总能潜移默化地将异族同化，而最终不至消亡。

不可否认的是，中国的儒学文化作为封建文化中的主流思想和官方学说自董仲舒以大一统思想上书汉武帝被确立为官方学说伊始绵延，从两千年的封建王朝到今天的社会主义社会仍然对当代青年的精神世界产生着极为重大的影响。举例而言，从社会责任的角度来看，范仲淹的"先天下之忧而忧，后天下之乐而乐"立下了为官一任，造福一方的官员标杆；从诚实守信而言，"季布一诺值千金"是一项做人的基本准则；从义利观而言，"君子喻于义，小人喻于利"是对广大青年的价值观期许；从努力奋斗而言，"书山有路勤为径，学海无涯苦作舟"是莘莘学子的日常点滴写照；从家国情怀而言，"修身齐家治国平天下"是脍炙人口的至理名言。这些名言警句，在青年的成长过程中总会经由师长之口，在潜移默化中不断地影响一代代青年的精神世界。

面对流传下来的优秀传统文化，青年作为少年向成年过渡的群体，在世界观、人生观、价值观形成的重要时期，不仅会潜移默化的承继一些传统文化带来的观点和思潮，更应当不断地主动吸收汲取传统文化其中的精华，能够为我所用的精神食粮，树立正确的马克思主义青年观。这不仅有利于青年完成从学业到就业的转变，也能够更好地适应社会对于当前青年的严峻挑战。

（三）社会环境影响青年观

与青年发展息息相关的环境尤其指的是当前的青年文化环境和青年的生活环境，青年在生活中与这两种环境常常接触，难免对青年的成长成才起到一定的作用。青年的文化环境与网络有着密切的联系是公认的事实，而不可否认的是，在当前的网络上，出现了一些不正之风，在一些别有用心的人煽风点火下，极易对青年的发展起到误导作用。举例而言，"反英雄化"风气初现，许多关于雷锋进行摆拍的帖子大行其市，对雷锋乐于助人的事件进行污蔑的言论不绝于耳，认为雷锋有这么多照片存世不符常理。更有甚者，对于邱少云、董存瑞等烈士前赴后继壮烈牺牲的事迹进行所谓"科普"，从疼痛级别、动力学等方面对烈士的壮举进行全方位的质疑，认为存在虚假宣传的可能性，这往往会引发不明真相的青年的共鸣，在青年中造成了很恶劣的影响，尤其不利于三观尚未成熟的青年的正确价值观的树立。

此外，不可否认的是，网络还存在一些戾气，比如大家都知道的有些色情、暴力、恐怖的东西散布在网上，一些不法商家为了吸引青年人群体，甚至大肆对黄暴的部分进行宣传和渲染，极易歪曲青年人的价值取向，不利于青年的成长和身心的健康发展。针对上述现象，共青团以及相关宣传部门积极回应，通过雷锋战友、朝鲜战争参战老兵等真人回忆的方式制作纪录片,并通过发布微博、微信、专帖等方式进行辟谣,让大家不信谣、不传谣。与此同时,工信部等部门制造网络绿坝工程,设置专门的举报专线对网络色情、暴力等不良现象进行监督管理,为青少年的文化环境设置政策红线进行保障,且加大了对传谣等行为进行惩处的力度,"转发五百条"入刑以及一大批为博眼球而造谣、传谣的大V被惩处使当前青年身处的文化环境大大净化。这种良性的网络文化环境无疑会对青年的成长、成才起到关键作用。

第二节 党管青年原则的确立

全面落实和贯彻党管青年原则,首要工作就是坚持党的统一领导,将习近平新时代中国特色社会主义思想关于青年工作的要求落实确认,在党和国家的领导下,不断推进青年事业的发展。

《规划》对党管青年原则的提出和明确,深刻地回答了三个问题,即:青年如何发展的问题,青年向何方向发展的问题和青年发展为了谁的问题。青年如何发展,指的是青年作为新时代的一支庞大的蓬勃向上的队伍群体,应当秉承何种价值观念。在思想道德、教育、健康、婚恋、就业创业、文化、社会融入与社会参与、权益保护、预防犯罪、社会保障等10个领域应当如何发展自身;青年向何方向进行发展,指的是青年在党的领导下不断发展前行的过程中,应当树立怎样的意识,遵循怎样的理念;青年发展为了谁,指的是青年应当明确自身的奋斗源泉和动力,应当知晓自己的奋斗最终是为人民谋福祉。

一、党管青年原则的目标设立

坚持党管青年原则,目标在于培养中国特色社会主义事业合格建设者和可靠接班人。青年人需要不断成长,一个良好的规划,是对党管青年原则最好的诠释和对青年未来的清晰构图。《规定》针对青年的思想道德、教育、健康、婚恋、就业和创业、文化、社会融入与社会参与、维护青少年合法权益、预防青少年违法犯罪以及青少年的社会保障这十个重点领域分别提出了具体的发展目标,针对每个领域青年所面临的具体问题,都提出了详尽的解决方式。

在我国,青年不是一个弱势群体,更确切地说,仅仅是一个比较受到关注的群体,但是共产党作为执政党,对于青年工作的重视程度如此之高,势必会更加引发大众对于青年群体的关心与关注,进而共同做好青年相关的工作。通过做好相应的青年的配套工作,使青年人更好更快地成长,承担起社会主义现代化事业合格继承者的身份责任。

坚持党管青年原则,目的更在于结合全面建成小康社会的目标,到2020年,使具有中国特色的青年发展政策体系和工作机制初步形成,使广大青年思想政治素养和全面发展水平进一步提升,在决定全面建成小康社会伟大实践中的主力军和突击队作用得到充分发挥。到 2025 年,具有中国特色的青年发展政策体系和工作机制更加完善,广大青年思想政治素养和全面发展水平明显提升,不断成长为志存高远、德才并重、情理兼修、勇于开拓,堪当实现中华民族伟大复兴中国梦历史重任的有生力量。上述具体时间点的规划是对于未来青年发展体系形成的宏观工作思路,是指导党管青年具体工作进行的指路明灯。

二、党管青年原则的组织运行

党管青年的基本组织构架是由共青团、少先队和青联、学联以及党领导的其他群团组织协同发挥骨干作用,为营造青年人健康、快乐成长的环境而共同努力。在具体职责上,《规划》明确规定了在党中央统一领导下推进实施,共青团中央具体承担协调、督促职责,同时负责推动和落实办公室设立在团中央的部际联席会议机制。部际联席会议机制将由中央领导同志牵头、51 家部委包括共青团中央在内一起实施。同时,在各个省市也会逐步设立联席会议机制,让更多的部门参与进来,更好的保障青年人的权益。

在组织运行的具体过程上,党管青年与党管干部和党管人才的概念有着区分和不同,需要进行一定的概念界定和区分。党管干部,重点在管,主要是对于干部队伍和干部个人的控制、管理和决定。党管干部的目的在于不断巩固执政党的执政地位,保障党对各级干部人事的领导权和重要干部的管理权。行使对干部管理权限的主体主要是各级的党委。在党管干部的问题上,主要包括四个方面的内容:一是党要加强对干部工作的领导,制定干部工作的方针、政策;二是推荐和管理好重要干部;三是指导干部人事制度的改革;四是做好对干部人事工作的宏观管理和检查监督。[1]而党管人才,主要的方式是进行宏观的把控,进行宏观上的人才管理,工作的中心在于谋大事、成大局上,放眼人才的全局性工作,解决困难的长远性问题。人民日报的专栏也特别强调了党管人才主要是管宏观、管政策、管协调、管服务。[2]当前党管人才的主要矛盾是部分党委简单套用党管干部的方式,对人才进行大包大揽,这无疑束缚了人才的晋升渠道和积极性。对此需要通过多方位的改革,需要遵循市场经济的规律和人才成才的规律,需要遵循人才自由流动的规律,还要遵循人才成长规律制定人才培养、评价和激励办法,提升党管人才的科学化水平。

就党管青年的问题来看,与党管干部和党管人才是有所不同的。在组织机构的运行上,我国目前党政机构中均尚未设置专门的青年工作部门而主要是由共青团承担具体的协调、督促职能。共青团的工作本身就以青年为服务对象,更需要对党的群众路线进行彻底的贯彻,正视和解决当前共青团存在的机关化、行政化、贵族化、娱乐化

---

[1] 参见杨媚、权娟:"党管干部的具体内容包括什么?",载中国共产党新闻网:http://dangjian.people.com.cn/n/2012/0919/c349309-19050843.html,访问日期:2017 年 9 月 19 日。

[2] 参见张宏、韩飞:"人民日报热点辨析:党管人才是为了人尽其才",载人民网:http://opinion.people.com.cn/n1/2016/1010/c1003-28763789.html,访问日期:2017 年 10 月 10 日。

的问题，尤其是各级共青团脱离群众的问题。根据相关的调查报告显示，年纪越长的青年以及学历越高的青年对于共青团的认可程度反而呈下降趋势，[1]这是值得我们去深思的问题。共青团应当更多地深入青年群众。近年来，共青团便开展了许多深入青年的举措：在微博、微信乃至 B 站上开通自己的公众号不断进行推送并指派专人进行更贴近青年的回复就是很好的贴近新时代青年生活方式的工作探索，应当保持这种工作态度和工作方式。简而言之，就是只做青年友，不做青年官。其次，各与青年有关的群团组织也需要发挥自身的特点进行工作，例如少先队、学联和青联通过对与在校青年少年进行沟通交流，更好地实现党管青年的目标和蓝图。再次，党管青年的重要举措之一是通过新设立以及准备设立的各级青年相关部门联席会议来对涉及青年的重大事项进行具体的协调和决策。最后，还需要引入第三方的组织，通过社会上的相关力量对《规划》的完成进度进行年度的评估、五年一度的评估以及最终评估并制作白皮书，监督进度。

三、党管青年原则的措施落地

党管青年，不应成为口号和标语，而应成为实践的行动，这在《规划》中有相应的体现：

第一，从树立青年的道德修养角度而言，加强青少年的思想道德教育，尤其是培养青少年的理想信念，践行社会主义核心价值观，要在工作方法方式上进行分类教育，特殊人群特殊对待，尤其要注重网络上的思想引领，注重网络舆论的力量。

第二，从青年的教育角度来说，宏观上对教育资源进行均衡的配置和协调，保障各地受教育水平的平等性，此外，在微观上，不断提高教师教书育人的能力和水平，多多促进实践教育模式的开展，让青年在实践中得到历练和成长。最后，协同全社会营造让青年终身学习的氛围，培养青年人才，鼓励和支持青年人投身国家建设事业。

第三，从青年人的健康角度出发，严格执行《国家体育锻炼标准》和《国家学生体质健康标准》，通过全民健身的方式提高广大青年的身体素质，与此同时，不忽视青年人心理健康的培育，注重相应的引导和时刻的关心。在工作方法上，针对各地区各年龄段青年的不同状况分别进行针对性的鼓励措施，加快促进青年人健康的工作。

第四，加强对青年婚恋观念的引导，大力弘扬健康的、正面的婚恋观念，尤其注重宣传敬老爱幼的传统美德。对一些地区青年婚恋上存在的性教育知识不足等问题开展宣传工作，尤其注意女青年在孕期以及哺乳期相关权益保障上的落实。

第五，保障服务青年投身创业创新。通过培养青年的创新意识、创新能力，举办青年人创业大赛，引进创业导师、创业融资资金，推动创业园区的建设、创业的组织和联盟、电商网络经营、政策法规的落实，更好地为青年创业服务。

第六，在青年人文化问题上，鼓励优秀文化产品的诞生来吸引青年，开展各项文

---

[1] 参见姚建龙著：《法学的童真》，上海三联出版社 2015 年版，第 31 页。

化活动让青年参与其中，尤其注重培育青年文化人才和营造相应的文化氛围进而留住人才和青年大众。

第七，在青年人的社会融入和社会参与问题上，不仅鼓励青年多多参与社会实践和公益活动，也引导青年关心国家政策和社会公共事务，对青年组织进行积极引导。在不同区域的青年人之间，促进其相互之间的交流和沟通，尤其是港澳地区的青年和大陆青年之间。同时也要促进国内青年和国外青年的互通交流，增加相互的认同感。

第八，维护青少年的合法权益，需要在维护当前青少年法制现状的情况下，进一步完善青少年法规，健全少年司法体系，将家庭保护、社会保护、学校保护和机制保护相互融合，为青少年的权益提供更全面的保障，依法严厉打击侵害青少年合法权益的举动。

第九，预防青少年违法犯罪，需要广泛地开展宣传活动，优化青少年的生活环境尤其是网络环境，做出相应的预防措施，还要对青少年保护措施进行新的拓展，深化青少年司法改革。

第十，在青少年的社会保障上，加强对于特殊青年，尤其是残疾青年的生活保障力度和关注度。与此同时，加强青年的社会救助工作。

第三节 青年优先发展理念的明晰

"党和国家的事业要发展，青年要首先发展。"在《规划》中提出的青年优先发展理念，是对马克思主义青年观的理论丰富和进一步的开拓创新，是为青少年发展工作指明的鲜明导向。我国的青年优先发展理念是放眼全球，根据中国的现状，逐步提出并不断进行完善的一项基本理念。

早在2002年，田杰就指出，国际社会已经就将青年工作和青年发展纳入国家社会的优先发展战略达成了共识。[1]青年优先原则应当在社会公共事务领域进行确立，并应用在一些具体领域上，例如在教育领域中，要优先考虑青少年教育；在民主进程中，优先考虑青年的参与度；在社会福利上，优先解决青年失业等问题；在制定公共政策及政策导向上，优先向青年进行倾斜。杨雄在2006年指出，不仅应当在参与公共事务领域中优先考虑青年群体，同时也应当建立完整的青年发展社会指标体系，以增强决策的针对性和科学性。[2]2009年，郑大俊和高立伟明确指出，青年优先发展理念的践行，需要尽快制定专门针对青年发展的中长期战略规划，从制度与法律层面确定青年发展的优先地位，以实现青年与社会共同发展的双重目标。[3]时至2010年，在《上海市青少年十二五规划（草案）》中，率先采用了青年优先发展的理念并将其明确为基本原则之一。在2017年中共中央、国务院印发的《中长期青年发展规划（2016～2025

---

[1] 参见田杰："全球化背景下青年工作的发展战略"，载《当代青年研究》2002年第5期。
[2] 参见杨雄："国家战略与青年发展"，载《青年研究》2006年第12期。
[3] 参见郑大俊、高立伟："当代社会思潮与青年发展问题的思考"，载《思想理论教育导刊》2009年第12期。

年）》中，最终将青年优先发展理念作为指导思想进行了精确的定位。

青年优先发展需要站在全局的高度来制定发展战略，需要着眼青年人才的培养，更需要相关领域的政策和配套措施优先出台。

一、着眼未来确定发展战略

之所以要放眼未来确定发展战略，是因为青年作为一种承前启后、充满活力、富有生命力和创造力的代群，其发展程度往往是衡量一个社会发展程度的重要标志。[1]青年在当前的发展需求，已经超越了过去对于温饱方面的简单需求，更多是从物质丰盈到精神富足的追求，从个人价值实现到社会价值体现的追求。现在的青年，虽然生活在比前辈们更加优越的社会环境中，但同时也面临着多种多样的新的诱惑和多元化价值观念的冲击。为使青年牢牢树立信念不动摇，成为社会主义事业的合格接班人，需要《规划》更多的放眼未来，从有利于青年进步发展的角度来开展工作，在促进青年全面发展的同时，通过对青年的优先发展措施，让青年更有获得感，更多地参与进社会主义现代化建设中去。

放眼未来的发展战略，是指在国家或区域层面，政府将青年发展摆在优先位置，并将其作为经济社会发展的一项战略，据此制定相应的法律、方针、政策和相应的实施机制予以保障。[2]这种优先制度，不仅仅是将青年置于社会发展的前端，也即社会发展过程中次序上的优先，同时也是资源分配上的优先，在社会资源总量有限的前提下，对青年进行合理的倾斜。当然，这样的总体布局上的倾斜，需要在宏观的蓝图上进行体现才能进行把控。

当然，需要指出的是，青年的优先发展并不代表忽视社会上存在的其他年龄阶段的群体，相反，在社会进步和发展的各个阶段，要仰仗不同的人来共同努力付出，形成合力，为社会的进一步发展打下坚实的基础。此外青年也是每个人都会经历的必要人生阶段，在这个阶段我们树立了什么样的价值观，有什么样的价值取向，往往会影响终身，所以，青年人的优先发展，有助于社会更好更快地向前发展，实现社会和国家发展的最终目标，[3]向全人类共同发展的方向迈进。

二、促进青年成长列为优先

人才是生产力中最活跃的因素，是我国经济社会发展的第一资源。[4]将促进青年成长成才列入经济社会发展的优先领域，是习近平总书记站在民族复兴和国家富强的战略高度所提出的，强调要以社会主义核心价值观为引领，突出时代意识和全面意识，改善和解决人才培养和聚集中的突出问题，培养和集聚出组成国家核心竞争力的优秀

---

[1] 参见杨雄：《中国青年发展演变研究》，上海文化出版社2008年版，第6~7页。
[2] 参见吉海东、刘刚："青年优先发展理念及其涵义"，载《上海青年管理干部学院学报》2011年第1期。
[3] 参见吉海东、刘刚："青年优先发展理念及其涵义"，载《上海青年管理干部学院学报》2011年第1期。
[4] 参见王蕊："着力推进青年人才发展"，载《中共山西省委党校学报》2011年第1期。

人才,重视青年人才队伍建设,指明我国教育改革、人才政策和机制改革的前进方向。[1]

促进青年成长,离不开培养青年人才总体模式框架的改革,创新培养模式,建立激励机制。就培养模式而言,针对不同的人群,应当有不同的培养模式,不应一概而论。习近平总书记多次强调,应当允许人才之中的科学技术人员和企业家获得合理的回报,达到财富和事业的共赢。此外,还要加强人员创新能力的培育,青年人才人人皆可创新,进而实现大众创业,万众创新的新局面。当然,建立激励机制,制度完善是关键,需要不断加强各行各业创新人才的积极性和主动性,进行宣传使创新人才迸发出更多的热情和激情。还要建立健全人才创新的权益保障机制,对知识产权和专利的保护应当得到进一步的重视。

促进青年成长,离不开对于人才培养主体的精雕细琢。习近平总书记在同北师大的师生进行交流时强调:"教育是提高人民综合素质、促进人的全面发展的重要途径,是民族振兴、社会进步的重要基石,是对中华民族伟大复兴具有决定性意义的事业。自古以来,中华民族就有尊师重教、崇智尚学的优良传统,正所谓'国将兴,必贵师而重傅;贵师而重傅,则法度存'。"这对于人才培养队伍提出了更高的要求,不仅要求人才进一步加强学识,对教书育人主体的道德水平也提出了更高的要求。

促进青年成长,需要青年自身素质的不断增强。"致天下之治者在人才。"青年在日常的工作学习和生活中,不仅要敢担当、多吃苦、提高自己的业务能力和素养,而且不应忽视对道德素质水平的追求。只有德才兼备,才能算迈开两条步子走路,才能更加全面地发展,更快更好地成长为社会主义建设者中的中流砥柱。

三、相关重点政策的实施

青年的优先发展,可以分为职业青年的发展和非职业青年的发展。由于服务对象主要针对的是职业青年,就职业青年的优先发展而言,根据其特色,可以分为四个主要的重点措施进行落实:一是就业,相关报道显示,每一年的大学毕业生人数都呈上升的趋势,大学生就业形势日趋严峻。教育部数据显示,2017届全国普通高校毕业生预计795万人,比2016年多出30万。[2]在就业上,需要关注"去产能"过程中的青年困难职工就业问题,配合供给侧改革的大局,把青年就业见习计划列为十大重点项目,作为落实青年就业创业领域发展目标的具体项目载体。[3]二是立业,青年需要提高职业能力、提升综合素质。三是置业,也即成婚买房等现实问题。针对这方面的问题,一方面通过正确婚恋观念的培养,大力宣传正确的婚育观以形成良好的社会风气

---

[1] 参见李斌雄:"怎样迈稳步子、夯实根基,培养青年人才",载人民网:http://theory.people.com.cn/n1/2017/0628/c40531-29367441.html,访问日期:2017年10月28日。

[2] 参见赵竹青、申宁:"教育部:2017届全国普通高校毕业生预计795万人",载人民网:http://edu.people.com.cn/n1/2016/1130/c1006-28915417.html,访问日期:2016年11月30日。

[3] 参见《汪鸿雁同志在全团青年发展工作研讨推进会上的讲话》。

思潮，另一方面通过房地产调控的方式，例如上海新推出的"租房七十年"的政策，并辅以廉租房、公租房，让青年们在大城市能有归属感，有属于自己的一盏灯光。四是创业，在"大众创业，万众创新"的新时代，《规划》中就有关于青年创业政策进行了详细设计，例如提高青年人的创新意识、通过培训培育青年人的创新能力、通过创业大赛激励创业激情、完善创业导师当好领路人等措施真正促进青年人创业。

第四节 践行马克思主义青年发展观

青年是推动社会进步的主力军，需要用发展的、全面的、辩证的眼光来看待青年。这也是青年发展观树立的关键所在。正如习近平总书记在庆祝建党95周年大会上的讲话所说："青年是祖国的未来、民族的希望，也是我们党的未来和希望。95年来，我们党取得的所有成就都凝聚着青年的热情和奉献。全党要关注青年、关心青年、关爱青年，倾听青年心声，做青年朋友的知心人、青年工作的热心人、青年群众的引路人。"需要说明的是，在党的十九大报告中，不仅包含了习近平总书记对于青年人的寄语，也为青年人树立正确的人生价值观，投身社会主义现代化建设，践行新时代中国特色社会主义思想提供了明确目标和基础。报告清晰地表明过去的社会主要矛盾已经转化，由人民日益增长的物质文化需求同落后的社会生产力之间的矛盾转化为人民日益增长的美好生活的需要同不平衡不充分的发展之间的矛盾。前人已经为我们国家完成了第一个社会主要矛盾的解决，新的社会主要矛盾的解决是对年青一代人提出的新要求，我们应当树立以习近平新时代中国特色社会主义思想为指导的马克思主义青年发展观，为完成十九大报告中提出的扩大中等收入人群，实现收入分配、公共服务、职业培训等方面的公平物质分配而努力；为实现老有所养、病有所医、教育资源均衡化，坚持房子是用来住的，不是用来炒的而努力；为提供更公平正义的司法环境，让每个公民在每个司法案件中都能感受到公平正义而努力。当然，马克思主义青年发展观的践行，离不开青年人树立的坚定理想信念，离不开青年利益与整体利益的共同追求，离不开在实践中不断摸着石头过河，磨砺自身，只有经过了上述的过程，才能身体力行正确的青年发展观，更好地为中国梦、强国梦的实现添砖加瓦。

一、树立坚定的理想信念

2012年，习近平在国家博物馆参观"复兴之路"展览时第一次提出了"中国梦"的概念。中国梦不仅是国家和民族复兴的梦想，同时也是新一代青年的共同理想和对未来的美好愿景。为了实现两个一百年的伟大目标，为了中华民族伟大复兴的美好未来，当代青年应当牢牢树立为"中国梦"而进行奋斗的理想信念，才能担当起党和国家赋予我们的历史使命。缺乏理想信念，会得软骨病，理想信念不仅是共产党人安身立命的根本，是精神上的"钙"，同时对广大青年而言更是如此，青年要在实现"中国

梦"中有所作为，必须保持对中国特色社会主义的信心，坚定马克思主义理想信念。〔1〕

在应当树立怎样的理想信念上，习近平在与青年们的交流中讲述了其独特的青年理想信念观。习近平在给北京大学考古文博学院2009级本科团支部回复的信件中指出，把人生理想和国家民族的事业相互结合，最终成就的一番事业才能算是真正成了一名人生道路上的奋进者、开拓者和奉献者。在欧美同学会成立一百周年的庆祝大会上，习近平希望留学人员树立爱国主义理念，把祖国和人民牢记心间，在树立信念的同时不忘脚踏实地，刻苦学习，不断奋进，积极促进对外的交流。

二、保持与整体利益的一致性

保持与整体利益的一致性，是指全国的广大青年要坚定不移地跟着中国共产党走，勇做走在时代前列的奋进者、开拓者、奉献者。历史已经证明，只有坚持党的领导，才能更好地实现社会主义现代化进程，才能实现国家和民族的伟大复兴。随着改革开放的不断深入，当今社会又出现了一些新的、比较尖锐的矛盾，例如贫富差距在不断扩大、腐败现象日趋凸显、党团和群众有脱离的风险、官僚作风屡见不鲜等新时期的新问题层出不穷。这些矛盾是对党的现阶段的执政能力和执政水平的新考验。通过加强对于青年发展观念的引导，树立"中国梦"的美好蓝图和愿景，逐步解决在市场经济运行过程中出现的种种矛盾和问题，尤其更多地关注青年人的权益和利益，解决青年人在生活中息息相关的问题，这无疑能够使当代青年更好地坚持党的领导，更好地践行社会主义核心价值观。

伟大的"中国梦"也是强国梦，近代的中国是饱受战火荼毒的殖民地，西方殖民者和日本侵略者先后在中国的国土上不断地欺侮国民，分裂国疆，中华民族一度沦为了"东亚病夫"。所以"中国梦"一出现，马上就激起了我们深深的民族情怀和自强不息的奋斗意识，引起了大众，尤其是青年人的共鸣。在党带领各族人民进行中华民族伟大复兴的道路上，当然绝离不开青年人的参与和支持，青年具有敢想敢干的精神特征，有积极参与的热情和不断进行创新的激情，在认识到自身所应当承担的历史重任时，我们需要毫不犹豫地将个人的发展规划与国家、民族的命运前途有机结合起来，为实现民族伟大复兴的目标而奋斗终生。

当然，与整体利益保持一致性不代表完全放弃个人追求，相反，二者往往是统一的。梁启超在《少年中国论》中曾言："少年强则国强，少年智则国智，少年富则国富，少年独立则国独立，少年自由则国自由，少年进步则国进步，少年胜于欧洲，则国胜于欧洲，少年雄于地球，则国雄于地球。"青年人正处于学习文化知识，不断增强自己能力水平的关键时刻，刻苦学习不仅是青年人的任务，也是我们完成自己梦想，

---

〔1〕 参见毛俊、双传学："论习近平的青年观及启示"，载《江苏师范大学学报（哲学社会科学版）》2015年第1期。

不断超越自我而必经的途径，这是一点一滴的小事，也是我们为做大事而进行准备所不可缺少的累积。"青年人需要仰望星空，但是也不能忘记脚踏实地。"我们在树立远大理想的同时，通过努力不断实现自身所设立的小目标，激励自身不断前行，脚踏实地，水滴石穿，积小流而终成江海，为实现自身的远大目标打下坚实的基础才是我们前行的方向。

三、通过实践锻炼自身

青年在实践中不仅要锻炼自身的业务能力，也不应当放下对于提高道德修养水平的不断追寻。首先，从锻炼自身业务能力出发，习近平引用了"宝剑锋从磨砺出，梅花香自苦寒来"的古诗表明了青年人不断参与实践，加强自身能力锻炼的重要性。马克思主义哲学认为，社会的进步和发展从来不是一帆风顺的，事物的发展总是曲折前行的。所以，青年作为新时代的力量，想要不断进步，面临挫折是不可避免的，这是马克思主义学说中的过程论和发展论的结合。所以，青年在面临现实困境时，更应当充分发挥自身的优势，牢牢树立艰苦奋斗的精神，磨砺自身才能走得更快、更远。众所周知，创新是民族进步和国家兴旺发达的原动力。青年人在实践中应当从实践出发，不断利用自身思维发挥热情洋溢的特点。作为社会上最具活力、最具创造力的群体，应当走在时代的前列，在工作中进行创新创造，为突破困境思考新办法、新思路。

其次，从思想道德出发，内外兼修，在实践中不断提高自己。主观上的提高主要从两个角度出发：一方面是思想品德，高尚的品格是做人做事的第一要旨。近些年来，随着信息时代的高速发展，一些青年人饱受错误价值观的冲击，在学校和师长指导不及时的情况下，往往虚度光阴，混淆黑白，价值观和人生观产生扭曲，失去前进的动力和方向。习近平强调："修德，既要立志高远，又要立足平实。要立志报效祖国、服务人民，这是大德，养大德者方可成大业。同时，还要从做好小事、管好小节开始起步。"用积极向上的青年观武装青年的头脑，是引领青年积极向上的强劲动力。德才兼备是对青年人能力最大程度的肯定；主观上提高的另一方面是为人处世。在与天津高校的同学们开展座谈会时，习近平总书记专门提及了"做实际工作情商很重要"的论断。想要做成事，不仅需要自身的本领过硬，有崇高的理想和坚定的信念，也需要讲究做事做人的方式方法，一味硬干、蛮干不仅不利于做成事，反而可能拖后腿，做事事倍功半。所以青年更应当融入社会，更好地提高自己的道德水平和为人处世的能力，才能做成事、做大事。

四、做社会进步的推动力量

树立马克思主义青年发展观，需要明确的是，青年是未来的创造者，是社会进步的推动力量。青年的成长决定社会的成长，青年的发展决定社会的进步，青年的未来决定社会发展的未来。青年在青春洋溢中放飞梦想，在拼搏奋进中激扬前行。

习近平总书记在党的十九大报告中指出："青年兴则国家兴，青年强则国家强。青年一代有理想、有本领、有担当,国家就有前途,民族就有希望。中国梦是历史的、现实的,也是未来的;是我们这一代的,更是青年一代的。中华民族伟大复兴的中国梦终将在一代代青年的接力奋斗中变为现实。全党要关心和爱护青年,为他们实现人生出彩搭建舞台。广大青年要坚定理想信念,志存高远,脚踏实地,勇做时代的弄潮儿,在实现中国梦的生动实践中放飞青春梦想,在为人民利益的不懈奋斗中书写人生华章!"

中国人的强国之梦离不开对于青年人的循循善诱,离不开青年人的鼎力支持,离不开青年人的脚踏实地。青年人在工作中有更大的积极性、主动性和创造性。适应和引领经济新常态,面对更加复杂多变的国际形势,需要青年一代充分发挥作用,在改革发展稳定第一线建功立业、接续奋斗。赢得青年才能赢得未来,从党和国家的事业角度出发,为国家不断培育青年人才,为共产主义事业不断添砖加瓦,需要把青年放置于更加重要的位置,明确青年人才的定位,争取青年人皆可成才,青年事业蓬勃发展的良好局面的形成,为实现两个"一百年"奋斗目标、实现中华民族伟大复兴的中国梦注入强劲、持久的青春动力。

当代中国马克思主义青年发展观是习近平新时代中国特色社会主义思想的重要组成部分。马克思主义青年发展观是接地气的一项理论成果,它是深入体察青年生活后提出的关于青年发展的指导思想,习近平总书记对青年的系列讲话、青年工作联席会议的全面铺开、各级共青团不断加大发声力量是马克思主义青年发展观的实践基础和来源。当然,马克思主义青年发展观更离不开理论的厚度和深度的支撑,两大理论支柱——青年优先发展理念和党管青年原则——所共同构成的关于青年发展的指导思想为青年提供了前行的指导方向。在当前,各项青年工作不断推进,青年的权益保护日益增强,青年的群体呼声日益响亮,青年作为最有朝气,最具活力,最能给未来带来改变的一个庞大群体,应当不忘初心,砥砺前行,坚持听党话,跟党走,牢固树立马克思主义青年发展观,深入学习习近平新时代中国特色社会主义理论,严格自我要求,为建设富强民主文明和谐美丽的社会主义强国贡献自己的一分力量。

第四章
青年思想道德

《礼记·大学》说:"君子先慎乎德。"墨子曰:"德为才之帅,才为德之资。"近代教育家蔡元培先生也说过:"若无德,则虽体魄智力发达,适足助其为恶。"习近平总书记说:"道德之于个人、之于社会,都具有基础性意义,做人做事第一位是崇尚修身,一个人只有明大德、守公德、严私德,其才方能用得其所。"从古到今,有所成就的文人志士,无不把思想道德建设放在重要的地位,说出了很多关于思想道德建设重要性的名句,为当代人进行思想道德建设提供了宝贵的文化财富。思想道德建设对于一个国家的兴旺发达具有战略意义,而当代青年是伟大祖国走向繁荣富强的生力军和建设者,因此青年的思想道德发展水平在一定程度上决定了国家未来的发展水平。

第一节 青年思想道德的内涵

一、青年思想道德的基本范畴

范畴是基本概念的意思,在哲学意义上是指人的思维对事物、现象普遍本质的概括和反映。青年思想道德的范畴,解释了思想道德与自然、社会、人类思维等方面的普遍联系和本质关系,为青年思想道德使用的语境、功能提供了空间。

(一)思想道德概念的构成

从思想道德的构成上来说,包含思想和道德两个方面,这两个词并不是从出现起就放在一起使用的,而是随着人们的使用习惯逐渐被特定化,确定为独立的概念。

1. 思想

从狭义上来看,思想是指人对于客观事物的理性认识。毛泽东在《人的正确思想是从哪里来的》一文中指出,人们在社会实践中对客观事物的认识,开始是感性认识,"这种感性认识的材料积累多了,就会产生一个飞跃,变成了理性认识,这就是思想。"[1]中义的"思想"是观念,观念是人们在长期的生活和生产实践当中形成的对事物的总体的、综合的认识。

---

[1] 参见毛泽东:"人的正确思想是从哪里来的?",载《新湘评论》2015年第5期。

与狭义的思想概念相比，中义的思想内容更加丰富，体系更系统化。广义的"思想"是意识，包含的范围比较广泛，所有出现在人的意识领域里的思想现象，包括系统化的观念以及偶然性的心理反应。根据意识与存在的辩证关系以及广义的"思想"就是意识这样的基本命题可以推导出，思想（意识）的形成是人的主观对于客观事物的反应的过程，思想（意识）依赖于客观事物，又反作用于客观事物。思想（意识）是一种精神力量，作用于人的意识，影响人的实践，产生巨大的物质力量，改造着物质世界。

2. 道德

马克思主义伦理学从人类活动和社会关系出发，正确揭示出道德的历史起源和个体发生过程，进一步明确了道德的本质内涵。[1]首先，与物质决定意识的规律一样，一定的社会经济基础也影响并决定一定的社会道德。道德反映人类和社会发展的要求，是特定阶级利益的体现。其次，道德是处理人与人、人与社会关系的准则。在人的生活和社会的发展过程中，个人与个人、个人与集体、个人与社会的矛盾普遍存在，道德依据客观存在，为矛盾的解决提供了标准，告诉个体应当做什么，不应当做什么。最后，道德作为一种意识层面上的行为规范体系，是通过内心思想、社会舆论和传统习惯起作用的，是非制度化、非强制化的。

3. 思想道德

思想与道德之间存在内在联系。一方面，思想是指意识，道德是特殊的意识形态，从这点上来看，道德是思想的一个子集。另一方面，道德与思想都是通过作用于人，利用人的社会实践来完成对于客观世界的改造，思想与道德的作用途径是相似的。从狭义上讲，思想道德就是道德。从广义上讲，思想道德作为特殊意识形态的思想体系，包括政治思想、法律思想、宗教、道德、艺术、哲学等。

（二）思想道德概念的形成过程

1. 开创阶段

思想道德作为一个专门概念，最早出现在1986年党的十二届三中全会通过的《中共中央关于社会主义精神文明建设指导方针的决议》中。[2]该决议确定了思想道德三个方面的基本内容，分别是"坚持马克思主义的指导作用、用共同理想动员和团结各族人民、树立和发扬社会主义道德风尚"。

2. 丰富和定性阶段

1996年党的十四届六中全会通过的《中共中央关于加强社会主义精神文明建设若干重要问题的决议》将思想道德的内涵进一步丰富。在思想建设方面，用马克思列宁主义、毛泽东思想、邓小平理论武装全党，教育干部和农民，深入开展和持续推进爱国主义、社会主义建设。在道德建设方面，要全面加强社会主义道德风尚建设，要通

---

[1] 参见杨丽坤："关于思想道德概念的几点认识"，载《学校党建与思想教育》2007年第1期。
[2] 参见杨丽坤："关于思想道德概念的几点认识"，载《学校党建与思想教育》2007年第1期。

过教育、法治、舆论等各种途径确保道德风尚的形成、确立和发展。该决议同时将思想道德进行了定性，它属于社会主义意识形态的范畴。

3. 持续发展阶段

2001年江泽民同志《在庆祝中国共产党成立八十周年大会上的讲话》中多次使用了思想道德的概念，并提出了许多新的提法。首先，将发展社会主义思想道德作为发展社会主义文化的重要环节和主要内容，进一步确立了思想道德的社会主义性质。其次，将思想道德建设提到了"治国方略"的高度，要求要将依法治国和以德治国相结合作为治理国家的基本思想，确立了思想道德建设的战略意义。最后，赋予社会主义思想道德以新的时代意义，即在理想信念方面，要"坚持和巩固马克思主义的指导地位，帮助人们树立正确的世界观、人生观和价值观，坚定对马克思主义的信仰、坚定对社会主义的信念、增强对改革开放和现代化建设的信心、增强对党和政府的信任"。[1]

建立与社会主义市场经济相适应、与社会主义法律规范相协调、与中华传统美德相承接的社会主义思想道德体系，这一体系的基本内容表现在以为人民服务为核心，以集体主义为原则，以爱祖国、爱人民、爱劳动、爱科学、爱社会主义为基本要求，以社会公德、职业道德和家庭美德为着力点，以诚实信用为突破口等方面。

（三）思想道德概念的使用背景和领域

1. "思想道德"概念的使用背景

首先，道德在一定时期起到政治宣传作用。改革开放以后，全党全国的工作重心转移到经济建设上，人们开始逐渐对于泛政治化的说教感到厌恶，而思想道德具有更为宽阔的理论外延，能够包容更多的个人见解，起到代替政治宣传的作用。

其次，加强思想道德建设是客观现实的需要。改革开放以来，经济和社会生活都面临着新的变化，以往的特定阶级的利益点发生转移，新的道德还未形成，旧的道德已经无法适应新的社会情况，出现了道德迷茫和道德失范的情况，迫切需要加强思想道德建设。

最后，思想道德有优于法治的地方。思想道德建设主要通过内心信念、传统习惯、社会舆论来实现，因而成本低。具有非对抗性的特点，容易被大家所接受。思想道德蕴含了丰富的人本主义色彩，使人更容易理解，通过评价"是与非"来规范人们的行为，不会造成法治所带来的激烈冲突，因而，人们更愿意遵守思想道德所确立的规则。

2. "思想道德"概念的使用领域

思想道德经常与建设、素质、教育等词汇在一起使用，表明了它的使用领域。思想道德具有主导意识形态的特点，表明了我们党治国理政、建设社会主义国家的意图，它属于思想政治教育领域。"思想政治教育是指一定的阶级、政党、社会群体用一定的思想观念、政治观点、道德规范，对其成员施加有目的、有计划、有组织的影响，使

---

[1] 参见中共中央文献研究室编：《十五大以来重要文献选编》（下册），人民出版社2003年版，第1907、1908页。

他们形成符合一定社会、一定阶级所需要的思想品德的社会实践活动。"[1]

二、青年思想道德建设的重要意义

(一) 青年思想道德建设对青年个人的意义

"国无德不兴，人无德不立。必须加强全社会的思想道德建设，激发人们形成善良的道德意愿、道德情感，培育正确的道德判断和道德责任，提高道德实践能力尤其是自觉践行能力，引导人们向往和追求讲道德、尊道德、守道德的生活，形成向上的力量、向善的力量。只要中华民族一代接着一代追求美好崇高的道德境界，我们的民族就永远充满希望。"[2]

"道德既具体体现为人类社会风俗、礼仪、习惯的总和，也是人类把握世界意义和自身价值的精神方式。"[3] 万俊人将思想道德分为三个方面的内容，第一方面是个人品质、德行，体现出个人在思想道德方面的成就；第二部分是规范社会成员行为习惯的"制度"性，发挥规则、原则的效用；第三部分是人类共同理想，能够凝聚强大力量。

1. 标志着个人的文明程度

思想道德是一个人人格特点的重要体现，是综合素质的重要内容。个人的思想道德发展水平受生活环境、职业特点、个人努力等多种因素的影响，是多种因素共同作用的结果。其中，具有生活环境属性的社区、社群以及整个社会与个人的思想道德的形成是相互作用的。一方面，个人的思想道德发展水平可以带动同一生活环境中的其他个体的道德水平提升，体现社会整体的道德水平，另一方面，社会整体道德水平的提升可以作为参照物促进个体道德水平的提升。因此，个体思想道德不仅是个人美德、个人成就的体现，更是社会文明的反映。

2. 规范个人行为的"软制度"

思想道德是法治体系的重要补充，一直发挥着重要的规范社会秩序的功效。思想道德具有自身独特的规则价值，与法治的刚性规范方式不同，道德的规制是非强制的，法治"正身"，规制行为人的外在表现行为，道德"正心"，通过规范行为人的内心来影响人的外在行为；与宗教相比，道德更加具有普遍性，能够影响的范围大。同时，道德在传统社会里所具有的一些重要作用，在当今社会仍然有效。从狭义而言，思想道德是个体自律的重要依据，也是规范和处理家庭关系的标准。中观而言，思想道德为邻里街坊，生活在一个社区、社群的人提供了相处之道，一种解决纠纷的"不成文"规则，保障了社区的秩序。

宏观而言，思想道德是制定社会政策、国家政策的重要参考，政策能够与社会的整体思想道德发展水平相近就容易得到大家的拥护，就能够得到很好的实施，否则，

---

[1] 参见杨丽坤："关于思想道德概念的几点认识"，载《学校党建与思想教育》2007年第1期。
[2] 参见"习近平：核心价值观其实就是一种德 国无德不兴"，载人民网：http://politics.people.com.cn/n/2014/0505/c1024-24975911.html，访问日期：2017年11月13日。
[3] 参见万俊人："道德何以兴国立人？"，载《光明日报》2013年12月13日。

即使政策执行者能认真执行，由于难以唤起政策对象的共鸣，事倍功半，仍发挥不了效果。社会的稳定、和谐是国家得以生存、发展、繁荣的前提，道德对于社会的稳定发展有着重要的调节作用，因此，思想道德之于国家的兴旺发达具有不可替代的引领地位。

3. 体现个人与社会对于共同价值的认同

思想道德体现一定的社会共同理想，是作为个体的人、社会大众乃至国家的终极追求目标。从个体角度而言，理想信念是个体获得长足发展的不懈动力，也可为个体的发展指明前进的方向。理想信念作为精神层面的东西，要远远超过物质方面的价值。古希腊哲人德谟克里特说过，如果物质欲望的满足代表幸福，那么猪才是最幸福的。对理想信念的持续追求，能够造就高尚的灵魂，实现人生的更高价值。从国家层面来说，共同的理想信念是获得社会团结和集体行动的前提，它创造一种为大多数人所信奉的真理，能够凝聚团体的力量。"理想信念和伦理精神是一个民族、一个国家的精神能量之所在，是社会文化软实力的灵魂与核心，质言之，是社会核心价值观或核心价值体系的根基和支柱。"[1]

思想道德对于个体而言，是一种美德的成就，体现出个人的文明修养。对于社会而言，是一种价值尺度，规范个体的行为界限，维护社会的稳定秩序。对于国家而言，思想道德创造共同的价值理念，引领整个社会的发展趋势，促进个体将自身的成长与国家的复兴紧密结合在一起，有助于实现整个人类的发展进步。

（二）青年思想道德建设对社会的意义

习近平总书记指出："道德是社会关系的基石，是人际和谐的基础。"[2]社会是由人组成的系统，社会关系也主要体现为人们之间的交往关系，人与人之间的交往需要确定一个界限，确定一个规范，并以这个规范来指引大家的行为。在规范人们行为的众多规范中，道德作为最原始和最接近人性的规范，从古到今一直发挥着重要的作用，未来仍将发挥重要的作用。一些最基本的荣辱、仁爱、民本、诚信、正义、和合的道德观念在人际交往中发挥了巨大的价值。

青年在不远的未来将成为主导社会的群体，青年的行为模式、遵守的规则深受思想道德发展水平的影响，因此，青年的思想道德建设水平将直接影响未来社会关系的发展情况。高水平的思想道德发展状况是社会关系的基石，是人际和谐的基础，低水平的思想道德发展状况将导致社会关系的混乱以及人际关系的失范。进行思想道德建设要结合时代的特点，当代青年进行思想道德建设，要以社会主义核心价值观为内容，培育和弘扬核心价值观，有效整合社会意识，使得社会系统正常运转、社会秩序得以有效维护。

（三）青年思想道德建设对国家的意义

人民有信仰，国家有力量，民族有希望。要提高人民思想觉悟、道德水准、文明

---

[1] 参见万俊人："道德何以兴国立人？"，载《光明日报》2013年12月13日。

[2] 参见"习近平谈思想道德建设：为实现中国梦提供强大精神力量"，载中国网：http://www.china.com.cn/guoqing/2015-12/31/content_ 37429294.htm，访问日期：2017年11月13日。

素养,提高全社会文明程度。[1]

道德可以促进社会主义核心价值观践行。习近平总书记说,核心价值观其实就是一种德,培育和践行核心价值观首先要解决思想道德领域存在的问题,要让人们形成正确的价值观,良好的社会风尚。而社会主义核心价值观是实现中华民族伟大复兴中国梦的重要理论支撑,因此,青年进行思想道德建设对实现国家富强具有重要意义。

习近平总书记指出:"道德为实现中华民族伟大复兴中国梦提供了强大精神力量和有力道德支撑。"[2]改革开放以来,中华民族逐渐繁荣富强,实践经验告诉我们,要兼顾精神文明建设以及物质文明建设,才能实现国家的富强。在物质文明逐渐发展的今天,要更加注重精神文明建设,而精神文明建设主要就是思想道德建设。进行思想道德建设,一方面可以为实现中华民族伟大复兴提供强大精神力量,另一方面思想道德可以指引物质文明建设。

青年是建设富强民主文明和谐的社会主义国家的接班人和生力军,青年的思想道德建设具有更加特殊的意义。一方面帮助国家形成统一的思想理论基础,使得整个国家的人民能很快地凝聚在一起。另一方面能够指导物质文明的发展,加快实现国家的繁荣富强,促进人的全面发展。

第二节 当代青年思想道德的现状

进行青年思想道德建设需要达到预设的标准,这个标准就是青年思想道德建设的目标。进行青年思想道德建设有两个目标,第一个是:积极践行社会主义核心价值观"四个自信"进一步增强,监测的重要指标是"高校、中学和职业学校思想政治理论课每学期课时。"第二个是:广大青年积极践行社会主义核心价值观,监测的重要指标是"爱国主义教育基地数量"。通过对上述重要指标的监测,可以得出现阶段青年的思想政治面貌总体健康向上,拥护中国共产党的领导,对中国特色社会主义事业充满信心。

一、青年价值观总体健康向上

当代青年价值观总体健康向上,对中国走特色社会主义道路有明确的认识,能够积极践行社会主义核心价值观对青年的"爱国、敬业、诚信、友善"的要求,对中国特色社会主义的道路自信、理论自信、制度自信、文化自信进一步增强。党和国家始终将青年思想道德建设放在培养中国特色社会主义事业建设者和接班人的战略高度,制定了一系列促进青年思想道德发展的政策文件。这些文件包括《关于加强社会主义精神文明建设若干重要问题的决议》《关于进一步加强和改进未成年人思想道德建设的

---

[1] 参见《十九大报告》2017年10月。
[2] 参见"习近平谈思想道德建设:为实现中国梦提供强大精神力量",载中国网:http://www.china.com.cn/guoqing/2015-12/31/content_ 37429294. htm,访问日期:2017年11月13日。

若干意见》《关于加强和改进高校思想政治工作的意见》等。[1]这些政策的制定,为青年提高思想道德水平指明了方向、提出了发展路径、建立了发展标准,保障了青年思想道德的持续健康发展。

二、高度拥护中国共产党的领导

中国共产党成立之初就高举反帝反封建的伟大旗帜,将争取最广大人民群众的利益作为奋斗目标。为实现这个伟大目标,中国共产党人浴血奋战改变了中国半殖民地半封建的国家局势,新中国成立后一代代党的领导集体披荆斩棘,为实现中华民族的伟大复兴做出了巨大的贡献。如今,我国成为世界上第二大经济体,国民的物质生活水平和文化生活水平有了大幅度的提高,实现全面小康社会的理想正在一步步实现。特别是我国在超级计算机、载人航天、深海探测、高铁技术、飞机制造、生物技术等领域的一些突破性进展,使我国走进强国之列。十八大以来习近平总书记在分析我国现阶段局势的基础上,提出了一系列治国理政的新思想,保障了中华民族伟大复兴中国梦的实现。习近平总书记面对党内存在的腐败问题,实行大刀阔斧的改革,"拍蝇打虎",取得了巨大的成果,保证了中国共产党的健康发展。当代青年是这些国家红利的见证者、享受者,深刻地认识到了中国共产党的先进性,因而,高度拥护中国共产党的领导。

三、青年理想信念更加坚定

青年的理想信念更加坚定,对中国特色社会主义道路自信、理论自信、制度自信、文化自信进一步增强。为了使青年一代对中国特色社会主义有更深入的理解,党中央一直注重对于马克思主义中国化的引进推广,青年一代逐渐能够作"用马克思主义理论来解决中国问题的思考"。教育机构也注重对青年进行社会主义理想信念教育,取得了显著成果。青年一代积极投身于共产主义建设的伟大实践,对习近平总书记提出的治国理政新理念新思想新战略高度认同。"青年对于中国仍处于社会主义初级阶段、仍是发展中国家的基本国情以及在发展中遇到的问题能够更加理性看待。"[2]

四、青年创新创业热情高涨

近些年来,受改革开放、经济体制调整的影响,我国的经济获得了飞速的发展,国际地位有了很大的改变,在国际社会中扮演着越来越重要的角色,逐渐走向世界舞台的中心。国际地位的提升,使得中国与其他国家的联系更加频繁与紧密,青年走向世界舞台的机会越来越多,获得了更多的实践和发展机会。在经济领域,涌现出了一大批青年岗位能手和青年企业家,为我国经济的持续发展做出了卓越的贡献。在政治

---

[1] 参见共青团中央专项课题组:"中国青年发展状况综述",载《中国青年研究》2017年专刊。
[2] 参见共青团中央专项课题组:"中国青年发展状况综述",载《中国青年研究》2017年专刊。

领域，青年积极地为国家发展建言献计，提出了很多有价值的想法。文化建设领域，青年一代立足我国实际，在原有文化的基础上进行文化创新，产生了许多新的文化，丰富了我国文化的多样性。

五、青年道德素质不断提高

青年开始逐渐认同社会主义核心价值观，能够将自己的言行向社会主流价值趋近。个人方面，注重自身的全面发展，一方面认真学习科学文化知识，另一方面有了精神追求。个人的理想更多地考虑到家庭、社会的因素，很多青年的理想是让自己的亲人过上好的生活，有余力对社会做出自己的贡献，具有使命意识和奉献精神。对社会的态度方面，对"大家与小家"的关系有了更加深刻的理解，只有国家这个"大家"繁荣昌盛了，自己的"小家"才能够幸福稳定。更多的青年加入了志愿者的行列，如今我国登记在册的志愿者已经达5000万，仅2016年就向社会提供了6.9亿小时的志愿服务，为千家万户提供了帮助，营造了和谐的社会氛围。

六、青年爱国热情高涨

当代青年具有强烈的国家意识、民族意识和国防意识。青年越来越把个人的理想与祖国的命运联系起来，在体现爱国主义的节日里，在表达对祖国热爱之情的纪念场所，都能看到青年走在了抒发爱国情怀的前列。在"中日钓鱼岛争端""反对南海仲裁案""抗议美韩部署萨德"事件中，青年更是首先发声，强烈抗议，体现了大无畏的爱国精神。青年运用多种途径、多种方式表达自己的爱国之情。例如，微博、微信、爱国网络平台等是青年抒发爱国情怀的主要场所，很多人用自己的经历或者感悟表达着对国家浓浓的爱意。最近上映的《战狼2》更是淋漓尽致地体现了剧组以及观众对于祖国的满满爱意，很多人观看影片后热泪盈眶，为祖国的强大而自豪，并且通过贡献有史以来最高的票房表达了对祖国的热爱之情。

第三节 青年思想道德工作中存在的问题

《规划》指出："青年是一个极其重要的群体，首先青年从少年向成年过渡，这段时期是世界观、人生观、价值观形成的重要时期。"当代青年面临着历史上青年所共同需要经历的学业压力以及从学校走向社会的压力，而且还承受着我们国家当前的人口结构、家庭结构、经济情况以及国际局势等特殊的困难。青年一代本身辨识能力就差，又处于复杂的社会环境中，出现了很多现实的问题，对这些问题的分析，可以帮助政策的制定者以及执行者发现问题，进而找到解决的途径。

一、"民粹主义"思潮

民粹主义可译为平民主义，基本理论包括：极端强调平民群众的价值和理想，把平民化和大众化作为所有政治运动和政治制度合法性的最终来源；依靠平民大众对社会进行激烈改革，并把普通群众当作政治改革的唯一决定力量；通过强调诸如平民的统一、全民公决、人民的创制权等民粹主义价值，对平民大众从整体上实施有效的控制和操纵。[1]"民粹主义"思潮，表面看起来保护最大多数的平民的权益，而实际上却是最不尊重公民个人尊严和个人基本权利的。"民粹主义"者将平民视为一个抽象的概念，崇拜平民这个群体，而对于作为平民的个人的权利是毫不在乎的。

"民粹主义"思潮打着平民权益保护者的旗帜，实际上剥夺了每个平民独立思考能力，个人理性的声音被淹没在群体之下。这种思潮极易受到不良分子的控制，实际上平民已经沦为他们破坏社会秩序的工具。当代青年对整个社会的运行逻辑还不是十分清楚，极易受到这种表面上看似对自己有利的思想所钳制，最终沦为他人的工具。代表性的就是所谓公投主张，这是民粹主义最直观的体现。现实中，有一部分青年在遇到一些问题的时候，总是喜欢站在"平民"的角度来考虑问题，而不是法律的角度。不讲公平、正义，而是强调平民生活的困苦，动辄就以"我们老百姓"自居，认为自己就能代表"老百姓"。青年如果无法识别这种极端民粹主义思想，就会很容易受到不怀好意的分子的利用，成为破坏社会秩序的人。

二、拜金主义、极端享乐主义

拜金主义指对金钱痴迷至极，为了金钱不顾一切。在生活中事事只为获取金钱，时刻想着不择手段得到尽可能多的钱，认为金钱是物质生活的万能，甚至可以为了金钱牺牲一切。[2]拜金主义是社会经济发展与文化素质发展不同步的典型表现。从根源上来说，发展市场经济是我国经济发展的必由之路，能够在很大程度上发挥社会主义的优越性。市场经济所遵循的等价交换原则，经济主体在经济活动中所追求的利益以及利润的最大化，过分地夸大了金钱的作用，使得"金钱至上"的观念深入人心，就形成了人人"向钱看齐"的社会价值观。

当代青年正是享受经济发展福利的一代，改革开放以及大力进行经济建设的政策，使得民众的物质生活水平有了很大的提升，当代青年一方面享受了经济发展所带来的成果，另一方面也受到了金钱至上价值观的冲击，很多青年成了拜金主义者。"宁在宝马车里哭，不在自行车上笑""人为财死，鸟为食亡""有钱能使鬼推磨"等是对拜金主义的形象诠释。拜金主义引申出来的就是极端享乐主义，市场经济中的个人将钱看作第一位，贪欲享乐、极端自私，这样的人在市场经济条件下必然表现为拜金主义。拜金主义最初是市场经济的产物，逐渐被应用到社会生活中的方方面面，现在人们不论干什么都要用利益来衡量，有利益的才去做，没有利益的坚决不去做。当代青年由于享受到物质财富所带来的富裕生活，极易产生拜金主义的倾向，要引起特别的关注。

---

[1] 参见陶文昭："互联网上的民粹主义思潮"，载《理论导报》2011年第7期。
[2] 参见《思想道德修养与法律基础》编写组编：《思想道德与法律基础》（修订版），高等教育出版社2015年版，第75页。

三、新自由主义思潮

新自由主义是一种经济和政治学思潮,它反对国家和政府对于经济活动的不必要干预,强调市场的重要性。新自由主义的主要特点是,认为市场完全是理想的,市场经济的发展有其完美的运行模式,不需要人们的干预,但这种观点实际上假设了市场的理想性,并且忽略了人的社会属性以及主观能动性。新自由主义反对国家和政府对于市场经济的干预,提倡运用市场"看不见的手"来进行市场的自我调节。认为市场这个看不见的手的调解效率远远超过政府的能力,政府对经济的干预会阻碍市场的发展。新自由主义反对马克思主义和新老凯恩斯主义的国家干预政策。主张私有制,认为国家的一切权力都是属于公民的,应当将国家的权力,包括物质以及权力都转让给公民。当今社会有很大一部分人鼓吹新自由主义,宣扬只有在新自由主义模式下,国家的权利才能够真正回到人们手中,才能实现个人权利的最大化。受新自由主义的影响,有很大一部分青年持有该种观点,认为国家在一定程度上侵蚀了个人的权利,将财富集中在国家这一政治机构中,实际上是一种变相的剥削。

目前,持该种观点的青年并不在少数。但仔细分析新自由主义就会发现,这种观点的理论基础是存在问题的。首先,新自由主义认为市场是完全自由的竞争,然而实际上,这种理论上的理想市场完全是一种假象,与现实中人的社会关系的复杂性以及人的主观能动性是不相符合的。其次,新自由主义反对国家和政府的干预,这实际上是忽略历史教训的显著的错误认识。美国自1825年至今一共发生过十多次经济危机,危机的根源就在于过分地依靠市场经济的自我调节能力,忽视了国家以及政府对于经济的调节作用。市场经济的运行会受到人的主观因素的干预,市场经济中主体的趋利避害性,很容易导致资源在一些产业投资过剩而在一些产业投资不够的情形,结果市场经济调节出现紊乱,经济危机随即就会发生。最后,新自由主义主张将公有资产按照"公开、公平、公正"原则拍卖给私人,而这种观点实际上是历史倒退的思想,从本质上瓦解了国家这一政治形态。原始社会早期人人各自为战,极大地影响了生产效率,阻碍了经济、文化等各个领域的交流与发展。随后,部落开始出现,人们逐渐开始互相合作、交流,紧接着就是国家形态的出现。根据契约理论,国家是大家进行权力制衡的产物,每个人都将自己的权力分出一部分,一起组建一个国家,国家承担对于公民财产与权利的保护。社会发展到今天,使国家存续的基础并没有消失,没有理由瓦解国家这一形式。新自由主义对于国家的统治地位以及社会的稳定具有严重的破坏性。

第四节 青年思想道德问题成因

青年思想道德方面所存在的问题是多方面因素共同作用的结果,这些因素可以分为两个方面,一方面是受外界环境的影响称为客观因素,另一方面是青年自身的因素称为主观因素。客观因素主要是市场经济快速发展所带来的一些问题,主观因素与青年的心智、阅历等有关。

一、客观背景

（一）市场经济逻辑向社会生活领域扩展

市场经济是一种经济体系，在这种体系下产品和服务的生产以及销售完全由自由市场的自由价格所引导。市场经济体制下，产品的生产、劳动力的分配、资源的倾向完全由价格以及供求关系来调节，产品的生产者为了获取最大的经济价值，只能根据市场的需求来进行生产经营活动，这种生产活动是他律的。与之相反的，道德的本质是人类精神的自律性。市场经济的他律性与道德所要求的自律性正好是相反的，不可避免地就产生了社会上某些见利忘义、明哲保身、拜金主义以及享乐主义等思潮。市场经济所具有的追求利润，反道德性从市场经济中延伸出来，已经进入了社会生活的方方面面。市场经济打破了小农经济的局限性，也带来了一系列的问题。

农业经济时代，家庭是全职全能的。包括生产经营、生活消费、两性情爱、生育后代、抚养教育以及承担社会责任等职能，进入工业时代后，社会的分工化、专业化，使得家庭的职能被逐渐剥离出去。如今，生产经营由专门的商业企业所承担；孩子的抚养教育由托儿所、幼儿园所承担；老人的赡养也转嫁给了相关的老年福利机构来承担；唯独生育下一代的职能还是由父母所承担，但夫妻之间的感情越来越不牢固，婚外情越来越普遍，非法钱色交易盛行，离婚率激增。市场经济体系下，有些人将钱看作一切，唯利是图，有些甚至不惜以身试法，人与人之间的信任程度急剧下降，交际成本大大增加。

市场经济在一定程度上改变了人们的生活方式，提高了社会生产力，使得人们的物质生活水平有了很大的提高，但也产生了很多方面的副作用。市场经济的特点最初只是发生在市场经济体系中，但随着社会化大生产的分工、专业化，家庭的职能大部分被分化出去，或多或少带上了市场经济的色彩，有的受到影响很大，甚至完全按照市场经济的那一套逻辑来运行。当代青年受到的影响最大，一方面当代青年正是处于这一历史时期，另一方面青年对社会还没有很清晰的认知，这两点决定了市场经济的特点对青年的冲击很大，他们或多或少地受到了这种非道德性因素的侵害。

（二）过饱和的信息供给导致判断困境

人类从石器时代走向了信息时代。确切地来说，计算机的出现和逐步的普及，接着互联网的出现使得人类彻底进入了信息时代。当今社会信息的数量呈现几何级的增长，一方面信息越来越多地开阔了人类的视野，可以足不出户，了解天下大事，另一方面，巨大的信息量导致了信息判断的困境。这种困境主要是由以下几个方面因素所导致：

1. 信息的绝对数量激增

以往信息的来源途径局限于报纸、广播、新闻等，在这些途径下，信息的传播都需要一定的时间，而且信息源是有限的，采集信息的人员有限，信息的量很难有大的突破。而现如今，随着微信、微博等一系列新媒体的出现，人人都是信息的制造者、传播者，信息的绝对量呈现出爆炸式的增长。

2. 缺乏对虚假信息的管制

由于技术以及其它的一些原因，伴随着信息的绝对数量增加，虚假信息的数量也不可避免地在增加。大量的虚假信息充斥在信息接受者的周围，人们没有时间和精力去做出判断，因此，虽然信息的数量增长了很多，但实际上接收者接收到的有效信息反而更少了，导致了时间的浪费。

3. 对信息的筛选能力不足

面对爆炸式的信息量，对于信息的筛选能力就决定了获取信息的能力。青年一代受到互联网技术的影响，更多的时候是通过计算机来获取信息的，社会经验不足，对于社会上发生的很多事情，只能通过自己的判断来辨识，而没有其他的辨识的途径，当面对数量巨大的信息时，很难做出准确的判断。

过饱和的信息供给，一方面开阔了青年的视野，使得青年能够通过互联网了解国内外事件。另一方面，由于缺乏筛选虚假信息能力以及欠缺辨识能力，造成了信息判断及选择的困境。

(三) 全面开放形势下多元化文化对传统精神的侵蚀

改革开放促进了我国经济的腾飞，也促进了全世界文化的大融合，形成了多元化的文化潮流。这样的背景下，一部分先进的西方文化被吸纳进来，成了中国文化的一部分，丰富了我国的文化体系。但是由于中国传统文化本身所具有的一些特点，导致一部分传统文化被多元文化所侵蚀。原因是多方面的：一方面，传统文化在理论上的不完善，受五四运动以及"文化大革命"的影响，传统文化的延续性遭到重创。另一方面，传统文化并未建立起完整体系。[1]

中国历史悠久，文化丰富，但至今仍未能建立起完整的文化体系，在面对外来文化的冲击时，难以应对，内部结构出现混乱。多元文化对传统文化的侵蚀最明显的体现是，一方面中国的文化被外国所盗窃，例如，端午节是中华民族的传统节日，但是在2005年却被韩国申请为非物质文化遗产。另一方面中国的青年开始热衷于过"洋节日"，例如圣诞节、情人节之类的节日，却对中华民族的传统节日十分漠视，甚至在传统的重要节日，如中秋节、元旦，毫无节日气氛。在全球多元文化的冲击下，中国的传统文化遭到了严重的侵害，侵害的形式主要表现在青年对于外国文化的热衷，对于中华民族传统文化的冷漠。

(四) 社会组织形式变化及快速城镇化形势下熟人社会的变迁

社会组织形式是指动物进行共同活动的所有群体形式，包括政府、军队、学校等。改革开放和发展社会主义市场经济的过程中，我国的社会组织形式发生了许多新的变化。突出的表现是，原来由国有经济和集体所有制经济一统天下的经济所有制形式开始逐渐出现了非公有制经济以及混合所有制经济的形态，个体经济、私营经济也如雨

---

[1] 参见邢福生："多元文化格局下传统文化的传承与发展"，载《人民论坛》2016年第30期。

后春笋般崛起，各种社会中介性质的服务行业越来越多。经济形式开始逐渐的具有个体化、独立化，而且具有向外扩张的趋势。人们纷纷走出家门，走向市场，获取有利的竞争机会。传统的熟人社会的关系开始逐渐的瓦解，然而，走向市场的人为了获取更大的经济利益或者竞争优势必然会重新组建起新的熟人关系，这种新建立的熟人关系对于市场以及社会的运行具有更大的影响作用。

城镇化最明显的体现就是农业人口转为非农业人口，农业地域转为非农业地域，农业活动转为非农业活动的过程。城镇化的农民，生活在新农村住房里，从事城市里密集劳动力的产业，生活的范围被进一步压缩，农村的那种熟人关系被进一步重建，住在一个新的聚集地的人们逐渐形成一个新的关系网。城镇化过程中这种新的熟人社会的变迁，将会产生新的生存理论，一方面表现为单独一部分个体的团结，另一方面表现出作为一个社区人们的团结，具有更大的影响力。

二、主观原因

（一）思想政治教育传统领域的形式主义

形式主义是指在艺术、文学与哲学上，对形式而非内容的注重。有形式主义行为的人，被称为"形式主义者"。目前，在思想政治教育传统领域就充斥着形式主义的样态，使得思想政治领域的教育流于形式，无法起到切实的作用。做好思想政治教育工作是十分困难的，需要修正或者在个人的内心里重新树立起新的思想架构，这要求必须要脚踏实地，一步一个脚印地做工作，使得思想政治建设能够转变成为受教育者自身的价值追求。

由于牵涉到对于内心的改造，需要付出很大的努力才能够见成效，并且要对思想教育具有自信，否则很难起到作用，因此，实际上这种思想教育往往流于形式。这种形式主义也表现为两个方面，一方面，对他人进行思想教育的人内心并没有对思想教育工作引起重视，也没有好好地投入进去，内容上传递的不全面，甚至将这种轻视的态度传递给接受者，这将大大削弱思想政治教育的效果。另一方面，接受思想政治教育的人没有引起足够的重视。当今社会价值观趋向多元化，并且一些非主流价值观的思想都或多或少地影响了很多青年，这些青年并没有认识到思想政治教育的重要意义，或者认为正在接受的思想政治教育是虚无的或者是错误的，与他自己所一直信奉的价值观是相悖的，因而不愿意接受新的思想政治教育。以上这两方面是造成思想政治教育活动无法发挥作用的重要原因。

（二）没有占领新形势下的主阵地

思想政治教育的根本目的是不断提高人们的思想道德素质，促进人的全面发展。因而思想政治教育的内容和形式都应当随着社会时代的不断发展而变化发展。[1]高等

---

[1] 参见赵亦菲："用好新媒体坚守新阵地——试论新形势下高校思想政治教育的新模式"，载《陕西教育（高教）》2016年第8期。

院校作为培养国家建设人才的主阵地,在探索和落实社会主义核心价值观方面理所当然应当发挥积极有效的作用。[1]2015年1月,中共中央办公厅、国务院办公厅印发《关于进一步加强和改进新形势下高校宣传思想工作的意见》,该意见指出,加强和改进高校宣传思想工作是一项重大而紧迫的任务,新形势下宣传工作的重心是高举中国特色社会主义伟大旗帜,以马克思列宁主义、毛泽东思想、邓小平理论、"三个代表"重要思想、科学发展观为指导,深入贯彻落实党的十八大和十八届二中、三中全会精神等要求。[2]当前各个高校虽然采取了一系列的推进中国特色社会主义理论体系进教材进课堂进头脑的措施,但效果并不明显。当今的社会是一个文化多元、价值多元的社会,日益繁多的信息冲击着高校的大学生,让高校的师生很难坚定中国特色社会主义道路自信、理论自信、制度自信,难以承担起社会主义建设者和接班人的重任。受众多因素的冲击和影响,很多高校的师生未能将中国特色社会主义理论体系作为自己思想道德的主阵地。

(三) 不适应思想工作的新战法

习近平总书记提出了一系列关于思想道德建设重要意义的讲话,为思想道德建设提出了新战法。习近平总书记指出,道德是社会关系的基石,是人际和谐的基础,强调始终要把弘扬中华民族传统美德、加强社会主义思想道德建设作为极为重要的战略任务来抓,为实现中华民族伟大复兴的中国梦提供强大的精神力量和有利道德支撑。

总书记的一系列讲话将思想工作的方式方法诠释得很全面,但当代青年没能意识到思想工作的重要意义,认为思想道德建设可以在工作中逐渐完善,忽视了早期的理论学习,导致在后来的工作过程中,遇到未知的事件不知道该如何处理,没有指导思想来指引,最终要花费更多的时间来完成。这种将思想道德摆在前面学习的新的战法,对于当代青年而言,比较新颖,但却需要时间来适应。

(四) 解决思想问题和解决实际问题相分离

解决思想问题的能力更多的是一种理论的学习,解决实际的能力更多的是实践,理论的学习与实践是相辅相成的,理论的学习只有应用到实践中才能发挥理论的价值,相应的,实践的过程能够发现理论的不足,能够起到丰富理论的作用,然后丰富的理论又能够促进实践。现如今,青年一代在进行思想道德建设过程中出现的问题,最为明显的就是不能运用学习到的理论去指导实践,学一套,做一套,不能将理论付诸实践,导致了解决思想问题和解决实际问题相脱离。

(五) 普遍缺乏维护意识形态安全的责任心

对民粹主义、新自由主义、虚无主义、功利主义、拜金主义等社会思潮批判乏力。意识形态安全简单来讲就是指一个国家或者民族占主导地位的价值观的稳定与完整状

---

[1] 参见赵亦菲:"用好新媒体坚守新阵地——试论新形势下高校思想政治教育的新模式",载《陕西教育(高教)》2016年第8期。

[2] 参见中共中央办公厅、国务院办公厅印发:"关于进一步加强和改进新形势下高校宣传思想工作的意见",载新华网:http://news.xinhuanet.com/edu/2015-01/19/c_1114051345.htm,访问日期:2017年10月17日。

态,其实质是社会主流意识形态的合法化,其体现在公众对于社会主流价值的高度认同性和内驱性。[1]意识形态是一个国家维持并发展的精神支柱,是历史经验的总结,对社会生活具有重要的价值。

目前,我们需要坚持马克思主义的意识形态观,这是由我国社会制度决定的。但是由于一些原因,马克思主义的意识形态观并没有得到一些青年的重视,这是众多因素共同作用的结果。首先,马克思主义作为意识形态过于抽象,很难让普通大众理解,更难以接受。其次,马克思主义的宣传工作做得不到位,马克思主义的先进性不能很好地彰显。最后,缺乏对于马克思主义工作的重视,或者说重视者集中于一小部分人,而大部分人并没有建立起对马克思主义的信仰。

意识形态往小处说是一种价值观,往大了说是国家生存的根基,必须严守意识形态主阵地。改革开放、发展市场经济以及互联网的繁荣,出现了各国意识形态的竞争,由于上面提到的这些因素,导致了很多青年缺乏对于马克思主义的理论自信和道路自信,普遍缺乏维护意识形态安全的责任心,结果出现了民粹主义、新自由主义、虚无主义、功利主义、拜金主义等有害思潮。

第五节 青年思想道德发展目标

《规划》关于青年思想道德发展目标的表述为:广大青年积极践行社会主义核心价值观,中国特色社会主义道路自信、理论自信、制度自信、文化自信进一步增强,思想道德水平和文明素质进一步提高,为实现中国梦而奋斗的共同思想道德基础更加巩固。从上面的表述中可以看出,青年思想道德发展目标主要有两个部分构成,以下分别阐述。

一、广大青年积极践行社会主义核心价值观

党的十八大报告强调指出:"倡导富强、民主、文明、和谐,倡导自由、平等、公正、法治,倡导爱国、敬业、诚信、友善,积极培育和践行社会主义核心价值观。"[2]表明了社会主义核心价值观的主要内涵。

"富强、民主、文明、和谐",在整个社会主义核心价值体系中居于最高的层次,对其它的价值含义具有指导的作用。富强即国富民强,主要体现国家层面的经济建设任务,经济建设为人民幸福生活提供物质保障。民主即人民民主,在我们国家的话语体系里是指人民当家做主,这也是社会主义国家最本质的特征。文明是社会进步的重要体现,是社会主义现代化国家的重要特征,是实现中华民族伟大复兴的重要支撑。和谐是社会主义国家在经济建设领域所要达到的目标,具体体现在学有所教、病有所

---

[1] 参见史向军、乔夏阳:"维护意识形态安全的三点思考",载《理论探索》2015年第3期。
[2] 参见"学习十八大报告:贯彻十八大精神深刻理解社会主义核心价值观的内涵和意义",载人民网:http://theory.people.com.cn/n/2013/0522/c40531-21565926.html,访问日期:2017年11月10日。

医、老有所养、住有所居、劳有所得等方面。

"自由、平等、公正、法治",是社会主义核心价值观在社会层面上的体现。自由包括意志自由、存在自由和发展自由三个方面的内容,是社会主义国家所要实现的社会价值;平等指的是公民在法律面前一律平等,最终追求的是实质的平等,要求尊重和保障人权,具有平等生存、发展的权利。公正即社会公平和正义,以人的解放、人的自由平等权利的获得为前提,是国家、社会应然的根本价值理念。法治是治国理政的基本方式,依法治国是社会主义民主政治的基本要求。它通过法制建设来维护和保障公民的根本利益,是实现自由平等、公平正义的制度保证。

"爱国、敬业、诚信、友善",是社会主义核心价值观在个人层面上的要求,覆盖社会生活的各个领域,是公民必须恪守的基本道德规范。爱国是基于个人对自己祖国依赖关系的深厚情感,也是指导个人与祖国关系的行为准则。敬业是指公民对职业行为准则的价值评价,要求公民忠于职守,克己奉公,服务人民,服务社会,充分体现了社会主义职业精神。诚信即诚实守信,强调要诚实劳动、信守诺言、诚恳待人。友善强调公民之间应该互相尊重,和睦友好,努力形成社会主义的新型人际关系。

二、中国特色社会主义道路自信、理论自信、制度自信、文化自信进一步增强

习近平总书记指出,"无论搞革命、搞建设、搞改革,道路问题都是最根本的问题",充分说明了坚持道路自信对于确保中国特色社会主义实现的重要意义。中国特色社会主义道路,就是在中国共产党领导下,立足基本国情,以经济建设为中心,坚持四项基本原则,坚持改革开放,解放和发展社会生产力,建设社会主义市场经济、社会主义民主政治、社会主义先进文化、社会主义和谐社会、社会主义生态文明、促进人的全面发展,逐步实现全体人民共同富裕,建设富强民主文明和谐的社会主义现代化国家。[1]

中国特色社会主义理论体系,是马克思主义基本原理同当代中国改革开放和社会主义现代化实践有机结合而形成的科学理论体系,它包括邓小平理论、"三个代表"重要思想、科学发展观[2]、习近平新时代中国特色社会主义思想等。我们必须坚持中国特色社会主义理论自信有两方面的原因:一方面是因为中国特色社会主义理论的科学性。中国特色社会主义理论与马克思列宁主义、毛泽东思想,既一脉相承又与时俱进。另一方面是因为中国特色社会主义理论的正确性。理论的正确性取决于指导实践的能力,在过去很长一段时期内,中国特色社会主义理论指引全党和全国人民取得了巨大的胜利,未来将继续指引我们取得更大的胜利。

中国特色社会主义制度,包括人民代表大会制度这一根本政治制度,中国共产党

---

〔1〕 参见"坚持'四个自信'的内在依据和重大意义",载新华网:http://news.xinhuanet.com/politics/2016-10/27/c_1119795391.htm,访问日期:2017 年 11 月 11 日。

〔2〕 参见"坚持'四个自信'的内在依据和重大意义",载新华网:http://news.xinhuanet.com/politics/2016-10/27/c_1119795391.htm,访问日期:2017 年 11 月 11 日。

领导的多党合作和政治协商制度、民族区域自治制度以及基层群众自治制度等基本政治制度，中国特色社会主义法律体系，公有制为主体、多种所有制经济共同发展的基本经济制度，以及建立在这些制度基础上的经济体制、政治体制、文化体制、社会体制等各项具体制度。[1]我们必须坚持中国特色社会主义制度自信有两方面原因：一是因为中国特色社会主义制度为中国特色社会主义道路的确立和发展提供了坚强的政治保障，为中国特色社会主义事业的不断发展和进步提供了强大政治动力。二是因为中国特色社会主义制度为中国特色社会主义理论体系的形成和发展提供了坚强政治基础和政治保障。

文化自信是一个民族、国家或政党对本民族传统文化和现代文化价值的积极认同、充分肯定和积极践行，是对自身文化及其生命力持有的坚定信心。2014年2月24日，习近平总书记在中央政治局第十三次集体学习中提出要"增强文化自信和价值观自信"。在文艺工作座谈会上习近平总书记指出："增强文化自觉和文化自信，是坚定道路自信、理论自信、制度自信的题中应有之义。"我们必须坚持文化自信有两方面原因：一是因为博大精深的中国优秀传统文化，是中国特色社会主义道路、制度和理论形成和发展的基因、命脉，这些宝贵文化资源，铸就了中华民族持久而强大的凝聚力和向心力，是中华民族自强不息、创新发展的精神支柱。二是因为在党和人民伟大斗争中孕育的革命文化，社会主义先进文化，尤其是贯穿其中的科学理论、理想信念和价值追求，为中国特色社会主义发展指引着前进方向、提供着精神动力。离开文化自信，道路自信、理论自信和制度自信就会失去精神基石和文化滋养。

第六节 青年思想道德发展措施

一、加强青年理想信念教育

（一）用新时代中国特色社会主义思想武装全党

思想建设是党的基础性建设。革命理想高于天。共产主义远大理想和中国特色社会主义共同理想，是中国共产党人的精神支柱和政治灵魂，也是保持党的团结统一的思想基础。[2]

思想建设属于理论层面的范畴，我们党始终坚持马克思主义的理论与实践相结合的学习做事方式，思想道德建设是党的基础性建设。习近平总书记用"革命理想高于天"这句话表明了对共产党员的严格要求。这句话曾经是社会主义革命和社会主义建设时期被共产党人喊得最响亮的口号，用在现在是对共产党人的提醒，提醒广大共产党员"不忘初心，方得始终"，只有一直秉持艰苦奋斗、吃苦在前、享乐在后的无产阶

---

[1] 参见"坚持'四个自信'的内在依据和重大意义"，载新华网：http://news.xinhuanet.com/politics/2016-10/27/c_1119795391.htm，访问日期：2017年11月11日。

[2] 参见《十九大报告》2017年10月。

级精神，才能对得起党和人民的重托。

历史和实践的经验已经证明，中国特色社会主义道路适合我国的国情，坚持这个道路不动摇就能逐步实现共产主义。青年一代一定要紧跟党的步伐，坚持这个基本道路不动摇，只有道路选择正确了，才能走得稳，走得长远。

（二）深入开展学习宣传教育工作

提高青年思想道德发展水平要明确思想道德属于意识形态范畴，意识形态的形成是一个长期的过程，同样一个人的思想道德的形成也是一个人认识不断加深的过程，这个过程中宣传、教育具有重要的作用。加强青年理想信念教育要以共产主义、中国特色社会主义和中国梦作为宣传教育的内容，要将习近平总书记系列讲话精神和治国理政新理念新思想新战略作为学习的重点，力求使中国梦成为青年共同追求的奋斗目标，使中国特色社会主义成为青年衷心拥护的发展道路，使共产主义成为青年矢志追求的远大理想，增进青年对党的信赖、信念、信心。

（三）引导青年学习马克思主义基本原理

习近平总书记指出："马克思主义是在批判吸收人类全部知识的基础上产生并且随着时代、实践和科学的发展而不断丰富发展的，是人类迄今为止最先进的思想体系。"[1]青年正值形成世界观、人生观以及价值观的重要时期，要引导青年树立辩证唯物主义和历史唯物主义的世界观、方法论，用马克思主义基本原理的理论去认识世界和指导自己的学习生活，运用马克思主义的立场、观点去观察问题和解决问题。

（四）注重加强宣传教育、示范引领和实践养成

加强青年理想信念教育，首先要注重宣传教育，营造学习正确理念和理论的氛围，让先进的思想道德成为主流意识形态，为提升青年思想道德水平扫除障碍。其次要注意对青年示范指引，示范指引的目的与宣传教育一样都是为了青年更好地理解和接受先进的思想，示范指引比宣传教育要好一些，示范指引能够让青年更加形象地认识优秀的思想道德。最后要鼓励和引导青年积极实践，运用自己所学习到的理论去指导自己的实践，在实践中检验理论，加深对理论的认识，进而不断丰富理论。引导广大青年增强使命意识和责任意识，自觉把人生追求融入党和国家事业。

（五）深入实施青年马克思主义培养工程

2007年5月15日，团中央在北京启动了"青年马克思主义者培养工程"，简称青马工程。青马工程是在改革开放和社会主义市场经济不断深化、我国经济结构、社会结构、利益格局和社会思想观念经历深刻变革，同时各种文化相互激荡，广大青年思想活动的自主性、选择性、多变性、差异性明显增强的背景下启动的。培养的对象主要是大学生骨干、共青团干部以及青年知识分子。深入实施青年马克思主义培养工程可以提高青年群体的思想政治素质、政策理论水平、创新能力、实践能力和组织协调

---

[1] 参见"人民日报：用马克思主义科学理论武装全党——学习习近平同志关于加强马克思主义理论学习的重要论述"，载人民网：http://opinion.people.com.cn/n1/2016/0324/c1003-28222244.html，访问日期：2017年11月11日。

能力，可以帮助青年更快掌握党的理论创新成果，了解国家发展形势，培养大局意识、自觉走与实践结合、与人民群众结合的道路。

(六) 发挥高校教育作用

1. 哲学社会科学学科体系建设

加大基础理论的研究力度，主要是马克思主义理论研究。大力开展马克思主义理论体系、马克思主义发展观和马克思主义中国化的研究。[1]设立相关研究项目，增加经费投入，保障研究工作的顺利进行。针对我们国家当前的经济发展形势，加强基础理论研究和应用研究。在马克思主义理论学科的基础上设置能够反映经济发展规律的基础理论研究，发展一套与经济发展密切、能够解决经济发展问题的应用学科。根据不同层次哲学社会科学人才培养的需要，调整学科专业结构，修订专业目录。

加强重点学科建设。学校进行重点学科建设要依托本校已有的资源，发展能够反映当代青年思想道德发展水平，能够解决当代青年思想道德发展问题的重点学科。重点学科建设要注意方向明、针对性强、时效性强。

加强人才培养工作。注意发现和有意识地培养思想素质高、学术水平高的哲学社会科学教师队伍，重点关注学科带头人以及学术团队的发展。造就一批坚持马克思主义、学识渊博的哲学社会科学的理论家。

2. 教材体系建设

加大高校哲学社会科学教材体系建设力度。依据中央实施马克思主义理论研究和建设工程的战略部署以及总体要求，全面开展重点学科教材的建设。逐渐形成基础理论课程和专业主干课程教材的编制工作，覆盖范围涉及哲学、科学社会主义、中共党史以及政治学、法学、历史学、文学、艺术、教育学、管理学等方向。[2]

教材的编制要有针对性。重点教材的研究和编写要与学科体系的研究和建设相结合，教材的内容要能够反映学科的特点，要能够解决经济生活中遇到的道德问题。编写的教材要以马克思主义理论为立论基础，以马克思主义中国化为指导原则，关注当今思想道德发展过程中存在的问题，体现马克思主义最新研究成果。教材语言力求简洁，紧密联系中国社会当前实际，做到论述有依、论述有理以及论述全面。

充分利用现代教育技术手段。顺应时代发展潮流，利用多样化的教学手段实现教育目的。数字化教育形式是互联网技术在教育领域的重要体现，教育过程中可以开创多媒体教材，实现电子教材与纸质教材的互补协调。

工作机制。成立高等学校哲学社会科学教材编审委员会，主要负责指导和审查教材的编制。审议教材编制大纲、研究教材编制过程中出现的问题，提出修改意见。重点教材建设工作要实行首席专家负责制，由中宣部和教育部选取政治素质好、学术水

---

[1] 参见中共中央办公厅、国务院办公厅印发："关于进一步加强和改进新形势下高校宣传思想工作的意见"，载新华网：http://news.xinhuanet.com/2015-01/19/c_1114051345.htm，访问日期：2017年10月17日。

[2] 参见中共中央办公厅、国务院办公厅印发："关于进一步加强和改进新形势下高校宣传思想工作的意见"，载新华网：http://news.xinhuanet.com/2015-01/19/c_1114051345.htm，访问日期：2017年10月17日。

平高、协作精神强的人员组成编制专家组,对全国范围内的教材编写工作进行指导和提供支持。各有关部门、高等学校要为教材编制工作成员提供物质支持,保障他们享受到良好的生活环境。中宣部和教育部负责对教材编制工作的指导和管理工作。教材编制委员会、高等学校社会科学委员会、国务院学科委员会提供研究、咨询工作。各级教育部门和高校负责具体的编制工作。

3. 教师队伍和专门力量建设

提升教师思想政治素质。教师是针对青年学生进行思想道德教育的主力军,首先要保障自己的思想政治素质过硬。提升教师思想政治素质可以通过对教师进行专门的教育培训来实现,培训可以是周期性的,特别要注重对于社会主义核心价值观的培训。培训后要进行及时考核,不能达到要求水平的教师要加强思想政治理论的学习,直至通过考核。

完善教师评聘和考核机制。将思想政治素质作为老师选聘和晋升的重要参考依据,实行师德"一票否决"制度。制度化构建倒逼教师将思想政治学习作为自己工作的重要组成部分。考核教师在授课过程中,对青年学生进行思想道德理论传授的能力和态度,作为教师评优评先的重要参考。

形成一支专兼职教育队伍。持续进行思想政治教育研究和教育需要构建一支作风优良、业务精通的教师队伍。为保障队伍的充足和多样化,一方面要将以往从事思想政治教育的教师作为主力军,另一方面要培养社会力量,力求建设一支专职为主、专兼结合的优良队伍。

4. 加强和改善党对高校工作的领导

党委对高校全面领导。完善高校党的领导体制,实行高校党委领导下的校长负责制。高校党委负责对高校工作实现全面领导和主抓思想政治教育工作,校长主要负责学校的日常教学工作。校长是学校的法人代表,负责实施学校党委的决议,实施教育行政部门安排的日常管理工作。

在高校发展党的队伍。在学校领导、教师以及学生中选拔思想政治水平高、业务水平高的人员,将他们作为党员的重点发展对象,平常注意对他们进行党的理论的熏陶,引导他们向党的队伍靠拢,让他们主动接受党的领导,积极入党。大力发展党员,特别注意新进党员的思想政治发展水平,培养他们成为党的坚定支持者。发展党的基层队伍,可以保障党的政策的宣传和落实,实现高校党委的领导,确保高校青年思想政治水平的提升。

二、在青年中培育和践行社会主义核心价值观

(一)引导青年勤学、修德、明辨、笃实

习近平主席在北京大学师生座谈会上强调指出:"广大青年要从现在做起,从自己做起,勤学、修德、明辨、笃实,使社会主义核心价值观成为自己的基本遵循,并身体力行大力将其推广到全社会去,努力在实现中国梦的伟大实践中创造自己的精彩人

生。"[1]

勤学，就是要以知识奠定青春奉献的基础。青年时期是学习的黄金阶段，理解、记忆能力强，我们身处知识日新月异的时代，稍一懈怠就要落后。青年需要学习的东西很多，要努力发奋学习，学习的过程中既要专攻博览将知识内化于心、外化于行，在学习科学文化知识的同时要时刻关注国家的需要，在实现中华民族伟大复兴的过程中发挥自己的价值。

修德，就是要确保青年的才华要用得其所。青年一代思想觉悟高，生活在物质富裕的今天，拥有比前人更加优越的条件，更容易取得巨大的成就，此时要更加注重高尚德行的培养，既要有高远的目标也要脚踏实地的努力，既要修好个人的私德也要讲求公德，要努力做一个对家庭、对社会、对国家有用的人。

明辨，就是要把握青春奋斗与奉献的航向。明辨是非的能力关系到一个人思想境界的高低，一个有正确远大理想的人，明白自己想要什么，朝着既定的目标努力，可以少走很多弯路。青年要树立远大的目标，增强自身明辨是非的能力，要学会思考、善于思考、善于分析、善于抉择、既果断勇敢又稳重自持。

笃实，就是要扎扎实实干事踏踏实实做人。当代青年是实现中华民族伟大复兴中国梦的生力军和接班人，当代青年要勇于担当，不辱使命，在艰苦的环境中锻炼坚毅的品质，在实践中培养自身高尚思想道德，脚踏实地一步一个脚印地做事，将小事当作大事来做，将自己的人生目标融入国家的繁荣富强之中，为实现中国梦贡献自己的力量。

在青年中培育和践行社会主义核心价值观要注意引导青年勤学、修德、明辨、笃实，使社会主义核心价值观内化为青年的坚定信念，外化为青年的自觉行动。

（二）大力弘扬爱国主义民族精神

要把坚定理想信念作为党的思想建设的首要任务，教育引导全党牢记党的宗旨，挺起共产党人的精神脊梁，解决好世界观、人生观、价值观这个"总开关"问题，自觉做共产主义远大理想和中国特色社会主义共同理想的坚定信仰者和忠实实践者[2]。广泛开展理想信念教育，深化中国特色社会主义和中国梦宣传教育，弘扬民族精神和时代精神，加强爱国主义、集体主义、社会主义教育，引导人们树立正确的历史观、民族观、国家观、文化观[3]。中共中央总书记习近平在主持中共中央政治局第二十九次集体会议时强调："实现中华民族伟大复兴的中国梦，是当代中国爱国主义的鲜明主题。要大力弘扬伟大爱国主义精神，大力弘扬以改革创新为核心的时代精神，为实现中华民族伟大复兴的中国梦提供共同精神支柱和强大精神动力。"[4]

---

[1] 参见"习总书记'勤学、修德、明辨、笃实'是青年的座右铭"，载中国共产党新闻网：http://cpc.people.com.cn/pinglun/n/2014/0505/c241220-24977086.html，访问日期：2017年11月11日。

[2] 参见《十九大报告》2017年10月。

[3] 参见《十九大报告》2017年10月。

[4] 参见"习近平：大力弘扬伟大爱国主义精神"，载今日中国网：http://www.chinatoday.com.cn/chinese/news/201512/t20151231_800045823.html，访问日期：2017年11月11日。

习近平指出，弘扬爱国主义精神，必须把爱国主义教育作为永恒主题。要不断地研究和丰富爱国主义的内涵，研究当代爱国主义的精神实质，将爱国主义教育贯穿于国民教育和精神文明建设的全过程。要利用重大历史事件纪念活动、爱国主义教育基地、中华民族传统节庆、国家公祭仪式等来增强人民的爱国主义情怀和意识。要在青年群体中大力弘扬爱国主义思想教育，让爱国主义成为青年的自觉追求和奋斗动力。

习近平强调，弘扬爱国主义精神，必须坚持爱国主义和社会主义相统一。坚持爱国主义要立足我国社会主义的基本国情，发展社会主义下的爱国主义内涵，这样的爱国主义才是鲜活的，富有生命力的，弘扬爱国主义要坚持爱国、爱党、爱社会主义三者的统一。

习近平指出，弘扬爱国主义精神，必须维护祖国统一和民族团结。新时期下弘扬爱国主义精神必须要将维护祖国统一和民族团结作为落脚点，要教育引导青年培养爱国主义精神，将爱国主义作为自己最基本的道德要求，坚决拥护民族团结政策，反对一切分裂民族的行为。

习近平强调，弘扬爱国主义精神，必须尊重和传承中华民族历史和文化。对中华民族历史和文化的理解和认同是实现爱国主义的基础，中华民族历史和文化是中华民族先进思想和智慧的集中体现。弘扬爱国主义精神要结合时代特点，将中华民族的历史和文化与社会主义核心价值观进行整合，引导人民形成和坚信正确的国家观、民族观、历史观和文化观，增强青年对中华民族历史和文化的赞同感、荣誉感。

习近平指出，弘扬爱国主义精神，必须坚持立足民族又面向世界。中国的发展离不开世界，青年在继承和发展中华文化的同时也要注意吸收国外先进的文化，不断地完善中华文化。对待国外的文化要怀有包容的心态，求同存异，与其他国家一同努力，共同推进人类的进步。

（三）深入开展形式多样的青年群众性精神文明创建活动

加强和改进思想政治工作，深化群众性精神文明创建活动。弘扬科学精神，普及科学知识，开展移风易俗、弘扬时代新风行动，抵制腐朽落后文化侵蚀。推进诚信建设和志愿服务制度化，强化社会责任意识、规则意识、奉献意识。[1]

改革开放以来，中国共产党创造性地提出了建设社会主义精神文明的战略任务，我党对待建设社会主义精神文明以及物质文明建设的基本态度是"两手抓，两手都要硬"，全面开展社会主义精神文明建设能够为物质文明建设提供思想指导、精神支撑和智力支持，能够为实现国家富强、民族团结提供正确的理论指导。改革开放以来中国逐步繁荣富强的经验告诉我们，只有同时注重物质文明建设和精神文明建设，实现物质文明和精神文明的共同发展，中国特色社会主义才能推向前进。

最近青年群众精神文明方面出现了很多问题，这些问题集中体现在信仰缺失、价值观扭曲、深受拜金主义、享乐主义、极端个人主义的侵蚀，一些青年道德失范、诚

---

[1] 参见《十九大报告》2017年10月。

信意识淡薄、人际交往紧张，受这些不良社会思潮的影响，很多地方出现了很恶劣的事件，急需对青年进行精神文明教育活动。对青年进行精神文明教育活动可以深入开展形式多样的青年群众性精神文明创建活动，例如利用爱国主义教育基地、开展爱国教育活动等形式，引导青年大力弘扬社会公德、职业道德、家庭美德，培养良好的个人品德，积极倡导和培育诚信品格，争当"向上向善好青年"，在引领社会文明风尚中发挥积极作用。

（四）加强民族团结宣传教育

我国是一个统一的多民族国家。民族团结关系到中华民族的生死存亡，关系到国家的安危和各族人民的根本利益。没有民族团结，就没有社会的稳定；没有民族团结，就没有经济的发展；没有民族团结，构建社会主义和谐社会就无从谈起。[1]民族团结具有重要的意义，因此要注意对青年加强民族团结教育。

营造宣传氛围。第一，可以组建宣讲团到学校、工厂等青年聚集的场所进行宣讲，让更多的青年能够近距离受到教育。第二，可以充分地利用出租车LED显示屏、户外广告等资源进行民族团结宣传。第三，可以利用电视、网络、电影广告等形式进行民族团结宣传。

丰富宣传教育平台。可以利用新闻广播时间、微信平台、阳光政务信息一体化平台等媒介，丰富宣传教育力度。

发挥典型引领作用。要充分发挥典型的引领作用，树立民族团结形象典型，宣传典型的事迹，教育身边的人。

推动各民族交流交融。举办不同民族的文化交流活动，定期将不同民族的青年聚在一块，通过对一些问题的讨论，了解各个民族自身的文化特质，实现文化的碰撞和交流交融。加强民族团结和宣传教育，推动各民族青年交往交流，树立正确的国家观、民族观、历史观、文化观、宗教观，自觉抵制宗教极端思想，共同维护祖国统一和各民族繁荣富强。

（五）开展青年国防教育

青年正处于理想信念形成和确立的关键时期，要培养爱党、爱国、爱军的重要思想，将自身的生存发展与国家的兴旺发达融为一体，增强青年的国防意识。国防关系到一个国家的生死存亡，要尤其重视，对青年的国防教育要充分利用军训活动，进行思想的教育和身体的锻炼。开展形式多样的国防教育形式，充分利用网络，随时随地对青年进行国防教育，要注意充分地利用红军的革命事迹来教育和引导青年，帮助青年树立正确的国防观。广泛运用大众媒体、影视、微电影等形式，进行国防教育活动。利用博物馆、纪念馆、革命遗址等爱国主义教育基地，宣传国防知识，普及国防政策，让青年在活动中潜移默化的理解和掌握国防知识。

---

[1] 参见"田忠福：对民族团结重要性的再认识"，载中国共产党新闻网：http://theory.people.com.cn/GB/49157/49165/9304368.html，访问日期：2017年11月12日。

推动军地青年共建共育，教育适龄青年自觉履行兵役义务。通过开展军事夏令营、军事开放日等活动，让青年走进军营，亲身感受军人的生活，陶冶自己的情操，树立报效祖国的理想，实现军地青年共建共育。通过一系列的活动，教育青年自愿履行兵役义务。

三、分类开展青年思想教育和引导

规律是事物之间客观的必然联系，是事物发展的必然趋势。人类改造社会的过程就是发现规律的过程，发现事物的规律然后加以运用可以帮助我们顺利地达到理想的目的。教育规律、思想政治规律与学生成长规律三者之间既是独立的，有各自的规律特点，同时它们又是互相联系的。学生的成长包括身体机能的成长和心理机能的成长，生理机能的成长又决定了心理机能的发展水平。小学、初中的孩子急切想知道社会的本质、运行规则，但由于生理机能的限制，知识水平、理解能力发展限制，此时对于孩子的思想政治教育应当着重于培养它们的爱国主义热情，帮助他们树立远大理想。高中、大学青年学生的理解能力、记忆能力有了大幅度的提升，对于事物的看法逐渐明晰和具体化，此时要向他们传授马克思主义基本原理、社会主义基本原理，帮助他们建立正确世界观。面向企业青年，广泛开展岗位建功活动面向进城务工青年，注重解决思想问题和解决实际问题的结合。

教育也是有规律可循的。首先，对学生的教育应当是全面的。全面性要求不但要教授学生科学文化知识，而且要重视对他们进行思想道德教育，"两手都要抓，两手都要硬"，这样才能实现学生的全面健康发展。其次，教育要求尊重学生的自主发展。自主发展是将学生作为教育的主体，包含两方面的内容。一方面要求教育工作者对于每个学生要平等的、不偏不倚的对待，为学生营造良好的教育氛围。另一方面，要尊重学生的差异性。每个学生都有自己的成长特点，教育工作者更多的时候应当是负责创造有利于学生成长的环境，让学生根据自身的特点快速成长。最后，教育要尊重学生的主动发展。信息时代，知识爆炸式地呈现在学生面前，对信息的甄别与主动学习能力将具有重要的意义。因此，在对学生进行科学文化知识培养的同时，要注意培养他们的自主学习的能力。

进行思想道德教育工作也是有规律可循的。前面思想道德的内涵讲到，"道德与思想都是通过作用于人，利用人的社会实践来完成对于客观世界的改造"，突出了实践在进行思想道德建设中的重要作用。思想道德作为意识形态的内容，一方面，学生通过社会实践来感知和领悟。另一方面，要注意利用思想道德认识来指导学生的实践。进行思想道德建设要注意实践的重要作用。

四、强化网上思想引领

(一) 将互联网作为开展青年思想教育的重要阵地

互联网作为青年思想教育重要阵地有很多优势。第一，不受时间、空间限制。传统的教育模式依赖教师、教室、会场等因素，缺失了这些因素就很难进行教育活动。互联网可以随时随地提供给大家教育资源，青年可以选择自己感兴趣的部分，这样节省了时间也提高了教育的有效性。第二，互联网的交互性，便于大家讨论。互联网上用户彼此之间是可以交流的，不同的观点发生碰撞可以弥补个人见解的片面性，辩论也容易探究出真理。第三，互联网能够整合资源，提供更全面的信息。互联网可以将海量的思想教育素材提供给青年，便于青年根据自己的需要选择和学习。

进行思想道德教育活动，不同于其他的教育活动，要注意结合时代的特点来选择合适的教育平台。当今时代，互联网的作用已经越来越大，带给人的便利也是有目共睹的，对青年进行思想道德教育更要利用好这一平台。这一方面是由教育的规律决定的，思想教育要求不论青年处于何种情况下，都能够考虑到思想道德对他的要求，自觉地践行思想道德指导下的行为规范。另一方面是由青年的特点决定的。当代青年见证了互联网的发展，是互联网技术的最大受益者和最为重要的使用群体，在互联网上进行思想道德教育能够团结、带动和壮大网上积极力量，发挥互联网在青年思想道德教育中的作用。

（二）提升网络舆情分析和引导能力

青年的一些特点，要求进行网络思想道德教育要注意引导。互联网的优点同样也是互联网的缺点，互联网的开放性使得大家都能够各抒己见，表达自己对某件事或者某种现象的看法，也容易产生"从众效应"，一些缺乏基本辨识能力的人，很容易受到一些虚假言论的影响，产生不利于社会发展的思想。青年正处于成长期，对事物的辨认能力和控制自己的能力有限，很容易受到不良思潮的影响，甚至作出一些极端行为，因此有必要提升网络舆情分析能力和引导能力。

青年情绪容易波动，也容易被人左右，要及时地帮助青年疏导自己的情绪，澄清网络上出现的误解和谣言，帮助青年树立正确的人生观和世界观。舆论的发布者和舆论的管理者要加强对舆论的管控力度，限制虚假有害舆论的传递，引导青年形成正确认知。

（三）在青年群体中广泛开展网络素养教育

引导青年科学用网。青年用网要增强自律能力和自我保护意识。增强自律体现在对上网时间、浏览内容的把握上，不沉迷于网络，不浏览色情等对身心有害的内容。增强自我保护意识。青年上网要注意自己的人身、财产安全，谨防上当受骗。上网要有度，上网不能影响自己学业和正常的生活。

引导青年依法用网。青年上网要遵守法律法规的规定，不得使用网络蓄意制造谣言、造谣滋事、恶意损害他人名誉和公开他人隐私，不得利用网络从事犯罪活动，对于他人利用网络进行犯罪活动的要及时举报。

引导青年文明用网。文明上网相对于依法上网提出了更高的要求，期待青年在遵守网络相关法律法规的基础上，严格规范自己的网络行为，将现实生活中社会对青年的文明要求体现在网络上，营造文明的网络环境。

引导青年理性用网。理性上网，将网络当作工具而不是被网络所控制。青年由于辨识能力和自我控制能力差，很容易沉溺于网络游戏中难以自拔，被网络所控制。要引导青年养成良好的上网习惯，理性对待网络，防止青年沉溺于网络，引导青年过健康的网络生活。

（四）广泛开展青年网络文明志愿者活动

青年网络文明志愿者的主要职责。青年网络志愿者的主要职责有三个方面的内容：第一，在互联网上主动弘扬正能量。积极参加"阳光跟帖"行动，发表积极向上的言论，帮助营造理性、平和的网络舆论氛围。第二，自觉抵制网络上的负能量。对网络上出现的违背社会主义核心价值观的言论，以及对党和国家有危害的言论进行纠正，抵制负能量。第三，增强网络文明素养。文明上网，从自身做起，要科学上网、依法上网、文明上网和理性上网。不浏览不健康的网页，不造谣、不信谣、不传谣。

广泛开展青年网络文明志愿者活动。2015年青年网络志愿者开展的志愿者活动主要有：中国青年志愿者服务日专题活动、全国性主题网络活动、阳光跟帖活动以及地方性网络志愿活动，未来要拓展网络志愿者活动，广泛开展志愿者活动。

第五章 青年教育

青年是推动社会发展、贯彻实现中华民族复兴、国度社稷繁盛的重要力量。以习近平为核心的党的领导集体对青年问题给予了高度的关注，多次在重要场合发表讲话肯定青年在社会发展中的重要性。[1]十九大报告中，国家总书记习近平提出要优先发展教育事业，普及高中教育，加快建设"双一流"，健全学生资助制度，使绝大多数城乡新增劳动力接受高中阶段教育、更多接受高等教育。[2]高校教育要注重学校文化、教学理念、科教水平的内涵式发展。党和国家始终都高度重视青年教育，把青年教育作为国家教育发展的重点，加大对青年教育的财政资助，鼓励社会积极开展青年教育活动。几十年间，在党和国家以及社会的共同努力下，中国高等教育普及率已经超过了世界平均水平，这标志着我国青年教育事业已经取得了瞩目的进步和突破。

我国青年教育在取得长足进步的同时，依然存在着或重或轻的问题。例如青年教育的质量还有待提高；应试教育的现象较为严重；城乡、地域的教育程度相差还很明显；青年教育的财政投资还要加大力度；社会大众参与青年教育的积极性和水平不够高；等等。这些都亟须社会各个层面、方方面面的携手共进。

第一节 青年教育基本概念

在世界上的每一个城市和乡村，青年都在改变所在的社区和社会，就业、教育、健康、暴力和气候变化——这些都是全球性问题，青年是解决这些根深蒂固问题的最关键的社会群体。同时，青年又是社会群体中最为多变独特的群体，因此对青年和对其他社会群体的教育不同。它有别于对孩子的义务和基础教育，更多地体现在高等以及职业上的教育。弄清青年教育的基本概念，理解其基本需求和意义是研究的前提。

一、基本范畴

何谓"青年教育"？从词源上讲，"教育"一词源于拉丁文"educare"，解释为抚

---

[1] 参见展亚冰："习近平青年教育观及现实意义"，载《山东工会论坛》2016年第1期。
[2] 参见"实录：习近平总书记在党的十九大的报告"，载新华网：http://news.youth.cn/sz/201710/t20171018_10888424.htm，访问日期：2017年6月20日。

养、培育，它是指一种获取知识、技能、价值观、信仰和习惯的过程。教育始于史前，当时指的是成年人训练年轻人掌握在社会中必要的知识和技能。在文明时代还未到来之前，教育的过程是以口头讲述和模仿的方式来实现的。通过讲述故事，知识、价值观等得以代代流传。伴随时间的推移，教育的规模和数量逐步扩大，文化渐渐超越了仅仅通过模仿获得的程度，由此正式教育开始发展。现代社会主要把教育分为正式（formal）教育和非正式（informal）教育，正式教育一般发生在结构化的环境中，由有经验的教师提供课堂教学。根据《规划》对青年的界定，下文中青年教育的讨论范围限定在中高等、专业以及职业教育的范围内。非正式教育通常发生在教育机构之外，不按照指定的课程上课，对于学习者来说，语言习得、文化规范和礼仪都是通过非正式教育获得的。

我们通常是把青年时期看作为童年时期的需要依靠别人生存到可以自立的成年时期的一个阶段，这也就是为什么对"青年"这个词的定义要比其他年龄阶段的群体更为不确定。在国际上，青年同样也会被定义为脱离义务教育找到第一份工作的阶段。实际上，如何定义青年从来就是一个挑战，尤其是将年龄作为标准的时候，有人会以身心的发展进程作为区分少年、年轻人和成人的参考因素，有人会以标志性仪式、事件、法律以及社会角色等社会标准作为依据。正因为从童年到青春期，再从青春期到成年取决于许多这样的因素，所以对于"青年"的定义一直有些模糊。加之，这些多重的因素还会随着宏观社会背景，比如社会经济条件、法律或者政策规则的改变；微观社会标准，例如家庭和个人的价值观念的转变而变化，这使得对青年的年龄界定更为复杂多变。

事实上，青年在不同的国家和地区都有不同的年龄界限，也就是说个人享有该国家或地区同等权利的年龄界限。但是由于每个国家和地区的国情都不相同，所以对青年的定义和理解也会有差异。例如在撒哈拉以南非洲的大部分地区，"青年"一词与15岁~30岁或35岁的年轻男子有关。尼日利亚的青年人包括尼日利亚联邦共和国18岁~35岁尼日利亚联邦共和国的所有成员。而联合国则以教育机构作为其提供数据的来源，主要将青年认定为15岁~24岁的人，并把这一年龄段作为其他有关青年统计数据的基础。

2008年4月，经国务院法制办同意，"青年节"放假适用人群为14周岁~28周岁的青年。2017年中共中央、国务院印发了《中长期青年发展规划（2016~2025年）》（简称《规划》），并发出通知，要求各地区、各部门结合实际认真贯彻落实。《规划》充分借鉴了国家组织、有关国家对于青年年龄界定的不同标准，参考了国内有关权威文件和专家学者对青年年龄界定的标准，将青年年龄范围确定为14周岁~35周岁。将35周岁确定为上限主要是考虑到受教育年限的拉长，青年完成社会化的年龄有所提高，而且也是与各地实际执行的有关政策接轨。

从国际视角来看，联合国很早就注意到了青年对于一个国家的意义所在，其通过了一个名为《到2000年及其后世界青年行动纲领》的国际战略性文件。该纲领希望可以让各个国家意识到青年这个群体对于谋求整个世界更加美好的强烈愿望,而且青年自身也希望通过实现自己的价值来完成这个愿望。在青年教育方面,该纲领提出要提高青年人,尤其是女性青年和处境困难的特定青年群体的基础教育、技能培训和识字水平;制定或加强教育青年人了解其社会和其他社会及全世界文化遗产的方案;在青年中树立相互尊重和了解以及和平、团结和容忍的理想;建立或加强适应目前和未来就业条件的职业和技术培训;促进人权教育;开展国际合作,制定企业培训方案;鼓励加强培训青工和青年领导人的基础设施建设。

我国以习近平为核心的新一代国家领导人,多次在公开场合上阐述其青年教育的思想。习近平总书记深刻指出,对青年进行社会主义核心价值观教育"就像穿衣服扣扣子一样,如果第一粒扣子扣错了,剩余的扣子都会扣错。人生的扣子从一开始就要扣好"。[1]青年的价值取向可以影响到整个社会。青年教育不仅影响青年个人未来的职业成长和选择乃至整个人生,而且对社会的文明继承和民主政治的发展起着不容小觑的作用。

二、青年教育的重要性

教育的重要意义体现在其是培养青年成熟的需要。青年时期是不断增长的阶段。在这几年中,他们从孩子们发展成为成熟和负责任的个人。正是在这个阶段,他们作出职业的抉择,开始追求人生目标。

其一,青年教育是青年成长为一个成熟的人所必需的。教育是实现社会意识变化的手段,它有利于为社会培养一代又一代的青年人才,因此有助于整个人类的发展。青年教育的根本目的就是要使青年获得知识,让青年学会如何适当行为并获得技术能力。青年教育是帮助青年在身体上、精神上以及社会化成长的一个重要的方式。青年时期是一个人生命中一段很重要的成长期,正是在这样一个阶段,人们从孩提转变成一个有责任、独立的个体。理论教育可以使青年具备批判性思维的能力,实践教育教会青年人生必备技能,通过道德教育,可以让青年养成良好的品德,承袭和宣扬中华民族优秀传统,法制教育指导青年遵守法律,尊重法律。除此之外,教育可以开拓青年的视野,让青年摆脱愚昧,变得明智。

其二,青年教育影响青年的未来职业。在青年阶段,每个人都开始进行职业选择,踏入社会。教育可以帮助青年确定自己的职业目标,决定自己想要的生活,使他们能够实现自己想要的目标。对青年的教育可以帮助他们建立技能,从而获得专门知识技能。同时,由于现代社会提倡素质教育,青年教育的领域越来越广,这就为青年提供了向多个领域发展的知识储备和机会。

其三,青年教育给予青年自我抉择的能力。这个时代的青年生活在一个竞争日益

---

[1] 参见"习近平:青年要自觉践行社会主义核心价值观——在北京大学师生座谈会上的讲话",载新华网:http://news.xinhuanet.com/politics/2014-05/05/c_1110528066.htm,访问日期:2017年6月26日。

激烈的世界，教育不仅可以让青年获得谋生技能，更为重要的是可以给予他们选择职业的权利，从而获得尊严和成就感。只有这样，才能让更多的青年得到一个有价值的人生。教育是一门投资。诚然，知识和学习的重要性很早就得到了认同，古希腊哲学家柏拉图曾说过"如果一个人忽视教育，那么这个人会跛脚走到人生的重点"。但是真正将教育是一项投资作为一个观点提出的是诺贝尔经济学奖得主舒尔茨教授（Theodore Schultz）。舒尔茨发现的是德国、日本和英国三个国家同样经受了二战的沉重打击，德国和日本能够迅速地复原经济，而英国的复苏却耗费了很长的时间才得以实现。他得到的结论是，教育促进生产力，进行教育投资能够促进经济增长，德国和日本经济恢复迅速是因为国民受到了良好的教育。他的这个主要贡献后来被称为人力资本理论，这一理论在20世纪80年代启发了国际上大量的发展工作，激励国际货币基金组织和世界银行等布雷顿森林体系国际金融机构投资于职业和技术教育。[1]

其四，青年教育具有文化传承作用。首先，任何一个国家都需要利用文化来维护自己，当然这里的文化是从最宽领域上讲的，包括艺术、文学、宗教、音乐等等。而文化的继承无法通过遗传自然而然地传承，这一过程必须通过教育来完成。青年群体是一个社会的主要学习和建设群体，所以青年教育有着普遍的文化传播作用。其次，青年在获得前人的文化遗产的过程中，会在此基础上发展创新。青年教育还有利于推进我国社会主义民主政治的发展，建设民主政治是我国社会主义建设的一个重要任务。民主政治的核心是人民当家作主，即人民参与对国家事务的管理和监督。列宁曾经说过，在一个文盲的国度不可能实现共产主义，他把提升工农的文明和教育程度同实现苏维埃民主和克服官僚主义联系在一起。实现人民当家作主，参与对国家的监督和管理，教育肩负着重要任务。青年是国家的主力军，青年教育尤其重要。教育可以帮助青年理解什么是政治，如何参与政治。同时教育民主化也是民主化进程的一部分，教育可以启迪民智，改变和更新青年的民主观念。

第二节 青年教育的发展问题

中国共产党自成立以来始终很重视青年教育，这么多年来，我国的高中阶段毛入学率、高等教育普及率、国家对青年投资的经费等都保持着高速度的增长，教育资源得到了最大价值的利用，对我国的青年教育事业的发展提供了重要的推动作用。但是，在发展的过程中，还是存在教育质量、教育公平、教育水平等一系列问题，值得我们加以重视。

一、教育质量问题

对教育质量的界定有很多不同的说法。通常，人们将教育质量理解成：学生的学

---

[1] 参见"美国经济学诺奖得主有几多？"，载中青在线：http://news.cyol.com/content/2014-07/10/content_10349969.htm，访问日期：2017年6月26日。

业成就水平和学生在学校中所获知识、技能及态度为其离开学校以后的生活做准备的适切性。[1]但是我们理解青年教育理应进行多维度的考虑,不仅仅限于学业成就和知识、技能的养成。人生的每个阶段都有其特点,都有其特定的成熟形态,而青年时代是每个人全面发展的最好时期,青年教育的本质应该在于促进青年的社会化和个性化的完善。爱因斯坦曾经说过:"如果人们已经忘记了他们在学校里所学的一切,那么所留下的就是教育。"教育质量不只包括常识和技艺的传授,还有道德教育。

近几十年来,中国社会产生了举世瞩目的变革,经济迅速发展,科技水平突飞猛进。同时,中国与世界其他国家的联系也越来越密切,价值观和文化的碰撞使得全球化进程快速演进。教育作为国家日益重视的领域,在这些年间,我国在教育的质和量上,都取得了可喜的进步,但是人们发现,在从"精英教育"到"全民教育"的转变过程中,不论是学校还是社会都更看重学生的考试成绩、就业情况等指标,却轻视甚至忽视了教育的本质追求。"复旦投毒案""马加爵事件"等案例的发生无一不在向我们表明青年道德教育缺失。因为今天的中国社会正处于转型期,人们的价值观念也在不断发生变化,青年正处于他们的"三观"形成的最后阶段,加强道德教育对他们尤为重要。

正是基于我国教育质量的现状,中共第十八届五中全会通过的《中共中央关于制定国民经济和社会发展第十三个五年规划的建议》(以下简称《建议》)强调了"提高教育质量",这是我们党站在如期全面建成小康社会的战略全局高度作出的重大部署,集中体现了以习近平同志为核心的党中央对教育工作的高度重视和殷切期望,为"十三五"时期教育改革发展指明了方向。[2]

二、教育公平问题

我国已经把促成教育公平作为一项基本教育政策,全面推进义务教育均衡发展,制定《关于加快中西部教育发展的指导意见》《加快中西部教育发展行动计划(2016~2020年)》,中西部地方之间、各个学校、城乡之间的教育状况的差距较之前有所拉近。自2011年下半年开始,每年有3200余万名学生享受农村义务教育的营养改善方案的福利;至2017年,教育部计划安排专项招生6.3万人;为了缩小地区之间的教育资源和水平的差距,国家加大了对西部和民族地区的公共教育投入;提高中西部省份高考录取率,扩大"支援中西部地区招生协作计划"规模,2015年录取率最低省份与全国平均水平的差距从2010年的15.3个百分点缩小至5个百分点以内[3];施行中西部高等教育复兴计划,提升中西部高校综合实力;全面提高少数民族区域的教育水平,2015年全国各级各类学校中少数民族在校学生达到2595万人,所占比重为总人数的

---

[1] 参见朱益明编译:"教育质量的概念分析",载《比较教育研究》1996年第5期。

[2] 参见"关于提高'教育质量'听听教育部长袁贵仁怎么说",载搜狐网: http://www.sohu.com/a/40540075_117882,访问日期:2017年6月27日。

[3] 参见国务院:《发展权:中国的理念、实践与贡献》白皮书。

10%，学前教育进展迅速，接受双语教育的学生数量达到400多万人。中职免学费范围不断扩大，截至2015年，全国已有17个省份实现中职学生全部免学费。针对建档立卡学生等特殊困难群体的资助力度加大，截至2015年，全国累计资助各级各类学生8433.31万人次，比2009年增长31%；资助总额超过1500亿元，是2009年的2倍。进一步完善和落实进城务工人员随迁子女接受义务教育后在当地参加升学考试政策[1]，2015年29个省份已经有近8万名的随迁子女在外地参加高考。

公平问题长久以来都是教育领域的核心。早在《国家中长期教育改革和发展规划纲要（2010~2020年）》中已经将"促进公平"作为工作方针，促进公平成为国家的基本教育政策，在《中长期青年发展规划（2016~2025年）》里，又将"教育公平程度明显提升"作为青年教育的发展目标，足以可见教育公平的重要地位。我国目前教育公平方面存在的问题还比较多：一是地区差异明显。根据国家机关的教育经费执行统计公告，东部沿海地区、中部以及西部地区各个城市的教育支出经费差距较大，其中宁夏回族自治区的2015年全年公共财政教育支出是139.18亿元，青海省公共财政教育支出163.20亿元，而广东省2015年公共财政教育支出却达到了2042.84亿元。[2]二是城乡差异明显。教育经费的分配不均是最根本的问题，由于经费不足，农村学校无法给学生配置应有的教学设备，特别是进入计算机时代，农村学校计算机的占有率要明显低于城市，这严重影响到农村教学的质量。此外，在综合素质教育上，农村的教育水平也与城市有较大差距。更不用说农村生活环境和基础设施无法与城市相比，教师资源自然而然地向城市学校流动，这加剧了城乡教育的差距。

三、教育水平问题

近些年来，青年受教育水平的提高造就了我国规模庞大的科技人才队伍。截至2014年末，我国全国科技人力资源总量已经达8114万人，平均年龄33.73岁，从年龄结构来看，29岁以下的科技工作者是我国现有科技人力资源的主体。[3]青年成了国家科研工作的生力军，在航空航天、高速铁路、深海探测、生物科技、高效能计算机等领域的国家重大工程和科研项目中，研究生及青年科研人员发挥了骨干作用，神舟、嫦娥、北斗等科研、工程团队的平均年龄均在35岁以下。同时，教育水平的提升也拓宽了青年人才的行业分布，越来越多的青年开始进入专业性较强、教育时限较长的律师、会计师、工程师、精算师、医生等行业。

即使我国的整体教育水平在提升，但是由于各种原因的限制，包括历史原因还有前文中所提到的水平发展的差异，因此，目前来讲，我国高中教育的普及在全国范围内还没有实现。根据教育部公布的2015年全国教育事业发展统计公告，2015年，全国

---

[1] 参见中共中央、国务院：《中长期青年发展规划（2016~2025年）》。
[2] 参见教育部、国家统计局、财政部：《2015年全国教育经费执行情况统计公告》（教财[2016]9号）。
[3] 参见本刊综合："把科技人力资源开发放在科技创新最优先位置——解读《中国科技人力资源发展研究报告（2014年）》"，载《科协论坛》2016年第6期。

高中阶段教育[1]共有学校2.49万所，比上年减少732所；招生1397.86万人，比上年减少18.50万人；在校学生4037.69万人，比上年减少132.96万人。高中阶段毛入学率87.0%，比上年提高0.5个百分点。[2]2017年4月6日，针对高中阶段教育普及问题，《高中阶段教育普及攻坚计划（2017~2020年）》（简称《攻坚计划》）经国务院同意，教育部等四部门印发，该计划各省到2020年毛入学率都要达到90%以上。为保障普及目标的实现，《攻坚计划》还提出了四项重点任务：一是提高普及水平。普及水平的提高需要"补短板"，对于高中教育毛入学率低的地区，要加大政策的支持，还有残疾青年等特殊群体的高中教育也应当重视。二是优化结构布局。普通高中和中等职业高中都是我国高中教育的重要组成部分，因此不能仅仅重视普通高中，而忽视中等职业高中的教育，两者应该协调发展。三是加强条件保障。完善学校办学标准，加强学校办学条件建设。基本消除普通高中大班额现象，减少超大规模学校。四是提升教育质量。改革人才培养模式，落实立德树人根本任务，增强普通高中课程选择性，完善教师补充机制。[3]《攻坚计划》对解决我国高中阶段教育普及具有重要意义。

高等教育是青年迈向社会的最后一步，改革开放以来，我国高等教育事业取得了瞩目的成绩。根据2015年的统计数据，我国目前全国各类高等教育在学总规模达到3647万人，高等教育毛入学率达到40.0%。全国共有普通高等学校和成人高等学校2852所，比上年增加28所。研究生招生64.51万人，比上年增加2.37万人，其中，博士生招生7.44万人，硕士生招生57.06万人。[4]即使我国高等教育普及率以及水平近几年呈上升阶段，但是在许多方面，高等教育内部仍然存在诸多问题。比如，目前我国的高等院校基本上都会设置一些热门专业，这些热门专业虽然在近几年会适应就业市场需求，但是往往随着该专业人数的增多，又会出现供应过剩的现象，这就导致很多毕业生"毕业即失业"。再比如，现在大部分的高校都是以学生的学业成绩和就业率作为标准，却忽视了对学生的思想道德、身体素质和心理素质的培养。也因此，最近几年"应试教育"被广为诟病。

习近平总书记在十九大报告中指出，优先发展教育事业。建设教育强国是中华民族伟大复兴的基础工程，必须把教育事业放在优先位置，加快教育现代化，办好人民满意的教育。加快一流大学和一流学科建设，实现高等教育内涵式发展。[5]"双一流"高校是经由2015年国务院发布的《统筹推进世界一流大学和一流学科建设总体方案》中正式提出的，自提出以后一直受到社会各界的关注，应该说"双一流"建设是继20世纪末"211工程"和"985工程"后国家针对高校的又一行动指导方针。

---

[1] 高中阶段包括普通高中、成人高中、中等职业学校。
[2] 参见教育部：《2015年全国教育事业发展统计公告》。
[3] 参见教育部等四部门：《关于印发〈高中阶段教育普及攻坚计划（2017~2020年）〉的通知》（教基[2017]1号）。
[4] 参见教育部：《2015年全国教育事业发展统计公告》。
[5] 参见"习近平：青年要自觉践行社会主义核心价值观——在北京大学师生座谈会上的讲话"，载新华网：http://news.xinhuanet.com/politics/2014-05/05/c_1110528066.htm，访问日期：2017年6月28日。

第三节　中国青年教育发展目标及发展措施

基于上述中国青年发展尚存的问题，2017年4月13日，中共中央、国务院印发了《中长期青年发展规划（2016~2025年）》，并发出通知，要求各地区各部门结合实际认真贯彻落实。《规划》开篇提出青年是国家的未来、民族的希望。青年兴则民族兴，青年强则国家强。促进青年更好成长、更快发展，是国家的基础性、战略性工程。要站在党和国家事业后继有人、兴旺发达的高度，把青年发展摆在党和国家工作全局中更加重要的战略位置，整体思考、科学规划、全面推进，努力形成青年人人都能成才、人人皆可出彩的生动局面，为实现"两个一百年"奋斗目标、实现中华民族伟大复兴的中国梦注入强劲、持久的青春动力。依据党和国家有关政策法规，按照经济社会发展的总体目标和要求，结合我国青年发展的实际情况，制定《规划》。[1]《规划》就青年发展的十个领域作出了总体布局和战略指导，本节将就青年教育领域作解读与分析，并且对未来青年教育进行展望。

关于《规划》中有关青年教育的内容，总体而言，提高质量、促进公平是这次规划对青年教育的基本要求。

具体而言，一方面，围绕提升质量，《规划》提出对教育改革进行深化，包括改进课堂教学、科学设计第二课堂内容、丰富学生实践平台、深化考试招生制度改革、加强教师队伍建设等举措，培养学生的法治精神、创新能力和实践能力，全面提高综合素质，培养创新兴趣和科学素养。

另一方面，围绕促进公平，《规划》指出教育资源的平衡分配，通过逐步缩小地区间教育资源差异、对家庭经济困难学生和特殊青年群体完善帮扶救助机制、实施重点高校面向国家贫困地区定向招生专项计划，进城务工人员随迁子女接受义务教育后，直接参加升学考试政策等举措促进教育公平。

除此之外，《规划》中还专门强调要强化社会实践教育，实践教育是青年教育的重要组成部分，要加强青年社会实践基地建设，鼓励学生进入社区、农村参与公益志愿活动，还可以在学校内部开展实践活动，开展模拟情景、实验式研究的活动，社团组织也可以进行相关的实践活动，既丰富了学生的业余生活，又积累了更多社会实践的经验。

《规划》首先明确了青年教育的发展目标。《规划》提出近十年青年教育要实现：青年受教育权利得到更好保障，基本公共教育服务均等化逐步实现，教育公平程度明显提升。《规划》还提出新增劳动力平均受教育年限达到13.5年以上，高等教育毛入学率达到50%以上的目标。着重强调了十年内提高普及教育和教育公平的紧迫性。下面笔者将就发展目标的几个方面一一做简要分析：

---

[1] 参见中共中央、国务院：《中长期青年发展规划（2016~2025年）》。

一、青年受教育权利得到更好保障

青年的受教育水平决定着新一代劳动者的整体素质，关系到国家和民族的发展后劲，需要国家的积极保障。受教育权不是一个单纯的概念和权利形式，它具有各种不同的形式和内容，公民在成长的不同阶段所享有的受教育权的内容是不同的。受义务教育权是公民达到一定的年龄就应当享有的权利，国家必须采取措施保证权利的实现。除义务受教育权以外的其他受教育权则不一样，如在我国上高中、大学等的权利，这些权利不是每个公民都必然享有，公民享受此类受教育权需要具备一定的能力条件，并支付一定的费用。[1] 青年通常正处在受高中、大学教育的阶段，在此阶段，不是每个青年都可以接受高中或者大学教育，但是在满足一定条件的情况下，每个人都应该被平等对待，不能有任何实质不平等的歧视。目前，我国实行的是全国统一高考制度，实际录取学生时采取的却是不同的招生分数线，在高等教育大众化的时代，这种差别对待实际上是不合理的，理当采取相应的改革措施，更好地实现青年的受教育权。

根据教育部的统计，2015年全国高中阶段毛入学率87.0%，表明我国目前新增劳动力绝大部分已接受过高中阶段以上教育。2015年，全国普通高中专任教师总数为169.5万人，比上年增加3.3万人，生师比由上年的14.4∶1下降为14.0∶1，师资数量配置水平提高。普通高中专任教师学历合格率（本科以及上学历教师比例）为97.7%，比去年提高0.5个百分点。各种形式高等教育在学总规模达到3647万人，比上年增长2.5%。高等教育毛入学率达到40.0%。[2] 并且教育部在《攻坚计划》中提出到2020年我国高中阶段教育毛入学率将要达到90%。青年的受教育权不是一成不变的，它会随着教育资源的不断增加而增加。高中阶段和高等教育入学率的提高，师资资源的优质化体现了我国青年受教育权保障取得了新的成绩。

另外，青年受教育权的政策和法律也在一步步完善。以恢复高考、扩大派遣出国留学人员等重大决策为起点，我国教育迈出了改革开放的历史性步伐。20世纪80年代以来，党和政府发布了《关于教育体制改革的决定》《中国教育改革和发展纲要》《关于深化教育改革全面推进素质教育的决定》《国务院关于大力发展职业教育的决定》《国家中长期教育改革和发展规划纲要（2010~2020年）》等一系列重要政策文件，推动我国教育事业快速发展，不断适应经济社会和人民群众日益增长的新需求。在法律层面，国家已经颁布《中华人民共和国教育法》《中华人民共和国义务教育法》《中华人民共和国高等教育法》《中华人民共和国职业教育法》《中华人民共和国民办教育促进法》等一系列和教育相关的法律法规，对涉及青年受教育权的相关内容已经有了较为全面的规定，并对特殊青少年、女学生等群体给予了特殊保护，让所有青少年都能共享教育发展成果。

---

[1] 参见徐继敏："公民受教育权研究"，载《河北法学》2004年第2期。
[2] 参见教育部："2015年全国教育事业发展统计公报"，载《中国教育报》2016年7月7日。

二、基本公共教育服务均等化逐步体现

基本公共服务是指建立在一定社会共识基础上，根据一国经济社会发展阶段和总体水平，全体公民不论其种族、收入和地位差距如何，都应公平、普遍享有的服务，其规定的是一定阶段上基本公共服务应覆盖的最小范围和边界。[1]

《国家基本公共服务体系"十二五"规划》提到"完善覆盖城乡居民的基本公共服务体系，推进基本公共服务均等化"。同时"十二五"指出"到 2020 年实现全面小康奋斗目标时，基本公共服务体系比较健全"。这些政策的提出表明健全和均等的基本公共服务已经成为国家发展的重要课题，教育也是自不待言。那么，到底何为"均等化"？我们认为，这里的均等化应该作两层含义的理解，其一是机会均等，即要求不分地域、城乡，每一个青年都应该享有公共服务的机会，也就是平等享有公共教育服务资源。其二是结果均等，值得一提的是，在保证机会均等的基础上，要特别关注贫困地区和社会弱势群体的公共教育服务，并给了一定的补偿服务，促进基本公共教育结果公平，换言之，这是一种矫正的公平。国家为家庭经济困难青年建立教育资助体系、为贫困地区农村义务教育学生实施营养改善计划等多项措施均是补偿弱势群体，以实现结果均等的服务安排，是体现均等化内涵的重要举措。[2] 其三是承认区域、城乡的差异性，均等不是绝对平均主义，而是在合理的范围内有条件的平等。

目前，在持续改进的基础上，我国学生资助政策体系已经慢慢科学化，公办与民办学校相同覆盖、家庭经济困难学生全覆盖。全面提高教育公共服务的基础上，2016年，全国有 498.34 万普通高中学生享受国家助学金政策。从区域分布来看，西部地区国家助学金资金 49.01 亿元，占 49.59%；中部地区 35.88 亿元，占 36.30%；东部地区 13.94 亿元，占 14.11%。[3] 国家已基本建立起以奖助学金、学生贷款、勤工助学、特殊困难补助和学费减免为主体的多元化资助贫困家庭学生的政策体系，形成了以政府投入为主、学校为辅和社会捐助为补允的资助格局。[4] 受教育权平等的保护，原则上应当一视同仁，在相同的条件下公共教育服务资源平等化，但是，也并不是无差别的对待，对西部地区经济处于不利或者劣势的青年学生群体，党和国家给予了倾斜性的保护，这同样是重要一环。

三、教育公平程度明显提升

公平在不同的领域中有不同的内涵与外延，教育中的公平包括：（1）受教育权利的平等与教育机会的均等，教育机会的均等，具体说来包括起点均等和教育过程均等两个方

---

[1] 参见陈昌盛、蔡跃洲："中国政府公共服务：基本价值取向与综合绩效评估"，载《财政研究》2007 年第 6 期。
[2] 参见"如何正确理解基本公共教育均等化"，载中华人民共和国教育部：http://old.moe.gov.cn//public-files/business/htmlfiles/moe/s6073/201208/140221.htm，访问日期：2017 年 6 月 29 日。
[3] 参见教育部："2016 年中国学生资助发展报告"，载《人民日报》2017 年 3 月 7 日。
[4] 参见共青团中央专项课题组："中国青年发展状况综述"，载《中国青年研究》2017 年专刊。

面;(2)教育过程的投入均等;(3)教育结果的均等;(4)受教育者主观体会的公平。[1]

20世纪80年代以来,城镇化的发展使得许多外来务工人员奔赴大城市,他们在城市工作、生活、结婚生子,随之而来的问题是孩子的教育该如何保障。由于教育资源有限,公办学校毕竟只能容纳一定数量的学生,而外来人员的子女在政策上无法享受和本地学生同等的待遇,在入学门槛上就有相当的限制,这严重影响到了他们的受教育权。国家针对该问题也做出了相应的回应,2001年国务院颁布《关于基础教育的改革与发展的决定》要求重视流动儿童少年的教育问题。经过几十年的努力,全国义务教育阶段在校生中进城务工人员随迁子女共1294.73万人。其中,在小学就读955.59万人,在初中就读339.14万人。[2]应该说在这一问题上已经取得了很大的进步。

保证家庭经济困难同学能够上得起学,是实现教育公平的重要方面。在财政、教育等中央有关部门和地方各级政府,以及各级各类学校的共同努力下,我国学前教育到研究生教育各个阶段的国家学生资助政策体系更加完善,资助形式更加多元。据教育部《2016年中国学生资助发展报告》,2016年,全国共资助中等职业学校学生1502.66万人次,资助金额332.13亿元;全国共资助普通高中学生1158.47万人次,共投入资助资金167.50亿元,比2015年增加28.22亿元;政府、高校及社会设立的各类政策措施共资助全国普通高等学校学生4281.82万人次,资助总金额955.84亿元。此外,2016年秋季学期,通过"绿色通道"入学的本、专科家庭经济困难学生119.96万人,占当年本、专科新生总人数的15.58%。[3]未来,我国还要继续完善学生资助政策,加大公共财政投入,让更多的青年不会因为经济困难而失去受教育的机会。

此外,缩小城乡教育差异也是促进教育公平的重要途径。由于城乡社会经济发展程度的差距,学校教育质量、教育资源的分布差别,我国高等教育入学的城乡差异一直是我国实现教育公平的一大阻碍,但是随着精英教育向大众教育的转型,高等教育的普及,加之国家资助政策的不断健全完善,我国的高校城乡招生比率不断缩小,"农村和贫困地区学生上重点高校人数大幅提升,农村户籍大学生招生占比超过60%,千万家庭有了第一代大学生。研究生教育实现56个民族全覆盖"。[4]2016年8月31日教育部部长陈宝生在国务院关于高等教育改革与发展工作情况的报告会上,如是说。

四、我国青年教育发展措施

《规划》在确立青年教育的总体目标之后,提出了十年内我国青年发展措施。这些政策措施切实可行,为具体操作提供了重要保障。

提高学校育人质量。坚持立德树人,深化教育改革,把增强青年社会责任感、法

---

[1] 参见吕星宇:"教育过程公平研究:教育公平研究的新趋势",载《当代教育科学》2008年第15期。
[2] 参见教育部:《2014年全国教育事业发展统计公报》。
[3] 参见教育部:"2016年中国学生资助发展报告",载《人民日报》2017年3月5日。
[4] 参见"教育部长:农村生上重点大学人数大增招生比例超60%",载央广网:http://news.cnr.cn/native/gd/20160831/t20160831_523102399.shtml,访问日期:2018年1月11日。

治意识、创新精神、实践能力作为重点任务贯彻到学校教育全过程。随着改革开放的不断推进、经济全球化的发展、社会生活的日新月异，各国的信息传递越来越便捷，西方国家的价值观也在向中国进行潜移默化的传播，处在这个时代的青年也在经受多种价值观的冲击。在此背景下，党的十八大创造性地提出了"立德树人"的根本任务，指明了今后青年教育发展改革的方向。教育的本意是育人。"培养什么人，怎样培养人"是教育的根本问题和永恒主题。"德"是一切教育的根本。立德树人，即教育事业不仅要传递知识、培养能力，还要把社会主义核心价值体系融入国民教育体系之中，引导学生树立正确的世界观、人生观、价值观、荣辱观。[1]担负青年教育任务的高校，更是要通过各种途径和方式来帮助青年树立崇高的人生目标，培养高尚的道德情操，增强青年学生的社会责任感。此外，深化大学创新教育改革早在《国家中长期教育改革和发展规划纲要（2010~2020年）》作为战略主题而提出，现在，全国各高校也在做出自己的努力和尝试，如在教学计划中增加实践和创新课程，提高青年学生在专业领域的知识创新能力，更加注重创新思维的训练，把创新能力作为学业考核的标准之一，纳入学校的教学目标，等等。这些无疑都是发展青年教育，贯彻《规划》目标的有效途径。

科学配置教育资源。逐步缩小地区间教育资源差异，普及高中阶段教育，健全资助体系，完善异地招生政策。教育资源的配置是维持教育生存和发展的物质基础，其配置状况和利用效率直接影响到教育的整体水平和质量。我国目前地区间教育资源差异较为明显，高等院校资源分布不均。据教育部统计，截至2017年5月31日，全国高等院校包括普通高等院校和成人高等院校共计2914所，其中位于东部地区的高等院校就有1250所，占全国院校总数的43%，位于西部地区高等院校738所，占全国高等院校的25%。无论是从招生规模还是从师资质量以及财政支出配置来看，东西部的教育资源配置都不均衡。配置不均衡导致我国高等教育资源配置呈现两种状态：一是资源短缺，无法满足大众对高等教育的需求；二是资源浪费，因资源配置的不合理导致的资源浪费和闲置。[2]东部地区的高等教育资源逐渐聚集，为这一地区的经济发展提供了丰富的人力资源和智力资本。但过量的教育投资是东部地区在发展高等教育中缺乏竞争意识，获得的教育资源往往没有合理利用，其投入量增加带来的边际成本超出边际收益，处于经营的亏损点下，造成资源的大量浪费。[3]《规划》审时度势，鉴于我国青年教育资源的现状，提出要逐步缩小地区间教育资源差异，提高青年教育配置效率，健全教育资助体系，加大对西部教育的财政投入，是青年教育近十年发展的总体规划。

强化社会实践教育。在青年中开展科普教育和群众性科技创新活动以及其它社会

---

[1] 参见方晓珍："高校'立德树人'的理论指导与实践路径"，载《思想理论教育导刊》2013年第6期。

[2] 参见冯艳、高岩鹰："高等教育资源优化配置基本理论问题研究述评"，载《现代教育管理》2012年第11期。

[3] 参见陈寒冰："我国高等教育资源配置存在的问题及对策"，载《教育探索》2012年第5期。

志愿活动，鼓励青年参与公益事业，引导青年践行诚信理念。社会实践是理论联系实际的重要途径，为青年提高社会实践经验和专业知识的运用能力提供了必要的机会，是青年迈入社会必不可少的锻炼，同时也是青年磨炼坚强意志和优秀品质，培养思想道德修养的教育组成部分。以青年大学生为典型，我国社会实践教育日益受到重视，也取得了一定的效果。不过虽然各高校都鼓励大学生参加社会实践活动，可是，由于多种因素的影响，许多青年学生实际上把这些实践活动当作是一种获取学分、奖学金的方式，而没有真正理解社会实践对其自身的意义。更有甚者，弄虚作假，应付了事，最终使得实践教育流于形式。因此，我们应该加强参与各方的联系，一方面引导学生清晰的评估自身特长、知识水平及性格特点，鼓励学生依据自身实际选择适合自己的实践项目；[1]另一方面，学校不应当照单全收，而应该有选择性地组织学生参加实践活动，对于那些不符合社会社会需求的实践项目应该排除。

促进青年终身学习。充分发挥家庭教育基础作用，大力发展继续教育和社会教育，建立职业能力培训制度。信息化时代，利用信息传播的便捷性，帮助构建和推进终身学习机制。所谓终身学习，顾名思义就是终身追求学习，该思想的产生与终身教育密不可分，终身教育超越传统教育和成人教育，它可以使人们具有创造性和主动性，从而使他们通过提高技能更加适应现代社会。终身教育制度最早为西方大多数国家所确立。我国虽然还未建立此项制度，但是《规划》已经提出了终身学习的思想，适应国际发展的潮流。通过对各国终身学习举措的考量和总结，我们发现，各个国家的措施存在一定的类似性。比如，《规划》中提出的推进教育信息化，发展在线教育和远程教育。尽管正规教育的中心地位依然坚不可摧，但越来越多的学习空间、学习场所被发掘，并成为政策关注和开发的重点，其中重要的有工作场所中的学习、网络中的学习、社交平台中的学习以及社区生活中的学习等等。[2]未来的时代，中国应该广泛拓宽终身学习和终身受教育权的方式，挖掘各种路径供青年学习，建立终身雇佣能力培训。毕竟，学习是每个人一生的追求，同时也是社会和国家的需要。

要实施青年英才开发计划，建立和完善青年人才保障措施，改革和完善青年人才管理制度。坚持独立培养和引进国外人才同步发展，吸引海外高层次青年人才和紧缺的年轻专业人才。当今世界是人才竞争的世界，青年教育发展规划重视青年人才的开发和培养是必然的。其实早在1998年，中国在提出建设"创新型国家"的同时，就已经开始实施了一系列人才开发工程，包括"国家重大基础研究发展计划"、国家自然科学基金、"211工程"等工程，培养了一批各领域的尖端人才，2010年我国发布了《国家中长期人才发展规划纲要（2010~2020年）》，该纲要在人才发展政策上具有里程碑的意义，为十年的人才开发工作提供指导。纲要强调了青年人才的重要性，特别规定

---

[1] 参见姚建军、师蔷薇："大学生社会实践存在的问题及破解思路"，载《思想理论教育导刊》2016年第3期。

[2] 参见朱敏、高志敏："终身教育、终身学习与学习型社会的全球发展回溯与未来思考"，载《开放教育研究》2014年第1期。

在重大的科研项目中设立青年专项，突出青年群体人才的地位。此外，对海外人才的吸引也有相关内容。就此，上海市已经发挥排头兵的作用，围绕建设"四个中心"的发展目标和增强城市国际竞争力的发展路线，把吸引海外高层次人才作为建设国际人才高地的重要任务之一，大力推进国外高层次人才与智力的集聚工程，上海的留学生和外籍人才引进工作也得到稳步推进。[1]我们可以充分借鉴上海市开发海外青年人才的政策，一方面，为海外人才提供足够的岗位和资助，积极建立人才项目，实施人才引进计划；另一方面，为他们提供良好、舒适的生活环境和创业环境。

第四节 我国未来青年教育的展望

一个真正完整的青年教育系统是由三个部分组成的，即学校教育、家庭教育和社会教育，这三种教育各有其特点和侧重点，在最理想的状态下，三者应该是相互融合、相互依托的。但是就目前我国的青年教育现状来看，家庭教育和社会教育并没有受到足够的关注，在人们根深蒂固的思想上会更加重视学校的教育，更准确地说很多人将教育就等同于学校教育，家庭和社会对青年产生的充其量是潜移默化的影响，它们是被动的、客观的影响因素，很难得到积极的改变。但是实际上，教育所需要完成的任务复杂且艰巨，不可能由单个的学校教育来实现，特别是对处于特殊阶段的青年来说更是如此。基于此，我们应该为青年构建学校、家庭和社会三位一体的教育体系。

一、青年的学校教育

义务教育是我国自1985年正式提出的基本教育制度，九年的义务教育的普及大大提高了我国国民的平均素质，提升了国家的整体教育水平。随着高中教育的普及化，有越来越多的声音呼吁将高中教育纳入义务教育范围之内，实现十二年的义务教育制度，浙江、河北、新疆等省已经开始施行免费的高中教育，笔者认为在全国范围实行这种做法是必要的也是可行的。因为我国目前已经具备了在全国普及高中教育所需要的资金支持和教师、学校资源，并且高中阶段的青年正是身心发展不稳定的人生阶段，他们需要学校系统的教育，以储备知识、提高个人素养，同时，普及高中教育也是建设人力资源强国的必经之路。2017年4月6日，教育部等四部门关于印发《高中阶段教育普及攻坚计划（2017～2020年）》的通知，该计划明确到2020年，全国普及高中阶段教育，适应初中毕业生接受良好高中阶段教育的需求。[2]将高中教育纳入义务教育是未来我国青年教育发展的必然趋势。

对于高等教育的改革，习近平在十九大报告中强调要加快一流大学和一流学科建

---

[1] 参见顾承卫、田贵超："上海市引进海外科技人才政策实施情况研究"，载《科技和产业》2015年第7期。

[2] 参见教育部等四部门：《关于印发〈高中阶段教育普及攻坚计划（2017～2020年）〉的通知》（教基[2017]1号）。

设,"双一流"是国家自2015年正式提出的紧跟世界潮流的战略性决策,它改变了之前计划经济思维下集中资源解决问题的方式,代之以第三方公平公正的遴选标准,是我国自20世纪"985工程"之后高等教育建设的一个关键性的转变。应该说"双一流"的建设目标和具体的任务反映了我国高等教育的未来发展趋向,有利于带动各高校内的体制改革和科技创新,实现人力资源强国的建立。

在未来具体的学校教育发展措施上,国家可以从两个方面进行完善学校教育:

1. 公平配置教育资源

由于地区经济和各方面发展的差异,大部分人都会选择在北上广等地区工作,优质的教育资源逐渐流向这些经济发达地区,优质的教育资源又会从整体上提高地区教育水平和质量,周而复始,地区青年教育差距会越来越大。正因为如此,国家要使用"看得见的手"引导教育资源的流向,基础教育阶段可重点推进教育均衡发展。《规划》还提出国家贫困地区要有专项措施,为贫困地区的学生提供相同的升学机会,进一步完善和落实进城务工人员的子女异地中高考制度,实现最大意义上的公平。

2. 整体上改变模式,重视实践和素质教育

国家应该引导学校等教育机构转变现在以老师、教材为核心的教育模式,教师与学生要双向互动,教育的本质应该在于促进青年的社会化和个性化的完善,而非单纯的授业解惑。以大学教育为例,首先大学课堂内容应该更加丰富,要积极创建实践课堂,构建大学生实践教学内容体系。《规划》要求在青年群体中广泛开展科普教育和群众性科技创新活动,广泛开展大中专学生"三下乡"、志愿服务等社会实践活动,强化社会实践教育,无疑是契合实际的政策措施。

二、青年的家庭教育

家庭教育是终身教育和青年教育的重要途径,其在青年的成长和全面发展中发挥重要的作用。由于家庭对青年的影响不仅体现在言语上的教导,还体现在生活习惯、行为素质上的潜移默化的学习,因此,家庭教育有其不言而喻的优势。另外,在其他教育在某种社会或者环境给青年的教育不够充足时,家庭教育还能起到补充的作用。家庭对教育的价值有着足够的期待,家长和个人均希望享受更加优质的教育资源,因而有充足的动力为子女接受教育提供力所能及的支持。高质量的教育机会供给还体现在对个体教育需求差异的满足上,这一点家庭教育投入具有天然的优势。[1]进一步讲,家长和老师在青年教育方面有着各自不同的特点,家长更容易在生活和性格上影响青年,而老师在教会学生如何学习以及其他技能,两者相互影响相互促进,共同承担青年教育的责任,基于此应该重视家庭教育的投入。

但是就我国的现实状况来看,家庭教育没有得到应有的重视。在三大教育途径上,

---

[1] 参见叶忠:"家庭教育投入:教育改革与发展的重要支持性因素",载《南京师大学报(社会科学版)》2013年第3期。

对青年的家庭教育明显滞后。我国台湾地区早在2003年就颁布了"家庭教育法",该法确立了家庭教育的范围,其中的"子职教育"当包含青年教育。另外,该法对家庭教育的专业人员、机关团体以及咨询机构都做了相应的规定,虽然全文只有20个条文,但是其是世界上唯一一部正式颁布的家庭教育专门立法,对全国立法具有重要的借鉴意义。世界上其他国家和地区没有专门的立法,但是针对家庭教育都有相应的措施,例如美国的家庭教育服务体系、澳大利亚启动的家长与青少年家庭互动计划等,无一不体现对家庭教育的重视。不论是以立法还是以其他的形式,我国对青年的家庭教育体系的规制和完善都应该提上日程。

三、青年的社会教育

我国相对于其他国家而言,青年教育领域的社会参与程度较低,所以应该鼓励社会组织或者个人参与青年教育过程。自2001年中国加入世贸组织以来,市场对教育的调节机制日益增强,但是教育尤其是高等教育管理机制仍然是行政管理模式,未充分发挥社会力量的作用。为此可以通过多种途径让社会参与青年教育。

建立中立的决策机构,允许学校工作人员之外的人士参与学校管理。可考虑由学生的监护人、社会代表第三方等组成咨询委员会,商议学校管理制度的制定和实施,讨论教学日程的制定,确定课程内容,组织课外的实践活动,等等。此外,学校也需要社会力量的监督,既然学校是公益性事业单位,教育资金主要也是来源于国家财政,那么,学校教育经费、学术研究等经费使用自然都要受到社会大众的监督。

建立社会评估认证机制。传统评估项目的形成和运作大多数都在体制内进行,评估项目关注体制需要而忽视社会对于高等教育的诉求,高等教育无需社会的参与。[1] 我国目前大部分的教育评估机构都是由半官方的行政机构担任,由这些机构作为评估者:一是依附于政府,无法具备完全的独立性;二是评估标准没有充分考虑到社会因素;三是标准的不明确导致评估的最后结果难以说服公众。所以学校的评估以及证书的认证应该让社会力量参与进来。

四、建立三位一体的青年教育体系

学校教育、家庭教育和社会教育的发展不是独立的,青年教育体系需要三者有机的融合,即建立三位一体的教育体系。那么,如何能将三者结合共同促进青年发展?

美国在2001年颁布了《不让一个孩子掉队法案》(No Child Left Behind Act),提出"家校联合"(home-school-cooperation)的教育方式,还有"家长教师计划"(Parents as Teachers Program,PAT)指出校方应积极指导家长进行子女的教育,根据该计划成立的"家长教师联合会"(Parents Teacher Association)是家庭教育和学校教育合作的

---

[1] 参见章宁、李峻:"高等教育评估中的社会参与机制研究",载《国家教育行政学院学报》2013年第7期。

典型组织，同时政府在家庭教育体系之中承担着重要的职责，其通过家庭教育服务机构的建设为家庭教育活动提供必要的支撑。澳大利亚政府在2015年启动了"家长与青少年家庭互动计划"（Home Interaction Program for Parents and Youngsters，HIPPY），该计划是一项为期3年的家庭育儿和幼儿学习计划，旨在使父母和其他家庭成员成为孩子的第一任老师，为孩子创造一个积极的学习环境，此外，它还为一些家长和其他家庭成员提供支持就业的途径，促进了当地社区的管理。HIPPY项目还设有咨询委员会，其成员包括来自社会服务部门以及总理和内阁部门，咨询委员会提供高水平的咨询、策划和建议的战略方向和重点。

在三位一体的教育体系中根据各个教育方式的地位还可以分为三种不同的模式，即学校为主，家庭和社会教育为辅的模式，以及其他两种模式。结合我国的具体情况，我国目前的学校教育发展相较于其他两种更为领先，所以笔者认为把学校教育作为中心，家庭和教育协同合作的模式或许最为合适。具体而言，第一，家庭积极参与学校教育，学校要与家长共同为青年创造学习的机会。加强与家校之间的沟通，教师可以多组织对学生的随访活动，与青年的父母进行面对面的沟通。学校还可以创建网络信息平台，为每一位学生建立个人数据库，记录学生的成绩、同学和老师对孩子的评价等等，便于家长更加清楚地了解学生的在校情况。另一方面，学校也要为家庭教育提供指导，把正确的教育理念传授给家长。第二，将社会教育融入学校教育。人们说学校就是一个"小社会"，意指学校环境与学校之外的社会有一定的相似性，但是学校教育应该不仅限于在学校范围内的活动，而是应当鼓励青年走出学校圈，体验社会的真实情况，真正参与到社会管理。同时社会组织也应当走进校园，为青年传授社会经验。总之，唯有学校、家庭和社会三方协同发展才能构建一个三位一体的青年教育体系。

第六章

青年健康

"青年是国家的未来、民族的希望。青年兴则民族兴，青年强则国家强。促进青年更好成长、更快发展，是国家的基础性、战略性工程。"《规划》在开篇就将青年的发展放到国家战略的高度，习近平总书记更是在十九大报告中说道："青年一代有理想、有本领、有担当，国家就有前途，民族就有希望"。而青年的健康则是这一切的前提与保障。

近年来，随着我国经济水平的快速发展，社会为青少年的健康发展做出了不小的努力，但是，随着青年面对课业压力的增大，不少的青年减少了体育运动的时间，增加了学习的时长；一些青年面对社会、家庭的重压，不少产生了焦虑、烦躁、抑郁的症状。青年的体质健康、心理健康成了近年来社会热议和关注的焦点。《规划》的出台及时、全面回应了青年问题的社会关切，对于青年健康发展更是提出了具体的目标和详实的措施。本章以《规划》为依据，对《规划》中关于青年健康的目标与措施进行解读、研究，在落实中加入科学化的指标对青年健康状况进行衡量；尝试在框架上构建起青年健康的发展体系，在落实中明确各单位部门的实施职责，在考核时实现对青年健康发展的科学评价，进而开辟出一条具有中国特色的青年健康发展之道。

第一节 概念界定与发展状况

《规划》对于"青年健康"的论述不过一千三百余字，但是却囊括了青年健康发展的诸多方面，其中既有青年健康发展的目标与措施，又有关于青年体质与心理健康的发展方向，更有对于相关青年健康指标的细化与多层次要求。面对众多的问题与要求，界定清一些基础概念是对《规划》解读与研究的前提，而要切实解决我国在青年健康发展中出现的一些问题，就首先要对我国青年健康的发展状况进行统计与分析。"青年健康"的概念界定与近些年来我国青年健康的发展状况研究应当成为解读、研究规划的第一步。

一、青年健康的概念

健康青年是一切成就的生命基础。《规划》对于"青年健康"这一概念并没有给出明确的定义，但"青年健康"在其语义范围之内应当包含青年健康的现状、青年健康的问题以及青年健康的发展方向。从这一角度来看，就必须对《规划》中所涉及的"青年"与"健康"这两个要素进行界定，进而明晰"青年健康"的概念。

（一）"青年"的概念界定

"青年"这一概念在规划开篇就给出了定义，即《规划》所指的青年，年龄范围是14周岁~35周岁（《规划》在涉及婚姻、就业、未成年人保护等领域时，年龄界限依据有关法律法规的规定）。[1]故而规划中所涉及的"青年"就是14周岁~35周岁间的中国公民。在本书解读与研究的对象也应为年龄在14周岁~35周岁的中国籍青年群体。只要青年这一个群体存在就一定会有健康问题，青年在成长过程中出现的具有特殊性的健康问题，不会独立于青年这个群体而存在。

（二）"健康"的概念界定

"健康"的概念有很多，因医学模式的发展，"健康"的概念也会发生一些变化。[2]医学模式是指人们观察医学问题的思想和行为方式，它是人类与疾病做斗争，获得健康和防治疾病经验的总结，是人类生命观、疾病观和健康观的概括。[3]

医学模式的发展受到社会生产力、生产关系、科技水平以及哲学思想的影响，大致经历过神灵模式、机械模式、生物医学模式等几个阶段。1977年美国学者恩格尔（G. L. Engel）在《科学》杂志发表文章《需要新医学模式——对生物医学的挑战》，在他的文章中提出了生物-心理-社会医学模式的概念，该模式扩充了健康的内涵，从人的生物、心理、社会的整体因素去研究健康与环境的关系，认为健康是人与生物、心理、社会环境之间的平衡。这篇文章的发表被视为是现代医学模式的里程碑。这一模式对当今健康的概念影响深远。

受生物-心理-社会医学模式的影响，人类对健康和疾病的本质有了深刻的理解，并出现了生物-心理-社会观点整合的趋势。生物学因素是最基本的因素，包括遗传、体质、体型、神经类型、生理生化和免疫系统等，是心理学因素赖以产生的物质基础，也是心理和社会因素作用的物质承受者；心理学因素是人的主观心理状态，是在发展过程中个体与环境相互作用的经验积累，包括生活经验、人格发展状况、认知能力、思维方式、情绪倾向、动机行动、行为相关、智力特征、信念和人生观等，心理学因素在生物学因素的基础上产生，又对其产生影响和制约作用；社会因素包括经济状况、物质生产水平、地理环境、阶级差别、职业差别、性格差别、意识形态、思想感情、风俗习惯、民族传统、道德伦理观念、教育方式、信仰方式、家庭、学校和社会的影响等。社会因素是在生物学和心理学因素这二者的共同基础上产生的，反过来又直接影响和制约着心理学因素，是心理学因素赖以形成和出现的根源所在，并通过对心理

---

[1] 参见《中长期青年发展规划（2016~2025年）》。

[2] 参见苏静静、张大庆："世界卫生组织健康定义的历史源流探究"，载《中国科技史杂志》2016年第4期。

[3] 参见陈丹霞："我国转化医学模式研究"，北京协和医学院2014年硕士学位论文。

学因素的制约间接影响生物学因素。[1]

随着社会的发展、现代化工业的发达、医学模式的演变，健康的定义日趋完善。目前医学界比较公认的是世界卫生组织对于健康的定义，中文版为："卫生乃身体，精神上与处事方面之完整健康状态，并不止于无疾病或羸弱而已"，"健康不仅为疾病或羸弱之消除，而系体格，精神，与社会之完全健康状态"[2]。其中，身体健康是指人体结构完整、生理功能正常；心理健康主要是指人的心理与行为的统一、人格稳定和心理与环境相协调；社会健康主要是指人的社会适应良好，具有较强的社交能力、工作能力和广博的文化科学知识，胜任个人在社会生活中的各种角色，取得成就，自我实现。从上述两个概念可以看出，"健康"的概念应当包含三个要素：身体健康、心理健康以及社会健康。身体健康与精神健康是基础，而社会健康则是身体、心理社会化的发展方向。

（三）"青年健康"的概念

根据上述对于"青年"与"健康"的概念整合，可以对"青年健康"给出以下定义：14周岁~35周岁的中国公民在生理上、心理上以及社会适应性上的完好状态。

二、青年健康发展状况

一百多年前，清末的中国积贫积弱，饱受西方列强的凌辱。适时，无数的仁人志士为探求中华民族的崛起之道而上下求索。维新派代表人物梁启超先生在《少年中国说》中曾发出"少年智则国智，少年富则国富；少年强则国强，少年独立则国独立；少年自由则国自由；少年进步则国进步；少年胜于欧洲，则国胜于欧洲；少年雄于地球，则国雄于地球"的呐喊。在那时，梁任公先生就看到了青年的健康对一个国家、一个民族的利害。

新中国成立后，党和国家特别重视青年的发展，关怀青年的健康状况。改革开放以来，我国青少年生长的长期趋势与经济的高速增长、生活水平的迅速改善相符合，尤其是城市群体，已进入高速增长期。从总体上来看，改革开放以来尤其是进入新世纪以来，青年膳食结构及营养状况明显改善，青年卫生保健水平不断提高，青年生长发育水平稳步提升，青年心理健康教育与青年心理健康不断取得进展。[3]在法律层面，我国制定了众多法律从家庭、学校、社会以及司法等方面保护青年群体的各项权利。近年来，我国相继制定国家学生体质健康标准、高校体育工作基本标准等若干政策性文件和《全民健身条例》《学校体育工作条例》，实施"学生饮用奶计划"农村青少年"营养改善计划"，设立国民体质监测机制和全国学生体质健康监测网络，完善覆盖城

---

[1] 参见郗杰英：《当代中国青年发展状况指标体系研究》，文心出版社2004年版，第35页。
[2] 参见世界卫生组织：《世界卫生组织之组织法（即约章）》1947年1月版。
[3] 参见安国启、邓希泉：《新世纪中国青年发展报告（2000~2010年）》，光明日报出版社2012年版，第55~57页。

乡的妇女儿童保健机构体系，有效提高了各类青年的身心健康水平。[1]

(一) 中国青年体质健康状况

在近些年的调查中，我国青年体质发展状况总体向好，但随着经济水平的不断提高，青年营养过剩等新问题的出现应当引起我们的关注。

1. 青少年膳食营养和体质健康总体水平不断提高

近年来，随着人民群众生活条件的不断改善，特别是 2000 年农业部、教育部等部委联合推行"学生饮用奶计划"和农村青少年"营养改善计划"以来，青少年的能量和蛋白质摄入量不断增加，到 2010 年基本消除了重、中度营养不良的现象。教育部等部委从 1979 年开始组织实施"中国学生体质与健康调研"，多次组织全国范围的学生体质健康调查，建立了完善的中国学生体质健康调研制度。2007 年，国家颁布《关于加强青少年体育增强青少年体质的意见》；2011 年，"保证中小学生每天一小时校园体育活动"被写入政府工作报告。党的十八届三中全会决定中提出"强化体育课和课外锻炼，促进青少年身心健康、体魄强健"。各级教育行政部门把学生体质健康水平纳入教育现代化指标体系；各级政府有关部门协同工作，形成了齐抓共管青少年体质健康的联动机制。2014 年，20 岁～39 岁成年人体质"合格"标准以上占比为 89.0%，比 2010 年提高了 3.06 个百分点，青年体质健康水平提升较为明显。随着《全民健身条例》《学校体育工作条例》的贯彻落实及《高等学校体育工作基本标准》实施，青少年参加体育锻炼的时间和条件得到了更好保证。2014 年，教育部要求把小学三至六年级每周 3 节体育课增加为每周 4 节，高中每周 2 节增为每周 3 节，本科一、二年级开设不少于 144 学时（专科生不少于 108 学时）的体育必修课，每周安排体育课不少于 2 学时，每学时不少于 45 分钟。与 2010 年相比，2014 年我国城乡学生身体形态发育水平，即身高、体重和胸围等发育水平继续提高。肺活量继 2010 年出现上升拐点之后，继续呈现上升的趋势。城乡学生营养不良检出率进一步下降，且基本没有重、中度营养不良。中小学生身体素质继续呈现稳中向好趋势。[2]

就人的成长而言，青年时期是大多数人成长、发育最快的一个时期，青年的身体状况和活力都处于最佳状态的时期，青年群体应当是全社会中相对最健康的群体，受益于经济社会发展的成果、社会保健水平的提升和医疗卫生设施的改善，青年的健康状况应当不断改善。但是，国外相关研究证实，随着生活水平的提高，青年的体质和健康并不一定在总体上呈现出全面的相应改善，反而在许多重要方面出现了令人担忧的下降趋势。[3]

2. 青少年由于营养过剩、缺乏锻炼等导致的肥胖检出率持续上升

2014 年，在 7 岁～22 岁青少年学生人群中，各年龄段肥胖检出率持续上升，其中

---

[1] 参见共青团中央专项课题组："中国青年发展状况综述"，载《中国青年研究》2017 年专刊。
[2] 参见共青团中央专项课题组："中国青年发展状况综述"，载《中国青年研究》2017 年专刊。
[3] Charles T. Kuntzlemana and Guy G. Reiffa, "The Decline in American Children's Fitness Levels", *Research Quarterly for Exercise and Sport*, 63 (2), 1992, pp. 107~111.

男生肥胖率明显高于女生，以 16 岁~18 岁年龄组为例，城市男生、城市女生、乡村男生、乡村女生的肥胖检出率分别为 15.30%、5.68%、10.55%、3.95%，比 2010 年平均上升 3.72、2.17、4.78、1.65 个百分点。自 2000 年以来，青少年身高、体重、皮褶厚度等指标呈持续增长趋势，但体重、皮褶厚度等指标增长幅度大于身高。视力不良检出率持续上升，2014 年初中生近视率为 74.36%，高中生近视率为 83.28%，分别比 2010 年增加 7.03、4.08 个百分点。在体育锻炼条件改善的情况下，2014 年 19 岁~22 岁男学生的速度、爆发力、耐力等身体素质指标比 2010 年不升反降。[1]

（二）中国青年心理健康状况

我国青年心理健康水平总体较好但面临的心理压力较大。随着我国经济社会快速发展，人们生活节奏明显加快，竞争压力不断加剧，青少年个体心理行为问题及其引发的社会问题日益凸显，心理行为异常和常见精神障碍人数逐年增多，个人极端情绪引发的恶性案（事）件时有发生，成了影响社会稳定和公共安全的危险因素。对青少年而言，学业压力是造成心理问题的重要原因，人际交往压力、青春期心理问题和互联网对青少年心理健康的影响也较大，青少年焦虑、抑郁、敌对等心理疾病问题日渐突出。面对青少年心理健康问题，党和政府不断加强心理健康服务和社会心理服务体系建设。1999 年，教育部印发《关于加强中小学心理健康教育的若干意见》，2002 年印发了《中小学心理健康教育指导纲要》并于 2012 年进行修订完善，2015 年印发《中小学心理辅导室建设指南》，要求中小学心理辅导室至少应配备一名专职或兼职心理健康教育教师。《"健康中国 2030"规划纲要》对加强心理健康服务体系建设和规范化管理作出部署。2016 年底，国家卫生计生委、中宣部等 22 个部门印发《关于加强心理健康服务的指导意见》，首次全面、系统地提出了加强心理健康服务的具体政策措施。全国文明城市测评体系中，把未成年人心理健康辅导室建设作为一项测评指标，包括青少年在内的心理健康服务得到不断加强和改进。截至 2015 年底，全国共有精神卫生服务机构 2936 家，开设床位数 43.3 万张，比 2010 年（1650 家机构、22.8 万张）有较大幅度增长。全国有精神科执业（助理）医师 27 733 人，精神科护士 57 591 人，心理治疗师 5000 余人，90 余万人获得心理咨询师职业资格证书。医疗机构积极探索开展心理健康服务，因常见精神障碍到专业机构就诊患者的比例显著增加。精神分裂症等六种严重精神障碍纳入了重点管理，开展了患者信息登记、救治救助、随访管理等一系列服务。[2]

《规划》有关"青年健康"的发展目标与发展措施就是针对上述我国青年健康发展中存在的相关问题而制定的，其目的就是解决当下我国青年在健康领域发展中所遇到的最现实、最棘手的问题，同时引导我国青年在健康领域的发展迈向均衡化、全面化与科学化。青年在健康领域的发展方向应当符合当代医学、心理学、社会学、运动

---

[1] 参见共青团中央专项课题组："中国青年发展状况综述"，载《中国青年研究》2017 年专刊。
[2] 参见共青团中央专项课题组："中国青年发展状况综述"，载《中国青年研究》2017 年专刊。

学等学科的基本要求，进而规划的解读又落脚到"青年健康"定义中所包含的生理、心理及社会适应性的内容。

第二节 青年健康发展目标

根据上文对青年健康的定义，"青年健康"的目标应当围绕概念的三个要素展开：体质（生理）、心理与社会适应性。从《规划》中"青年健康"的目标来看，其对"健康"的理解基本符合世界卫生组织的定义，但也有所不同。对于身体健康，《规划》的表述为体质健康；心理健康的概念，《规划》与世界卫生组织的概念保持一致；而《规划》中的第三个目标是要求青年积极投身"健康中国"的建设，此处"健康中国"建设与"社会健康"这两个概念之间存在交集，但不尽相同，本书会在后面进行论述。

《规划》将"青年健康"的目标分为三类：第一，体质健康，"持续提升青年营养健康水平和体质健康水平，青年体质达标率不低于90%"；第二，心理健康，"有效控制青年心理健康问题发生率，青年心理健康辅导和服务水平得到较大提升"；第三，"引领青年积极投身健康中国建设"这一目标的设置可以理解为要求青年发展方向健康，即要求青年在健康领域积极践行国家战略，同时也体现了《中长期青年发展规划（2016~2025年）》与《"健康中国2030"规划纲要》中有关"青年健康"的相关措施进行友好衔接要求，表明了这两个文件间的协调与一致性。

一、体质健康

《规划》体质健康目标为："持续提升青年营养健康水平和体质健康水平，青年体质达标率不低于90%。"在体质健康中又包含了三个小目标：持续提升青年营养健康水平、持续提升青年体质健康水平以及青年体质达标率不低于90%。三目标中既有发展方向又有指标要求，共同构成了一个内部自洽的体质健康目标体系。

1. 持续提升青年营养健康水平

营养健康是指人体每日摄入的营养素应当保持科学的计量与平衡。提升青年营养健康水平就是要求青年每日摄入的营养更加全面、平衡、科学。

2. 持续提升青年体质健康水平

提到体质健康便首先需要对"体质"进行定义，体质指人体的质量，是人体在先天遗传性和后天获得性基础之上表现出来的身体素质、形态结构、运动能力、生理机能、心理发展等方面相对稳定的综合特征，其范畴涵盖体格与体能、生理机能、适应能力以及精神状态等的发展水平。[1]健康则是一个较为立体的概念，体质是健康的前提和基础，没有良好的体质，健康便是"无源之水、无本之木"；而健康是良好体质的

---

[1] 参见刘星亮：《体质健康概论》，中国地质大学出版社2010年版，第16页。

归宿和最终目的，因为增进体质的目的是为了促进健康。[1]

3. 青年体质达标率不低于90%

体质达标的衡量标准是符合国家体育总局制定的《国民体质测定标准》中的相关规定，青年体制达标率就是指青年通过上述标准的人数与社会青年总人数的比例，而这一比例的要求则是不低于90%。规划中青年的年龄为14周岁~35周岁，因此涉及的《国民体质测定标准》就包括了两部分：《国民体质测定标准》青少年部分（即《学生体质健康标准》）与《国民体质测定标准》成年人部分。其大致包括三个部分：形态，身高、体重等六项；素质，握力、掌握撑等八项；机能，脉搏、肺活量等三项。

体质健康是个体发展的物质基础，是一切生活、社会服务的载体。我国青年健康状况在总体提升的过程中，近些年遇到了新问题与新挑战，这是《规划》所急需解决的。

二、心理健康

《规划》中的体质健康目标为："有效控制青年心理健康问题发生率，青年心理健康辅导和服务水平得到较大提升。"心理健康是指在身体、智能及情感上与他人的心理健康不相矛盾的范围内，将个人的心境发展成最佳状态。[2]青年心理健康可以从四个角度进行考量：认知能力、精神状态、社会交往与自我管理。青年的心理健康问题的表现形式主要有：焦虑性障碍、抑郁性障碍、恐怖性障碍、强迫性障碍、疑病性障碍等。上述心理问题的发现可以通过心理学测试进行检查。

《规划》从宏观角度为解决青年心理健康问题设定了目标，在心理健康这一框架下包含有两个子目标：控制青年心理健康问题发生率是一项结果性目标，是党中央、国务院提出的硬性考核标准。而心理健康辅导和服务水平的提高则具有软性要求，无法直接看到成果，但这一目标无疑更具重要性与长期性，因为心理辅导和服务水平的提高，一定会令青年心理健康问题发生率降低，但这个过程一定是漫长的。辅导与服务水平的提高既包含"软件"开发——心理咨询人员的培养，又包括"硬件"加强——心理辅导场所的建设，因而更具复杂性。

心理健康是社会化的精神基础。相较于体质健康，我国相关机构对于青少年心理健康的关注程度一直较低，虽然卫计委、中宣部等22个部委在2016年印发了《关于加强心理健康服务的指导意见》，但是其中关于青年心理健康情况的全面排查还没有进行过，《规划》在实施过程中应当做出相应的回应。

---

[1] 参见余岚："大学生个性化体质健康促进研究——基于体育教学改革的视角"，北京体育大学2013年博士学位论文。

[2] 参见魏杰："新时期大学生心理健康标准整合的探索性研究——以江苏省为例"，南京大学2013年硕士学位论文。

三、健康中国

《规划》的第三个目标是"引领青年积极投身健康中国建设"。该目标是鼓励青年在健康领域积极践行国家战略，在健康中国建设中彰显青年担当。

"健康中国"是2015年2月李克强总理在政府工作报告中首次提出的一个概念；党的十八届五中全会进一步提出了"推荐健康中国建设"的任务要求。2016年10月25日，中共中央、国务院印发了《健康中国2030规划纲要》。文件指出："健康是促进人的全面发展的必然要求，是经济社会发展的基础条件。实现国民健康长寿，是国家富强、民族振兴的重要标志，也是全国各族人民的共同愿望"，"推进健康中国建设，是全面建成小康社会、基本实现社会主义现代化的重要基础，是全面提升中华民族健康素质、实现人民健康与经济社会协调发展的国家战略，是积极参与全球健康治理、履行2030年可持续发展议程国际承诺的重大举措。未来15年，是推进健康中国建设的重要战略机遇期"。[1]习近平总书记在十九大报告中更是提出："实施健康中国战略。人民健康是民族昌盛和国家富强的重要标志。要完善国民健康政策，为人民群众提供全方位全周期健康服务。坚持预防为主，深入开展爱国卫生运动，倡导健康文明生活方式，预防控制重大疾病。"

《规划》在发展目标中强调健康中国的建设，就是要求青年在健康领域的发展战略应当与健康中国这一国家战略的目标要求相一致，青年在健康领域的发展思想应当与健康中国这一国家战略的要求相吻合，青年在健康领域的发展主题应当与健康中国这一国家战略的布局相衔接。《规划》中关于青年健康的部分与《"健康中国2030"规划纲要》之间的关系可以视作"特别法"与"普通法"之间的关系，二者互有侧重，又相互补充。

在对"青年健康"定义的过程中，世界卫生组织对于健康的定义包括有青年的生理健康、心理健康以及社会适应性的健康。《规划》中发展目标前两项的设定基本采用世界卫生组织的标准，但第三点"引领青年积极投身健康中国建设"并不能等同于青年社会适应性的健康。"健康中国"是指导我国公民在健康领域发展的龙头规划，《"健康中国2030"规划纲要》对于社会适应性的规定并没有在文件中直接表述，社会适应性健康的精神散布于文件的许多角落，只有在有针对性的研读后才可以找出一二。《规划》作为青年发展的指导蓝图，笔者认为对于青年社会适应性的要求应当同前两点一样直接指出，因为青年既是从孩童成长为成人的特殊阶段，更是融入社会的主要人群，青年在融入社会、适应社会时一定会比其他群体更加艰难，出现的问题也更加频繁与多样。因此，未将青年社会适应性健康加入《规划》应当是一个遗憾。

综合而言，《规划》关于"青年健康"的三项发展目标在很大程度上为青年在健

---

[1] 参见"中共中央政治局召开会议审议'健康中国2030'规划纲要"，载新华社：http://www.gov.cn/xinwen/2016-08/26/content_ 5102636.htm，访问日期：2017年6月25日。

康领域的发展指明了方向，既是国家提出青年健康的发展方向，又是青年健康发展所必经的内在要求，是目标性与实践性的统一。针对"青年健康"三性所设立的发展目标是具有极强的现实意义。近年来，我国青年在跑步、军训等活动中发生意外的报道时有发生，一些青年自杀、自残的案件也不绝于耳，更为常见的是"巨婴"啃老、宅家的情况在我们身边越来越普遍，《规划》对于"青年健康"目标的提出便显得更加迫切。

第三节 青年健康发展措施

《规划》对于青年健康的实现既设定了发展目标，又在目标体系之下制定了相应的发展措施。有一句法律谚语"徒善不足以为政，徒法不足以自行"，意思是仅仅有善良的意愿并不能做出完好的政令，单单一部法律也不能够完全发挥它的效用。同样的道理，要实现中国青年的健康发展，只有青年健康的发展目标是不够的，还应当有发展措施与之配套实施。《规划》青年健康的发展措施是为了实现青年健康的目标而设立的，目标是措施的目的，措施是目标的实现途径，二者结合为一个有机的整体。

为实现上述三个目标，《规划》又提出了四项落实措施：第一，提高青年体质健康水平；第二，加强青年心理健康教育与服务；第三，提高各类青年群体的健康水平；第四，加强青年健康促进工作。上述四项措施中又包含多项具体实施要求，从而进一步细化了实施措施的内容，增强了措施的可操作性。依照规划中对于目标的解读，党中央、国务院意在建设完成"健康中国"的体系下，构建我国青年健康的框架。

一、提高青年体质健康水平

第一项措施的首句就表明了该措施为青年的体质健康而服务。青年体质健康是一切青年发展的基石，发展措施针对当前我国青年营养过剩、运动时间不足、青年肥胖率增高等具体问题，采取了四项具体措施来全面提高我国青年的体质健康水平。

第一，"实施全民健身计划，严格执行《国家体育锻炼标准》和《国家学生体质健康标准》，在学校教育中强化体质健康指标的硬约束"。该项举措与《健康中国2030规划纲要》中第二篇普及健康生活的要求相一致，强调全体青年积极参与健身活动，强化对青年体质健康的考核，要求学校对在校青年体质健康的落实。从这里来看，教育部门应当为该举措的责任承担者，亦可设置考核指标，如在校生体质健康达标率。但是这一措施也存在监控不全面的问题：14岁~35岁的青年不单单是在校的学生，更多的一部分人是已经走出校园的青年，对于走出校园的青年，他们的健康指标由谁来测评、由谁来监督、由谁来负责，《规划》中并没有明确其主体责任，因而需要进一步的调查研究。

走出校园的青年大多会就业，其就业去向大致可以分为三类：政府部门、企业以及自主创业。笔者以为，对于走出校园的青年可以根据其就业方向的不同来设定对其体质健康简单的责任主体。就进入政府部门的青年而言，《规划》由党中央、国务院下发，因此全国的党、政机关对于其部门的青年的体质健康都负有主体责任，因此应当由青年所在的各单位进行监督、考核，并纳入单位的年度考核指标；对于进入企业的青年而言，企业也负有监管的义务，根据现代企业管理理论，企业除具有营利性外还拥有相应的社会责任，这一精神也规定在我国《公司法》之中，青年健康是一项国家战略，监督青年的体质健康当然所属企业的社会责任，因此，青年所在企业应当有监控职责，至于其监管方式与奖惩机制可以由各行业的行业协会负责协调、进行统计，最后交由协会的主管单位；对于自主创业的青年，可以由劳动部门进行监管。

第二，"加强学校体育工作，完善国家体育与健康课程标准，发挥学校体育考核评价体系的导向作用，保证体育课时和课外锻炼时间得到落实。组织青年广泛参与全民健身运动，培养体育运动爱好，提升身体素质，掌握运动技能，养成终身锻炼的习惯"。该项举措旨在突出学校对青年体育兴趣培养的重要性。"一年之计在于春，一日之计在于晨"，青年就像早上七八点钟的太阳，我国推行九年义务教育，因此每个青年都会经历学生阶段，故而学校对在校期间青年体育锻炼习惯培养的重要性便不言而喻。该项举措从体育与健康的课程设置到评价体系建设都突出了学校应当与培养青年体育运动的兴趣为主，让青年从小就养成终身锻炼的好习惯。对于学校课程的设置以及青年健身效果的监管，教育部门应当承担主体责任。

第三，"在城乡社区建设更多适应青年特点的体育设施和场所，配备充足的体育器材，方便青年就近就便开展健身运动"。这项举措是为青年建设运动创造客观的物质条件，具体而言，可以添加体育设施衡量的考核指标，如体育场人均占有面积、社区青年人数与体育器材的配比等，但在落实过程中应当注意青年群体的特点，健身器材的设置应当突出强调对青年的适应性。

第四，"鼓励和支持青年体育类社会组织发展，带动更多青年培养体育兴趣和爱好。这项措施要求的政府支持、组织引导更多的体育社团参与到青年健康的建设进程之中，发挥社团在青年健康领域中所发挥的作用"。政府倡导、社团参与的发展模式也更加符合"小政府、大社会"的社会发展要求。对于社团设立的数量也可以通过设置考核指标进行监测，社团组织的健身活动次数也可以进行统计。对于社团的管理，体育局应当承担主体责任，并纳入其年终考核项目。至于在孕育社团的模式选择上，各个体育局可以因地制宜，但应尊重青年社团的特点，避免流于形式。

二、加强青年心理健康教育和服务

发展措施的第二项与心理健康的目标相匹配，旨在提升我国青年心理健康水平。我国对于青年心理健康问题的研究起步较晚，国家对于青年心理健康问题的关注在新中国成立以后也长期空位，直到近十年才逐步出台了一些政策来关注青年群体的心理问题。心理问题相对于体质问题而言，具有极强的隐蔽性，随着社会的发展，青年所面对的社会压力的增大，青年出现心理问题的情况也愈发突出，因而对于青年心理健康的监控与矫治也更应投入更多的精力与成本。措施中提出三项举措解决青年的心理问题。

第一,"注重加强对青年的人文关怀和心理疏导,引导青年自尊自信、理性平和、积极向上,培养良好心理素质和意志品质。促进青年身心和谐发展,指导青年正确处理个人与他人、个人与集体、个人与社会的关系。加强对不同青年群体社会心态和群体情绪的研究、管控和疏导,引导青年形成合理预期,主动防范和化解群体性社会风险"。举措的第一项具有极强的宣誓与指导效力,是我国青年心理健康措施发展的前进方向。青年的心理问题不仅需要社会关注还需要社会积极的引导,积极、健康、阳光、自信应当是青年、中国青年的主体面貌,这样的青年才是符合青年群体特点的社会主义建设者,同样的道理,正面的心理状态占据青年心理的高地,一些消极的情绪自然会变少。

对于这项举措,在落实中还存在一些问题:对青年关怀与心理疏导的主体是谁?具体的措施有哪些?由哪些部门去落实、监督?应当怎样监测?这些都应当明确。笔者认为,这项举措的责任单位应当明确为各级的团委机关。共青团是中国共产党领导的先进青年的群众组织,是广大青年在实践中学习中国特色社会主义和共产主义的学校,是中国共产党联系青年群众的桥梁和纽带,是共产主义建设的后备军。因而共青团在法理上拥有天然的职责,并且在长期的实践中,共青团长期从事青年保护工作,因而在关怀青年的工作中也更有经验。在日后的工作中,各级共青团应当按照规划的要求,专业、针对性地开展青年心理关怀工作,切实提高青年心理健康水平。

第二,"加强青年心理健康知识宣传普及,提高心理卫生知晓率。支持各级各类青年专业心理辅导机构和社会组织建设,大力培养青年心理辅导专业人才。重点抓好学校心理健康教育,在高校、中学和职业学校普遍设置心理健康辅导咨询室,有条件的学校配备专职心理健康教育师资队伍"。心理举措的第二项,具有极强的针对性与指向性,可操作性也很强。对于相关措施的责任落实者,笔者认为应当是各级教育部门,并且在落实层面中设立切实的考核指标,如青年心理卫生知晓率、持证青年心理辅导人才数量、学校心理咨询室、咨询师数量等。

第三,"构建和完善青年心理问题高危人群预警及干预机制。加强源头预防,注重对青年心理健康问题成因的研究分析,及时识别青年心理问题高危人群,采取有效措施解决或缓解青年在学业、职业、生活和情感等方面的压力"。对于青年心理问题高危人群的预警及干预机制是这次规划的亮点之一,该项措施的本质就是要对全国青年进行普遍心理摸排,在国家的框架下构建起青年心理档案并实现定期动态监测。这项工作的工作量巨大,并且在落实过程中实现对每一青年动态监控的难度也较大,因而该项措施的落实者除了政府之外,还需要大量专业的社会心理机构参与其中,对于该项措施的责任主体应当为各级教育部门以及劳动保障部门,这两个部门分别对在校、非在校青年的心理健康预警与干预负主要责任。

三、提高各类青年群体健康水平

习近平总书记在论述全面建成小康社会的系列讲话中曾说道:"全面建成小康社会,关键在于'补短板'。"全面提高青年的健康水平的重要一环,也是要"补短板"。发展措施的第三项就是针对我国各青年群体、各地区青年健康发展参差不齐的状况而制定的,该项措施所补的"短板"就是要青年在健康领域的发展在同一起跑线上,强调弱势青年群体健康的特殊保护与落后地区青年健康的重点保护,突出各青年群体的特点,制定具有针对性的措施。

第一,"重视服务残疾青年的专业康复训练,落实器材、场所等配套保障"。残障青年作为社会的弱势群体,应当受到社会的关注与特殊保护,习近平总书记在会见第五次全国自强模范暨助残先进集体和个人表彰大会受表彰代表时曾强调要不断健全残疾人权益保障制度。对于年轻残疾人的特殊保护,应当提到青年发展的日程当中。笔者认为该项措施的落实主体应当是残联,对于相关情况亦可设置考核指标,如残疾人专业康复器材数量、场地数量等。

第二,"解决农村地区、贫困地区、西部地区青年学生的营养健康问题"。习近平总书记在《在部分省区市扶贫攻坚与"十三五"时期经济社会发展座谈会上的讲话》中曾提道:我常讲,没有贫困地区的小康,没有贫困人口的脱贫,就没有全面建成小康社会。我们不能一边宣布实现了全面建成小康社会目标,另一边还有几千万人口生活在扶贫标准线以下。如果是那样,就既影响人民群众对全面建成小康社会的满意度,也影响国际社会对全面建成小康社会的认可度。所以,"十三五"时期经济社会发展,关键在于补齐"短板",其中必须补好扶贫开发这块"短板"。农村地区、贫困地区、西部地区青年的营养健康问题应当得到青年健康发展的重点保护,各地区的扶贫办是了解该地区人群的主要机关,各级扶贫办适合成为落实该项措施的责任部门,在其中也应当设置考核指标:贫困地区青年学生营养达标率。

第三,"引导高校学生'走下网络、走出宿舍、走向操场',养成健康文明的生活习惯"。该项措施是为了解决高校学生"死宅"现象,目前部分在校大学生不能安排好自己的学习生活,长时间沉溺于网络,与室外活动隔绝。针对这样的情况,各高校、教育部门应当强化问题意识,在日常工作中培养高校学生健康的生活方式。

第四,"好青年职业病的预防和治疗工作,大幅度降低在职青年职业病发生率。关注进城务工青年健康状况,开展健康监测"。青年是初入职场的主力军,随着社会竞争的激烈,青年的职业病发病率逐年提高,农村进城务工青年的健康问题一直是青年发展的薄弱环节,对于这两类群体健康的关注就显得尤为重要。对于这两类人群的负责主体应当为劳动保障部门,其考核指标的设定可以使用《国民体质测定标准》,为职业青年体质达标率。

第五,动员社会力量,通过志愿服务、慈善捐助等形式为青年群体提供有针对性的健康服务。该项举措也是引入社会力量,为不同的青年群体提供专业的健康服务的重要工作，该举措的责任单位应当为民政部门。

四、加强青年健康促进工作

发展措施的第四项是青年健康的促进。有了健康发展目标、举措，而没有落实到基层的最后一公里，那么这样的政策就是一纸空文，《规划》为了避免这类情况的发生，在措施的最后一项强调了青年健康工作的促进，该措施是促进青年健康工作，强调对青年引导、教育的综合性举措，分别从三个角度展开：

第一，"编撰和出版有关生命教育的读物，引导青年尊重生命、热爱生活。"这项措施强调意识领域的促进工作，在文化中培育青年健康发展的思想，行为是思想的外观，解决好思想问题会达到事半功倍的效果。各级文化行政部门应当承担起职责，落实好青年健康意识的培养。

第二，"定期组织青年参与公共场所安全演练，开展灾害逃生、伤害自护、防恐自救、互助互救等体验教育，增强青年在应对突发性事件中的自我保护意识和防灾避险能力"。该措施强调行为层面的健康促进工作，希望在演习、演练中强化青年面对突发状况、灾难的应急能力，在预防中保障青年的健康。教育部门、消防部门应当作为该措施的责任主体，该举措应当设置监测指标，各地安全演练、灾难逃生演习次数。

第三，"在青年中倡导健康生活方式，加强健康教育，提升青年健康水平"。"广泛开展禁烟宣传，让青年成为支持禁烟、自觉禁烟的主体人群。完善艾滋病和性病的防治工作机制，针对重点青年群体加强宣传教育，推广有效的干预措施，切实降低艾滋病和性病发病率。做好禁毒宣传教育工作，提升青年群体尤其是青年学生群体对毒品及其危害性的认识。强化对娱乐场所的监管，严厉打击吸毒贩毒、卖淫嫖娼等违法犯罪行为。"举措最后一项，是对所有健康促进措施的概括总结，要求青年远离危害健康的危险行为，从源头减少青年犯错的可能性。该举措的落实主体应当为学校、政府法制部门。

第四节 青年健康发展指标体系建设

《规划》以青年健康的发展目标与措施为框架构建起了我国青年健康的发展体系，本书在对《规划》解读的过程中也明确和分析了相关单位的权责范围，但是在政策落实中对于青年健康水平的监测以及在考核时对青年发展状况的科学评价，《规划》并未完全做出回应，作为《规划》的解读与分析，笔者有必要在《规划》的框架下构建起当代中国青年健康发展状况指标体系，全面衡量、监测当代中国青年群体的健康状况。

一、青年健康发展指标体系概述

青年健康监测指标体系应当是青年发展状况指标体系下的一个有关青年健康的子体系。青年发展状况体系是衡量、监测当代中国青年群体生存和发展的数量关系，研究当代中国发展各要素的现状、相互关系、所处环境和发展趋势的手段。青年发展状况指标体系属于一种专题性的社会指标体系。[1]青年健康监测指标体系也应当在其框架下展开。

(一) 青年健康发展指标体系的功能

青年健康发展指标体系应当具有对我国青年健康发展现状描述、评价和预测等社会功能，按照效用的分类，大致可以分为以下五个方面：

1. 描述功能

研究我国青年群体健康的真实情况以及与经济、社会协调发展的关系。主要说明当前我国青年群体的健康情况，其目的是解决我国青年健康"是什么"的问题，该功能是判断青年健康现象的性质和特征的关键所在。描述功能是该指标体系的基础功能，是一切分析与判断的前提。

2. 解释功能

解释我国社会发展过程中青年健康现象、青年健康问题以及青年健康与社会的关系，分析产生这些现象、问题和关系的原因，寻求解决的对策。

3. 监测功能

研究和分析我国青年健康状况在社会结构中的变化情况，特别是青年健康在社会各主要群体和阶层中的重心调整、问题变化等情况，可作为调整青年健康政策提供研究的依据，同时也可以作为考量相关职权机关的基础性数据。

4. 比较功能

对青年健康发展指标进行群体对比、性别对比、历史对比、地区对比以及国际对比，从对比中鉴别差距，寻求缩小差距的途径。

5. 预测功能

为进一步全面推进我国青年工作，制定有关青年健康政策提供科学、有效、量化的政策依据，并根据基础资料和预测手段进行青年健康发展战略的预测以及更长期的规划预测。[2]

(二) 青年健康状况指标体系的构建

青年健康状况指标不同考核指标，考核指标的主要功能是为了评价各职能部门的政策落实情况，对职能部门的工作过程做出评判。而青年健康状况指标的监测对象则是青年健康本身。根据《规划》以及世界卫生组织以及本书所给出"青年健康"的定义，青年健康指标下所涉的二级指标应当包含有：青年身体健康指标、青年心理健康指标以及青年社会健康指标这三类。

青年身体健康指标包含有：青年生理结构指标、青年身体形态指标、青年身体机能指标、青年神经系统指标以及青年生理功能指标。

---

[1] 参见郁杰英：《当代中国青年发展状况指标体系研究》，文心出版社2004年版，第3页。
[2] 参见郁杰英：《当代中国青年发展状况指标体系研究》，文心出版社2004年版，第6页。

青年心理健康指标包含有：青年安全感指标、青年自我评价指标、青年生活目标指标、青年人格完整与和谐指标、青年情绪表达和控制指标以及青年个性发挥指标。

青年社会健康指标包含有：青年接触现实状况指标、青年人际关系指标、青年行为规范性指标、青年角色胜任指标以及青年与社会及他人关系指标。[1]

（三）青年健康状况指标数据的获取途径与方法

青年健康状况的二级指标共有三项：青年身体健康指标、青年心理健康指标与青年社会健康指标。三项指标既有人体生理数据的客观数据，又有心理情况以及对社会认识的主观数据，因此对于客观指标数据，应当采取客观观测的方法，而对于主观指标数据则采用主观问卷量表的测量，实施的途径分别为医学观测与问卷调查。

对于青年健康状况指标数据这一类客观数据的采集，学校、青年就职单位进行客观的医学观测，但对于主观数据的采集就需要采用参考量表。主要的参考量表有康奈尔健康问卷等13种，这些问卷在国内外都进行过长时间的实验与应用，具有较强的可信度，对于其科学性的考证，本书不做过多赘述，仅列出可以使用的量表目录。

主要量表有：康奈尔健康问卷（CMI）、心理健康测查量表（PHI）、自我概念问卷（SCT）、情绪稳定性测验、爱德华个人需求倾向测验（EPPS）、卡特尔十六种人格因素测验（16PF）、症状自评量表（SCL-90）、症状-特质焦虑表（STAI）、抑郁自评表（SDS）、人际信任量表（ITS）、交往焦虑量表（IAS）、社交回避及苦恼量表（SAD）、瑞文标准推理测验（SPM）[2]。

二、青年健康状况指标体系解析与适用

青年健康状况指标体系包含有三个二级指标，二级指标下又共有22项三级指标，每个三级指标又是由不同单项指标结合而成，为了对个指标清楚把握，本书对每一指标做一简要分析。

（一）青年身体健康指标

本项指标针对青年的生理结构、生理功能、身体形态、身体机能、神经系统等身体方面的数据，该指标也对《规划》中青年体质健康情况进行监测。在《规划》中提出的发展目标中要求青年体质健康的标准是国家体育总局制定的《国民体质测定标准》，本指标在此基础上做出扩张与延伸，全方位监测青年的体质健康水平。

1. 青年生理结构指标

该指标研究和监测青年的是否拥有完整的生理结构，包括五官、上肢、下肢、躯干、关节、皮肤、神经、心胸、肝肠、泌尿系统等方面。这一指标在《国民体质测定标准》中没有涉及。

2. 青年身体形态指标

该项指标研究青年是否符合正常青年发展的身体模型。身高、体重在《国民体质

---

[1] 参见郗杰英：《当代中国青年发展状况指标体系研究》，文心出版社2004年版，第9页。
[2] 参见郗杰英：《当代中国青年发展状况指标体系研究》，文心出版社2004年版，第38页。

测定标准》中有标准，笔者在该指标中还添加了坐高、胸围、体型这三项指标数据，进而完善青年的身体形态指标。

3. 青年身体机能指标

该指标研究和监测青年的身体机能情况。《国民体质测定标准》中设定的指标共有七项：肺活量、台阶指数测评、握力指标、俯卧撑指标、一分钟仰卧起坐指标、纵跳指标、坐卧体前驱指标。相关指标的标准可从《国民体质测定标准手册》中查看。

4. 青年神经系统指标

该指标是为了研究与检测青年的神经系统是否发育正常、完善。具体表现为神经元的联系复杂化和沟回深化等。该检测指标可以通过青年的外在表现而推测，如选择反应时指标与闭眼单脚站立指标等。相关指标的标准可从《国民体质测定标准手册》中查看。

5. 青年生理功能指标

该指标是为了研究和监测青年是否有正常的生理功能，因为该项指标的数据获取较为隐私，可以用量表自评的方式获得。

（二）青年心理健康指标

本指标主要测量青年的安全感、自我评价、生活目标、个性与人格、学习能力、情绪等心理状况。该指标的获取通过调查问卷的形式，使用量表进行测量，其结果由专业人员评定，参照国内外心理健康体系的研究成果，对青年的心理状况进行评定。

心理健康的指标可以细分为七类：（1）青年安全感指标。该指标研究和监测青年是否有适度的安全感。（2）青年自我评价指标。该指标研究和监测青年是否了解自己并对自己有适当的自我评价。（3）青年生活目标指标。该指标研究和监测青年是否有符合实际的生活目标。（4）青年人格的完整与和谐指标。该指标研究和监测青年能否保持人格的基本完整与和谐。（5）青年学习经验的能力指标。该指标研究和监测青年能否具备从经验中学习的能力。（6）青年情绪的表达和控制指标。该指标研究和监测青年能否适度地表达和控制自己的情绪。（7）青年个性发挥指标。该指标研究和监测青年个性发挥的程度如何。[1]

（三）青年社会健康指标

本指标是为了研究和监测青年社会适应性而设立的，主要测量青年的社会接触状况、人际关系状况、社会行为、社会角色等社会健康状况。该指标同心理健康指标一样，属于主观指标的范畴，获取方式与监测方法同心理健康指标相同，在此不再赘述。该指标可以细分为：（1）青年接触现实状况指标。该指标研究和监测青年能否与现实社会（环境）保持接触。（2）青年人际关系指标。该指标研究和监测青年能否保持适当和良好的人际关系。（3）青年行为规范性指标。该指标研究和监测青年能否具有符合社会规范的良好行为。（4）青年角色胜任指标。该指标研究和监测青年能否胜任生活中的

---

[1] 参见郗杰英：《当代中国青年发展状况指标体系研究》，文心出版社2004年版，第37页。

各种角色。(5) 青年与社会及他人关系指标。该指标研究和监测青年能否在满足个人需求时顾及他人与社会。该指标可以用来对特殊人群的行为预警与防控。[1]

社会科学客观的定性离不开科学化的实证分析研究，青年健康状况指标就是青年健康发展最为重要的数据基础。青年健康状况指标体系构建是《规划》中发展目标与发展措施的起点与根基，更是落实中的难点与重点，因而更需要重视与关注。

《规划》中有关青年在健康领域的发展目标是我国青年健康发展的龙头，决定了我国青年健康的发展走向；发展措施就如同车之两轮，鸟之双翼，影响着我国青年健康的发展速度；而青年健康状况指标体系的建设则是我国青年健康良性发展的总抓手，是实现青年健康发展的关键一步。只有三者协调配合、共同发力才能构建起我国青年健康发展的制度构建，只有分析好、构建好、落实好体系建设才能促进我国青年健康的蓬勃发展，只有我国青年健康水平的不断提高，才能为实现中华民族伟大复兴的中国梦加油助力。

---

[1] 参见郗杰英：《当代中国青年发展状况指标体系研究》，文心出版社2004年版，第38页。

第七章 青年婚恋

婚恋，是适龄青年最普遍、最现实的需求之一。近年来，婚恋问题愈发突出，随着社会的发展，人们的思想也经历了一个变化的过程。外来开放思想从一开始的与本土观念的碰撞到现如今已经改变了一大部分人的行为方式，给社会呈现出这个时代所特有的婚恋状况，也揭示了其中存在的问题。错误的婚恋观影响着当代青年，同时使青年在婚恋过程中存在着许多的阻碍，导致婚恋难度加大。为了缓解并解决这一问题，中央制定了《规划》，其中对于我国婚恋现状、存在的问题与解决措施都有一定的涉及和详解，以期帮助青年形成更加文明、健康，更加理性的婚恋观念，进一步完善我国婚恋服务机制，更好地实现对青年相关权利的保护。

第一节 我国青年婚恋的现状

在改革开放的影响不断加深的同时，社会的开放性、包容性也在不断加大。随着经济文化的发展，人们可以在保障自己基本的生活需求同时额外地寻找精神、物质追求。经济能力对于一个家庭是至关重要的，随着经济能力的提升，无论是养老问题还是抚养下一代的问题都得到了更好的保障，也促成了现代家庭的小型化的现实局面。在经济发展和家庭缩小的同时，人们对于婚恋的状态以及对象也有了更多的追求，婚姻观念的多样化也促成了多样化的婚姻事实。在我国长期推行一胎化计划生育政策下，家庭对独生子女有着更多的宠爱和关注，这也导致了现代青年自我化的思想，也是造成当代婚恋现状的一个原因。

一、婚姻状况多样化

现代年轻人正站在一个承前启后的转折点上，旧式的婚姻观与社会衍生出的新型婚姻模式发生剧烈的碰撞。无论国人是否能够完全接受这些新潮的思想，我们都不可避免地要面对新旧的交替。时代的更新最先会在人们的思想上体现出来，现代青年的行为方式也是新意识的现实体现。在这些意识的基础上，青年们形成了不同的婚姻观。

（一）早婚

当代青年对于独立和自由有着更高的追求，自由恋爱，自由婚姻，遇到自认为对的人就不顾一切地一头扎进爱情的长河中。十七八岁的年纪，伴随着高中生活的结束，爱情的小嫩芽一下子就长成了参天大树。冲动、盲目这些词可以说是这段时期爱情的代名词，而就是这一股热情，导致青年早婚的现象层出不穷。

实际上从1990年开始，我国青年的结婚年龄平均数就处于不断上升的状态，但是在这样的大趋势下仍然存在着一大批早婚群体。

早婚，并不是一个贬义词。但是联系我国现状，大部分的青年男女在结婚时或许还没有一个稳定的经济生活来源与独立撑起一个家庭的经济能力。青年们带着对爱情的憧憬进入婚姻，在最初的热情消减后，不得不面对许多现实问题。除了对于爱情的追求以外，年轻的女性面对着两难境地也促使她们选择婚姻：一方面，社会对于女性的独立性有着较高的要求，但是在工作岗位的提供过程中对于男女性别上又存在不平等待遇；另一方面，现代大部分女性仍然摆脱不了传统的家庭思想，即无论事业如何，家庭存在问题那么人生就不算是成功。也正是因为当代女性身上肩负着事业与家庭的双重要求，使得她们在社会竞争过程中往往承担了更多的压力和成本，对于她们而言通过工作来实现个人的价值就显得较为艰难，只能选择投身于家庭中来纾解压力。[1]

（二）晚婚晚育

据相关数据表明我国青年结婚平均年龄相比以前有所提高并不断增大，2010年男性平均初婚年龄为25.86岁，女性平均初婚年龄为23.89岁，比1990年分别提高了2.29岁和1.87岁。[2]平均受教育水平的提高与步入婚姻年龄的推迟有所关联，当代青年所形成的新型爱情观与婚姻观也是导致这一现象的主要原因之一。

随着经济水平的发展，无论是家庭、社会还是国家，都加大了对教育的投入，国民受教育水平更是处于不断提升的状态，随之而来的是青年进入社会时间节点的推迟。根据社会学对于青年成熟所认定的三个节点，即毕业、就业、结婚来看，结婚年龄的提高与毕业年龄有着莫大的联系。

对于现代大部分青年而言，恋爱、同居都是有一定的感情基础就可以，"快餐式"恋爱屡见不鲜，但是对于结婚往往就会谈之色变。当有一方提及结婚的时候，往往就会面对许多现实阻力，家庭、经济都是不可避免的问题。很多时候，结婚是需要冲动的，这样的冲动在最初的几次恋爱中经常出现，但是随着年龄的增长，感情经历的叠加，见到了更多的现实，领悟了更多的道理，思想变得更加理性，这样的冲动就少之又少。年龄越大，顾虑就越多，理性的思考让婚姻变得不再那么简单。对于恋爱的新鲜感的留恋，对于婚姻责任的恐惧，对于结婚对象选择的慎重，都使得现代青年不急于过早地使自己置身于婚姻中。

同时，结合我国国情，我国早年所实施的计划生育政策使得人口大幅削减，人口比例严重失调，这也是造成我国存在大量晚婚青年的重要原因。

---

[1] 参见美丽扣扣（Meilicoco）：《新时代男女的22个婚恋观》，中国言实出版社2011年版，第137页。
[2] 参见共青团中央专项课题组："中国青年发展状况综述"，载《中国青年研究》2017年专刊。

在晚婚的前提下,生育的时间节点也随之推后。育龄青年妇女的生育年龄主要集中在 25 岁~29 岁,且 30 岁~34 岁年龄段妇女的生育率有所增长。[1] 此外随着女性对于自我要求的提高,教育水平的提升,更多的女性投入大量的精力在工作中,这也是导致晚育的一个原因。现代社会生活成本十分高昂,对于初入社会的中青年而言,养育下一代的成本也许是他们很难承受住的,且随着教育理念的改变,中青年更倾向于在事业稳定后再生育,以期给下一代更好的生活环境和教育资源。

(三) 形婚

形婚,顾名思义,是指形式婚姻,婚姻以一种外在的形式存在而不注重其内容。形婚近年来在北京、上海、南京等经济比较发达的城市兴起,是男同性恋与女同性恋之间的一种互助模式的婚姻,双方不以感情为基础,为便利个人生活而组建的形式家庭。[2]

近年来"同性恋"这一话题不再像之前那样敏感,越来越多的人能够正视、接受这样的存在。有条件的同性恋者也纷纷选择去国外注册结婚,选择自己的爱情和幸福。但是对于大部分的同性恋者而言,面对家人传统的婚姻观是无法直言事实的,家人的催促以及社会的压力迫使他们选择这种互助的婚姻模式。

(四) 不婚

出于各方面的考虑,对于一部分人而言婚姻不再是必需品,独立的生活更受他们的推崇。

由于经济水平有限,部分青年认为当下独立的生活很适合自己,婚姻对于他们而言意味着更多的经济开销,倒不如做个"月光族"来得潇洒自在。对于不存在经济顾虑的部分人,爱情和自由也成了他们不选择婚姻的原因,他们认为婚姻是一种束缚,会改变双方相处模式,他们更愿意给予双方一定的选择空间。

随着社会福利的完善,"养儿防老"的思想也显得有些落后。无论是试管婴儿,还是养老院,都可以较好地打破通过结婚生子解决"防老"问题这一局限,这就给了人们更加宽泛的自由。

二、家庭规模小型化

我国于 1964 年进行的第二次人口普查显示,当时的总和生育率为 6.18,家庭户平均人口数为 4.43 人。在在 20 世纪 70 年代我国实施了严格的计划生育政策后,家庭户平均人口数呈现出直线下降的趋势。在 1990 年进行的第四次人口普查中,数据显示,我国的总和生育率已下降到 2.31,家庭户平均人口则下降到 3.96 人;到 2000 年第五次人口普查时,总和生育率下降到 1.23,家庭户平均人口下降到 3.46 人;在 2010 年第六次人口普查时,总和生育率仍然处于下降的态势——达到历史新低的 1.18,而家庭户

---

[1] 参见共青团中央专项课题组:"中国青年发展状况综述",载《中国青年研究》2017 年专刊。
[2] 参见美丽扣扣 (Meilicoco):《新时代男女的 22 个婚恋观》,中国言实出版社 2011 年版,第 177 页。

平均人口也同时下降到 3.09 人。[1]

20 世纪 70 年代至今，我国的人口发展可以说产生了巨大的改变，人口发展的剧变对于社会的变革和经济的发展都起到了一定的影响，同时也推动了家庭规模向小型化不断发展。[2]家庭规模小型化越来越成为城乡家庭结构的发展趋势，据相关专家分析这样的趋势还会继续延续下去，家庭规模的缩小是社会发展的必经之路，西方的发达国家都经历过这样的发展阶段。

（一）家庭规模缩小的原因

1. 人口的变动与大家庭的分化

自 70 年代实施计划生育政策以来，一胎政策的影响一直持续到现在，生育率的下降直接导致了家庭的小型化。如今家庭规模还在持续缩小，与计划生育实施初期家庭中孩子减少不同，现代家庭中子女人数并没有减少，影响家庭规模更大的原因是老人与子女一起生活的比例下降。

社会的流动性增加使得家庭中的子女流动出去，从而造成了家庭的分化。两代人生活观念等的诸多差异增强了各自要求独立生活的心理，在过去这样的心理可能会被经济、社会现状等条件束缚，但是随着经济条件的提升和思想的改变以及社会养老机制的完善，曾经担心老无所养的老年人也有了独立生活的理念和能力。

2. 女性人力资本提升

人力资本理论最早是起源于经济学，是由舒尔茨和贝克在 20 世纪 60 年代创立的。它是指花费在人力保健和教育等方面投资所形成的资本。

20 世纪 70 年代至今，我国家庭的规模不断向小型化迈进，在关注这种趋势形成的原因时我们更多地会考虑到计划生育对家庭规模的影响，而忽视了女性受教育程度的提高对家庭规模小型化的影响。

国内外的研究表明，提高女性受教育水平和降低总和生育率之间存在着明显的负相关。在我国，在不考虑生育政策限制的情况下，女性的平均受教育年数每增加一年她的生育次数就会减少 0.179 次，如果女性平均受教育年数增加 5.57 年，她的终生生育次数就会减少 1 次。[3]女性受教育年限的增加会延迟其结婚的年龄以及生育的年龄，导致总和生育率的下降，直接促使家庭规模小型化。

女性受教育水平的提高有助于提升其在家庭决策中的地位，根据资源分配的理论观念，双方对家庭和婚姻的贡献直接影响到了夫妻在家庭中的权利地位和话语权。女性决策地位的提升有助于修正由男性主导的多生育决策模式，促使家庭规模缩小。

女性在选择配偶时会倾向于选择与自己学历相当或者更高一等的人，其人力资本的提升会使女性通过婚姻匹配来提高家庭总人力资本，将生育子女的重点从数量转为

---

[1] 参见张翼：“中国家庭的小型化、核心化与老年空巢化”，载《中国特色社会主义研究》2012 年第 6 期。

[2] 参见李建ован、李新建：“中国城市居民家庭小型化及其对消费需求的影响”，载《人口学刊》1988 年第 3 期。

[3] 参见胡伟华：“女性人力资本对家庭规模小型化的影响分析”，载《前沿》2015 年第 3 期。

质量。

由于女性人力资本提升会提高女性的劳动参与率,其生育会比以前耗费更多的成本,其会更愿意把时间分配在劳动市场而不是家庭内。且此时女性对儿童营养、健康教育、家庭教育、家庭素质提高及家庭福利改进都有明显的促进作用,因儿童高死亡率而产生的预防性生育大大减少,家庭规模小型化。[1]

(二) 家庭规模缩小的影响

1. 对消费的影响

对消费需求的影响。家庭规模小型化使得原本的一个大家庭分为数个小家庭,家庭的实际数量增加,也就增加了家庭的消费需求。随着经济条件的提升,家庭生活不仅仅对于物质上的享受有所要求,而且开始转向对精神生活的追求。同时在追求高质量、有个性的消费品之外,劳务需求市场打开,老年家庭雇佣劳务做家务,青年家庭雇工照顾孩子已越来越普遍。

对消费结构的影响。消费结构指的是各类消费支出在总消费支出中的比重,家庭规模的小型化不可避免地使得消费结构随之而改变。家庭数量的增加使得家庭住房以及相应的耐用消耗品的需求量提升,对于个性的追求以及生活条件的改善使得衣食等支出扩大。同时小型化的家庭有着更多闲暇的时间,也增加了他们娱乐方面的支出。

对消费市场的影响。为了迎合家庭规模的小型化,消费市场呈现出了多样化、多极化的特点,并且还会出现一些新的消费热点。儿童用品趋于高档多样且需求逐步增加;生活用具等趋于小型化便利化;人们以家庭为单位购买耐用消费品的次数增多;由于家庭小型化不可避免的引起忙不过来的问题,保姆业逐渐繁荣;大家庭分离所形成的老人独居的小型家庭对于养老、"陪老"业有着强烈的需求。

对消费方式的影响。小型化家庭有别于传统的自给自足的家庭内消费方式,逐渐向社会化消费发展。家庭成员外出就餐次数增加,在今后这样的生活方式也会吸引更多的小型化家庭;家务劳动也呈现出社会化的趋势,自我服务被社会服务所取代;人们已经不满足于仅在家看电视等娱乐方式,娱乐方式也渐趋社会化。

对消费观念的影响。家庭小型化使人们的消费观念由群体消费转变为个体消费。随着消费观念的变化,小型家庭打破了曾经对于借债消费的传统理念,认为超前消费在解决了物质需求提高生活质量的同时并没有造成过大的经济压力,且超前消费已成为当今社会较为流行的一种消费模式。同时,由于家庭的分化,在交流中不可避免地增加了情感消费,与之同时家庭小型化也促成了钟点消费和休闲消费等消费方式的发展。

2. 对初级群体社会关系的影响

对家庭中的夫妻、子女关系的影响。家庭规模小型化使得家人之间的联系愈加亲密。传统大家庭模式子女众多,加之和长辈住在一起,繁杂的事情使得家庭成员之间

---

[1] 参见胡伟华:"女性人力资本对家庭规模小型化的影响分析",载《前沿》2015年第3期。

缺少必要的沟通，小型化的家庭对于夫妻间的交流和夫妻感情生活的改善都有着积极的作用。同时，家庭小型化对于家庭中的个体实现社会化有着积极的影响。由于社会的现代化不断增加，家庭规模小型化使得家庭中的个人所承担的社会化功能向外转移，在之前能够在家庭中就实现的社会化活动，逐渐交由学校、朋友之间完成，在这样的过程中，社会化的内容、方式等都会更为科学合理，对于个人建立独立的身份角色，更好地实现社会化有着积极的作用。同时，也使得他们能够更早地接触社会，提高他们的适应能力。[1]

对伙伴群体关系的影响。家庭规模的缩小使得个人可以更自由地抉择、组合初级群体，随着社会人口流动性的增强，人们可以在不同的地方结识不同的朋友。小型家庭规模的人更多地倾向于寻觅新的初级社会群体，来自不同家庭、不同文化的成员组成伙伴群体，他们之间的相处对于成员个人的成长更为有利，能够更好地帮助对方适应社会。

对邻里初级群体社会关系的影响。对于农村的邻里关系而言，小型化家庭中孩子的数量也会减少，这些孩子在邻里群体中寻觅玩伴会更适合，此时邻里之间的关系也更为密切。

然而与之相反的是，城市家庭的邻里关系反而趋于淡化，这取决于城市住房封闭性的特征。人员的复杂性，生活节奏的快速、生活空间的封闭性都使得邻里群体之间的交流接触变少，关系相对而言比较淡漠。

第二节 我国青年婚恋存在的问题

现代青年生活在了一个安稳平和的年代，没有战乱没有纷争，大部分的家庭经济条件优渥，不会让青年过早地承担责任，在青少年时代，他们所要做的就是在校园里好好学习。对于其青春期早恋的问题，无论是学校还是家长，大部分都会以施压的方式强制性杜绝，但是就是这样堵而不疏的解决方式，使得大部分的青少年都对于婚恋问题不能自行地形成一个正确的观念，直到青年时期在恋爱的过程中他们也缺乏恋爱的能力，不能很好地处理与恋人之间的问题。婚恋观念的偏差，婚恋能力的缺失，导致现在畸形的爱恋越来越多，面对失恋就产生偏激的情绪这也是我们不能忽视的社会现象。

一、婚恋观念偏差

关于爱情的本质。马克思认为爱情是"人对人之间的直接的、自然地、必然的关系"[2]，是"一对男女基于一定客观基础和共同生活理想，在各自心中形成的倾慕并

---

[1] 参见侯春英：" 家庭小型化对初级群体社会关系的影响"，载《山西师大学报（社会科学版）》2013年第S2期。

[2] 参见《马克思恩格斯全集》（第3卷），人民出版社2002年版，第296页。

渴望对方成为自己真正终身伴侣的最强烈的感情"。[1]即爱情具有自然性也具有社会性，它是两个人之间的事情，同样也是双方家庭的事。所以说，爱情在追求自由的同时也要受到道德的约束。恩格斯认为爱情的本质是"人们彼此间以互相倾慕为基础的关系"[2]，而且在爱情里面，双方是平等的，因此"不以所爱者的对应的爱为前提的"[3]爱情不能被称为爱情。

（一）功利化婚恋观

不得不说，现代的青年和前辈们所处的环境极为不同，拥有丰富的休闲生活，掌握着飞速发展的科学技术，成长过程极为顺利，从来没有面对过像长辈们经历过的困难。他们是幸运的一代，生活在一个安稳平顺，没有战争的年代。却也因为这样，他们也是"贫穷"的一代，没有工作经验，没有明确的发展目标，没有刻苦奋斗的毅力，却梦想着成为极其富有而成功的人物。在物质极大丰富的当今社会，现代的青年精神世界大多极为脆弱，承受着巨大的精神压力，且深深地受到功利主义的困扰。

在现代青年的眼中，腰缠万贯总归是令人艳羡的。越来越多的女孩子有着嫁富豪，当阔太太的期望，寄希望于通过婚姻使自己摆脱现在的生活状态，甚至希望不劳而获，将婚姻作为一项使得自己生存下去的工具，成为婚姻的寄生虫，失去自己的理想和目标。同时，也存在部分男性为了在事业上获得更高的起点，或者为了未来的生活更加轻松，将权利和地位作为择偶的唯一标准的情况。

家庭背景，工资多少，长相如何，也许这只是一个个人的选择，但是当苛刻的选择条件成为一个共有的社会现象，这就不得不令人深思了。现代婚姻的选择更多的是利益的衡量，这个浮躁社会所衍生出的功利化的婚恋观随之浮出水面，在这种赤裸裸的拜金主义婚恋观的指引下所组建出来的婚姻家庭已经不再是爱情温馨的港湾，而是一种物质崇拜和婚恋关系的异化。[4]

（二）消遣式恋爱观

不得不说，在部分的年轻人眼中，恋爱是恋爱，婚姻是婚姻。婚姻意味着责任与束缚，恋爱则是自由的，两相情愿而又没有负担，这也使得他们对于婚姻越来越排斥。

当代年轻人的性观念相比较之前已处于一个更为开放的状态，这样观念的存在增加了他们对于恋爱态度的随意性。出于对性的追求和体验而寻找的伴侣往往不能走到婚姻的殿堂，此时，爱情不是他们的目的，婚姻当然也不是他们的追求。

为了恋爱而恋爱，为了消遣生活而在一起，在这样恋爱观的指引下，晚婚和恐婚的年轻人越来越多，当相恋对象谈及婚姻的时候，他们往往会顾左右而言他。

（三）淡漠化家庭观

随着网络的发达，我们可以发现现代关于家庭的报道越来越多。婚外情、家庭暴

---

[1] 参见《马克思恩格斯全集》（第3卷），人民出版社2002年版，第296页。
[2] 参见《马克思恩格斯全集》（第3卷），人民出版社1995年版，第234页。
[3] 参见《马克思恩格斯全集》（第3卷），人民出版社1995年版，第75页。
[4] 参见郭旭："恩格斯的婚恋观及当代价值"，沈阳师范大学2013年硕士学位论文，第21页。

力等案件频繁爆出，离婚率不断攀高。这样的现象折射出了中国社会婚恋观存在的缺陷，其中男女双方淡漠化的家庭观是十分重要的一个方面。现代婚姻家庭仅仅依靠双方的忠贞是不够的，幸福的婚姻不是有一个完整的婚姻关系就能够实现的，还需要两个人精心去呵护，去经营。

双方凭着对爱情和未来生活的期盼步入婚姻，但是生活不仅仅有爱情，还需要面对许多现实的问题。老人的赡养、子女的教育、家务劳动的分配等都不是用一句"我爱你"就可以解决的。一些年轻的夫妻满怀着憧憬和甜蜜走进婚姻，但是他们并没有做好承受婚姻家庭压力的准备，没有意识到他们要共同担负起婚姻家庭的责任，随着最初的激情退去，当生活渐渐呈现出与想象严重不符的琐碎，对科学处理婚姻家庭关系知识的缺失又让他们对于出现的婚姻家庭矛盾束手无策。[1]

(四) 弱化的道德观

婚外情现象的严重化可以视作道德观弱化的典型体现。婚外情是已然结婚的人和配偶以外的人发展恋爱的行为。婚外情违背了社会道德和社会伦理，它对于个人、家庭和社会都会造成极大的伤害，成为当今社会一个十分严重的问题。"婚外恋"从字面上看是一种恋爱，但是从实质上讲它不过是一个偷情、偷性的过程。[2]

在大众的眼里，新时代的年轻人对于婚外情比以往的任何年代都要看得开。他们追求爱情，追求个性，他们可以在对这个人海誓山盟的同时对另一个人许诺一生。对于寻找婚外情和成为第三者他们不以为耻，反而觉得是对爱情的尊重和生命价值的实现。这不是新时代青年的共性，仅是对那些为了所谓爱情不顾道德评判的人的描述，但是不得不说，这样的群体数量在增加。

这些青年，可能已然取得了事业上的成功，获得了经济的独立，有着高学历、高文化，但是他们仍然对于婚姻不知所措。他们往往对于另一半有着过高的理想要求，当现实让他失望时，他们并不知道要怎么去互相磨合，当另一个符合自己理想的人到来时，他们没有办法理性地对待。

对于破坏了别人的家庭仍然理直气壮的人而言，爱情在他们的眼里超越了道德。就像是小的时候看到别人的玩具很喜欢，即便是他人的，也要强行夺取过来。他们追求享受却不能承担由此带来的后果和责任。道德观在他们的心里成了束缚他们、阻止他们需求真爱的障碍，这样的他们是不成熟的。

二、婚恋能力缺失

错误的婚恋观使得当代青年对于感情的认识和选择出现问题，在相处过程中对于婚恋能力的缺失也同样是一个有待解决的方面。面对婚恋不正确的态度和情绪，不仅仅对于情侣和家人是一种伤害，对于社会也是一种潜在的危害因素。

---

[1] 参见郭旭："恩格斯的婚恋观及当代价值"，沈阳师范大学 2013 年硕士学位论文，第 22 页。
[2] 参见美丽扣扣 (Meilicoco)：《新时代男女的 22 个婚恋观》，中国言实出版社 2011 年版，第 236 页。

（一）性教育缺乏

当代青年生活的时代是一个中西文化交融混合的时代，因为中西方发展的进程和社会背景的差异，西方的思想和我国传统的观念难免会有所不同。随着社会的不断进步，文化的交流和渗入越来越明显，性观念的日益开放就是一个典型的表现。在思想逐渐转变的过程中，传统道德观中的性观念约束力越来越薄弱，青年更多地把两性关系视作寻求快乐的一种方式。然而在这样极度开化的社会现实状况下，我国的性教育并没有能够紧跟步伐。

性，直到现在对于大部分人而言都是一个羞于提起的话题。青春期的孩子对于异性存在出于本能的好奇及向往，但是由于我国传统观念中对于"性"一直处于含蓄且回避解答的状态，我国的性教育一直是相对滞后的，家庭和学校都没有直面这一问题。学生从学校和家庭中很少会获得有关性教育的知识，面对社会上不良信息的侵蚀，不了解性知识的少年就会产生好奇的心理，而这样的好奇就会引起不良的尝试。同时对于性知识的缺乏也会让青少年遭受不必要的侵害，他们并不知道什么地方是自己的隐私部位，当别人实施侵害时便不能理智地拒绝。

性教育的缺乏还表现在对保护措施的忽视。现代社会中，婚前性行为越来越常见，保护措施就显得尤为重要。对于性知识匮乏的青年而言，他们也显得没有相应的责任心，保护措施反而被他们认为是寻乐的阻碍。这样无论是对于女孩子还是青年本身而言，都是一个隐藏的伤害。

（二）婚恋相处方式失当

婚恋中正确的相处方式会使感情更加稳定和长远，相反，不恰当的模式和观念无论是对于婚姻中的夫妻而言还是对恋爱中的青年男女而言都是应当注意和改正的。

1. 过分依赖、过分独立

无论是过分依赖还是过分独立，对于感情而言都不是一件好事情。过于依赖的一方将全部的目光都投注于自己的另一半身上，遇到困难遇到挫折就依赖着另一半的能力帮助自己解决，在这样的情况下，不用多久就会丧失自己的目标和独立解决麻烦的能力与信心。过于依赖的一方往往不能理智地面对恋情的结束，一旦与恋人分开就会患得患失，惶惶不可终日，甚至会出现自暴自弃的生活态度。对于被依赖的一方，也许在热恋的时期会觉得十分开心，但是时间久了每个人都会有厌倦的时期，且当生活中遇到繁杂的事情时，依赖会被视为是负担，你的依赖也会成为他伤害你的资本。

然而过分独立也是不明智的相处方式，爱情是温暖的，只有相互靠近才会感觉到对方的暖意。过分独立会让双方觉得自己并没有多重要，如果所有的事情都可以自己解决，那还需要男女朋友做什么。每个人的价值不仅仅需要自己的肯定，也需要别人的赞誉和欣赏的目光，过于独立的相处会让整个感情过程太过成熟、太过理性。就像如果夫妻或者恋人中有一方是工作狂，他往往会忽视生活中一些温暖的细节和另一方的感受，这样的相处不会是十分幸福的。

爱情和婚姻都需要呵护，这样的呵护需要花费耐心，无论是依赖还是独立都要把握好方寸，只有这样才能细水长流。

2. 频繁吵架、付诸暴力

生活不会一帆风顺，感情也一样。两个来自不同家庭，接受不同教育，生活背景和环境也许完全不同的人结合在一起，不可避免地会发生很多摩擦。情侣以及夫妻之间吵架也是很正常的，它可以让双方把在生活中的不满和郁闷发泄出来，舒解心中的郁结，同时得到对方的谅解，让感情更加坚固，不至于一直放在心里过不去。但是最爱你的人也最了解怎么去伤害你，无休止的争吵只会加速感情的流逝，感情最终会在争吵中消磨殆尽。

更有甚者会将不满通过暴力的方式表达出来，不仅仅是双方的大打出手，出于男女个人情况的差异，大部分的暴力是由男性实施、女性承担的。施暴者的目的只有一个，通过施暴发泄自身的愤怒，从而达到控制对方的目的。婚姻和恋爱中的暴力相处屡见不鲜，尤其是家暴更是让人闻之胆寒。这是双方之间的错误沟通模式，也是施暴者内心阴暗面的体现。

3. 拒绝沟通

当出现矛盾的时候，不仅仅会吵架和暴力相对，部分人还会采取冷暴力的错误方式以期惩罚对方。

冷暴力也是暴力的一种，它的伤害甚至于比激烈的争吵更为猛烈。大多数经受家庭"冷暴力"的人都有一种无助、无望的感觉。在婚恋过程中遇到矛盾，最好的方法是理智地说出来，互相分析存在的问题并商讨解决的方法。冷暴力是极其不明智的选择，在冷暴力的拒绝沟通中，另一方承受着相当程度的精神虐待，当当事人自认为可以开始交流的时候，实际上已经给对方的内心造成了不可挽回的阴影，也失去了交流沟通的最佳时机。

4. 感情付出不对等

双方对对方的感情深浅不会是相同的，爱情中有一方的感情更为浓烈，这是无可厚非的事情。但是在相处过程中，爱应该是相互的，不应该出现只有付出而得不到回报的爱。也许会说，爱情是无私的，不计较得失，但是现实却是，不对等的感情总会在某一天戛然而止。一味付出不仅仅会让自己疲惫，也会让对方骄纵起来。

（三）面对失恋情绪偏激

面对失恋，"被失恋"一方会存在多种情绪反应，大部分失恋者都会理性面对失恋，等待时间走出这段感情，但是也存在许多偏激的人。

1. 死缠烂打

失恋后，大部分的人都会因为想要挽回这段感情而反复寻找对方，但是这种反复寻找对于决意分手的人而言只会增加其厌烦感。当然，不可否认的是，确实是有分手后重新在一起的，但是这样的成功只是对于"假性分手"。"假性分手"是期待对方挽留的，提出分手的一方只是想通过分手的方式让另一方认识到自己的错误。但是挽回不代表要死缠烂打，不顾对方的厌恶而强行进入对方的生活，强迫对方的抉择。

失恋后要分析为什么分手，如果确定了双方不合适，对方已经没有再继续下去的意愿，不要将自己的感情强加到别人的身上，这样只会让最后美好的回忆变成赤裸裸的厌烦。

2. 伺机报复

有些人因为失恋而丧失理智，将分手的原因全部归结于对方，因爱生恨，认为对方抛弃了自己从而产生了报复的心理。尤其是因为有竞争者而导致的失恋，更会强化其恨意，做出偏激的行为。

因分手而伺机报复的案例数不胜数，如2014年发生的男子不满分手泼硫酸致前女友重残案，2014年10月，因不满女友提出分手，马某与好友商议雇人报复女友，并联系了此前的邻居，以4万元的价格雇其向前女友泼硫酸，致其头部、面部、颈部、胸部以及双臂多处烧伤，经鉴定为重伤二级。

另一起故意杀人未遂案件也是因为男方求复合遭拒，在请求复合被拒绝后男方就产生了杀死女方后自杀的想法。2016年7月3日10许，男方从摩托车油管中接了560毫升的汽油，随后带着打火机去往女方住处，当场要求复合再次被拒绝后胡某立刻将准备好的汽油倒在张某身上，并试图点燃，幸亏打火机点了几次均未点着。后来张某与闻声赶来的邻居何某合力将被告人胡某推出门外。

在这样的案件中，施害者已经被内心的仇恨蒙蔽了双眼，求而不得宁可毁去。面对失恋不能调节自己的心情，不能反思自己是否有问题，一味地将过错归结于对方的身上并企图实施报复，这从另一个方面也体现出了当事人内心的不成熟与病态。

3. 轻生寻死

大部分的人失恋后通常都很理性，能平和的与对方相处，有的会感觉有些尴尬，有的会感觉十分痛苦并采取极端的做法，走上绝路，轻生寻死，以求解脱。做出这种选择的人往往是因为有痛苦的经历，或者父母给自己留下的童年阴影，其中很多轻生的想法会随着时间流逝而慢慢淡化。个别心理问题严重的可能会因为感情的结束而将内心积怨很久的种种不满、怨恨、失望等消极情绪化为极端行为，做出伤人伤己的事情。[1]

这些轻生的青年，他们不仅仅是对自己生命的不珍惜，对于父母和家庭都是一种极其不负责任的行为。究其过错，他们缺乏爱的能力，将爱情看得太过重要，将对方看作是生命的全部，这样的爱情观并不成熟甚至可以说是畸形的。我们每一个人都应该重视并珍爱自己的生命，生命是这个世界上同时也是父母给予我们最宝贵的东西，我们的人生不应该只有爱情，生命的价值也不应该靠爱情来实现，靠爱情来否定。

4. 从此沉沦

面对失恋，受到打击是在所难免的，有些人会把失恋当作自己前进的动力，督促、激励自己拼搏和努力，有些人却从此一蹶不振，觉得人生失去了光明。

---

[1] 参见陈昕：《大学生婚恋观的现状及对策研究》，东北石油大学2013年硕士学位论文。

对于这些人而言，他们将自己一生的成功与否寄托在恋人身上，一旦和恋人分手，就觉得人生失去了意义。他们会认为，努力又如何，又不能和他在一起，没有他和自己一起品尝成功的喜悦；结婚又如何，没有爱情的婚姻只会是无尽的忍耐和乏味的度日如年。对于他们来说，爱情的失败就注定了他们这辈子不会成功。失恋后的他们消极、悲观，任何事情都燃不起他的激情。

他们把自己的价值放在别人的身上，否定了自己存在的意义，这样的婚恋观无疑是不成熟的。

第三节 缓解青年婚恋问题的对策措施

青年婚恋问题的解决关系到社会发展的问题，现如今大龄单身青年数量的不断增多使得我们不得不关注这一现状。青年不正确的婚恋观、人口男女比例失衡都是导致青年婚恋日益困难的重要原因，为解决这一问题，我们要采取积极的措施引导青年形成正确的婚恋观念，同时注重性教育的普及，宣传婚育文化以期逐渐解决人口失衡的问题。在此之外可实现各部门的联动，充分发挥共青团、妇联等社会组织的作用，为青年提供良好的婚恋服务。

一、引导青年形成正确的婚恋观

婚恋观的形成并不是一蹴而就的，而是在生活环境以及接触到的事件等因素的共同影响下形成的。由此可以看出，对青年的婚恋观加以引导和改变是可行的，并且应当从小抓起，从身边抓起。

（一）注重家庭教育，营造良好的家庭氛围

家长是孩子的第一任老师，孩子的世界观、人生观以及价值观的形成和家庭有着不可分割的关系。

家庭性教育以及婚恋教育十分重要。由于受到传统含蓄的教育方式的影响，对于性教育和恋爱等话题家长总会羞于开口，但是他们不知道的是，这样的羞涩反而是对孩子不负责任的一种表现。基础的性教育可以使孩子更了解自己的身体，知道哪些部位是不能让别人触碰的，哪些行为是不应该提早发生的，让他们能够更好地保护自己。由于现代青年的恋爱年龄越来越提前，大部分青年在初次恋爱的时候是不能够真正了解恋爱的，他们只是出于青春时期异性之间的互相吸引而在一起，却不能够理性地对待恋爱过程中面对的实际问题。而大部分的家长对于孩子的早恋都是采取回避讨论和强力压制的方式解决，这样只会让孩子产生逆反心理并对他的爱情观造成一定的冲击。在这个时候就体现了家庭教育的重要性，如果能够以理性合理的方式对孩子进行引导，那么其带来的积极效果是显著而长远的。

同时，家庭氛围的好坏也是孩子形成三观的正确与否的一个重要影响因素。如果家庭氛围良好，那么大部分的孩子在今后的恋爱过程中会倾向于温柔地对待自己的另一半，体贴关心自己的爱人。如果孩子生长的家庭环境就是暴力、充满争吵的，又或者家庭中曾经出现婚外情家人离婚的，这样的孩子容易对恋爱和婚姻产生抵触和怀疑的情绪。家庭的相处方式会让孩子相信自己所看到的，他会认为婚姻就应该是这个样子，从而影响到其未来恋爱和婚姻中的相处模式以及对另一半的态度，所以说营造良好的家庭氛围也是必要的。

（二）规范学校教育，形成优质的校园环境

学校是成长过程中的另一主阵地，和家庭教育过程中存在的问题相同，学校忽视对于学生的性教育，且习惯以压迫的方式制止男女学生的亲密接触。这样的方式是失当的，就像是遇到洪水，只用堵的方式只会起到反作用，结合疏导的方式才是合理的。如果一味地压制他们，对于性知识无知而又好奇的青少年就会通过其他不正规的渠道去了解，这样对于他们只会起到一些反作用，乃至会造成一定的伤害。

越是回避，处于青春期的他们就会越想接近，这就导致了一些不文明的刊物偷偷在学生中传阅，影响他们的观念。在孩子的成长过程中，学校应当担当着文明导师的作用，教导他们分辨行为的好坏，同时一些必要的课程不应该被免除，比如生理卫生课等。在学校中也应当配备心理咨询室和相应的老师，以帮助青少年疏解心中的压力，引导他们正确地解决问题。

（三）净化社会环境，灌输积极文化信息

婚恋观的形成和我们成长过程中所接触的文化信息等也有着密切的关系。文化对于我们思想的影响有着难以想象的作用，也许在潜移默化间就被改变了我们某个固有的观念。比如我们曾经十分不能理解的同性恋，随着外来文化的影响以及社会媒体的宣传等，我们的看法已经有所不同，至少大部分的人都从曾经的排斥变成了可以理性看待。

但是现如今网络媒体发展迅速，网络中所承载的信息越来越难以管制，这就使得许多负面以及不良的信息得以传播，影响着我们的世界观。面对这样的问题，政府应当采取有力措施净化社会环境，以确保我们可以尽量避免接触不良文化。同时我们自身也要积极主动地学习正面的知识，加强是非辨别能力，以自己的力量抵制对我们有消极影响的事物。

（四）完善婚恋法律机制，引导正确行为模式

恋爱、婚姻不仅仅需要道德的约束，还需要法律的调整。婚姻法的历史悠久，不同时间、不同国度也有不同的婚姻法。各国的婚姻法都是结合自身的实际情况以及社会思想文化等发展状况所制定出来的。婚姻法是调整人们婚恋关系以及家庭关系的法律，人们的婚恋思想观念的变化势必会促进婚姻法的演变、发展和完善。同样的，婚姻法的变化也必定会对人们婚恋观念的变化产生影响。

婚姻法的颁布不仅仅是为了解决现存的婚恋问题，也会引导人们未来的行为。如我国婚姻法提出了有关夫妻房产权属问题并做了相关规定，这就使得在婚前不得不计划好有关房产的问题，改变了传统的男性置房观念，也带来了其他现实生活方式以及

观念的改变。

二、加大青年婚恋交友服务力度

现如今青年交友的方式方法越来越多，由于工作和学业的繁忙，很多到龄青年会将择偶途径转向相亲交友。帮助青年解决婚恋问题不仅仅需要对于其婚恋思想和能力进行改变和培养，也需要为其提供一个诚实可信的交友平台，让其有一个良好的交友环境和可信赖的交友对象。

（一）开展健康的青年交友活动

出于需要，现代社会万人相亲会，单身交友会，校友联谊会等各种形式的交友活动越来越多，但是在这些众多的交友活动中，有许多活动是与规范相悖的，未来对于这些活动的规范还需要投入更多的关注。

有一些主办方借帮助单身青年交友和寻找另一半为名，实则是为自己的产品做推销，在交友活动过程中套取参与者的个人信息以便在之后为自己谋利。且这些交友活动中的参与者随机，在短短的时间内参与者并不能了解其他人，凭借一时的感受即选择决定是否可以在一起也十分武断。

为了能够对青年交友起到实际作用，共青团等组织可以帮助青年开展健康的交友活动。以单纯的帮助交友为目的，组织青年外出登山、参加公益服务等，而不是举行几分钟交友类活动，相比较短时间内和多人聊天，一起参加游玩等可以帮助青年更了解双方，也可以给他们更多自由相处的空间。

（二）规范已有青年交友信息平台

现代很多交友平台都不需要实名认证，隐藏了真实身份的交友平台总是不能让人信服的。且通过大量的浏览可以发现，在我国众多的交友平台中，或多或少都会存在一些不良信息，更有甚者直接将黄色交易的小广告设置漂浮在网页中。

我们不可否认，交友网站设立的最初目的是促进正常的交友活动，但是因为交友网站监管力度薄弱，使得不良信息的扩散现象越来越严重。由于网上的信息太过于庞杂，监管起来有一定的困难，要解决这一问题，除了需要提高网络信息监管力度以外，还需要制定相关法律严惩非法行为。同时，培养青年正确的婚恋观念以及人生观等也十分重要，让其主动排斥负面信息，避免受到影响。

除了规范已有青年交友平台中的不良信息外，还要致力于打造一批诚信的交友平台。要求参与者实名认证，真实地填写自己的信息，同时对于参与者的个人信息要严格地做好保密工作。

（三）整顿婚介服务市场不法现象

最近几年，由于多种多样的原因，"找对象难"这一问题已经呈现出越来越严重的趋势。据全国妇联2013年发布的《全国婚恋调查报告》显示，全国约有1.8亿单身人士，其中36.2%是30岁以上的大龄单身者。[1]对于婚姻的庞大需求使得婚介市场得到空前发展，同时相亲类电视节目也是越来越火爆。

但是因为现在的婚介市场还不够规范，信息存在一定的不对称和隐蔽性，很多人常常受骗而不自知，到最后伤心又伤财。其中婚托、婚骗是违法婚介行为中的典型行为。

职业婚托本身就是作为黑婚介赚钱机器而存在，利用男女急于结婚的心理态度，欺骗征婚者，在婚恋过程中骗财从其中提取固定报酬。而婚骗则是婚姻诈骗的简称，现如今的婚骗已经演变成利用真实的身份和证件进行合法婚姻登记，防不胜防，近年打着征婚的名号进行网络诈骗的更是数不胜数。

对于网络上的诈骗现象，实名认证网络信息可以有效地遏制这种问题。同时应该加大法律对于婚托、婚骗的惩罚力度，使其不敢再犯。在此之外也要做好防骗宣传，提高广大单身青年的警惕性。

三、维持人口均衡发展

现在我们社会面临着男女比例失衡、早孕、晚婚等多重问题并存的局面。在面对越来越多的社会诱惑时，许多少女难免其害，对于性知识的缺乏和怀孕的恐慌使得她们最终伤害了自己的身体。且"重男轻女"思想在少部分人中还是存在，其导致的男女比例失衡也是亟待解决的。

（一）普及性教育

重庆市教科院于2016年10月23日发布了一项专门针对中小学生的性健康教育调查，从调查结果中可以看出，中小学生的性健康令人担忧。大多数的学生并不能正确理解性行为，他们获取性知识的途径大多为同学之间的聊天以及网络，且调查显示，大部分中小学生对于遭遇性侵害都没有较强的求助意识。

青少年缺乏性教育一直是我们所共知的，新闻中出现的少女意外怀孕、偷偷产子、去黑诊所流产等现象大都与性教育的缺乏不无关系。

我国性教育的推行实际上早就有所实施，早在1963年我国就有提出要普及对于青少年的生理卫生知识教育。2010年在某刊物上发表的一篇标题为《30年来中国的生理卫生课》的文章便分别描述了我国1980年青少年观看"青春期教育"电影时的羞涩、1994年教师讲授"生殖系统"课时的尴尬、2009年家长参加"青春期生理卫生"公开课时不知所措的三个片段。[2]

为什么早就提上日程的性教育普及一直处于不温不火的状态，这和成年人对于性知识不正确的认识有极大的关系。在上文中成年人的尴尬、羞涩、不知所措，都是由于本身对于性教育有观念上的误区，将其视为禁区。孩子能够坦然地学习他们不了解

---

[1] 参见王宇萌、杨雪："婚介市场，'玫瑰'陷阱深几许"，载《党的生活（黑龙江）》2015年第3期。

[2] 参见任然："普及青少年性教育先要补强成年人性认知"，载《中国妇女报》2016年10月27日。

的知识，大人们却提前将其定义为难堪的事情，这也会阻碍孩子们的学习。

2017年2月28日，萧山一位二年级孩子的母亲在微博上吐槽学校发放的《小学生性健康教育读本》尺度太大，表示自己都看不下去，引发网友的热议，最终导致教材被收回。学校好不容易对性教育跨出的第一步就这样被大家排斥了。

现代的成年人，是性教育缺乏的受害者，也是阻碍下一代了解性知识的施害者。要普及性教育，最重要的是补强成年人对性知识的认知。在此同时加快对于性教育师资队伍的建设，加强性教育的专业性。

（二）弘扬婚育文化

婚育文化的核心是"婚育文明，性别平等；计划生育，优生优育；生殖健康，家庭幸福"。

早年实施的计划生育政策直接导致了人口数的减少，但是真正导致男女比例失调是曾经根深蒂固的重男轻女思想。由于只能生一个孩子，重男轻女的家庭就会想方设法探听胎儿的性别，如果是个女孩子则会选择流产。现如今这样的思想有所改善，但是仍然存在。为解决这一现象，我国坚决抵制非医学需要的胎儿性别鉴定以及为了选择性别而终止妊娠的行为，同时积极致力于改变落后的传统思想。

在利用新闻媒体、文化传媒等方式宣传积极向上的婚恋作品的同时联合社区等相关部门，开展蕴含着优秀婚育文化思想的群众性活动，加强对于中青年的婚恋咨询和指导。

随着经济水平的提高，人们也愈加有条件随时关注自己的身体健康。但是定期进行体检的人还是很少，对于青年应当加大对适龄青年的婚育辅导力度，加大适龄青年婚前检查、孕前检查以及产前检查的力度。[1]

（三）保障青年相关权利

现代社会婚姻思想发生了巨大的改变，晚婚甚至于不婚的理念越来越多，每个人的想法和梦想都不同，这是个人的追求，不容他人置喙，但不得不说的是，女性婚育成本的提高也是引起这种观念的原因之一。

女性在就业的时候面临和男性不一样的待遇，这无疑是一种性别歧视，同样的条件，用人单位会更愿意选择已经生育过的女性而非刚结婚还未生育的女性。对于女性生育期间的带薪假期也不是每个用人单位都能够落实到位的，女性往往会因为怀孕而失业。此类现状提高了女性的生育成本，让一些有事业心的女性只能选择晚婚或者晚育，形成了现代婚恋问题之一。

国家应当制定相关政策以保障青年在孕期、产假、哺乳期间享有的法定权利，全面落实女性青年在怀孕、生育和哺乳期间依法享有的各项权利。[2] 同时，推动社会福利政策发展，帮助青年减少养育等家庭成本，鼓励大龄青年积极解决自身的婚恋问题。

---

[1] 参见《中长期青年发展规划（2016~2025年）》。
[2] 参见《中长期青年发展规划（2016~2025年）》。

此外，幼无所托也是妨碍中青年婚恋的重要因素之一。随着网络媒体的发展，近几年被爆出的托儿所、幼儿园等托幼机构的虐童事件越来越多，发生这样的事情，家长也是十分愤怒，可是愤怒过后又是深深的无奈，无奈于工作的繁忙，无奈于托幼的必然。在工作中奔波忙碌，孩子的安置是家长们最为关注的，可是社会上的这些机构良莠不齐，其中教师的素质更是高低不一。这就使得一些中青年更犹豫在繁忙的人生中是否要生育下一代，生育并不是生下一个孩子就结束了，对于他的呵护，对他的成长，家长都是要投入大量的精力。

由于亲子园等托幼机构还处于萌芽阶段，国家对于此类机构的相关法律规定还没有十分完善，接下来，国家应当结合实际情况制定法律法规，完善监管机制，规范此类机构。此外对于幼教的"入口"应当适当收紧，着重关注对于教师素质的测评，以提高教师的水平。

《规划》将青年婚恋作为一个单独的重点发展对象关注，从中我们可以看出婚恋问题的普遍性与重要性。我国对于婚姻问题的解决措施一直处在摸索和不断完善的过程中，中华人民共和国第一部《婚姻法》于1950年4月13日通过，同年5月1日公布实施，这是我国第一部对于婚姻进行规范的法律，也是我国关注婚姻问题的开始之标志。在此后的几十年里，婚姻法不断修改以更贴合我国国情和现状。婚姻不仅仅可以作为社会的"安全阀"去规制人们的行为，对于国家经济发展、社会安定等也都有着极其重要的作用。

现代社会进入了一个恋爱难、结婚难的境地，不仅仅是婚恋服务机制不够完善的问题，也是由个体发展过程中观念等存在误区所导致的，中央所出台的《中长期青年发展规划》即旨在解决这一问题。婚姻问题长期得不到解决，社会的稳定和青年的生产积极性等都会受到影响，国家的发展也会受到阻碍，这也是为什么这一问题受到重视的原因。为解决这一问题，要求不断完善青年婚恋服务机制，积极引导青年形成正确的婚恋观以及提高其婚恋能力，同时有关婚姻法制法规的完善也是必不可少的。

第八章
青年就业、创业

根据国家统计局发布的《中国 2010 年人口普查资料》《中国统计年鉴 2016》中相关数据显示，2015 年底我国符合年龄的青年人口约 4.3 亿，其中男性约 2.2 亿，女性约 2.1 亿。作为国家未来发展的生力军，青年人稳定的就业、创业不仅能使个人的人生意义得到实现与升华，还可以为经济新常态下国家进一步的健康发展增添助力。

许多人在青年时期对就业、创业的选择往往会影响其一生的职业发展与人生方向。青年阶段选择一份有发展前景的工作或者蓬勃向前的事业，势必会对青年人的一生产生重要且积极的影响。为此，本章将从当前青年就业、创业的现状出发进行分析，探寻青年在就业、创业中亟待解决的主要问题，分析成因，找到应对办法。本章还将结合"十三五规划"中有关就业、创业的指导方针，深度探究在经济新常态背景下，如何保障青年就业、创业。同时对域外国家促进青年就业的措施进行研究，在他国青年就业、创业的事迹中寻求借鉴。最后，本章将结合政策和具体的事例为青年就业、创业提供措施建议。

第一节 青年就业、创业发展成效[1]

就业是民生之本，是青年最普遍、最迫切的需求；创业是经济社会发展的活力之源，是青年最集中、最突出的优势所在。国家高度重视促进青年就业创业，制定并采取了一系列改革措施，促进青年享有就业创业机会、获得就业创业扶持、激发就业创业活力。

一、青年就业创业的政策环境持续优化

党和国家历来高度重视青年就业创业，把促进充分就业作为经济社会发展优先目标。在党的十八大闭幕后先后出台了《大力推进大众创业万众创新若干政策措施的意见》《进一步做好新形势就业创业工作的意见》《支持农民工等人员返乡创业的意见》等一系列文件，统筹推进高校毕业生、新生代农民工、未升学初高中毕业生等重点群

---

[1] 本部分主要引自共青团中央专项课题组："中国青年发展状况综述"，载《中国青年研究》2017 年专刊。

体就业、创业。政府将高校毕业生摆在就业工作首位，鼓励高校毕业生到基层工作，实施大学生创业引领计划、离校未就业高校毕业生就业促进计划，鼓励各类企事业单位特别是中小企业和民营企业聘用高校毕业生并落实完善见习补贴政策，建立健全高校毕业生就业服务信息网络，引导高校毕业生自主创业，为其提供税收优惠、小额贷款和创业培训，向高校毕业生创设的小微企业优先转移科技成果，这一系列的措施有效地促进了高校毕业生就业问题的解决。

党中央和各级政府积极推进农村青年劳动力转移就业，结合新型城镇化建设和户籍制度改革，建立健全城乡劳动者平等就业制度，进一步清理针对农民工就业的歧视性规定，推进实施农村青年创业富民行动，统筹实施新生代农民工职业技能提升计划。

各级政府继续完善落实贫困家庭子女、未升学初高中毕业生等免费职业培训政策，确保培训补贴资金投入，规范补贴资金使用，实施高等职业院校毕业生职业资格培训工程，对高等职业院校中没有落实工作的毕业生提供培训和服务。

共青团组织广泛开展以青年为主体的就业技能培训、就业见习基地建设、创业小额贷款贴息、创业带头人扶持等工作，努力为青年就业创业营造良好环境。在全社会共同努力下，青年就业率不断增长。

2015年，全国城镇新增就业人数为1312万人，其中主体是青年。2.6万名高校毕业生到基层从事"三支一扶"服务。2015届大学毕业生自主创业比例为3.0%，保持了逐年增长态势。截至2012年，全国28.8%的单位负责人是35岁以下的青年，比2008年上升了3.2个百分点。在全国4.5万家通过认定的高新技术企业中，由青年担任主要负责人的有1.7万家，占总数的38%。当代中国青年立足本职岗位，在经济社会发展各个领域中创新、创业、创优，推动了国家经济持续健康发展。

二、面向各类青年群体的就业服务不断加强

针对不同青年群体就业中面临的困难，国家出台了一系列支持性服务措施。面向高校毕业生提供职业指导、就业信息、就业见习、就业帮扶等服务，组织实施高校毕业生招聘专场活动，提升招聘服务实效。不断健全城乡均等的公共就业创业服务体系，全面落实免费公共就业服务，把有就业意愿的青年全部纳入服务范围，对就业困难青年提供就业援助，帮助长期失业青年就业。

各级政府加强青年农民工职业技能提升和青年失业人员转业转岗培训，增强其就业和职业转换能力。加大对贫困家庭子女、退役青年军人和残疾青年等劳动者的职业技能培训，提供培训补贴，对农村贫困家庭学员和城市居民最低生活保障家庭学员给予生活补贴。发挥企业主体作用，支持企业以新招用青年劳动者和新转岗人员为重点开展新型学徒制培训，落实职业培训补贴政策。建立全国统一的公共就业服务信息系统，注重运用互联网技术打造适合青年特点的就业服务模式。

社保部门建立青年技能人才培养工作体系，开展导师带徒、"振兴杯"全国青年职业技能大赛、全国青年岗位能手评选、"青创先锋"创新创效行动等工作，累计直接服

务青年 1290 多万人次，培养了一大批技能精湛的"青春工匠"和创新创效的"青创先锋"。

截至 2015 年底，全国建立了部、省、市、县四级上下贯通、职责清晰的市场管理工作体系，实现了人力资源市场的统筹管理。全国各类人力资源服务机构达 2.71 万家，为 2432 万家次用人单位提供各类人力资源服务，青年是受益主体。

三、青年创业实践的舞台日益广阔

国家鼓励建立青年创业导师队伍，发挥导师对青年就业创业的示范引领作用。推广 KAB 创业教育项目，累计培训 KAB 教师 9000 多名，覆盖 1515 所学校。

推动青年创业第三方综合服务体系建设，搭建各类青年创业孵化平台，完善政策咨询、融资服务、跟踪扶持、公益场地等孵化功能。2014 年以来，已建设"全国青年创业示范园区"114 家，各级各类青年创业园区近 2000 家，青创社区已运营 9 家。

加大青年创业金融服务，设立中国青年创新创业板，搭建青年创业企业专属低门槛资本市场，提供挂牌展示融资、孵化培育、信用评级等综合金融服务。2016 年以来，挂牌展示企业和项目近 2300 家，其中融资企业 194 家，融资金额近 5 亿元，开发"青"字号专属金融产品，2013 年以来，累计帮助青年获得创业担保贷款 1553 亿元，获贷人数 119 万。

国家支持青年创业基金发展，发挥好国家新兴产业创业投资引导基金和中小企业发展基金等政府引导基金的作用，带动社会资本投入，解决青年创业融资难题。2010 年以来，中国青年创业就业基金会累计收入 9.1 亿元，累计公益支出 6.8 亿元；建立中国青年创新创业投资联盟，设立中国青年创新创业投资引导基金，成立面向"创青春"系列大赛和行业产业链的创投基金。

落实结构性减税和普遍性降费政策，高校毕业生、登记失业人员等重点群体创办个体工商户、个人独资企业的，可依法享受税收减免政策。

建设青年创业项目展示和资源对接平台，搭建青年创业信息公共服务网络，举办"创青春"中国青年创新创业大赛、"挑战杯"全国大学生系列竞赛、"创交会"、海外学人回国创业周等赛会活动，共吸引 23.3 万个社会青年创业团队以及 2200 余所高校的 11 万余件作品参赛，每年参与青年逾 150 万，形成汇聚各类创业要素的"创青春"赛会品牌。

开发和完善青年创新创业"慕课"体系，为广大创业青年提供优质的创业课程；打造线上"创青春"中国青年创新创业云平台，推动建立服务全国创新创业青年和各类创新创业组织的"掌上双创生态圈"。

开展中国青年创新创业人才训练营、大学生创业实训营、中国青年电商精英训练营等活动，帮助青年提升创业能力。

实施农村青年创业致富"领头雁"培养计划，开展农村青年电商培育工程、大学生返乡创业行动，发现、培育青年创业领军人才，带动农村青年创业致富。2013 年以来，累计培训农村青年743万人，培养农村青年创业致富"领头雁"29.5万人。同时，国家推动形成鼓励创新、宽容失败的体制机制和社会环境，更好激发青年创新潜能和创业活力。

四、青年就业的权益保障机制不断健全

国家高度重视保障劳动者合法权益，《中华人民共和国就业促进法》明确规定"劳动者就业，不因民族、种族、性别、宗教信仰不同而受歧视"。严禁用人单位招用未满16周岁的未成年人，严厉查处非法使用童工和介绍童工就业的行为。

国家不断完善青年就业、劳动保障权益保护机制，持续加大劳动保障监察执法、劳动人事争议调解仲裁诉讼、安全生产监管监察工作力度。加强人力资源市场监管，规范招人、用人制度，营造公平就业环境。逐步健全完善失业保险、社会救助与就业的联动机制。对高校毕业生申报从事灵活就业的，按规定纳入各项社会保险，各级公共就业人才服务机构提供人事、劳动保障代理服务；技师学院高级工班、预备技师班和特殊教育院校职业教育类毕业生可参照高校毕业生享受相关就业补贴政策。国家通过各种培训提高劳动者的维权意识和能力，支持和鼓励劳动者运用法律武器保护自身劳动就业权益。各地开设的12355青少年维权服务热线积极参与维护青年劳动者合法权益，自2006年开通以来共受理和办结涉及青年权益的投诉70余万件。对于进城务工青年，国家逐步健全劳动合同管理，集中开展农民工权益保障专项执法检查，严肃查处非法职业介绍和编造虚假用工信息坑害务工者的行为。工会、共青团、妇联、残联等群团组织，在协助促进青年就业创业、依法维护劳动者权益方面发挥了重要作用。

第二节 国外青年就业、创业形势及借鉴

鼓励青年自主创业、以创业促就业是世界各国破解就业难题的重要途径。对于就业与创业问题，虽然看似是属于两个截然不同的领域，但是本书认为，同为择业，就业与创业实质上并无根本矛盾。就业是在他人提出的特定的地方工作，而创业是自己安排自己的工作方式、方法、地点，因此创业是就业的一种特殊方式。同时，国外的主流观点也认同就业与创业并不矛盾，二者都是解决失业的主要手段。

"大众创业、万众创新"作为一项国家战略，不仅为青年人的创业提供了政策支持，同时也为创业提供了社会环境。在国家和各省市政策的鼓励引导下，青年创新创业不断涌现，社会上甚至出现了"创业风潮"。根据国家发改委副主任宁喆2017年3月6日在十二届全国人大五次会议记者会上的介绍，"大学毕业生的创业率明显提高，去年登记的大学生创业人数达61.5万人"。但是，我国大学生自主创业率与发达国家毕业生的自主创业率比起来，仍具有较大差距。这种差距的存在是多方面原因造成的，首先是人们的思想观念，在大多数人眼中，青年人的自主创业意味着失业、瞎折腾。大家想当然地认为，大学毕业生选择创业是自不量力、好高骛远的表现。因此，就社

会大环境来说,对青年群体尤其是大学毕业生的创业整体的社会认可度、接受度较低。而这样刻板的偏见会直接影响青年群体选择自主创业的道路。但是从社会的现实状况来看,大家持有这样的偏见并非不无道理。因为创业本身就是一项高风险的活动,而青年人大多社会经验欠缺,尤其大学毕业生,校园生活使得他们与社会接触极少,在这样的情况下从事创业活动,成功的概率确实不高。

事实上,当今大多数大学生选择自主创业是一种主动行为,是想通过创业做自己喜欢的事,进而实现自身价值。根据人力资源和社会保障部劳动科学研究所在全国7个省市20个城市对4000多名青年创业者所做的问卷调查数据,43.1%的青年创业者选择创业的初衷是因为想要"成就事业",而并非"就业困难"。[1]这种现象不仅发生在我国,国外亦是如此,一项对美国创业者的研究发现,大学毕业生和失业人群是创业的主力军。事实上,有些投身创业的年轻人可以凭借自己的能力找到不错的工作,但他们因为自己的喜好或梦想选择了创业。这便意味着并不是所有选择创业的人都存在着就业困难的问题。

国外的事实证明,青年创业需要土壤,而政府正是创业土壤的孕育者与维护者。例如,政府通过创业教育提升创业者的创业素养,从美国高校的课程设置来看,创业教育是高校教育的重要内容之一。由此可见,外国的创业学生并非是"裸泳者",他们在创业之前便受到了很多的教育与训练。这些培养经验对我国青年"以创业促就业"有着重大的参考价值。

一、完善的创业教育

(一) 培育创业精神

众所周知,创业不单是一人之事。整个社会创业风潮的形成,离不开民众、企业、政府、高校以及不同的社会组织团体之间合作,因此创业精神的培养是创业风潮的前提。

在培育青年群体创业精神方面,美国社会各界都表现得极为积极。首先,政府通过法案,营造一个适于创业者成长的氛围,社会创业文化环境的形成远远比一两个企业对青年人的鼓励显得更为重要。因为文化氛围将直接影响雄心勃勃的年轻人识别和运用机会的能力。[2]在美国创办一间新公司极为容易,门槛很低、申办程序也极为简单便捷。此外,美国诸多社会机构和企业也为青年人的创业提供可行空间,例如多采取灵活自由的用人机制,比起对于高学历、名校背景等条件的苛求,更注重切实可行、极富创意的创业想法,包容的社会氛围和环境造就了94%的创业想法都能实现商业化。[3]

---

[1] 参见石国亮:"创新创业与青年发展",载《青年发展论坛》2017年第2期。

[2] S. R. Xavier et al., "Global Entrepreneurship Monitor 2012 Global Report", *Global Entrepreneurship Monitor*, 2013.

[3] B. Goldfarb and M. Henrekson, "Bottom-up Versus Top-down Policies Towards the Commercialization of University Intellectual Property", *Research Policy*, 2003, 32 (04): 639~658.

世界名校哈佛大学商学院中，近5%的校友都在毕业后一年内选择创业，这些人中有近13%的人在创业之路上获得成功。[1]之后，这些创业成功的人会极大地激发在校生以及社会上万千青年的创业热情。

英国政府对大学生创业精神的培育发挥着极为重要的主导作用，通过组织创业项目、成立创业基金等方式鼓励在校大学生积极投入创业之路。法国的创业计划培训中心作为一间非营利性的政府组织机构，在对学员的培训中偏重企业家精神教育和独立人格的结合完善。[2]严谨的德国学者们则认为，当今的年轻人先要获得自己渴求的创业知识和技能相较容易，反而是创业精神最为匮乏和难以形成，为此提出让学校成为创业思想最早的灌输者，在高校设立创业服务中心，时常邀请创业成功人士对学生进行创业引导的演讲等。

如此，创业精神的形成是每一项创业项目的开端，只有内心如渴望呼吸般的渴望创业时，才会身体力行地走向创业之旅。

（二）构建创业教育体系

创业教育的核心旨在培养富于创新的首创精神和大胆的冒险精神，前者需要主动出击，后者需要专业的知识和解决问题的能力，善用优势以及团队中的组织力和领导力等，对此关于创业教育的课程设置、组织机构、师资力量都是助力每一次创业成功的重要因素，结合这些因素，我们可以看到一个完整而成熟的创业教育的链条。

1. 专业的课程设置

美国的创业教育十分普及，高校广泛开设创业相关课程。哈佛大学早在1945年就针对退役军人设立了创业课程，创业教育在20世纪70年代的美国就已经变得十分普遍。而至目前，已经有1600所大学设立了2200门以上的创业课程。这些课程内容设置极为丰富，几乎覆盖了从创业设计、可行性分析、风险评估以及销售环节等整个过程中可能遇到的所有问题。同时开设了灵活多样，以案例教学模式为主的青年创业教育必修课程。具体教学内容涵盖了公司运作、财务管理、人力资源管理以及市场营销等诸多方面，并且在课堂中分析研讨大量成功的创业案例。不只是教学内容丰富，同时教育方法更是呈现出多样化的特点，其大多采用不同于传统教学的方法和手段，比如案例研究、现场调研学习、商业模拟等，并且充分利用现代网络技术为学生提供管理方法和技术上的支持。作为校方更是尤其重视学生的创业意识和能力，并将此作为检验的标准之一，每位学生都要独立完成一份属于自己的创业企划书。

法国为开展创业教育专门成立了创业计划培训中心（CEPAC），该中心以最大限度地满足学员创办企业的需要为出发点。CEPAC中心培训的过程其实也就是完成个人创业计划的过程。创业计划是一个创业项目最重要的一部分。因此，该中心的课程培养

---

[1] J. Lerner and U. Malmendier, "With a little Help from My Random Friends: Success and Failure in Post-business School Entrepreneurship", *Review of Financial Studies*, 2013, 26 (10): 2411~2452.

[2] 参见卢亮、胡若痴、但彬："发达国家大学生创业措施及对中国的借鉴"，载《中国高教研究》2014年第8期。

着重对于学员计划的完整性、可行性等方面做出全方位、多领域的评估研究。不仅如此，其更着重实践教学的培养，以法国独特的人文环境、历史环境为温床，开设独特的创业课程。

2. 雄厚的师资力量

既然开设了针对创业的课程，则师资力量就要求具有相应的专业性。对此，各国在这一方面的教师队伍建设都极尽努力，且力求新意。

历来重视创业教育的美国，自然不会疏忽对于创业课程教师的甄选和培训。作为教师不只是需要指导学员的创业课程，更需要亲身体验，教师被要求参加不同的创业模拟活动，进而才开始对教师的培训，使其掌握关于创业教育的诸多知识。不仅如此，教师间的交流也极为重要，以讨论会等方式互相交流教育经验，从而提高自己的教育水平。

创业家协会作为智囊团为美国的创业教育提出有建设性意见的针对措施，这是发挥外界作用，校外导师模式的联动形成了高校课程和企业实践的紧密互动。创业成功的企业家担任青年创业课程兼职的校外导师更是屡见不鲜。2013年排名前25的全美高校创业培训机构专职教师，有60%以上是企业家身份，其中以创业著称的百森大学比例最高，为100%。[1] 不可否认，这些专职教师的社会经验、人脉关系对学员创业的成功有极为重要的影响。

二、创业过程的鼎力支持

青年创业的艰难自不言说，针对技能、经验缺乏的难题可以通过专业学习和成功导师来解决，相较之下，资金支持缺乏的难题才是最根本的。国外发达国家的青年在创业时也面临过如此的窘境，但是政府在此时发挥了重要作用，慷慨的资金支持犹如创业者寒冬中及时送来的炭火。

（一）大学生创业者的资金支持

发达国家主要通过两种方式来帮助青年创业群体中的大学生获得资金：一是通过政府专项资金或者市场上的风险投资满足学生创业的资金不足；二是启用商业保险或者财政补贴等政策，这一举措主要是针对解决大学生创业失败的后顾之忧。

作为信用卡王国的美国，大学生可以利用自己手中的信用卡借贷来实现自己的创业梦想。当然，这需要保险公司对其项目先进行全面的可行性考察和风险评估，从而将大学生创业的风险降低到可承受、可负担的程度。政府鼓励风险投资和天使投资人的模式，通过市场的力量，为大学生的创业之路提供资金支持。[2]

英国的"王子基金"创业计划，旨在动员企业界和社会力量，为年龄段在18岁~

---

[1] 参见卢亮、胡若痴、但彬："发达国家大学生创业措施及对中国的借鉴"，载《中国高教研究》2014年第8期。

[2] Center for Venture Research, CVR Analysis Reports, (2012) [2014-01-15] http://paulcollege.unh.edu/research/center-venture-research/cvr-analysis-reports.

30岁的青年群体提供资金援助贷款，不仅包括资金支持，还包括创业咨询、技术以及网络支持等服务。为支持大学生创办的科技型企业发展，英国在1950~2000年间历经半个世纪的不懈努力，使得当前英国的私人股权投资市场进军全欧洲最大、最繁荣的投资平台，为大学生创业解决了根本难题和后顾之忧。

法国针对创业的大学生设立了创业失业补贴，其目的是为解决高校学生创业的后顾之忧，使其创业之路有一个最低安全网的保护。2007年，法国政府决定全面简化申请创业失业补贴的手续，该项措施极大地鼓舞了大学生创业的信心。此外，德国对于大学生创业者采取阶段性帮扶措施，创业的大学生群体可以根据自己的经营状况分阶段获得政府发放的创业补助金，如果创业者选择雇用其它的失业者，促进就业，政府部门将会给予更多的资金补贴。[1]

（二）三方合作促进创业竞赛

美国高校间盛行的大学生"创业计划"大赛最早始于1983年，首届大赛由美国德州大学奥斯汀分校举办。迄今，美国每年有二十多所大学举办这一竞赛活动，其中不乏麻省理工学院、斯坦福大学等世界一流大学和其他常春藤名校，其影响力不言而喻。"创业计划"竞赛运用了风险投资的模式，参赛者需就某项有市场前景的产品、服务或者技术提出创业可行性报告，这份报告将交由学术界和企业家共同组成的评委会进行专业严密的评选，最终选出优胜者。企业界的积极参与，使得获胜的可行性报告最终可以获得风险投资。从1990年至今，每次竞赛后都有高科技企业诞生，如大名鼎鼎的Yahoo、Netscape等。在竞赛中获得优胜的学生毕业后大多成了美国高科技企业的高管和领军人物。[2]这表明竞赛活动不仅是培育大学生创业的一个途径，更是青年创业、经济崛起、创造就业岗位的强劲驱动力。

创业竞赛是高校、政府、企业间三方通力合作下的产物，正是由于这三方紧密的联系沟通与合作，才使得大学生甚至整个青年群体的创业变得卓有成效。

第三节 青年就业创业促进措施

十九大报告明确提出，就业是最大的民生。要坚持就业优先战略和积极就业政策，实现更高质量和更充分就业；大规模开展职业技能培训，注重解决结构性就业矛盾，鼓励以创业带动就业；促进高校毕业生等青年群体、农民工多渠道就业创业；扩大中等收入群体，增加低收入者收入，调节过高收入，取缔非法收入。同时更要激发和保护企业家精神，鼓励更多的社会主体投身创新、创业。建设知识型、技能型、创新型劳动者大军，弘扬劳模精神和工匠精神，营造劳动光荣的社会风尚和精益求精的敬业风气。

---

[1] 参见卢亮、胡若痴、但彬："发达国家大学生创业措施及对中国的借鉴"，载《中国高教研究》2014年第8期。

[2] 参见王新："促进大学生就业创业的国外经验及借鉴"，载《教育与职业》2015年第7期。

青年就业创业问题关系着青年个人成长与社会发展。青年作为充满朝气精力旺盛富有创造力的群体，是社会未来的中坚力量。解决好青年就业、创业问题，不仅有利于解决青年的生存问题，也将促进青年个人价值与社会效益的实现。反之，解决不好青年就业、创业问题，青年无法获得物质满足及社会认同，容易陷入迷茫缺乏精神寄托；同时大量的青年就业创业失败会造成严重的社会问题，青年因为自身物质匮乏及精神空虚极易成为社会不稳定因素，甚至导致部分青年走上违法犯罪的道路。

基于以上原因，我国青年就业创业始终是党政关注、社会关心、青年关切的工作领域。在经济新常态的背景下，党和政府高度重视青年的就业需求，出台了一系列鼓励青年创新、创业的政策措施，还专门制定了《"十三五"促进就业规划》，为青年的就业提供有力保障。

当前，我国青年劳动力总量大，青年就业刚性需求依然强烈。2015年全国高校毕业生人数达到749万，而5年前即2010年全国高校毕业生人数尚为631万，2015年新增劳动力平均受教育年限达到13.3年。截至2016年全国累计资助各类学生9126.14万人，累计资助金额1688.76亿元。[1] 短短5年增量达到118万人且还在不断增长，大量的青年就业问题亟待解决。可以预见，青年劳动力总量与社会工作需求间的缺口将在相当长的时间内成为我国青年就业领域一直要面对的首要问题。其次是青年就业能力不足问题。青年就业市场存在结构性不平衡、信息不对称等青年就业领域固有的自身及社会问题也同样重要。这些问题首先是由人口基数的问题导致的。

针对以上情况，笔者在我国青年就业创业现状的基础上，结合十九大报告推进青年就业鼓励青年创业的政策，对《中长期青年发展规划（2016~2025年）》中有关青年就业、创业的措施进行详细解读，并融入"双创"时代和经济新常态背景的要求，进行深刻分析，希望对青年群体就业创业提供思路。

2017年4月13日，多家权威媒体发布中共中央国务院印发的《中长期青年发展规划（2016~2025年）》，该《规划》是我国第一个中长期青年发展规划，是青年发展事业的重要顶层设计，为青年发展事业指明了方向。《规划》共提出了十大发展领域，青年就业创业位列其中，并且明确提出了发展目标，详细给出了四项发展措施，以为完善促进青年就业创业提供良好的政策环境。

一、青年就业创业困境原因分析

对当前我国青年群体的就业形势、创业形势作了概要了解之后，我们不难发现，虽然整体上，青年就业和创业都呈现良好且稳步发展的态势，但仍有一些亟待解决的问题存在，其主要原因分析如下：

---

[1] 参见教育部："2016年中国学生资助发展报告"，载中华人民教育部网站：http://www.moe.edu.cn/jyb_xwfb/xw_zt/moe_357/jyzt_2016nztzl/2016_zt14/16zt14_ywq/201703/t20170314_299503.html，访问日期：2017年11月15日。

(一) 就业困境原因探析

青年是国家新增就业人口的主要部分，是国家实施人才强国战略的重要力量。近年来，中国每年实现1000多万新增城镇就业岗位，虽然结构性问题依然存在，但总体表现不错。从这一整体形势中不难看出，当前我国青年的就业情况在数量上相较之前还是呈现稳步爬升的趋势。但是，数量上的提升还仅仅是就业问题的外在衡量，单用"量变"无法准确得出准确的分析。

我国青年就业难题的原因是多方面的，不仅是因为青年群体自身的原因，我国当前的国情、经济体制改革下经济结构的调整导致青年技能与社会需求脱节等原因，也会直接影响到青年人的就业。在就业问题中，青年的就业形势虽然保持总体稳定，但是在经济下行压力大、结构性调整深入推进的背景下，促进青年就业工作任务依然繁重，尤其是要重点聚焦于以下青年群体：一是去产能过程中下岗的青年工人；二是进城务工青年；三是大学毕业生就业困难群体。

除了以上三类需重点关怀的群体外，当前，在青年就业领域主要存在以下问题：一是青年劳动力总量大，青年就业刚性需求依然强烈。青年劳动力供给数量十分巨大。这仅仅是单纯的自然增长所带来的新增青年劳动力，而未将现有的历史积淀下来的尚需就业或者转移的部分计算在内。二是青年就业能力不足。青年总体素质还呈现偏低的特点。由于青年的知识、技能结构不能适应社会需求，出现了青年供求的岗位空缺和失业并存的结构性失衡。且我国高等教育重知识灌输，轻能力培养，导致大学生动手能力差，缺乏实践经验和实际操作能力。三是青年就业市场存在结构性不平衡、信息不对称等问题，以及在经济新常态的背景下，如何保障受影响的青年顺利实现转岗就业。此外，青年就业具有不稳定性。大多数青年刚刚步入社会和就业岗位，尚未形成清晰、明确的职业方向，往往需要通过体验不同的工作从而寻找适合自己的职业。并且，这一阶段的青年肩上都没有背负赡养家庭的经济负担，换工作跳槽的机会成本低，这就造成青年的工作转换率明显高于其他年龄段群体。当然其中不少青年的心态是有些问题的，盲目的崇尚自由和个人主义，使得他们对自己的期望过高，过于追求物质，奢望工作轻松，"眼高手低"，导致其在期望与现实的差距中面对失业。

除了以上青年的自身原因外，我国青年就业还存在一些客观方面的原因：

首先，青年劳动力需求不足是阻碍就业的一大原因。人口基数大待就业青年人数多，是我国就业面临的问题之一，不可否认企业在招聘时仍然奉行着传统劳动人事管理理念，不愿意承担相应的培训新员工的责任，招聘中设置了许多经验上和学历上的障碍，对青年求职者来说略失公平，严重阻碍青年群体就业总量的有效增加。而在经济呈现不景气的年份，企业优先采取的是停止招新的策略，在求职者中占据相当大的比重的青年群体被阻碍在就业大门之外。并且，很重要的一点，青年的技能水平较之年长的员工低，青年的法定解雇成本相较于老员工来说也低。许多青年人面临一毕业就失业的窘境。

其次，青年就业的市场失灵。[1]由于我国正处于经济的转型期，促进青年自由流动以及公平竞争的相关制度还有待进一步加强完善。在户籍管理、社会保障、教育问题等多方面制度中的不完善，使得那些希望在特定地域、行业内就业的青年无法享有与其他人同等的社会待遇。面对各种后顾之忧，迫使这些青年放弃在该地域或者行业内就业的机会，他们中的大多数甚至根本就从未有过就业机会。

最后，就多数青年就业较为集中的制造业来说，我国正处于制造业转移阶段，而一些经济发达地区，高附加值的第三产业已经发展良好，这些变化都要求劳动力具备相当的技能和经验。但遗憾的是，我国青年人在步入工作岗位时缺少基本的技能，并且又没有相关的工作经验作为支撑，使得他们难以跟上这种需求的变化。

此外，在经济新常态的背景下，如何保障受影响的青年顺利实现转岗就业也是亟待解决的大问题。

（二）创业困境原因探析

想要了解青年创业困境的原因，首先要明确青年创业的主体和概况，根据国家发改委发布的数据显示，2015年新毕业大学生创业比例同比增长近一倍，全国超千万的网络创业群体中大学生占到六成。由此可见，青年群体中，创业的领军是大学生。随着创业一词热度的升高，也有不少青年农民、农民工加入到创业大军中。数据显示，2014年返乡农民创业人数同比增长3.1%，个体工商户从业人员同比增长11.6%，[2]同时这些新建企业、个体工商户所带动的就业人数平均可达7.5人和2.8人。《当代大学生校内创业问题研究——基于上海市高校大学生创业的分析》一文中大学生创业的相关数据显示，当代大学生校内自主创业主要分为四大类，即零售、校内小店、网店以及网络营销。[3]

除大学生之外，还有一部分社会创业人员，即农民工。农民工创业的方式大多数是返乡创业，农民工在返乡之后的创业方向也是利用自己家乡的优势，种植养殖、农产品加工、农产品营销、观光农业等等，还是依赖于传统的农业生产，但是着重在生产链的扩大化经营。[4]这些返乡农民工，懂得利用网络渠道进行销售，还有自己独特的销售方式。以上侧面说明，农民工创业与我们日常听说的现代金融相结合的程度极低。

说起我国的创业，不得不提到北京中关村，说起中关村，不得不提到互联网创业。在综合分析了大学生和社会流动青年的创业现状之后，可以概括出近几年青年创业的几大趋势：网络创业、文化创业、联盟创业等。在这些创业中，青年创业团队不局限于自己的教育背景而是广泛、大量运用互联网平台，主动吸纳借鉴国外成功的模式。

---

[1] 参见许小玲："青年失业问题探析"，载《青年研究》2003年第4期。
[2] 参见曹文宏："'双创'背景下当年青年创业问题探析"，载《中国青年研究》2016年第4期。
[3] 参见陈晓雯等："当代大学生校内创业问题研究——基于上海市搞笑大学生创业的分析"，载《科技创新导报》2015年第12期。
[4] 参见曹文宏："'双创'背景下当前青年创业问题探析"，载《中国青年研究》2016年第4期。

在中关村这个创新创业的核心高地,全球首家国际青年创业社区——YOU+诞生,创业社区成了中国青年创业一种别致的新兴模式。[1]现在的中关村已经成为市场化、网络化的创业温床,[2]每天都有不计其数的创业人士在大胆提出自己的创意。可见"大众创新,万众创业"不仅是一句口号,而是我国当前创业的总体趋势的精炼浓缩。

前文在青年群体就业情况分析中,就青年就业情况的原因从两个角度分别切入。对于青年创业,也是如此。创业浪潮之所以形成如此的态势,不是仅靠青年群体自身或者仅靠政策扶持一方就能实现的,而是在这样一个开放的时代背景之下,二者合力造就。

我国近年来市场经济良好的发展状态,促使我国经济实力大幅增强,作为强国之一的中国,每年国家的各项经费拨款都不在少数,其目的不仅是使我们过上富足的生活,更要在精神上、思想上富足,国家教育部、国家统计局、财政部的数据显示,2015年我国教育经费投入29 221.45亿元。[3]青年一代的我们,受教育程度较上一辈高出太多,高等教育的普及率正在大幅攀升,2015年全国各类高等教育在学总规模达到3647万人,其中在校硕士研究生、博士生研究人数达到191.14万人。[4]受教育程度的提高,必然导致青年人眼界的提高,为此越来越多的人倾向于通过自己创造机会,实现创业梦想。目前的创业者,青年占据绝大部分,他们不仅接受过系统而完整的基础教育,更多还受过高等教育,面对就业压力,他们会选择自主创业、实现自我。此外,媒体信息的便捷化、即时化使得我们时常被创业成功的信息所包围,平日里我们频繁地接受着来自创业成功的冲击,极大地鼓舞着年轻人蠢蠢欲动的创业之心。同时,那些返乡的农民工创业群体,他们在外出务工之后,接受新方式的启发,开阔了视野,略微了解了城市人群对于乡村天然的憧憬,想起了家乡蕴含的"商机",于是毅然决然离开曾经奋斗过的城市,投入潜力无限的家乡,毫无疑问,他们用自己的方式突破自我,在创业的战场上,奏响新的号角。

2014年第八届夏季达沃斯论坛上,李克强总理提出了"大众创业,万众创新"的号召。又在2015年第十二届全国人民代表大会第三次会议的政府工作报告中,将创业视为经济发展的新引擎。可见,创业已经成为经济发展的新方向。两年多来,国务院及其部门围绕"双创"这一号召先后出台了二十多项相关文件,[5]这些文件涉及创业的各个方面,重点在于帮助扶持创业者,其中更是以青年创业的帮扶政策居多。纪录片《明见万里》中,金兰都教授在节目中也提及,当今的年轻人,不仅拥有一片赤诚

---

[1] 参见王义明:"中国青年创业的组织化趋势分析",载《中国青年研究》2011年第11期。

[2] 参见张景华、董城:"中关村创新创业的六大趋势",载《中国中小企业》2015年第9期。

[3] 参见教育部、国家统计局、财政部:"2015年全国教育经费执行情况统计报告",载中华人民共和国教育部网站:http://www.moe.edu.cn/srcsite/A05/s3040/201611/t20161110_288422.html,访问日期:2017年11月15日。

[4] 参见教育部:"2015年全国教育事业发展统计公报",载中华人民共和国教育部网站:http://www.moe.edu.cn/srcsite/A03/s180/moe_633/201607/t20160706_270976.html,访问日期:2017年11月5日。

[5] 参见曹文宏:"'双创'背景下当年青年创业问题探析",载《中国青年研究》2016年第4期。

创业的心，与此同时国家也看到了这些年轻的渴望创业的面庞，并为此推出多项扶助措施，大力倡导宣传创业。

此外，《青年发展规划》也坚持贯彻了国家"十三五"规划提出的发展理念，《规划》围绕加强青年创新教育、推动青年投身创新实践提出了一系列举措。无疑这也是国家在政策的宏观指导下，对青年群体创业创新所作出的细节照顾。

综上所述，青年在创业领域存在的主要问题：一是青年创业意愿强，但创业能力不足；二是青年创业所需的资金、资源短缺；三是针对青年创业的政策、资源分散，体制机制不完善，创业环境还需要进一步优化。

二、青年就业创业发展措施

（一）推动完善青年就业创业政策体系

根据就业形势和就业工作重点的变化，加强就业政策与产业、贸易、财税、金融等政策的协调，进一步完善积极就业政策势在必行。此外发挥公共财政促进青年就业作用，完善落实财政金融扶持政策，扶持发展现代服务业、战略性新兴产业、劳动密集型企业和小微企业，吸纳青年就业是应有之义。再者要加强对灵活就业、新就业形态的支持，促进青年自主就业，鼓励多渠道、多形式就业。进一步完善青年创业就业配套政策及法律法规。加强就业统计工作，健全青年就业统计指标体系等也是重中之重。[1]

国家对于就业创业的关注已经上升至政策层面，力求以政策护航，切实保障青年群体就业创业。解决问题，不能只有口号感召，更需要具体措施的施行。第一，为创业清障减负要求政府依法简政放权。2016年6月，国务院常委会决定废止506件不利于办事创业的政策性文件，并要求各地各部门清理和废止不符合现行法律法规或没有法律法规依据的政策文件。需要按照无授权不可为的原则规范政府审批行为，为创业清障减负，同时避免形成新的障碍和负担。第二，营造公平有序的创业环境要求政府依法加强监管。要求政府及其职能部门在推进创业中，依法履行好监管职责，为创业者提供有利于公平竞争的市场环境。当前，我国特别强调加强下放行政审批事项、精简工商登记的事中事后监管。第三，政府职能转变要求政府依法强化创业公共服务。政府的公共服务职能，要求政府在促进就业、创业过程中通过直接或间接方式优化创业公共服务并提高其可获得性。

国家要在制度层面对青年就业创业加大政策支持力度和准度，不断优化青年就业创业政策环境。推动出台《青年创业促进条例》，有利于帮助青年解读和享受各种就业创业优惠政策，促进青年多渠道、多形式创业，鼓励青年自主创业。党中央、国务院包括中央有关部门出台了大量的支持青年创业创新的政策，要抓好这些政策落地的"最后一公里"。当前国家出台了《大力推进大众创业万众创新若干政策措施的意见》

---

[1] 参见《中长期青年发展规划（2016~2025年）》。

《进一步做好新形势就业创业工作的意见》《支持农民工等人员返乡就业创业的意见》等文件，其目的就是为了统筹推进创业活动。

制定《青年创业促进条例》有其必要性。创业活动虽然属于市场行为，但是政府及其职能部门在创业中发挥着不可替代的作用。推进创业活动，既要充分发挥市场在资源配置中的决定性作用，也要充分发挥好政府作用。在全面推进依法治国的时代背景下，运用法治思维来推动改革发展，通过立法巩固现有的创业成果以及深化相关改革。

制定《青年创业促进条例》有其可行性。我国《就业促进法》可以作为其上位法依据，其中第7、19、44、46、49、50条分别对促进创业进行了规定。此外，地方已经有此实践，宁夏回族自治区制定了《创业与就业促进条例》，厦门、南京等地也有相关的地方性法规。

综上，促进青年创业专门立法的可行性是非常大的，其符合党中央、国务院鼓励和支持青年群体创业的号召，也利于保障青年群体更好地发挥主观能动性。

(二) 加强青年就业服务

加强青年就业服务，体现在：实施青年就业见习计划；健全城乡均等的公共就业创业服务体系，完善服务功能，把有就业意愿的青年全部纳入服务范围，全面落实免费公共就业服务，对就业困难青年提供就业援助，帮助长期失业青年就业；创新就业信息服务方式方法，注重运用互联网技术打造适合青年特点的就业服务模式；加强青年职业培训，健全面向青年的劳动预备制培训计划，落实职业培训补贴政策；实施离校未就业高校毕业生就业促进计划，为毕业生提供职业指导、就业信息、就业见习、就业帮扶等服务；开展青年农民工职业技能培训，通过订单、定向和定岗式培训，对农村未升学初、高中毕业生等新生代农民工开展就业技能培训，为有创业意愿的青年农民工提供创业培训。开展青年重点群体职业培训，加大贫困家庭子女、青年失业人员和转岗职工、退役青年军人和残疾青年等劳动者职业技能和创业培训力度，按规定提供培训补贴，对农村贫困家庭学员和城市居民最低生活保障家庭学员给予生活补贴。

此外丰富创新就业活动，鼓励社会力量围绕就业苦难群体开展各类活动，支持就业青年，为他们提供对接平台，建立健全就业辅导制度，培育专业就业辅导师，鼓励拥有丰富经验和资源的企业家、专家学者担任就业导师或者组成辅导团队，鼓励大企业建立服务就业的开放性平台，支持社会力量举办就业招聘和培训活动等举措也有利于加强青年就业服务。

结合习近平总书记提出的"精准扶贫"战略，面对当前青年就业形势，我们不难发现，在这样结构调整深入推进的背景下，促进青年就业的工作任务依然繁重。"就业精准帮扶"主要聚焦在以下群体：群产能过程中的下岗青年工人、进城务工青年、大学毕业生就业困难群体。

团中央提出，在经济新常态背景下，要实现青年顺利转岗就业，必须要坚持就业优先战略，以"育人"为核心，实施共青团服务青年就业计划，不断促进青年就业工作。首先，要深化就业培训项目。开展青年就业创业示范培训和青年电商培训工作，帮助提升就业能力和职业技能。其次，推进青年就业见习项目。规范青年就业见习基地建设，加强见习管理，提高见习质量。再次，动员各方资源，提供就业岗位。与相关专业机构合作开展移动端就业信息服务，向青年就业重点群体定向推送就业信息。最后，加强就业援助。针对那些就业困难的青年群体，提供更加深入的服务，做好有针对性的帮扶，给予人文关怀，加强就业援助的制度化、长效化、精细化。

（三）推动青年投身创业实践

充分发挥平台优势，建立青年创业人才汇聚平台、青年创业导师团队，开展普及性培训和"一对一"辅导相结合的创业培训活动，帮助青年增强创业意识、增进创业本领。借鉴国外经验，充分利用第三方优势，推动青年创业第三方综合服务体系建设，搭建各类青年创业孵化平台，完善政策咨询、融资服务、跟踪扶持、公益场地等孵化功能。

对于创业最难解决的资金问题，要加大青年创业金融服务落地力度，优化银行贷款等间接融资方式，支持创业担保贷款发展，拓宽股权投资等直接融资渠道。支持青年创业基金发展，要发挥好国家新兴产业创业投资引导基金和中小企业发展基金等政府引导基金的作用，带动社会资本投入，解决青年创业融资难题。根据国发办2015年第9号文件，国务院明确指出，对待青年创业问题要加强财政资金引导，通过中小企业发展专项资金，运用阶段参股、风险补助和投资保障等方式，引导创业投资机构投资于初创期科技型中小企业。国家要发挥对新兴产业创业投资引导的带动作用，重点支持战略性新兴产业和高技术产业早中期、初创期创新型企业的发展。发挥财政资金杠杆作用，通过市场机制引导社会资金和金融资本支持创业活动。同时，完善创业投融资机制，发挥多层次资本市场作用，为创新型企业提供综合金融服务。开展互联网股权众筹融资试点，增强众筹对大众创新创业的服务能力。规范和发展服务小微企业的区域性股权市场，促进科技初创企业融资，完善创业投资、天使投资退出和流转机制。鼓励银行业金融机构提供科技融资担保、知识产权质押、股权质押等方式的金融服务。

"双创"时代背景之下，推动青年投身创业实践，最主要的一点在于激发青年创业活力。党和政府对创新创业的重视自不必多言，中央早几年前就提出，创新是一个民族进步的灵魂，"大众创业，万众创新"，青年人无疑是此中的生力军。为此，激发青年创新、创业活力归纳起来主要有以下几个方面：

第一，主抓青年创新意识，让青年人意识到创新创业不仅对时代有重要贡献，更对自己健康成长有至关重要的作用。通过宣传教育和示范指引使大家强化创新创业意识。第二，主抓青年创新能力，举办创新创业训练营，以此提高青年创业能力。第三，以大赛促创业，"创青春"青年创新创业大赛已经为很多年轻人知晓并且深受喜爱，例如现在知名的Mobike单车就是"创青春"全国大赛获奖的项目。第四，主抓导师，建立各种导师队伍，其中涵盖成熟的企业家、风险投资人、银行从业人员、学校老师、研究机构的专家等等，至今全国层面大概有近万人的团队，各地加起来数量更为庞大。第五，主抓园区建设，青年创业需要场所，现在我们国家已经进入"共享时代"，倡导建立共享式示范园区以供青年创业者所用。第六，主抓组织建设，围绕青年创业已经有大量的协会产生，由团中央和各地团组织牵头也建立了很多这样的组织，为青年创业者沟通提供条件。

（四）加强青年就业权益保障

加强青年就业权益保障的应有之义在于：完善青年就业，加强劳动保障权益保护机制，加大劳动保障监察执法、劳动人事争议调解仲裁诉讼、监管监察工作力度，加强人力资源市场监管，规范招人用人制度，营造公平就业环境，完善失业保险、社会救助与就业的联动机制。

鼓励青年积极走上工作岗位，同时，更要关注青年群体的权益保障。尤其是在就业过程中的权益保护，一方面从规范的招用人制度开始，在全社会营造良好的用工环境；另一方面，面对显失公平的情况时，保障青年就业者"有地申冤"，多部门联动协调完善劳动救济制度、社会保险制度等。

青年在就业过程中因自身阅历的缺失及社会经验的不足，劳动权益被侵犯的情况屡见不鲜，因此在制度上需要进一步完善青年劳动保障权益保护机制。在这方面我国可以借鉴一些域外经验，同时结合我国青年群体就业、创业的现状，保证长期失业人员在从事临时工作、志愿者工作或接受职业培训时，能继续享受失业保险福利。此外，还应进一步制定切实可行的权益救济体系，细化劳动权益保障措施，完善失业保险、社会救助与就业的联动机制，营造公平就业环境。

目前，我国关于青年就业的权益保障机制不断健全。国家高度重视保障劳动者合法权益，不断完善青年就业、劳动保障权益保护机制，持续加大劳动保障监察执法、劳动人事争议调解仲裁诉讼、安全生产监管监察工作力度。加强人力资源市场监管、规范招人用人制度、营造公平就业环境。逐步健全完善失业保险、社会救助与就业的联动机制。国家通过各种培训提高劳动者的维权意识和能力，支持和鼓励劳动者运用法律武器保护自身劳动就业权益。对于进城务工青年，国家逐步健全劳动合同管理，集中开展农民工权益保障专项执法检查，严肃查处非法职业介绍和编造虚假用工信息坑害务工者的行为。工会、共青团、妇联、残联等群团组织，在协助青年就业、创业，依法维护劳动者合法权益方面发挥了重要作用。此外，前文中提到的《青年创业促进条例》也有利于明确界定政府和社会各方权责、推动各项扶持政策的整合和落实，有利于青年就业创业过程中的权利救济和保障，有利于实现《规划》中青年就业创业发展目标，应当今早启动立法，争取早日出台。

《规划》是我国第一个针对青年群体发展的规划，其对促进青年更好成长、更快发展具有划时代的意义。《规划》中提出的针对青年的十大发展领域中"青年就业创业"位列其中，《规划》肯定了青年群体作为国家之未来的重要性，认为其是国家发展之根基。党和国家历来重视青年，尊重青年敢想敢干、富于梦想的特质，注重青年的参与热情和创新活力。对此国家出台一系列政策措施鼓励青年就业创业，国家相关部门也将着力于规划之实施，切实保障青年就业创业之路。相信，青年都能开拓一片比现今更为广阔的事业道路，实现自我之价值，成为国家之栋梁。

第九章
青年文化

习近平总书记在十九大报告中指出:"文化是一个国家、一个民族的灵魂。文化兴国运兴,文化强民族强。没有高度的文化自信,没有文化的繁荣兴盛,就没有中华民族伟大复兴。要坚持中国特色社会主义文化发展道路,激发全民族文化创新创造活力,建设社会主义文化强国。"十八大以来,中国特色社会主义和中国梦深入人心,社会主义核心价值观和中华优秀传统文化得到广泛弘扬,群众性精神文明创建活动扎实开展。公共文化服务水平不断提高,文艺创作持续繁荣,文化事业和文化产业蓬勃发展,互联网建设管理运用不断完善,全民健身和竞技体育全面发展。主旋律更加响亮,正能量更加强劲,文化自信得到彰显,国家文化软实力和中华文化影响力大幅提升。

青年文化是社会经济发展的产物。在时代的长河中,青年始终以其独特的活跃思维和擅于创新的人格魅力,对社会变革发挥着举足轻重的作用。青年文化作为青年独有的气质和内在动力,对青年的生产和生活方式产生着关键性的作用。可以说,没有青年文化,便不会有青年所创造的累累硕果,也不会有人类知识的文明成果。没有青年,便没有未来;没有青年文化,便没有百花齐放、百家争鸣中华文化。

近些年来,青年人以自己特有的视角和位置诠释着新时期的青年文化。青年是社会生产力和生产关系主要的群体,因而青年文化理应受到高度重视。改革开放以来,我们党始终把文化建设放在党和国家全局工作中的重要战略位置,坚持物质文明和精神文明两手抓,实行依法治国和以德治国相结合,促进文化事业和文化产业共同发展,推动文化建设不断取得新成就,带领全社会走入了中国特色社会主义文化发展道路。特别是党的十八大以来以习近平同志为核心的党中央提出要增强文化自信并将其纳入中国特色社会主义"四个自信",把加强中国特色社会主义文化建设提升到新的战略高度。充分发挥精神文明建设"五个一工程""四个一批"人才培养工程、国家舞台艺术精品创作工程等青年文化工程,加大对文化产业的投入,完善公益性青年文化活动和服务,开展优秀文化和作品的全国性巡演活动,努力为青年文化发展提供更优质、安全和健康的服务平台,为青年文化的发展提供了制度和政策保障。

第九章 青年文化

第一节 青年文化概念界定与发展状况

20世纪40年代，美国社会学家塔尔科特·帕森斯首次使用青年文化这一概念解释美国青年的意识和行为，表明青年问题不再仅仅是生命周期中的生理和心理现象，而是一个社会和文化现象。[1]青年文化究竟有着怎样的深刻内涵，这里首先应对青年文化和青年亚文化进行概念区分。

一、青年文化概念及相关概念厘清

青年文化，是青年这一特殊群体的行为方式和价值观念的体现，是一种与青年群体相互依存的社会文化现象，青年文化往往具有自发性。关于青年文化的定义，张荆最早提出，"青年文化即是青年群体所有的整个生活方式的总和"。[2]后来又有学者陆续对青年文化进行定义，可总结如下，青年文化，是指在特定的社会文化环境中，由青年这一社会群体创造并在青年中普遍传播，得到青年基本认同的独特的价值体系、行为规范以及生活方式的总和。[3]

青年亚文化的产生是与青年主流文化相对应的，青年亚文化可以说是为了区别青年主流文化而定义出来的概念。青年亚文化的存在十分普遍，而且往往会被媒体夸大宣传，其实青年亚文化是青年群体的语言、特殊生活方式以及价值体系的体现，青年亚文化代表的是部分处于边缘位置的青年群体的利益，对于成年人价值观，青年亚文化往往是颠覆性的，所以当代青年亚文化的特点体现为：边缘性、松散性、颠覆性和复杂性。青年亚文化表现在消费观、娱乐观和网络观上也各有特点。可以说，青年亚文化能够将当代青年文化更好地展现出来，同时也使青年文化更加丰富和真实，体现出青年一代对于传统文化的反抗。按照伯明翰学派的观点，"青年亚文化"这一概念更能体现青年群体自觉与主流社会保持区分的抵抗意识，更能体现青年群体的具体文化表现形态和文化政治诉求。因此，这一概念被广泛用于伦理学、犯罪学、社会学、传媒研究和"文化研究"等诸多领域。[4]

二、青年文化的历史渊源

早在20世纪初期，我国的青年们就已经用自己的行动对社会和文化现象进行了深刻的阐释。陈独秀创办《青年》杂志，后改名为《新青年》，对青年的家国责任和文化进行了宣传。五四运动是我国青年文化诞生的标志，科学、民主、爱国、进步是当时中国青年文化的内涵。20世纪50年代，我国的抗日战争和解放战争刚刚取得胜利，

---

[1] 参见陈亮："论青年文化在传播中的社会导进功能"，载《中国青年研究》2005年第3期。
[2] 参见张荆："青年文化的由来"，载《青年研究》1988年第8期。
[3] 参见万美容："论青年文化及其功能"，载《学校党建与思想教育》2010年第14期。
[4] 参见孟登迎："青年文化研究再探讨"，载《中国青年社会科学》2017年第2期。

结束了近代以来一百多年的战争割据状态，国民凝聚力空前高涨，此时的青年文化主要表现为强烈的政治认同，青年群体和青年个体与社会整体的心理和文化反差并不十分明显。20世纪60年代到70年代，是中国文化发展的"噩梦"阶段。"文革"的出现，严重破坏了中国的经济和文化政策，给青年文化的发展带来了十分严重的阻碍，此期间的文化发展止步不前，以青年为主体的红卫兵更是成了"文革"浩劫中被利用的工具。在经历了狂热的造反运动后，青年们开始进行批判性的反省和沉思，以1976年的"四五运动"为标志，青年文化发展翻开了崭新的篇章。1978年十一届三中全会的胜利召开，给青年文化的发展带来了新的春天，我国青年文化自此走上正轨。将近四十年的青年文化发展，从保守拘谨的说话方式，到大胆开放的语言风格；从黑白灰的衣服颜色，到个性张扬的姹紫嫣红；从堆成小山的纸质书籍，到薄薄一份电子文档，青年文化的表达方式、表现形式都发生着翻天覆地的变化。以上这些变化说明青年群体的自我定位和认同也在转变，而且这种转变是同我国的政治、经济和文化交相呼应的。

第二节 青年文化发展的主要成就

青年文化有着一百多年的发展史，历经繁荣，也经历过挫折，起起落落，但始终不曾凋零。共青团中央专项课题组总结出近些年来我国青年文化发展的如下成就：[1]

一、符合青年需求的文化产品日益丰富

党和国家坚持以人民为中心的创作导向，通过《"十三五"时期文化发展改革规划纲要》《文化产业振兴规划》等政策措施，发挥精神文明建设"五个一工程"、国家舞台艺术精品创作工程、中国艺术节、中国文化艺术政府奖、中国新闻奖等重大工程项目、评奖的引导带动作用，鼓励创作青年题材文化作品。文艺、影视、戏剧和出版界创作了大量符合青少年成长需求和审美特征的文艺作品。各类文艺团体深入基层，创作和表演了一大批深受青少年欢迎的文艺节目。2015年，全国共出版少年儿童读物36 633种（初版22 114种），少年儿童期刊209种，少年儿童录音带224种，激光唱盘（CD）827种，少年儿童数码激光视盘（VCD）64种。2015年，全国出版动漫期刊36种，出版电子出版物10 091种，电影票房达到440.8亿元，银幕数量达到31 627块，其中青年是主要受众群体。国家新闻出版广电总局连续多年向全国青少年推荐优秀出版物名单。国家支持建设面向青少年的综合网站和未成年人专属网站。以中国青年网、未来网为代表的一批青少年网站具有很高的浏览量和影响力，中国青年网、未来网分别进入国内网站排名前10位和前60位区间。

---

[1] 参见共青团中央专项课题组："中国青年发展状况综述"，载《中国青年研究》2017年专刊。

二、青年享有的公共文化服务标准化、均等化水平不断提升

国家提出大力发展公益性文化事业、保障人民基本文化权益,制定《关于加快构建现代公共文化服务体系的意见》,逐步建立、健全现代公共文化服务体系,初步建成了包括国家、省、地市、县、乡、村和城市社区在内的六级公共文化服务网络。2015年,全国公共财政用于文化体育传媒的支出达3067亿元,全国人均文化事业费49.68元,呈逐年增长态势。截至2014年底,全国文化共享工程已建成3.55万个分中心、支中心和乡镇(街道)基层服务点,70万个村(社区)基层服务点。建设各级公共电子阅览室55 918个,为基层群众特别是青少年提供了绿色上网空间。面向农村和贫困地区的公共文化服务不断加强,截至2015年,全国基本实现农村地区20户以下自然村广播电视村村通,广播电视综合覆盖率达到98%以上;全国有4万多个乡镇综合文化站,实现乡乡都有文化站;每年为农民放映800多万场,保证农民每个月能免费看一场电影;建成达到统一规定标准的农家书屋60多万个,配备图书10亿余册。国家制定了《关于进一步加强农民工文化工作的意见》,逐步形成了"政府主导、企业共建、社会参与"的农民工文化工作机制。公共文化服务体系的不断完善,逐步打通了公共文化服务"最后一公里",惠及城乡广大青少年。

三、青年文化人才队伍逐步壮大

国家通过全国文化名家暨"四个一批"人才培养工程、文化产业人才培养工程、非物质文化遗产传承人、新闻出版广播影视和互联网创新人才培养等项目,引导培养了大批青年文化人才。2015年,全国艺术表演团体从业人员30.18万人,群众文化机构从业人员17.35万人,文化市场经营单位从业人员156.47万人,娱乐场所从业人员67.36万人,青年是其中文化创造、传承、服务的重要力量。近年来,大量网络作家、签约作家、自由撰稿人、独立演员歌手等新兴青年群体纷纷涌现,进一步促进了文化市场发展繁荣。

四、青年网络文化环境进一步改善

网络日益成为青年的重要生活方式,越来越多的青年通过互联网了解信息、获取知识、沟通交流、休闲娱乐、消费交易。截至2016年12月,中国网民总数达7.31亿,年龄结构上,10岁~39岁的青少年网民占整体网民的73.7%;职业结构上,学生群体占整体网民的25%。社交应用、网络购物、网上外卖、网上旅行预订、互联网理财、网上支付、网络游戏、网络文学、网络视频、网络音乐、网络直播、在线教育、网络约租车等领域,青年是主要的消费群体。网络文化娱乐在青少年日常生活中扮演的角色越来越重要,截至2015年底,25周岁以下的青少年对网络游戏、网络音乐的使用率分别高于整体网民9.6和7.4个百分点。近年来,"二次元"文化在青少年网民中快速渗透,作为二次元文化传播载体的网络小说、视频、游戏的青少年用户规模分别达到

1.3亿、2.2亿和1.9亿。网络在方便青年学习工作生活、促进青年成长发展的同时，也带来了由于使用不当而产生的身体、心理、社会生存能力、行为模式选择等方面的负面影响。国家高度重视建设有利于青少年健康成长的网络文化环境，设立国家互联网信息办公室，逐步构建法律规范、行政监管、行业自律、技术保障、公众监督、社会教育相结合的互联网管理体系，严厉打击网络色情、暴力有害信息，大力推动文明办网、文明上网，弘扬主旋律，传播正能量。

五、青年宗教信仰自由权利得到切实保障

国家坚持宗教信仰自由政策，从保障人权的高度保障公民宗教信仰自由权利，依法管理宗教事务，维护宗教界合法权益，促进宗教关系和谐，发挥宗教界人士和信教群众在促进经济社会发展中的积极作用。我国现有宗教活动场所8.5万余处、各类宗教院校97所，包括青年在内的信教群众享有依法参加宗教活动、学习宗教知识的充分保障。信教青年普遍认为国家有效保障了宗教信仰自由，对国家宗教政策感到满意，对宗教与社会主义社会相适应持积极态度。

第三节　青年文化发展存在的主要问题

青年文化无论是在形式、内容上，还是在人才培养和发展环境上，都取得了巨大的成就，为中国特色社会主义文化注入了一抹青春的力量，开拓了我国文化发展的新方向，但是青年文化发展仍然面临着诸多问题和挑战。

一、文化精品数量不足

现阶段，我国文化产业发展速度相对缓慢，总量相对较少，文化精品数量严重不足。虽然党中央对文化精品工程十分重视，但是我国在此方面确实成果不多，尤其是优秀传统文化，优秀网络文化，优秀图书、曲艺等方面的精品都十分紧缺。造成这种现象的原因是多方面的。一方面，我国文化产业基础相对薄弱，文化产业起步晚，发展时间相对较短，这导致文化企业发展缓慢，最直接的表现就是文化企业规模小、数量少，文化企业的缺失必然会导致文化精品数量不足。另一方面，传统文化精品继承难，例如：玉雕、木雕等工艺美术行业，从业者多数年龄较大，甚至有些大师的年龄已经达到了七八十岁，整个行业内部年轻人犹如凤毛麟角，这必然会对文化的传承造成影响，也会直接导致文化精品的产量不足。有许多文化企业，文化作品产量很大，但是多数都是人云亦云，缺乏自己的特色，缺乏创新，这样的企业一味地追求产量，追求效益，很难有较好的文化产品。文化产业相对于其他行业有自己独特之处，既要求独到创新，也要求合作交流，只有这样产出的文化产品，才能适应社会的需求，只有适应社会需求的文化产品才能称之为文化精品。文化企业之间要促进合作交流，搭建起合作交流的平台，努力产出更多适应社会的文化精品。

二、文化活动形式单一

现在社会文化种类很多,可是文化活动形式较为单一,基本都是套路老新意少,尤其是社区文化,几乎每个社区都是组建合唱队、老年秧歌队等千篇一律的文化活动,缺乏创新,这也就导致参与文化活动的都是一些退休在家的老人,鲜有年轻人参与其中,相较于这些"古老"的文化活动,年轻人更倾向于宅在家里玩游戏、看电影。对于年轻人而言,现在的社会文化活动缺乏应有的魅力和氛围,缺乏吸引力。甘肃曾在水车博览园举办的第二届社区文化节上,以充满活力而又高水准的"独一不二"动漫真人秀的表演形式吸引了5000余名青少年漫迷们参加,甚至有"粉丝"从西安连夜坐火车早上6点多到站直奔会场,这种形式的文化活动现场朝气蓬勃,令观众大开眼界。[1]这也间接地说明了并非年轻人不愿意参与文化活动,而是传统的文化活动形式过于单一,缺乏新意。为了吸引年轻人的参与,社区文化活动应当适应社会潮流,转换文化形式,以年轻人喜闻乐见的方式举办,而不仅仅是以传统的大秧歌、合唱队等"老年兴趣班"的形式举办。

三、文化优秀人才紧缺

发展文化产业,人才是第一资源。在经济一体化、信息全球化的时代背景下,我国对文化人才的要求更为严格,但是现阶段我国却面临着缺乏高端原创人才、经营管理人才以及复合型人才的困境,并且专业人才流失量也较大。教育部在《2015年全国教育事业发展统计公告》中指出,2015年全国各类高等教育在校总规模达到3647万人,其中在学硕士研究生、博士研究生达到191.14万人,根据此数据,硕士生仅占接受高等教育人数的5.24%。据2016年《中国留学发展报告》统计,1978~2015年,中国出国留学人数累计404.21万人,而在此期间累计留学归国人数仅为221.86万人,仅占全部人数的54.88%。[2]以上数据显示出,我国优秀文化人才总量偏少,精英不多,文化人才分布不均,并且流失较为严重。文化产业是知识产业,对专业技能和创新意识有着极高的要求,优秀文化人才的紧缺使新的文化产业遭遇瓶颈,并且很难寻找新的有效途径去解决,这都对我国青年优秀人才的培养带来极大的挑战。

四、文化发展环境有待改善

当前文化环境良莠不齐,鱼龙混杂,青年文化发展空间不纯净,使文化的发展没有沃土的滋养,进而滋生出极端、异类的恶果。此类现象首先体现在互联网上。自20世纪40年代第一台计算机诞生以来,计算机技术一直以惊人的速度发展着。与此同

---

[1] 参见"专家:应尽可能地让居民参与社区文化活动",载每日甘肃:http://news.cnwest.com/content/2010-11/05/content_3707957.htm,访问日期:2017年6月25日。

[2] 参见"2015年全国教育事业发展统计公告",载人民日报:http://www.jyb.cn/china/gnxw/201607/t20160707_664354.html,访问日期:2017年6月27日。

时，计算机本身存在的弊端也日渐显露，包括网络游戏、淫秽色情图片、网络直播不雅视频等。据 CNNIC 第 39 次报告显示：截至 2016 年 12 月，我国网民总数达到 7.31 亿，其中 10 岁~39 岁网民占比 73.7%，约 5.39 亿人。庞大的网络用户群体使国家对网络文化的管理更加艰难。虽然我国早在 1997 年 5 月 20 日就出台了《中华人民共和国计算机信息网络国际联网管理暂行规定》，之后也陆续颁布了三十几部有关互联网的管理规定，但是这些举措并没有带来管理实效，互联网环境形势反而逆势而上，更加严峻了。另外，在文化实体环境中，青年也被各种流行的环境所吸引。现在青年聚会，去 KTV、约酒吧似乎已成为一个惯例，或三五成群，或几十人一同前往，唱歌、喝酒，沉浸在灯红酒绿中，夜夜笙箫。青年这一群体，本就是对新鲜事物接受性较强的一代，也自然会受到各种环境干扰。但是当前青年生活的环境，无论是虚拟环境，还是现实环境，都充斥着各种诱惑和不良现象，对青年文化的发展极为不利。

五、网络文化建设滞后

虽然我国互联网发展已经有几十年的历史，但是仍然存在着东部与西部、发达地区与贫困地区之间的发展不均衡现象。我国青年网民的整体素质还相对偏低，互联网应用状况、普及程度以及网络文化竞争力还存在着很多问题。网络文化内容良莠不齐，甚至含有违反伦理、道德和法律的电子书刊和影像视频。从业人员的整体素质仍旧有待提升，各种网络平台时常钻法律漏洞，给监管平台和网警执法带来新的困扰和挑战。网络舆论跟风严重，网络水军只为利益，而不求事实，三人成虎，给公民个人或者事业团体造成舆论压力。网络监管法制尚未形成完整链条，监管技术不够成熟。青年人相对于中老年，是最早一批接触互联网的群体，早期互联网对网络环境要求不高，让青年形成恶习，短时间难以改掉。网络文明风气尚未形成，大多数青年仍然将网络当作发泄工具，不注重场合和言论，网络空间环境有待进一步净化。网络在方便青年学习工作生活、促进青年成长发展的同时，也带来了由于使用不当而产生的身体、心理、社会生存能力、行为模式选择等诸多方面的负面影响。国家高度重视建设有利于青年的网络文化环境，设立国家互联网信息办公室，逐步构建了法律规范、行政监管、行业自律、技术保障、公众监督、社会教育相结合的互联网管理体系，严厉打击网络色情、暴力信息，大力推动文明办网、文明上网，弘扬主旋律，传播正能量。

六、保障体系不够健全

我国目前尚未形成完善的青年文化保障体系，主要体现在以下四个方面：第一，没有强有力的组织领导系统。党委和政府还未将青年文化指标纳入到考核评价系统里，这也就意味着青年文化只是一个软指标，即参考指标，没有说服力和权威性。第二，我国对青年文化的保护没有相应的政策和法律法规，如：《文化产业促进法》《公共图书馆法》，这就使青年文化发展以及相应的知识产权缺乏法律保护。第三，没有财政保障。在经济基础没有落实之前，一般对青年文化的体系保障力量都很薄弱，尤其是在一些革命老区、民族地区、边疆地区和贫困地区,财政资金的短缺,使青年文化发展无从谈起,一些公益性文化项目也因为财政原因不能得到落实。第四,文化法治环境体系建设尚未成熟。我国目前仅在北京、上海和广东三个地方设立有知识产权法院,全社会对青年文化的法治保护自觉意识不强,对破坏文化环境的惩治和监督力度也十分微弱。

第四节　青年文化发展中要关注的几个关系

从改革开放至今近四十年来,我国社会经济发展取得了巨大成就,物质财富极大丰富,人民生活水平明显提高。在这样的社会背景下,社会文化也发生了巨大的变化。与此同时,我们也应当更加注重社会进步给青年文化带来的影响,事实证明,随着社会的进步,青年文化的现状和发展也在发生着巨大的变化,网络文化对青年文化的冲击,外来文化与青年文化的交融,传统文化对青年文化的影响,这三者的存在对青年文化的现状和发展有着很大的关联性和重要性,下面具体阐述这三对主要关系:

一、青年文化与网络文化

互联网的普及,改变了青年的工作、生活方式,可以说当今青年已经"无时不网,无处不网"。据2017年第39次中国互联网络发展状况统计报告显示:中国网民规模已达7.31亿,相当于欧洲人口总量。青年是互联网最大的使用群体,反之,网络文化亦成为青年文化不可缺少的一部分。另外,在当今经济全球化的趋势之下,外来文化的冲击,使民族文化的保护迫在眉睫,我们如何将外来文化和民族文化做一个利弊权衡,既可以吸收外来文化中的精华,又能保持自己民族文化的特色,这些都是青年文化亟须面对和解决的问题。最后,随着科技的发展,青年的生活节奏显著加快,快餐文化、流行语言、娱乐八卦,这些都给传统文化的发展带来了前所未有的挑战,在青年文化发展的同时,我们也不能不认识到继承和弘扬优秀传统文化的重要性。

互联网发展日新月异,网络文化发展也与时俱进,它不再是一台机械化运转的计算机,而是一个网罗全球的地球村文化系统。网络文化可以分为广义的网络文化和狭义的网络文化。李仁武从狭义的角度,这样解释网络文化:以计算机互联网作为"第四媒体"所进行的教育、宣传、娱乐等各种文化活动;如果从广义的角度去理解,网络文化可以定义为包括借助计算机所从事的经济、政治和军事活动在内的各种社会文化现象。如果说此概念还是比较晦涩难懂,那么李梁提出的概念,就比较直白了。他提出,狭义的网络文化是指"人在网络空间进行的精神活动及其产品——包括以'比特'的形式存在或曾经存在于网络空间的文字作品、图片、画面等"。[1]青年作为网络文化的主力军,以其独有的视角和敏锐的洞察力,形成了别具一格的文化,即青年

---

[1] 参见万峰:"网络文化的内涵和特征分析",载《教育学术月刊》2010年第4期。

网络文化。

青年网络文化的主体的特殊性决定了其具有多样性、开放性、平等性和互动性的特点。多样性体现在青年网络文化内容丰富多彩，多元多样；开放性体现在青年观念与态度的开放包容，善于和乐于接受新知识、新创造，不沉溺于过去，更加注重现在和将来；平等性表现在青年获取信息的渠道更加多元，获取信息的数量质量更加均衡，总体趋向于权威化、中心化；互动性体现在信息不再是单向流动，青年拥有更多的参与机会和话语权，他们也更加注重对参与权、言论自由权的保护。

如今青年生活离不开网络，但网络毕竟是一个虚拟空间，网络用户多而管理少，网络上有大量的游戏、色情和暴力因素，如果青年抵抗力较弱，就会受到网络空间的"黄赌毒"的荼毒，进而危害青年价值观的形成和青年文化的普及和健康发展。除此之外，网络是一个"全球通"，根据"六度分隔理论"，互联网很容易成为境外敌对势力、封建迷信以及邪教等反动组织进行宣传、渗透和实施"和平演变"的工具，某些极端主义者会通过网络刻意歪曲和丑化社会主义制度，使西方腐朽的人生观和价值观长驱直入，导致资产阶级自由化思潮泛滥，给青年网络文化的发展带来极大的危害。

二、青年文化与外来文化

中国作为世界四大文明古国之一，有着悠久的对外文化交流史，从秦汉时期的丝绸之路到晋朝的南亚之行，再到明朝的郑和七下西洋，均为中外文化交流做出了不可磨灭的贡献。在改革开放的今天，中外文化交流更加深入，更深层次文化交流的优势日渐明显，然而弊端也如影随形。美国学者罗伯特·塞缪尔逊在《全球化的利弊》一文中曾一针见血地指出"全球化是一把'双刃剑'，它既是加快经济增长速度、传播新技术和提高富国和穷国生活水平的有效途径，但也是侵犯一个国家主权、侵蚀当地文化和传统、威胁经济和社会稳定的一个很大争议的过程"。[1]近年来，受到越来越多人追捧的2月14日情人节，就是中外文化碰撞最好的例子，为什么情人节逐渐受到追捧？为什么我们的七夕逐渐被年轻人淡忘？这正是一个外来文化对本土文化做出挑战的鲜明实例。诚然，外来文化作为经济全球化的附属产品，深受经济全球化的影响。近年来，美剧、韩剧、日剧在我国颇为流行，影视歌星在青年中备受追捧，青年们也掀起了一场跟风流。青年粉丝可以几天不看书，但是不能一天不追剧；可以长途跋涉去机场接机、去片场疯狂呐喊，却没时间参加每月一次的读书会。对于这种现象，我们认为，文化的传播有其自身规律，形象健康、业绩突出、励志向上的明星受到青年的喜爱和欢迎，符合文化传播规律。为充分发挥他们的示范引领作用，我们一方面通过引导青年"理性追星"，另一方面引导他们合理"追星"，在普通青年中树立模范典型，传递见贤思齐、追求进步的价值取向。国外很多优秀文化作品很好地适应了青年特点，

---

[1] 参见张利丽："全球化背景下外来文化对中国传统文化的影响"，载《河南科技学院学报》2009年第3期。

传递出跨越国界的文化价值，受到青年的广泛喜爱，我们应当借鉴经验，弥补自身不足；但也应看到，国外有些作品不乏裹挟着拜金主义、极端主义等西方错误思想的糟粕，我们应当加以鉴别，不能全盘吸收。

目前，我国对待外来文化的态度是十分包容的，对中外文化交流也十分重视。但是在此过程中，我们一定要牢牢抓住党对文化的指导思想，即高举中国特色社会主义伟大旗帜，全面贯彻党的十八大和十八届三中、四中、五中、六中全会精神，坚持以马克思列宁主义、毛泽东思想、邓小平理论、"三个代表"重要思想、科学发展观、习近平新时代中国特色社会主义思想为指导，紧紧围绕实现中华民族伟大复兴的中国梦，深入贯彻新发展理念，坚持以人民为中心的工作导向，坚持以社会主义核心价值观为引领，坚持创造性转化、创新性发展，坚守中华文化立场，不忘本来、吸收外来、面向未来，汲取中国智慧、弘扬中国精神、传播中国价值，不断增强中华青年文化的生命力和影响力，创造中华文化新辉煌。

三、青年文化与传统文化

中华文化发展至今，凝聚了太多优良文化，可以概括为中华传统美德和中华人文精神及主要思想。中华优秀传统文化蕴含着丰富的道德理念和规范，比如天下兴亡、匹夫有责的担当意识，崇德向善、见贤思齐的社会风尚，精忠报国、振兴中华的爱国情怀，孝悌忠信、礼义廉耻的荣辱观念，这些都体现着中国人评判是非曲直的价值标准，潜移默化地影响着中国人的行为方式。中华优秀传统文化积淀着多样、珍贵的精神财富，如求同存异、和而不同的处世方法，文以载道、以文化人的教化思想，形神兼备、情景交融的美学追求，俭约自守、中和泰和的生活理念等，这些都是是中国人民思想观念、风俗习惯、生活方式、情感样式的集中表达，滋养出了丰富独特的文学艺术、科学技术和人文学术，至今仍具有深刻的影响。中华民族和中国人民在修齐治平、尊时守位、知常达变、开物成务、建功立业的过程中培育和形成的基本思想理念，比如革故鼎新、与时俱进的思想，脚踏实地、实事求是的思想，惠民利民、安民富民的思想，道法自然、天人合一的思想等，为治国理政提供了有益借鉴，为人们认识和改造世界提供了方法。

中华文化承载了悠悠五千年华夏文明，可谓是博大精深，源远流长。但是，在中国改革开放之后，随着外来文化对我国文化的冲击，以及丰富的电子娱乐设施，使传统文化走向没落。尤其是青年一代，更是荼毒日深，只知周迅，而不晓得鲁迅；只知关之琳，而不晓得卞之琳；只知"王者荣耀，大唐荣耀"，而不晓得历史朝代的变迁。青年跟上时代潮流的步伐固然重要，但是不能将传统文化抛之脑后。另外，青年缺乏对传统文化学习的途径。适龄青年在接受教育时，并不曾对传统文化深入研究，甚至不如小学生可以背诵几段朗朗上口的《花木兰》。而走向社会的青年与传统文化更是交集甚少，比如，我们身边有英语培训班、技校培训班，但却很少有针对青年群体的传统文化培训班。这种学习途径的减少，使青年一代很少有机会可以接受传统文化的熏陶。另外，现代化文化传播方式对传统文化的传播经常会存在误读。以某宣讲栏目为例，专业学者对传统文化的精深解读使节目枯燥乏味，从而没有收视率，影响了节目的收益，这就迫使栏目组转型，将正史改为野史，将皇朝政绩改为后宫秘史，转型之后，收视率和利润极大提升，青年一代对此也是喜闻乐见，双方一拍即合，皆大欢喜。但是这样打着传统文化的旗号，却宣传着低级的趣味的行为，可以说是与弘扬传统文化背道而驰了。

第五节 青年文化发展措施

面对青年文化发展的诸多障碍和不足，为了更好地引导青年传承优秀传统文化，甄别外来文化的冲击，弘扬社会主义先进文化，应该从如下六个方面去发展和完善青年文化，让青年文化在新时代中国特色社会主义思想下熠熠生辉。

一、加强青年文化精品生产

优秀的精神文化产品可以反映一个国家和民族的文化创新能力，也是文化改革和发展的重要体现。加强青年文化精品生产，需要对文化产品的创作进行科学的引导，去除低俗、暴力的文艺节目，重点扶持历史和革命题材文化，加强农村文化的宣传，增加少儿题材文化的创作。新增中国新闻奖、中国艺术节政府奖和中国出版政府奖等国家级重大工程项目，充分显示了我国政府对青年文化精品的重视和肯定。充分发挥各级党团组织、团属文化事业和产业的作用，整合文化资源，创作、生产和推广青年文化精品，同时在广大青年人群中宣传和推广中华优秀传统文化精品以及世界文化经典，为青年文化的发展提供优质精神食粮。此外，还可以通过发挥精神文明建设"五个一工程"、国家舞台艺术精品创作工程等国家级重大工程项目的作用来加强青年文化精品的生产创作。支持青年文化精品创作推广，支持青年文化创意赛事及文化体验，支持青年文化创意人才培养。每年创作生产一批思想性、艺术性、观赏性俱佳的涵盖各种类别文化的青年题材文艺精品。打造一批有影响力的青年网络新媒体产品展播平台，开展全国性青年互联网创新创意活动。在出版类评奖推荐活动和国家级文化活动中，每年向青年推荐优秀动漫、网络、影视文化作品不少于100小时，图书、报刊文字量不少于200万字，应用类网络游戏不少于3部，网络音乐不少于10首。[1]

二、丰富青年文化活动

吸收以青年为主体的音乐、舞蹈、美术、文学、摄影、影视、戏剧等各种形式，举办全国性文化巡回展览和演出，丰富青年文化活动。例如最近热播的《中国诗词大会》就很好地展示了青年文化多姿多彩的一面，一时间，引起一股全民学古诗词的清

---

[1] 参见《中长期青年发展规划（2016~2025年）》。

流。积极保护文化遗产、振兴传统工艺、传承民间文艺；丰富校园文化、企业文化、军营文化、乡村文化、社区文化、社团文化；加强中国青年与各国青年的人文交流、学习、借鉴和吸收。鼓励戏曲流派的创作创新，推动交响乐、歌剧、芭蕾舞等艺术形式的中国化、民族化。发挥好国家艺术基金、国家出版基金的积极作用。[1]

近年来随着社会文化生活需求的不断提高以及国家对文化事业投入的加大，文化生活日趋丰富，文化活动质量也有很大的提升，然而目前参与社会文化生活的主要群体是中老年人，鲜见年轻人的身影。现在的年轻人，闲暇时间多数是玩游戏、看电影，很少有人参加社会文化活动。究其原因，主要还是当下的各类文化活动对于青年缺乏足够的吸引力。为了让年轻群体积极主动参与社会文化活动，我们可以从以下几个方面着手：第一，加强对于即将开展的文化活动的宣传，让更多人知晓活动的举办信息。第二，加强基础设施建设，为年轻人参与文化活动提供优质的环境。第三，举办一些年轻人感兴趣的文化活动，如划龙舟比赛，传统美食烹饪，这种活动既具有趣味性，又可以丰富青年文化活动。第四，转变传统文化活动方式，以年轻人乐于参与的方式举办文化活动，例如举办一些网络文化活动，通过一些年轻人易于接受的方式吸引年轻人的参与。第五，扶持具有地方特色和民族特色，代表国家水准的优秀艺术品种，鼓励新艺术形式的发展，鼓励一切有利于愉悦身心、陶冶情操的文化作品创作，抵制低俗之风。

三、造就青年文化人才

通过全国文化名家暨"四个一批"人才培养、文化产业人才培养、非物质文化遗产人才培养、新闻出版广播影视和互联网创新人才培养等项目，推动青年文化人才的培养，努力培养一大批青年文化人才。[2]近年来，大量网络作家、签约作家、自由撰稿人、独立演员歌手等新兴青年群体如雨后春笋般纷纷涌现，进一步促进了文化市场的发展繁荣。造就青年文化人才，要加大对有潜力青年的发掘，古语云："千里马常有，而伯乐不常有"，所以要加大力度对有潜力的青年进行扶持，为他们提供优良的环境，使其成为文化发展的中坚力量。造就青年文化人才亦要加强对于年轻人的科学文化素质以及创新能力的培养，只有加强对青年人的培养才能增强其自身素质，才能推动社会文化事业的发展。要加强对青年人创造力的培训，使其能够将理论与实践相结合，更好地为文化发展服务贡献。

此外，要扩大和加强基层青年人才队伍建设。我国的县级行政单位有两千三百多个，乡镇级行政单位有四万一千六百多个，庞大的基层组织，需要更多的青年文化人才投入其中，可以说，基层人才是青年文化发展与改革的中坚力量，因此要制定实施基层文化人才队伍建设规划，完善机构编制、学习培训、薪资福利、待遇保障等方面

---

[1] 参见《中长期青年发展规划（2016~2025年）》。
[2] 参见《中长期青年发展规划（2016~2025年）》。

的政策措施，吸引优秀文化人才服务基层。重视发掘和培养基层乡土文化能人、民族民间文化传承人，特别是非物质文化遗产项目代表性传承人，鼓励和扶持基层群众中涌现出的各类文化人才和文化活动积极分子，为培养文化多元化发挥作用。壮大文化志愿者队伍规模，鼓励专业文化工作者以及社会各界人士参与基层文化建设和群众文化活动，形成专兼结合的基层文化工作队伍和工作模式。

四、优化青年文化环境

环境对青年文化的发展至关重要。青年文化环境既包括青年生活的实体环境，又包括网络等虚拟环境，也包括国家层面的时代大环境和青年身边的小圈子。故而对青年文化环境，不能只抓一个方面，而是四个方面都要抓，而且四个方面都要硬。要把握住青年文化的脉搏，加强引导，推动青年努力奋斗、积极向上。当下这些环境中，大众传媒对文化环境十分重要，可以说牵一发而动全身。当今社会大众传媒无时无刻不在影响着我们的生活，对于青年更是有着莫大的影响，媒体是当代青年了解以及接触社会最主要的途径，为其提供了大量的信息、帮助其融入社会。可是当代的媒体并不完善，其报道中时常充斥着暴力、庸俗等对青年的文化发展产生负面影响的内容。例如某些抗日神剧所谓的包子雷、手撕鬼子等都会对青年产生负面的影响，甚至会导致青年对于社会的认识错误。优化青年文化环境，第一，要在报刊、电台、电视等传统媒体和网络新闻媒体中增加对优秀青年文化精品的宣传；第二，要加强对于传媒从业者的教育，使其认识到自己的责任，加强其社会责任感；第三，要为青年文化节目提供便利，在一些热门电视频道、黄金播放时段增加优秀青年文化节目的比重，加大力度支持青年题材优秀文艺作品的生产、发行和推广。通过多种举措、多方努力，共同优化青年文化环境，为青少年的健康成长营造良好的文化氛围。

五、推动青年网络文化建设

建好建强网络思想文化阵地，是社会主义文化建设的迫切、重要任务。要认真贯彻"积极利用、科学发展、依法管理、确保安全"的方针，加强和改进网络文化的建设和管理，加强网络舆论引导，唱响网络思想文化主旋律。实施网络内容建设工程，推动优秀传统文化和精品当代文化的网络传播，鼓励适合互联网和手机等新兴流行媒体平台传播的精品佳作的创作，鼓励广大网民创作格调健康、内容积极向上的网络文化作品。通过繁荣青年网络文化、保护青年网络文化知识产权，发展壮大青年网络人才队伍，推动青年网络文化建设。加强对电影、动漫、游戏等对青年富有吸引力的内容的创作创新；支持青年题材优秀图书、影视、音乐、舞蹈、戏剧、美术等各种形式的文化作品的生产、发行和推广。还应遵循互联网发展的规律和特点，发展和繁荣积极、健康、向上的网络文化，为构建清朗、绿色的网络空间做贡献。主要的工作内容包括三个方面：一是把好导向，大力弘扬社会主义核心价值观和中华优秀传统文化，深化青年网络文明志愿者行动，遏制网上不良信息的传播；二是增强供给，实施共青团宣传思想工作产品化战略，紧贴当代青年的特点和需求，提升网络文化供给能力；三是加强传播，在努力提高共青团生产的网络文化的感染力和传播力的同时，积极推广符合主流价值和青年特点的网络文化产品和各类文化精品；四是加强网络文化产品创作生产，推动网络文学、微电影、网络剧等新兴文艺类型有序繁荣发展；五是推动传统文艺与网络文艺创新性融合，促进优秀作品多渠道传输、多平台展示、多终端推送，培养一大批优秀的网络文艺创作、生产、传播和评论人才；六是健全网络文艺思潮研究分析机制，加大对网络文化的监督和引导力度。

六、强化青年文化保障

第一，加强青年文化资金保障。加强理论研究，完善公益性演出补贴制度，鼓励社会各界对青年文化的重视以及各方资金对青年文化事业的投入，强化青年文化经济保障。提高文化支出占财政支出的比例，确保公共财政对文化建设投入的增长幅度高于财政经常性收入增长幅度。扩大公共财政覆盖范围，完善投入方式，加强资金管理，提高资金使用效益，保障公共文化服务体系建设和运行。加大中央和地方各级财政支持力度，同时，统筹整合现有的相关资金，支持青年文化的重点项目发展。完善相关的补贴和奖励政策，加大财政、税收、金融、用地等方面对文化产业的政策扶持力度。鼓励文化企业和社会资本对接，在税收政策上对非物质文化遗产项目经营和文化内容创意生产实行优惠，引导和支持个人、企业以及社会组织捐赠或共建优良文化项目。[1]

第二，注重青年文化制度保障。注重青年文化发展相关扶持政策措施的系统性、协同性和操作性，并推进其制定和实施。制定并且完善惠及青年文化发展项目的金融政策。加大对国家级非物质文化遗产和国家重要文化遗产、自然遗产等珍贵遗产资源的保护利用和设施建设的支持力度。建立青年文化发展的相关部门、领域之间的合作共建机制。加大对知识产权的保护力度，依法惩处盗版和侵权行为，维护产权所有人的合法权益。制定专项规划，保护文物和非物质文化遗产。制定和完善相关政策，保护历史文化街区、名村、名镇、名城。建立健全青年文化发展重大项目首席专家制度，培养造就一批素质过硬、人民喜爱、影响力巨大的杰出青年文化专家。

第三，完善青年文化奖励制度。完善青年文化发展的奖励、表彰制度，对为青年文化发展和传播交流作出巨大贡献的杰出海内外人士授予功勋荣誉或进行表彰奖励。此外，有关部门要研究出台包括入学、住房保障等社会福利方面的倾斜政策和措施，用以倡导和鼓励自强不息、敬业乐群、扶正扬善、扶危济困、见义勇为、孝老爱亲等优秀青年模范先进事迹。

---

[1] 参见《中长期青年发展规划（2016~2025年）》。

第十章 青年社会融入与社会参与

习近平总书记在十九大报告中对青年作出如下形容：青年一代有理想、有本领、有担当，国家就有前途，民族就有希望。中国梦是历史的、现实的，也是未来的；是我们这一代的，更是青年一代的。中国民族伟大复兴的中国梦终将在一代代青年的接力奋斗中变为现实。青年作为建设国家新未来的人才力量，在国家的政治、经济和文化发展方面有着不可替代的作用。青年的发展潜力、自主性和创新性是更好建设中国特色社会主义国家不可或缺的因素。因而，我们需要关注青年的社会参与和社会融入问题。一方面引导青年进行社会参与、社会融入，使得我国现有的政治、经济和文化成果能够由青年来共享；另一方面，为广大青年的社会融入与社会参与提供多样化平台，为社会全体更好的社会融入与社会参与提供创新性思路，从而吸引更多青年投入到社会建设的伟大事业之中。青年和社会融入、社会参与二者之间是相互促进、共同发展的关系，两者关系的拉近有利于青年的社会责任感的培养和和谐社会目标的实现。

第一节 青年社会融入与社会参与相关概念的界定

一、青年社会融入与社会参与

（一）青年社会参与

通常把"社会参与"定义为：是指社会成员以某种方式参与、干预介入国家政治生活、经济生活、社会生活、文化生活和社区的公共事务从而影响社会发展。[1]由此可知，青年社会参与是指青年以某种方式参与、干预介入国家政治生活、经济生活、社会生活、文化生活和社区的公共事务从而影响社会发展。这是对于青年社会参与一个抽象性的定义。对于青年社会参与的全面了解需要通过其具体内涵来实现。下文将从青年社会参与的国际和国内两方面阐述在现阶段中国青年社会参与的具体内涵。

从国际上来看，国际意义上的青年社会参与首先来源于联合国于1985年决定的"国际青年年"活动的口号——"青年参与"，参与、发展和和平是这一活动的主体思

---

[1] 参见曾锦华："社会发展中的青年社团参与"，载《当代青年研究》1997年第1期。

想。[1]一方面社会的变革、建设发展需要具有精神力、创造力的青年的参与,另一方面青年处于少年和中年之间的一个成长时期,其社会地位、价值往往容易被忽视。青年需要通过社会参与发挥其才华,凸显其社会价值。因此重视青年广泛有效的参与和发展成为联合国国际发展战略的第三个十年计划建议书中优先考虑的课题,也是国际社会的一个共识。国际各国、各地区和国际社会成立由青年成员组成的青年组织并展开如火如荼的青年活动,其中代表性的有国际大学生企业家联盟和国际青年成就组织中国部等。世界性青年组织开展的青年活动使得世界各国、地区青年交流日益密切。

从国内来看,青年的参与在中国建设的各个时期都发挥着主导性的作用。在中国民主革命时期,基于青年的先期发动和积极参与促进了中国人民革命运动的发展。与此同时,以青年政治参与为核心内容的青年运动在中国反对封建军阀、反对日本侵略和民族解放时期中都起到了先锋作用。改革开放时期,青年积极响应国家政策,主动参与到社会经济建设之中,促进了中国市场经济的发展。新世纪以来,青年以主人翁的姿态关心国家的未来、民族的命运,在社会各个方面释放其才华,为建设中国特色社会主义而坚持不懈的奋斗着。因此,中国的青年社会参与内涵需要在原有的内涵之上,结合中国现阶段发展的实际情况,扩大中国青年参与的内涵和外延。将青年力量纳入社会建设的方方面面,发挥青年在建设中国特色社会主义的过程的先锋作用。培养青年建设国家的主人翁精神,使得青年成为中国特色社会建设的主力军,实现国家的民主与富强。

在21世纪的中国,中国青年的社会参与既需要积极参与国家政治生活、经济生活、社会生活、文化生活和社区的公共事务,建设富强、民主、文明和和谐的社会主义国家。中国青年也需要积极参与国际青年社会事务,加强国际和国内青年组织以及青年成员之间的交流,彼此学习和进步,不断促进和发展。中国青年在参与国际活动的过程之中既增强中国的"软实力"又实现了国际青年参与维护世界和平的目标。我们也要注意到青年在发展和学习的过程中不断丰富其社会参与的具体内涵,使得青年在社会参与之中得到创新和发展,也使得青年社会参与如星星之火可以燎原。

(二)青年社会参与与社会融入之间的关系

青年通过政治、经济、文化、社会和国际参与这些社会参与途径提升自我的社会化能力。社会化的一个重要方面是社会融入的程度。在青年社会参与的过程中我们不能忽视的一个方面是——社会融入,因而接下来我们需要讨论青年的社会参与和社会融入之间的关系。

社会融入作为一个抽象性的概念,至今对此没有一个统一的定义。西方理论界对于社会融入概念的界定一共有三大代表理论:"社会排斥论"——基于社会参与的视角;"社会融合论"——基于社会公平的视角;"移民融入论"——基于市民化的视角。"社会排斥论"认为社会排斥是全部或者部分被排除在决定一个人与社会融合程度

---

[1] 参见金志:"当代青年社会参与的若干问题",载《当代青年研究》1994年第Z1期。

的经济、社会或文化体系之外的多层面、动态的过程。[1]我国学者刘建娥从社会排斥和参与的角度对社会融入进行了定义。刘建娥认为"社会融入"是指特定社会中的个人与群体，通过结构调整与主体自我适应，能够享有就业、民主选举、决策调整、社会服务、城市文化生活等基本的政治权利、经济与广泛的社会权利，在平等参与的过程中逐步融入主流社会。[2]"社会融合论"认为社会融入的概念来源于社会融合，而2003年欧盟在关于社会融合的联合报告中对社会融合做出如下定义：社会融合是这样的一个过程，它确保具有风险和社会排斥的群体能够获得必要的机会和资源，通过这些机会和资源，他们能够全面参与经济、社会、文化生活和享受正常的生活，以及在他们居住的社会认为应该享受的正常社会福利。社会融合要确保他们有更多的参与生活和获得的基本权利的决策机会。[3]我国学者任远认为社会融合是个体和个体之间、不同群体之间，或不同文化之间互相配合、互相适应的过程，并以构筑良性的和谐社会为目标。[4]在西方，"移民融入论"主要是指试图从不同的层面与角度来概括、描述移民进入到新的国度或者新社会之后的融入状态和融入过程，而我国学者在对社会融入概念的解释对象主要是农民工群体，农民工群体的社会融入问题主要集中在他们离开农村进入城市后的经济层面、社会层面、心理层面和文化层面的融入。有学者根据这三大理论概括出社会融入的基本内涵和特征：社会融入是社会行动的社会性、能动性、持续性、反思性和交互性共同构成了形成社会融入这一特殊社会互动过程的组合特征的同一性，并且这五个方面是社会融入的本质特征。[5]笔者认为这是对于社会融入概念的科学、全面、客观的概括，值得参考和借鉴。

在"中国梦"的时代背景之下的中国青年社会融入更加具有浓厚的时代特色。因此，在响应国家促进青年社会参与和社会融入的目标的过程之中，要积极的夯实思想基础，拓宽青年的政治、经济、文化和社会融入途径和领域，推动青年向上流动。青年积极向上流动本身就是对美好未来生活的期许，未来发展目标越具体越被期待，其社会融入就越坚定、越顺利。成功是青年的梦想，向上流动是青年成功的重要阶梯。实现向上流动不仅需要社会给予一臂之力，更需要青年自己积极参与和融入。从社会格局来说，国家要把青年放在重要人才的位置来思考，科学规划和构建青年向上流动通道，打破青年对于阶级、利益壁垒的负面想法，描绘每个人都参与发展过程、享受发展成果的社会主义社会的发展期待。从青年群体来看，要对青年成功制定不同的评价标准，让青年理解在任何工作岗位都可以做得出色，取得成功、克服青年对于成功标准化、物化等不良倾向。纠正一些青年沉湎于"一夜成名"的急功近利，纠正一些

---

[1] 参见郭星华：《漂泊与寻根——流动人口的社会认同研究》，中国人民大学出版社2011年版，第56页。

[2] 参见刘建娥："从欧盟社会融入政策视角看我国农民工的城市融入问题"，载《城市发展研究》2010年第11期。

[3] 参见黄匡时、嘎日达："西方社会融合概念探析及其启发"，载《理论视野》2008年第1期。

[4] 参见任远、邬民乐："城市流动人口的社会融合：文献述评"，载《人口研究》2006年第3期。

[5] 参见陈成文、孙嘉悦："社会融入：一个概念的社会学意义"，载《湖南师范大学社会科学学报》2012年第6期。

青年只有竞争没有合作、只有"零和"没有双赢的极端竞争心理，纠正一些青年只看物质富足不看精神高尚、只有享乐没有奋斗的成功观。[1]因此，需要借助国家的推力做好青年融入工作，帮助青年迈入社会、参与社会活动、增强新时代的责任感、塑造坚韧意志。为实现中华民族伟大复兴的中国梦注入青春动力。

从上文讨论可知青年社会参与属于社会参与的一部分，青年的社会融入是青年的社会参与的过程的表现结果。在《规划》中将青年社会融入和青年社会参与之间的关系形容为：青年的社会融入是青年的社会参与的结果，是"硬币的背面"。青年的社会融入过程中主要影响因素包括：城乡差异、代际差异、地域文化、宗教信仰和族群差异。[2]这里的影响因素突出了青年社会参与中的农民工青年社会参与、城市流动青年的社会参与、无双亲青年的社会参与、不同民族青年的社会参与等问题。这些问题都影响这我国青年社会参与的内容、项目和发展路径、发展的社会效果。对此下文将详细阐述。

二、青年社会参与的类型

（一）政治参与

在我国，"政治参与"的通说定义为：公民自愿通过各种合法方式参与政治生活的方式。[3]但是不同学者对于青年的政治参与的内涵有着不同的看法。

我国学者金国兴认为青年的政治参与能够推进社会政治生活进步、促进青年健康成长，并且在极少数情况下，青年政治热情不合理爆发或被别有用心的人利用而给国家或者社会造成了严重伤害，则更能反映青年合法、有序、健康政治参与的重要性，所以要持之以恒加强对青年的思想政治教育，关心政治生活，促进青年的政治参与。[4]高文霞认为只有使广大青年具有较高的政治参与性，才能有利于广大青年从政治上、思想上与党中央保持一致，才能保证建设有中国特色社会主义建设的顺利进行。因此要切实加强共青团组织的团结、教育、引导的职能，并且要提高政治教育工作者的素质和正确发挥大众传媒的舆论导向作用。[5]也有学者从城市和农村经济、民主建设情况对于城市和农村青年的政治参与进行了特殊的分析。

无论是从何种角度对于青年的政治参与进行解读，青年的政治参与首先必须要坚持中国共产党领导的基本原则。在党的领导之下，贯彻党治国理政的基本思想精神，坚持党管青年原则，牢记为实现中华民族伟大复兴的发展目标。党中央应根据青年的特点和利益，为其提供适宜的成长环境，了解其参与国家事务的紧迫需求。维护青年发展权益，引导青年树立共产主义远大理想和中国特色社会主义共同理想。引导青年

---

[1] 参见杨建义："推进青年社会融入"，载《中国教育报》2017年6月1日。
[2] 参见《中长期青年发展规划（2016~2025年）》。
[3] 参见中国大百科全书出版社编辑部编：《中国大百科全书·政治学》，中国大百科全书出版社1992年版，第485页。
[4] 参见金国兴："试论青年的政治参与"，载《北京青年政治学院学报》2000年第4期。
[5] 参见高文霞："浅析中国当代青年的政治参与性"，载《河北省社会主义学院学报》2003年第4期。

坚定中国特色社会主义道路自信、理论自信、制度自信、文化自信，自觉团结凝聚在党的周围。引导青年积极参与政治建设。

青年党员人数的增加表明青年积极参与国家政治建设。2015年全国35岁以下青年党员达2254.4万名，占党员总数的25.4%，比2008年提高了1.9个百分点，比2000年提高了3.1个百分点；当年新发展35岁以下青年党员160.8万名，占发展党员总数的81.8%，比2008年提高了1.0个百分点，比2000年提高了7.8个百分点。2015年全国共有共青团员8746.1万名。青年踊跃参与各类民主选举。国家重视保障包括青年在内的全体公民在各级人大选举、城乡基层组织选举等各类民主选举中的选举权和被选举权。在十二届全国人大代表中，"80后""90后"代表共有76名。[1]这些数字和事实表明青年在国家的积极引导下有序参与政治活动，为国家建设积极建言献策，也凸显了青年积极参与政治建设的强烈意愿。

青年政治参与的热情、政治参与的途径、政治参与的领域在共青团的引导下有极大的提高和拓宽。共青团积极融入青年群体之中，与青年面对面交流，传递需要青年积极建设国家的思想，集中反映青年需求，为青年政治协商拓宽渠道，引导青年参与立法、参政和政府协商，进而提高青年政治参与能力和引导青年有序的政治参与。[2]共青团开展的"面对面"活动是了解青年政治参与意愿的途径，在共青团的带动之下，全国各省市为青年政治参与创造途径，其中最有代表性的是珠海市。2014年1月20日，珠海市召开八届三次政治协商会议，10名身着校服、志愿服和工服的青少年列席会议，旁听市政协主席工作报告。这在全国引起巨大反响，激发了各地青年积极要求政治参与的意愿并在共青团的指引下积极开展各项政治参与活动。为国家的政治建设注入青春活力，更是点燃了青年政治参与的灼灼热情。

（二）经济参与

根据对于马克思主义辩证论的理解，国家政治的稳定与经济发展的关系密切。由此可见，经济的发展对于一国的政治、文化、社区、国际交往等方面的发展具有巨大的影响作用。青年具有积极向上的活力、全面的洞察力和强大的创新力，青年是中国社会经济发展的强力军。因此支持、鼓励和引导青年参与国家经济建设是促进经济科学性、创新性发展的重要途径。

自十一届三中全会以来，我国坚持以经济建设为中心和改革开放。在中国共产党的带领和中国人民的艰苦奋斗之下，中国的经济建设取得了重大进步，人民的物质和精神生活水平都得到显著提高。在现阶段我国青年的主要状况是：青年的思想政治面貌总体健康向上，拥护中国共产党的领导，对中国特色社会主义事业充满信心。青年的基本生活条件不断改善，物质生活水平显著提高，精神文化生活日益丰富，青年群体文明程度不断提升。教育事业长足发展，青壮年人口文盲基本消除，新增劳动力平

---

[1] 参见共青团中央专项课题组："中国青年发展状况综述"，载《中国青年研究》2017年专刊。
[2] 参见王锋："'面对面'活动十年回顾"，载《中国共青团杂志》2017年第8期。

均受教育年限达到 13.3 年，处于我国历史上最好水平，与发达国家之间的差距显著缩小。社会保障制度更加健全、水平不断提升，法治国家建设不断推进，青年发展权益得到更好维护。青年的创新能力、创业活力不断增强，青年人才队伍不断壮大，在报效祖国、服务人民、奉献社会的过程中实现着自身的成长发展。[1]

青年是国家经济社会发展的生力军和中坚力量，未来 10 年，是实现"两个一百年"奋斗目标、实现中华民族伟大复兴中国梦的关键时期。面对复杂多变的国际环境和国内艰巨繁重的改革发展任务，统筹推进"五位一体"总体布局和协调推进"四个全面"战略布局，适应和引领经济发展新常态，牢固树立和贯彻落实创新、协调、绿色、开放、共享的发展理念，需要青年一代充分发挥作用，在改革发展稳定第一线建功立业、接续奋斗。[2]因此，在建设具有中国特色的社会主义经济的过程之中，要加强青年的经济参与力度，发挥青年在经济发展中的生力军和中坚力量。这其中表现为：2012 年第三产业的青年从业者达到 0.9 亿，首次超越第一产业，成为中国青年从业人数最多的产业。信息技术服务业、文体娱乐业、科技服务业等行业的从业者超过 50%是青年，青年成为这些行业当之无愧的主力军。此外，更多青年立足本职岗位，在经济社会发展的各个领域中创新创业创优，积极服务经济发展转型和产业结构调整，推动了国家经济持续健康发展。[3]经济的全面、协调和绿色发展需要政策、科技和人才的支撑，青年具有统筹大局的建设能力，长远的发展眼光和发展生态经济的发展意愿，因此青年的经济参与为我国经济的发展注入协调、平衡和绿色的发展元素，有利于实现我国经济的健康可持续发展。

（三）文化参与

广义的文化是人民在其生活生产过程中所创造的产物包括物质财富和精神财富，如文学、艺术、教育、法律、科学等等。[4]青年的文化参与既指青年学习文学、艺术、教育、法律和科学的过程，亦指青年在学习的过程中创造出独具特色的青年文化体系。《规划》应当将青年在文化参与过程中的青年文化打造成为社会主义文化体系的品牌文化，发挥其强大的塑造力和引导力量。

当前青年文化发展领域存在文化精品数量不足、文化形式不够丰富、文化优秀人才紧缺、文化发展环境有待改善、网络文化建设滞后、保障体系不够健全等问题。因此青年要想继承中华优秀传统文化、弘扬社会主义先进文化、形成中国特色的青年文化，政府就要着力解决青年文化参与过程中出现的问题。我们需要发展精品文化、丰富文化形式、培养优秀文化、改善文化环境，开设多样文化参与途径从而鼓励青年参与社会主义文化建设。

---

[1] 参见《中长期青年发展规划（2016~2025 年）》。
[2] 参见《中长期青年发展规划（2016~2025 年）》。
[3] 参见共青团中央专项课题组："中国青年发展状况综述"，载《中国青年研究》2017 年专刊。
[4] 参见罗红光：《人类学》，中国社会科学出版社 2014 年版，第 2 页

（四）社会参与

青年的社会参与是指青年参与除政治、经济、国际等之外的社会参与，主要是指青年参与社区活动、在共青团的引导下参与青年组织活动等社会活动。

社会的发展和国家对于青年承担民族复兴的期望需要青年越来越多地参与到社会公共事务的管理之中。青年的社会参与是推动社会进步和发展的重要力量，青年通过社会参与了解国内外大事，开阔视野，增强自身社会参与的能力和责任感，进而推动社会全面发展和科学进步。青年社会参与是社会发展对青年的客观要求，也是青年发展的主体需要。青年志愿服务已成为我国社会公共服务事业的重要组成部分。自1993年共青团中央发起实施青年志愿者行动以来，全国所有省区市和市地州盟、2763个县市区旗，以及2000多所高校均建立了青年志愿者协会，全国经规范注册的青年志愿者人数达到5000万，在全社会大力弘扬了"奉献、友爱、互助、进步"的志愿精神，成为我国志愿服务事业名副其实的中坚力量。保护母亲河行动已经成为全国性的青少年参与生态文明建设的品牌项目，带动广大青少年和各类青年环保组织积极参与生态环境保护，带头践行绿色生产生活方式，共建生态文明，共创美丽中国。[1]青年的社会参与涉及教育、医疗和生态等领域，青年的社会参与活动不仅可以宣扬服务社会的志愿者精神，亦可缩小贫富差距，实现共同富裕的发展目标。

因此，在《中长期青年发展规划》中要着力解决青年社会参与的途径局限、内容不足等问题，为青年参与社会活动提供多样化平台，激发青年积极参与社会活动。社会参与活动可以感染青年学习奉献的志愿者精神，亦可以宣扬"我为人人，人人为我"的和谐社会思想内涵，为建设和谐中国奠定青年基础。

（五）国际参与

青年的国际参与是对于青年社会参与的纵向分析。青年的国际参与是指全世界各国、地区青年就政治、经济、文化、教育、青少年权利保护、青年犯罪问题等方面的相互交流。目前，民间青年的国际参与的主要方式是留学和自发成立的国际青年组织。随着中国实行改革开放的政策和加入世贸组织，中国和世界各国、国际社会的联系日益密切。青年之间的国际交流也会日益频繁，故而国家需要一方面保障现有的青年国际参与的主要途径，另一方面要积极主动地创造更多的机会促进各国青年之间相互交流。增加青年在国际事务中的话语权，让青年促进国际关系中的和平交流，进而实现世界和平的目标。

根据资料显示：2016年我国出国留学人数54.45万人，较2012年增长14.49万人，增幅达36.26%；2016年出境旅游规模1.22亿人次，其中青年是主体。国际交流社团基本覆盖所有高校，全国每年开展超过300场模拟联合国活动。中国青年在国际场合亮相的机会逐渐增多，联合国青年论坛、教科文组织青年会议以及各类多双边青年论坛上中国青年发声的机会越来越多，中国青年组织参与国际文书撰写、影响国际

---

[1] 参见共青团中央专项课题组："中国青年发展状况综述"，载《中国青年研究》2017年专刊。

议程的能力逐渐提高。青年交流已经纳入中美、中俄、中英、中欧、中法、中韩、中南非、中印尼等国家或部门级人文交流合作机制框架下，开展了青年领导人对话、青年企业家经贸合作、青年发展专题研讨等多种形式的交流与合作，中国青年传播中国精神的能力不断提升。共青团和全国青联近五年共接待海外青年10 196人次，派出中国青年5634人次；派出235人次参与国际和区域性会议64次，举办26次国外青年干部培训班，共培训2212人。志愿服务是公共外交的重要组成部分。近年来，先后有近20万名青年志愿者为2008年北京奥运会和残奥会、2010年上海世博会、2011年深圳大运会、2014年南京青奥会、2015年APEC、2016年G20提供志愿服务。大批海外青年志愿者赴亚非拉等发展中国家开展汉语、体育、医疗、计算机等培训服务，有效促进了中外交流，树立了国家良好国际形象。[1]

以上数据显示我国青年在国际政治、经济、文化和社会组织之间的交流日益增多。我国青年积极参与国际事务是我国积极实行改革开放的社会效果，亦是我国综合国力提升的彰显。青年的国际参与有利于开拓青年的眼界和学习其他国家的文化思想精粹，为青年在国家政治协商、经济建设、文化发展和社会参与中积累经验。日后我国青年更加积极主动的参与国际事务必将推动我国成为世界大国的步伐，实现世界和平的发展目标。

第二节 我国青年社会参与的总况

一、我国青年社会参与全貌

（一）青年社会参与之参与热情

21世纪的世界是科技主流发展的世界，21世纪的中国亦是科技的大国。科技的迅速发展为人民的出行、交往、工业生产等方面提供了便利，其中信息网络的发展对人们生产、生活的影响最为突出。

网络时代的到来不仅改变了人们的交往方式和参与社会活动的方式，更给青年们提供了多样化的社会参与模式。一方面科技时代的青年有强烈的社会主体意识，对自身的利益更加关注。青年的独立性、参与性、创造性表现得更加开放、主动，也即青年社会参与的热情较高；另一方面随着经济的不断发展，社会变革也在不断进行之中。强大的社会变革促使青年把注意力放在现实生活之中，丰富多彩的现实生活激发了青年社会参与的热情和意识。因此，现代化的中国科技发展迅速，青年的社会参与热情高。青年高涨的社会参与热情有利于推动青年成为建设中国特色社会主义的主流力量。

（二）青年社会参与之参与渠道、内容

青年社会参与的基本条件是拥有便利的参与渠道。拓宽青年社会参与渠道，对于

---

[1] 参见共青团中央专项课题组："中国青年发展状况综述"，载《中国青年研究》2017年专刊。

提高青年社会参与积极性，深化青年社会参与意识，从而建设经济发达、政治文明、精神文明的现代化中国具有重要意义。目前我国青年社会参与渠道多样，社会参与的方式和内容较丰富。这其中表现为国家建设青年马克思主义者培养工程、青年社会主义核心价值观培养工程、青年体质健康提升工程、青年就业见习计划、青年文化精品工程、青年网络文明发展工程、中国青年志愿者行动、青年民族团结进步促进工程、港澳台青少年交流工程、青少年事务社会工作专业人才队伍建设工程。各项工程引导青年参与国家政治活动、经济建设、文化发展、民族发展和国际交流，可谓青年的社会参与方式和内容覆盖社会生活的各个方面。

然而在现阶段，我国青年参与的渠道依然不够丰富。目前实践中，志愿服务是青年实现社会参与的主渠道，但是在其他领域，比如涉及青年自身切身利益的政策制定、社会监督、基层群众自治等方面，青年作为一个重要群体的代言，发声渠道少。这是我国青年社会参与面临的主要问题，也是青年社会参与需要改善之处。在有序、高效和科学的社会参与渠道中，青年才可以充分发挥其建设社会的主心骨的作用。

（三）青年社会参与之互联网途径

互联网的普及使得中国进入互联网时代，互联网成为青年社会参与的重要表达平台和动员青年积极进行社会参与的动员平台。根据数据显示，截至2016年12月，我国网民总数7.31亿人，其中10岁~39岁网民占比73.7%，约5.39亿人。[1]网络的两面性给青年的社会参与带来诸多问题，最为突出的即为网络的开放性导致网络信息的多元和参差不齐以及青年对于国家政策的理解、经济的发展和文化的吸收都有诸多不利的影响。因此，国家需要正确引导青年通过网络渠道积极参与社会建设。

（四）青年社会参与之社会参与意识和能力

青年良好的社会参与需要青年具有正确、积极的社会参与意识和独立参与社会的能力。青年社会参与的水平和效果与青年社会参与意识和能力的高低和强弱有紧密联系。近些年来，我国青年社会参与的意识和能力有了显著的提高。因此，为了引导青年社会参与意识和国家建设的指导思想相适应需要在深入了解青年价值观和社会参与意向基础之上，开发青年社会参与项目和工程，提升青年社会参与能力。

（五）青年社会参与之社会参与思想特征

我国青年社会参与的思想特征主要表现为权利意识、平等意识增强与传统政治参与冷漠并存。深受改革开放的影响，青年的权利意识和平等观念有了显著提高。然而从横向比较，青年的权利意识和平等观念较多表现在经济、文化等领域。对于政治领域的参与相对较少，党和国家需要建设吸引青年参与的项目，激发青年参与政治生活的意识，提高青年参与政治生活的参与能力。

（六）青年社会参与的其他特征

青年社会参与的其他特征主要有对于其社会参与的主动性增强以及要求增多，但

---

[1] 参见中国互联网信息中心："CNNIC第39次报告"，载新浪网：http://tech.sina.com.cn/z/CNNIC39，访问日期：2017年6月28日。

是传统组织动员力下降。青年积极主动参与社会并且对于其社会参与要求增多是由于社会多样化和科学技术的发展。但是由于经济的发展，城乡经济发展差距拉大，城市青年社会参与渠道、参与意识和参与能力和农村青年社会参与渠道、参与意识和参与能力无法统一，使得原有的传统组织动员青年进行社会参与的能力下降。因此这也表明要建设民主、富强、平等的社会主义国家必须重视城乡青年社会参与的差异和不同地区青年的社会参与要求，设置不同的社会参与体系，提高组织动员青年进行社会参与的能力。

二、我国青年社会参与与青年组织

（一）全国性的综合组织

青年社会参与的全国性综合组织有共青团、中华全国青年联合会、中华全国学生联合会、中国少先队等。其中共青团是全国性综合组织的代表，中国共产主义青年团在现阶段的基本任务是坚定不移地贯彻党在社会主义初级阶段的基本路线，以经济建设为中心，坚持四项基本原则。坚持改革开放，在建设中国特色社会主义的伟大实践中，造就有理想、有道德、有文化、有纪律的接班人，努力为党输送新鲜血液，为国家培养青年建设人才。团结带领广大青年，自力更生，艰苦创业，积极推动社会主义物质文明、政治文明和精神文明建设，为全面建设小康社会、加快推进社会主义现代化贡献智慧和力量。青年社会参与工作在以中国共产党为领导核心的前提之下，由共青团负责帮助全国性青年组织具体承担协调、督促青年事业的发展，为青年积极参与社会活动、融入社会制造良好条件。共青团为了促进青年积极参与社会建设、融入社会，开发了"共青团与人大代表、政协委员面对面"活动，为青年参与政治协商、经济建设和文化交流等搭建了沟通的桥梁。

（二）全国性的专业组织及地方性的青年组织

青年社会参与的专业组织包括全国性的专业组织和地方性的青年组织，前者包括有红十字协会，后者有各省市青年创业者协会等青年组织。这些专业组织以及地方性青年组织在共青团的指导下具体承办青年工作，从而使得青年的社会参与工作实现全国发展和地方发展相统一，综合性和专业性相统一，普遍性和专业性相统一。促进青年组织科学、持续、创新性发展，积极地为青年的社会参与、融入提供方向引导、资金支持和人才补给。

三、我国青年社会参与的项目与领域

从2007年到2017年共青团开展的"共青团与人大代表、政协委员面对面"活动已有十年。"共青团与人大代表、政协委员面对面"活动经历了从地方试点走向全国实践、从单纯活动走向制度建设、从单一内涵走向参与协商民主的发展过程，在这期间"面对面"活动在促进青年的社会融入、净化青年的成长环境以及促进青年的就业等方

面发挥了积极作用。[1]共青团积极融入青年群体，注重青年教育，倾听青年声音，丰富青年的精神文化生活，为青年融入社会提供多样化平台，鼓励青年积极创业并且对其创业给予政策支持。共青团加强与群团组织通力合作，积极加强对于青年教育、医疗、就业和生活方面的帮助，使得青年可以健康成长并且积极投身于社会主义事业的建设。接下来后面具体介绍在共青团的领导下开展的青年项目。

（一）希望工程

1989年10月团中央、中国青少年发展基金会以救助贫困地区失学少年儿童为目的，发起了希望工程公益项目。希望工程公益项目的宗旨是建设希望小学，资助贫困地区失学儿童重返校园，改善农村办学条件。知识可以改变命运。希望小学的建立改变了一大批失学儿童的命运，教学资金、教师资源以及教学设施的多方面无条件支持改善了贫困地区的办学条件，唤起了全社会的重教意识，促进了基础教育的发展。希望工程所传达的扶贫济困、助人为乐的精神，推动了社会主义精神文明建设。一方面，希望工程为青年参与社会活动提供一个救助途径，使得相对落后地区的青年有途径可以学习科学文化知识，从而积极参与社会建设；另一方面，希望工程也是青年志愿者活动的主要项目活动，青年通过参与希望工程活动，对国家经济、文化、志愿者服务都有较为深刻的认识，了解社会发展过程中所产生的贫富差距，通过志愿服务认同自我价值等等。希望工程可以促进青年以更加浓厚的兴趣参与社会改革、发展志愿服务事业。

（二）三支一扶

"三支一扶"是指大学生在毕业后到农村基层从事支农、支教、支医和扶贫工作。"三支一扶"是根据国家人事部2006年颁布的第16号文件《关于组织开展高校毕业生到农村基层从事支教、支农、支医和扶贫工作的通知》而开展的一项公共服务活动，其目的在于为高校毕业生向基层单位落实就业问题提供具体的指导和保障。大学生具有完备的科学文化知识、源源不断的精神活力和熟练的社会交往技能。因此其是青年志愿服务工作的重要参与主体，更是各个不同民族交流、国际交往的重要桥梁。"三支一扶"的青年工作项目的发起在为青年参与社会另辟蹊径的过程中，引导大学生树立积极、关爱和奉献的人生观、价值观、就业观，为青年队伍铸造强大的精神力量。

（三）中国青年创业行动

自主创业不仅仅可以创造个人财富，在拉动国家经济发展这一方面也有巨大促进作用。根据数据显示：2016届大学生自主创业比例是3.0%。[2]青年就业创业一直以来就是国家重点关心的领域。因此，国家出台《"十三五"促进就业规划》，大力支持大学生就业创业，青年勇敢开拓新领域的事业。国家为青年就业提供方向的指导以及必要政策、资金的帮助，其中国家为青年就业帮助的范围涉及法律、制度、资金等方面。为青年的创业就业提供强力的后盾。中国青年创业行动也火热开展起来，各大高

---

[1] 参见王锋："'面对面'活动十年回顾"，载《中国共青团杂志》2017年第8期。

[2] 参见麦克思研究院、社会科学文献出版社共同发布："2016年中国大学生就业报告"，载中国社会科学网：http://ex.cssn.cn/dybg/gqdy_sh/201606/t20160623_3081988.shtml，访问日期：2017年6月28日。

校开展大学生创新创业大赛,地方成立青年创业者协会。并且积极响应国家政策,青年的创业行动更加具有强大的动力、较强的组织性和协调性。一方面,共青团积极联络京东和淘宝等电商平台,促进城乡青年电商创业,带动中国青年创业科技化、绿色化和平衡化发展;另一方面,中国企业家和地方企业协会对于青年创业给予鼓励和支持,比如京东和淘宝就承诺给予乡镇青年电商创业的保证,并且给予电商创业的青年创业培训等帮助。在国家和社会的帮助之下,青年创业行动如火如荼的开展起来并且已取得明显成效,这是青年积极社会参与和社会融入的成果之一。

四、我国青年社会参与的动机与期望

个人行为的推动力必定是基于一定的动机和期望。青年社会参与的动机和期望会使我们更加了解青年社会参与的行为心理驱动力。促使青年心理与青年社会参与的主流价值观相符合,制造更加健康、有序、自觉的社会参与氛围,促进我国社会主义事业的建设和发展。我国青年社会参与的动机和期望主要表现为:感知现实、发现价值、提高能力、服务社会、主张权益。这里的发现价值、感知现实属于内部动机,提高能力、服务社会和主张权益属于外部期望。从整体上来看,青年的内部动机和外部期望符合事物发展的一般规律。但是目前我国经济发展水平不能满足青年社会参与的全部期望,也即青年的期望和青年实现期望之间存在差距。这是目前我国青年工作亟待解决的主要问题。这既需要完善青年工作体系和项目,使得青年工作的开展与青年行为方式、行为动机和期望相符合,亦需要引导青年形成既不违背社会发展规律又适当超前的社会参与的期望。

五、我国青年社会参与与国际交往

留学、经贸、旅游、组织交往等方面属于国际交往的重要体现。我国留学方面的数据显示:从1978年到2015年间,中国出国留学人数累计404.21万人,近十年来持续高速增长。从1978年到2015,累计有221.86万人留学学成归国,占已完成学业留学生群体的79.87%。[1]其中经贸方面表现为2013年中国派驻境外的企业员工约100万人,境内外资企业员工2200多万人,70%以上是青年。旅游方面表现为2015年全国出境游1.17亿人次,约60%是青少年。组织交往表现为团中央、全国青联、全国学联等与50多个国家的青年组织和20多个国际青年组织保持交往。上述数据皆表明中国在经济、文化、教育和社会组织活动等方面和国际都保持着密切联系。目前国际社会处于全球化、网络信息化的大背景之下,中外思想文化交流、交融、交锋更为频繁,青年可以通过国际交往借鉴国际上青年社会参与的成功经验和思想精神,取其精华、弃其糟粕,形成自己具有体系的正确的世界观、价值观。因此支持青年参与国际交往,

---

[1] 参见"中国留学生发展报告(2016年)蓝皮书",载搜狐网:http://www.sohu.com/a/132303394_490529,访问日期:2017年6月28日。

一方面可以培养合格和优秀的中国青年；另一方面通过青年间的国际交往可以培养国家间的长久友谊，为国家关系和平、健康、持续发展奠定广泛而深厚的民众基础。

第三节 我国青年社会融入现状

一、我国青年社会融入现状

通过上文我们已经了解社会融入和社会参与之间的密切关系。青年社会参与亦属于社会参与的一部分。《规划》对此二者之间的关系形容为：青年的社会融入是青年的社会参与的结果，是"硬币的背面"。根据我国青年社会融入的具体情况，其突出表现在：城乡差异、地域文化、代际差异、宗教信仰、族群差异。社会治理体系现代化逐步推进需要青年更加主动、自信地适应社会、融入社会。然而，我国青年社会融入过程中的实际情况和青年融入社会的诉求存在差距，也即青年社会融入过程中存在价值观认同、地区交往等方面存在种种问题。我国要有序、体系的推进青年积极融入社会需要着力解决这些问题。

二、我国青年社会融入存在的特殊困难

（一）市场化城镇化国际化并行

20世纪70年代，我国开始实行改革开放。90年代，我国开始实施市场经济体制。21世纪初，我国成功加入世界贸易组织。这些促进了中国的各个领域市场化、城镇化、国际化的发展，并且是具有中国特色的市场化、城镇化和国际化。青年社会融入也表现出市场化、城镇化和国际化的发展特征。

市场化突出表现为国家对于经济的监管、资源的配置放宽。公民可以自由买卖、交易和交往。[1]市场化对于青年社会融入的影响主要表现为市场的开放性给青年带来更多的资源和信息，这些资源和信息没有经过整合和筛选，因此青年社会融入的方向会有一定的不受控，比如网络的普及。青年网民在网络上获取的社会信息的片面性、极端性会影响青年对于社会的主观印象，某种程度会阻碍青年社会融入、社会参与的积极性。

城镇化的实质就是农民的市民化。有数据表明大量农村青年进城务工，并且具有在城市生根发芽的愿望。[2]城镇化对于青年社会融入的影响主要表现为农村和城市青年的社会参与和社会融入的方式差异大以及城市和农村青年的文化水平、信息获取的能力和思维方式存在较大差异。因此在农村青年进入城市的同时，要保障此类青年的社会参与、社会融入的权利，必定会存在政策的调整和资源的整合问题。

自从中国实行改革开放政策以来一直都在努力和国际接轨。近些年来，中国和国

---

[1] 参见刘卫平："论社会转型期市场经济变革的社会效应"，载《湖北社会科学》2003年第9期。

[2] 参见邢文会："新型城镇化背景下推进流动人口社会融入的思考"，载《决策探索（下半月）》2014年第10期。

际的交往范围和内容也在逐步增多,然而在青年的国际交往之上仍然存在方式单一和内容相对局限的问题。与此同时,中国国内市场化和城镇化也在逐步发展。因此青年融入在市场化、城镇化和国际化三者并驾齐驱的影响之下,会存在国内和国际社会融入方式衔接不通畅、信息不对称等问题。青年社会融入的首要要件就是具有融入的渠道和信息的获取,促进青年社会融入必须要解决青年如何融入社会、通过何种途径获取融入社会的信息并以何种方式融入社会等方面的问题。

中国市场化、城镇化和国际化的迅猛发展表明中国经济方面的建设取得明显成就。发展与机遇并存,在市场化、城镇化、国际化的背景之下的中国青年社会融入虽然存在监管不力、资源不对称和距离国际水平差距大等问题,国家需要在积极推进青年社会融入的现行政策之下学习国际社会融入方式和信息衔接方式,并且利用经济市场监管经验对于青年社会融入进行有效监管。在推进城镇化的过程之中一方面积极培养农村地区青年社会融入的责任感和使命感,另一方面设置适宜城市和农村地区基本状况的青年社会融入途径,从而在解决现存问题的过程之中促进青年社会融入健康、有序发展。

(二) 经济变革与社会转型同步

经济变革与社会转型是相辅相成的。在社会转型期间,经济变革从根本上改变了人民的生产和生活方式,促进了人们社会活动领域的多样化。城市化的进程促进了人们社会活动的开放性,然而城市生活的流动性、竞争性、效率性和自由平等性也在潜移默化地影响人们的生活方式。自从我国进入市场经济时代后,市场经济就打破了人们活动的封闭性,促进了人们活动的流动和开放。同时市场经济也打破了传统社会政治结构的变迁,促进了政治民主化进程,这其中表现为城乡基层群众自治组织的设立。市场经济更冲击了传统文化观念体系,诞生了新的文化观念,促进了文化观念结构的更新和变迁,这其中具有代表性的就是新兴的"青年文化"。经济变革和社会转型的同步给我国政治、经济和文化领域带来了巨大的影响,青年团体也深受其影响。青年处于人生观、世界观和价值观形成、发展和完善的关键时期,因此在经济变革和社会转型的社会背景之下,青年会受到不同文化、价值观的正负面影响。我们需要积极引导青年正确、有序的参与社会、融入社会,帮助青年树立正确的经济发展观。

国家、社会需要对青年心态进行疏导,帮助青年形成辩证思维,以全面的、发展的、联系的立场,客观、冷静地认识我们面临的问题。帮助青年树立讲逻辑、守规则的意识,避免思维情绪化和行为的简单粗暴。塑造青年沉着淡定、不骄不躁的心理品质,更好地应对各种困难、挫折和风险。进而沉着面对经济改革和社会转型过程中存在的问题。

(三) 主流价值观的整合力下降

实行市场经济体制造成不同价值观、新兴价值观之间的相互冲击、摩擦,使得青年在社会参与和社会融入过程中的选择增多,也会造成青年的主流价值观的整合力下降。《规划》要求:在全球化、信息化、市场化、城镇化条件下,中外思想文化交流、交融、交锋更为频繁,青年价值观形成、行为习惯养成受到诸多外在因素的影响,思想意识更加多变多样。因此凝聚共识、培育社会主义价值观既紧迫又艰巨。

对于整合青年社会融入的主流价值观，杨建义教授提出四种途径：一要用远大理想引领青年社会融入方向。二要用社会主义核心价值观作为青年社会融入的价值导向，引导青年勤学、修德、明辨、笃实，在引领社会文明风尚中发挥积极作用。三要用以爱国主义为核心的民族精神和以改革创新为核心的时代精神展现青年社会融入的特质，引导青年自觉培养爱国之情、实践报国之行，以特有的创新激情、创造活力，推动经济社会发展。四要以"四个正确认识"定位青年社会融入的时代坐标，在正确认识世界和中国发展大势中把握当代青年的发展机遇和必然趋势，同时要做好社会心态疏导。社会心态不仅表征青年与社会的关系，也直接影响青年社会融入。当代青年身上既有责任担当和蓬勃朝气的青春旋律，也有因需求潮流、生活版图、思想生态巨变带来的复杂、流变的社会心态。[1]笔者认为杨建义教授从外到内、从表到里整合主流价值观的方法符合当下中国青年社会参与和社会融入的具体情形，对于提高中国青年主流价值观具有积极作用。

（四）大规模跨地区高频率人口流动

农村人口向城市人口流动和移民是大规模跨地区高频率人口流动现象的表征。在我国社会发展过程中，大规模跨地区高频率人口流动产生的主要问题就是农村人口向城市人口流动，也即城镇化发展所带来的辐射影响。青年劳动力的流动更为突出，由于传统观念和现实遭遇的影响，流动青年缺乏身份认同感和归属感。因此要促进流动青年的社会融入，需要社会的全面参与。然而在我国经济仍处于高速发展的时期，社会制度在此方面并没有十分完善。流动青年的社会融入成为青年社会融入过程中的最大困难之一。

在大规模跨地区高频率人口流动的过程之中需要加强人口登记管理，这样做既可以维护社会治安又可以保护流动青年社会融入的基本权利。这样的举措既需要国家制度的保障，也需要发挥社会协同作用。我们应当逐步建立"以政府为主导、借助多元主体共同参与"的社会治理新模式，从而逐步解决大规模跨地区高频率人口流动所带来的问题。

（五）贫富差距扩大与社会流动性降低

贫富差距扩大和社会流动性降低是我国当前社会发展过程中出现的两个问题。我国实行开放的市场经济后，不同阶层人民的发展资源并不是完全一致，这其中表现得最为突出的就是农村和城市的差距。在高速发展的时期如果没有相应的制度、完善的政策作为保障，社会贫富差距逐渐扩大在所难免。就社会流动性的降低而言，社会流动性的定义有横向定义和纵向定义之分。社会的横向流动是指地域上的迁徙情况，社会的纵向流动是指社会阶层结构上的变迁，也即指个人或群体由社会的某一阶层到另一阶层的活动。这里既指个人在社会地位中的变迁，也指个人相对于父母在社会地位

---

[1] 参见杨建义：" 推进青年社会融入"，载《中国教育报》2017年6月1日。

上的变迁。我国青年社会流动性降低主要是指青年的纵向社会流动性降低。由于市场经济的开放性、多元性，就不可避免地导致能者多得的情况。然而处于城市的青年在获取社会资源、文化吸收和政策支持之上相对于农村青年更为便捷，使得原有差距过大的社会阶层分化的更为明显，农村青年向上的流动更为艰难。这导致青年在社会参与和社会融入的过程之中，社会流动性降低的问题的产生。

前文所述，青年的社会融入内涵之一就是促进青年向上流动。青年向上流动既需要思想上的武装，还需要行动上的促进。现阶段我国青年社会融入过程中解决流动青年社会融入问题、农村和城市青年社会融入问题以及积极引导青年参与更多政治性事务都体现了国家积极引导青年向上流动。青年社会融入活动本身就是为了缩小阶层差距和促进青年多项参与、多向流动。因此完善青年社会融入活动就是逐步解决这个问题的过程。

第四节 促进青年社会融入与社会参与的措施

一、组织层面

（一）健全党领导下的以共青团为主导的青年组织体系

为加强共青团在青年社会组织中的影响力和凝聚力，中央探索以共青团为核心、以团属青年社会组织为枢纽平台、以其他青年社会组织为左膀右臂的青年社会组织体系。共青团与青年社会组织是一种合作关系。青年社会组织开展公益活动、提供社会活动、传递社会爱心，是共青团参与社会建设的重要合作伙伴以及手臂延伸，可以扩大共青团在青年中的"朋友圈"。各级共青团组织要积极团结和引导青年社会组织，着力形成各方共同参与社会治理的良好局面。健全党领导下的以共青团为主导的青年组织体系，并且根据各地发展情况，建立符合地方青年社会参与、社会融入水平的青年社会组织。这是对青年社会参与、社会融入提供的组织保障方法之一。

（二）引导青年社会组织健康有序发展

中央在《规划》中对于共青团引导青年社会组织健康有序发展的要求为完善共青团的组织能力。关心青年新需求，并且积极回应青年的实际需求，加强共青团自身建设，使得共青团的职能覆盖新领域青年和流动青年。党团员要以身作则，为青年树立模范形象，发挥其精神引领的作用。与此同时，还要加强共青团对学联组织的指导，推动学联组织引导学生追求进步、维护学生合法权益。发展培育青年社团，加强对各行各业青年的凝聚和服务。更好联系、服务和引导青年社会组织，促进青年有序社会参与。在一个有组织性的、良好的协调性的有序的社会参与中，青年可以更加充分地发挥其参与建设社会、服务社会的精神才智。

二、文化层面

（一）增进不同青年群体的交流融合

按照地域可以将青年群体划分为城市青年、农村青年和新生代农民工青年。按照国际国内标准可以将青年群体划分为国内青年群体和留学归国青年群体。按照组织性可以将青年群体划分为青年个人和青年社会组织等。从前文对于青年群体的划分可见，增进不同青年群体的交流融合十分必要。因此，中央在《规划》中特别强调要整合各方资源，帮助解决重点、新兴领域青年群体的实际困难，增进新生代农民工、青年企业家、青年社会组织骨干、青年新媒体从业人员、高校青年教师、归国留学青年等群体的政治认同和社会参与。共青团要为传统青年群体和新兴青年群体创造交流条件，并且要创造条件推动不同阶层、不同领域青年群体进行经常性对话交流，增进理解、认同和包容，舒缓社会压力，融洽社会关系。交流产生理解，理解会达成共识，共识促进融合。青年之间思想的碰撞可以推动国家和社会的全面发展。

（二）增强港澳台青年的国家认同、民族认同和文化认同

从领土的立场来看，香港、澳门和台湾是中国领土的不可分割的一部分。这是不同群体的青年在进行交往、融入的过程中必须坚持的立场。从民族的立场来看，中国是一个统一的多民族国家，各个民族"大杂居，小聚居"构成我国民族分布的特色。因而，加强同我国香港、澳门和台湾地区以及各个民族青年之间的交流对于国家的统一，民族的发展至关重要。所以，中央在《规划》中对于此方面提出的发展对策为实施港澳台青少年交流计划，以中华文化为纽带，不断探索创新工作方式，提高交流实效，实现在多元文化背景下包容差异、消除隔阂、增进认同。帮助港澳台青年形成对"一国两制"的正确认知、对祖国文化的认同。世界上只有一个中国，中国是统一的多民族国家。因此，国家引导青年参与社会、融入社会的过程中，必须要在此大前提下进行，也必须要对港澳台青年的参与与融入重点予以关注。

（三）支持青年参与国际交往

在中国走向世界的过程中，青年人可以发挥宣传员、生力军、桥梁纽带的作用。支持青年参与国际交往不仅可以学习其他国家青年参与社会管理和建设的经验，还可以加强国家间的交流。因此在国际关系日益密切的背景下要拓宽青年参与国际交往的渠道，为青年开展国际交流与合作搭建更广阔的平台。完善选拔方式、丰富选拔手段，让更多的青年群体代表参与国际交流。培养推荐青年优秀人才到国际组织任职。加大宣传力度，提升青年国际交流活动的影响力和辐射面。另一方面还要培养和加强青年参与国际交往的意识和能力，重视青年参与国际事务的思想引导，让青年在亲历国际交往和中外比较中正确认识国情和世情，增强道路自信、理论自信、制度自信和文化自信。在诸多国际交往之中，提高语言能力，扩充知识储备、熟悉国际规则、培养国际视野，提升青年全球治理的能力。

三、社会层面

（一）着力促进青年更好实现社会融入

国家着力促进青年更好实现社会融入属于国家对于青年社会参与与融入的组织上的引导。其具体体现为：国家带领青年自我教育、自我管理和积极参与社会实现自我

价值。学校为青年进入社会、参与社会以及融入社会提供思想和技术的武装。关注特殊青年群体的社会参与和社会融入问题。科学分工国家机关、事业机构以及群团组织的责任，加大群团组织在青年社会参与和社会融入中的权利和义务。引导青年理性区分好坏、善恶，树立正确的社会观。要在全社会推动形成鼓励青年多样化参与、支持青年个性发展、宽容青年失误的氛围，为青年更好融入社会营造良好环境。这是国家在青年融入社会的环境创造上必须要承担的责任。

（二）引领青年有序参与政治生活和社会公共事务

青年是国家政治、经济和社会公共事务建设和发展的中坚力量。因此，《规划》明确要求要引领青年有序参与政治生活和社会公共事务。其具体要求是为青年政治参与提供和创造条件。鼓励青年在积极参与政治活动并且积累实践经验，从而更好地承担其在国家在政治事业中的责任。利用法律规制青年参与政治活动的程序，引导青年有序参与政治。扶持青年社会组织，加大青年社会组织在青年参与政治中的组织责任并且积极发挥重点青年社会组织的示范带动作用。改善对青年社会组织的监督管理，建立完善民政部门和共青团、青联等群团组织及有关职能部门协同发挥作用的管理机制。青年社会组织有序建立、发展，青年才可以有序参与政治生活和社会公共事务。

（三）鼓励青年在经济社会发展中充分发挥生力军和突击队作用

事实证明青年的创造性、积极性和开放大胆是社会经济的创新、有序发展的重要驱动力。因此，中央明文规定要鼓励青年在经济社会发展中发挥生力军和突击队的作用。即围绕国家整体发展战略需要，深化各类建功活动，树立先进典型，激励青年在各行各业积极创新，拓展工作领域和空间，形成发展新动力。发挥青年企业家在缩小贫富差距、促进区域经济平衡发展的榜样作用。大力发展青年教育事业，鼓励青年积极参与志愿西部支教项目，缩小中西部、农村和城市的教育水平的差距。大力支持青年参与环境保护事业，支持绿色、生态企业的发展。支持青年到祖国的各地、在各行各业发挥其才能。这也是青年作为国家经济建设中主力军的应有之义。

《规划》的各项举措是在融入青年群体、了解青年意愿和科学分析青年社会参与情况之下提出的，这与目前阶段我国青年的社会交往、社会认同、社会参与和跨地区的交流交往情况相符合。青年在《规划》的指导之下可以更好地参与社会建设和融入社会生活。习近平总书记在十九大报告中指出要促使青年不断成长为志存高远、德才并重、情理兼修、勇于开拓，堪当实现中华民族伟大复兴中国梦历史重任的有生力量。青年力量的发挥需要科学且完善的青年发展政策体系和工作机制。国家需要引导青年有序的社会参与和社会融入，青年才可以积极有效的参与社会和融入社会，二者相辅相成，造就德才并重、勇于开拓和实现中华民族伟大复兴的有志青年，发挥青年实现中国梦的有生力量。

第十一章 维护青少年合法权益

青少年是国家繁荣富强的不竭动力,是民族的希望和未来,同时也是全面建设社会主义和谐社会的主要支柱和积极参与者。习近平总书记在中国政法大学考察时明确指出"青少年一代的理想信念、精神状态、综合素质,是一个国家发展活力的重要体现,也是一个国家核心竞争力的重要因素"。[1]新中国成立以来,党和国家一直密切关注着青少年的成才成长,在重视青少年长远发展的同时,也不忘对青少年现实问题的重视。既把青少年看作是推动经济社会发展的有生力量,又把青少年作为需要社会更多关爱的群体,尊重和照顾青少年的特点,积极保障青少年的各项利益,将青少年的权益保障事宜作为各项工作的重点。为此,不仅制定了一系列维护青少年基本权益的法规政策,同时也实施了诸多执行机制,努力为青少年营造一个舒适的成长环境,确保其更好更快发展并不断地完善自我。

然而,经济的急剧攀升,社会变革的不断深入,在给青少年权益保障工作带来机遇的同时也造成了一定的困扰,进一步加剧了青少年权益保障事宜的现实需求。立足实践,及时的转变观念,不断健全和完善相关方面的法律体系,并与时俱进的分析当前社会的实际状况,全方位、多角度、各层次的去细化青少年权益保障的各个方面,建构适合青少年健康成长和全面发展的关爱保障体系,不仅是我们当前青少年工作的重点,同时也是推动我国青少年权益保障机制不断健全与完善的需要,更是法治国家不断完备的使然。

第一节 青少年合法权益的内涵

一、青少年合法权益的含义

"青少年合法权益"一词由来已久,但长期以来关于"青少年合法权益"具体界定的争议却从未停息,究其根源在于对"青少年"、"权益"及其相关概念一直缺乏一

---

[1] 参见:"习近平在中国政法大学考察",载人民网:http://cpc.people.com.cn/nl/2017/0504/c64-29252496.htm,访问日期:2017年7月20日。

个统一的界定标准。相关概念界定的模糊性和不确定性，不仅给"青少年合法权益"的判定带来了一定的阻碍，同时也严重影响了青少年权益保障工作的有效开展，因此，科学的界定和划分相关概念势在必行。

（一）权益的界定

法律上的权益是指公民受到法律保护的权利和利益，如我国《消费者权益保护法》《妇女权益保障法》等所说的权益。[1]权益即"权利和利益"的简称。其中权利是法学的基本范畴之一，与义务相对应，是法律赋予人们实现其自身所追求的利益的一种途径。享有权利的主体一般有权为或者不为一定的行为，也有权要求他人为或者不为一定的行为，它包含了资格、主张、自由等多个方面的内容；利益通俗地讲就是好处，是指人们受客观规律制约的，为了满足生存和发展的需要而产生的，对于一定限度内的生活资料的各种客观需求。[2]这种客观的需求既包括物质生活层面的，也包括精神生活层面的。需要指出的是，这里所说的"利益"，特指那些尚未上升到权利层面但又必须受法律保护的那部分利益。青少年的权益直接关系着青少年的健康成长、经济的发展以及社会的安定与进步，特别是在经济飞速发展和社会主义法治不断健全的今天，保障青少年的合法权益俨然已经成为当前青少年事务中不得不去重视的焦点。

（二）青少年合法权益的概念

青少年合法权益即青少年依法享有的权利和利益。从人权角度来理解，青少年合法权益是青少年作为特定身份的人应该享有的权利和利益，[3]也就是说这种权利和利益的享有来源于其所具有的特定身份，只有具有这种身份的人才能够享有；当然也可以从功能角度来理解，就功能而言维护青少年合法权益的目的在于充分保障青少年享有其应有的权利，优化其成长环境，确保其身心健康发展。

二、青少年的主要合法权益

青少年合法权益以青少年作为权利主体，其内容既包括了《中华人民共和国宪法》所规定的公民的各项基本权利，又包括了依据青少年身心发展特点所特别规定的生存健康权、发展权、受保护权、社会参与权、劳动就业权、婚姻家庭、文化娱乐权等核心权利，此外还包括了社会保障权、司法保障权等一系列的权利。这些权利紧密联系、互相作用，共同构成了青少年各项权益的总体内容。

（一）生存健康权

生存健康权包括生存权和健康权两个方面。生存权是人的一项基本权利，被称为"第一人权""首要人权"，它是指在一定社会关系和历史条件下，人们应当享有的维持正常生活所必需的基本条件的权利，[4]即人们能够获得足够的食物、衣着、住房以维

---

[1] 参见姚琨："青岩镇农村妇女权益保障问题研究"，贵州大学2010年硕士学位论文。
[2] 参见李明辉："公益诉讼的法哲学解读"，载《甘肃政治学院学报》2014年第6期。
[3] 参见王立："宪法学视野下青少年权益保障研究"，载《河南社会科学》2016年第4期。
[4] 参见王飞："生存权和发展权是首要的人权的路径分析"，载《山东青年》2015年第3期。

持有尊严的生活的权利。[1]其不仅包含人们的生命安全和基本自由不受侵犯、人格尊严不受凌辱，还包括人们赖以生存的财产不遭掠夺、人们的基本生活水平和健康水平得到不断的保障和提高；[2]健康权是指青少年所享有的保持其躯体生理机能正常和精神状态完满的权利。[3]生存健康权是其他一切人权的基础，居于首要地位，一旦生存健康权失去了保障，其他的一切人权也就无从谈起。对于青少年更是如此，一方面青少年肩负着复兴祖国的重任，另一方面由于青少年大多都涉世未深，社会经验匮乏，一般都很难在社会上立足并迅速的成长，甚至难以独立解决自己的温饱问题，如果不能有效的保障他们的生存问题，孤立无助之下的他们很可能会越过法律的底线，走上人生的绝境，给整个社会的进步和发展带来严重的问题。因此，维护青少年的生存健康权，确保他们有尊严的生活是极其重要的。

（二）受保护权

受保护权是青少年权益中的重要组成部分，是指其享有的不受歧视、虐待和忽视的权利，具体包括保护其免受歧视、剥削、酷刑、暴力、忽视等，以及对失去家庭和处于特殊困境中的青少年的特殊保护。[4]

（三）发展权

发展权是个人、民族和国家积极、自由和有意义地参与政治、经济、社会和文化的发展并公平享有发展所带来的利益的权利，[5]在《儿童权利公约》里发展权利主要指信息权、受教育权、娱乐权、文化与社会生活的参与权、思想和宗教自由、个性发展权等。[6]1986年，联合国大会第41/128号决议通过了《发展权利宣言》，首次正式"确认发展权利是一项不可剥夺的人权，发展机会均等是国家和组成国家的个人的权利"，[7]并对发展权的主体、内涵、地位、保护方式和实现途径等作了全面的阐释，[8]使得发展权开始真正得到各方的普遍重视。

发展权既是个人的一项权利，也是国家和民族的集体权利，但在一国的范围内，它首先是一项个人的权利，个人的发展是推动社会发展的不竭动力，只有个人的发展权得到切实的维护，社会才能更好进步与发展。青少年是推动社会不断前行的助力剂，维护青少年的发展权于一国而言是无比重要的。

（四）社会参与权

社会参与权是指公民享有的依照法律的规定参与国家公共生活的管理和决策的权

---

[1] 参见李磊：《社会保障法律问题研究：基于社会保障权视角》，中国民主法制出版社2011年版，第7页。
[2] 参见田艳：《少数民族习惯权利与生存权》，中央民族大学出版社2013年版，第18页。
[3] 参见郗杰英主编：《当代中国青年权益状况研究报告》，研究出版社2009年版，第29页。
[4] 参见田宏政：《中小学法制教育读本》，山西人民出版社2008年版，第36页。
[5] 参见吴雪柏："论环境保护与经济发展"，载《合作经济与科技》2015年第8期。
[6] 参见洪明："完整理解和实现儿童受教育权"，载《中华家教》2017年第1期。
[7] 参见"习近平代我们对发展权'发声'"，载人民网：http://nd.fjsen.com/zt/2016-12/07/content_18808213.htm，访问日期：2017年7月21日。
[8] 参见张晓玲：《人权理论基本问题》（第六章"人权的新发展"），中共中央党校出版社2006年版，第275页。

利，社会参与权更多的与公民行动和公共实践有关，其包括了对国家公共生活的管理与决策的参与。青少年的社会参与权，即青少年通过合法的方式参加公共事务，表达利益诉求并影响政府决策、监督决策实施的行为。[1]社会参与权的实现不仅有利于增强青少年的参与意识和技能，激发青少年潜能，而且能够保障青少年及时的参与到公共生活的管理与决策中去，有效地表达自己的意志，同时也能更好地监督国家执行权与决策权的行使，促进权力运行的公开化、透明化、合法化。

（五）劳动就业权

劳动就业权是青少年依法享有的公民的基本权益。[2]劳动就业权，即有劳动能力的公民依法享有的参与社会劳动并获取相应报酬的权利。劳动就业权能否有效实现，不仅关系到了青少年群体的生存和健康发展，同时于一国的稳定和发展而言也是无比重要的。

（六）婚姻家庭权

青少年的婚姻家庭权，即青少年基于婚姻、血缘、收养或其他亲缘关系而发生在亲属间的权利，其包括了婚姻权和家庭权两个方面。[3]根据《婚姻法》规定中华人民共和国公民享有婚姻自由的权利，即可以自由的选择结婚、离婚、不婚、再婚等事宜；家庭权则是我们在家庭生活中所享有的权利，包括生育权、财产共有权、家庭平等权、互相抚养权、继承权等权利。[4]一个人生活的幸福与否，一个幸福的婚姻家庭是其重要的衡量标准，确保青少年婚姻家庭权的充分实现，不仅有利于青少年自身的全面发展，同时也有能够促进整个社会的进步与和谐。

（七）文化娱乐权

青少年的文化娱乐权是指其在社会文化生活中应该享有的不容侵犯的各种自由和利益，具体包括五个方面：享受文化成果的权利、参与文化活动的权利、参与文化事务管理的权利、开展文化创造的权利以及文化产权受保护的权利。[5]努力为其提供丰富多彩的、积极健康的文化"果实"，保障青少年充分的参与各项文化活动，全面维护青少年的各项文化成果，不仅是青少年群体的迫切需求，同时也是提高文化软实力，促进社会主义文化大发展大繁荣的基本要求。

（八）社会保障权

社会保障权是社会成员在满足一定条件下，有从国家和社会获得经济保障和帮助以维持基本的生活水平需要的权利，其包括了社会福利、社会救助、社会保险等内容。[6]青少年的社会保障权是青少年的基本权利，是宪法赋予其的，在一定条件下可以从国家和社会获得救助的权益。根据《中华人民共和国宪法》第54条的规定："中华人民

---

[1] 参见王锋、秦恒："上海青少年权益保护与发展报告"，载《当代青年研究》2012年第8期。
[2] 参见郗杰英主编：《当代中国青年权益状况研究报告》，研究出版社2009年版，第79页。
[3] 参见郗杰英主编：《当代中国青年权益状况研究报告》，研究出版社2009年版，第134页。
[4] 参见郗杰英主编：《当代中国青年权益状况研究报告》，研究出版社2009年版，第134页。
[5] 参见郗杰英主编：《当代中国青年权益状况研究报告》，研究出版社2009年版，第156页。
[6] 参见郗杰英主编：《当代中国青年权益状况研究报告》，研究出版社2009年版，第177页。

共和国公民在年老、疾病或者丧失劳动力的情况下,有从国家和社会获得物质帮助的权利。"

(九) 司法保障权

司法保障是青少年权益保障的重要一环,在青少年维权体系中居于重要位置。司法保障是青少年权益保障的最后一道防线,也是最为强有力的方式。青少年的司法保障包括:依法打击侵害青少年各项权益的违法行为;在青少年违法犯罪案件中保护失足青少年的合法权益;为青少年提供法律咨询、法律援助;通过司法力量为青少年营造良好的成长环境等。司法保障是青少年权益实现的基本保证,没有司法保障,就没有权益的真正实现。[1]

第二节 青少年权益保障的现状

一、青少年权益保障方面的法规与机制

目前,我国的青少年维权保障机制已经逐步走向健全:以未成年人保护为主体的青少年法律体系初步建立,诸多具体执行机制也已经涉足青少年权益的方方面面,基本实现了青少年权益保障的全覆盖。

(一) 涉及青少年权益保护的相关法律政策

1. 法律法规方面

目前我国已经基本构建起了以未成年人保障为主体的青少年法律体系,形成了以《中华人民共和国宪法》为基础,以《中华人民共和国未成年人保护法》《中华人民共和国预防未成年人犯罪法》等专门法为核心,相关法律法规、司法解释、规章政策为配套的关于青年发展和权益维护的法律保障体系。

为了更好地保护青少年的合法权益,我国相继颁布并实施了《未成年人保护法》《预防未成年人犯罪法》《义务教育法》《义务教育法实施细则》《最高人民法院关于审理未成年人刑事案件具体应用法律若干问题的解释》等专门针对青少年的法律规定,这部分法律构成了我国青少年权益保障体系的核心。除了专门性立法规定外,我国还在三十余部法律的相关篇章中对青少年的权益保障作出了规定,诸如:《民法总则》中关于未成年人法律地位和主要权益的相关规定,《宪法》和《婚姻法》中关于国家对未成年人保护的规定,[2]《劳动法》《禁止使用童工规定》以及《未成年工特殊保护规定》中关于未成年人劳动就业方面的规定,《婚姻法》中关于未成年人家庭保护的相关规定,《刑法》《刑事诉讼法》以及《最高人民法院关于办理未成年人刑事案件适用法律的若干问题的解释》等法律中关于未成年人权益的司法保护的相关规定,《反家庭暴

---

[1] 参见郗杰英主编:《当代中国青年权益状况研究报告》,研究出版社2009年版,第201页。
[2] 曹承龙:"关于我国西北农村地区未成年人权益保护的调查报告——以甘肃省镇原县上肖乡为例",兰州大学2010年硕士学位论文。

力法》针对未成年人还规定了强制报告、临时安置、撤销监护人资格以及人身保护令等符合未成年受害人特点的制度等等;[1]各有关单位在教育、卫生、就业创业、社会保障、网络安全等领域也陆续出台了一系列涉及青少年的法律法规。此外,还有一系列针对未成年人权益保护的国际性文件和规则,我国参与发起或签署批准了《关于进一步规划及推进青年领域工作的行动纲领》(1985年)、《联合国预防少年犯罪规则》(1990年)、《到2000年及其后世界青年行动纲领》(1995年)、《儿童权利公约》、北京规则、利雅得准则等。

值得一提的是,2015年新修订《刑法修正案(九)》对青少年合法权益的保护作出了进一步的强化:(1)废除了嫖宿幼女罪,取而代之的是将此类行为归入强奸犯罪并予以从重处罚,以此来强化对幼女的保护;(2)加强了对一些严重侵害青少年的违法犯罪行为的惩处,扩大了虐待儿童的主体范围,将猥亵男童行为明确入刑;(3)强化了对青少年人身安全的保障,例如规定收买儿童行为不再免责、校车超载超速将入刑责等;[2](4)进一步确立了社区矫正法律制度,拓展了帮扶和教化违法犯罪青少年的途径。此外,2012年,在新修订的《刑事诉讼法》中加入"未成年人刑事案件诉讼程序"专章。2017年,在《民法总则》中对未成年人监护制度进行了补充完善,下调了限制民事行为能力未成年人年龄标准,调整了未成年人遭受性侵的损害赔偿权的诉讼时效,创设了胎儿利益特殊保护制度等。[3]

2. 国家政策方面

国家注重从政策层面最广泛、最普遍地维护青少年的整体利益,把促进青少年发展作为经济社会发展总体规划的重要内容。"五年规划(计划)"和年度政府工作报告都对青少年的学习教育、就业创业、卫生健康、环境优化、权益维护、社会参与等相关内容作出了规划部署;1979年,党中央转发共青团联合中宣部等8个部委《关于提请全党重视解决青少年违法犯罪问题的报告》;1985年,党中央下发《关于进一步加强青少年教育,预防青少年违法犯罪的通知》;2000年,中办、国办转发中央综治委《关于进一步加强预防青少年违法犯罪工作的意见》;2016年,中办、国办下发《关于进一步深化预防青少年违法犯罪工作的意见》,针对新形势下的预防青少年违法犯罪工作作出了全面的部署。[4]2017年4月,中共中央、国务院印发《中长期青年发展规划(2016~2025年)》,将"维护青少年合法权益"作为规划中一个专门的领域来加以规定,并提出了具体发展目标和有针对性的发展措施,充分体现了党和国家对于这一问题的高度重视。

当然,目前我国的青少年合法权益保护法律政策体系还存在着诸多的问题,例如有关法律规定缺乏针对性,实践中可操作性相对较差;条文规定存在笼统性、零散性

---

[1] 参见蔺菁:"共青团组织维护青少年合法权益的问题研究",吉林大学2016年硕士学位论文。
[2] 参见蔺菁:"共青团组织维护青少年合法权益的问题研究",吉林大学2016年硕士学位论文。
[3] 参见共青团中央专项课题组:"中国青年发展状况综述",载《中国青年研究》2017年专刊。
[4] 参见共青团中央专项课题组:"中国青年发展状况综述",载《中国青年研究》2017年专刊。

和重复性的问题;还有部分法律规定并没有全面、真实且客观反映实际情况,未能真实的表达青少年的意愿等等,这些问题都需要我们进一步去健全和完善,弥补漏洞,消除障碍,更好地保障青少年的各项权益,真正建构起适合我国的且行之有效的青少年维权法律政策体系。

(二) 实践中有关青少年保护的具体机制

保障青少年的各项权益是国家和社会共同的责任和义务,当前我国的青少年合法权益保障机制已经逐步走向成熟,全国从事青少年事务的社工达8.6万人之多,基本实现了政府主导全社会共同参与的维权局面,形成了国家、社会组织、青少年自身三个层次,层层深入的青少年保护的机制。

1. 国家层面的保护机制

国家层面保护是青少年权益保护最为重要的支柱,目前我国29个省份、77%的地市都设立了未成年人保护委员会,中央、省、市、县四级全部建立了"预青专项工作组",以全面保证相关青少年保障事宜的有效开展。此外,还开展了一系列具体的维权保障机制,诸如民政部的未成年人社会保护试点工作、共青团的相关权益保障机制等等。

民政部的未成年人社会保护试点工作。为全面保障青少年的各项合法权益,2013年民政部下发了《关于开展未成年人社会保护试点工作的通知》,要求各级有关部门就未成年人成长过程中遇到的突出问题,探索创建相关的社会保护制度,全面维护未成年人的基本权益,逐步开展并完善好各项试点工作。以未成年人权益保障优先,维护未成年人全面发展作为指导,在北京、石家庄等20个地区开展了保护试点工作。通过建立未成年人社区保护网、开展困境未成年人救助帮扶、加强监护服务和监督等一系列措施全面保障未成年人的健康成长。建立基层儿童社区服务中心,对困境儿童进行走访调查,为困境未成年人提供帮扶教育、咨询慰问等服务;健全政策法规,完善保护机构,依法严惩利用未成年人实施犯罪的行为,同时建立受伤害未成年人发现、报告和响应机制,为受到伤害的未成年人提供全面、有效的保护和援助;最后,明确相关部门、基层组织、社会组织、专业机构、各类志愿者的工作职责和协作程序,建立完善监测、预防、报告、转介、处置等保护体系。[1]

2014年为了进一步完善和推进保护试点工作,民政部在第一批保护试点的基础之上,下发第二批保护试点工作的通知,将保护试点的区域扩大到了78个地区,同时将救助保护对象延伸至困境未成年人。通过构建"政府、家庭、社会"三位一体的保护格局,形成"监测预防、发现报告、帮扶干预"联动反应机制,力求实现政府主导,民政牵头,社会参与,各部门密切配合,齐抓共管的保障机制。

共青团的权益保障工作。共青团和青年联合会是协助中国共产党和政府开展青年

---

[1] 参见"关于开展未成年人社会保护试点工作的通知",载中华人民共和国民政部官网:http://www.mca.gov.cn/article/zwgk/tzl/2013-05/20/130500456869.shtml,访问日期:2017年7月25日。

事务的主要团体,是保障青少年各项权益的中坚力量。截至2015年,全国共有中国共青团团员8746.1万名、基层团组织387.3万个。全国青联现有55个会员团体,各级青联组织共有10万余名青联委员。以共青团和青联组织为枢纽,全国形成了统一协调的青年工作体系,保证了青年工作的有序开展。[1]

为了能够更加充分有效地保护青少年的各项权益,共青团开展了诸多的权益保障事宜,具体包括:"促进青少年基本权益保护机构有效运转、探索建立青少年基本权益个案受理办理机制、探索建立广泛化的青少年基本权益保障工作体系、推进维权工作的法制化进程、完善维权工作的组织化机制、构建维权工作的社会化发展、探索建立维权典型案件及热点事件的响应机制、建立并有效使用维权工作网络和新媒体平台、探索建立青少年权益状况监测研究体系及完善维权工作考评机制等",[2]从而有效地盘活了青少年维权战线的各项资源,全面树立了共青团维权的社会形象,充分发挥了青少年"代言人"的作用。此外,还通过推行了诸多的维权保护项目,全面落实和保障青少年的各项权益,促进青少年群体整体的发展和成才。

"青少年法制建设计划",以青少年的诉求表达和权益协调为目的,从参与、知情、选择和监督四方面入手,全面保障青少年的切身利益。"12355维权行动",从具体案件、具体问题出发,通过法律援助、心理帮扶、社会救助等一系列措施来进一步健全青少年的矛盾调节和权益保护机制。"青少年维权岗"活动以应对特殊群体和社会难题为立足点,革新工作体制,通过不断拓展自身领域和范围,让更多的人参与其中,实现维权工作的常态化,最终达到保障青少年各项权益的目的。"未成年人保护行动"则从宣传、完善、落实与监督四个层面入手:加大保护宣传力度,完善相关法规制度,落实各项保障工作,监督具体执行情况,做好困境群体的重点保障工作,为青少年办实事谋福利。"预防青少年违法犯罪工程"未雨绸缪从司法方面入手,完善特定群体的统计管理,健全司法制度,强化工读教育,整治校内外环境,净化社会风气,为青少年营造一个良好的成长环境;同时,在全国45个城市开展"青少年权益创新"试点,为权益保护工作注入新活力,提供新思路。

2. 社会组织的保护机制

社会组织在维护青少年各项权益方面有着十分重要的作用,其有效的弥补了国家保护的不足。近年来青少年民间组织不断蓬勃兴起,2007年调查显示,除西藏外,各省(自治区、直辖市)均有青年民间组织,总数估计在80万左右,参加过青少年民间组织活动的青年超过1亿人。[3]此外,青少年民间组织类型也呈现出多样化的特点,其几乎涵盖了青少年社会生活的角角落落,实现了全方位、多角度的维护青少年的合

---

[1] 参见周丽芳、王胜利:"对我国二十年来青年政策研究状况的分析",载《天津职业院校联合学报》2010年第1期。

[2] 参见共青团中央、共青团中央办公厅:"关于开展'青少年权益工作创新'试点工作的通知",载共青团权益工作网: http://12355.gqt.org.cn/notice/201311/t20131113_666060.htm,访问日期:2017年7月25日。

[3] 参见刘刚、李永敏:"青年发展指标体系构建及测量方法",载《当代青年研究》2011年第1期。

法权益。各种类型的公益组织在丰富青少年生活的同时，也极大地满足了他们对于社会生活的参与诉求，它们借助自身的一些优势，帮助青少年走出困境，维护自身权益，确保青少年身心的健康成长，同时也正是因为这些青少年的广泛参与，也使得这些社会组织无论是在规模，还是活跃程度上都迅速得以提升，并不断地发展壮大。

3. 青少年的自我保护

除了国家和一些民间组织的救助之外，青少年在自身合法权益受到侵害时，通常也会采取一定的措施来维护自身的权益，尤其是在法治建设不断完善的今天，青少年的自我维权观念和能力越来越强。在遭遇不法侵害时，青少年普遍都会采取最为有效的措施来维护自身的合法权益，例如向政府有关部门投诉，求助有关部门的帮助；抑或是求助有关的社会组织，寻求社会力量救助；又或向新闻媒体进行披露，寻求新闻媒体的帮助；也有部分青少年在自身权益遭受侵害时，选择直接向人民法院提起诉讼，寻找法律的帮助，这也是最为权威、最为有效的手段；当然也有很大一部分青少年会选择求助家长和老师，寻求来自家庭和学校的保护。除此之外，也会有极少部分的青少年会因为一时的冲动而采取暴力或其他非法手段来解决问题。

这些机制和做法的推进，极大地促进了我国青少年权益保护工作的开展，使得我国青少年权益保护工作取得可喜的成效，但是，随着青少年合法权益保护现实需求的不断发展变化，实践中还是出现了不少的问题，例如相关政府部门职责不清、边界模糊；儿童福利制度不完善，困境未成年人救济有待加强；监护制度不完备，对家庭监护缺乏高效的干预和监管措施；对侵害青少年合法权益的犯罪行为的法律威慑不足；未成年人社会成长环境亟待净化；等等，随着青少年权益需求的不断发展变化，相关的保护体系和制度结构也必须随之不断完善。

二、青少年权益保障的效果

多年来，党和政府围绕青少年的生存发展、教育、就业、福利、救助等基本权益开展了诸多行之有效的具体举措，目前我国青少年权益保护方面的法律法规及具体机制执行效果总体是好的，在维护青少年基本权益促进青少年自身发展方面起到了巨大的作用，但实践操作中仍然不乏一些需要进一步完善的点。

（一）生存健康方面

青少年生存健康权得到了切实保障，基本生活条件持续改善，成长环境日益优化。生存健康权是青年权益的基础，经过不断的努力，目前我国青少年的生存健康权已经基本得到全面保障，吃、穿、住等方面能够获到普遍的保障，青少年基本都能够维持有尊严的生活。青少年的身体发育水平不断提升，内心健康问题日益得到重视，生存与发展环境不断优化，生存健康状况得到了极大改善。

为了全面保障青少年的生存健康权，使青少年生活的更有尊严，党和政府在教育、就业、福利等各个方面均加大了对其的投入和倾向力度：（1）义务教育、教育扶持确保青少年成功完成学业，特别是随着义务教育和高等教育的发展，青少年的受教育年限普遍延长，受教育层次明显提升，基本消除了 40 岁以内的青壮年文盲；（2）就业扶持、创业贷款保证青少年顺利实现就业，随着改革开放的不断深入，青少年的就业选择和流动机会更加充分，社会分布更加广泛，形成了高频率、广地域、多领域的青年就业状态；（3）社会救助、社会帮扶不断改善青少年的日常膳食和营养状况，各类生活必需品供应充足、种类丰富，膳食结构和营养水平不断优化，基本消除了重、中度营养不良现象；（4）各种心理帮扶、心理教育帮助青少年及时的解决内心的困惑和疑虑，确保青少年身心发展水平不断提升，成才成长始终保持良好态势等。但仍然存在一定规模的困境青少年群体，诸如由家庭经济原因形成的贫困青年，由各种原因造成身体缺陷的残疾青年，进城务工人员子女以及存在不良记录青年等，他们的生存状况普遍较差、接受教育和参与社会活动能力较弱、经济来源不稳定，处于相对窘迫的境地，自身的生存和发展难以获得有效的维护；同时随着第一代独生子女成为家庭主干，青少年也面临着空前的育儿养老等方面的压力；此外，部分青少年群体健康意识薄弱，青少年群体的亚健康问题日益突出。

（二）受保护方面

青少年的受保护权总体上得到了全面维护。首先，从法律的高度入手，制定了一系列保障青少年各项权益的法律法规，运用法律的手段来惩治那些侵害青少年的违法犯罪行为。其次，开展诸多维护青少年权益的具体机制、项目，法制宣传、法治教育、法治帮扶全方位保护青少年的合法权益，引导他们确立正确的自护意识和法制观念，用法律来维护自身的各项权益。最后，针对处于困境中的青少年给予特殊的帮扶，重点保障留守、孤残、失足等特殊青少年群体的合法权益，使他们的受保护权得到最大限度的实现。

尽管全国范围内针对青少年的犯罪数量增长势头有所遏制，但总量仍处于高位，相关犯罪的区域性差异、群体性差异以及时间跨度上的差异都逐步缩小，各种新型犯罪形式日益增多，所以目前打击、惩处各种针对青少年犯罪的态势依旧十分紧迫。此外，以特殊青少年群体为重点的保障工作虽然得到了加强，但与他们的现实需求相比还是存在一定的差距，特别是在农村留守儿童问题上，2016 年民政部全国排查登记了 902 万名农村留守儿童，其中 97 万名处于接近无监护状态，其余大多由其祖父母照看，面对这么多的留守儿童我们努力显然还是不够的，任重道远。

（三）自身发展方面

发展权整体上进入质量提升阶段，受教育权、就业权等相关权利的保障水平明显提升。近年来，对于青少年各项权益保护的重点开始由生存权扩展到了发展权。青少年是国家繁荣昌盛的希望，只有青少年的整体发展得到全面的保障，才能更好地实现国家的强大和民族的繁荣。

经过不懈的努力，当前发展权保障力度已经有了极大的提升，青少年的教育保障权、就业创业权、信息权以及个性发展权等都得到一定的保障，基本实现了自身的全面发展。青少年的平均受教育年限增长，学历教育层次显著提高，创新能力、创业活力不断增强，国际视野和竞争力进一步拓展，到国外留学、投资、创业、旅游的青少年数量不断增长；就业创业能力显著提升，就业状态明显改善，职业分布也更加广泛，出现了许多诸如"北漂""蚁族"、自由职业者、网络意见领袖、自由作家、独立演员艺人等新兴青年群体。[1]但目前青少年的发展仍然面临一定的问题，例如，对于残疾青少年群体关注度还是不够，残疾青少年的发展权保障水平相对较低；教育教学资源不均，平衡性需要进一步的加强；青年就业障碍多，基本权益保障难；青少年婚恋草率，婚恋观不够健全；非正规就业青年和青年农民工劳动就业权保障也比较低；等等。

（四）社会参与方面

青少年的社会参与权得到了普遍的保障，参与渠道通畅，参与机会充分，但参与的质量有待进一步的提高。目前青少年的社会参与权已经得到了一定的保障，青少年参与公共决策的领域越来越广泛，参与的机会和渠道也大大拓展，参与的热情越来越高，青少年开始积极主动地参与一些社会公共事务，与此同时参与公共监管的力度也获得了深层次的强化。

青少年普遍能够有效地参与到与自身权益密切相关的事务中去，能够充分地表达自己的意愿，参与社会公共生活的管理与决策，保证自身权益得到相对公平的实现。但目前参与权方面一个突出的问题就是：热情虽高，但途径过窄，实际参与质量不高；此外，对于新兴青年群体、青年农民工也有所忽视，其仍然缺少相应的参与机会。

第三节 当前青少年权益保障工作中存在的不足

如上文所述，目前我国在青少年权益保障方面取得了诸多令人可喜的成果，但仍然不乏相关问题的存在，诸如，立法滞后、维权职责片面化、特殊青少年群体权益保障问题突出以及侵权案件频发等。

一、青少年权益保护立法的滞后

随着党和国家对于青少年合法权益关注度的不断提高，我国相关方面的法律法规也不断地得以完善和健全，关于青少年权益保护方面的立法规定已经逐步走向成熟，但纵观整个法律保护体系，仍然存在一些需要进一步健全和完善的地方，诸如相关法律政策体系不完备，法律规定不明确，可操作性欠缺等。

（一）权益保障的相关法律政策体系不够完备

法律具有滞后性，一般都是在具体的现象出现后，针对具体的问题来制定相应的法律法规，以弥补法律规定的不足，但这并不代表法律可以明显落后于实践的发展，不代表法律政策体系可以不完备。然而，我国目前有关青少年各项权益保护的法律规定以及相关事宜与经济社会的发展变化相比，呈现出了明显的滞后性，不得不承认相

---

[1] 参见王芳："新公共管理视野下共青团的职能转变及实现路径"，山东大学2016年硕士学位论文。

关方面的法律政策体系还需要进一步的完善。我国并没有明确、系统的由国家立法机构制定的调整青少年健康服务、社会保障、社会福利等方面的专门的法律法规。[1]

涉及青少年权益保护的法律法规也多散见于各个部门法，而这些部门法的规定由于缺乏统一的标准和框架，衔接配套程度明显不够。体系规定不完备，很容易出现一些问题重复规定，一些问题却未能涉足的情况，更有甚者对于同一问题的规定产生出入，给实践操作带来了诸多不必要的麻烦。

（二）法律法规不明确，致使实践缺乏可操作性

已有的一些与青少年相关的法律法规不够明确，对执法主体、责任主体、监督主体等均未作详细明确规定，[2]且缺乏强制性的约束，导致其在具体的操作中严重缺乏适用性和可执行力。事实上，在青少年权益保障领域存在着大量的"软法规范"，这些规范主要包括共青团中央出台的一系列关于保障青少年基本权益的指导性文件、有关保障青少年合法权益的国际公约以及国家法律法规中仅规定权利义务而没有规定制裁等强制约束力内容的部分规范，[3]这些规范受颁布主体、内容等方面的限制，效力有限，大多都缺乏刚性约束，实际操作性不强，具体落实和执行情况明显不足。

二、侵害青少年权益案件频发，多发态势尚未扭转

目前，各种损害青少年基本权益的案件频频出现，多发态势不仅没有得到有效的扭转，情况反而日趋复杂化，来自社会、家庭、网络等各方面的侵害交织缠绕、错综复杂，青少年各方面的合法权益很难获得及时、有效的维护和落实。家庭暴力、校园暴力、拐卖、性侵、敲诈勒索等各类侵害青少年权益的案件频频发生。据统计2015年以来，各级公安有关部门共计侦破拐卖儿童和组织乞讨案件2381起，解救受害人2220人；2016年全国检察机关严惩性侵、拐卖等侵害未成年人人身权益犯罪，起诉16078起等等，类似的数据还有很多。此外，招生考试文凭欺诈、大中专学生顶岗实习、就业歧视、剥夺职工休假权利、农民工劳动权益受侵害等问题屡见不鲜。相关调查数据表明，2016年劳动合同签订率35.1%，超时劳动率84.4%，拖欠工资率0.84%；2014年农民工养老保险、医疗保险和住房公积金参加率分别为16.7%、17.6%和5.5%。这一系列的数据都在向我们揭示一个现实——侵害青少年权益案件仍在频发，多发态势仍未扭转，保障青少年各项权益道路依旧很漫长。

侵权案件的复杂化必然带来维权意识和维权诉求的多样化，如何有效的遏制各种侵害青少年合法权益的现象，满足青少年的自我维权诉求，更加有效的维护好青少年的各项权益，确保青少年的成才成长以及自身价值的实现等，这些都是我们亟待解决的问题。因此，我们必须积极主动采取有效措施去保障青少年的各项权益，这既是贯彻党和国家的要求，也是维护青少年合法权益的现实需求。

---

[1] 参见李丽鹏、苏建国、史锡刚："青少年维权工作机制研究"，载《学理论》2010年第2期。

[2] 参见李丽鹏、苏建国、史锡刚："青少年维权工作机制研究"，载《学理论》2010年第2期。

[3] 参见蔺菁："共青团组织维护青少年合法权益的问题研究"，吉林大学2016年硕士学位论文。

三、维权保障部门的权责严重片面化

在我国，政府部门采取的是条块结合的运行管理机制，这种机制既有一定的优势，也不可避免地存在一些问题，反映在青少年合法权益的维护上就呈现出了分割管理、分割执行的状态。各有关部门各自分管自己的区域，条块严重分离，这就使得青少年在自身合法利益遭到损害时，难以及时找到维权机构，有利益时各机构争相去管，担责任时大家互相推诿没人愿意管，要么就只管一部分，出现严重的管理空缺和漏洞；同时也造成各部门之间难以协同有效的开展青少年维权工作，出现维权资源的闲置浪费，以及相关部门不作为、乱作为的尴尬局面，致使青少年维权部门职责的片面性问题更为严重，无法真正实现其设立的最初目的，难以真正保障好青少年的各项权益。

此外，维权职责不明确也是一个重要的问题，相关部门在履行保障青少年基本权益的职能时，多缺乏法律和行政法规的明确授权，没有明确的授权规定，就导致其履行职权的效果大打折扣。作为保障青少年基本权益的主力军——共青团组织，其履行自身职能保障青少年的各项权益时，也多是主动要求并自己组织开展工作的。《中华人民共和国未成年人保护法》只规定国家"鼓励"各级社会组织及公民开展多种形式的有利于未成年人健康成长的社会活动，[1]其并没有对具体的维权事务和职权加以明确的规定，同时也未作出任何的授权规定，这就使得相关部门在履行职责时，没有可以依据的明确的法律规定，从而使其职权的效力不尽如人意，基本处于有职能却没有职权的尴尬境地。

四、特殊困境青少年群体权益保障问题日益突出

我国青少年人口总体数量众多而且在总人口中占比较大，对青少年群体合法权益的保护，尤其是对他们当中面临困境的特殊群体的权益维护，直接关系到我国社会的稳定和发展，为其提供有效保护，既是现实需求的使然，也是保证我国社会健康有序发展的需要。

伴随经济的急剧攀升和社会变革的逐步深入，青少年的法治观念不断健全，维权意识逐渐增强，但青少年群体总体缺乏足够的社会资源，也没有丰富的实践经验，因此，在日益激烈的社会竞争中大都处于不利地位，特别是对于那些特殊群体的青少年而言，他们无疑是处于更为窘迫的境地。2008 年的一份调查数据显示：我国 4.6 亿青少年中，有 1.3 亿是进城务工青年，[2]2016 年最新的一份调查数据表明我国目前留守青少年的人数约为 902 万，此外还有大量经济困难青少年、孤残青少年、失足青少年、

---

[1] 参见赵志宏："我国未成年人受教育权的法律保护制度"，载《北京青年政治学院学报》2006 年第 2 期。

[2] 参见张传慧、孟芳兵、何晓阳："中国特色青少年权益工作体制研究"，载《中国青年研究（调查研究版）》2009 年第 8 期。

失业青年、城市务工人员随迁子女等，[1]如此数量庞大群体，如果没有及时且普遍高效的救助和关爱机制，其合法权益就很难获得有效的保障。实践中，留守儿童因为"留守"而遭受各种身心损害，甚至付出生命的事件时有发生；青年农民工遭受各种歧视、白眼的情况更是屡见不鲜；经济困难青少年、残疾青少年也常常因为各种原因而备受歧视和孤立等等类似现象早已习以为常。

特殊困境青少年群体权益保障问题日益突出，与青少年保护体系不健全、保护制度不完善有着密切的关系，为了使本身就已处于弱势地位的他们，不去面对别人的白眼、遭受别人的冷嘲热讽，必须给予这群特殊的青少年群体以特殊的关怀，这也是建立和完善青少年合法权益保护体系和制度结构迫切需要应对的关键所在。无论是就各种法规政策而言，还是就具体的操作机制来说，在特殊青少年保障方面都还有很多的工作要做，要最大限度地满足他们的各种现实维权需求，而且这种满足不应仅限于个案的保障，而应该是普惠性的，是针对广大特殊的青少年群体普遍的保障工作。

五、青少年的维权意识和观念亟待强化

目前有不少青少年的法律维权意识和观念相对薄弱，在遇到问题时，不是消极的逃避，就是选择私了，甚至盲目的采用暴力手段来予以应对。广大青少年群体由于受年龄、教育程度和社会阅历等方面的限制，普遍缺乏正确的自我保护和维权意识，对于法律知识的理解和积累也是极度的匮乏，加之受传统教育理念的影响，家庭、学校都过分关注文化理论课程的灌注，严重忽略了法律法规和维权手段的传授，就出现了很多青少年对自身的合法权益没有一个全面、清晰的认识，不清楚自己享有的权利，不知道如何保护自我，有的甚至都不知道自己的权益已经遭到了侵害。

在遭遇侵害时，很多青少年既没有正确的自我维权意识，也没有足够的自我维权能力，又不知道该如何有效的去维护自身的合法权益，这时候就出现了既不能通过自身的能力维权，又难以及时寻求外界的帮助来有效维护自身合法权益的尴尬局面，他们常常表现得茫然不知所措，只能被动接受或者消极逃避，长此以往就会对其身心健康造成严重的影响；除了被动的接受和逃避之外，还有一部分青少年在长期的积压下可能会形成不良人格，采取以暴制暴甚至是更为极端的手段来打击、报复侵害人和社会，最终挑战法律的底线，走向人生的不归路。

第四节　维护青少年合法权益的发展趋势

一、对象：着眼于全体青少年的成才成长

青少年各项权益的保障对象不是某个特殊的青少年群体，也不是青少年群体的某

---

[1] 参见谢超峰、廖仲明："维护青少年合法权益工作机制研究"，载《广西青年干部学院学报》2011年第5期。

一特殊阶段的需求，更不是某个单独的个人利益需求，而是整个群体的普遍性的成才成长。维护青少年的各项权益需要站在整个青少年群体的高度，放眼全体青少年成才成长的现实需求，从全局出发构建全面的维权保障框架和结构。这既是当前保障青少年各项权益的基础，也是建立一系列青少年保障法律制度，开展诸多维权机制的前提。

青少年是全面建设中国特色社会主义和谐社会的主要动力源泉和积极参与者，是推动社会更好更快进步完善的主力军，必须把整个青少年群体的成才成长作为我们关注的对象，不管是法律法规的制定，还是各种机制体系的建立，其都需要从维护全体青少年合法权益的高度出发，不断深入和推进，最终实现青少年群体的全面成才成长。

二、内容：由生存权向发展权拓展

由生存权向发展权拓展既是青少年维权诉求需要，也是我们保障青少年各项权益的重要发展方向。近年来，随着社会组织形式的日渐多样化，青少年的发展机会和途径也越来越丰富，这就使得青少年的人生发展有了更多的选择，加之其思想观念的不断开放与活跃，单纯的生存保障已经远远满足不了他们的需求，他们开始更多地追求自身的发展和自我价值的实现，除了公开追求自身的一些利益和诉求外，他们更多的是想要参与到整个社会的发展完善中去，并力求在这种参与中争取和实现自己的权利主张和利益诉求。

面对这种新的发展趋势，我们在解决生存问题的基础之上，更为重要的是要采取积极有效措施，帮助青少年及时、高效且全面的实现自身的发展与完善，要把救济式的权益保障扩展到促进青少年普遍性发展的权益上来。通过有针对性的教育帮扶，引导广大青少年树立积极向上的发展方向和人生目标；找准切入点为青少年提供更为优质的服务，为其发展创造更为适宜的外部环境；同时，也要协调好各有关部门和组织之间的关系，共同保障青少年各项权益；最后，要充分运用网络平台，创新工作格局和方式，提高工作效率，通过网络不断地凝聚、引导和服务青少年。唯有如此才能更好地确保青少年的发展权得到更为充分的实现，满足现实的需要。

三、领域：制度建设与个案保护并重

近年来，社会各界在保障青少年各项权益的同时，开始越来越重视制度建设与个案保护的共同发展，实践中不断地探寻、摸索二者的统筹兼顾。

在以往的法制建设中相对忽略了制度建设与个案保护并重的重要性，机械地将二者割裂开来，要么一味强调制度建设，要么单纯地追求个案的保护，很少会把二者结合起来，真正实现个案保护与普遍性的制度建设的紧密结合。但随着我国法制建设的不断发展，社会各界开始普遍去关注这一问题，开始思考如何能够有效地实现制度建设与个案保护二者的并驾齐驱，如何能够将青少年的个案保护与普遍性的权益保障真正的融合在一起，在制度建设的同时不忘个案保护，在个案保护的同时心系制度建设，从而保障青少年群体的整体成长，确保青少年各项权益落实的最大化和最优化。

四、责任：由共青团主导向政府主责转变

共青团一直是保障青少年基本权益的中坚力量，是青少年权益保护的主力军，在青少年的各项权益保障方面有着不可替代的作用。《共青团工作五年纲要》（2009~2013年）中明确指出，共青团的四项基本职能包括组织青少年、服务青少年、维护青少年以及引导青少年。这也就是说，共青团在青少年的相关事宜中居于绝对的主导地位。但近年来，随着社会的不断变革，有关维护青少年合法权益的各项事宜越来越冗杂，各种侵权现象也日趋复杂化，而这些变化必然带来维权需求的多样化，面对复杂多变的侵权问题和多样化的维权需求，共青团的工作不断加大，且日趋复杂化，如此复杂的工作共青团一家实难完全应对，心有余而力不足，这时候就需要政府的大力协助以及各有关部门的密切配合、协同作战。由政府主责，充分发挥其自身的协调能动性，积极组织并密切联系各有关部门，开展好保障青少年权益的相关事宜，确保各项工作有条不紊地进行，以实现各有关部门的各司其职、密切配合，实现资源利用的最优化，确保维护青少年基本权益的各项事宜能够真正得到全面的贯彻和落实。

由共青团主导向政府主责的责任转变形式，既是实践发展的客观需要，也是进一步完善和健全我国青少年合法权益保护的必由之路，相信在新的责任体系之下，我国青少年合法权益维护的现状一定会得到更好的改善，青少年的各项权益一定可以获得更为全面的维护和落实。

第五节　完善青少年合法权益保障的措施

"工欲善其事，必先利其器"，青少年是一个国家最为宝贵的财富，是其不断前进的动力源泉。一个国家的发展进步与青少年的整体状况息息相关，只有青少年的各项权益都得到了全面的维护，才能最大限度地发挥他们的优势，促进整个国家的进步与强大。因而，《规划》在出台时就维护青少年合法权益领域提出了三大发展目标：

第一，青少年权益维护的法律法规和政策体系更加完善，得到全面贯彻实施。司法保障与救济是青少年维权中最为重要也是最为强有力的一环。目前我国涉及青少年权益保护的法律法规和政策体系仍然不够完备，系统性不足，相关规定缺乏必要的衔接性。同时，法律政策的落实效果也不尽如人意，贯彻执行力有待加强。对于困境青少年群体也缺乏应有的重视和救济等。这些问题都需要我们不断地去完善法律法规和政策体系，并保证其能够得到全面贯彻和落实。

第二，青少年权益保护的工作体系和工作机制更加健全，合法权益得到切实维护。当前，我国青少年权益工作主要是由共青团主导的，工作体系和工作机制相对单一，各部门之间协调联动性不足，同时缺乏必要的监督机制，维权工作投入比重较大收效却甚微，因此，进一步健全权益工作体系和机制，形成全面协调有序的工作体系和机制是十分必要的。

第三，侵害青少年合法权益的行为受到有效打击和遏制。目前，侵害青少年合法权益的案件仍然频发，多发态势并未真正得到扭转，面对各种侵犯青少年合法权益的行为，必须依法严厉打击，同时也要加强法制宣传，在全社会形成一个维护青少年合法权益的良好氛围，为青少年成长保驾护航。

《规划》所确定的发展目标清晰的指明了当前青少年权益保护领域所要关注的核心，精准定位、直击要害，进一步明确了这一领域工作的重点，为我们接下来的工作提供了方向。以《规划》提出的发展目标为基础，结合其提出的四项具体发展措施以及实践操作中存在的不足，笔者建议从以下几方面入手，进一步健全和完善维护青少年各项合法权益的具体措施。

一、落实并完善有关青少年权益保障的法规政策

党和政府高度重视预防青少年权益保护工作，积极推动与青少年有关的法律法规和政策体系的完善发展，特别是随着法治建设的不断深入，有关青少年权益保障方面的法规政策不断完备，但法律如不能被付诸实践，那便形同虚设。因此，如何有效的落实和完善相关方面的法律法规，使得青少年合法权益保护真正落到实处便成为当下维权工作的首要任务。

（一）全面贯彻落实各项涉及青少年权益保障的法律法规

一方面，要贯彻落实好相关方面的法规政策，确保青少年基本生活、医疗、教育、就业等方面的权益能够得到最大限度的救济和保障。各相关部门要明确权责意识，做到执法必严、违法必究，使得相关法规政策能够真正发挥其应有的作用，真正落到实处，全面维护青少年群体的各项基本权益。严格遵守并落实各项有关青少年权益保障的法规政策，依法严厉惩治各种侵害青少年权益的违法犯罪行为。另一方面，要充分发挥共青团、青联组织等群团组织的积极作用，密切关注青少年的各项状况，及时了解并研判青少年合法权益的发展趋势，督促并监督各项政策法规的执行情况；同时要充分了解青少年的现实需求，听取青少年的心声，及时地向有关部门反馈信息、提出意见，着力处理好青少年在成才成长中遭遇的各种阻碍和难题，全面保障青少年的各项需求能够得到最为及时和全面的维护。

（二）完善和拓展保障青少年权益的法律政策体系

一般来说，完善的青少年保障法律体系应包括三根支柱：儿童福利法，普惠性"未雨绸缪"式的积极促进；青少年保护法，局部性"遮风挡雨"式的消极防范；少年司法，个案性"亡羊补牢"式的司法救济。[1]但根据我国现有的法律制度基础以及具体的国情，暂时还不适合制定一部集实体法、程序法于一身的完整的青少年保护综合性法律，因此，下一步我们必须积极推进修改《未成年人保护法》，扩充"政府保护"的内容；推动《预防未成年人犯罪法》的修改，结合实践增加"司法保护"的内

---

[1] 参见高维俭、梅文娟："论少年法的立法体系"，载《预防青少年犯罪研究》2013年第5期。

容，并进一步完善专门学校等教育矫治措施；对相关法律中与青少年有关的内容进行修改完善，如依法严厉打击虐待、拐卖、强迫乞讨、性侵青少年等违法犯罪行为；制定和完善网络领域的青少年保护性立法，加强青少年个人隐私的保护，细化相关方面的具体操作细节等。

具体而言：首先，要以《未成年人保护法》《预防未成年人犯罪法》以及《刑事诉讼法》中关于"未成年人刑事案件诉讼程序"的专章为基础，全面构建起囊括维权、救助以及司法保障等内容的青少年法律体系，同时将其所确定的维护未成年人的基本原则、精髓等不断地向其他法律法规渗透，[1]在之后的法令修订中进一步贯彻和落实。其次，健全已有的法律法规，不断地细化法律条款，特别是针对实践中严重侵害青少年合法权益的普遍现象，要及时弥补漏洞，进一步修订和完善相关的法规制度和政策机制，不断地完善现有法律制度，全面保障青少年群体的普遍权益。同时也要增添相配套的说明性文件，增强其实践的可操作性。还要尽量避免出现司法漏洞，确保各相关法律法规的配套一致性。再次，加强单项立法，就维护青少年合法权益中出现的新情况、新问题，制定新的单项法，不断适应新形势下青少年合法权益的发展。最后，强化对新型网络领域的监管，尽快完善相关方面的法律法规，出台相关规定，细化执行程序，严格责任主体，强化执法力度，全面的防范网络侵权事件的发生，保障好青少年的各项权益。

二、完善青少年合法权益保护机制

维护青少年合法权益，服务青少年健康成长，是与青少年事务有关的政府部门和社会团体的光荣使命，也是全社会的共同责任。[2]随着我国青少年维权事宜的不断深化和完善，青少年权益保障机制得到了社会各界的普遍认可和重视，并形成一个较为全面的权益保护体系，但当前该保护机制中仍然存在诸多的不足与缺陷，严重制约了青少年权益保护工作的深入开展和实施效果，因此，建立健全青少年基本权益保障体系势在必行。

（一）掌控各方资源，建构并细化基层青少年保障工作机制

全面建构并完善青少年权益保护机制，首先必须细化基层保障机制，完善各项基层保障事宜。经过不断的努力，在青少年权益保障方面，我国已经初步形成了"城乡结合、统筹各方、齐抓共管"的基本模式。但经济社会的发展和变革又给我们带来了新的问题：青年农民工的权益侵害严重、待就业青年群体激增等。为了有效地保护这些青年的合法权益必须从基层入手，进一步构建和完善基层的保障工作机制，统筹城乡兼顾各方，形成一个相对全面的工作体系。

一方面，要把青少年作为各项工作的主体，尊重并保障青少年的各项权益，便利

---

[1] 参见薛梦莹："我国青少年权益保护问题研究"，河北师范大学2015年硕士学位论文。
[2] 参见李丽鹏、苏建国、史锡刚："青少年维权工作机制研究"，载《社会研究》2010年第2期。

青少年的权益表达途径，利用好各青少年维权救助组织，帮助青少年更好的发展和完善自我。例如，可以大胆探索，尝试在青年农民工相对集中的地方建立团支部，使基层团组织能够尽可能多的覆盖到弱势农民工群体，并以该团组织为基本依托，对青年农民工进行相应的维权宣传教育，收集青年农民工的维权诉求，帮助他们保障好自身的各项权益；同时也可以建立一支以专业青少年维权工作者为骨干，众多志愿者共同参与的青少年维权保障团队，以便更好地维护青少年的各项权益。另一方面，要支持共青团建设青少年维权工作网络平台和12355青少年服务台，把法治宣传教育与法律服务结合起来，带动青少年社会组织、青少年事务社会工作者积极参与维护青少年权益；[1]不断健全法律援助机制，实现援助的专业化、制度化、体系化，鼓励和引导更多的机构和个人加入进来，为青少年提供专业的免费的法律救助和服务；同时完善青少年政府保护与社会救助之间衔接，健全监护制度，强化对监护权的监督，确保青少年的监护权能够得到切实有效的实现；不断深化"维权岗"创建活动，强化对困难青年群体、进城务工青年及其未成年子女等群体的关爱和权益维护事宜。

（二）加强对青少年的道德教育，全面建构青少年维权保护体系

加强对青少年的道德品质和法制教育，全方位、多层次的建构起保障青少年各项权益的道德和法制屏障。当前学校、家庭过分重视文化课教育，严重忽视思想道德、法制教育的重要性，相关方面的教育教学内容严重缺位；以及新形势下保障青少年各项权益的法规政策不够完善严重滞后，是我国当前实践中存在两个主要难题。解决上述问题，可以将政府部门与社会组织有效的联合起来，利用基层组织自身便民的优势，在社区和村落举行各种方式的学生、家长免费培训课程，对其进行必要品德价值和法制教育，加深他们对相关知识的认知，提升他们的自我防范能力和辨别意识；进一步强化学校对学生相关方面的教育，督促学校全面开展思想伦理、道德品质和法制教育等方面的教育教学工作，不断创新学校的教育模式和教育途径，提高学生自身的辨别意识和维权能力，确保其合法权益得到有效的维护；结合实践需要对维护青少年各项权益的法规政策进行适时的完善和补足，同时也可以吸收国外的先进经验并结合我国自身的实际情况，与时俱进、与势俱进地健全我国相关方面的法规政策。通过家庭、学校、政府和立法机关的有机结合，构建起健全的维护青少年合法权益的思想保障和法律保障机制。[2]

（三）构建并完善保障工作的协调监督体系

构建并完善高效有序的青少年保障工作协调体系，必须合理分配青少年保障的资源，发挥各有关机构行使职责的特色，实现各相关部门之间的积极联动。我国的青少年保障工作并不是由某一个部门全面负责的，而是散见于多个部门之间，因此，要真正解决好青少年保障的各项事宜，必须全面构建起高效有序的协调保障体系，确保上

---

[1] 参见《中长期青年发展规划（2016~2025年）》。
[2] 参见谢超峰、廖仲明："维护青少年合法权益工作机制研究"，载《广西青年干部学院学报》2011年第5期。

下级以及相关同级之间都能彼此配合、密切联动，形成积极的互动机制。可以通过设立专门的协调机构，形成党委、人大、政府部门以及共青团联动协调机制，不断完善青少年行政保护与司法保护衔接机制，将涉及青少年的相关事宜密切联动起来；同时，不断完善法律援助工作网络，鼓励和支持法律服务机构、社会组织、事业单位等依法为青少年提供公益性法律服务和援助，真正为青少年各项权益的落实保驾、助力。

只有协调机制是不够的，还必须构建起全面有效的监督管理体系，建立青年权益保障状况监督体系，包括人大监督、政协监督、司法监督以及舆论监督等多种途径的监督。完善相应的监督制度和细节，确保人大、政协、司法以及舆论等各方监督能够真正落到实处；建立青年权益状况舆情监测体系和舆论引导机制，将青少年保障工作的成效纳入有关部门考核评估范围之内，不定期的对其相关的保障事宜进行调查、统计以及相应的分析检查和指导，及时的开展监督评估；此外，也可以借助网络、自媒体、报纸、电视等媒介对青少年的权益保障方面的相关知识进行宣传普及，提高全社会保障青少年健康发展的意识；最后，不断健全信息收集和反馈机制，畅通青少年诉求表达机制，使青少年维权事务真正落到实处。[1]

三、依法打击各类侵害青少年合法权益的行为，完善青少年维权网络环境

随着党和国家对青少年维权关注度的提升，保护青少年权益的司法理念得到了进一步的贯彻和完善，青少年司法保障的"堡垒"也越来越坚固、越来越全面。作为司法保障的重要一环——依法打击各类侵害青少年权益的违法活动受到了越来越多的重视，但实践中侵害青少年权益的案件并没有因此而得到有效的遏制，各种侵害青少年权益的案件依旧频频出现，多发态势不仅没有得到有效的扭转，情况反而日趋复杂化，来自社会、家庭、网络等各方面的侵害交织缠绕、错综复杂，维权的道路艰难且漫长。

因此，必须依法严格惩处各种侵害青少年合法权益的违法活动，就当前比较突出的问题制定专门的应对措施，努力为广大青少年群体的全面发展营造一个适宜的环境。首先，要进一步强化现有法律法规的落实力度，[2] 严格遵守并贯彻各项有关青少年权益保障的法规政策，健全司法体制，完善各项执行机制，依法严厉惩治各种虐待、拐卖、强迫乞讨、性侵青少年的违法犯罪行为；其次，不断完善校园及其周边的安全工作，为学生营造一个舒适安逸的学习环境，依法严惩各类涉及学校、学生的违法犯罪行为；再次，针对目前日益严峻的毒品问题，对青少年全面开展禁毒宣传教育活动，强化广大青少年的禁毒意识和观念，严厉打击各种危害青少年身心安全涉毒活动；最后，强化对各种新型的网络侵权的重视，加大对电子网络领域的管理力度，尽快出台相关方面的专门立法，全面优化虚拟网络空间的整体氛围，依法惩治各类危害青少年的不良网络活动。

---

〔1〕参见谢超峰、廖仲明："维护青少年合法权益工作机制研究"，载《广西青年干部学院学报》2011年第5期。

〔2〕参见郗杰英主编：《当代中国青年权益状况研究报告》，研究出版社2009年版，第204页。

侵权案件的复杂化同时带来了维权诉求的多样化,因此,在司法打击的基础上,还需要进一步去完善维权网络,不断健全以"家庭保护、学校保护、社会保护、司法保护"为基础的,[1]四足鼎立、相互衔接的青少年维权网络体系。家庭维权是青少年维权的基础,青少年各项基本权益的实现均离不开家庭的保障,家庭维权的好坏直接影响青少年的整体发展。[2]一方面,家庭在为青少年提供基本生活保障的同时,要更加注重对青少年主体地位的维护,尊重青少年的主观意愿,听取青少年的意见;另一方面,要完善监护制度,加强对监护缺失和监护权受到侵害的未成年人权益保护工作,强化对监护权的监督,健全相应的惩处机制,对于不完全履行、不履行或者侵害被监护人权益的监护人,依法追究相应的责任。学校维权是青少年维权的主要阵地,除了维护青少年在学校享有的各项合法权益外,其在预防和减少青少年违法犯罪方面也发挥着重要的作用。[3]学校要加强青少年的法制、道德品质以及心理素质教育,培养青少年的法制观念和维权意识,提高青少年的自我修养,确保青少年更好的成才成长。社会维权是青少年维权的重要组成,要充分发挥社会维权多样化的特点,一方面强化青少年维权职能部门的职责,落实好各专门组织的维权工作,整合各方资源,调动社会力量,最大限度的满足青少年的维权诉求;另一方面,加强宣传教育,提高整体的维权意识,营造全社会共同维权的氛围。司法维权是青少年维权网络中最为强有力的一环,要在家庭、学校、社会维权的基础之上,进一步建立一套完善司法维权体系,从少年警务到少年检察再到少年审判到最终的少年矫治逐步形成一个体系,层层深入、密切联合,逐步实现了青少年维权的系统化、规范化;与此同时也要明确维权的重点群体,加强对弱势青少年群体的维权倾斜,完善相应的法律援助体系,配备专业的工作人员,为其提供专门法律咨询和援助,帮助他们更好地维护自身权益。

四、多角度并举维护青少年的各项权益

维护与实现青少年的各项权益,不仅是青少年自身的成才成长的需要,更是中国特色社会主义不断完善的必然。确保青少年在基本生活、教育、医疗、社会参与、福利救助以及司法保护等各方面的都能得到全面的保障,需要各方的协同配合。因此,全方位入手、多角度并举,俨然已经成为当前保障青少年各项权益,促进青少年全面发展的必然。

(一)促进教育资源的合理配置,提升青少年群体的受教育水平

受教育权是公民的基本权利之一,更是青少年各项权益保护的重点,只有青少年接受了良好的教育,才能更好地促进社会的发展和进步。因此,必须要不断促进教育、教学资源的合理配置和均衡使用,以有限的资源发挥最大的价值,全面提升青少年群体的教育文化水平。

---

[1] 姚建龙:《青少年犯罪与司法论要》,中国政法大学出版社2014年版,第275页。
[2] 姚建龙:《青少年犯罪与司法论要》,中国政法大学出版社2014年版,第276页。
[3] 姚建龙:《青少年犯罪与司法论要》,中国政法大学出版社2014年版,第278页。

一方面，要不断平衡各个学校之间在师资力量和硬件设施方面存在的差异，促进各项教育、教学资源的合理配置和均衡使用；提高对外来子女的接收比例，加大对困境青少年群体救助力度，改善他们的受教育难现状，同时不断健全对经济困难学生的帮扶救助机制。另一方面，也要多层次的开展教育，尽可能地为青少年提供多样化的教育资源，满足个体的发展需求；加强道德品质教育，帮助其树立正确的三观，同时强化实际动手和操作能力的培养，促进创新意识和思维的培养，全面提升青少年的学习和创造能力，挖掘并充分扩展青少年的各项才能天赋，实现青少年自身的全方位发展。

（二）完善青少年的就业、创业机制

如何有效地实现就业、创业，一直是青少年最为关注，也是最为现实的问题。当前在就业、创业方面还存在着诸多的难题：就业形势严峻、技能要求高，创业帮扶机制不完备、创业成本高，闲散、社会游荡青年多，大学生的就业问题突出等等。因此，如何有效的帮助青少年完成就业创业是摆在我们面前亟待消除的阻碍。

首先，要进一步强化和完善对青少年职业技能的培养，鼓励青少年大胆地走出去，对其开展相应的择业指导和技能培训，强化他们的职业技能，提升他们职业素养。其次，要为青年劳动者创造充分的就业机会和公平的就业环境，加大维权工作力度，切实保障其各项合法权利。[1]再次，要不断健全青年就业创业的支持体系，加大资源整合的力度，为青少年就业创业提供更加有利的环境。最后，加强立法，从法律层面保障青年的就业创业，消除青年在就业创业过程中遇到的各种不合理的阻碍，同时积极开展就业引导、创业支持、税收减免、贷款优惠等多项措施，给青少年就业创业提供相对平等和自主的外部保障。

（三）确保青少年有效的参与社会公共生活

参与权是青少年合法权益的重要内容，因此强化青少年参与社会公共事务的意识，帮助青少年有效的参与社会公共生活，确保其在权益保障与发展中始终处于主体地位是十分有必要的。

第一，强化青少年参与社会公共生活的意识，加强对青少年参与公共生活意识的培养教育，扩宽青少年公共参与的广度和深度，鼓励和支持青少年参与到与其切身利益密切相关的决策与活动中去；第二，扩展青少年参与社会公共生活的途径，协助青少年把握好参与社会公共生活的机会，尽可能的剔除其在参与过程中所面临各项阻碍；第三，加强青少年社会公共生活的参与程度，确保青少年能够最大限度地参与到社会公共生活的方方面面，从决策的制定、执行到最后的评估全方位参与其中，保障自身的各项权益。

（四）健全青少年社会福利救助系统

随着生活成本不断提高，没工作、没房子、养不起孩子等问题已经严重阻碍到了

---

[1] 参见王锋、秦恒："上海青少年权益保护与发展报告"，载《当代青年研究》2012年第8期。

青少年群体的进步与发展,为了确保青少年的稳定发展,完善相应的社会保障系统势在必行。

首先,要维护好青年参加养老、医疗、失业、生育和工伤保险的权利。[1]加强宣传,提高劳动者的自我保护意识和能力,规范用工单位的各项行为,加强对用人单位的法律监督,切实保障青年劳动者的各项权益。其次,要进一步维护好弱势青少年群体的生存、医疗、受教育以及参与社会事务等方面的权利。完善弱势青少年的医疗救助与助学机制,帮助弱势青年进行职业培训,为其就业提供一定保障,切实维护好弱势青少年的各项合法权益。最后,不断强化预防青少年违法犯罪的机制建设,深入贯彻落实相关法律法规的规定,加快预防青少年违法犯罪工作的建设和完善,全面保障其应有的各项权益。

五、加大对弱势群体的权益保护

随着社会的深入转型和贫富分化的不断加剧,弱势青少年群体的各项权益尚未得到有效的维护,又出现了众多新型的弱势群体,这就导致当前弱势青少年群体的权益维护困境日益凸显,不仅对社会的稳定造成了一定的冲击,同时也进一步妨碍了社会的整体发展。因此,必须采取一定的措施维护好弱势青少年群体的合法权益,保障其全面发展,维护社会稳定,促进社会有序发展。

（一）完善失足青少年的基本权益保护

失足青少年在青少年群体中占有较大的比例,他们大都文化层次低,没有固定的工作,重返社会后社会角色低微,生存发展难以得到有效保;文化程度普遍偏低、职业技能弱,致使他们与同龄孩子相比竞争力明显不足,面对残酷的就业现状,若没有特殊照顾,他们会陷入"失足—失学—失业"的恶性循环之中;社会交际范围狭窄,获得尊重难,失足青年重新回到社会,常常遭受他人的冷眼和歧视,在就业、婚恋等各个方面均遭到了不平等的待遇,难以获得应有的人格尊重;此外,失足青少年常常因为失足,给其带来严重的负面评价,致使其健康成长和发展难以有效实现等,此类种种说明失足青少年在整个社会划分中居于极其低下的位置,完善失足青少年的各项权益保障措施既是必要的也是必需的。

首先,必须建立健全保障失足青少年各项权益的法规政策,完善相关司法程序,加大执法力度。以维护失足青少年权益为最终目的,制定专门针对青少年特别保护的民事、刑事法律制度;进一步细化有关法律条文,明确实施细则,出台针对失足青年等弱势青少年群体权益保障的法律规范,明确规定侵犯失足青少年各项权益应受的处罚。其次,加强教育,提高失足青少年文化程度和职业技能,提高失足青少年的就业、创业概率;强化学校对于失足青年的接纳,确保重返社会的失足青少年能够顺利进入学校,完成学业,学习更多的理论知识和专业技能,能够更好地实现就业,完成

---

[1] 参见王峰、秦恒:"上海市青少年保护与发展报告",载《当代青年研究》2012年第8期。

创业，避免恶性循环。再次，改变社会和家庭的氛围，尊重并保障失足青少年的人格及各项权益；强化对于失足青少年的社会救助，创造机会帮助他们完成学业，实现就业；加大宣传力度，使得公众对于失足青年有一个正确的认识和了解，为失足青少年的成长和发展营造良好的社会氛围；提高父母的素质，强化父母对于失足青少年的关怀教育，为其创造温馨安逸的成长环境。最后，正确引导和帮扶失足青少年使其形成积极的人格信仰。及时的疏导和抚慰失足青少年的心灵，匡正失足青少年的人格，要多与失足青少年沟通交流，及时了解他们的内心变化，帮助他们疏解内心的苦闷，重拾自信心，树立正确的三观，使其健康、快乐地成长。

（二）健全流浪乞讨青少年的基本权益保护

流浪乞讨青少年在困境青少年占有相当一部分的比例，与一般的青少年相比，他们的合法权益普遍遭受了更为严重的侵害，生存、发展难以获得有效保障，受教育状况岌岌可危，医疗救助保障更是令人担忧，因此，流浪乞讨青少年的各项权益保障亟待进一步的加强和完善。

在我国，承担保障流浪乞讨青少年合法权益的主要机构是救助管理站和流浪少年儿童救助保护中心，但实践中，这些救助机构对于流浪乞讨青少年的保障只是杯水车薪，还远远不够，我们必须探索建立一个集救助、教育及服务于一体的流浪乞讨青少年工作机制，不仅救助，更加注重教育与服务，从根本上解决流浪乞讨青少年的生存和发展问题，避免实践中"重复救助、重复流浪"的现象；针对流浪乞讨青少年建立基本数据信息统计机制，实现资源的联动与共享，及时帮助流浪乞讨青少年回归家庭，这样对于无家可归的青少年也能更快的实现进一步的救助保障；针对不同的流浪原因，整合多方资源，建立经济救助、心理辅导等服务机制，针对不同流浪乞讨群体，分门别类进行救助，以便他们能够获得最为及时高效的救助，实现有限资源利用的最大化，同时也可以利用专业人员及社会力量，为该群体提供志愿服务和帮助。

（三）加强留守青少年的基本权益保护

目前留守儿童问题日益严峻，已经成为社会各界共同关注的焦点，随着社会改革的不断深入，由于工作等各方面的原因，越来越多父母不能与自己的子女共同生活，这就导致留守儿童日益增多，"留守"难题愈发严峻。留守青少年由于长期缺少父母的关爱，不论是身体还是心理都遭受到了一定程度的侵害，有的甚至连最基本的生存都难以获得有效的保障，故而，必须对其予以更多的关爱与保护。

要保障留守儿童不辍学、不失学，顺利完成九年制义务教育，及时关注和救助辍学、失学儿童，最大限度的解决他们的后顾之忧，帮助他们重返校园，完成义务教育，甚至是更高层次的教育学习。针对家庭困难的留守青少年，要组织开展相关救助工作，通过政府救助、社会捐助等类似措施，帮助他们尽快走出困境。同时要注意解决留守青少年群体缺乏亲情陪护，可能造成的心理障碍等问题，确保留守青少年能够与其父母进行长期有效的电话和视频联系；有条件的可以利用寒暑假组织留守儿童到父母身边去，与其共同生活、学习，促进彼此之间的情感交流，拉进他们的距离。平时要多与留守青少年交流谈心，全面了解他们的真实意愿和内心波动情况，帮助他们疏解内心的苦闷，对于已经有一定心理障碍的留守青少年，要积极组织专业人士与他们进行沟通交流，并进行相关方面的治疗。最后，要分层次、分类别的开展法律和自护教育活动，现在学校的教育更多的是关注文化知识的灌输，却忽略了法律、自护等相关知识的教育，而留守青少年因为远离父母其自身权益更易遭到各种不法损害，更加要掌握必要的法律以及自保、自护的知识和技能，在遭遇侵害能够进行必要的自我救助，能够懂得基本的求助技能，以便及时获得有效的救助，不至茫然不知所措，消极被动的逃避。

（四）全面落实孤残疾青少年群体的各项权益保护

孤残疾青少年作为社会中的弱势群体理应受到更多的关注和照顾，目前我国针对孤残疾儿童已经制定一系列的救助政策和具体措施，并取得一定的效果，但是仍然存在一定的问题，需要我们去及时的纠正、补足。

为了全面保障孤残疾青少年的各项权益，必须进一步健全相关方面的法规政策，完善相关司法程序，加大执法保障力度，落实好各项保障孤残疾青少年的法规政策，确保其各项权利都能得到切实的保障；不断细化相关条文规定，明晰具体操作细节，同时也要明确相关的责任和处罚力度；针对家庭困难的孤残疾青少年，要组织开展相关救助工作，及时地帮助他们渡过难关；同时，要多与孤残疾青少年沟通交流，帮助他们疏解内心的苦闷，解决孤残疾儿童的心理障碍，帮助他们积极乐观的生活；最后，要对孤残疾青少年进行必要的法制和自护教育，帮助他们树立自护观念，提升自护能力，使他们在遭遇危险时，能够及时地做出反应，尽可能保障自身安全，维护其自身的合法权益。

（五）深化非正规就业青年和青年农民工的各项权益保护

深化非正规就业青年和青年农民工的各项权益保护是建立健全青少年权益保障机制的重要一环，随着进城务工青年队伍的不断壮大，非正规就业青年和青年农民工的合法权益保护也越来越突显，就业歧视、拖欠薪水、剥夺休息休假等问题日益严峻。

为了进一步深化和解决非正规就业青年和青年农民工的基本权利保护难题，首先，要从法规政策方面入手，全面强化对其基本权益方面予以保障的法律法规，进一步完善相关执法程序，加大保障力度，以保证非正规就业青年和青年农民工群体的各项权益能够得到最基本的维护和落实；其次，细化相关条文规定，明晰具体操作细节，严格划分责任范围；再次，加强教育、引导，提高非正规就业青年和青年农民工文化程度、职业技能，提高非正规就业青年和青年农民工的就业、创业概率，使其能够更好地实现就业，完成创业；最后，也要加大宣传教育，改善社会公众对于非正规就业青年和青年农民工的认识，改善社会氛围，尊重非正规就业青年和青年农民工的基本人格，保障他们的各项法定权益能够得到最为全面和有效的落实。

第十二章
预防青少年违法犯罪

青少年是祖国的未来,是社会主义建设者和接班人。21世纪以来,我国处于社会转型期,社会矛盾凸显,青少年如若得不到正确的教育和引导,则很容易成为违法犯罪的高危群体。同时,青少年是实现中国梦的践行者,青少年的违法犯罪牵一发而动全身,青少年违法犯罪率高则社会治安环境差,不利于一心一意搞建设,一心一意谋发展,因此党和国家高瞻远瞩出台了《中长期青年发展规划(2016~2025年)》,并将预防青少年违法犯罪作为青少年发展的十大领域之一。本章拟在对青少年违法犯罪的现状、原因加以分析的基础上,对《规划》中预防青少年违法犯罪的目标加以解读,并就预防举措进行详细的分析。

第一节 青少年违法犯罪概念的界定

一、关于青少年年龄的界定

在生活习惯中,青少年是一个合成概念,包含了两个部分,一部分是青年,另一部分则是少年。现阶段,青年与少年在法律上还没有明确的界定,"青少年"概念与"青年""少年""未成年人"等概念存在着交叉的现象,在现实中一般根据个人的实际情况来判断。对于青年和少年的判断一般是以年龄为界限,同时考虑的因素还应包括个人的心智和身体发育状况。[1]

我国青少年犯罪学的主流观点是将青少年犯罪之青少年的年龄界定为25周岁以下,考虑到《规划》所指的青年年龄范围是14周岁~35周岁,本章所研究的青少年违法犯罪之青少年的年龄亦相应确定为14周岁~35周岁,并主张将青少年犯罪学的研究对象拓展到25周岁~35周岁的青年。

---

[1] 参见王顺安、韩冰:"21世纪以来青少年犯罪的状况、特点、规律、走向及防治对策",载《预防青少年犯罪研究》2014年第5期。

二、青少年违法犯罪的界定

(一) 青少年违法范围的界定

我国于1999年6月28日通过、同年11月1日施行的《中华人民共和国预防未成年人犯罪法》,规定了未成年人的一般不良行为和严重不良行为。一般不良行为在本法有详细列举,比如旷课、夜不归宿,携带管制刀具,强行向他人索要财物,以及其他严重违背社会公德的不良行为,等等;严重不良行为,根据该法第三十四条规定可知是指下列严重危害社会,尚不够刑事处罚的违法行为,比如纠集他人结伙滋事,扰乱治安,多次偷窃,以及其他严重危害社会的行为,等等。我国《中华人民共和国预防未成年人犯罪法》中将未成年人犯罪预防的范围扩大到违法行为和不良行为,其根本目的不是惩戒处罚未成年人违法犯罪,而是从未成年人不良行为抓起,预防其走上违法犯罪道路。

《中华人民共和国治安管理处罚法》是于2005年8月28日审议通过,2006年3月1日起施行,该法规定对扰乱公共秩序,妨害公共安全,侵犯人身权利、财产权利,妨害社会管理,具有社会危害性的行为,依照《中华人民共和国刑法》的规定构成犯罪的,依法追究刑事责任;尚不够刑事处罚的,由公安机关依照本法给予治安管理处罚。因此,青少年违法的范围包括违反《中华人民共和国治安管理处罚法》《中华人民共和国预防未成年人犯罪法》等相关法律、法规中规定的违法和不良行为。

(二) 青少年犯罪行为的界定

1. 刑法学意义上的"犯罪"

我国现行《刑法》第13条指出了法律意义的"犯罪"含义,是指"一切危害国家主权、领土完整和安全,分裂国家、颠覆人民民主专政的政权和推翻社会主义制度,破坏社会秩序和经济秩序,侵犯国有财产或者劳动群众集体所有的财产,侵犯公民私人所有的财产,侵犯公民的人身权利、民主权利和其他权利,以及其他危害社会的行为,依照法律应当受刑罚处罚的,都是犯罪,但是情节显著轻微危害不大的,不认为是犯罪"。社会危害性是犯罪的本质特征,青少年犯罪与普通的犯罪均由刑法来严格界定,二者并无本质区别。

2. 犯罪学意义上的"犯罪"

青少年犯罪的英文是"juvenile delinquency",而不是刑法学意义上的"crime"(犯罪),更多的是强调罪错,这个扩大了青少年犯罪的概念,不仅包括犯罪行为,也包括违法行为、不良行为等等。这也使得青少年犯罪的概念区分为狭义犯罪和广义犯罪。狭义上的犯罪,仅指以刑法上所规定的具有危害性的行为。广义的青少年犯罪概念和社会学、犯罪学的发展密不可分,所指称"犯罪"不应当仅仅限于刑事犯罪,还应当包括违法行为、虞犯行为(危险行为)等越轨行为。

(三) 对青少年违法犯罪概念的界定

对青少年犯罪研究的进程中达成的共识有,主张在青少年犯罪研究中,应当使用广义的青少年犯罪概念，而不宜使用狭义的青少年犯罪概念。学者康树华指出，从广义青少年犯罪包括的内容来说，不仅包括青少年所实施的触犯刑事法律的犯罪行为，而且还包括触犯社会治安管理法规的违法行为，以及还包括违反道德规范的不良行为。[1] 青少年违法犯罪前一般会出现某些不良行为，不良行为没有及时矫治很容易导致青少年违法犯罪。对青少年违法行为以及不良行为研究，其目的不在于如何惩罚，而在于如何教育和保护青少年，以期达到预防青少年走上犯罪道路的效果。因此对于青少年犯罪中"违法犯罪"所涉及的范围，应该不仅包括刑事法律规定的关于犯罪的相关概念和范围，还应包括作为青少年这一类人群实施的特有的行为，具体是指青少年违反《中华人民共和国刑法》《中华人民共和国治安管理处罚法》《中华人民共和国预防未成年人犯罪法》等相关法律、法规中规定的其他违法犯罪和不良行为。

综上所述，笔者认为青少年违法犯罪是指14周岁~35周岁的人所实施的触犯刑事法律的犯罪行为、触犯社会治安管理法规的违法行为，以及违反道德规范的不良行为。

本章节对青少年违法犯罪的原因的分析，主要是基于14周岁~25周岁年龄段，因为对这部分青少年而言，其可塑性较强。

第二节　青少年违法犯罪状况分析

一、青少年违法犯罪得到有效控制

据我国法院审理青少年（14周岁~25周岁）犯罪案件统计分析，青少年罪犯总数是一度上升趋势，并在2008年达到最大值322 061人，而后呈减少趋势。青少年占刑事罪犯比例中可以看出近年来青少年违法犯罪总体呈下降趋势，由1997年的37.85%下降到2015年的19.18%。未成年人犯罪和青少年犯罪趋势基本趋同，在1997年~2008年间，总数呈急速上升趋势，由30 446人增加到88 891人，一共增加了58 445人，平均每年增加5313人。但在2008年以后，未成年犯罪人数下降明显。2016年未成年犯罪人数与2008年相比下降了59.79%。尤其是在2016年，降幅明显，与2015相比下降了18.47%。青少年犯罪总数与高峰时期的2008年相比降低了36.45%。未成年人占刑事罪犯比例在2008年高达9.82%，到了2016年降低到了2.93%。青少年占刑事罪犯比例也由1998年的39.39%降低到2016年的16.77%。

尽管由于各个地区的经济、文化以及治理措施不一等原因，青少年犯罪会呈现地区性差异，会有个别比较突出的现象，但总体而言，我国的青少年犯罪得到了有效的控制。在经济转型期，矛盾多发期，在现今刑事犯罪总数呈逐年上升的趋势下，青少年犯罪的有效管控无疑是值得肯定的。

---

[1] 参见康树华："青少年犯罪、未成年人犯罪概念的界定与涵义"，载《公安学刊·浙江公安高等专科学校学报》2000年第2期。

表 12-1　1997 年~2016 年全国法院审理青少年犯罪案件情况[1]

年份	刑事罪犯总数	14 岁~18 岁（不含 18 岁）	18 岁~25 岁	青少年罪犯总数	青少年占刑事罪犯（%）	未成年人占青少年罪犯（%）	未成年人占刑事罪犯（%）
1997	526 312	30 446	168 766	199 212	37.85	15.28	5.78
1998	528 301	33 612	174 464	208 076	39.39	16.15	6.36
1999	602 380	40 014	181 139	221 153	36.71	18.09	6.64
2000	639 814	41 709	179 272	220 981	34.54	18.87	6.65
2001	746 328	49 883	203 582	253 465	33.96	19.68	6.68
2002	701 858	50 030	167 879	217 909	31.05	22.96	7.88
2003	742 261	58 870	172 845	231 715	31.22	25.41	7.93
2004	764 441	70 086	178 984	249 070	32.58	28.14	9.15
2005	842 545	82 692	203 249	285 941	33.94	28.92	9.81
2006	889 042	83 697	219 934	303 631	34.15	27.57	9.41
2007	931 745	87 506	228 792	316 298	33.95	27.67	9.39
2008	1 007 304	88 891	233 170	322 061	31.97	27.60	9.82
2009	997 872	77 604	224 419	302 023	30.27	25.69	7.78
2010	1 006 420	68 193	219 785	287 978	28.59	23.68	6.78
2012	1 173 406	63 780	219 208	282 990	24.12	22.54	5.44
2013	1 157 784	55 817	209 622	265 439	22.93	21.03	4.82
2014	1 183 784	50 415	199 161	249 576	21.08	20.20	4.26
2015	1 231 656	43 839	192 502	236 341	19.18	18.54	3.56
2016	1 220 645	35 743	168 914	204 657	16.77	17.46	2.93

对青少年违法犯罪的数据分析于 25 周岁~35 周岁年龄段较为缺乏，这主要是因为青少年犯罪研究与司法统计对"青少年"的年龄界定一般是"14 周岁~25 周岁"，尚未形成对 25 周岁~35 周岁青年犯罪进行专门统计的做法。

二、我国青少年违法犯罪遏制的原因分析[2]

（一）预防青少年违法犯罪工作领导机制进一步健全

中央社会治安综合治理委员会在 2011 年将预防青少年违法犯罪领导小组改革为预

---

[1] 参见"人民法院审理刑事案件罪犯情况（1997~2015 年）"，载中华人民共和国国家统计局网站：http://www.stats.gov.cn/tjsj/ndsj/2016/indexch.htm，访问日期：2017 年 11 月 10 日；"2016 年全国法院司法统计公报"，载中国法院网：http://gongbao.court.gov.cn/Details/faccf2e3c1216069f9c87cd2dc535d.html。访问日期：2017 年 11 月 11 日。

[2] （二）至（六）部分论述主要参考共青团中央专项课题组："中国青年发展状况综述"，载《中国青年研究》2017 年专刊。

防青少年违法犯罪专项组,由中央综治办、共青团中央、教育部、最高人民法院、最高人民检察院、公安部、司法部等22个成员单位组成,综治委的设立旨在力构建青少年社会管理的长效机制,在预防和减少青少年违法犯罪、创造青少年健康成长的良好环境、维护社会和谐稳定等方面发挥了积极作用。

(二) 青少年有关法律法规和政策不断完善

我国现阶段已经形成了以宪法为核心,以未成年人保护法、预防未成年人犯罪法为主体,以刑事、民事等其他法规为补充的青少年法律体系。与此同时,青少年法律法规与政策不断健全,例如近些年来全国人大在《刑法修正案(九)》中修改多处涉及未成年人的条款,加大对侵害未成年人犯罪行为的惩处力度,并在《民法总则》中对未成年人监护制度作出了改革调整。国务院法制办也正在加快制定《未成年人网络保护条例》,同时指导国家发展改革委、团中央做好《青年创业促进条例》起草工作。

(三) 未成年人司法制度持续加强

近些年来,我国未成年人司法制度持续加强。例如《刑事诉讼法修正案(草案)》于2012年3月14日通过,此次修改增设了未成年人犯罪案件诉讼程序,这标志着我国未成年人司法制度法治化程度的提高。

自1984年11月在上海市长宁区人民法院建立第一个"少年犯合议庭"以来,全国未成年人审判制度飞速发展,未检制度也取得了重大进步,未成年人警务制度的探索也已经启动。在实践中摸索中,我国已经基本形成了办理未成年人案件的程序制度,未成年人矫正制度也持续完善。

(四) 青少年法治宣传教育深入开展

青少年违法犯罪的有效遏制,也得益于青少年法治宣传教育的深入开展。例如在全国开展了"学习宪法、遵守宪法"的主题活动,并在全国40万所中小学开展"晨读宪法"活动。深入学习宣传中国特色社会主义法律体系,成功举办了特色社会主义法律体系巡回演讲。围绕党和国家大局广泛开展法制宣传主题教育,并组织开展了"大力弘扬法治精神、共筑伟大中国梦"等主题法制宣传。深入推进青少年法治教育,完善了学校、家庭、社会"三位一体"的青少年法制教育格局。全国普法办开通了官方微博、微信公众号等,普法宣传形式有效创新。司法部以"七五"普法规划颁布实施为契机,全面深化"法律六进"活动,并会同教育部编写《青少年法治教育大纲》。有关单位举办"关爱明天·普法先行"青少年普法教育活动。

(五) 青少年成长的社会法治环境进一步优化

为青少年成长营造一个良好的社会法制环境,是落实科学发展观,构建和谐社会的重要环节,也是全社会共同的责任和紧迫的任务。近些年来,通过开展多种形式的法制教育和第二课堂活动,学生法律素质普遍提高,中小学校均落实了"一校一警"制度,成立了警校共建工作领导小组。学校法制教育工作制度得到进一步健全;学校、家庭、社会互相配合,共同做好青少年法制教育工作,初步形成了青少年法制教育工作"三位一体"的格局。全国"扫黄打非"办公室联合多家单位继续开展"护苗

2015"专项行动。中央网信办及时清理有害青少年身心健康的网络信息,关闭涉嫌淫秽、色情及低俗信息的微信公众号、QQ 群。2016 年 5 月,国务院教育督导委员会办公室印发了《关于开展校园欺凌专项治理的通知》,对校园欺凌进行专项治理。这些对青少年成长环境的治理措施使得社会法治环境进一步优化。

（六）重点青少年群体服务管理工作全面落地

面对重点群体开展重点预防,是专项组深化预防工作的重要探索,也是青少年违法犯罪得到有效控制的重要原因。2009 年,经中央综治委批准,专项组确定有不良或严重不良行为青少年等 5 类重点群体,进行了全面数据摸排;2010 年至 2012 年,确定 23 个全国试点城市和 257 个省级试点城市,针对不同方向开展了为期两年的试点;2013 年起,用三年时间、分三个轮次,在全国所有县级地区推开重点群体服务管理和预防犯罪工作。

当然,青少年违法犯罪比重的下降有一个不可忽视的原因即是中国青年人口的急剧减少。据《中国青年报》报道,中国的青少年占总人口的比例却从 2000 年的 18%（2.28 亿）下降至 2009 年的 13%（1.8 亿）。[1] 2010 年 14 岁~29 岁的中国青年为 34 420 万,占全国总人口的 25.8%,与 2000 年第五次人口普查相比,14 岁~29 岁青年当时为 33 800 万,但青年人口在人口总体中的比例由 27.2% 下降为 25.8%,下降了 1.4%。[2] 学者邓希泉在研究中发现,2012 年底,全国总人口（包括中国人民解放军现役军人,但未包括香港、澳门特别行政区和台湾省的人口）为 135 404 万人,14 岁~35 岁的青年人口占 33.53%,比上年（34.14%）降低了 0.61 个百分点;青年人口约为 45 401 万人,比上年减少了近六百万。[3] 在其接下来的研究中发现,2013 年全国 1‰的抽样数据未经加权的估算,14 岁~35 岁青少年人口占全国总人口的 33.03%,比上年降低了 0.5 个百分点;青年人口约为 44 940 万,比上年减少 468 万。[4] 由此可以看出,青少年人口数量及其在全国总人口中的比重,都在持续降低。而青少年人口比重的持续降低,也使得青少年违法犯罪总数呈减少趋势。

三、青少年违法犯罪特点分析

尽管我国青少年违法犯罪得到了有效遏制,但总的来看预防青少年违法犯罪的形势仍然十分严峻,并呈现出诸多新的特点:

（一）青少年违法犯罪呈低龄化趋势

改革开放以来,我国经济发展迅速,人民生活水平日渐提高。社会的飞速发展,物质生活日益丰富,使得青少年摄入足够的营养,甚至过多的营养,以至于生理发育

---

[1] 参见"青少年占中国人口比例近年急剧下降",载中国青年报：http://zqb.cyol.com/html/2011-05/19/nw.D110000zgqnb_20110519_4-04.htm,访问时间：2017 年 11 月 16 日。
[2] 参见樊新民："中国青年人口构成研究——基于第六次全国人口普查资料的分析",载《中国青年研究》2013 年 12 期。
[3] 参见邓希泉："2014 年中国青年人口与发展统计报告",载《中国青年社会科学》2015 年第 2 期。
[4] 参见邓希泉："中国青年人口与发展统计报告（2015 年）",载《中国青年研究》2015 年第 11 期。

成熟的年龄相较于以往大大提前。随着科学技术的迅猛发展，电视、网络日益成为人们生活中不可或缺的一部分，它们一方面丰富着人民大众精神生活，另一方面又不可避免地带来了负面影响。电视、网络媒体上的暴力和色情画面不时映入大众的眼球，这对自控力不足的青少年来说，有极大的不良影响，许多青少年模仿网络媒体里的情节，导致违法犯罪的概率大大提升。由于发育年龄提前和频繁接受不良文化影响等原因，20世纪90年代以来未成年人违法犯罪的初始年龄比20世纪70年代提前了2岁~3岁。[1]从涉罪未成年人成长经历来看，一般在10周岁~12周岁出现不端行为，在13周岁~15周岁进入违法高峰期，在15周岁~18周岁进入犯罪高峰期。例如，山东省某市中级人民法院《未成年人情况统计表》显示：2007年，该市青少年犯罪的平均年龄为17.4岁，而在2010年，平均年龄已下降至15.8岁。[2]2010年我国未成年犯抽样调查分析报告指出，未成年以14岁~16岁为主，16岁以下接近80%，抽样调查发现，未成年犯罪呈低龄化，其中"16岁"占35.44%，"15岁"占27.65%，"14岁"占14.36%，"17岁"以上占22.55%。[3]种种数据表明，我国青少年违法犯罪呈低龄化趋势，对这一趋势必须高度关注和重视。

（二）青少年违法犯罪呈团伙化趋势

影视作品中，很多即是团伙作案、帮派厮杀争抢。部分青少年身心发育的不健全，不能正确认识违法犯罪对社会秩序的破坏性，容易受到熏陶和误导并进行不计后果的模仿。而青少年彼此之间志趣相投，其相似的心理思想，容易有共同话题，如此这般陌生人很快会成为好友。如若实施犯罪则常常是一伙人集合起来共同作案。再者，青少年思想一般比较单纯，在他们的小群体和小团伙中，某个犯意和行动得到认可，往往成员间会相互支持、相互依赖，正所谓"一人胆小、两人胆大、三人什么都不怕"。特别是一些在学校被认为是落后生抑或因学习原因而辍学的同学，这些人往往被认为是落后群体，心理一般都比较消极、失落，其共同的心理基础，很容易使他们聚合在一起。有学者曾在山东某区调研后发现，该区青少年犯罪呈现团伙作案的特点，两人以上共同犯罪有60人，占57.1%，其中最大的团伙多达8人。这种团伙作案以2人~3人为主，占团伙作案的40.0%，犯罪类型多为盗窃、故意伤害。[4]

（三）青少年违法犯罪呈暴力化趋势

我国改革开放初期，主要表现在一般性的盗窃，打架等一些不良行为和违法行为，手段呈现简单而又原始的特点，而今青少年违法犯罪手段残忍，具有很明显的暴力化倾向。青少年易冲动，做事情往往任性放纵，不计后果，向暴力化发展的势头趋于显著。青少年违法犯罪暴力化一般表现为：第一，行凶杀人，严重伤害。第二，暴力抢

---

[1] 参见李义军："我国青少年犯罪特点及现状"，载《河北理工大学学报（社会科学版）》2008年第1期。

[2] 参见任啸辰、吕厥中："当前青少年犯罪的现状、成因与消解"，载《中国青年研究》2016年第6期。

[3] 参见操学诚等："2010我国未成年犯抽样调查分析报告"，载《青少年犯罪问题》2011年第6期。

[4] 参见滕洪昌、李月华："基于心理成因的青少年犯罪预防分析"，载《鲁东大学学报（哲学社会科学版）》2015年第6期。

劫。第三，暴力强奸。

（四）青少年犯罪呈智能化趋势

青少年在科学技术的影响下，对网络、电脑科技的熟练掌握，使得违法犯罪的手段越来越高明。网络科技成为他们实施违法犯罪的利器，比如利用手机进行短信诈骗，利用计算机进行网络诈骗，破译信用卡密码等。网络购物、网上银行日益走进大众生活，这给拥有网络技术又有强烈物质需要的青少年利用网络侵犯公私财产可乘之机，类似案件呈多发趋势亦属必然。青少年在实施此类案件之前一般都做了大量准备工作，实施违法犯罪之后也很少留下踪迹，这无疑大大增加了公安机关侦破案件的难度，同时也给警方侦查工作带来了严峻的挑战。电脑技术、通信技术、智能电话等开始成为他们犯罪的工具，使得所实施的违法犯罪更加隐蔽，呈现出来了明显的智能化和科技化的特征。

（五）青少年违法犯罪呈多样化趋势

青少年在学习生活中接触各种各样的文化，在受到不良作用的影响下，其违法犯罪形态多样化表现明显，如绑架、贩毒、拐卖及组织卖淫等，表现在以下几个方面：

第一，青少年盗窃增多。在犯罪活动中盗窃具有普遍性和多发性。青少年在成长过程中，受不正确金钱观的误导，有的青少年盲目消费、互相攀比，一旦经济拮据，就容易诱发盗窃。

第二，青少年涉毒增多。当今，毒品问题在全球呈多发态势，毒品成为人类社会进步发展的一颗毒瘤。而青少年沾染毒品人数的增加，无疑给社会蒙上了一层阴影。从各地登记在册的吸毒人员的情况来看，普遍文化水平低下。一项对4328名吸毒人员的调查中表明，初中及其以下文化程度者所占比例高达88.77%，35岁以下的吸毒人员高达83.36%，具有高中文化程度的吸毒者则少得多。[1]目前，在我国吸毒人群中，35周岁以下的青少年比例高达80%，而且他们初次尝试吸毒的平均年龄不到20岁，16周岁以下的吸毒人数更是数以万计。[2]

第三，青少年性犯罪增多。青少年生理发育基本成熟，但由于中国的传统文化，一般"谈性色变"，青少年在好奇心的驱使下，渴望对性进一步了解，而家庭、学校、社会对青少年的正确引导不足，这就使得青少年对性知识知之甚少。色情网络、非法书刊、黄色光盘等不良文化如洪水猛兽一般向青少年袭来，无孔不入的环境使得意志薄弱、心理未成熟的青少年时刻经受的诱惑。青少年如若意志松懈，被不良文化俘虏，那么走上性犯罪道路的可能性大大增加。

第三节　青少年违法犯罪原因分析

青少年违法犯罪的研究是伴随着犯罪学理论的不断丰富和逐步演变发展起来的，

---

[1] 参见陈媛："浅析我国青少年毒品犯罪"，载《青海师专学报》2006年第5期。
[2] 参见赖兰芳、陈森林："青少年吸毒现象的思考"，载《湖北科技学院学报》2013年第8期。

青少年违法犯罪的研究离不开犯罪学理论的发展。我国的犯罪学理论主要是借鉴和吸收西方犯罪学的理论成果，因此，在对青少年违法犯罪具体原因分析前，本节先对犯罪学中关于青少年犯罪的主要代表性理论加以阐述。

一、西方关于青少年犯罪原因的主要理论

西方国家对犯罪学的理论研究历史悠久，近代以来各种罪因理论和学说异彩纷呈，犯罪学的理论研究大大促进了青少年犯罪理论的发展。我们将对各个学派中对有关青少年犯罪重要理论加以简述如下：

（一）古典主义理论解释

古典主义犯罪学产生于18世纪后期，主要建立在功利主义哲学和享乐原则基础之上，该理论主要代表人物有意大利的切萨雷·贝卡利亚、英国的杰里米·边沁以及德国的冯·费尔巴哈。

1. 功利主义理论

边沁学说的核心是功利主义理论，他认为人的本性或人类的基本规律就是"避苦求乐"，这主导着人的思想并引导着人的行为。边沁认为，人的行为都是受"追求快乐"和"避免痛苦"两种心理驱使。所有人的行为都是在经过理性认真思考之后，才决定实施的。

2. 心理强制理论

被誉为"近代刑法学之父"的费尔巴哈，在边沁的理论之上并吸收了部分弗洛伊德的思想提出了心理强制说。当人在实施犯罪时，首先会考虑犯罪可能产生的后果，如果认为犯罪可能产生的快乐结果大于其行为可能导致的不利后果，则会实施犯罪活动。但如若相反，即苦大于乐，那么就会选择忍受较小的痛苦，避免因此而带来更大的不利后果。

（二）实证主义理论解释

随着科技的发展，以及心理学、医学、精神学、生理学等知识的发展兴起，为实证主义犯罪学奠定了基础。实证主义采用统计方法、观察方法以及经验性实证研究，该学派的代表人物有意大利的切萨雷·龙勃罗梭、家恩里科·菲力以及巴伦·拉斐尔·加罗法洛。

1. 天生犯罪论

切萨雷·龙勃罗梭是意大利的精神病专家、犯罪学专家，也是实证主义犯罪学的创始人和主要代表人物，天生犯罪人理论是其最为后人所知的犯罪学理论。他大量运用了人体测量、尸体测量，在全面比较分析的基础上认为遗传决定犯罪。天生犯罪人是大脑结构性退化，额部通常有横竖皱纹，有很明显的返祖现象。该理论一经问世就引起了巨大争议，但它宣告了古典犯罪学的终结，并开创了实证主义的犯罪学之先河，在后来的修订中，龙勃罗梭认为不是所有的犯罪人都是天生犯罪人，但天生犯罪人所占比例超过40%，或者更少。后来经过逐渐发展成为犯罪原因综合论，对青少年犯罪

原因分析中，更强调环境对青少年的影响，这也促进了青少年理论的研究。

2. 三元犯罪原因论

菲力认为，任何犯罪都是人类学因素、自然因素以及社会因素综合作用的结果，三要素之间存在互为因果的关系，不同类型犯罪要素影响不同。[1]菲力的三元论对青少年理论发展贡献很大，它以多因素解释犯罪的成因，对青少年犯罪的分析，不仅仅局限在局部和个人身上等单一元素上，这是青少年犯罪学发展史上的一大进步。

（三）现代犯罪学理论解释

现代犯罪学一般采用社会学的方法来研究犯罪，这最早可追溯到19世纪30年代，它受实证学派影响较大。20世纪初以来是现代犯罪学发展的鼎盛时期，在这个时期，犯罪学研究在许多国家发展起来，犯罪学中心也由欧洲转到了美国，并出现了各种不同流派，并由社会学的一个分支发展成为独立的学科体系。现代犯罪学学派众多，代表人物有埃米尔·迪尔凯姆、罗伯特·默顿、特拉维希·赫希以及埃德温·萨瑟兰。

1. 社会失范理论

法国社会学家埃米尔·迪尔凯姆发展和运用了社会实证理论与方法提出了"社会失范"的概念，美国社会学家罗伯特·默顿进一步完善和发展了这一概念。一般认为，失范或曰社会失范是指旧有的社会规范被普遍否定或遭到严重破坏，逐渐失去对社会成员的约束力，而新的社会规范尚未形成或未被普遍接受，不具有对社会成员的有效约束力，使得社会成员处于混乱的、相互冲突的社会规范之中，并缺乏明确一致的社会规范约束的一种社会状态。[2]迪尔凯姆认为犯罪并非源于其他特殊原因，而是源于所从属的文化结构本身。社会失范在我国表现在政治、经济、文化等方面，此理论对我国现今阶段的研究很有帮助。

2. 标签理论

标签理论的代表人物有霍华德·索尔·贝克尔、弗兰克·塔嫩鲍姆。标签理论是主要探究越轨行为产生过程而非越轨行为产生的原因，或者说，标签理论并不强调犯罪行为本身，而是着重调查那些被呼为犯罪行为或者犯罪的人是如何被定义为犯罪的。[3]此理论认为一个人之所以成为一个犯罪者，是因为父母、朋友、老师或者其他个人在社会活动中给他贴上了"坏孩子"或"不良少年"的标签之后，自己在这种标签的潜移默化的影响下而接受对其不良的评价，从而对以后的异端越轨行为产生决定性的影响。

3. 结构性紧张理论

紧张理论的代表性人物是美国社会学家罗伯特·默顿。紧张理论是以迪尔凯姆的失范概念为基础，认为当社会的文化与结构之间存在紧张或冲突时，犯罪就可能产生。所有文化都有普遍的价值目标追求，当社会发生剧变或者一些不平等现象在社会上产

---

[1] 参见应培礼主编：《犯罪学通论》，法律出版社2016年版，第92页。
[2] 参见戚瑞丰："社会失范与青少年道德教育困境"，载《青少年犯罪问题》2005年第2期。
[3] 参见张远煌：《犯罪学原理》（第2版），法律出版社2008年版，第136页。

生时,一些人就可能通过不法途径去实现自己的目标。紧张理论对青少年犯罪原因解释的核心在于:当社会、家庭、学校对青少年有较高期待,但青少年自身的能力不足所导致的巨大落差必然会引起青少年的紧张,而紧张的产生又容易导致青少年产生越轨等不良行为。

4. 社会控制理论

美国犯罪学家阿瑟·比利较早提出了控制论观点,沃尔特·雷克利斯在此基础之上形成了犯罪的遏制理论,特拉维希·赫希是社会控制理论的集大成者,其所论述的社会控制理论对犯罪学理论研究产生了重大影响。社会控制理论是用社会控制的强弱来解释犯罪行为产生的原因。人们一般通过犯罪之后会发生什么来控制犯罪,他们不想破坏自己的形象,而犯罪者则不在乎自己的形象是否受损,认为自己的形象无足轻重。社会控制理论认为每个人都是潜在的犯罪人,而人为什么不犯罪是因为个人与社会联系的存在,而社会联系的因素包括依恋、奉献、参与和信念。当个人与社会联系削弱或破裂时,则可能产生违法犯罪。

5. 利益冲突理论

冲突理论是用社会中存在的冲突来解释犯罪行为产生的原因,认为任何社会都存在着冲突,犯罪是社会中冲突所产生的,该理论的代表性人物是美国犯罪学家乔治·沃尔德。沃尔德指出,许多犯罪是由群体所实施,这是因为人们认为群体能更有效的保护利益免受损失。当不同群体具有相同的利益、目的时,群体之间就会产生相互冲突。在沃尔德看来,群体利益冲突导致两种后果:第一,制定法律和控制法律的实施。第二,控制国家的警察力量。

6. 差异交往理论

由美国著名犯罪学家埃德温·萨瑟兰提出的差异交往理论在美国犯罪史上具有重要地位,该理论认为犯罪人的形成过程是在犯罪或违法性团伙中学习越轨和犯罪行为的,其核心内容包括两个方面:(1)解释了犯罪学习的内容,指出犯罪学习究竟是学习什么;(2)阐述了犯罪学习过程,指出了犯罪学习究竟是如何进行的。[1]

二、现阶段我国青少年犯罪的主要因素

一定的原因引发一些现象的产生,青少年违法犯罪这一现象的存在也不例外,它是由众多原因所导致。现阶段,我国正处于转型期,青少年违法犯罪问题是现代化进程中面临的严重的社会问题之一。而今,我国处于工业文明与农业文明、市场经济与计划经济、传统文化与现代文化的激烈碰撞、冲突之中,所引发的青少年违法犯罪事件也是理所当然。青少年违法犯罪产生的原因不是单一的,而是多重因素综合作用的结果,不但有社会大环境的原因,还包括青少年自身的心理、生理原因,以及家庭和学校的原因。笔者认为主要包括以下几个方面:

---

[1] 参见吴宗宪:《西方犯罪学史》,警官教育出版社1997年版,第579、580页。

(一) 个体因素

在人类一生的发展历程中,青少年期是从不成熟走向成熟、从儿童走向成人的一个过渡时期,是从低级阶段向高级阶段迈进的过程。过渡期是青少年一生中的关键阶段,无论在生理上还是在心理上都发生着剧变。当身体成熟与心智成熟不均衡时,青少年违法犯罪的概率就提高了。

1. 青少年生理因素

犯罪学专家和心理学家,对个体的生理特征与犯罪之间的关系进行了大量研究,发现生理因素对人的行为和心理都有直接影响。青春期最重要的生理特征是身体快速发育并逐渐趋于成熟,主要包括第二性征的发育,身体成分变化等,性成熟也随之而来。性成熟的同时,心理状态却没有及时成熟,而此时的青少年有异于寻常的心理与欲求,当它不为社会、公众所接受时,青少年会产生压抑的情绪,如若得不到合理疏导,久而久之容易出现危害社会的行为。

2. 青少年心理因素

青少年逐渐成熟的同时,以自我为中心的状态日渐趋显,他们渴望独立与自由,摆脱父母束缚、控制的心理越来越严重。同时,青少年身心一般处于不稳定状态,心理波动比较大且难以控制,就容易使得青少年一旦有其它外因会难以自控而导致违法犯罪。青少年的人生观、价值观和世界观是在逐步形成中,在形成期,易受环境或者其他个人的影响,同时受叛逆心理的驱使,在这种不成熟与不良因素影响下,可能引发青少年违法犯罪。

人生不如意事十之八九。青少年在成长过程中,总会遇到一些挫折,产生失望、悲观、痛苦等消极的情绪后,如若一蹶不振,对未来失去信心,其中有些最后可能走上违法犯罪的道路。

(二) 家庭因素

家庭是青少年生活成长的第一个场所,父母是青少年在人生成长过程中的启蒙老师,因此,家庭教育对青少年的成长有着直接又重大的影响。良好的家庭教育有助于青少年良好品格的培养,相反,不良的家庭教育往往成为青少年违法犯罪的重要因素之一。家庭因素的优劣与青少年违法犯罪有着密切的关系,它对青少年违法犯罪的影响主要表现在家庭结构变化、家庭教育不当、家庭不和谐等几个方面。

1. 家庭结构变化

随着时代的变化发展,家庭教育观念正悄然变化。家庭经受着多元文化的冲击,家庭结构不似以往那般简单淳朴,婚姻中的各种问题导致了问题家庭的出现。问题家庭容易使家庭成员特别是青少年产生扭曲心理,直接后果就是问题少年的出现。父母离异,对孩子的呵护减少,缺乏母爱或者父爱,心理产生自卑感,久而久之,养成孤僻、冷酷的性格,子女心灵会受到创伤,成为父母离异的最大受害者。残缺家庭结构对青少年社会化有重大影响,在受到外界不良因素误导时,走上违法犯罪道路的可能性就大大增加了。

而随着经济的发展，全国各地发展相对不均衡，经济发展较为落后的地区，父母一般会选择外出打工。此种情况下，父母一方外出打工，或者双方外出打工，子女留守在家，虽然家庭结构正常，但子女一般很难享受到父母亲贴身的爱护。家庭结构的新变化，使得留守儿童渴望关心、爱护，如若得不到满足，则容易产生问题。

2. 家庭教育不当

青少年性格是在父母言行举止的潜移默化下形成发展的。家庭比较富裕，父母双方知识层次较高，给子女以良好的家庭教育方面优势明显，而家庭贫穷，父母受教育程度较低，则给予其子女良好的家庭教育相对较难。不当的家庭教育更多地体现在以下几点：

（1）不当溺爱。爱子女本是父母的天性，对子女适度而又理智的爱，将会给孩子成长营造良好的环境。但如若溺爱孩子，则往往适得其反。由于独生子女政策的实施（现在实施"二胎政策"），使得一个家庭只有一个孩子。孩子成为全家人的宝，"含在嘴里怕化了，捧在手里怕摔了"的溺爱现象在中国普遍存在。加之中国有"隔代亲"的现象，许多爷爷奶奶对孩子更是宠爱有加，却不小心造就了许许多多的"小公主""小太阳"。这种情况下，对青少年所犯的错误，父母一般采取完全包容的态度，不及时纠正其错误和缺点，使得孩子在错误的路径上渐行渐远。按照社会心理学理论，决定孩子错误行为的因素在很大程度上是过去的学习，那些符合父母期望值的行为会得到强化。[1]当子女行为不当时，父母及时纠正，则以后再犯可能性较小，如若不及时纠正，反而得到宽容甚或鼓励，那么不当行为再犯可能性会大大增加，久而久之，由不当行为所引发的违法犯罪发生的可能性亦大大增加。

（2）暴力管教。对孩子溺爱的另一面是暴力严加管教孩子。有的父母认为子女是其附属品，可以对其任意管教，即使是棍棒相交也认为是理所应当。青少年在成长过程中，自尊心也逐渐增强，采取此种方式对其管教，无疑会使自尊心受到伤害。而在该时期，青少年身心发育不成熟，也开始以逆反的姿态对待父母。如果家庭管教过严，对待子女简单又粗暴，完全无视其人格和自尊心，那么就容易激发青少年的逆反心理，严重的会导致犯罪。犯罪社会学中的"暴力容许论"认为，一个越赞许使用暴力，以追求某个社会目标（如家庭教养、学校秩序或社会控制），并将这种暴力视为"合法暴力"的社会，也就越容易将这种暴力转化到这个社会的其他生活层面。[2]父母对青少年不正确的严加管教，很容易让其习得暴力因子，在以后的生活中，唤起暴力意识的因素出现之时，也可能就是违法犯罪之日。

（3）重智轻德。家庭教育不当的另一个表现方面就是"重智轻德"。"望子成龙，望女成凤"，大概是天下所有父母的心愿，随之而来的是对子女的过高要求。一些青少年从小就是在各种补习班中度过了自己的初高中生涯，反映出父母对子女知识培养的

---

[1] 参见严金："论家庭对青少年犯罪的影响与防范"，载《法制与社会》2015年第1期。
[2] 参见付华："论家庭教育对青少年犯罪的影响"，载《山西警官高等专科学校学报》2014年第3期。

重视。对知识培养的重视固然值得提倡，但往往从另一个方面也反映出对道德重视度不高的现状。道德是为人处事的基石，如若一个人缺乏道德，那么成为对社会有用之人的难度之高可想而知。道德感的缺乏往往使得青少年游走在违法犯罪的边缘。

(4) 缺乏沟通。家庭教育不当还表现在不善于和子女沟通。许多父母因为忙于工作，而很少与子女进行积极有效的沟通。父母对子女关心有时候只是简单的弱化为购买礼物、给予金钱，而情感上的沟通则甚是缺乏，这往往导致子女陷入孤独的境地，被社会不良风气感染的概率也大大增加。

3. 家庭的不和谐

家庭矛盾的不正确处理，使得部分青少年整天生活在吵吵闹闹的环境中。他们不仅没有享受到家庭的温馨与父母的呵护，还得忍受因年龄尚小，心理不够成熟，承受能力较差带来的困惑、无助与恐惧。当家庭的不和谐演变为家庭暴力时，青少年不仅仅遭受皮肉之苦，更多的是心灵创伤、心理扭曲和行为异常化。这种情况下，青少年往往会心理孤僻、性格内向，极易产生不良的性格特征而且行为富有攻击性，导致其容易违法犯罪。曾有研究表明，在犯罪的青少年中，41.3%经常或有时在家里受到辱骂，30.5%经常或有时在家里受到体罚，18%经常或有时在家里受到暴力伤害，57.9%经常或有时在家里目睹家人吵架，31.8%经常或有时在家里目睹家人打架，30.2%经常或有时在家目睹家人破坏或摔砸东西，26.8%经常或有时在家里没人照顾，21.2%经常或有时感受到家人对自己漠不关心，39.3%经常或有时被独自留在家里，20.3%经常或有时受到意外伤害。[1]

(三) 学校因素

学校生活占据了青少年除家庭生活之外的绝大部分时间。学校是青少年成长过程中一个必不可少的场所，它不仅传授知识，而且给予青少年正确的思想道德教导。但目前，我国学校教育在人文教育方面的不足使得教育存在某种程度的偏差。"应试教育"下，虽有众多人士呼吁的"素质教育"在艰难前行，但以考试为导向的教育现状并没有得到根本改变。而学校管理的不到位以及法制宣传不到位等因素的缺乏，使得学校在青少年违法犯罪中不仅没有很好的予以遏制反而起到推波助澜的作用。特拉维斯·赫希在其《少年犯罪原因探讨》中关于青少年犯罪和学校的关系上上总结出该结论，即缺乏学习能力→学习成绩差→不喜欢学校→进行青少年犯罪。[2]青少年违法犯罪中学校的因素主要有以下几点：

1. 片面追求升学率

学校不仅是传授学生知识的场所，更是教化育人的地方。而许多学校把学生成绩的好坏当成评价学生的唯一标准，忽视学生的德、智、美、体的全面均衡发展。这就

---

〔1〕参见"流动青少年权益保护与犯罪预防研究"课题组："我国八城市流动青少年违法犯罪状况调查"，载《犯罪研究》2009年第1期。

〔2〕参见[美]特拉维斯·赫西：《少年犯罪原因探讨》，吴宗宪译，中国国际广播出版社1997年版，第7页。

导致成绩的好的同学成为老师关心的对象,而老师对学习成绩较差的同学则一般采取不闻不问的态度。升学率已成为教师、学校的一种功利性资本,这种现象的存在,使得有限的教育资源发生倾斜,教育工作者一般把精力集中投放在学习成绩较好的学生身上,而不是一视同仁。一些成绩较差的同学,不仅没有受到重视,有时还会被当作"害群之马",老师的冷落必然使学生的自尊心受到打击,厌学、辍学现象的发生也在预料之中。他们由此进入社会,大都会成为无所事事的不良群体,在不良因素的诱导下,很容易进行违法犯罪活动。

片面追求升学率的另一个危害就是忽视对学生道德观念的教育引导。学校在"高考指挥棒"的指引下,追求"分数第一","分分分,学生的命根"也成为学生的真实写照,对学生道德教育变得可有可无。只教书不育人的现状,使得学生徒有考试技能,而鲜有完善的人格品质。

2. 教育科目的不完整

心理教育科目不完善以及课时未予以保证凸显了应试教育的弊端。现代生活节奏加快,学生在家庭生活,或者在学习生活中,多多少少会产生心理问题,但大多数中小学并不开设心理学课程,更为严重的是有的学校甚至没有一个心理辅导老师,当学生遇到心理问题时就不知所措。当家庭教育缺乏时,若学校教育能及时弥补的话,学生心理问题会大大减少。当家庭教育缺乏,而学校教育又不完善时,学生产生心理问题的可能性就会增加,而违法犯罪的风险就会加大。

法制教育资源的不足以及对其重视程度不足使得法治教育浮于表面、流于形式。由于部分学校法治教育实施的欠缺,没有将法治观念科学有效地灌输到青少年头脑中,导致绝大部分学生法治素质不足。2010年我国未成年犯抽样调查分析报告指出,在"学校法制课程开设方面",仅有9.9%的未成年犯选择"长期开设","没有开设"的比例高达59.2%,并且选择"长期开设"的未成年犯对于法制教育课程开设的看法"仅仅是走走形式而已"。[1]

3. 教师素质的不足

作为教师,其职责不仅是"传道授业解惑",也应在青少年为人处事方面起着表率作用。但由于人文精神教育的缺失,部分老师在教育学生过程中,对部分学生带有色眼睛,只照顾成绩优秀的学生,而对学习较差的同学,置之不理,甚至会在他们犯错之时,拳脚相加,使得学生厌学心理加重,这会提前将青少年推向社会而违法犯罪。

老师在法治教育中应该起着先导作用。青少年的思想可塑性强,一个人如果从小就接受法治教育,培养规则意识、程序观念,他就容易认可法律秩序价值并自愿置身于法律的约束之下。以权利义务、公平正义、责任担当为主的法治教育需要具有专业法治素养的老师,而老师法治素养的欠缺使得法治教育大打折扣。

(四) 社会因素

青少年问题是社会问题的一个缩影。我国正处于社会变革转型期,社会问题集中

---

[1] 参见操学诚等:"2010年我国未成年犯抽样调查分析报告",载《青少年犯罪问题》2011年第6期。

凸显，对青少年产生了诸多的影响，具体因素包括以下几个方面：

1. 市场经济的负面影响

市场经济以效益最大化为目标，而对效益的追逐，势必造成贫富差距过大。由于社会分配、再分配机制不健全，贫富差距不断加大，影响社会的和谐稳定，这种分化造成青少年心理上的不平衡感，为青少年实施盗窃等侵犯财产性犯罪提供了心理诱因。

市场经济条件下，青少年失业时有发生，如若一个地区失业率过高，那么这个地区的治安状况亦令人担忧。青少年过早辍学，又不工作时，整天无所事事，而又渴求金钱时，违法犯罪就随之而来了。特拉维斯·赫希认为，社会与青少年犯罪之间的联系主要是指过早结束学校生活和较迟获得职业的青少年，即准就业人员和过早辍学的青少年。[1]

2. 不良文化的催化作用

优秀的文化使人积极向上，提高人们的精神境界，庸俗的文化则会使人堕落，腐蚀人的灵魂。近年来，各种宣扬色情、暴力的影像制品在市场上、网络上流传，屡禁不止。青少年出入不良场所，观看不良影像，打暴力游戏，心灵就会受到污染，严重侵害青少年的身心健康。部分青少年受不良文化熏染而腐化堕落，更有可能走上违法犯罪的道路。

随着改革开放的深入进行，我国与西方的交流日益密切，中西方文化发生碰撞，并在一定程度上发生冲突。中国传统儒家思想极力倡导道德修养，讲求群体意识，强调以和为贵，而西方文化则强调实用主义，讲究个人主义，强调竞争意识。[2]西方文化的入侵，在当今的环境下愈演愈烈，青少年判断力有限加之自控力不足，在这种情况下出现越轨违法犯罪的行为就很难避免了。

3. 不良风气的深刻影响

近年来，我国经济发展迅速，取得了令世人瞩目的成就，可我国仍处于社会主义初级阶段是事实。但社会中弥漫着拜金主义、享乐主义的气息，使青少年深受其害。这些不良风气，毒害人们的心灵，侵扰社会秩序，甚至将人引向违法犯罪的道路。青少年并不具备高消费的经济实力，容易诱发犯罪，比如青少年为不义之财而盗窃抑或抢劫。

另外一个方面是社会戾气的严重性。生活中人们彼此之间摩擦在所难免，处理方式的不同，带来不一样的后果，有的人化干戈为玉帛，而有的人则大动干戈。为了鸡毛蒜皮的小事而拳脚相加的事情屡见不鲜，恭敬谦让的良好风尚渐渐远去，青少年亦深受其害，主要表现在处理摩擦时暴力化倾向。

---

[1] 参见［美］特拉维斯·赫希：《少年犯罪原因探讨》，吴宗宪译，中国国际广播出版社1997年版，第7页。

[2] 参见王丁杰："新世纪以来青少年违法犯罪的特征、趋势与治理研究"，天津商业大学2013年硕士学位论文。

4. 互联网的负面影响

21世纪以来，网络产业发展迅速，使得网络经济在经济发展中所占比重越来越大，网络游戏产业也顺势取得了飞快发展。有关调查显示，中国青少年上网比例超过90%，网络成为青少年生活的重要组成部分，并且正在剧烈地影响和改变着青少年的生活。[1]在网络的虚拟空间里，青少年的行为可以不受道德和法律的约束。青春期是青少年最活跃的阶段，有的情感、压力不能在现实生活中释放的时候，网络就成为他们宣泄情绪的最佳舞台。青少年在网络世界里，可以和网友脏话连篇，可以和游戏伙伴肆意砍杀。有关部门的监管不力，对青少年上网环境不能很好地予以净化，导致青少年日渐遭受着网络鸦片的荼毒。虚拟世界与现实世界不分，就会导致青少年将一些在网络游戏中的暴力砍杀在现实中上演，从而酿成悲剧。

第四节 进一步深化青少年违法犯罪的预防

一、《规划》目标解读

《规划》中对预防青少年违法犯罪的发展目标设定为：第一，青少年成长环境进一步优化。第二，青少年涉案涉罪率逐步下降。《规划》设定的第一目标是为最后一个目标的实现做铺垫，唯有青少年成长环境的进一步优化，青少年违法犯罪率才有可能降低。

（一）普法宣传教育机制进一步健全

《规划》设定的普法宣传目标亦是"七五"普法规划的任务之一。党中央、国务院转发的《中央宣传部、司法部关于在公民中开展法治宣传教育的第七个五年规划（2016~2020年）》指出，法治宣传教育是全面依法治国的长期基础性工作，在推进社会主义法治国家建设中发挥着重要作用，事关全面建成小康社会事业全局。依法治国的战略方针得以实施，对普法宣传提出了更高的要求。普法宣传不是东一榔头西一棒槌，而是要建立宣传机制，稳扎稳打，使得普法宣传如春雨润物一般走进人们的心里，坚持把社会主义核心价值观融入法治宣传教育。唯有在普法宣传上，掌握主动性，方可加大对青年的有效领导。健全普法宣传教育要健全普法责任制，推进法治宣传教育工作创新。同时，加强工作指导以及经费保障，真正使得普法宣传落到实处。

（二）法治观念、意识不断增强

法治意识的养成要从小抓起。唯有真正知法，才能更好地设立底线思维，更好地遵法、守法。古话说"工欲善其事必先利其器"，欲先利其器，必先强其法治观念、意识。只有把法治观念、意识装进大脑里才能内化为行动，否则法治只是空头的说教，没有任何的意义。增强法治观念是党践行依法治国的重大举措，唯有法治观念不断增

---

[1] 参见陈桃："青少年网络违法行为及其预防"，载《长春教育学院学报》2016年第6期。

强，方能使依法治国战略事半功倍。要深入宣传中国特色社会主义法律体系，在传播法律知识的同时，更加注重弘扬社会主义法治精神、培育法治理念，推动全社会树立法治意识，引导全民自觉守法、遇事找法、解决问题靠法。

（三）青少年成长环境进一步优化

青少年的健康成长是关系国家和民族命运的希望工程，是关系亿万家庭实际利益的民心工程，是关系到全社会可持续发展的系统工程。因此，为青少年营造一个良好成长环境，是全社会共同的责任和紧迫的任务。构建青少年法制教育网络，营造和谐、健康的成长环境，需要社会、学校、家庭的共同关心和关爱。青少年的健康成长离不开国内安全、稳定的环境。青少年成长过程中总是会遇到各种各样的诱惑，假如青少年受不良思想的侵蚀，则很容易产生越轨行为。优化青少年学校周边环境，可使青少年有一个安静的学习环境。优化网络空间，使青少年免遭黄色网站的诱惑。为青少年的成长创造健康、和谐、稳定的社会法制环境是一项长期、复杂的工作，不可能一蹴而就。因此我们要逐步健全组织网络，强化学校、家庭和社会"三道防线"。

（四）完善重点青少年服务管理和预防格局

重点青少年是指有不良行为青少年、闲散青少年、流浪乞讨未成年人、服刑在教人员未成年子女、农村留守儿童等5类。随着经济社会快速发展，当代青少年在学习工作生活条件总体改善的同时，大量的高校毕业生、城乡贫困家庭青年、残疾青年、在城市和乡间流动的农村青年、农村留守儿童，在成长成才、身心健康、就业创业、社会融入、婚恋交友等方面也面临着新的困难和问题，迫切需要解决。建设平安中国和国家民族未来发展要求更加深刻地认识到加强重点青少年群体服务管理和预防犯罪工作的重要意义。

（五）建立教育矫治机制

青少年违法犯罪，如若得不到妥善教育矫治，只是简单的抓了就关，那么处罚措施结束之后，再犯的可能非常大。教育矫治具有罪犯矫治和体现人性关怀的功能，是青少年犯罪的社会化行刑方式，也符合刑法发展的非刑罚化社会潮流，是"教育、感化、挽救"以及"教育为主、惩罚为辅"等司法理念的体现。

（六）青少年涉案涉罪率逐步下降

青少年涉案率逐步降低是预防青少年违法犯罪工作成效的重要评价指标，也是预防青少年违法犯罪工作最具挑战性的难题。近些年来我国预防青少年违法犯罪的成效显著，但主要体现在25周岁以下青少年，尤其是未成年人犯罪涉案涉罪率的下降上。为了进一步降低青少年涉案涉罪率，今后还应当将25周岁~35周岁的青年违法犯罪列为重要的工作目标，唯其如此才能实现青少年涉案涉罪率的整体逐步下降。

二、青少年违法犯罪预防原则

（一）教育为主，惩罚为辅原则

青少年在成长过程中误入歧途一方面在于其自控力和辨别力不足等，另一方面在于社会、家庭,以及学校环境的不良因素,预防青少年违法犯罪就要求社会全体齐心协力营造良好的环境,共同保护青少年成长。青少年主观恶性不大,对初次违法者要以教育为主,对其进行综合全面的帮教,以期积极改正,重归正轨。青少年总体是一个社会弱势群体,是未成熟的人、正在发展中的人、需要特别帮助的人,需要成人社会、政府、社会团体予以特殊的保护。[1]落实对青少年教育为主的原则,要积极维护其合法权益,普及《中华人民共和国未成年人保护法》和《中华人民共和国预防未成年人犯罪法》等保护青少年权益的法律规定。

在强调教育为主的同时,这一原则也强调惩罚手段的合理运用。对于严重、恶性的青少年违法犯罪,惩罚也是必要的手段。惩罚的手段不仅仅包括治安处罚、刑事处罚,也还包括校纪校规、道德谴责等非正式惩罚措施的综合运用。

(二)预防为主,综合治理

青少年违法犯罪的预防是一种积极、高效、经济的手段。在青少年犯罪的预防中,一级预防是为了防患于未然而进行的预防工作;二级预防针对的是轻微违法行为;三级预防针对的是轻微犯罪行为。预防青少年犯罪,最有效、最经济的预防是一级预防,其次是二级预防,最后是三级预防。[2]古人有云,勿以恶小而为之。事物的发展总有一个从量变到质变的过程,预防青少年违法犯罪,要从细微处着手,对青少年违反道德不良行为的发生,要提前抓起,注重提前预防,防止不良行为向违法犯罪的演化。

青少年违法犯罪问题是社会问题的一个缩影,单独完善家庭功能、加强学校教育或者增强社会控制并不能很好预防青少年违法犯罪。社会的复杂性决定了青少年违法犯罪预防必须综合治理。因此预防青少年违法犯罪要运用社会各界力量,各主体互相配合、互相交流,标本兼治,铲除青少年违法犯罪的土壤。

(三)宽容而不纵容原则

青少年是一个国家的未来,一个民族的希望,青少年心理和生理的不成熟性,决定了我们在预防青少年违法犯罪时不能用"研究恶"的刑法学思维对待青少年。我们需要区别对待"恶"和"错",如果说成年人犯罪是一种"恶",青少年犯罪则是一种"错",一种社会之错、成人之错,一种孩子在成长道路上难以完全避免的错,也是需要宽容、爱心,甚至是"放任"去纠正的"错"。[3]作家房龙曾这样写道:"当其他动物永远只能停留在丛林原则时,智慧的人类毕竟慢慢悟出了宽容的道理,提出以理解、关爱和宽容来取代偏执、仇恨和迫害。"[4]对青少年的违法犯罪要抱理性宽容的态度,给予谅解和宽恕,坚持宽容对待的立场,为青少年弱势群体给予更多的人文关怀。

当下,有些人呼吁降低刑事责任年龄,加之低龄青少年违法犯罪恶性个案在网络

---

[1] 参见姚建龙:《青少年犯罪与司法论要》,中国政法大学出版社2014年版,第22页。
[2] 参见吴宗宪:"论社会力量参与预防青少年犯罪的长效机制",载《华东政法大学学报》2013年第5期。
[3] 参见姚建龙:"中国为什么需要少年法院:简单但却容易被忽视的理由",载《青少年犯罪问题》2006年第5期。
[4] 参见[美]房龙:《宽容》,郭兵、曹秀梅、季广志译,北京出版社1999年版,第5页。

媒体的迅速传播，吸取了众人的眼球，很多人普遍都认为应当降低刑事责任年龄。虽然青少年违法犯罪存在低龄化的趋势，但主张用降低刑事责任年龄这种一刀切的方式去预防治理青少年违法犯罪，则是用成人的药去治疗青少年的病，必定对青少年的身心发展产生不利影响。这不仅违背了我国对违法未成年人一贯坚持的基本原则和方针，而且也与改革开放以来我国未成年人司法改革方向背道而驰，在缺乏实证分析的基础上采取降低刑事责任的年龄的呼声应该予以否定。《中长期青年发展规划（2016~2025年）》根据各类需求排序，明确了轻重缓急，也可以看出维护青少年合法权益也是党和国家所重视的，不仅现在不能降低刑事责任年龄，以后基于保护青少年合法权益的出发点也是不能降低的。

需要特别强调的是，宽容而不纵容原则强调的是不迷信重刑，但同时强调要完善防止纵容的机制。例如，对于无法适用刑罚的低龄未成年人要完善保护处分措施，主张提前干预、以教代刑，防止"养猪困局"。[1]

三、青少年违法犯罪预防措施

对于青少年违法犯罪的预防，《规划》从加强法治宣传教育、优化青少年成长环境、做好重点青少年群体服务管理工作以及完善未成年人司法保护制度四个方面提出了发展举措。

（一）加强法治宣传教育

1. 法治宣传教育

党的十九大中明确提出，强化教育引导、实践养成、制度保障，发挥社会主义核心价值观对国民教育、精神文明创建、精神文化产品创作生产传播的引领作用，把社会主义核心价值观融入社会发展的各个方面。坚持全民行动、干部带头，从家庭做起，从娃娃抓起。[2]家庭、学校等主体要积极利用雷锋活动日、五四青年节、七一建党节等重大节日或纪念日，组织开展各类活动，在活动中培养青少年爱国主义精神，引导青少年形成正确的人生观、价值观、世界观。

法治宣传教育重在培养青少年的法治精神，增强法治观念。2014年10月发布的《中共中央关于全面推进依法治国若干重大问题的决定》要进一步推进依法治国，这就对法治宣传教育提出了更高的要求。如果人们没有法治精神、社会没有法治风尚，法治只能是无本之木、无根之花、无源之水。法治并不体现在普通民众对法律条文有多么深透的了解，而在于努力把法治精神、诚信守法的精神、法治意识、法治观念熔铸到人们的头脑之中，体现于人们的日常行为之中。[3]

对青少年的法治宣传，要从青少年自身特点出发，采取形式多样并行之有效的宣

---

[1] 详见颜湘颖、姚建龙："宽容而不纵容的校园欺凌治理机制研究"，载《中国教育学刊》2017年第1期。
[2] 参见"中共十九大开幕，习近平代表十八届中央委员会作报告"，载中国网：http://www.china.com.cn/cppcc/2017-10/18/content_ 41752399.htm，访问日期：2017年10月30日。
[3] 参见习近平：《之江新语》，浙江人民出版社2007版，第205页。

传方式，使青少年真正懂法、守法，并树立底线思维。邓小平同志曾指出："法制教育要从娃娃抓起，小学、中学都要进行这个教育，社会上也要进行这个教育。"

2. 把法治教育纳入国民教育体系

习近平主席在党的十九大报告中指出，要加大全民普法力度，建设社会主义法治文化，树立宪法法律至上，法律面前人人平等的法治理念。因此，要建立国民法治教育体系，不仅对青少年的进行法治教育，同时在社会上也要营造良好的法治教育风尚，把法治教育规范化、常态化、系统化。

学校是法治教育的主战场，坚持课堂教学主渠道，首先要在师资上得到保障。当前，我国大多中小学没有专职法律老师，在此情形下，师资力量的完善显得尤其重要。学校法治教育在师资得到保障的基础上，逐渐配齐、配强中小学校兼职法治副校长、辅导员，建立并完善法治师资体系。法治教育不仅只注重于传统的说教，更应让学生通过丰富多样的形式去运用习得法律的精神，比如可在每学期开展模拟法庭比赛，让同学在开展活动中学习法律。在教学内容上，开展以宪法为核心、以未成年人相关法律为重点的法治宣传教育，强化实践体验，可举办法律知识竞赛、模拟法庭等活动，使青少年在参与、体验中明确基本的法律底线和行为边界。同时，司法部可以"七五"普法规划颁布实施为契机，全面深化"法律六进"活动，并会同教育部编写不同层次的法治教材，从小学到高中，制作一整套涵盖我国基本法律、司法制度以及未成年人保护法、刑法、交通安全法等与未成年人生活相关重要领域的法制教程，使青少年对学习法律知识产生兴趣。从青少年的特征出发，也可利用新兴媒体以及网络等使青少年易于接受的宣传媒介，将"法"的概念深深植入孩子们的心间，形成完整的法治教育链。

为更好发挥学校法治教育主战场的作用，教育主管部门要不定期对学校法治教育进行监测评价。升学率作为功利性资本的当下，不积极转变考核指标，法治教育只能望洋兴叹。

3. 落实国家机关"谁执法谁普法"普法责任制

党的十八大以来，习近平总书记站在战略全局的高度，提出了一系列治国理政新理念新思想新战略，并对全面依法治国作了重要论述，强调领导干部要带头尊法学法守法用法。党的十八届四中全会《决定》明确要求"坚持把全民普法和守法作为依法治国的长期基础性工作""实行国家机关'谁执法谁普法'的普法责任制"。2017年5月中共中央办公厅、国务院办公厅印发了《关于实行国家机关"谁执法谁普法"普法责任制的意见》，这是普法形式的一次变革，它要求在实践中加强法制宣传，有利于普法工作的转型升级。普法责任制要求法官、检察官、行政执法人员、律师等以案说法，围绕社会热点开展普法，有利于普法工作的深入开展。同时，普法责任制的建立要有配套的监督体系，并加强物质、经费保障，各部门协调配合，增强普法的社会效应。

4. 法治教育纳入精神文明创建和平安建设内容

党的十八届四中全会中通过了《中共中央关于全面推进依法治国若干重大问题的

决定》，明确规定了"把法治教育纳入精神文明创建内容"，而《规划》又把"法治教育纳入平安建设"内容之中。这不仅是对《决定》的深化，也是为了更好地预防青少年违法犯罪。法律的权威源自人们内心的信仰和真诚的拥护。社会上许多人法治意识缺失的现状使得把法治教育纳入精神文明创建内容显得尤为必要。法治教育也要向其它精神文明活动一样，进校园、进企业、进社区，用形式多样的法律主题活动促进法律走进人民的心里。

5. 统筹青少年法治教育实践基地建设

2016年9月，教育部等七部门下发了《教育部等七部门关于加强青少年法治教育实践基地建设的意见》，这是党和国家从建设法治国家的战略高度，对青少年法治教育提出的新目标和新要求。各基地建设要科学规划，合理布局，整合资源、创新方式，集中力量，高水平建设。推进举措和保障机制，健全基地运营机制，充分利用各种法治资源，支持实践基地建设，同时建立基地与学校紧密联系机制。加强实践基地的组织领导，建立实践基地的评估和激励机制。同时发动社会各界具有法律专业特长、自愿加入志愿者队伍的人员，组建起一支支热爱普法事业的志愿者队伍。加强志愿者队伍与基地的配合，让实践基地最大限度的发挥职能。

（二）优化青少年成长环境

1. 加强文化环境治理

预防青少年违法犯罪，各政府职能部门必须规范管理文化娱乐场所，全国"扫黄打非"办公室继续联合其它部门单位开展"护苗2015"专项行动。公安部门加强对游戏、歌舞、洗浴、美发等违法犯罪高发的娱乐休闲场所的监管。新闻出版广电总局加强对文娱节目、影视节目的审查，同时各宣传媒体应提高社会责任感，积极剔除腐朽堕落的节目，多播放内容积极向上，符合主旋律的影视节目、影视作品，同时合理规范市场上以未成年人为题材和主要销售对象的出版物，为青少年健康成长创造良好的文化环境。各文化事业单位积极响应党的十九大精神，坚定文化自信，推动社会主义文化繁荣繁盛。这从根本上有利于青少年的健康成长。

2. 加强校园环境治理

学校连接着家庭教育和社会教育，在预防青少年违法犯罪的工程中起着枢纽作用。为预防青少年违法犯罪，学校首先要重视"育人"，注重培养德才兼备并具有良好综合素养的人才。学校要关心学生的心理健康，对学生开展心理教育和心理辅导，同时针对青春期的青少年开展性教育课程。学校要定期开展学生摸排工作，掌握个别特殊学生的家庭以及社会情况，重视管理教育工作，及时、全面地了解他们在家庭、学校和社会上的表现，有针对性的开展工作。

现今阶段，全国中小学保安力量配备还不完善，要在完善的前提下，强化对校园周边环境治理和安全防范工作，严防校外不良因素侵入学校，诱发青少年违法犯罪。公安、城管等部门加大综合执法力度，严格禁止在中小学校园周边开办上网服务营业场所、娱乐场所、彩票专营场所，加强对学校周边场所的监管，净化校园周边环境。

对校外监管的同时,不可忽视校内环境的治理,要依法采取惩戒措施,遏制校园暴力、校园欺凌事件的发生。中小学校要建立防治学生欺凌和暴力工作制度,并将其纳入学校安全工作统筹考虑,同时作为加强平安文明校园建设的重要内容,各相关部门要建立配套衔接机制,依法依规处置学生欺凌和暴力事件。[1]而校园暴力欺凌频发的现今,预防和遏制校园暴力,必须从根除社会中的暴力文化倾向、加强法治和心理教育、健全预防和处置机制等多个方面综合施策,会同其它部门加大工作力度,推动校园暴力得到有效治理。

3. 加强家庭环境治理

家庭的环境治理最基础也最容易被忽视。家庭教育在预防青少年违法犯罪中起着基础性作用,因此,塑造良好的家庭教育环境对青少年健康成长以及预防青少年违法犯罪至关重要。强化家庭监管,父母需要注重培养青少年正确的价值取向,注重培养青少年的精神内涵,使之具有健全的人格。父母要加强和青少年的沟通,密切关注青少年的行为,掌握青少年的心理。强化家庭监管要注重家风建设。2015年2月17日,习近平总书记在春节团拜会上说:"家庭是社会的基本细胞,是人生的第一所学校。不论时代发生多大变化,不论生活格局发生多大变化,我们都要重视家庭建设,注重家庭、注重家教、注重家风。"[2]强化家庭监管,父母要时刻加强自身修养,做好表率作用,并积极学习各种知识,增强育人素质,更好的预防青少年违法犯罪。在预防青少年违法犯罪中对家庭环境的治理尤其要反对家庭暴力。

4. 加强网络空间监管

2017年3月起,全国"扫黄打非"办公室在全国各地开展了"净网2017"行动,该行动主要聚焦网络直播平台、"两微一端"、弹窗广告及网络文学作品等四个领域,有力地优化了青少年的网络空间。网络监管要长期不懈,因此至为重要的两点:一是网络监管立法;二是网络监管执法。[3]欲使网络监管常态化,首先必须网络法制化,加强网络信息使用和传播的立法规定也显得日益紧迫。其次,加强对网吧的整治监管力度,严格执行"上网实名制"以及禁止未成年人进入网吧等规定,对违规经营的网吧,要坚决取缔。最后,要加强政府指导,网络经营者、从业者严格自律,自觉规范自己的行为。同时对青少年的教育引导也是必不可少的措施,积极培养青少年正确处理网络有害信息的能力。

5. 加强社区空间监管

青少年权益受损之地往往发生在社区等经常居住生活的空间,尤其是性侵等案件,往往是熟人作案,因此要加强社区监管,提高社区保护在预防青少年违法犯罪中的作

---

[1] 参见姚建龙:"防治学生欺凌的中国路径:对近期治理校园欺凌政策之评析",载《中国青年社会科学》2017年第1期。

[2] 参见"从'家风'传承看习近平如何齐家治国",载人民网:http://politics.people.com.cn/n1/2016/0217/c1001-28130868.html,访问日期:2017年7月12日。

[3] 参见胡江:"网络时代青少年违法犯罪预防的挑战及其对策",载《法政探索》2014年第6期。

用。社区能够平衡和协调青少年保护中的个人责任和政府的公共投入，在预防青少年违法犯罪工作中，首先要提高社区层面的预防意识，引导社区价值建设，协调发展社区服务。其次，提升社区群体的整合度和家庭的参与度，改变社区中不利性因素，对处于高风险环境下的少年儿童进行早期干预。

党的十九大报告指出，加强社区治理体系建设，推动社会治理重心向基层下移，发挥社会组织作用，实现政府治理和社会调节、居民自治良性互动。[1]社区是青少年在学校家庭生活的延伸，因此在社区建立专业的青少年社区服务机构尤为必要。要聘任专业的社区工作者，开展青少年社区服务。同时，丰富和发展社区预防的方法，注重长效机制建设，发挥社工和居委会的效能，及时掌握闲散青少年的心理动态。各地区可把社区警务定位为社区服务者角色并展开试点工作。对于重点青少年群体而言，社区警察是其朋友、榜样、便捷的求助者，是不可替代的"国家监护人"。[2]

（三）做好重点青少年群体服务管理工作

开展教育帮助和预防犯罪试点的五类重点青少年群一般是包括体闲散青少年群体、有不良行为或严重不良行为的青少年群体、流浪青少年群体、服刑在教人员未成年子女群体、农村留守儿童群体。而随着吸毒少年的增加，一些地区也将吸毒少年纳入到重点青少年群体中。个别地区的青少年儿童因为父母一方或双方感染了艾滋病或因艾滋病死亡、与家中长期患病的成年人共同生活、携带艾滋病病毒或感染艾滋病也被纳入了重点青少年群体中。而对此类青少年的预防工作，要紧跟习近平总书记的讲话精神，坚持系统治理、依法治理、综合治理、源头治理，发动全社会一起来做好维护社会稳定的工作。

1. 推进预防违法犯罪工程建设

习近平总书记曾就此项工作有过重要批示："抓好重点青少年群体的教育管理是维稳的基础性工作，基层党组织要把此项工作纳入视野，列入党建规划，齐抓共管，加强重点青少年群体教育管理的基层基础工作。"现今阶段共青团组织承担预防和减少青少年违法犯罪相关工作。共青团作为最大的青少年组织，共青团在基层影响力偏弱的现状应予以重视，欲在预防青少年违法犯罪中发挥主力军的作用，必须提高共青团对青少年的吸引力和影响力，可以通过组织机构下沉基层的方式使共青团发挥最大效能。建立健全预防未成年人犯罪工作组织网络和制度体系，加大对预防事业的资金投入是做好预防未成年人犯罪工作的组织保障和物质支撑，鼓励和动员相关组织、非营利机构和其他社会力量积极参与，同时政府有关部门要加大对预防未成年人犯罪的调查研究和预防项目的资金和政策支持。[3]

---

[1] 参见"中共十九大开幕，习近平代表十八届中央委员会作报告"，载中国网：http://www.china.com.cn/cppcc/2017-10/18/content_ 41752399.htm，访问日期：2017 年 10 月 30 日。

[2] 参见姚建龙：《青少年犯罪与司法论要》，中国政法大学出版社 2014 年版，第 49 页。

[3] 参见操学诚等："2010 年我国未成年犯抽样调查分析报告"，载《青少年犯罪问题》2011 年第 6 期。

2. 推进重点青少年群体服务管理工作深化落实

中央"预青"专项组会同中央综治办每年共同研究部署，进行督导检查、考核评估。全国各省市要制定实施方案，明确各个阶段的目标，各主要领导要做出批示，分管领导要以身作则，推进工作的整体开展。

按照省级领导、市级统筹、县级铺开的要求，全国2800多个市县分批启动重点青少年群体工作。建立各机构有效运转机制。要加强专项组成员单位间的协调联动，逐步健全信息共享、个案转接、会商研讨等工作机制。

在政府有关部门不能有效监管的情况下，应加强学校与家庭的沟通联系，积极利用现代通信工具，比如可利用微信群、QQ群，强化学校与家长对青少年的教育指导，防止青少年脱离与家庭、学校的联系。学校要更多利用自身教育优势更好地弥补家庭教育中的不足，巩固预防青少年违法犯罪的学校防线，共同做好青少年保护工程。

3. 加强专门学校建设和专门教育工作

工读学校一直处于争议之中，经历了由盛到衰的过程。但实践证明，工读学校在教育和挽救有违法和严重不良行为的青少年方面有很大成效。因此，要建设与经济社会发展相适应的专门学校，加强有利于严重不良行为学生教育和社会化的专门工读教育平台。推进专门学校建设，解决有严重不良行为少年、符合条件的涉案未成年人进入专门学校的渠道问题。为做好重点青少年群体服务管理工作，学校教育方面"除了引入校警这一外来权威力量外，还应当重塑教师的权威，赋予教师惩戒权，改变教师不敢管、无法管的状况。"[1]但另一方面，又要对青少年进入专门学校持谨慎的态度。具有惩罚性、强制性色彩的措施，应当在重点青少年群体的控制中慎重乃至避免使用，对于尚无违法行为的青少年应当禁止使用。[2]

4. 完善专门学校管理体制和运行机制

现在工读教育发展差强人意的一部分原因在于管理和运行机制的落后。要加快建立创新工读教育的领导体制，成立共青团、公安局、检察院、法院、司法局等单位统筹协调结构，负责协调、指导工读教育的改革与创新。制定科学的教育计划，提升科学理论水平，以提高工读教育水平，全面提升工读教育质量。积极完善工读学校运行机制，创新教育办学方法，开拓工读学校与职业学校教育以及普通高中教育之间的升学渠道。

5. 开展对有不良行为青少年的矫治

有严重不良行为的青少年是预防青少年犯罪所需要关注的重点对象。要依靠专业力量开展对有不良行为青少年的教育矫治，充分发挥组织化专业力量的职责作用，积

---

[1] 参见颜湘颖、姚建龙："'宽容而不纵容'的校园欺凌治理机制研究"，载《中国教育学刊》2017年第1期。

[2] 参见姚建龙："转型社会的青少年犯罪控制——以'全国重点青少年群体教育帮助和预防犯罪试点'为例的研究"，载《社会科学》2012年第4期。

极引入专业的社会工作力量和方法,加强对有严重不良行为青少年的专门教育工作。建立健全青少年社会服务网络,要以政府为主导、社会为核心,为青少年帮扶计划提供法律支持,以及人力、物力支持。开展重点青少年群体教育帮助与预防犯罪试点工作的重点是从情感因素、成本要素、时间精力要素、道德要素四个维度重建或者强化其社会联系,使社会联系薄弱甚至破裂的重点青少年能够融入社会,而非让他们成为"凸显"甚至"隔离"于社会的特殊群体。[1]各级政府和社会团体组织要大力解决青少年"失学、失业"的问题,增强与社会联系的状态,斩断与违法犯罪的链接。凝聚社会力量接触此类青少年,加强对闲散青少年的管理教育,并积极关爱留守儿童,让乞讨儿童回归家庭,让服刑人员子女走出心理阴影。

(四)完善未成年人司法制度

完善未成年人司法保护制度是规划提出的预防青少年违法犯罪的重要举措。未成年人司法制度包括广义和狭义的两个方面,狭义的未成年人司法制度仅指未成年人案件(主要是未成年人刑事案件)审判制度,广义的未成年人司法制度不仅指未成年人审判制度,还包括未成年人警察制度、未成年人检察制度、未成年人矫正制度、未成年人师制度、未成年人仲裁制度和未成年人公证制度等。[2]从预防青少年违法犯罪的角度说,完善未成年人司法制度应着眼于广义,这也是《规划》的要求。根据《规划》的规定,完善未成年人司法制度应主要从以下几个方面推进:

1. 加强未成年人司法专门机构建设

深化未成年人司法改革,公安机关、人民检察院、人民法院、司法行政机关要加强专门机制建设,明确专门机构或者指定专人办理未成年人违法犯罪案件。

1986年,上海市长宁区公安分局设置了独立的少年科,这是第一个独立的少年警务机构。但遗憾的是,在不久进行的撤销预审部门的警务改革中,少年科被撤销。此后二十多年的时间内,我国警务部门中均没有再出现专门的少年警务机构。2013年4月28日,广西壮族自治区钦州市钦南分局正式设立青少年警务工作办公室(后更名为未成年人警务科)。2015年7月1日,北京市海淀区设置了专门的未成年人预审中队。除了这两个专门、独立的少年警务机构外,一些省市也开始试点公安机关成立了专门办案组或者指定专门的人员办理未成年人案件。

1986年6月,上海市长宁区人民检察院建立了中国检察系统第一个专门的少年检察机构——"少年犯起诉组"。截至2016年3月,全国共有独立建制的少年检察机构1027个,其中省级检察机关19个,在公诉部门下设未检办案组1400多个。

1984年10月上海市长宁区人民法院设置了第一个少年法庭,目前,全国少年法庭的数量基本稳定在2400个左右。近些年来,少年法庭的发展也面临着较大的挑战,主要表现为案件受理量的不足以及家事审判改革的冲击。

---

[1] 参见姚建龙:"转型社会的青少年犯罪控制——以'全国重点青少年群体教育帮助和预防犯罪试点'为例的研究",载《社会科学》2012年第4期。

[2] 参见姚建龙:《青少年犯罪与司法论要》,中国政法大学出版社2014年版,第147页。

新中国成立之初，我国即已经建立了未成年犯管教所，目前每个省都有专门的未成年犯管教所。大约2003年开始，我国开始社区矫正试点改革，也开始探索未成年人社区矫正制度。目前全国约有未成年社区服刑人员1.2万名，已经超过未成年犯管教所在押未成年犯人数。

尽管经过三十余年的发展，未成年人司法专门机制建设取得了重大的进展，但是总的来看，公安机关、人民检察院、人民法院、司法行政机关的专门机制建设仍然较为滞后，而且配套衔接机制也还未健全。专门机制建设应当成为今后未成年人司法改革特别关注的内容。[1]

2. 改革完善未成年人收容教养制度

根据《刑法》规定，对于因不满16周岁不予刑事处罚的少年，在必要的时候，可以由政府依法收容教养。对于何谓"必要"法律未作明确规定。根据立法精神和司法实践，凡是属于下列情形之一的，都视为符合"必要"的收容条件：父母双亡，无家可归，无亲可投，浪迹社会的孤儿；家长或监护人无能力管教或拒不管教的；因家庭或学校管不了，主动要求公安机关将其收容教养的；社会影响很坏，受害人要求政府收容教养的；有可能重新违法犯罪的；恶习较深，较难教育的。[2]

值得注意都是，由于劳教制度的废止，目前收容教养缺乏合法的执行场所。而且，具有剥夺人身自由性质的收容教养由公安机关决定，违背了程序正义原则，也容易遭受合法性的质疑。收容教养制度也被法学界称为"小劳教"，在劳教制度遭受广泛质疑而被废止后，实践中对收容教养的使用十分谨慎，因而很少使用，事实上不少省市已经停止了收容教养的审批。如何改革、激活收容教养制度，是未成年人司法改革中的重大议题，其基本的改革方向应当是司法化，并改造为具有保护处分性质的措施。[3]

3. 严格落实特殊保护制度

《规划》要求在侦查、起诉、审判、刑事执行涉及未成年人案件中，落实社会调查、心理疏导与测评、分押分管、严格限制适用逮捕措施、强制辩护、合适成年人参与、当事人和解、附条件不起诉、分案起诉、法庭教育、回访帮教、犯罪记录封存、分类矫治等特殊保护制度。这些特殊保护制度是在我国未成年人司法制度三十余年的改革过程中逐步形成的制度性经验，并为相关法律、司法解释或者政策文件所确定。但是，由于我国未成年人司法制度建设的不均衡，一些地方并未能严格落实特殊保护制度，对此应当高度重视并积极改进。

4. 建立和完善青少年帮教制度

《规划》要求有条件的地区建立未成年人帮教基地，妥善安置附条件不起诉、适用非监禁刑、特赦的未成年人以及解除收容教养和其他刑满释放的青少年。

注重帮教是我国预防青少年违法犯罪的传统做法和成功经验。帮教主要是依靠社会

---

[1] 参见姚建龙："中国少年司法的历史、现状与未来"，载《法律适用》2017年第19期。
[2] 参见夏宗素主编：《劳动教养制度改革问题研究》，法律出版社2001年版，第212页。
[3] 参见颜湘颖、姚建龙："宽容而不纵容的校园欺凌治理机制研究"，载《中国教育学刊》2017年第1期。

力量，在一定范围内对特定的对象进行帮助教育的非处罚性的社会教育与管理措施。[1]它主要通过司法工作人员、社会组织以及个人对帮教对象进行形式多样的帮助、教育，促使其改过自新，达到预防和减少青少年违法犯罪的目的。当前，建立和完善青少年帮教制度要特别注重专业化建设，除了在有条件的地区建立帮教基地外，还应重视培育专门的青少年社工、心理咨询师等专业力量参与青少年帮教。

　　十年树木，百年树人。青少年是未来社会的中流砥柱，青少年的健康成长关乎祖国的未来。预防青少年违法犯罪的长路漫漫，但我们相信在这样一条充满艰难险阻的道路上，在家庭、学校、社会共同努力下，青少年违法犯罪现象必将得到改善。我们也坚信，在党中央的领导下，在各级机关的齐心协力下，青少年必将沐浴在春风里，在构建和谐社会的征程上健康成长。青少年将充满昂扬的斗志，紧紧团结在党中央周围，为实现中国梦而努力奋斗，为早日实现中华民族的伟大复兴贡献应有的力量。

---

[1] 参见郝银钟：《遏制青少年犯罪新思维》，中国法制出版社2012年版，第283页。

第十三章
青年社会保障

随着中国特色社会主义道路、理论、制度、文化的不断发展和完善，我国逐渐步入中国特色社会主义的新时代，中华民族经历了从站起来到富起来到强起来的伟大飞跃，我国社会主要矛盾已经转化为了人民日益增长的美好生活需要和不平衡不充分的发展之间矛盾。在稳定解决温饱问题、总体实现小康的基础上，新时代的中国特色社会主义也提出了新要求，一方面是对物质文化生活的更高标准，另一方面是对上层建筑的进一步追求。全面建成小康社会，促进人民美好生活日益广泛，需要坚持在发展中保障和改善民生。

民生问题始终是党和国家的重要问题，党的十九大提出："增进民生福祉是发展的根本目的。必须多谋民生之利、多解民生之忧，在发展中补齐民生短板、促进社会公平正义，在幼有所育、学有所教、劳有所得、病有所医、老有所养、住有所居、弱有所扶上不断取得新进展，深入开展脱贫攻坚，保证全体人民在共建共享发展中有更多获得感，不断促进人的全面发展、全体人民共同富裕。"指出社会保障并不只是一部分人的福利，更是全体人民全面发展的福利。纵观历史，我国社会保障制度的面向群体以"老弱病残"等弱势群体为主，而青年常常被视作是国家经济建设的支柱，在社会保障对象的排序中常处于非首要地位。然而，当代青年在失业、残疾与贫困等方面的社会问题十分突出，有关的社会影响不容小觑。

在覆盖城乡社会保障制度体系中，青年群体处于比较特殊的地位，他们一方面具有较高创造财富的能力，但另一方面却面临着物质财富暂时贫乏的困境，他们是承上启下的一代，其收入和就业影响着中老年人的社会福利水平，同时其收入又决定着下一代的教育水平和生活环境。[1]可以说青年的生活质量在一定程度上影响着社会整体的生活质量。但事实上，我国青年群体的生存现状不容乐观，实际仍有大量弱势青年群体仍处于相对恶劣的生活条件中，生活得不到相应的保障，成为有待保障的"困境青年"。[2]而与之相对的，我国目前还未完全形成针对青年群体实施具有特殊性的社会

---

[1] 参见张士斌："青年社会保障政策的国际比较与借鉴"，载《探索》2010年第5期。
[2] 困境青年，参照困境儿童、困境青少年的相关定义得出，指由于生存环境、生理障碍等客观原因而处于社会弱势地位的青年，一般包括残疾青年、贫困家庭青年、流浪青年、留守青年等青年，在分类上存在交叉关系。

保障制度。另外，在当前已有的社会保障制度的结构中，关于青年的社会保障规定也同样不够完善，不仅在内容上欠缺针对性，而且在形式上也存在许多漏洞。

因此，完善社会保障制度应当重视青年社会保障。一方面，对青年社会保障的重视应从思想观念上优先予以矫正，明确青年社会保障的概念，在构建青年社会保障制度之前应当阐释清楚青年社会保障的理论基础。[1]另一方面，完善青年社会保障还要联系我国实际情况，将理论与实际相结合，制定具有可行性的制度方案。解决青年的社会保障问题要从巩固理论基础到强化实践操作等各个方面进行整体的分析和调整，在完善社会保障制度的基础上尽快构建相对独立且有针对性的青年社会保障制度，以确保满足各种类型青年群体的相应社保需求。

第一节　青年社会保障的理论基础

从社会学学理的角度分析，建立青年社会保障制度的核心理论基础主要基于国家干预主义思想的高度普及。国家干预主义是指一种主张削弱私人经济活动的范围，由国家干预和参与社会经济活动，在一定程度上承担多种生产、交换、分配、消费等经济职能的思想和政策。[2]国家干预主义认为市场经济制度的缺陷应当由国家来填补，它强调国家对社会财富再分配所要肩负起的职能。国家干预主义的社会保障理论的外延较广，具体主要包括德国的新历史学派、费边社会主义、福利经济学、瑞典学派、凯恩斯主义、新剑桥学派等。[3]

根据不同的社会保障理论学派的观点在制定法律时起到的不同作用，青年社会保障可以分为社会保险、社会福利、社会救助、优抚安置等多个层次，但就历史发展的理论研究来看，社会保障的多数理论和研究学派并不严格区别社会保障、社会保险、社会福利的概念特征，在社会学研究领域的学者通常也并不会特别强调区分这几个概念。社会保障理论的兴起与发展是基于国家干预主义的思想土壤，强调国家对社会经济生活的宏观调控，研究内容基本与社会保险、社会福利等内容相混同。随着社会保障理论的发展与壮大，其流派逐渐精细化，形成了诸多流派。由于欠缺青年群体的社会保障的专门理论，本章将围绕青年社会保障制度的一般性和特殊性，批判利用传统社会保障理论中相关的学理思想，探讨构建青年社会保障制度时，得以支撑的理论框架。

---

[1] 青年社会保障指广义的以青年为受众群体的社会保障，具体包括社会保险、社会救济、社会福利、优抚安置等内容，其中青年社会保险是青年社会保障的核心内容。

[2] 参见范爱国："西方国家干预主义思想的演进及对我国的政策启示"，载《重庆工业高等专科学校学报》2003年第3期。

[3] 参见徐丙奎："西方社会保障三大理论流派述评"，载《华东理工大学学报（社会科学版）》2006年第3期。

第十三章　青年社会保障

一、两大社会保障理论对全部青年群体的覆盖

现代社会保障理论思想的产生与发展最早起源于19世纪末的欧洲，其学派鼻祖包括德国的新历史学派和英国的费边社会主义。两者具有相似之处，都强调对国家与集体的高度信任，但在具体的价值观和政策主张上存在差异。

19世纪末，德国的新历史学派提出了一系列国家干预社会生活的理论政策思想，为社会保险有关方面政策的产生奠定了重要的理论基础。它认为国家应该兴办相应的公共事业来提高国民的经济生活水平，充分利用国家的经济管理优势控制国民经济生活的质量。它强调国家的经济作用，主张国家至上，认为国家的职能除了维护和安定社会秩序以及国家军事安全，还具有普及"文化和福利"的目的。[1]一方面，强调国家对社会生活的直接干预，主张国家应通过制定法律法规的方式决定经济发展的进程。实行包括社会保险在内的一系列社会措施，自上而下地实行经济和社会改革。[2]另一方面，强调经济水平与文化水平的密切关联性，经济的发展在满足国民物质生活水平的同时也顺其自然地促进了人们对于精神文化水平的追求，人与生俱来有着追求高尚伦理道德的欲望，而低劣的经济条件成为束缚的捆绳。因此，该学派也主张建立义务公共教育等文化道德方面的社会保障措施。

费边社会主义则是社会保障理论的另一思想渊源，其价值观念是一种集体主义的价值观，在于主张实施"普遍福利"的国家政策。以萧伯纳、韦伯等人为代表的费边社会主义认为仅靠市场调节是难以达到一般公平的社会，而政府的功能就在于采用温和的改良方式调整市场机制造成的不公正。费边社会主义还主张平等、自由和相互关怀的价值理念，认为每个人都享有文明生活的基本权利，国家有义务帮助国民摆脱贫困，过上有尊严的社会生活。[3]另外，费边社会主义的思想还受到边沁的功利主义和欧文的合作社主义的影响，萧伯纳根据边沁的"最大多数人的最大幸福"理论提出"最大多数人的最大效率"的主张，这对后世关于缩小贫富差距的思想有着重要的理论指导作用。

无论是德国的新历史学派还是英国的费边社会主义，都主张国家应当对国民生活进行必要的经济干预，正是这种强大的国家干预主义思想，成为建立社会保障的框架基石。一旦否定了国家干预，那么任何形式的社会保障都无从谈起。首先，两者对社会保障的对象不约而同地确定为国民，即社会生活的每一个个体，而青年作为国民的组成部分，当然的享有相应的社会保障。因此，不但需要继续完善国家现有社会保障体制中关于青年群体的一般保障措施，还应当根据青年群体所具有的特殊社会问题建立起相对独立的青年社会保障制度。其次，强调公平原则，关于财富再分配问题主张

---

[1] 参见夏淑梅、罗遐主编：《社会保障概论》，安徽大学出版社2005年版，第24页。
[2] 参见阮凤英主编：《社会保障通论》，山东大学出版社2004年版，第29页。
[3] 参见徐丙奎："西方社会保障三大理论流派述评"，载《华东理工大学学报（社会科学版）》2006年第3期。

平等与公平，这与我国的社会主义基本制度相契合。而目前青年财富分配乃至整个社会都存在着贫富差距悬殊的问题，青年作为社会群体的绝大多数财富创造者，严重的贫富差距并不利于社会发展，国家在一定程度上进行青年帮困能够缓解青年贫困，有利于活跃青年创造社会财富。最后，不难发现两者还强调关于社会保障的非物质水平的提升，青年处于身心成长发育的完全阶段，一般不像老人小孩那样需要人身的特别的照顾（残障青年例外），而需要更多的人文关怀和精神追求。但根据有关调研可知，当代青年由于巨大的生活压力和长期缺乏关爱而大多幸福感较低。因此，在解决青年最低生活保障的基础上，还需要注意到青年群体在精神方面的需求，如解决亲情失落、心理失衡、安全失保等诸多问题，结合实际可行性、操作性等因素，考虑是否应当在青年社会保障体系中适当加入精神层面的公共服务。

二、福利经济学对困境青年群体的适用

福利经济学是最早对社会保障进行经济研究的学派，经历了旧福利经济学到新福利经济学的发展历程。其实二者在本质上并没有太大的区别，均建立在边际效用价值学说的理论基础之上，主张政府通过经济调控来矫正市场失灵，实现社会福利的最大化。[1]

其中，旧福利经济学的学说代表是被称为"福利经济学之父"的庇古，他主张政府利用经济手段达到国民收入分配的均等来保障货币效用的最大化。他认为福利是一种物质与非物质的满足，假设货币存在边际效用递减的规律，同等数量的货币效用对于富人和穷人是不同的，同样的一块钱对于富豪、普通人和穷人产生的社会价值不同，因此根据边沁的功利主义原则，减小贫富差距就能达到社会福利的最大化。[2]这一理论思想对于建立青年社会保障中的困境青年救助制度有着重要的理论指导作用。我国当前存在大量的困境青年，具体可分为一定规模的残障青年、流浪青年、流动青年、失业青年、贫困家庭青年、留守青年等，有时一个困境青年可能同时具备上述两个及以上的困境情况。其中残障青年由于先天或后天的生理残疾，无法正常参加社会劳动生产活动，其生活与健康难以得到相应的保障，其身心健康与生活条件更应当受到关心关爱。所以国家通过建立社会福利或社会救助的形式将富裕青年的剩余财富转移给困境青年，就能够促进社会福利总值的增加，达到福利总量的最大化。

但这一理论在历史上受到了新福利经济学的批判，后者针对前者的缺憾在其基础上进行了如下的理论补充。根据新福利经济学的观点，过度的财富平均化会导致市场竞争意识的降低和挫伤劳动积极性，应当以经济效率作为评测社会福利最大化的标准。新福利经济学认为，应设立防止"养懒汉"和国家应当承担社会救助责任的思想。[3]

---

[1] 参见陈菲："刍议福利经济学与社会保障"，载《经营管理者》2011年第9期。
[2] 参见吕宏伟："西方福利经济学的发展以及对我国社会福利保障发展的借鉴之处"，载《才智》2013年第12期。
[3] 参见郭靖："福利经济学视角下的社会救助政策改革"，载《赤峰学院学报（汉文哲学社会科学版）》2011年第9期。

因此，国家在救助困境青年的过程中不能一味地提供物质支持，还要考虑到救助的可持续性，防止受助青年形成长期依赖国家和政府救济的懒惰思想。在物质救助的基础上应当增加非物质的指导和帮助机制，例如失业青年就业培训、残疾青年劳动指导、流浪青年文化教育、贫困青年创业扶持、流动青年突发困难预防等有关机制。

综上所述，福利经济学的核心思想仍然是国家干预主义，但区别在于它从经济学理论体系的角度为青年的救助制度提供了理论支撑。青年的社会保障不仅仅要保证传统用人单位给予劳动者"五险一金"的内容，[1]还要对处于特殊生存困境中的青年给予相应的救助和保障，需要认识到，只有对青年群体进行有侧重的保障，才能有效地实现各类青年群体之间社会保障水平的相对均等化。

三、凯恩斯的国家干预理论对青年就业问题的启示

根据2005年公布的《中国首次青年就业状况调查报告》的数据显示，青年失业率高于社会平均水平："15岁至29岁的中国青年总体失业率9%，高于中国目前6.1%左右的社会平均失业率。"其中，"失业一年以上的长期失业者占72%"。尽管这一现象并非中国特色，就世界水平而言青年的失业率都高于社会一般水平，但我国的青年失业问题格外严重，青年失业问题应当被高度重视。[2]关于如何解决青年就业问题，可以从社会客观方面和青年主观方面两个角度进行分析。就青年主观方面，可以考虑通过提高青年受教育文化水平、增强职业技能素质、增加就业竞争力等内容，对理论基础的要求较低。而就社会客观方面而言，可以参考凯恩斯的国家干预理论中对失业问题的研究思想，对我国失业青年的就业问题具有重要意义。

凯恩斯的国家干预理论产生于20世纪30年代初资本主义世界出现空前的经济危机的历史背景下，从总量和宏观的视角研究经济，承认市场经济中存在失业，指出有效需求不足是失业的原因，认为市场的自发作用不能保证资源的有效利用。凯恩斯用国家干预的经济政策代替古典经济学的放任经济政策，形成了以国民收入决定理论为中心、以国家干预为政策基调的凯恩斯主义宏观经济学。[3]凯恩斯通过三个心理法则对有效需求理论进行了全面阐述，揭示了非自愿失业问题的产生是由于三个心理法则引起消费不足、投资不足和低货币流通率三者之间的相互作用。[4]他认为，为了缓解经济危机中的需求不足问题，国家应当出台经济政策来刺激需求，通过扩大公共福利支

---

[1] 五险一金：指用人单位给予劳动者的几种保障性待遇的合称，包括养老保险、医疗保险、失业保险、工伤保险和生育保险及住房公积金。

[2] 参见代小琳："中国青年就业调查报告"，载《北京晨报》2005年5月25日。

[3] 参见高鸿业主编：《西方经济学（宏观部分）》（第5版），中国人民大学出版社2010年版，第432~434页。

[4] 凯恩斯的"三个心理法则"具体指消费倾向法则、资本边际效率法则和流动偏好法则。①消费倾向法则指在边际消费倾向一般比较稳定的情况下，人们总是把所增加收入的大部分用于储蓄，而不是消费。②资本边际效率法则指在资本边际效率既定的条件下，市场利率越低，投资的预期收益率相对而言也就会越高，投资就越多；而市场利率越高，投资的预期收益率相对而言也就会越低，投资就越少。③流动偏好法则指人们愿意以货币形式或存款形式保持某一部分财富，而不愿以股票、债券等资本形式保持财富的一种心理动机。

出和公共基础设施建设等项目来达到实现充分就业的目的。

凯恩斯的国家干预理论对如何解决我国青年失业问题具有一定的启示作用。根据凯恩斯的观点，想要促进社会投资和消费的增加，政府可以采取扩大公共项目等方面的开支，刺激货币供应量，并通过实行赤字预算来活跃国民经济活动和增加国民收入，最终实现缓解就业压力的目的。由于我国70%的青年就业集中于制造业和第三产业中较低层次的服务业以及个别新兴行业。其中，农村就业青年主要集中于制造业，而城市青年则主要集中于第三产业。[1]因此，国家可以通过运用赤字财政政策以增加政府支出，以公共投资的增量的方式来弥补私人投资的不足的缺陷，增加行业建设的总量，在制造业方面尤为重要，还可以配合运用收入分配政策以刺激社会有效需求，促进青年的充分就业。

第二节 我国青年社会保障的现状

在当前我国老龄化严重、市场竞争剧烈的社会趋势下，青年的生存状况日益受到国家和社会的关注。在我国"人民日益增长的美好生活需要和不充分不平衡的发展"的主要矛盾的大背景下，青年生存现状也同样表现为不充分、不平衡的鲜明特点。一方面，部分青年在就业、婚恋、健康等方面的生活水平低下，缺少相应的社会保障措施。另一方面，残疾青年、流浪青年等问题显著突出，有关救助机制存在诸多问题。当年青年的社会保障政策有待完善，社会保障体系应当充分覆盖青年急需的保障需求，形成系统化、差别化、均等化的青年社会保障制度。

一、我国社会保障的基本理论体系

尽管我国立法及政策中针对青年的社会保障问题方面尚未形成专门的学说体系，但对于我国的社会保障问题，学界基本上已经大致形成一个较为完整的理论构架，并处于逐渐发展的过程中。了解我国社会保障理论体系的基本内容，明确现有理论体系中关于社会保障及相关概念的基本内涵，厘清社会保障的制度设计，是研究青年社会保障的前提条件，而后者也是对前者的补充和完善。

由于我国自给自足的农业社会历史背景的影响，长期以来我国法律和社会观念对社会保障概念的理解存在认识上的局限性，即认为社会保障等于社会救助。这与我国的历史发展存在必然的联系，在新中国建立以前，我国经济发展主要依靠农业和手工业，生产力水平和物质水平低下，因而国家对人民生活的保障主要体现在济贫救灾上，这也就导致了社会保障和社会救助在概念界定上的模糊。

就这个问题，郑功成教授认为，谈社会保障制度必然要从社会救助开始，但社会保障的范围要明显宽于社会救助。社会救助指国家和社会向贫困人口与不幸者组成的

---

[1] 参见代小琳："中国青年就业调查报告"，载《北京晨报》2005年5月25日。

社会脆弱群体提供款物接济和扶助的一种生活保障政策，而社会保障则指由国家和社会依法建立的各种具有经济福利性的、社会化的国民生活保障系统的统称。[1]因此，在内涵上两者具有包容关系，但社会保障的范围更广，包括法定的社会救助、社会保险、社会福利、社会优抚系统和非法定的各种补充保障措施。[2]同时学界也时常出现将社会保险和社会保障混淆的情形，其中既包括西方社会保障思想传入我国时在翻译方面不规范的历史原因，也反映了我国社会保障在萌芽初期以参考商业保险为主的社会保险作为重要研究内容的现象。随着我国经济政治的发展，当今学术界以及社会各界对社会保障的认识变得更加客观和深刻，并在多年的研究过程中提出了一些具有前瞻性的社会保障方式。另外，国家在制定社会保障的有关政策时对相关概念的使用也逐渐相对规范。

二、我国青年社会保障的政策现状及问题

我国覆盖青年的社会保障制度体系在不断健全的过程中，国家逐步全面建立了包括青年在内的城镇居民养老保险、城乡居民大病保险、疾病应急救助、临时救助等制度，实现了由单位和家庭保障向社会保障、由覆盖城镇职工向覆盖城乡居民、由单一保障向多层次保障的根本性转变。至2015年，全国城镇职工基本养老、基本医疗、失业、工伤、生育保险的参保人数分别达到35 361万人、66 570万人、17 326万人、21 404万人、17 769万人。[3]但由于我国社会保障制度起步较晚，因而在有关政策的结构和内容上存在一些空白和问题，其中青年群体的社会保障政策显得尤为不足。无论是就业、教育、医疗还是养老，青年的社会保障都十分欠缺与失衡，而且在不同地区的不同青年群体之间，其社会保障水平表现出较为严重的差异，具体表现为以下几个方面。

在青年就业保障方面，2006年国家劳动和社会保障部出台了关于"大学生失业登记制度"，符合条件的可领取失业保险，但这一制度对应届大学生来说并没有什么作用。[4]2007年颁布的《就业促进法》的实施与广大青年有着直接关系，是包括青年在内的广大劳动者的一个福祉。[5]但是实践中对该法的适用较少，其法律内容也鲜为人知。随后国家为促进青年就业还出台了诸如自主创业、扎根基层、支援中西部、援助边远地区等一系列有力的举措，取得了一定成绩但难以真正有效改善青年失业的问题。[6]最新十九大报告中提到，"要坚持就业优先战略和积极就业政策，实现更高质量和更充分就业。大规模开展职业技能培训，注重解决结构性就业矛盾，鼓励创业带动就业。

---

[1] 参见郑功成：《社会保障学——理念、制度、实践与思辨》，商务印书馆2000年版，第11~14页。
[2] 参见郑功成："中国社会保障演进的历史逻辑"，载《中国人民大学学报》2014年第1期。
[3] 参见共青团中央专项课题组："中国青年发展状况综述"，载《中国青年研究》2017年专刊。
[4] 参见刘璞："大学生就业社会保障体系的建立与完善"，载《继续教育研究》2010年第12期。
[5] 参见孙兴伟："青年就业有了法律保障"，载《中国劳动保障报》2007年9月12日。
[6] 参见徐明："当代青年社会保障问题及对策研究——一项来自上海市宝山区的调查"，载《中国青年研究》2017年第3期。

提供全方位公共就业服务,促进高校毕业生等青年群体、农民工多渠道就业创业。"青年就业问题依然是我国较为重要的社会问题。

在青年教育保障方面,"国之大计、教育为本",目前除了九年义务制教育阶段对青少年实施强制教育外,我国暂未有专门针对青年群体的教育保障措施。2017年3月,全国两会期间,代表热议十二年义务教育,中国特区、民族地区、浙江、广东、河北多地都尝试了高中免费教育,取得很好反响,但主要还集中在民族地区、沿海等发达地区,没有大范围普及。[1]近日,党的十九大提到要优先发展教育事业,在青少年教育问题上要"推动城乡义务教育一体化发展,高度重视农村义务教育,办好学前教育、特殊教育和网络教育,普及高中阶段教育,努力让每个孩子都能享有公平而有质量的教育"。在青年教育问题上则应当"完善职业教育和培训体系,深化产教融合、校企合作。加快一流大学和一流学科建设,实现高等教育内涵式发展。健全学生资助制度,使绝大多数城乡新增劳动力接受高中阶段教育、更多接受高等教育"。

在青年住房保障方面,政府在住房问题上针对不同的社会群体实施了住房公积金、政府贴息制度以及补贴贷款利息等政策,一方面这些补贴政策不具有青年保障的专门性,另一方面这些政策在实际运行中也存在许多问题。例如,2014年国家出台住房公积金新政,表面上似乎是青年购房的一大保障政策。但事实上,中低收入者并没有能力承担购房首付,因而无法使用公积金,使得公积金事实上成为买得起房、付得起首付的人群的优惠贷款,呈现出"劫贫济富"的倾向。[2]十九大报告指出,"房子是用来住的,不是用来炒的",需要"加快建立多主体供给、多渠道保障、租购并举的住房制度,让全体人民住有所居"。

在青年医疗保障方面,城乡三项基本医疗保险参保人数超过13亿人,覆盖率稳定在95%以上,城镇职工、新农合、城镇居民三项基本医保政策范围内报销比例分别达到80%、75%、70%左右,普遍建立了城乡居民医保门诊统筹,有效减轻了医疗负担。[3]然而,"看不起病"可以说是我国较为严重的社会问题,即使在医疗设施覆盖较为全面、经济发展较快的城市,仍有大批青年在身体健康出现问题时选择不去医院就诊,其中的原因主要包括医院的不合理收费、医疗保险的门槛限制、户籍限制等,这不仅是医疗保险制度的问题,更是整个社会医疗市场的重病。报告同时提出,"要完善国民健康政策,为人民群众提供全方位全周期健康服务"。

另外,关于残疾青年、流浪青年、失足青年等特殊困境青年的社会保障政策处于完善的过程中。我国有8500万残疾人,持证残疾人2360万,其中14岁~35岁的443万。[4] 2008年,中共中央、国务院颁布《关于促进残疾人事业发展的意见》,第一次以党和

---

[1] 参见"2018年教育局是否开始实行十二年义务教育",载星空网络:http://web.xkyn.net/pc-zmc-nvzzjcvxnzchcknm.htm,访问日期:2016年8月16日。
[2] 王旭:"住房公积金新政能否给青年一个'家'",载中国青年网:http://news.youth.cn/wztt/201411/t20141103_5971387_1.htm,访问日期:2014年11月3日。
[3] 参见共青团中央专项课题组:"中国青年发展状况综述",载《中国青年研究》2017年专刊。
[4] 参见中国残疾人联合会:《中国残疾人事业发展统计公报》。

国家的名义，提出了促进和保护残疾人权益的总体思想和重大措施。2010年，国务院下发了《关于加快推进残疾人社会保障体系和服务体系建设的指导意见》，进一步推动建立与完善于残疾人社会保障体系和社会服务体系。国家颁布的《残疾人保障法》《残疾人教育条例》《残疾人就业条例》等法律法规，对残疾人权利和保障做了明确规定，但在实践中存在残疾人保障落实不到位的情况，使得上述法律法规常常"徒法不足以自行"，而其他类型的特殊困境青年的保障也相对简陋。总而言之，我国对特殊困境青年的社会保障政策同样存在各种各样的问题，亟须加强和完善。

总体而言，我国青年社会保障存在以下几个问题。第一，缺乏独立的青年社会保障制度，只有建立起独立的完善的系统的青年社会保障制度，才能够有效解决青年群体中存在的各方面社会问题。正所谓，"规范管理、制度先行、制之有衡、行之有度"。第二，有关青年保障的政策呈现碎片化且操作性差。这既是多年来国家对青年保障缺乏相应的重视导致的结果，也是社会保障制度的通病，"徒法不足以自行"，要想切实落实青年社会保障工作，就需要建立相应的公共服务机制与配套设施。第三，城乡二元结构下不同地区的青年社会保障程度差异大。基于城乡二元结构和地区贫富差距的社会矛盾，不同地区的青年保障水平参差不齐，随着经济的发展，应当逐步实现青年社会保障的均等化。第四，不同青年群体间的社会保障设置缺乏公平性。在职青年的社会保障最为全面，在学青年的社会保障的安全网范围相对缩小，社会闲散青年的社会保障相对来说水平较低。[1]尽管我国青年社会保障现在令人担忧，但需要明确的是，我国在青年社会保障方面正在朝着逐步完善的方向发展，因此应具备一定的信心。

三、我国青年社会保障问题的原因分析

我国青年社会保障在各个方面多个层次都存在许多问题，虽然我国在社会保障领域的法制化建设方面上起步较晚，但这并不能够成为视若无睹、开脱免责的借口。在全面分析我国青年社会保障的现状及特点之后，发现导致我国青年社会保障问题百出的最主要原因在于从根本上缺乏青年社会保障的顶层设计。[2]所谓"青年社会保障的顶层设计"，指国家根据青年社会现状和需求，合理运用有关的理论与实践知识构建青年社会保障的制度，顶层设计是一种自上而下的系统规划，应当从整体上把握青年社会矛盾的重点难点，全面明晰青年问题之间的相互关系，将青年社会保障的政策予以集中，形成系统性的、有针对性的、可持续性的青年社会保障制度，切忌"头痛医头脚痛医脚""东打一枪西打一炮"。

另外一个重要的原因是缺乏有针对性的青年社会保障政策，经过分析不难发现，我国在制定医疗保险、教育就业等社会保障的有关政策时并不重视青年，尤其是成年青年的有关权益。一方面，对青年的利益体现不够。尽管青年的社会保障同样被涵盖

---

[1] 参见徐明："当代青年的社会保障问题及对策研究"，载《中国青年研究》2017年第3期。
[2] 顶层设计，原本是一个工程学术语，现正成为中国新的政治名词。指运用系统论的方法，从全局的角度，对某项任务或者某个项目的各方面、各层次、各要素统筹规划，以集中有效资源，高效快捷地实现目标。

在社会保障制度的体系内,但在相关的政策的落实过程中往往成为政府有关部门执行的盲区,或者更确切地说应当是,青年正处于社会保障制度的边缘地位。而这一误区必须引起反思,对青年的社会保障,应当做到加强在思想上的重视。另一方面,青年社会保障制度的权威性不够。青年社会保障制度形式上分散,导致大部分领域的青年社会保障制度是以行政法规甚至更低层次的形式存在。青年社会保障制度是青年利益的分配规则,权威性的不足使得青年社会保障制度的制约力明显乏力。[1]

当然还有一个原因是,国家和地区在落实上缺乏完善的青年社会保障管理机制。多部门经办管理,会导致制度之间衔接不畅、经办管理资源重复配置以及重复参保、效率低下等问题。[2] 而青年社会保障的涉及部门和机构更是广泛,具体可能包括民政部门、人力资源和社会保障部门、住房和城乡建设部门、卫生部门、教育部门、妇联残联及共青团等多个行政机关和群团组织机构。由于没有一个很好的协调机制,使得各级行政机关和群团组织机构之间乃至内部系统之间都存在执行上的矛盾。这不但会大幅降低青年社会保障落实的效率,还会严重阻碍青年社会保障制度的建立健全。

四、我国青年的现实生活困境

从整体上看,我国青年群体存在失业率偏高、贫富差距悬殊、收支严重不平衡、生活压力巨大、精神文化水平低下等问题,部分青年还存在由于身心残疾等原因无法正常融入社会的问题,这些问题产生和发展是一个相对缓慢的过程,其原因往往可以归咎于青年主观因素和社会客观因素两个方面。要建立切实有效的青年社会保障制度,必须要先了解青年群体实际存在的困难及原因并清楚青年的真实需求,具体而言可以从以下几个方面进行分析。

第一,特殊青年问题是青年社会保障的重点内容。特殊青年泛指身体有明显残疾或智力障碍以及思想行为存在一定偏差的青年,一般包括残疾青年、智障青年、流浪青年、失足青年等。一方面,残疾青年、智障青年等困境青年由于生理上的原因无法者正常参与社会劳动,需要社会的更多关怀。全国残疾人人口基础数据库2015年底的数据显示,"收录的持证残疾人3145.7万人,14岁~35岁的残疾青年大致占到10.57%",但社会上实际的残疾人数肯定是大于持证残疾人数的,残疾青年也是日渐庞大。[3] 尽管我国在2008年通过施行残疾人社会保障事业的《中华人民共和国残疾人保障法》,我国残疾人社会保障事业取得了长足的进步,但由于我国经济、社会发展还相对滞后,城乡二元格局依然存在,这就决定了我国残疾青年社会保障制度仍不可避免地存在着一些问题,如城乡两种保障制度并存且差距过大,导致严重的城乡有别,残

---

[1] 参见徐明:"当代青年的社会保障问题及对策研究",载《中国青年研究》2017年第3期。
[2] 参见龚维斌、赵秋雁:《中国社会体制改革报告》,社会科学文献出版社2016年版,第143页。
[3] 参见赵燕潮:"中国残联发布我国最新残疾人口数据",载《残疾人研究》2012年第1期。

疾青年社会保障的立法建设有待进一步加强。[1]另一方面，流浪青年、失足青年等困境青年由于思想上的偏差容易产生越轨行为，虽然目前已有《城市生活无着的流浪乞讨人员救助管理办法》就部分流浪青年的生活进行了管理和救助，然而更多的困境青年的教育、健康、就业以及其他生活问题仍然得不到相应的保障，因此加强对这部分青年的社会救助是青年社会保障的重要内容。

第二，我国青年的失业与贫困问题成为社会的主要难题。一方面，青年群体居高不下的失业率令人头疼。高失业率仍然是目前全球经济的主题，而在全球范围内，年轻人失业率更显糟糕。[2]就世界范围而言，全球青年的失业人数呈现递增的趋势，青年的失业率一般高于社会平均失业率。而造成青年高失业率的主要原因有两点：从客观上看，中国每年新增劳动人口在2000万上下，每年需要就业的新增劳动人口则在1000万至1600万之间[3]，我国庞大的劳动力人口与有限的劳动岗位形成冲击，导致一部分以毕业大学生为主的青年劳动力无法找到合适的工作；从主观上看，青年大多缺乏工作经验且职业技能水平较低，尤其是刚刚步入社会的毕业大学生，相对而言在劳动力市场上竞争力较弱，在劳动力市场供大于求的条件下，面临淘汰的概率较大。同时青年还存在工作状态不稳定的问题，经常跳槽、转行，这种不稳定的就业情况实际上与高失业率问题是相互关联的，可以说是青年就业问题的两个层次。另一方面，青年群体还存在普遍贫困的问题。收入低、支出大、前途暗淡的总体贫困状态使得青年成为"有工作的穷人"。特别是在经济发展水平较低的欠发达与贫困地区的青年，由于受教育水平与职业素质的差异在劳动力市场中的竞争力不如城市青年，容易成为"新生代农民工"。[4]而在创业过程中，由于缺乏原始资本等多方面经济文化因素同样处于劣势地位。这种基于社会剥夺导致的"二次剥夺"使得贫困青年难以通过社会流动改变贫困现状，反而容易引起阶层固化，即穷人家的孩子长大还是穷人。

第三，据了解我国青年群体的整体幸福感不高。有关研究表明："当前城市青年群体的幸福感总体处于中等偏下水平，年龄对青年幸福感的影响呈现U型曲线变化，即随着年龄的增加幸福感下降，到了一定年龄之后幸福感又开始上升；教育程度对青年幸福感有一定的影响；绝对收入对城市青年幸福感的影响呈现倒U型曲线变化，即随着收入的增加青年幸福感先上升而后出现下降。"[5]青年在步入社会之后面临着工作劳动、结婚生子、购房买车等一系列儿童时代不曾有的生活压力，特别是背井离乡进城

---

[1] 参见赵乐："我国城市残疾青年社会保障研究——N市D区残疾青年调查引发的思考"，南京师范大学2011年硕士学位论文。

[2] 转引自"青年失业率居高不下"，载《国际金融报》2013年11月25日。

[3] 参见谭晶晶、李建敏："人口因素：导致中国就业压力巨大"，载新华网：http://finance.sina.com.cn/MBA/towork/20050520/18101608693.shtml，访问日期：2007年9月10日。

[4] 新生代农民工，主要指"80"和"90"的农村劳动力，也称第二代农民工。2010年1月31日，国务院发布的2010年中央一号文件《关于加大统筹城乡发展力度进一步夯实农业农村发展基础的若干意见》中，首次使用了"新生代农民工"的提法，并要求采取有针对性的措施，着力解决新生代农民工问题，让新生代农民工市民化。

[5] 参见兰火林、徐延辉："社会资本与青年群体的幸福感"，载《当代青年研究》2015年第4期。

务工的流动青少年与农名二代,他们在精神层面更是缺乏对居住城市的归属感,在遇到突发性的生活困难时也缺少相应的政府救助和社会帮助,常常感到无依无靠。另外,由于工作不稳定、现代社会的快节奏等各方面原因,使得青年的交友、婚恋方面也显得尤为不足,有的青年还因迷信追求西方式的自由生活而产生了"不婚"或"丁克"的思想,对其所在家庭和社会都造成了一定影响。因此,在建立青年社会保障制度时要考虑从提高公共服务水平、加强物质与精神帮助等方面同步提升青年的生活质量,缓解青年生活压力。

第三节　中外青年社会保障政策比较研究

一、对就业与培训的侧重不同

青年的就业问题一直是国际各国关心的重要社会问题,也都采取了相应的就业政策并开展了相关的培训工作,但具体来说中西方在关于青年就业的社会保障措施上存在较为明显的区别。

发达国家政府一般都有专门针对年轻人的就业和培训计划且较为完善,其特点在于对每个青年进行个体化的职业训练和指导,有意识地让青年参加企业的工作。其中,职业介绍是发达国家政府就业服务的起点,如英国公共就业服务机构指定专门人员同企业保持联系,澳大利亚、德国和瑞典的雇主在公共就业服务机构都有一个固定的联系顾问,他们手中都掌握一定数量的求职名单。[1]同时,公共就业培训是发达国家政府就业服务的另一重要项目,如美国的"一站式服务中心"就提供专门的培训服务,包括在职培训、创业培训辅导和提高知识水平培训。[2]总体而言,西方发达国家对青年的就业保障措施集中表现为引导和指导相结合并在需要的时候提供适当的资金支持,以提高职业技能和职业竞争力为直接目标,以提高劳动力资源合理分配的效率为根本目标。

反观我国,在青年就业培训方面的建设则较为不足。一方面,我国目前由政府设立的帮助青年就业的公共服务机构还处于起步阶段。尽管"互联网+就业服务"、就业援助、失业保险等就业保障活动正在如火如荼地进行中,但在实践中的效用仍有待商榷,据了解多数青年并不清楚有关的就业政策,在失业时也往往选择自主择业和创业。另一方面,我国在青年就业指导培训的落实工作上也同样不到位。既缺少专门的职业指导老师的队伍,又缺乏相应的政策宣传,这使得就业指导工作的进展显得较为空洞。当然,我们不能因此否认我国对青年的就业保障正在慢慢完善的过程中,但仍要正视其中存在的问题。

---

[1] 参见梁宏志、张士斌、张天龙:"国际视野下的中国青年社会保障制度构建",载《经济问题探索》2010年第12期。

[2] 参见马晓慧:"青年公共就业培训比较研究",华东师范大学2009年硕士学位论文。

二、青年享有社会保障权的条件不同

社会保障的全球普及与确立究其根本来自国家赋予青年的社会保障权,社会保障最起初是作为国家的一种恩惠形式存在,但随着时代的发展,社会保障逐渐被认为是公民的一种合法权利并予以保护。但想要依法享有相关社会保障的权利,则要求主体具有相应的的条件,不同国家和地区对社会保障权的获得有不同的具体要求。

一般来说,西方国家对社会保障权按照年龄和社会角色不同进行区分。就年龄而言,儿童由于被假定具有依赖性而由家庭扶养而不享有社会保障权,而青年则在超过一定年龄后自动获得社会保障权。多数国家以18岁~23岁作为获得社会保障权的年龄,如挪威、奥地利和英国获得社会保险权的年龄是18岁,西班牙和荷兰是21岁,中国青年则在18岁成年时获得社会保障权。就社会角色而言,国外将青年一般可以分为青年学生、就业青年以及失业青年三类。并对不同社会角色下的青年实施不同的社会保障政策,如英国规定和父母生活在一起的青年不能得到青年补助,单身、独立生活的青年能够获得50%,无子女的父母(青年夫妻)能获得70%,有子女的父母(青年夫妻)能获得全额补助。[1]

相对而言,我国的青年社会保障权则具有鲜明的城乡二元结构的特点。以青年就业保障为例,一方面,政府针对城镇青年就业采取各类优惠政策,在保留其原有户籍名额的条件基础上积极鼓励大学毕业者投身西部、投身基层和艰苦地区工作,以及给予报考党政机关、应聘国有企事业单位优先录取的优惠政策。另一方面,针对农村青年则采取提供有关务工信息与培训指导,创办了诸如"阳光工程""千校百万"外务工青年培训计划、"百万农村青年培训行动"等青年农民工就业培训项目。[2]尽管城乡二元化的社会保障政策具有一定的可行性,但同时也在一定程度上加剧了城乡二元结构的固化,从某种意义上来说存在弊端。

三、有关政策的制定与实施机制不同

国际上关于青年社会保障的政策制定与实施机制根据主体的不同主要可以分为两类。一类是中央领导型的政策制定与实施机制,由中央政府制定统一青年社会保障政策的总体计划后,下发通知各级政府部门及社会团体开展实施相应的青年社会保障的活动。在许多发达国家,如日本、瑞典和韩国等国,都设立了由国家首相或总统等政府首脑直接指挥的青年社会保障政策指导机构,负责制定、规划统一的青年社会保障政策框架,全方位的负责国家有关青年社会保障政策的制定与实施等任务。[3]还有一

---

[1] 参见梁宏志、张士斌、张天龙:"国际视野下的中国青年社会保障制度构建",载《经济问题探索》2010年第12期。

[2] 阳光工程,指阳光工程是由政府公共财政支持,主要在粮食主产区、劳动力主要输出地区、贫困地区和革命老区开展的农村劳动力转移到非农领域就业前的职业技能培训示范项目。

[3] 参见梁宏志、张士斌、张天龙:"国际视野下的中国青年社会保障制度构建",载《经济问题探索》2010年第12期。

类则是部门分散型的青年社会保障政策制定与实施机制，一般不存在由国家统一设立的青年社会保障政策框架的规划机构，其政策主要由政府各部门自主决定并执行实施。如英国的青年社会保障政策一般分散在教育、劳动、福利等社会政策的规定中，而这些政策主要来自于政府各部门根据相关法律法规的授权进行制定和实施，中央政府对其产生的影响力不大，而地方政府部门及其办事机构与青年社会保障办事机构在实施青年社会保障政策时需要进行密切的协调和配合。

我国的青年社会保障政策的制定与实施模式间于两者之间，属于非典型性的模式。一方面，我国在形式上并未建立有关青年社会保障政策的制定机构，青年社会保障的有关政策在中央层面主要由党中央、全国人民代表大会、国务院制定，但同时各部门和有关青年组织共同参与关于青年社会保障政策具体实施方案的制定，负责青年社会保障政策的落实与执行。另一方面，我国虽然尚未具备统一的、专门的关于青年社会保障政策的法律法规，但国家在针对青年群体的社会保障问题上存在一套具有指导意义的规划方案，如《中长期青年发展规划（2016~2025年）》，和现有的青年社会保障政策在实质上形成了一个较为模糊的中国青年社会保障政策体系，但缺乏相应的系统性。

无论是中央领导型还是部门分散型的制定与实施机制，都有其值得吸收的优点，同时也有相应的缺点，应当结合每个国家不同的具体国情来判断，片面的评判好坏都是不客观的。就我国目前的青年社会现状来看，由于缺乏统一可行的青年社会保障的顶层设计而在具体实施中错漏百出，我国的青年社会保障政策还十分不健全，既没有统一健全的制定机制，也没有统一健全的实施机制。因此，创设一个统一的青年社会政策框架符合我国当前青年社会保障的制定要求。同时值得注意的是，尽管我国曾经出台过多个行政部门共同制定的青年培训与教育政策，但在实践操作上常常出现现实协调上的问题，这主要是因为缺乏明确的职权分配机制。因此，采取更为强化的中央统一型模式能够在一定程度上促进青年社会保障政策形成系统化的体系，而且更加符合建立青年社会保障制度的需要。

第四节 构建青年社会保障制度

在构建青年社会保障制度之前，必须正视并且明确青年社会保障的性质。青年社会保障在性质上具有从属性和交叉性，它既是我国社会保障制度的重要组成部分，也是我国青年发展政策体系的重要组成部分。结合我国青年社会保障政策的现状和特点，针对青年社会保障制度的建立健全，应当从以下几个方面进行制定和完善。

一、制定城乡一体化的青年社会保障制度

虽然几十年来我国不断推行各种青年社会政策，但事实上21世纪以来我国青年的失业和贫困问题并没有得到根本的缓解。经过研究分析，我国的青年社会政策存在诸多的问题，其中最为严重的是过于碎片化和分散化。这实际上表明我国需要改变当前

各部门分别制定和执行有关青年社会政策的碎片化倾向,因此首先应当建立一个由国家领导牵头的统一中央层面的青年社会事务部门,专门制定统一框架的青年社会政策,并在其他部门和社会团体的支持下,构建一个有利于青年学习、成长、工作的社会保障的系统。[1]

综合前文中所述的国外成功经验,并结合我国城乡实际现状,提出构建适应我国青年群体的城乡一体化的青年社会保障制度的想法。加强城乡一体化是近年来学者积极倡导的立法与政策趋势,青年社会保障的城乡一体化是指青年社会保障制度的设计、运行和管理等应城乡统筹、一体规划、全面覆盖,使国民不分城乡,均平等享有与经济社会发展相适应的社会保障资源。[2]党的十九大报告也顺应了这一趋势,指出"按照兜底线、织密网、建机制的要求,全面建成覆盖全民、城乡统筹、权责清晰、保障适度、可持续的多层次社会保障体系"。

建立城乡一体化的青年社会保障制度的目的在于,形成青年社会保障的顶层设计,统一青年社会保障的政策制定,扩大青年社会保障的覆盖面,健全青年社会保障的运行机制,形成具有中国特色的符合当前转型社会模式下集中青年社会救助、保险、福利等保障政策于一体的青年社会保障体系。保障城乡青年在疾病、失业、工伤、生育、住房等方面能够依法获得平等的物质保障,达到青年社会保障覆盖力度与程度的普惠和公平。

二、明确青年社会保障制度的责任主体

建立青年社会保障制度就必须要明确相应的责任主体,因为当前我国青年社会保障的有关政策的制度与实施表现为分散型、碎片化的特点,不仅在管理上存在许多问题,也影响了政策执行时各部门间的合作,导致重复管理、责任推诿的情况产生。

一方面,要明确青年社会保障制度的制定、修改的责任主体,执行、服务的责任主体以及监督、评估的责任主体。只有明确了青年社会保障制度可能涉及的相关责任主体,并确定他们应当承担的责任,做到有权必有责、权责一致,才能有效地将青年社会保障的各个方面都规范起来。

另一方面,要完善青年社会保障各个责任主体之间的协调和衔接。建立一个新制度,应当关心如何在旧制度的基础上升级和完善,协调处理好相关群体的利益,不但不损害他们的利益,而且要使大家从一体化中受益,关键是要做好原有制度的整合工作。[3]有关责任主体除了需要明确自己的权责外,还要意识到和其他责任主体的相互配合,共同将青年社会保障制度的相关政策落实到位,形成一个相互合作、相互协调、相互监督的青年社会保障的管理机制。

---

[1] 参见梁宏志:"青年群体社会保障制度的中外比较与启示",载《开放导报》2010年第6期。
[2] 参见熊金才:"社会保障城乡一体化的路径选择",载《行政与法》2013年第3期。
[3] 参见赵俊康:"山西省基本社会保障城乡一体化的思考",载《社会保障研究》2012年第5期。

三、加强对残疾青年的扶持保障

在我国当前适度普惠型的福利政策的大框架背景下，青年社会保障制度在根本上其实还是一个以补残为主、适度普惠的保障政策，因此青年社会保障制度的首要任务是加强对残疾青年的救助。只有在能够保证残疾青年的生存和发展的基础上，才有可能和底气去谈论关于全体青年社会福利等保障问题。

一方面，要继续加强对残疾青年在物质方面的保障力度。残疾青年在身体或精神上存在一定程度的残缺，其教育、健康、就业问题依然是政府需要重视的保障重点，但同时要完善相应的服务机制，确保符合条件的青年能够获得国家的相应补贴。并增设青年社会保障资金运行的专门监督机构，保证国家拨发给残疾青年的补贴费用不被非法侵占，保障残疾青年的合法权益。

另一方面，要加强推动残疾青年融入社会、参与劳动的服务工作。事实上，残疾青年并不是完全丧失劳动能力的人，有许多残疾青年仍然凭借自己的意志和能力为社会做出了巨大贡献，在残疾青年社会保障的实施过程中，一味地给予物质帮助或许并不是最好的办法。对残疾青年最大的尊重和保障应当是在观念上将其视为一个普通人，所以需要配备专门的社会工作人员，对残疾青年的社会融入进行指导，要残疾青年能够活得有尊严、有骨气。当然，对残疾青年的社会保障还应当提倡全社会树立对待残疾人的正确观念，引导社会共同维护残疾人的政治、经济、社会、文化教育权利，鼓励社会群众尊重、帮助残疾人。

四、完善青年社会救助机制

完善青年社会救助机制，应当健全青年社会救助管理机制，使青年救助工作的开展规范化、程序化。首先，要建立健全流浪青年救助制度，由公安机关或其他城市执法人员及时发现并将基本信息登记在册，联合青少年救助站、民政部门或其他青少年救助机构对登记在册的流浪青年进行管理和救助，帮助其尽快回归家庭或参加社会劳动。还应设置特殊情况的处理方法，如依法及时解救可能被非法拐卖的流浪、乞讨青少年。其次，要建立健全困境青少年救助制度，由民政机关或居民委员会及时发现并将困境青少年的基本情况记录在册，联合孤儿院、托儿所或其他青少年救助机构对登记在册的困境青少年进行相应的救助，主要包括物质和精神上的帮助。青年社会救助工作的主要对象是儿童和青少年，因此在很大程度上与我国困境儿童保障制度相重合，因此需要注意制度上的衔接和工作上的接洽。

完善青年社会救助机制，还要继续加强青年救助的力度。针对流浪青少年，政府有关部门和机构应当加强救助力度，使其获得有效的监护和照顾，同时还要关注流浪青少年的心理健康、生活工作能力等问题，不能只是遣返回户籍地就不了了之。针对因家庭、留守、流动等原因造成的特困青年，应当建立相关的保障机制，从就学、就业、就医等多个方面提供物质和精神上的帮助，使其逐渐摆脱贫困的生活环境。青年救助是青年社会保障的最低水平，必须要抓稳、抓牢、抓实，不能马虎对待。

五、建立健全青年就业服务与培训体系

青年的就业问题始终是社会的重要问题，它体现并关系到社会整体的综合发展水平。目前我国存在大量松散的就业服务机构，但缺乏一个较为有效的青年就业服务的综合体系。由于我国的疆域广阔、人口流动巨大，因此难以建立国家层面的服务机构，但这并不影响建立从上往下的青年就业服务与培训体系。

建立健全青年就业服务与培训体系。一方面，需要加强大学毕业生、返乡就业青年劳动者创业知识、观念的培训，努力为青年劳动者创业提供一定的财政支持、技术支持、信息支持和产品流动渠道支持，实现开发青年创业项目来推动更多青年就业的目标。另一方面，政府可以制定一系列的财政税收政策和产业指导政策来鼓励公有制和非公企业尽可能增加劳动岗位，进而帮助青年劳动者实现就业。[1]值得注意的是，建立健全青年就业服务与培训体系的运行机制固然重要，但最重要的问题应当是在具体执行上，只有将青年就业保障的政策落实到位，才有可能缓解青年的就业和贫困问题。

六、完善有关青年政府补贴制度

政府的财政补贴是青年社会保障的重要内容，主要有青年失业、医疗、工伤、养老、生育、住房保障方面的财政补贴。

青年的失业保险是青年社会保障的重要内容，它能够保障青年在暂时失业的情况下的基本生存而不至于陷入恐慌和贫困之中。但我国在这方面做的明显不足，失业保险的限制门槛与青年实际需求相脱节，可以说很少一部分青年在失业时可以享受到政府的失业保险补助。尤其是刚刚毕业的大学生，相对有工作经验的青年而言更容易进入一种待业的状态，而在此时却缺乏一个相应的失业或待业补贴令其可以维持最低生活保障，导致失业大学生往往着急找工作而无心消耗时间金钱提升自己的职业能力。因此，对青年失业保险制度进行完善势在必行，至于如何改善，可以从三个方面进行。第一，要放开青年失业保险的受益条件，使有需要的待业青年真正能够享受到相应的补贴，而可以安心寻找适合自己的工作。第二，要严格控制青年失业保险的资金使用，在保障失业青年的最低生活需求的基础上，控制补贴的发放，绝对不能让部分投机分子钻了政策的空子，也不能让青年产生惰性心理。第三，要定期监督失业青年的择业情况，对于一些有工作能力而打算长期"吃政府面包"的恶劣失业青年，有关部门应当取消其领取失业保险的资格，并督促其尽快就业。

青年的医疗、工伤、养老保险同样需要进行完善，例如我国城乡居民医疗保险的

---

[1] 参见修耀华："论中国特殊群体的社会保护政策——青年劳动者社会保障制度研究"，载《探索》2010年第6期。

门诊和住院的报销比例存在问题,还有一般情况下不允许异地使用医疗保险,特殊情况异地使用的程度异常繁琐,这些问题都是需要尽快调整和完善的内容。我国的青年人口社会流动密度相对较高,每年都有大量的中西部青年劳动力向东部发达城市转移,而这些青年劳动力的薪资水平一般都较低,在当下"就医难、就医贵"的社会现状下,一旦生了大病如果不能使用医疗保险,将在很大程度上影响青年的健康和积蓄。同样的道理,青年工伤保险和养老保险制度也要进行完善,其目标是保障青年的遭遇意外突发状况时不至于因经济匮乏而狼狈不堪。

另外,对于青年的住房问题,除了要对原本的住房公积金的制度设置进行一定的调整,让真正需要住房公积金的人享受到相应的补贴外。还应当根据当代青年的实际情况制定新的住房、租房政策。在严格购房政策与高额房价的双重压力下,普通青年难以在大城市买房。拥有一套自己房子固然是年轻人的目标和梦想,但就现实情况而言,沿海城市的多数外来务工青年的工资在缴付租金后就所剩无几,每月的收入一般仅供正常支出,有时甚至入不敷出。因此,制定具有可行性的租房补贴政策符合时代的需要。从实践来看,不少地方就解决青年住房问题进行了创造性的探索,比如,广州于2017年初就出台了面向符合一定条件的18周岁~35周岁青年提供公租房的政策。就全国范围而言,推行公租房的政策因各地方的实际情况不同而有待商榷,但为青年租房提供了新思路。可以考虑推行租房补贴政策,对符合条件的青年提供一定的财政补助,缓解其租房压力。

七、加强青年婚恋家庭观的建设

青年的婚恋观、家庭观,看似是青年作为一个人的个体自身的权利,属于私法调整的范畴。但事实上,错误婚恋观和家庭观不仅会给青年自身及其家庭带来一定伤害,还会给社会带来危害。

就家庭而言,不婚或者丁克的青年会给父母带来情感上的失落和精神上的伤害,在传统社会中,老人还是希望老有所依、儿孙满堂,加上现代青年工作繁忙不能陪伴老人,不能享受天伦之乐的困扰会造成老人在情感上的失落与寂寞。同时虽然结婚生子是家庭的事情,但世俗社会难免会加之非议,给老人造成伤害,而青年自己也会因此陷入老无所养的境地。就社会而言,如果大量适龄青年不婚或不生育,在当前原本就已经十分严重的老龄化社会,将会加剧老龄化的程度,造成一定的社会危害。因此,对于青年的婚恋家庭观的培养,政府需要给予重视。

对于青年的婚恋问题,可以从两个方面进行调整。第一,加强对青少年正确婚恋家庭观的教育,使青少年从小树立正确的婚恋家庭观,引导成年青年加强家庭意识,积极参加社会交友活动。第二,加强对网络社交平台的规范和指导,鼓励、规范、监督有关青年社交相亲等服务平台的工作,鼓励有关创业平台开发高品质的网络交友平台。

八、建立专门的青年社会保障动态监测指标系统

青年社会保障制度的实施，还应当建立专门的青年社会保障动态监测指标系统，对青年的社会保障落实情况实施动态监测，及时感知青年在各个方面的需求。

设立专门的社会保障指标监测机构进行社会保障政策对青年影响的调研，利用获得的调研数据和访谈案例并综合各类青年社会保障的检测指标的达标程度。此次《规划》监测拟提出三个指标，分别是残疾青年接受高等教育人数、残疾青年就业率和14周岁~18周岁困境未成年人年救助人次。前两个指标用于监测残疾青年的社会保障程度，后一个指标用于监测困境青年的社会救助程度。这三个指标在特征上都具有典型的客观性，均是通过抽样或统计的方式计算得出，能够在一定程度上反映残疾青年和困境青年社会保障的覆盖率，但不能很好地体现青年对社会保障实施中的主观感受。动态监测应该注重主客观相统一，只有上述三个检测数据无法真实地反映出青年社会保障的整体面貌。

因此，在客观方面的监测数据可以增加如流浪青年救助人数、失业青年参保人数等指标，在主观方面的监测数据可以增加如公众知悉度、青年参与度、青年满意度等指标，分析相关的原因并提出合理的解决方案，在适当的条件下对已有的青年社会保障制度进行修改和完善，逐步实现青年社会保险、社会福利、社会救助、社会优抚在制度上的整合和协调。社会保障指标监测机构的主要工作内容就是不断根据时代需求调整包括青年社会保障制度在内的社会制度的具体内容，该机构可以由有关部门依法委托或授权给相关的社会团体或事业单位进行。

九、加强青年社会保障制度的监督工作

设立专门的社会保障监督机构对社会保障政策的实际落实进行评估和监督，它的功能与指标监测不同，侧重对青年社会保障制度的有关责任主体的工作情况进行评分，包括落实效率、落实范围、落实结果等内容。同时对其中具体的工作人员的相关资质进行考察和审核，对不合格的国家工作人员进行批评教育，必要情况下可以依法进行法纪处理。社会保障监督机构不参与对青年社会保障制度的改革或修改，更多的是强化对已有政策的实施和落实，该机构原则上由有关行政机关设立，不对外进行委托。同时该机构也具有监督社会保障指标监测机构工作的权力，因此在人员设置上需要慎重。

第十四章
青年发展十大工程

习近平总书记在十九大报告中深情寄语青年："青年兴则国家兴，青年强则国家强。青年一代有理想、有本领、有担当，国家就有前途，民族就有希望。中国梦是历史的、现实的，也是未来的；是我们这一代的，更是青年一代的。中华民族伟大复兴的中国梦终将在一代代青年的接力奋斗中变为现实。"长久以来，党和国家积极聆听青年心声，高度重视青年发展，及时解决青年需求，为广大青年创造了良好的成长环境。另一方面，青年既是社会生活中最有活力的群体，亦为相对弱势的群体。在人生的承上启下阶段，家庭美满、爱情甜蜜、事业有成的青年只占少数，仍有较大一部分青年在思想与身体健康上均有待提升，且亟须就业、文化、交流、志愿行动及社会参与等方面的指导与服务。

为了充分服务青年需求，切实解决青年发展中的突出问题，站在党和国家工作全局的高度推进青年工作，更好地实现"两个一百年"奋斗目标与中华民族伟大复兴的中国梦，《规划》特推出青年发展的十大重点工程。主要包括：青年马克思主义者培养工程、青年社会主义核心价值观培养工程、青年体质健康提升工程、青年就业见习计划、青年文化精品工程、青年网络文明发展工程、中国青年志愿者行动、青年民族团结进步促进工程、港澳台青少年交流工程和青少年事务社会工作专业人才队伍建设工程。

第一节 我国青年发展十大工程的定位与意义

此次《规划》的出台，除聚焦于青年成长发展过程中的思想道德、教育、健康、婚恋等十大领域，更是开创性地提出了青年发展的十大重点工程。十大工程的提出，既是对《规划》主体内容的延伸与完善，亦有其独立性和特殊价值。

一、我国青年发展十大工程的定位

世界范围来看，各国青年发展规划的编制一般为全国性、跨部门性的。1995年联合国《到2000年及其后世界青年行动纲领》也鼓励各国政府于国家层面建立跨部门性的国家青年行动纲领。遗憾的是，就我国的青年发展规划编制历史而言，一般以地方性和单部门性为主。例如，2000年烟台市委、市政府委托青少年工作委员会编制的《烟台市青少年事业发展纲要（2000~2005年）》是我国最早列入政府专项规划序列的青年发展政策。又如，在国家层面，我国青年发展政策集中在少数几个领域，以预防和补缺型为主——《青年信用体系建设规划（2016~2020年）》《青少年体育十三五规划》《青年志愿者行动发展规划（2014~2018年）》等。因此，我国《中长期青年发展规划（2016~2025年）》是第一部真正意义上响应联合国号召，全国性、跨部门性的青年发展规划。

然而，正是因为《规划》的全国性与跨部门性，加之实施期限较长（10年），如何落实成为新的难点。我国14周岁~35周岁青年有4.494亿人，占全国总人口的33.03%。[1]青年群体人数众多，需求广泛，且仍处于人生的初级阶段，他们面临着发展中的诸多问题，如体质健康、教育、就业创业、思想道德等多个方面。因此，这是《规划》中的十大领域优先解决的内容。但是，《规划》的重点不在于出台，而在于落地。只有将《规划》十大领域的内容一一"落地生根"，才能开出青年积极发展的"鲜花硕果"，使"里程碑"的意义得以历史地确证。[2]故而，此次《规划》除列明十大领域外，针对青年迫切需要支持、亟须得到帮助的内容以项目的形式予以重点落实，青年马克思主义者培养工程等十大工程应运而生。

其实，除青年发展领域的规划外，我国其他发展规划也面临着落实难的问题。应该说，以"领域+重点项目"的规划体例并非此次《中长期青年发展规划（2016~2025年）》独创，只是在具体的称呼上存在差异。以国发《"十三五"国家老龄事业发展和养老体系建设规划》（以下简称《养老规划》）为例，《养老规划》共设11章，除规划背景、指导思想和基本原则外，聚焦"健全完善社会保障体系""健全养老服务体系""健全健康支持体系"等八大领域，并在每一章下设详细的几节予以具体规制。值得一提的是，与青年群体类似，我国日渐步入老龄化社会，老龄人口增长迅速，需要得到的社会支持也较为急迫。为保障养老规划充分落地，除八大领域外，《养老规划》另设七大专栏："'十二五'期间老龄事业发展和养老体系建设主要指标完成情况""'十三五'期间国家老龄事业发展和养老体系建设主要指标""居家社区养老服务工程""老年宜居环境建设示范行动""老年教育机构基础能力提升计划""基层老年协会规范化建设工程""人才培养工程"。又如，在地方性规划中，《上海市青少年发展"十二五"规划》同样以"领域+实事项目"的形式出台。其中，具体包括"研究推进上海市青少年活动中心扩建项目""出台《上海市预防未成年人犯罪条例》""实施上海青年英才培养计划"等九大重点实事项目。可见，此次《规划》中十大重点工程的出台，是为了充分服务青年需求，聚焦青年发展领域中的重点、难点问题，以更具操作

---

[1] 参见邓希泉："中国青年人口与发展统计报告（2015年）"，载《中国青年研究》2015年第11期。
[2] 参见刘宏森："'规划'落地关键在于资源落实"，载《中国共青团》2017年第7期。

性的具体工程一一解决，切实保障《规划》的落地。所以，《规划》与十大工程之间是一种宏观与微观、统领与聚焦的关系。

二、我国青年发展十大工程的意义

十大工程的提出，既是顺应国际青年发展政策的体现，亦呼应了我国各领域宏观发展规划的趋势，真正迎合了我国青年成长发展过程中的迫切需要。

（一）顺应国际青年发展政策的重要体现

联合国历史上共通过了三个重要的全球性青年政策——1965年《关于在青年中培养民族间和平、互相尊重及彼此了解等理想之宣言》、1985年《关于进一步规划及推进青年领域工作的行动纲领》以及1995年《到2000年及其后世界青年行动纲领》。其中，最晚颁布的《到2000年及其后世界青年行动纲领》（以下简称《行动纲领》）是"联合国第一重要的全球青年政策"，[1]直至目前仍在指导着各国青年发展政策的制定。据统计，现在全球范围内已有俄罗斯、法国、美国、日本等52个国家先后制定了促进青年发展的专门规划或政策性文件。[2]值得一提的是，《行动纲领》确立了青年发展的教育、就业等十大领域，每一部分附上具体的"行动提议"，并分别就国家、区域与国际提出执行的手段，同时还于最后指出了信息收集、调查研究与技术合作等具体措施，可谓十分详实，可操作性极强。在《行动纲领》的指导下，各国在制定青年发展政策时均立足于自身国情，且秉持着长远性与可操作性结合的宗旨。

就我国的《规划》而言，其聚焦于青年成长发展的十大领域即是呼应联合国《行动纲领》的体现。但是，规划每一领域的规定较为精简，主要立足于长远性的目标阶层，其相应的"发展措施"也主要是原则性的规定。在这样的情况下，随后的"十大工程"则是从微观层面考量的体现，可操作性极强。例如，在十大领域中的"青年思想道德领域"，我们的发展措施是"加强青年理想信念教育、在青年中培育和践行社会主义核心价值观"等较为原则的层面，而在十大工程的"青年社会主义核心价值观培养工程"中，我们则从"搭建课堂教学、社会实践、文化熏陶等多位一体的育人平台"等具体的措施入手。如此一来，可谓宏观与微观相结合，重点突出规划的可操作性，充分顺应了全球青年发展政策与制度的潮流。

（二）呼应我国宏观发展规划的总体趋势

此前，我国从未制定过青年发展领域的系统性规划，涉及青年的各项政策大多散见于宪法等法律法规、部门规章及党政文件之中，较为零散与碎片化，彼此之间缺乏衔接与联动。但反观其他群体的发展政策，我国早在1995年即制定和发布了《中国妇女发展纲要（1995~2000年）》，此后始终积极关注妇女发展问题，并确立了优先发展的六大领域。当前，《中国妇女发展纲要（2011~2020年）》正在积极地推进之中。又

---

[1] 参见威廉·安吉尔："世界青年现状及联合国世界青年政策与纲领"，载《中国青少年研究会会议论文集（2002年）》。

[2] 参见："筑青年发展之基，育民族复兴之力"，载《中国青年报》2017年4月17日。

如，1992年，国务院颁布了《九十年代中国儿童发展规划纲要》，2001年又颁布了《中国儿童发展纲要（2001~2010年）》，确立了儿童的健康、教育、福利、社会环境、法律保护五大领域的发展目标与策略措施，现在《中国儿童发展纲要（2011~2020年）》也在稳步推进中。

不过应该承认的是，无论是妇女还是儿童的发展纲要，除指导思想、原则、组织实施和监测等内容外，在发展的具体领域方面均是从主要目标与发展措施两个层面入手，尚未涉及专门的具体工程。但是，《规划》的制定与之不同。一方面，在沉寂数十年后，《规划》的出台是我国青年发展领域的第一部系统性规划，其必须从整体性与原则性入手，首先确定出青年发展的十大领域。另一方面，《规划》的出台在于落实，其必须具备一定的可操作性，并反映出我国当前发展规划制定的总体趋势——由粗到细。例如，在十余年的探索后，当前《中国妇女发展纲要（2011~2020年）》的内容已十分具体，每一项的发展措施均是诸如"资助贫困家庭女童和残疾女童接受普惠性学前教育"的具体性内容，极为细致。在这样的情况下，青年发展领域的规划以"十大领域"与"十大工程"相结合的方式，正是"粗细结合"的很好体现。

（三）迎合我国青年发展现状的客观需要

青年的成长与发展是一个不断前进的历史进程，进入到21世纪后，我国青年的基本生活条件不断改善，成长环境日益优化，身心发展水平显著提升，就业选择更加充分，价值观也总体呈现健康向上的态势。然而，青年发展本身并非局限于有饭吃、有衣穿、有书读、有事做的范畴，其既包括物质层面的发展，也包括精神层面的发展；既包括生存需求的满足，也包括发展需求的拓展；既包括着眼自身的个体发展，又包括面向社会的贡献作为。[1]应当看到，即便是在今天，我国青年在享有更多的生活保障、医疗条件、就学渠道、就业机会的同时，仍存在短板与缺陷，面临着一系列的发展瓶颈与困境。而这些正是《规划》聚集的焦点。

同时，《规划》的制定并非要求面面俱到，而是要找准青年发展中的问题核心，集中力量解决关键问题，尤其是要结合青年的现实需求，有针对性地提出解决方案。比如，面对日渐复杂的国际环境与经济高速发展带来的社会变动，我国青年面临着西方世界意识形态与极端宗教思想等方面的侵蚀与挑战。又如，青年学生参加体育锻炼的时间始终较少，青年群体肥胖率、近视率、吸烟率居高不下等问题仍然严峻。因此，在青年发展的十大领域之外，《规划》需要立足于问题的焦点与青年的现实需求，选取存在一定实践基础的领域进行逐个击破，从而实现以点带面的效果。在这样的背景下，"青年马克思主义者培养工程"等青年发展十大工程应运而生。

第二节 我国青年发展十大工程的主要内容

从内容上看，我国青年发展十大工程包括：青年马克思主义者培养工程、青年社

---

[1] 参见周晓燕："国家视角下的青年发展"，载《青年发展论坛》2017年第3期。

会主义核心价值观培养工程、青年体质健康提升工程、青年就业见习计划、青年文化精品工程、青年网络文明发展工程、中国青年志愿者行动、青年民族团结进步促进工程、港澳台青少年交流工程和青少年事务社会工作专业人才队伍建设工程。具体如下：

一、青年马克思主义者培养工程

青年马克思主义者，是指坚定共产主义和中国特色社会主义理想信念，自觉、系统地学习与实践马克思主义及其中国化最新成果，具备突出的科学文化知识、专业技能、综合素质和领导才能，坚定跟党走的青年精英人才。青年马克思主义者的培养，既是满足青年发展的客观需要，也是巩固和提高党的执政能力、确保中国特色社会主义事业后继有人的客观需要。

（一）工程背景

1989年10月，江泽民同志在中国共产党马克思主义革命先驱李大钊一百周年诞辰的大会上，首次提出"青年马克思主义者"的概念。他指出："青年马克思主义者，应该具有比较深厚的理论修养和比较宽广的视野，密切联系群众，懂得中国的国情和具体实际，自觉根据理论与实际相结合的原则，创造性地开展工作。"[1]2007年5月15日，共青团中央在北京正式启动"青年马克思主义者培养工程"（以下简称"青马工程"），旨在通过教育培训和实践锤炼的方式培养一大批坚定跟党走中国特色社会主义道路的青年学生骨干、团干部和知识分子。十年来，各地高校、团委和相关机关单位紧紧围绕"青马工程"的任务要求，结合地方实际，开展了一系列形式多样、特色鲜明的主题活动，取得了丰硕的成果。

但是，面对日渐复杂的国际环境与经济高速发展带来的社会变动，青年马克思主义者培养工作仍然面临着西方世界意识形态与极端宗教思想等方面的侵蚀与挑战。根据南京某高校团委的调研，在对近2000名本科生的问卷调查中，仅48%的学生认为"中国是社会主义国家，应该坚持马克思主义在意识形态领域的主导地位"。[2]2015年12月23日，团中央、全国学联"青年马克思主义者培养工程"工作推进会进一步强调了"青马工程"的基本理念和定位，并提出了从增强政治性、先进性和群众性入手，更好地担当培养中国特色社会主义事业建设者和接班人这一根本任务的新要求。

（二）工程目标

青年马克思主义者培养工程以青年学生骨干、团干部、青年知识分子等群体中选拔的一批青年骨干作为培养对象，不断提高他们的思想政治素质、政策理论水平、创新能力、实践能力和组织协调能力，着力培养一批对党忠诚、信仰坚定、素质优良、作风过硬的中国特色社会主义事业合格建设者和可靠接班人。

具体而言，"青马工程"分为宏观目标与微观目标。前者体现为不断增强青年骨干

---

[1] 参见江泽民："在李大钊诞辰100周年纪念大会上的讲话"，载《人民日报》1989年10月29日。
[2] 参见兰亚明："关于青年马克思主义者培养的若干问题研究"，南京大学2013年博士学位论文。

的政治性、先进性和群众性：一是坚持不懈地用马克思主义中国化的最新成果武装青年，深化其政治信仰、政治立场和政治敏锐性；二是根据党的先进性要求来进行青年马克思主义者培养，充分发挥其理论与实践上的先锋模范作用；三是用马克思主义群众观来武装青年骨干，使其成为联系、团结和领导群众的纽带。另一方面，后者则体现为在全国、省级和省级以下三个层面具体开展各项"青马工程"，每年培养人数不少于20万人。其中，大学生骨干在国家层面每年培养人数不少于200人，省级层面不少于6000人，各院校需达到本校学生总数的1%左右。

（三）工程实施

回顾十年来"青马工程"的实践探索，可以发现，即便我们于《"青年马克思主义者培养工程"实施纲要》已经提出了青年学生骨干、团干部以及青年知识分子等为共同培养对象，但大部分地区仍以高校为"青马工程"的唯一阵地，甚至将"青马工程"等同于高校思政教育。故而工程的实施仅局限于理论学习层面。笔者认为，首先需要承认高校为"青马工程"的主要参与者，但应深刻把握"青马工程"培养社会主义事业建设者和接班人的根本任务，将更多的青年群体纳入培养对象。同时，在实施手段上，建议以理论学习、思想建设、社会实践以及跟踪考察等多元化方式开展：

1. 马克思主义理论知识学习

马克思主义是诸多社会科学研究的理论来源，也是提高我们分析、解决问题能力的客观需要，更是培养青年马克思主义者的必要基础。建议可组织青年骨干认真研习《资本论》《费尔巴哈论》和《反杜林论》等马克思主义经典著作，深刻把握其思想内涵；同时，也需要对国际社会及我国的共产主义运动史有一定的了解，认真总结其经验与教训；最后还需加强对马克思主义中国化最新理论成果的掌握，尤其在新的时期更要以习近平新时代中国特色社会主义思想指引青年的发展。

2. 中国特色社会主义事业远大理想的树立

思想是行动的先驱，培养青年马克思主义者亟须我们科学地引导青年骨干树立中国特色社会主义的理想信念。值得注意的是，理想信念教育切忌空谈，其离不开理论和素质教育，这就需要我们不断丰富和改进"两课"教学内容，重点引导青年学生对历史进程和客观规律的学习与把握，学习和继承党的优良传统与作风，增强对中国特色社会主义道路、理论、制度、文化的自信，将奋斗目标落实到对中国特色社会主义事业的践行上。

3. 社会主义道德与个人素养的提高

一个合格的青年马克思主义者，需要在马克思主义指导下进行世界观、人生观和价值观的塑造，具备社会主义道德品质和良好的个人修养。"青马工程"在课程和实践开展过程中应坚持集体主义的原则，引导青年始终以人民的利益为根本出发点和落脚点。具体而言，可以通过宣传片、训练营、实践课等多种形式对青年马克思主义者开展德育教育，并注重"他律"与"自律"相结合，充分引导培养对象在道德修养方面的自我监督与自我教育。

4. 将青年马克思主义者的培养融入社会实践之中

"青马工程"本质是实践的范畴，我们需要充分地为青年搭建舞台，让他们在实践中积累经验和开拓创新，更好地发挥自身特长与专业优势，走到群众中去，听取群众的呼声，真正成为党和人民群众之间的纽带。例如，各地团组织可组织青年骨干深入农村、社区、企业等基层一线了解国情民情，通过生产劳动、国情教育、红色教育，与人民群众同吃同住同劳动，开阔视野、磨砺品格、增进感情、升华情操。

5. 青年马克思主义者学员的后续培养

"青马工程"立足高校，放眼未来。理论需与实践相结合，青年自身发展需与党和国家的长远规划相结合。因此，常态化的跟踪考察与培养机制必不可少。建议各级青年骨干培养机构可对学员设定3年~5年的跟踪培养期，建立学员信息库，掌握学员去向和成长情况，并对学员开放各类学习平台提供继续学习和交流联系等帮助。同时，探索建立重点培养机制，逐级遴选优秀青年骨干建立"种子库"，争取各省市组织、人事部门的重视与支持，并可将"种子库"成员纳入后备人才培养范围，在选调生选拔、公务员遴选与大学生村官选聘等方面给予优先考虑和重点安排。

6. 构建分层次、多样化的培养格局

在对不同对象的培养过程之中需要充分结合其自身特点，灵活多样，体现出形式上的差异。例如，对大学生骨干的培养，分为全国、省、高校三级实施，以理论学习、课题研究以及志愿服务等形式为主；对于团干部的培养可以以参观考察与挂职锻炼为主；而对于青年知识分子的培养则可以以"科技之光，青年专家服务行动"及相应主题的高端研讨等形式为主。

二、青年社会主义核心价值观培养工程

社会主义核心价值观由三个层面构成，其中，"富强、民主、文明、和谐"是社会主义现代化建设的国家目标，"自由、平等、公正、法治"是对美好社会的生动描述，"爱国、敬业、诚实、友善"是对公民个人的基本道德规范。就青年发展而言，社会主义核心价值观既为青年群体提供了世界观和方法论上的指引，也为他们参与社会建设搭建了广泛的平台，更对其精神文明和个人修养层面提出了要求。培养青年群体的社会主义核心价值观，是社会变迁与时代发展赋予的客观使命，也是我们培育社会主义事业合格建设者和接班人的必然选择。

（一）工程背景

党和国家把培育和践行社会主义核心价值观作为为国家立心、为民族铸魂的战略工程，把培育和践行社会主义核心价值观融入国民教育全过程，综合运用教育引导、舆论宣传、文化熏陶、典型示范、实践养成、制度保障等多种手段，推动社会主义核心价值观落细、落小、落实，青年对核心价值观的认同度、自信心和践行力也在日渐增强。然而，当代青年面对着社会的高速变迁与物质的急剧膨胀，思想意识和价值观念不停地受到冲击，难免会出现思想上的良莠不齐和价值观层面上的偏差。例如，近

年来，西方极端自由主义、功利主义、宗教思想以及国内的历史虚无主义、民粹主义等非主流思潮在我国广泛传播，对青年群体造成蛊惑与侵蚀。而国内各种消极的社会心理如极度拜金、急功近利、攀比炫耀、迷茫失落、自暴自弃等也在迅速蔓延。同时，部分青年群体对中国几千年来优秀的传统文化存在漠视，也对百年来党和人民在革命中发扬的优良传统与光荣品德缺乏了解。最后，在鱼龙混杂的网络世界中，各类未经过滤的信息也对青年群体认同社会主义核心价值观产生了干扰。

党的十八大高度关注青年的全面发展，率先提出社会主义核心价值观。2013年12月，中办印发《关于培育和践行社会主义核心价值观的意见》，为在青年中培育和践行社会主义核心价值观指明了方向、理清了思路、提供了方法。习近平总书记指出："青年的价值取向决定了未来整个社会的价值取向，而青年又处于价值观形成和确立的时期，抓好这一时期的价值观养成十分重要。"但是，当前我们仍存在着制度保障欠缺、培育活动空泛、在青年思想行动上转化不足等诸多问题。青年是社会主义事业的重要建设者和接班人，开展社会主义核心价值观培养工作刻不容缓。

（二）工程目标

坚持不懈地用党的科学理论武装青年，帮助青年深入理解党的理论和路线方针政策，增强对社会主义价值理想的认同；通过互联网、广播、电视、报纸、刊物等多种形式开展革命传统和公民道德宣传，引导青年形成修身律己、崇德向善、诚信互助、礼让宽容的道德风尚；积极开展各类主题文化活动，深挖重要节庆日、纪念日中蕴藏的丰富教育资源，引导青年汲取中华优秀传统文化的思想精华和道德精髓，增强做中国人的骨气和底气。

（三）工程实施

2017年10月18日，习近平总书记在十九大报告中指出，培育和践行社会主义核心价值观，要以培养担当民族复兴大任的时代新人为着眼点，强化教育引导、实践养成、制度保障，发挥社会主义核心价值观对国民教育、精神文明创建、精神文化产品创作生产传播的引领作用，把社会主义核心价值观融入社会发展各方面，转化为人们的情感认同和行为习惯。因此，笔者认为，青年社会主义核心价值观培养工程的实施，可以从教育引导、平台建设、实践活动、宣传示范等方面着手。具体而言：

1. 多位一体的育人平台建设

培育和践行社会主义核心价值观应从小抓起，从学校抓起，将其融入国民教育的全过程：首先，在课堂教学之中，可尝试推动邓小平理论、"三个代表"重要思想、科学发展观特别是习近平新时代中国特色社会主义思想进课堂、进教材、进头脑。其次，注重社会实践的养成作用，针对性地开发一系列弘扬社会主义核心价值观的实践课程和实践活动，打造一大批青年群体实践教育基地，并组织开展形式多样的志愿者服务活动。最后，不断完善中华优秀传统文化教育，梳理和萃取中华文化中的思想精华，使之与中国特色社会主义相适应。

2. 革命传统教育和公民道德宣传

通过各种形式的革命传统教育，使它们不断地继承、延续、光大，是社会主义精神文明建设的重要手段，有利于我们用社会主义核心价值观引领社会思潮、凝聚社会共识。建议各级党委、群团组织及高校组织青年群体参观革命历史教育基地、举办座谈会和访问革命老人，在思想政治教育课程之中突出党的三大作风教育，认真开展批评与自我批评。同时，各类刊物、通讯社、电视台应积极弘扬主旋律，传播正能量，运用新闻报道、言论评论、纪录片播放、公益广告等形式进行社会主义核心价值观与公民道德宣传。另外，各级共青团等相关组织可结合各类主题进行杰出青年、见义勇为模范等个人评选，树立、宣传先进青年典型，发挥其辐射作用。

3. 深入开展各类中华优秀传统文化主题活动

中华文明历史悠久，绵延五千年，创造出一大批博大精深的优秀传统文化，我们应加强对中华优秀传统文化的推广力度，在基层广泛开展各类展播、展演、展映活动以及经典文化作品阅读与观看活动，丰富青年的精神文化生活。同时，可深刻挖掘重要节庆日、纪念日中蕴藏的教育资源，利用五四、七一、八一、十一等政治性节日和三八、五一、六一等国际性节日，以及党和国家的重大实践、人物纪念日，因势利导地开展各类纪念和文化教育活动。

4. 加强优秀青年典型的示范引领作用

我国在不同的历史时期，涌现出一批批不同行业的优秀典型。以学雷锋活动为代表，我们开展了形式多样的志愿服务，营造了我为人人、人人为我的社会风气。当前，可继续以"全国向上向善好青年"为依托，充分发挥优秀典型在青年社会主义核心价值观培育过程中的示范引领作用，广泛开展各类推选活动，通过普遍发动、层层参与，动员广大青年聚焦身边人与身边事，从各行各业和基层一线中推选出一定名额的爱岗敬业、创新创业、崇义友善、诚实守信和孝老亲等优秀青年，传播青年典型的励志故事，引导广大青年奋发向上、崇德向善。

三、青年体质健康提升工程

青年是国家的未来，民族的希望。青年发展过程中体质健康尤为重要，健康问题不仅关系到青年群体的成长成才和幸福生活的实现，更是关系到整个国家的强盛和民族的希望。

（一）工程背景

2006年8月19日，新时代青少年体质健康促进中心公布调查结果：自1985年起，中国青少年学生在肺活量、耐力、速度、爆发力、力量素质等方面指标连续20年下降。为此，2006年12月23日，教育部、国家体育总局、团中央联合下发《关于开展亿万学生阳光体育运动的通知》。2007年，国家颁布《关于加强青少年体育增强青少年体质的意见》；2011年，"保证中小学生每天一小时校园体育活动"被写入政府工作报告。截至2014年，我国20岁~39岁成年人体质"合格"以上标准比率为89.0%，比2010年提高了3.06个百分比,[1]青年膳食营养状况明显改善,卫生保健水平不断提高,生长发育水平稳步提升,身体健康教育不断取得进展。同时,经过各地有关部门和社会各界的共同努力,覆盖城乡、比较健全的全民健身公共服务体系基本形成,为提供更加完备的公共体育服务、建设体育强国奠定了坚实的基础。

但是,由于青年群体的主观认识不到位、兴趣不足、运动技能缺乏,加之个人经济水平、社会运动氛围以及学生群体沉重的课业负担等因素,青年健康领域仍存在着不少问题。例如,经调查显示,学生群体之中,26.9%的学校存在体育课被文化课挤占的现象,67%的初中生每周要拿出6小时以上的时间参加校外辅导,而38%的高中生每周参加体育锻炼的次数不足3次。[2]即便是在经济比较发达的上海,在大学生群体之中,男生"正常体重"的人数仅占到35.4%,女生"正常体重"的比例仅为42.2%。[3]且青年学生的肥胖率、近视率和吸烟率仍高居不下。值得一提的是,在青年体质健康领域,艾滋病成为新晋问题——仅2016年前9个月,我国新诊断的艾滋病感染者就为9.6万人,其中24.5%是20岁~29岁的青年群体。[4]

(二) 工程目标

坚持"健康第一"的理念,完善青年参与体育运动的场地与设施,培养青年体育运动爱好,经常性参加足球、篮球、排球、田径、游泳、乒乓球、羽毛球、网球等体育运动项目和健身操(舞)、健步走、传统武术、太极拳、骑车、登山、跳绳、踢毽等健身活动,力争使每个青年具备1项以上体育运动爱好,养成终身锻炼的习惯,使坚持体育锻炼成为青年的生活方式和时尚。引导青年树立健康促进理念,形成良好的饮食、用眼和卫生习惯,控制肥胖、近视、龋齿、艾滋病等的发病率。到2025年,每名青年每天锻炼1小时,掌握一项体育技能,青年体质达标率不低于90%,在校青年体质健康率不低于30%。

(三) 工程实施

当前,青年群体体质健康现状不容乐观。其中,体育是学校教育的薄弱环节,器材设施是社区建设的掣肘环节,监测体系是体质健康的重要保障。因此,笔者建议:

1. 深化学校体育教育改革

体育课和课外锻炼是青年学生参与体育活动,强身健体的重要载体。我们应继续深化教育改革,切实采取可行措施落实"减负"规定,科学控制家庭作业量,强化学生的体育课,增加课外锻炼时间,提高体育教育、教学的质量。同时,对学校的等级评估与对教师的绩效考核是落实体育教育改革的有力手段,建议进一步完善学校体育教育评价机制,积极推行《学生体质健康标准》,将学生的体质健康率纳入教师的考核

---

[1] 参见国家体育总局:《2014年国民体质监测公报》。

[2] 参见葛剑平:"关注青少年体质健康 提升民族健康素质",载《群言》2014年第9期。

[3] 参见叶鸣、焦敬伟、苏训诚:"上海市大学生体质健康现状测试与分析",载《上海体育学院学报》2009年第2期。

[4] 参见"中国艾滋病现状分析2016:新观念趋于开放性知识仍显落后",载《人民日报》2016年12月1日。

范围，并与教师绩效直接挂钩。

2. 积极开展青年体育活动和竞赛

以足球为突破口，集中打造青年群众性体育活动载体，大力开展阳光体育系列活动、中学生"体质健康夏令营"、大学生"走下网络、走出宿舍、走向操场"等主题课外体育锻炼活动，培养其参与体育运动的兴趣和爱好。同时，针对有部分体育特长的青年群体，积极举办各类体育运动竞赛，放开举办主体，采取灵活多样的举办形式，鼓励和支持社会力量与市场资源参与到体育竞赛的举办之中，引导与带动青年参与体育竞赛，并注重对高水平运动员的培养。

3. 加快青年身边的体育组织及体育设施建设

体育组织是规划开展各类体育活动、培养优秀体育人才的重要机构，建议可在中华体育总会增设中国青年体育协会，支持青年群众性体育组织的培育发展，鼓励青年体育俱乐部的建设与发展，建议以每2万名青年拥有1个体育俱乐部为宜。同时，加快青年体育场地设施建设，支持青少年宫、青年营地、青年之家等青年聚集场所体育健身设施的配备，整合已有、新建体育设施，促进青年共享、公用各类全民健身场地设施建设，争取实现公共体育场馆向青年优惠开放率达到100%，具备开放条件的学校体育场馆开放率达到100%。

4. 完善青年体质监测体系

体质监测是一项系统性工程，并非局限于政府监测指标体系的内容，其需要极强的专业性，需要专家学者与社会力量的共同参与。故而，建议探索制定青年体质健康的相关规范与评价标准，建立政府、社会、专家等多方力量共同组成的工作平台，采用多层级、多主体、多方位的方式对青年体质健康情况进行检测与评估，进一步明确青年体质健康的核心指标、监测标准与方法，并鼓励各地结合自身实际制定地方标准，实现定期抽样检测和实时发布监测结果。同时，可结合卫生计生部门的营养与疾病状况调查，对青年群体的艾滋病、龋齿、肥胖率、近视率等指标进行重点监测。

四、青年就业见习计划

就业是民生之本，是人民群众改善生活的基本前提和途径。青年就业不仅关系着其自身发展，亦关系到社会稳定与经济的发展。习近平总书记在十九大报告中指出："要坚持就业优先战略和积极就业战略，实现更高质量和更充分就业。"所谓就业见习，即指各级政府有关部门组织对离校后未就业的毕业生到企事业单位进行实践训练的就业扶持措施。就业见习通过政府补贴、企事业单位酌情支付的方式，提升毕业生的就业能力和职场竞争力，缓解社会压力，也为企事业单位选拔优秀人才降低了成本，是一项多赢的工程。

（一）工程背景

2002年初，针对25岁以下失业人员已近失业人员总数50%的现状，上海市推出"职业见习计划"，凡是本市16周岁~25周岁的城镇失业青年均可向各区县劳动保障部门所属的职业介绍中心报名参加见习，见习期为3个月至1年，期间不建立劳动关系，由政府给予生活费补贴，企业给予一定的用人补贴。此项制度推出后收到良好的效果，青年就业形势得到改观。此后，就业见习在全国逐渐推广开来，2006年南通市正式启动"青年职业见习计划"，[1]2007年6月南昌市正式全面启动"青年就业创业见习计划"，[2]同年上海市出台《上海市劳动和社会保障局关于进一步推进本市青年职业见习工作的若干意见》，对这一制度进行明确与规制，2009年3月4日南京市召开首场"青年就业见习培训计划招聘会"[3]……

在制度层面，2006年2月27日，人社部联合教育部等5家部委下发《关于建立高校毕业生就业见习制度的通知》，2009年1月国办出台《关于加强普通高等学校毕业生就业工作的通知》，2009年3月团中央下发《共青团"青年就业创业见习基地"实施细则（试行）》。同年，人社部联合多部委下发《关于印发三年百万高校毕业生就业见习计划的通知》，决定自2009年至2011年，拓展和规范一批用人单位作为高校毕业生见习基地，用3年时间组织100万离校未就业高校毕业生参加就业见习。截至目前，各地不断建立健全就业见习工作运行机制，一大批就业见习基地已经建成，他们用最优质的就业见习服务为离校未就业的高校毕业生提供了充足的补贴与帮扶。不过，值得注意的是，就业见习地方性差异较大、高校毕业生积极性不高、某些岗位上岗率严重不足、见习效果缺乏评估与分析等问题仍然存在，亟须我们在下一步工作中予以改善。

（二）工程目标

进一步加大力度进行见习基地建设，按照"项目化运作、社会化动员、规范化管理"思路，在企业、社区、科研院所建设一批见习、实习基地，开发一批具有职业发展空间、技能训练机会的见习、实习岗位。同时，扩大就业见习服务对象，将未就业的大中专毕业生和各类社会青年均纳入就业见习的范围。最后，提高就业见习补贴与支持力度，吸引更多青年参与到就业见习计划之中，并着实提高见习实效，更好地帮助青年就业。

（三）工程实施

应该承认，十余年来就业见习制度已经成为政府促进部分离校但未就业的高校毕业生就业的重要途径，但亦存在少数就业见习基地积极性不高、上岗率不足甚至变相招收廉价劳动力等情形。就业见习基地的建设及管理是就业见习制度的核心，为充分发挥就业见习制度的就业扶持作用，切实缓解高校毕业生就业困境，可对青年就业见习基地进行系统的规划与管理，包括：

---

[1] 参见葛云祥、朱燕："就业路上 与你同行——南通市青年职业见习计划运行四年回顾"，载《中国就业》2010年第2期。

[2] 参见"南昌：全面启动青年就业创业见习计划"，载《就业时报》2007年6月7日。

[3] 参见"还没找到工作，可以先见习"，载《南京日报》2009年3月5日。

1. 青年就业见习基地建设

一方面，以共青团为主导，秉持"三级建立、三级管理"的原则，进一步开发新的青年就业见习基地，同时选拔并发挥国家级青年就业示范单位的带头作用，且注重不同层级青年就业见习基地之间的衔接与配合，扩大见习基地的社会影响力，打造为对青年具有吸引力和凝聚力的重要品牌。另一方面，加强见习基地的岗位开发，打破以往以劳动和技术密集型岗位为主的模式，加大与社区及科研院所的合作力度，将相关服务与科研岗位纳入到见习基地之中，提升岗位的发展空间，增大见习岗位的留用机会。

2. 扩大青年就业见习服务对象

就当前而言，国家及地方的就业见习制度一般均只针对部分高校毕业生。但从就业现状来看，失业的主体更多为中职院校或更低学历水平的青年群体。笔者认为，可加强对青年就业见习工作的分类管理。一方面，继续以高校毕业生为主体，继续扩大青年就业见习的服务规模，帮助更多的高校毕业生参与到就业见习之中，解决就业难题。另一方面，针对当前社会未就业群体学历水平较低的现状，将大中专及职业院校的毕业生以及各类社会青年纳入到青年就业见习的服务范围之中，通过就业见习培养其一技之长，提高就业能力，增加就业机会。

3. 对现有就业见习基地的建设与管理

据统计，2009年7月至2013年6月，全国各级人社部门共建立见习单位4.6万家，累计有136.6万名离校未就业高校毕业生完成就业见习。[1]针对现有的就业见习基地，政府应当为主要的责任主体，需要对就业见习基地进行一定的建设与管理：（1）细化就业见习规定，及时对就业见习基地进行行政指导，保证就业见习工作的法治化运行。（2）完善就业信息公共服务网络建设，保证就业见习岗位的透明化与丰富化。（3）制定青年就业见习工作的评估办法，树立样板与典型，保证见习工作的健康发展。（4）建立约束机制与动态监测平台，杜绝"循环利用"见习生，以防负面效应出现。（5）开展就业见习工作评比活动，扩大社会影响，引导单位与毕业生正确认识就业见习的必要性与重要性。

五、青年文化精品工程

文化是民族的血脉，是人民的精神家园，是推动国家发展、民族振兴的强大力量。而文化精品则是文化繁荣发展的重要标志，也是一个国家文化软实力的重要体现。青年作为社会主义事业的重要建设者和接班人，既是文化精品的创作者，也是优秀传统文化的继承者。

（一）工程背景

随着时代的发展，尤其是改革开放以来，文化生产创作工作者层出不穷，社会对

---

[1] 参见："托起学子就业梦——高校毕业生就业见习工作综述"，载《中国劳动保障报》2013年9月27日。

文化生产创作的要求层次与日俱增，十七届六中全会正式将文化列入下一步重要工作议程，其直接指出"创作生产更多无愧于历史、无愧于时代、无愧于人民的优秀作品，是文化繁荣的重要标志"。2013年12月23日中办印发的《关于培育和践行社会主义核心价值观的意见》中也指出，要"发挥精神文化产品育人化人的重要功能"。再至2014年10月，习近平总书记主持召开文艺座谈会，指出"实现中华民族伟大复兴需要中华文化繁荣兴盛，中国精神是社会主义文艺的灵魂，要创作无愧于时代的优秀作品，坚持以人民为中心的创作导向，加强和改进党对文艺工作的领导"。而2015年10月，《中共中央关于繁荣发展社会主义文艺的意见》更是直接指出要"创作无愧于时代的优秀作品，推出一批有筋骨、有道德、有温度、艺术震撼力强的大作力作，努力形成文艺创作生产的'高峰'"。

党和国家坚持以人民为中心的创作导向，通过《"十三五"时期文化发展改革规划纲要》《文化产业振兴规划》等政策措施，发挥精神文明建设"五个一工程"及以中国艺术节为代表的重大工程项目、评奖的引导带动作用，鼓励、创作了一批优秀的青年题材文化作品。但是也应看到，商业化色彩浓重、民族传统文化自信缺失、脱离大众生活、价值导向偏差等文化创作问题依然存在，青年群体的文化创作与文化阅读环境亟须改善。

（二）工程目标

每年创作生产一批思想性、艺术性、观赏性俱佳的涵盖各文化类别的青年题材文艺精品。打造一批有影响力的青年网络新媒体产品展播平台，开展全国性青年互联网创新创意活动。在国家级文化、出版类评奖推荐活动中，每年向青年推荐优秀影视、网络、动漫文化作品不少于100小时，图书、报刊文字量不少于200万字，应用类网络游戏不少于3部、网络音乐不少于10首。

（三）工程实施

"没有高度的文化自信，没有文化的繁荣兴盛，就没有中华民族的伟大复兴。"十九大报告中，习近平总书记向全党全国人民发出了繁荣社会主义文化的伟大号召。精品文化的创作与推介是文化自信、文化繁荣的保障，如果说文化是时代前进的号角，那么青年则是吹起这号角的先行者。打造青年文化精品工程，可从以下几个角度入手：

1. 青年文化精品创作的扶持与推广

虽然人民群众是文化创作的源头活水，但政府的制度保障亦必不可少。建议地方各级政府根据实际情况，研究制定相应的文化精品工程实施细则，明确任务目标和责任分工，确保工程有计划有重点地稳步推进，并设立文化精品工程重点项目扶持资金，通过项目申报、立项、公示、签约、资金拨付、监督与验收等多个流程进行规范化管理，加大对文化精品创作的扶持力度。同时，可通过举办文化创作赛事、文化体验活动以及青年文化创意人才培养等形式扩大文化精品的影响力。

2. 打造青年文化创新的新媒体平台

我国已飞速跨越至互联网时代，新媒体具有交互性、开放性、共享性与即时性的特征，建议可通过构建系统化、科学化的新媒体管理体系，充分地将新媒体平台建设与文化创作相结合，引导优秀、精品文化在新媒体平台中的传播，打造一批有影响力的青年网络新媒体产品展播平台。同时通过全国性的青年互联网创新创意活动，使得更多的文化精品能够在青年群体中得到传播与继承。

3. 青年文化精品的评选与推荐

优秀的文化作品富有影响力与生命力，既能充分地感染人、熏陶人，亦能经久不息，历经时间的考验。注重对这些文化精品的评选，将它们推介给人民群众阅读，是文化精品工程的重要内容。具体而言，一方面，可深入青年群体之中，挖掘优秀作品，推行提名作品公示、评委实名投票、投票结果公开等制度，不断完善公开、公平、公正的评选机制，激发青年创作动力，使评选真正成为检验创作、推出精品、转化成果的重要调控手段。另一方面，也可尝试通过一定的激励手段鼓励文化创作，逐步建立起由国家级、省级、市级等各级别，综合性、专项性等各类型评奖活动共同组成的奖励制度，且定期或不定期开展文化精品推荐活动，将获奖的影视、网络、图书、报刊、游戏、音乐等文化作品推荐给青年。

六、青年网络文明发展工程

国家的未来在青年，网络的未来也在青年。中国互联网经过20多年的发展，取得了令人瞩目的成就，也深刻地影响及改变着广大青年。《规划》着眼于互联网发展的特点和规律，力求加强网络安全，发展和繁荣网络文化，为构建清朗文明的网络空间做出贡献。

（一）工程背景

2017年，中国互联网信息中心发布《CNNIC第39次报告》，截至2016年12月，我国网民总数7.31亿人，其中10岁~39岁网民占比73.7%，约5.39亿人。青年是网民的主体，网络塑造了中国的青年，青年成就了中国的互联网。党的十八大以来，习近平总书记高度重视青年在网络建设、网络治理和网络发展中的积极作用。同时，以共青团为依托，系统贯彻落实中央决策部署，加强网络宣传引导工作，组建网络宣传工作队伍，广泛实施"青年好声音"系列网络文化行动，为网络空间日渐清朗发挥积极作用。2015年3月，团中央发布《关于广泛组建青年网络文明志愿者队伍、深入推进青年网络文明志愿行动的通知》，要求全国优秀青年将先进性和担当精神延伸到网上，在网络空间积极发出"青年好声音"，成为构建清朗网络空间的生力军。

现在，互联网生态呈现良性发展态势，青年网络文化内涵日渐丰富与多元，青年网络空间日渐开放与包容，青年在互联网中获取信息的渠道和质量也显著提升，青年于网络空间中拥有了更多的参与机会和话语权。同时，青年网络文明的构建也面临着诸多挑战：一言不合就恶语相加的网络暴力并不鲜见，不讲逻辑与理性、只想宣泄情绪的现象仍然存在；一些极端思维、错误思潮仍在网络空间蔓延，对青年产生鼓动与煽动；仍有部分青年政治认识模糊，理想信念动摇，甚至被"网络杂音"裹挟，盲动盲从。[1]在新的时期，加强青年网络文明建设，引导青年安全上网、依法上网、健康上网、理性上网，营造积极向上的清朗网络空间已成为重中之重。

（二）工程目标

彻底清理淫秽色情、粗俗反动、意识不良的网站和相关网页，深入推进"阳光跟帖"行动，引导广大青年争当"中国好网民"。广泛设计与开展丰富多彩的网络文明志愿行动，发展壮大青年网络文明志愿者队伍，做大做强网上主流思想舆论，持续广泛、强有力、有针对性地发出青年好声音。团结凝聚一批热心于青年事业的网络工作者，培育一大批青年网络人才，扶持一系列青年网络平台，创作一大波青年喜欢的网络新媒体文化产品。通过对网络空间的规范化管理，使互联网空间成为青年成长的温馨家园。

（三）工程实施

青年网络文明至少包括三个层级的表现，最高层级为青年群体人人都有主角意识，文明上网，自觉成为清朗网络空间的建设者与维护者；中间层级为虽然网络不文明现象偶有发生，但通过各互联网企业、社会组织、相关平台以及志愿者队伍的共同努力，基本能够维持较为健康的网络状态；最低层级为网络空间脏乱不堪，甚至违法犯罪现象频有出现，只能依靠相应执法部门严厉打压予以控制。因此，笔者认为，净化网络空间，加强网络安全，繁荣网络文化亦能从不同的主体入手：

1. 积极引导青年健康上网

引导未成年人健康上网、安全上网、远离网络违法信息侵害是全社会的共同责任。2016年10月国家网信办发布关于《未成年人网络保护条例（草案征求意见稿）》公开征求意见的通知。未成年人网络保护涉及方方面面，但引导其健康上网方面是前提。具体而言，应加强未成年人网络监管，严厉查处网吧接纳未成年人上网、不按实名登记、擅自拆卸文化监控软件等违法行为。并可利用软件技术等手段进行网络信息的过滤，为青年提供干净、文明、健康、向上的网络空间。同时，继续推进"阳光跟帖"行动，加强网上正面宣传，旗帜鲜明地驳斥杂音噪音，帮助广大青年增强明辨是非、判别对错的能力，努力赢得网上舆论引导的主导权和话语权。

2. 加强青年网络文明志愿者队伍建设

网络文明志愿者是引导青年文明上网，弘扬正能量的生力军。2015年2月，团中央下发《关于广泛组建青年网络文明志愿者队伍、深入推进青年网络文明志愿行动的通知》。结合两年来的推广经验，建议下一步更加严格青年网络文明志愿者的选拔与吸收，集中化、规范化开展青年网络文明志愿者的培训与学习，进一步加强对青年网络文明志愿者的日常管理，并完善对其的考核与激励机制，实现奖惩并重，有效地将青年网络文明志愿者凝聚起来，打造一支立场坚定、素质优良、思想进步的青年网络文明志愿者队伍，把青年网络文明服务品牌做细、做精。

---

[1] 参见李若鹏："网络文明，从青年开始"，载《人民日报》2015年4月7日。

3. 互联网企业、社会组织、文化机构、相关网络平台和网络人才的培育与扶持

中小微互联网企业与社会组织等是网络文明建设的重要参与者，2017年1月15日中办、国办印发《促进移动互联网健康有序发展的意见》，要求积极发挥政策性基金在中小微互联网企业发展中的引导扶持作用，鼓励与支持互联网企业、社会组织和文化机构制作推广符合社会主义核心价值观和青年喜欢的网络新媒体文化产品。另一方面，可加大对中国青年网、未来网、中青在线等青年门户网站、青年公益组织专属网站以及"两微一端"平台的建设扶持力度。并通过举办各类网络安全、网络技能和网络文化产品方面的竞赛来发掘、吸引、培养各方面的青年网络人才。

4. 网络文明队伍指挥协调系统建设

面对当前阶段我国网络文明建设中的部分隐患，仅靠单部门甚至仅靠政府均难以解决，而建立一整套细化且协调的网络空间管理体系。质言之，各级政府需积极探索网络文明指挥协调体系的建设，开发运行平台，形成管理机制。国务院卫生计生部门可会同有关部门进行网络数据监听系统、有害信息过滤系统、负面舆论引导系统等的开发与研制，以及推动出台网络成瘾的本土化预测和诊断测评系统，并鼓励相关社会组织及企业根据国家有关规定和标准开发网络游戏产品年龄认证和识别系统软件。同时，积极引入社会力量共同参与到和谐网络空间的维护之中，形成政府、社会组织、企业、学校、家庭的网络文明队伍统一协调体系，共同为青年营造温馨健康的网络家园。

七、中国青年志愿者行动

参与志愿工作既是"助人"，亦是"自助"，既能"乐人"也能"乐己"，同时也是在传递爱心，有利于缓解社会矛盾，开拓大同社会。中国青年志愿者行动致力于帮助有特殊困难的社会成员，推动社会保障体系的建立和完善；致力于消除贫困和落后，消灭公害和环境污染，普及科学文化知识，促进经济社会协调发展和全面进步；致力于建立互助友爱的人际关系和良好的社会公德，推动社会主义精神文明建设。

（一）工程背景

为适应社会主义市场经济，1993年12月团十三届二中全会通过了《在建立社会主义市场经济进程中我国青年工作战略发展规划》，提出了"跨世纪文明工程"和"跨世纪人才工程"，其中，将青年志愿者行动作为"跨世纪文明工程"的重点项目予以推出。同年12月19日，2万余名铁路青年率先打出了"青年志愿者"的旗帜，在京广铁路沿线开展了为旅客送温暖的志愿服务，由此拉开了"中国青年志愿者行动"的帷幕。1994年12月5日，中国青年志愿者协会成立。1996年开始，青年志愿者行动开始了支教扶贫计划，2000年启动实施"青年志愿者社区发展计划"。翌年，团中央颁行《中国注册志愿者管理办法（试行）》，在全国首次提出"注册志愿者"的概念，并于2006年修订颁行《中国青年志愿者注册管理办法》，启用网上注册和管理信息系统。此后，中国青年志愿者行动以西部开发、扶贫济困、大型赛会、抢险救灾、海外服务、

社区建设和环境保护等活动为依托开展了一系列志愿服务活动，取得了重大成效。

当前，我国青年志愿者队伍不断壮大（注册志愿者人数已达到5000万人，[1]2016年一年共向社会提供6.9亿小时志愿服务[2]），服务领域不断扩展，志愿服务精神广泛传播，青年志愿者服务平台不断建立，一系列工作机制逐渐建立，得到了广大青年的积极响应和人民群众的普遍欢迎。但是也应看到，青年志愿者行动仍然存在着志愿服务持续性不足、志愿活动缺乏资金保障、志愿者行动缺乏品牌形象与特色活动，志愿者队伍缺乏专业培训等问题，需要在此次规划之中予以解决。

（二）工程目标

全面推行青年志愿者实名注册制度，发挥共青团员示范作用，到2025年实现实名注册的青年志愿者总数突破1亿人。加强全国青年志愿服务队伍、项目和组织体系建设，推动青年志愿服务制度化、日常化、便利化开展。继续深入开展社区服务、西部计划、扶贫济困、大型赛会及海外服务等一系列志愿活动，每年至少选派2万名应届大学毕业生到中西部地区开展志愿服务。

（三）工程实施

从工程目标上看，青年志愿者行动包括数量目标、项目（品牌）目标与体系目标三个层面。笔者以为，可从以下几方面予以落实：

1. 深入推进青年志愿者实名注册制度

各级共青团及青年志愿者协会可依托创建志愿者服务站、培育志愿服务伙伴、发展志愿者服务团队等形式广泛开展志愿者注册工作，建立健全注册志愿者档案和信息管理系统，实现网上注册与管理，促进管理工作的科学化、制度化与规范化。另一方面，结合当前"互联网+"的时代趋势，可探索青年志愿者"PC+APP信息平台"，为青年志愿者制作专属的"电子身份证"，实现志愿者注册和服务的便利化，力争到2025年实现实名注册的青年志愿者总数突破1亿人。

2. 加大对青年志愿服务队伍、项目和组织体系的培育

二十余年来，我国青年志愿者在各类服务活动中示范带头，为志愿服务事业的持续发展与社会和谐做出重要贡献。但从人员组成上看，在校大学生占据极大比重，如何引入更多社会力量与专业机构是当前重点。建议稳步培育以专家学者、青年骨干和注册志愿者为主体的青年志愿服务队伍，加大经费投入与保障。此外，以关爱行动、西部计划、阳光行动、社区服务、海外计划、暖冬行动、重大赛会、学雷锋活动等为代表，构建一系列分层分类的志愿服务项目库。同时，可扩大基层青年志愿者协会及其伙伴组织的覆盖面，加强激励评价、保险保障等机制建设，总体形成规模宏大、来源广泛、门类齐全、管理规范的全国青年志愿服务队伍、项目和组织体系，推动青年志愿服务制度化、日常化、便利化开展。

---

[1] 参见叶学丽："青年志愿者行动——共青团创新工作领域、服务社会需求的一大创举"，载《中国共青团》2017年第1期。

[2] 参见共青团中央专项课题组："中国青年发展状况综述"，载《中国青年研究》2017年专刊。

3. 建立健全青年学生志愿服务培训体系

大学生是志愿服务群体的典型代表，但对于学生群体来说，除高涨的志愿服务热情外，相应的专业技能亦必不可少。故而，各级群团组织可采取多元方式的培训方法，创新培训方式，建立大学生志愿者培训的个人档案，科学掌握大学生志愿者培训的情况，亦可作为考核评优的重要依据。同时，在培训的内容上，不仅局限于服务技能的培养，也应包括理论知识、专业技能、社交礼仪、应急安全等各方面内容，以提升志愿服务能力，增强志愿服务效果。

4. 打造一批社会公众耳熟能详的青年志愿服务品牌

"品牌化"志愿服务，代表着理念、制度和行动上的领先性，也是一种带动性和影响更为广泛的活动。[1] 多年来，我们围绕党政工作大局和社会现实需求，开展特色鲜明的志愿服务，已经打造了类似"植绿护绿活动""为老科学家、老教育家、老干部献爱心""天天青年志愿者行动""清除白色垃圾"等为公众所欢迎、备受好评的青年志愿服务品牌。在此基础上，下一步可从地方实际出发，选择党政关注、社会需要、青年能为的志愿服务项目，持之以恒地开展青年志愿者行动，扩大影响力，吸引更多的青年加入到志愿服务的队伍之中。

八、青年民族团结进步促进工程

民族团结是社会主义核心价值观的基本特征和核心内容之一，其既是各民族群众幸福生活的保障，也是国家和社会和谐稳定的根源。截至 2016 年底，全国有少数民族青年 3815.3 万人，占少数民族人口的 34.3%，占全国青年人口的 8.97%。[2] 规划指出，要加强民族团结宣传教育，推动各族青年交往交流交融，树立正确的国家观、民族观、历史观、文化观、宗教观，自觉抵制宗教极端思想，共同维护祖国统一和各民族繁荣发展。

（一）工程背景

新中国成立以来，特别是改革开放以来，是少数民族和民族地区在经济、政治、文化和生态文明建设等方面发展最好的最快的时期。党的十八大后，中共中央政治局常委同志在近两年的时间内深入民族 8 省区以及一些省份的少数民族自治县，对少数民族和民族地区的发展情况进行深入调研；召开 2 次中央政治局会议、5 次中央政治局常委会议深入研究民族工作；召开 4 次国务院常务会议对加快民族地区发展作出具体安排；召开第四次全国对口支援新疆工作会议、第二次中央新疆工作座谈会、对口支援西藏工作 20 周年电视电话会议；中央政治局常委同志就各民族共同团结奋斗、共同

---

[1] 参见"志愿服务也需'品牌化'引领"，载中国文明网：http://www.wenming.cn/wmpl_pd/yczl/201506/t20150626_2697229.shtml，访问日期：2017 年 12 月 1 日。
[2] 参见共青团中央专项课题组："中国青年发展状况综述"，载《中国青年研究》2017 年专刊。

繁荣发展的重大问题作出重要批示、指示近百次……[1]2014年3月,在全国政协十二届二次少数民族界委员联组会上,习近平同志指出,要全面贯彻落实党的民族政策,坚持和完善民族区域自治制度,不断增强各族人民对伟大祖国的认同、对中华民族的认同、对中华文化的认同、对中国特色社会主义道路的认同,更好维护民族团结、社会稳定、国家统一。

近年来,民族地区经济社会发展取得的成就举世瞩目,和睦相处、和衷共济、和谐发展也成为我国民族关系图景中最鲜明的色调。但是也应看到,我国民族团结进步工作仍然面临着诸多挑战,青年群体对中华民族发展历史和民族团结重要性的认识程度不一,部分民族分裂思想与势力正在抬头,各民族之间贫富差距较为明显,各民族之间的融合共建仍存短板。

(二) 工程目标

加强各民族青年之间的团结交流,形成不同民族青年之间结对子、互帮互助的良好局面。中央层面举办的各族青年交流联谊活动参与青年不少于10 000人次,东西部扶贫协作与对口支援交流青年不少于20 000人次,各省市举办的各族青年交流联谊活动参与青年不少于50 000人次,书信及网络交流参与青年每年不少于200万人次。加大不同民族文化之间的普及,每年在200所高校举办图片、影视展和歌舞活动,宣传中华民族形成发展历史,增进中华文化认同,宣传各民族为祖国作出的贡献,增强各族青年学生的中华民族共同体意识。提升青年群体对于民族常识和民族法律法规政策的了解。加强各民族之间的融合,帮助更多的外来少数民族青年融入城市。

(三) 工程实施

中国梦的实现,需要凝聚56个民族的共同力量,需要56个民资青年的团结奋斗。从目标上看,民族团结进步促进工程分为中央层面与地方层面,涵盖历史文化、民族交流、城市共建等多个维度。具体而言,可从以下几方面入手:

1. 青年民族团结交流万人计划

青年民族团结交流万人计划由团中央主办,旨在通过不同的主题活动加强民族青年之间的交流与融合。但在具体实施中,也面临着缺乏持续性与开放性的短板。建议下一步紧紧围绕民族团结的主题,通过国情考察、理论学习、座谈交流、志愿服务、结对联谊、民宿体验等灵活多样的形式,每年组织边疆民族地区青年与内地青年开展各类互访与联谊活动,增强各民族青年之间的了解与联系,引导他们进一步增强对伟大祖国、中华民族、中华文化、中国特色社会主义道路的理性认同,为未来进一步加强各民族之间的沟通与理解、搭建民族交流平台打下坚实的基础。

2. 开展高校"中华文化进校园"活动

中华文化源远流长,且各地文化经过数千年的发展,逐渐带有鲜明的地方特色。

---

[1] 参见张晓松、崔清新、黄小希:"筑就民族团结进步的中国梦——十八大以来习近平同志为总书记的党中央关心少数民族和民族地区纪实",载《中国青年报》2014年9月28日。

对于各地传统文化的学习与交流，有利于加强民族理解，凝聚民族精神。故可将传统美德教育、传统节日教育、经典诵读教育和各民族文化教育纳入到高校的课堂与实践活动之中，加强青年对中华传统文化及其他民族文化的了解与认同。另外，可组织专家组精心选编反映中华民族形成发展史，展现中华传统文化和各民族为祖国所做贡献的典籍、史实资料、影视歌舞作品，做好活动的内容和形式设计，明确活动实施方案，采取统一部署与高校自行组织相结合的方式，在高校举办图片、影视展和歌舞活动，宣传中华民族形成发展历史，增进中华文化认同。

3. 举办各类民族常识与民族法律法规政策知识竞赛

民族常识与民族法律是我们认识彼此的基础，通过知识竞赛的形式可以更好地调动青年积极性。但在活动的开展中，也应注重竞赛内容的教育性，帮助各族青年了解本民族的历史文化，理性客观地看待本民族，了解中国多民族统一国家的历史进程和相应的法律法规政策，理解中华民族的文化多样性，牢固树立"三个离不开"思想。同时，组织者需要做好竞赛方案，从基层社区、村与街镇直至省与国家层面逐级开展民族知识竞赛活动，并注重互联网新媒体的运用，努力实现知识竞赛活动最大限度地覆盖青年群体。

4. 深入开展"中华一家亲，可爱城市共同建"活动

社会融入是移民理论中的重要课题，由于迁入地与迁出地文化的不一致，往往会体现出"非整合"现象，甚至产生严重的社会问题。随着我国现代化建设的持续推进，少数民族人口流向内地或沿海城市的现象不可避免，如何帮助他们更好地融入城市值得深思。此次规划正式提出了"中华一家亲，可爱城市共同建"活动，笔者认为，我们可在少数民族流动人口较多的沿海地区和大中城市，通过建立专项资金，鼓励城市的教育培训体系向少数民族流动人口开放。其次，开展社区内不同民族家庭之间互帮互学，切实解决少数民族流动人口的生产、生活问题。最后，制定与完善相关法规，加大对少数民族流动人口在就业、就医、入学、社保、经商等方面的政策扶持力度，使外来少数民族青年真正留得住、住得下、过得好。

九、港澳台青少年交流工程

港澳台青少年同为中华民族的一分子，是香港、澳门和台湾的未来。2016年，香港特区15岁~44岁人口共298万人，占特区总人口的41%。澳门特区15岁~44岁人口共31.2万人，占特区总人口的51%。2016年，台湾地区15岁~44岁人口共有1016万人，占台湾地区总人口的46.4%。[1]与大陆地区青少年一样，港澳台青少年也具有兴趣广泛、思维活跃、乐于沟通的特点，开展港澳台青少年与内地的交流活动，既是深入贯彻"一国两制"基本国策的体现，也是实现中华民族伟大复兴中国梦的客观要求。

(一) 工程背景

1987年11月，台湾方面宣布开放台湾民众赴祖国大陆探亲，海峡两岸的交流活动

---

[1] 参见共青团中央专项课题组："中国青年发展状况综述"，载《中国青年研究》2017年专刊。

（包括青少年交流）由此展开。至 20 世纪末香港和澳门的回归，港澳台青少年同内地的交流规模逐渐扩大。近年来，在各级政协及共青团的主导下，"一国两制""港人治港""澳人治澳"、高度自治的方针得到深入贯彻，港澳台青年学生、青年代表人士及青少年社团与内地的联系与往来日渐密切，"九二共识"亦得到坚持。通过组织港澳台青年代表赴内地体验交流与实践研修、港澳青少年万人交流计划、港澳大学生内地暑期实习工程、内地杰出青年赴港澳交流考察等活动，增进了港澳台青少年对祖国历史文化与中国国情的了解，领略了中华文化的博大精深，感悟了近代以来中华民族救亡图存、发奋图强的光辉历程，同时也增强了港澳台青少年对于中华民族的自信心、认同感与凝聚力，激励其共同致力于实现中华民族伟大复兴的中国梦。

不过，囿于港澳台青少年同内地开展交流活动的时间较晚，且社会制度、生活习惯与教育背景存在差异，港澳台青少年交流工作仍存在着一些问题。如交流活动以民间性和自发性居多，官方与半官方组织的活动较少；交流以参访和演出活动居多，专业与功能性层面交流较少；港澳台青少年赴内地交流居多，内地赴港澳台较少等。同时，港澳台青少年交流活动多以孤立的项目和活动的形式开展，尚未形成系统的、有规划的交流机制。

（二）工程目标

进一步扩大内地与港澳台青少年之间的交流规模，提升交流质量。继续以实习实践、体验营、青年论坛、圆桌会议与联欢节等项目与形式为抓手，使港澳台青少年同内地之间的交流成为常态，增进两岸青少年的情感联系与合作发展，加深港澳台青少年对中华民族与中华文化的认同感与归属感，为祖国统一与和平发展做出贡献。

（三）工程实施

港澳台青少年交流是双向的，既要组织内地青少年赴港澳台交流学习，亦需积极引导港澳台青少年来内地寻根溯源，领略中华文化。鉴于主体的特殊性，笔者认为此类交流活动应以官方或半官方形式为妥，并应注重构建长期的、系统的交流机制。

1. 深入开展各类港澳台青少年交流项目与活动

现在的交流活动以民间性、自发性组织的居多，我们应予以科学引导，继续办好港澳台青少年实习实践、体验营、训练营和形式多样的交流考察活动，支持内地与港澳台青年组织举办青年论坛、圆桌会议、青少年联欢节等项目与活动，注重发挥品牌效应，以已经建立的品牌活动为牵引，提高项目关联度，突出交融与和谐，进一步提高港澳台青少年交流合作的实效性、整体性和持续性。同时，针对不同层次、不同领域、不同类别的青少年群体，探索建立多层次的交流项目体系。

2. 加强内地青少年赴港澳台的交流与学习

在改革开放后二十年内，台湾民众赴大陆人次达 1300 万，而大陆赴台交流仅 25 万人次。[1] 交流的基础是对彼此有着深入的了解，除引导港澳台青少年来内地外，加强

---

[1] 参见严安林："海峡两岸青少年交流之回顾与前瞻"，载《华东理工大学学报（社科版）》1999 年第 1 期。

内地青少年赴港澳台的体验与学习必不可少。建议各地共青团与教育行政部门同相应的港澳台社会团体协作，组织内地青少年赴港澳台的社区与企业，让他们在活动中亲身感受港澳台日新月异的发展与变化，增进相互之间的了解与认同。同时，还可组织内地学生赴港澳台高校访学交流，深入了解港澳台地区的最新科技、文化与法律，为内地同港澳台的进一步交流与合作打下坚实的基础。

3. 进一步做好港澳台青少年的服务工作，打通交流渠道

港澳台赴内地交流青少年的服务工作包括三个层面：一是引导更多的港澳台青少年赴内地，二是为其在内地的交流访学提供切实的制度保障，三为帮助他们更好地就业，留在内地。具言之，建议加大信息宣传力度，有意识地引导更多的青少年参与到内地同港澳台的交流活动之中。同时，各大高校及院系强化港澳台学生工作，提高管理服务意识，做好港澳台学生在入学、生活、学习、就业等方面的咨询服务工作。最后，教育部门与社区可尝试将港澳台青少年的就业辅导纳入工作范畴，创建港澳台青少年、相关企业及当地社区之间的交流互动平台，组织教育、人事、劳动和社会保障等部门出台相应的港澳台青少年就业政策。

十、青少年事务社会工作专业人才队伍建设工程

青少年是推动经济社会发展的生力军和后备力量。随着经济社会的快速发展，当代青少年在学习生活条件总体改善的同时，在成长与发展之中也面临着一些困难和问题，亟须专业化、个性化的社会工作服务。规划将青少年事务社会工作人才队伍建设纳入重点工程予以推进，旨在丰富社会工作的服务供给，更好地满足青少年发展需求。

（一）工程背景

2000年以来，民政部相继颁布出台了一系列涉及社会工作领域的公共政策，明确提出要引入社会工作专业制度，聘用专业工作者，提供规范优质的社会服务。2003年，上海市率先建立了社会工作者职业资格制度，并成立"社区青少年事务办公室"，翌年2月18日，上海市阳光社区青少年事务中心正式挂牌，对五类重点群体青少年的社会服务工作初步开展。2007年，团中央联合中央综治办、民政部、人事部、中央综治委预防青少年违法犯罪工作领导小组下发了《关于开展青少年事务社会工作者试点工作的意见》，确定了13个城市作为全国首批青少年事务社会工作者试点城市，青少年事务社会工作打开新的局面。2014年1月10日，团中央、中央综治办、民政部等六部门印发了《关于加强青少年事务社会工作专业人才队伍建设的意见》，对服务青少年健康成长、发展青少年社会事业、为社会主义事业储备人才提出了新的要求。

当前，青少年事务社会工作专业人才在服务青少年成长发展、维护青少年合法权益、预防青少年违法犯罪等领域发挥了重要作用，取得了丰硕成果。一系列青少年事务社会工作服务机构得到建立，一整支青少年事务社会工作专业人才队伍初步形成，一大批社区中的青少年群体受到帮助与服务。但是，在青少年事务社会工作专业人才队伍建设过程中，社工人才培养缺乏规划性与科学性、社工服务标准仍不统一、社工

参与领域仍显狭窄、社工参与机制仍不畅通等问题仍然存在，迫切需要解决。

（二）工程目标

到2020年建成20万人、到2025年建成30万人的青少年事务社会工作专业人才队伍，全面参与基层社区社会工作，重点在青少年成长发展、权益维护、犯罪预防等领域发挥作用。培育青少年事务社会工作服务机构，逐步实现每个"青年之家"综合服务平台至少配备1名青少年事务社会工作专业人才。在青少年事务社会工作专业教育培训领域，重点扶持发展10家高等教育机构，建立30家具有继续教育资质的培训机构、50家重点实训基地、100家标准化示范单位。推进政府购买服务工作，建立健全青少年事务联动与协作机制，并完善青少年事务社会工作专业人才的培养、评价、使用和激励等相关政策配套体系。

（三）工程实施

总体来看，我国青少年事务社会工作专业人才队伍建设主要面临地区发展不平衡、从业人员严重短缺、专业化与职业化不足等问题。这些问题的解决，既需国家层面的统筹协调，也需地方层面的重点攻坚。此次规划已经在数量上提出了青少年事务社会工作专业人才队伍建设的具体目标，若要切实落实，可从以下几方面入手：

1. 青少年事务社会工作服务机构培育与相应制度保障

青少年事务社会工作服务机构是专业人才的培育者与主阵地，对其的扶持是重点。建议改进登记服务方式，鼓励更多的社会工作专业人才创办民办青少年事务社会工作服务机构。而政府层面可通过落实税收优惠政策、拓展政府购买服务项目等方式，鼓励民办社会工作服务机构介入青少年事务领域工作，并加强对此类机构的指导，提升服务质量，规范管理机制。同时，面对岗位吸引力不足的问题，可以学历、资格、经验、业绩等多种指标，提高青少年事务社会工作专业人才的薪酬保障，科学合理地进行岗位设置，建立人才队伍管理信息系统平台，吸引更多人才投身到青少年事务社会工作之中。

2. 健全青少年事务社会工作专业人才培养体系

青少年事务社会工作需要专业的知识储备、长期的实践训练与统一的行业指标，民办服务机构较难单独承担。建议由各级人民政府统一研究制定青少年事务社会工作专业人才的教育培养规划，由各大高校具体设置相应的青少年事务社会工作专业课程，做好相关理论研究、学科体系建设、教学管理规范与就业指导工作。同时，在职教育与继续教育不容忽视，应继续建设社会工作专业人才培训基地，通过进修、实习、短训、函授等多种形式培养青少年事务社会工作专业人才，完善相应的评价、使用、激励等相关政策，逐步形成以高等教育为主体，以继续教育为补充，科学合理、相互促进的青少年事务社会工作专业人才培养体系。

3. 进一步完善政府购买青少年社会工作服务制度

青少年事务社会工作需要公共财政支持机制，这种公共财政支持通常表现为政府购买服务的形式。建议各级人民政府购买青少年社会工作服务的经费在既有预算中统筹安排，按照公开透明、竞争有序、规范便捷、突出成效的原则组织实施政府购买青少年社会工作服务。同时，还需建立健全项目申报、预算编报、信息发布、组织购买、项目监管、绩效评价等一整套规范化流程，并结合各地实际，将属于政府职责范围且适宜由社会力量承担的青少年社会工作服务纳入政府购买服务指导性目录，组织实施涵盖重点群体、重点领域、重点环节的青少年事务社会工作项目。最后，注重宣传引导，对政府购买服务指导性目录进行动态调整，与社会发展相适应、与青少年社会服务需求相承接。

第三节 青年发展十大工程执行中的难点与期许

从地位上看，青年发展十大工程是此次规划的重点与抓手。但是，《规划》的制定不仅在于出台，更在于执行，执行不力，即会成为"规划规划，本上画画，墙上挂挂"，三分钟热度，随后便束之高阁。若想更好地推动青年发展十大工程的实施，至少应处理好以下几个问题：

一、规划的统一性与权威性

如前文所述，此次《规划》出台之前，我国尚未出台全国性、跨部门的青年发展规划。全国范围而言，仍有较多省市没有出台自己的青年发展规划，而在已出台的省市中，大多根据自身实际情况，确定不同的优先发展领域，如《上海市青少年发展"十三五"规划》《北京市"十三五"时期青少年事业发展规划》《山西省"十三五"青少年发展规划》《合肥市"十三五"青少年发展规划》等。然而，纵观现有的青年发展规划，"不统一"的问题十分明显，主要体现于：一是青年年龄界定不统一，将青年和少年合称一起进行规划的现象较为笼统，存在将青少年界定为6周岁~35周岁、6周岁~34周岁、14周岁~35周岁、7周岁~40周岁常住人口等多种口径；二是规划时间长短不统一，一般为五年规划，有的两三年也称为规划；三是规划的内容不统一，有的是青少年事业发展规划，有的是青少年发展规划，还有的只是关于青少年事务某一方面的专项规划；四是规划发布者不统一，普遍存在权威性不足问题，有的以发改委与共青团联合的名义发布，有的单独以共青团的名义发布，有的以地方政府的名义发布，发布主体不统一，地方党委的角色没有体现，党管青年的原则阙如。[1]笔者认为，在此次《中长期青年发展规划（2016~2025年）》出台之际，上述问题应当统一，体现规划的权威性。质言之，青年年龄应以规划的界定为标准，即14周岁~35周岁的人；鉴于地方规划的时效性与连续性，地方青年规划一般以五年为宜；在规划的内容上，应当包含青年发展的各方面，而非某一领域；此次《规划》明确提出"党管青年"原则，故而规划的发布者应为地方党委，至少为地方政府，以保证规划的权威性，

---

[1] 参见谭毅："《中长期青年发展规划（2016~2025年）》的政策学解读"，载《中国青年研究》2017年第9期。

也便于宣传与推广。

二、规划的组织与实施

关于组织实施，此次《规划》明确规定："在党中央统一领导下，设立推动规划落实的部际联席会议机制，共青团中央具体承担协调、督促职责。各地区各部门要高度重视青年工作，关心、支持青年事业的发展，形成工作合力。县级以上党委和政府建立青年工作联席会议机制，负责推动本规划在本地区的落实，协调解决规划落实中的问题，县级以上团委具体承担协调、督促职责。"应该说，这样的安排将政府的管理和群团组织的组织网络体系联系起来，成为中国推动国家青年发展政策的独特制度优势，充分地调动了中国青年组织的力量，并提升了制度化推进的空间。[1]但是也应看到此种安排的掣肘之处：一方面，共青团的作用可能被高估了。在十大工程的具体领域，共青团很难将青年发展的任务扛在肩上，如就业见习本就是劳动就业部门分内之事，而预防犯罪工作更是主要依托于司法机关。在这些领域中，共青团能够发挥的作用相当有限。另一方面，联席会议的依托机制尚未健全。青年工作联席会议不仅是青年发展十大工程的执行主体，同时也承担着工程的监督与评估职能。但是全国范围内并非各省市均有健全的青年工作联席会议制度，且除上海等省市外，大部分地区的青年工作联席会议较为虚化，实质作用发挥并不明显。

若从国际层面来看，当前联合国的青年发展工作主要由设在经济社会事务部及其社会政策与发展司的联合国青年办公室承担，而美国、日本等国家亦有专门的"青年事务局"建制。质言之，大部分国家均设有青年事务的专司部门，进而承担起青年发展的组织实施工作。笔者认为，结合我国实际，若想在短期内实现诸如"青年事务局"的专门机构建制尚不现实，大部分青年发展工作仍要由共青团组织推动。因此，必须清晰地界定共青团的定位——其应为青年发展十大工程的协调者、整合者与桥梁人，即共青团不是"一肩挑"，将各类工程揽入怀中，而是一来作为协调者，协调和督促相关部门共同参与、合力推动；二来作为整合者，更好地整合与调动各方面社会资源，将"好钢用在刀刃上"；三来作为桥梁人，当好党联系广大青年的桥梁，既让青年感受到党的关心与温暖，又将基层的声音传递给党和政府，更好地为青年谋发展。

三、规划的宣传与引导

任何一项政策的出台，人们对其的认识都需要一定的时间积淀。一项政策出台后，其目标群体对其都是从不了解到了解，并随着认识的逐步加深，执行力与配合程度也会不断提高。而这个认识逐步加深的过程，则需要我们积极地宣传引导。我国政府历来重视政策的宣传引导工作，即便是在"碎片化"的青年发展政策时代，当政策出台时一般也能得到报纸、杂志、广播、电视、网络等大众媒体的积极宣传。然而，宣传

---

[1] 参见吴庆："国家青年发展规划执行过程中的青年因素分析"，载《青年探索》2017年第4期。

引导工作也存在着一定的问题。一方面，在宣传的主体上，宣传意识不强、宣传力量较弱、宣传方法单一的问题始终存在，长期以来青年发展政策的宣传仅仅停留在"新闻"层面，尚未推至长远规划的战略高度，以至于宣传的效果与影响力均不理想。另一方面，在宣传的受众方面，社会公众对青年发展政策的意义方面认识浅薄，对青年群体较为忽视，同时青年本身也并未积极关心与自身利益息息相关的政策，往往政策推动数年后仍未知悉。

如前文所述，此次《规划》是"粗细结合"，既在十大领域之中规定了较为系统性与原则性的目标与举措，又结合青年的现实需求，找准发展中的突出问题对十大工程逐个击破，以点带面。因此，面对"细之又细"的十大工程，宣传引导工作的重要性便不言而喻。笔者以为，在政府层面，我们需要提炼出青年发展十大工程的核心内容，以简洁、清晰、明了的方式，结合五四青年节、新生开学等相关时间节点，充分利用黑板报、横幅、电视广告、网络直播等各种线上与线下形式，加大宣传力度，并保证宣传的持续性。在社会层面，亟须转变公众对青年群体的认识，打破"嘴上没毛，办事不牢"的传统观念，充分肯定青年群体在我国现代化建设中的重要作用，让公众认识到帮助青年更好成长、更快发展是国家的一项基础性与战略性工程，使青年发展的十大工程得到全社会的理解与支持。

四、规划中的青年参与

我们知道，我国的青年发展政策主要散见于宪法等法律、党章以及相关文件之中。然而，在这些与青年息息相关的政策的制定过程之中，青年群体本身往往是被排除在外的。以《未成年人保护法》为例，自1991年至今，《未保法》通过已逾二十个年头，而未成年人始终是其保护的对象。但是我们发现，哪怕是今日，许多未成年人对《未保法》仍缺乏基本的认识，在自身权益受到侵害时并未想到拿起法律的武器保护自己，进而导致恶果的扩大化。又如，《预防未成年人犯罪法》自1999年通过至今也有十余年，但许多未成年嫌疑人仍不知悉有法律援助制度的存在，面对超期羁押、混关混押时亦未察觉，从而使得自身的合法权益受到侵害，甚至导致了部分冤假错案的发生。种种如此，很大程度上是因为青年群体常常被排除在与自身权利相关的决策之外，只能扮演着被动接受者的角色，并非青年发展政策执行过程中的有机活跃主体。

应该承认，在青年发展政策的执行过程中，青年作为主体的参与程度如何是影响政策执行是否顺利的关键性因素之一。联合国曾将1985年"国际青年年"的主题定为"参与、和平、发展"，此后一直强调，青年参与不仅是要参与到社会建设之中，同时也需要参与到国家甚至国际社会的决策之中，尤其是为青年参与到自身发展政策之中创造机会。青年有权利为自己代言，决定自己的生活。此次《规划》的十大重点工程只是一个开端，今后无论是在配套性政策的制定之中，抑或是每一个工程条目的实施之中，我们均应邀请更多青年群体参与，更加地激发他们的热情，发挥他们的才能，充分贡献出自己的想法、观点和专业知识，从而既推动《规划》的执行，也实现自身的发展。

五、规划的监测与评估

将规划的内容"落地生根",开出青年积极发展的"鲜花硕果",离不开对其的监测与评估。规划的实施落地会受到各种因素影响,包括外因和内因两方面。前者体现为一个社会的环境情况、发展状况、经济基础等;后者则包括规划的内容质量和推进力度。此次《中长期青年发展规划(2016~2025年)》于第四部分"组织实施"中提出了需建立实施情况监测评估机制,即"对本规划实施情况进行年度监测、中期评估和终期评估,制定和调整促进青年发展政策措施,推动本规划实现。规范和完善与青年发展有关的统计指标体系,收集、整理、分析相关数据和信息,建立和完善中央、省(自治区、直辖市)两级青年发展监测数据库。"可以发现,青年发展规划指标体系是规划监测与评估的核心。然而在青年发展规划指标体系的构建中,至少面临两大问题:一是选择哪些数据,即通过哪些指标可以更加科学地反映青年发展的实际情况,本书前文每章提及的数据只供参考,在后续实施过程中仍要不断地进行论证和调整;二是如何获取数据,即指标体系中的诸多数据实际并未被纳入政府部门的统计序列,且监测站点的建设、使用和维护成本较高,进行全面调查的数据采集量过大,实际运用特别是进行年度监测的成本高、难度大。[1]

对于监测和评估的内容,应从宏观和微观两个层面予以考察。就宏观而言,监测和评估的内容需要与规划的目标保持一致,此次《规划》设定了至2020年的中期目标及到2025年的终期目标。有学者将其归结为三个方面:"一是青年发展政策体系和青年工作机制的形成和完善,二是青年发展水平提升,三是青年作用发挥。"[2]质言之,监测与评估的宏观标准为是否促进了以及多大程度上促进了青年之发展。就微观而言,此次规划于十大领域提及44项发展措施,以及十大重点工程,这些措施、项目、工程都有着自身具体的发展目标,应当是监测评估的重点。例如,"青马工程"的培养人数、在校青年的体质健康率、青少年事务工作者人才队伍建设情况等等。同时,《规划》的落地需要考虑社会发展状况与地区发展差异,在监测与评估的各时期、各地区应结合当前自身情况随时调整,科学判断,综合分析。

对于指标数据的获取,不应仅依赖政府部门统计序列,还需要注意监测评估主体的多元化。以往,规划监测评估的主体为政府,这样难免出现统计序列有限、"自己评估自己"之弊端。从应然角度来看,监测与评估过程需要邀请多元主体的共同参与,包括规划的制定者、利益的相关者以及青年自身等,并以后两者的评估为重点。其中,规划的制定者了解规划的背景、掌握当前最为全面的数据信息,故而监测与评估较为便利。但是,为体现监测评估结果的真实性,彰显监测评估的公信力,规划制定者不

---

[1] 参见郗杰英等:"当代中国青年发展状况指标体系研究概述",载《中国青年研究》2005年第5期。
[2] 参见杨守建:"青年发展规划的监测评估研究",载《中国青年研究》2017年第9期。

应是监测评估的主导者，而应作为数据信息的共享者。相反，第三方评估的引入是重点，他们既可以是具备专业评估能力与资格的智库、社会组织等，亦可以为与规划内容息息相关的青年群体代表，进而形成政府统计、专家判断、对话访谈、问卷调查等多种指标获取渠道，更为科学、全面地开展规划的监测与评估。

需要特别说明的是，本章对于青年发展十大重点工程的分析均为学理性解读，仅供研习参考。如果国家颁布了十大工程的具体实施方案，应当以之为准。

第十五章 规划的组织实施

《中长期青年发展规划（2016~2025年）》对中国青年进行了整体性的关照，为已有青年政策的整合和协调提供了足够的原则和指导，有着重要的历史意义。规划的意义和价值主要通过规划的组织实施来实现进一步强化，通过监测来不断进行调整和改进。

第一节 规划实施的基本定位

将青年群体发展利益和政策需求纳入政府议程并出台专门公共政策加以调节，已经成为世界各国政府履行社会治理和公共服务职责的普遍做法。从2000年烟台市制定地方层面第一部青年发展的政府专项性规划《烟台市青少年发展纲要（2000~2005年）》到《中长期青年发展规划（2016~2025年）》颁布实施，我国青年发展规划体系在探索中日渐完备，与实现"两个一百年"奋斗目标相适应的中国特色青年发展政策体系和工作机制形成步伐正逐渐加快，整部《规划》的基本定位也是史无前例的。

一、中央规划

《规划》是中央的规划，是由中共中央和国务院共同印发的文件，该《规划》强调，促进青年更好成长、更快发展，是国家的基础性、战略性工程。这一规划体现的是以习近平同志为核心的党中央、国务院对青年发展的战略性要求和设计，是党和国家给青年的大礼包。全国性的《规划》出台标志着青年发展已然摆在了党和国家工作全局中更加重要的战略位置，它不是一份区域性的地方发展纲要文件而是一个面向全中国青年的顶层规划设计。青年发展事业的发展原则和目标由党中央统一做出指示，青年发展事业的经费统一纳入中央财政规划范围内，青年发展事业的实施和监测由中央统一指挥和监督。

二、国家行为

实施《规划》是国家行为。《规划》得以实施需要运用国家机制，实施国家规划，形成国家行为，要推动各成员单位充分发挥其职能，要继续发扬同舟共济的好传统、团结一致的好做法。在国家层面推动《规划》落实的同时，逐步加大对地方落实《规划》的指导力度和监督力度，上下联动形成全局一盘棋的成效。《规划》从思想道德、教育、健康、婚恋、就业创业、文化、社会融入和社会参与、维护权益、预防犯罪、社会保障等10个领域进行统筹，该十大领域所涉及的职能部门范围很广，跨部门的合作机制是实施成功与否的关键点，因此除了专门设立的《规划》实施组织以外，以国务院为首的政府职能部门需要共同协调与协商，合理投入资源，分配资源，避免信息孤岛与资源浪费现象产生。有了政府履行青年发展事业职能的权威性依据，在进一步推进青年发展工作期间就能够综合运用政府购买、财政补贴、公共信息、税收等多元化政府治理工具对青年发展的行动主体与资源配置进行宏观掌控。[1]

三、避免误区

尽管《规划》是由团中央起草，规划办设在团中央，但是这一《规划》体现的是以习近平同志为核心的党中央、国务院对青年发展的战略性要求和设计，《规划》是国家规划，实施《规划》是国家行为，应当避免落实《规划》只是共青团工作的误区。

在社会现实中，往往都会将团工作与青年工作等同起来，因此多数人会将青年发展规划的推进与落实看作是共青团的工作规划，但这是两个完全不相等的概念，共青团的工作包括但不限于青年发展事业。《规划》涉及的十大领域，不仅仅局限于为人熟悉的教育部门、民政部门、卫生部门、社保部门、文化部门、司法部门等等，光靠共青团一个组织是无法做到全覆盖落实规划的。此外个别地方存在有些规划出台后没有及时向社会公开发布，导致青年发展规划不为共青团干部和青年所知，大大降低了规划的权威性以及配置公共资源、凝聚社会共识的功能。

部分国家在青年发展事务管理方面采取了设有专责和统管青年事务的政府机构，我国的政府序列中则没有设置这样的专门机构，而由共青团协助政府管理青年事务。由于共青团从性质上是青年群众组织，其根本任务是教育引导青年，针对本《规划》共青团（中央、地方）具体承担牵头、协调、督促职责，《规划》既是中央规划又是国家规划，其执行者应当是51个部委群团组织共同实施。

归根结底还是缺乏强化意识。首先没有强化大局意识。《规划》是针对青年发展的顶层设计，青年就如八九点钟的太阳朝气蓬勃，如若没有正确引导好青年、服务好青年，那中国的未来就会岌岌可危，因此这样一个复杂的、庞大的工程需要各党群部门、职能部门、社会各界人士共同努力完成。其次没有强化协调意识。青年发展规划是影响青年群体一生的规划，影响其生活方方面面的规划，分散于各个领域，这时候需要政府部门各司其职，在何位，谋何职，相互之间进行协调合作才能将分散的力道拧成一股绳，用到一处去。最后，没有强化担当意识。党群、政府职能部门、社会群团、

---

[1] 参见朱峰："我国青年发展规划编制实施的基本历程考察"，载《中国青年研究》2017年第9期。

青年群体都应当有担当意识，有一个作为政治大国、经济大国、文化大国成员的担当意识。职能部门不能因为"多做多错，不做不错"的消极态度将青年发展规划工作能推则推，社会群团不能因为"政府兜底"的漠视态度将青年规划工作视为政府职员的专属工作，青年群体更不能因为"青年是被服务的对象、被关心的对象、被爱护的对象"就摆低姿态，不为青年事业而努力奋斗。少年强，则国强。青年一代的发展关系着祖国的未来。

为了避免此类误区的产生，首先，必须加大《规划》的宣传力度，第一时间由中央向地方推行并制定适合当地的地方青年发展规划。其次，第一时间建立起部际联席会议机制，青年工作联席会议等，详细研究合理将规划任务进行分解，并一一对应落实到相应的职能部门，将工作落实到具体的部门和人员。再次，建立领导小组进行定期的调研、审核及反馈工作。最后，充分调动团内和团外的力量，尤其是社会力量，必要时可以进行授权，来协助政府部门。

第二节 健全规划实施的组织体系

青年规划的落实重点在于组织实施体系的构建，明确组织架构，职能分工，战略支撑。"组织理论之父"韦伯提出，任何组织都必须以某种形式的权力作为基础，没有某种形式的权力，任何组织都不能达到自己的目标。人类社会存在三种为社会所接受的权力：传统权力、超凡权力、法定权力。在当下，健全规划实施的组织体系应当在以国家权力为代表的法定权利、以人民所拥有的传统权利为基础，共同达到规划所预期达到的推动青年发展的目标。

一、加强对规划实施工作的组织领导

《中长期青年发展规划》的成员单位包含51个部委团体，由共青团中央牵头，主要由全国人民代表大会、全国人民政协、中共中央宣传部、中共中央组织部、教育部、财政部、司法部、人力资源和社会保障部、文化部、中共中央统一战线办公室、发展和改革委员会、国家体育总局、卫生和计划生育委员会、精神文明建设指导委员会、最高人民法院、最高人民检察院、统计局、工商行政管理总局、新闻出版广电总局、国务院扶贫开发领导小组办公室、国务院法制办公室、国家互联网信息办公室、中国文学艺术界联合会、中国残疾人联合会等部门直接对接监测指标体系的数据指标。

在党中央统一领导下，设立推动本《规划》落实的部际联席会议机制。部际联席会议由国务院批准建立，其职能是协商处理涉及国务院各个部门职责的事项，以便各成员单位按照共同商定的工作制度或办法及时进行沟通，相互协调与配合，以推动任务顺利落实的工作机制。青年发展涉及方方面面的领域，没有一个协调议事机制的存在就好比一个活动的举办没有一个组织者，针对本规划设立部际联席会议机制这样一种国家机制对青年的发展工作起到巨大的推动作用、组织作用、协调作用，该机制能

够将所有的资源力量拧成一股力量集中发力推进青年发展。针对青年发展规划而设立的部际联席会议机制机构办公室设在共青团中央,原则上每年召开一至两次全体会议,可根据工作需要,临时召开会议,为了更好地、灵动地发挥该会议机制的职能,也可根据具体工作事项,视具体情况召集部分成员单位参加会议,也可邀请其他部门参加会议。在大部分时间里共青团中央具体承担协调、督促职责。各地区各部门应该高度重视青年工作,对于青年发展过程中的事项具有一定的敏感度,关心、支持青年事业的发展,相互联动形成工作合力。团中央不仅要落实好规划的要求,还要督促各省市的共青团不折不扣地将发展规划落实到位,用力到点。

根据团中央规划办编制的《青年发展规划信息》[1],建立健全部际联席会议协调机制,首先由团中央牵头起草《中长期青年发展规划》实施工作部际联席会议制度,并上报中央。其次是对接部际联席会议成员单位。收集51家成员单位成员名单,建立机关牵头部门与牵头部委的对接渠道,主动拜访有关部委。随后,依据中发〔2017〕12号文件附件《关于建立〈中长期青年发展规划(2016~2025年)〉实施机制的意见》,发函要求其他50家成员单位报送本部门落实《规划》实施方案,征求对《规划》当年工作重点、监测指标和蓝皮书选题方案的意见。所有的落实《规划》的成员单位的工作人员需要做到主动学习有关部委规划的工作经验,做到自学、自律、自勉,及时更新接纳新的工作内容、工作经验是十分重要的一个环节。

不论是部际联席会议还是青年工作联席会,都应该重在引导,注重实效。重视宏观引导,把握政治方向及工作目标,该联席会议的成员必须明确其引导的职责,既不可忽视联席会议的作用,又不可妄自菲薄认为其不能胜任该工作,进而会在无形中致使核心工作的实施工作遭到阻碍。此外还需要注重实效性,不能故步自封,拘泥于当前的形式,尤其是资源配置方面,需要根据实际情况和需求进行资源优化,同时在《规划》具体实施过程中产生的新的变化和突发事件也应当进行灵活处理。其次,还应该注重协调,注重服务。联席会议制度的存在就是为了协调工作,需要重视方方面面的不同诉求,设法求同存异,化散为一,形成合力,更好地服务于广大青年。注重服务是联席会议机制的着力点之一,利用好各部门的优势尽可能地改善民生,促进青年工作的发展。

二、充分发挥共青团的重要作用

共青团作为党的助力和后备力量,是一个属于青年人自己的组织,将认真担负起党和人民赋予的协调、督导《规划》落实的重大职责,努力为促进青年一代的健康成长和全面发展添砖加瓦。青年发展规划要求共青团按照《中共中央关于加强和改进党的群团工作的意见》和中央党的群团工作会议精神,全面推进改革工作,保持和增强政治性、先进性、群众性,始终紧跟党走在时代前列、走在青年前列,切实代表和维

---

[1] 参见团中央规划办:《青年发展规划信息》2017年第5期。

护青年发展权益。共青团组织是青年人的先进组织,要引导青年识大体、顾大局、谋大事,依法理性表达诉求,自觉维护社会和谐稳定共同为青年发展事业做出积极的贡献。

群团改革背景下团改的目的,是为了更好地回归社会,更好地联系青年、服务青年、关爱青年。共青团需要在改革中实现结构性转型,使工作领域、工作内容更加明晰,以"精雕细刻"的方式、"项目化"运作开展工作,把青年群众工作的精神和原则落实到青年工作中。在落实《规划》工作时,共青团(中央、地方)具体承担牵头、协调、督促职责。

共青团中央汪鸿雁书记提出,《规划》的实施需要调动共青团的活力,主要有以下几种方式:一是构建"部门+直属单位"的工作共同体。团中央在设计直属单位改革方案的过程中,采取了"部门+直属单位"的方式,建立了多个一体化工作平台。比如青年发展部牵头的职业青年成长发展服务平台,就是采取"1+1+N"的形式,第一个"1"就是青年发展部,第二个"1"就是基金会类组织,"N"就是青企协、致富带头人协会、创业者联盟、电商联盟等协会组织。二是采取项目制建立项目组。扁平化、项目制都是《团中央改革方案》里提供的改革后工作力量解决方案。青年发展部除了部门内设的6个工作组,还建立2个跨部门的项目组,那就是团中央规划办和信用办,规划办汇集机关各部门的力量,信用办还有来自社会组织和企业的借调干部。三是委托行业和地方承办项目。团中央青年发展部联系的行业团指委就有8个。四是利用好"专兼挂"干部队伍。可以通过选派挂职、兼职干部,多吸收一些专业人士、专业力量来帮助工作。

充分发挥共青团维护青年发展权益的重要作用。早在2009年的时候就有学者提出,青年权益是党和政府维护群众权益事业的重要组成部分,必须纳入党政主导的维护群众权益整体格局和机制中,依托各级政权的公共资源配置能力,代表和维护好青少年权益。[1]所有推进维护青年合法权益工作必须立足于我国国情,构建一个共产党领导、共青团协调与监督、政府部门协助、全社会参与的一个工作体系及保护机制。该保护机制应当面向基层、面向广大青年,在基层建立覆盖城乡的青年维权工作体系。胡锦涛总书记在同团中央十六届领导班子和部分代表座谈时指出,共青团要进一步提高组织青年、引导青年、服务青年和维护青少年合法权益的能力和水平;要大力加强自身建设,力争使团的基层组织网络覆盖全体青年,使团的各项工作和活动影响全体青年,做到为党凝聚尽可能多的力量,覆盖和影响更多的青年。习近平总书记也强调共青团应当组织广大青年积极发挥青年群体的作用,引导青年自我教育、自我管理、自我服务与自我保护。例如北京市的"十三五"青少年发展规划中提到,完善青少年权益保护空间就需要完善青少年权益维护和犯罪预防政策法规体系、加强维护青少年

---

[1] 参见张传慧、孟芳兵、何晓阳:"中国特色维护青少年权益工作体系研究",载《中国青年研究》2009年第8期。

受保护权和预防犯罪、推广青少年生命教育和自护训练。

在《规划》落实中,共青团能够发挥巨大的力量。青年发展规划落实总的原则是在党中央的统一领导下推进的。共青团发挥的是协调、引导作用,设立推动《规划》落实的部际联席会议机制,工作联席会议机制,监测与评估机制等。共青团还发挥着桥梁作用,共青团需要把《规划》落实过程中青年的感受和建议、青年出现的新情况、新需求及时反馈给党和政府,以更好地调整规划的落实,推动青年发展工作的前进。

维护青年合法权益工作,是一项复杂宏大的系统工程,也是一项持久艰巨的重大任务。充分发挥共青团的作用,建立健全的青年合法权益的维护机制,必须以《中长期青年发展规划》为指导,以维护青年的合法权益为第一要义,以青年的合法诉求与需求为工作重点。在不断实践、总结、再实践、再总结的重复中,结合新情况、新问题,不断更新理论研究,创新理论研究,用科学的理论指导青年维权工作的健康发展,用宝贵的工作经验避开工作盲点。

第三节　形成青年发展规划体系

青年发展规划体系必须由上至下,进行一个纵向的规划编制即从中央到地方完整地进行规划编制实施、规划监测评估体系以及工作机制。在编制青年发展规划的过程中,需要同时推动出台更多的有利于青年发展的公共政策。充分发挥青年工作联席会议的功能,充分发挥党、政府、群团组织以及社会各界人士的积极作用,形成多元参与、多维推广,增强广大青年对于青年发展政策与规划的认可度、自信度和满意度。

建立健全的青年发展规划体系是一条漫长的道路,并不是一蹴而就的,在这过程中共青团组织要积极发挥联席会议机制的协调督促作用,依托机制实现《中长期青年发展规划(2016~2025年)》和本地区青年发展规划的落实、评估、监测。唯有形成健全的青年发展规划体系,才能准确地将青年发展放在一个战略高位,《规划》所提出的发展目标、发展重点、发展项目才能落实落细,形成推动青年更好发展、更快发展的整体性合力。

一、完善国家规划实施的配套政策

青年工作同组织、宣传、统战、工会、妇女等部门和团体,都是党委工作某一相对独立的组成部分。有关青年发展政策散见于党委、人大、政府、政协、群团各系统和相关法律法规之中,零碎不系统。而当青年发展规划第一次全国范围内统一推行之际,国家规划实施的配套政策也应当进行同步地完善。如健全完善困境青少年在救助、监护、教育、医疗、就业等方面的保障政策;完善和拓展维护青少年权益的法律法规和政策;青年激励计划;特殊青年群体帮扶政策等等。配套政策与专项政策可能同处于平行和并列的地位,相互之间的关系是一种相互协调、相互配合、相互支持、相互适应、相互依赖的联动关系。配套政策的实施效果在一定程度上会影响到规划落实的效果与程度。要注重将规划编制实施与多元参与、宣传推广相结合,增强党政部门、群团组织、社会各界以及广大青年对于青年发展政策的认同,发挥好综合性青年发展政策与专门性青年发展政策相结合的整体性作用。

二、加快编制地方青年发展规划

《中长期青年发展规划》是各地的工作导向,各地区应当做到因地制宜即根据实际情况、实际特点、实际难点等编制本地区青年发展规划。在制定本地区的青年发展规划时一定要注意加强与当地经济社会发展规划及相关专项规划的衔接保持战略目标在同一高度上,进而建立健全的青年发展规划体系。

目前来说,最首要的任务就是各省市需要编制当地的青年发展规划与实施办法,结合当地实际情况进行有益的探索,积累丰富的经验。同时需要准确把握三个关键问题,是什么,谁来编,怎么编。地方青年发展规划的编制过程中可以纳入不同利益主体,参与编制工作,这对于增进青年发展规划的合理性、科学性、民主性有着重要的作用。同时考量到规划文本的技术性与专业性需要吸纳青年事务相关领域的专家学者以及智库的广泛参加。地方青年发展规划在国家青年发展规划的指导下,其具体规则应当更具有针对性、可操作性。地方规划必须首先制定工作方案,其中必须包括必要性、法规政策依据、规划期、衔接单位、论证方式、进度安排和报批理由等。[1]在程序上需要进行研究立项、调查研究、编制起草、征求意见、颁布实施、宣传推广、监测评估、发布报告、修订完善等环节。

以青年工作联席会议机制为例,国家在51个部委团体中设立青年工作联席会议机制,以《中长期青年发展规划(2016~2025年)》为纲领,开展发展工作。而相对应的地方机构,在各地制定青年规划的基础上,县级以上党委和政府建立青年工作联席会议机制。县级以上团委扮演着很重要的角色,其具体需要承担协调、督促工作,负责推动《规划》在本地区的落实,协调解决规划落实中的问题,尤其是在实施过程中需要仔细聆听青年的反馈,要积极回应和解决青年关心的问题,多为青年办实事。全面建成小康社会,广大青年是生力军和突击队。要坚持党委领导,政府、群团、社会协同实策,共同营造青年人健康成长的良好环境。

已编制青年发展规划的地区要以《中长期青年发展规划(2016~2025年)》为最新指导加以完善与改进;尚未制定青年发展规划的地区,应根据实际情况,迅速启动或者加快本地青年发展规划编制工作,在编制过程中既要与地方总体规划和其他专项规划相衔接,也要遵循国家中长期青年发展规划精神,注重规划的贯穿性、协调性、互补性、包容性、综合性、引导性。

至2017年7月12日,31个省均专门组织团干部对规划进行学习部署,23个省正

---

[1] 参见朱峰:"地方青年发展规划编制实施需要准确把握三个关键问题",载《中国共青团》2017年第4期。

在积极对接省委、省政府推动建立青年工作联席会议机制，25个省级团委已成立规划工作领导小组和编制起草工作班子，23个省已制定详细的规划编制工作方案。此外，北京、山西、上海、江西、湖南已出台本地区规划，正在对标中央规划进行调整；天津、福建、安徽、重庆、甘肃、广东、广西、新疆已形成本地区规划初稿。[1]

三、注重与其他相关规划的衔接

《规划》与经济社会发展总体规划相衔接的同时也与其他政府专项性规划相衔接。《规划》涉及的十大领域需要其他党群部门、群团组织，青年组织的共同参与，《规划》的目标、发展举措、重点项目、指标体系、监测评估等方面都是与政府经济社会发展总体规划保持相一致，如果《规划》与其他规划出现了矛盾之处，这就会给青年发展工作带来阻碍与困难，《规划》的执行主体、市场主体、社会主体将会无所适从，《规划》会失去权威性，因此后期的监测、评估、反馈、修订是检验前期规划制定质量的最好手段。推动《规划》中共青团需要完成三个非常重要的链接：一是全领域的链接，对《规划》中涉及的领域进行全面的考察，前期走访调研不同的部委、团体协会等，准确地认识青年发展不同领域的轻重缓急和重点问题，对整体规划推动和各个政府部门提出有针对性的建议。二是全景链接，发挥我党优势，组织的优势，在学校、单位、家庭、社会等领域全方位介入，将覆盖面扩大，宣传面扩大，应用面扩大。三是全程链接，即在政策的制定、组织、实施、监督、监测、评估、报告上进行全程系统优化。完成这三种链接，青年发展规划才能够成为一个真正的系统的发展规划。

第四节　加强规划实施的保障体系

第一个国家层面的青年发展规划的出台在社会中赢得了一片好评，需要利用好这一个较好的开端，趁热打铁推行规划实施。在落实规划的同时应当加强规划实施的保障体系，加强服务青年发展阵地建设、保障青年发展经费投入、营造规划实施良好社会环境。

一、加强服务青年发展阵地建设

党的十九大以来，习近平总书记要求共青团，青年在哪里，团组织就建在哪里；青年有什么需求，团组织就要开展有针对性的工作，努力使团组织成为广大青年遇到困难时想得起、找得到、靠得住的力量。共青团在青年工作领域有着重要的地位，不论是在政党青年工作、政府青年工作还是社会青年工作。加强服务青年发展阵地建设，大力推进线上的"青年之声"网络互动社交平台建设，依托城乡社区综合服务设施建设线下的"青年之家"综合服务平台，加强网上网下深度融合对接，使其成为服务青

---

[1]　参见团中央规划办：《青年发展规划信息》2017年第6期。

年发展的重要阵地。

"青年之声"是由共青团中央主办的面向青年，具有针对性的、实用性的、综合性的互动社交平台。这个网站就是共青团落实习近平总书记重要要求的一项实际举措，这也是共青团互联网+活动的体现。"青年之声"建立起八大服务联盟，一个服务委员会和一个专项基金，努力为青年在成长、创业、就业、婚恋、健康、志愿、心理、国学、维权等方面的需求提供帮助。青年网友在平台上希望增强问题回答的针对性、能够进行实时的深度交流、能够帮助解决一些实际问题等方面。而"青年之声"为了应对广大青年网友的诉求，组织了上百位专家学者，覆盖多个省市区的团委、团校、青少年研究机构以及中国社科院、中国科学院等科研院所提供权威的帮助。针对就业需求，联合了国家人才网城市联合网络招聘平台，共享招聘信息、简历信息，并且免费提供人才测评、政策咨询、预约面试等服务，还会不定期组织线下见面会、招聘会、大学生实习见习推荐会等等。针对青年健康，已经集结了不同专业的百名医学博士和主任、副主任医生，为青少年提供包括与青春发育相关的内分泌专业、儿科学专业，以及青少年精神及心理障碍、情感障碍、进食障碍、睡眠障碍等专业服务。此外，还可以借助移动医疗的手机端，利用医生的碎片时间及时回答青少年的健康问题。针对志愿服务方面，由共青团中央创办的中国志愿网络平台，号召全国青年注册成为青年志愿者，为做好服务青年、引领青年打造智力优势，做好人才储备。

服务青年是共青团的生命线。"使团组织成为广大青年遇到困难时想得起、找得到、靠得住的力量"，是党中央对共青团提出的殷切希望。共青团在打造线上"青年之声"的同时，也正在大力建设线下的"青年之家"综合服务平台，就是要打造共青团直接联系服务青年的阵地依托，打通联系服务青年的"最后一公里"，实现共青团在青少年身边的有形化、日常化。线上和线下的工作相结合，能够巩固和扩大党执政的青年群众基础，进一步推进青年发展阵地建设，利用这一公益性、综合性的服务场所，整合各类资源，开展实践活动，搭建交流平台，切实解决联系、服务青年"最后一公里"问题。加强"青年之家"综合服务平台的规范化建设，真正把服务平台打造成承载团的工作和活动、整合社会资源和力量、联系和服务青少年的"共青团门店"。"青年之家"是一种公益性质的服务场所，向所有的青少年免费开放的、由共青团运行管理，通常开设在青年周边的社区、咖啡馆、学校。其中北京的社区青年汇、上海的青年中心、武汉的青少年空间、广东的亲青家园、重庆的社区市民学校等都属于青年之家综合服务平台。

例如北京市的"十三五"青少年发展规划中提到，搭建青少年健康生活空间围绕保障青少年身心健康、引领青少年践行核心价值观、引导青少年健康生活、改善青少年生活服务等展开。

二、保障青年发展经费投入

青年发展事务的发展缺乏规范、稳定、长效的财政预算体系，青年事务经费来源紧张是各级青年工作部门和机构所面临的普遍问题。因此本《规划》强调了保障青年发展经费投入。各级政府将本《规划》实施所需经费纳入财政预算。动员社会力量，多渠道筹集资金，支持青年发展。随着我国推动社会治理体系现代化工作不断深入，越来越多的青年人活跃在各类社会组织中。为加强共青团在青年社会组织中的影响力、凝聚力，以团中央成立了社会组织政治引领、维系服务、能力建设、监督管理等工作。构建枢纽型社会组织工作体系，着力探索形成以共青团为核心、以团属青年社会组织为枢纽平台、以其他合作青年社会组织为工作手臂的青年社会组织体系。共青团与青年社会组织是一种合作关系。青年社会组织开展公益活动、提供社会服务、传递社会爱心，是共青团参与社会建设的重要合作伙伴及手臂延伸，可以扩大共青团在青年中的"朋友圈"。各级共青团组织要积极团结和引导青年社会组织，着力形成各种共同参与社会治理的良好局面。

鼓励学生创新创业的能力，为后期投身于青年发展行列打下基础。2017年2月4日，教育部颁布新修订的《普通高等学校学生管理规定》，为学生创新创业提供了制度支持。学生可以申请保留入学资格开展创新创业实践，入学后也可以申请休学开展创业。对休学创业的学生，将"参加社会实践、志愿服务、勤工助学、文娱体育及科技文化创新等活动，获得就业创业指导和服务"作为学生在校期间依法享有的一项权利。明确"学生参加创新创业、社会实践等活动以及发表论文、获得专利授权等与专业学习、学业要求相关的经历、成果，可以折算为学分，计入学业成绩"。休学创业后复学的学生，"因自身情况需要转专业的，学校基于创新创业与青年发展应当优先考虑"，从而降低学生创业的机会成本。[1] 学生在创办、经营企业一段时间后能够再回到学校，能够更好地传播创新创业的理念，也为今后的创业发展打下了基础。

在推进青年发展工作时，不仅要开源，还需要节流。同时在PPP模式盛行的今天，青年发展可以采用该模式，以达到减轻政府财政负担的效果。PPP（Public-Private-Partnership）模式，是一种融资和项目管理的模式，是指政府与私人组织之间，为了提供某种公共物品和服务，以特许权协议为基础，彼此之间形成一种伙伴式的合作关系，并通过签署合同来明确双方的权利和义务，以确保合作的顺利完成，最终使合作各方达到比预期单独行动更为有利的结果。

例如北京市的做法是完善支持青少年发展的相关财政政策。将青少年工作专项经费纳入同级财政预算，逐步加大对青少年事业的投入力度。对青少年重点公益项目和领域以及各类从事青少年服务的社会组织、事业单位等，按照国家规定给予一定资金扶持，对青少年公益项目在用地、税费等方面给予一定支持。动员社会力量，形成政府引导、多方投入的资金筹措机制。充分发挥各类服务青少年的专业化组织或社会团体、基金会和民办非企业单位及公司企业的积极作用，营造全社会支持青少年事业发

---

[1] 参见"普通高等学校学生管理规定"（2016年12月16日经教育部2016年第49次部长办公会议修订通过），载中华人民共和国教育部官网：http://www.moe.edu.cn/srcsite/A02/s5911/moe_621/201702/t20170216_296385.html，访问日期：2017年11月1日。

展的良好氛围。

三、营造规划实施良好社会环境

营造规划实施良好社会环境。大力宣传党和国家关于青年工作的重大战略思想和方针政策，宣传关心青年就是关心未来的理念，宣传青年先进典型和成功经验，形成全社会关心、支持青年发展的良好社会氛围，形成推动本《规划》实施的强大合力。以共青团中央及各省市的团委、团校、团群组织为核心进行全方位的，覆盖城乡的青年发展规划的相关宣传。设立"中国青年五四奖章"，树立和宣传当代青年的优秀典型，引导和激励全国广大青年坚定理想信念，自觉践行社会主义核心价值观，走在创新创业创优的前列。不断建立青年服务阵地，并辅之相关推动政策，通过服务青年的方式形成良好的服务氛围，以鼓励青年发展，通过广大青年群众进行宣传和推动才是最快、最好、最有效、最真实的方法。

2016年4月26日，习近平总书记在知识分子、劳动模范、青年代表座谈会上的讲话说道，知识分子是工人阶级的一部分，劳动人民是国家的主人，青年是中国特色社会主义事业接班人、是国家的未来和民族的希望。我们要全面建成小康社会，进而建成富强民主文明和谐的社会主义现代化国家，实现中华民族伟大复兴，必须依靠知识，必须依靠劳动，必须依靠广大青年。这是我们国家和民族发展的力量所在，也是我们事业成功的力量所在。

团结青年的同时也要团结各个阶级，团结不同年龄段的人群，中国特色社会主义事业接班人并不是一出生就会明白所有的使命，理解所有的价值观，践行所有的方针政策，这一切还是需要在老一辈建设者的帮助下、引导下、指导下完成，因此营造规划实施良好社会环境的重任，不仅仅只是落在了政府部门的职责上，还落在了广大前辈先驱者的肩膀上。

第五节 建立规划实施监测评估机制

监测评估机制是整个《中长期青年规划》在实施阶段最能够直面反应规划成效的机制，因此建立规划实施情况监测评估机制是很有必要的。本《规划》明确规定对实施情况进行年度监测、中期评估和终期评估，制定和调整促进青年发展政策措施，推动本《规划》实现。规范和完善与青年发展有关的统计指标体系，收集、整理、分析相关数据和信息，建立和完善中央、省（自治区、直辖市）两级青年发展监测数据库。

监测评估既包括年度监测、中期监测、终期监测等类型，也包括过程监测和结果监测，还包括在监测基础上建立和完善青年发展监测数据库，并做好青年发展有关数据信息的收集、整理和分析，形成青年发展的数据报告或分析报告，为有效评估青年发展规划的实施效果，为党和政府进一步完善青年政策提供数据、信息支撑。

一、年度监测

对青年发展状况进行有效监测,对发展规划实施进行有效评估,才能保障青年发展规划作为一个公共政策过程的完整性,并督促发展措施、制度建设、保障措施的落实,从而为未来进一步完善青年发展规划提供依据和参考。

(一)研制科学的监测指标

形成监测体系的首要任务就是明确监测指标。监测指标是衡量、监测当代中国青年群体整体的发展情况,以及发展趋势,研究其发展的现状、要素、关系、环境、成果。该指标体系必须是以本规划为制定依据,需要从总体上考虑其应该包括的内容及其框架体系,还要注意考虑各单个指标的涵义、口径、获得途径、数据来源和计算方式。监测指标需要具备描述、解释、评价、比较、预测的功能。在此基础上进一步确立监测主体、监测方法、监测标准。监测指标既包括客观指标(统计指标),也包括主观指标(意向指标);既包括预期性指标,也包括约束性指标,指标的选取要具有典型性和代表性,能够充分发挥导向和拉动作用。监测主体可以由共青团中央组织负责实施,可以纳入政府统计部门的数据统计体系中,还可以由青年政策智库、社会调查研究机构等第三方专业机构负责实施。

研制监测指标的基本原则。监测指标的研制与社会发展指标体系是不可分割的,但是又是独立的、特殊的,其基本原则包括整体性原则、代表性原则、差异性原则、可操作性原则、可比较性原则。注重整体性,即要同时参考不同人群,不同部门制作的指标,又要注重不同的侧重点和认识角度,指标与指标之间有一定的联系,一定的内在逻辑关系。注重代表性,即核心指标要能够直观地描述这一代青年发展的状况,具有代表性则代表了指标与指标之间是不可重复、雷同,或是相互之间模糊不清的。注重差异性,即指标系针对年龄为已满14周岁~35周岁的青年,在具体的指标设定上应当区分一定的年龄组,尤其是涉及青年犯罪、涉罪等指标时,应当根据刑事责任年龄进行分组。注重可操作性,即指标应当简明易懂,清晰准确,避免模棱两可的指标出现,避免大量模糊性的宏观指标出现,该指标同时应当能够通过实证调查,数据统计等方式获取数据信息的。注重可比较性是为了今后对指标进行调整而必经的一条道路,同时便于今后的横向比较,方便各省市自行查缺补漏,查强补弱,制定地方规划实施细则。

研制监测指标的注意事项。监测指标在研制的过程中应该注意,不同地区的青年一定有各自的发展特点和趋势。在设计指标体系时,既要强调共性特征,又要充分考虑地区差异。建立全国统一的青年发展指标体系,并不代表忽视差异。比如,上海作为一个国际化大都市、国际金融中心其青年的人口结构、教育程度、社会参与、国际视野甚至是青年犯罪情况等就有与众不同的特点,并且也具备与相同发展水平城市的青年发展状况进行比较的条件。这些就可以通过指标体系中的特色指标来体现,这也是中央鼓励地方自行研制青年发展规划的原因之一。

（二）建立和完善青年发展监测数据库

在监测基础上建立和完善青年发展监测数据库，并做好青年发展有关数据信息的收集、整理和分析，形成青年发展的数据报告或分析报告，为有效评估青年发展规划的实施效果，为党和政府进一步完善青年政策提供数据、信息支撑。《规划》确定的青年的年龄范围为14岁~35岁，这是对青年群体的生理、心理、社会、文化诸方面特质作出的科学判断，同时这一数据又能与政府统计部门、教育部门的统计口径很好地对接，因此，应充分利用这些部门的统计数据做出一些对比研究或追踪研究，发挥信息共享优势，降低数据监测成本，扩大对青年发展规律和规划实施规律的认识。

指标监测能够覆盖我国青年在思想道德、教育、健康、婚恋、就业创业、文化、社会融入与社会参与、法律保护、预防犯罪、社会保障等方面的发展情况。要克服开局之年的各种现实困难，加紧完善监测指标，尽快把《规划》蓝图转变成施工图、路线图，切实将规划转化成广大青年实实在在的利好。监测指标的选择是结合了当下青年群体的发展特征、趋势及规律而制定的注重整体性、代表性、差异性、可操作性、可比较性、可量化性等特点。指标不仅仅是用来收集的还需要进行全方位的分析进而来把握青年群体的发展状况和趋势，单凭一个指标体系是不够的，还需将青年发展规划的指标与其他社会发展的指标结合起来考量。只有将青年发展置于经济社会发展的宏观背景中来思考，才有价值，否则闭门造车无法与时代同步，这样的指标形同虚设。

充分利用大数据时代的信息技术的便利，在监测基础上建立和完善青年发展监测数据库，并做好青年发展有关数据信息的收集、整理和分析，形成青年发展的数据报告或分析报告，为有效评估青年发展规划的实施效果，为党和政府进一步完善青年政策提供数据、信息支撑。数据库不仅要建立国家层面，地方需要有其专门的更为细致的数据库，做到纵向与横向的所有数据都有记录。这个数据库的作用有两个：既是积累本地区青年发展数据的载体，又是向团中央归集全国青年发展数据的来源之一。

（三）年度监测报告：形成、发布与运用

公开化和透明化是国家青年规划制定实施的重要原则。这一原则既体现在规划制定中，也体现在规划的实施和评估中。《规划》的时间跨度是从2016年到2025年，属于中长期的发展规划，通过形成年度监测报告的方式向党中央进行汇报规划的落实情况并适时公布。首先，对监测评估的方法进行公开也是这一原则的体现，也便于公众了解监测评估的结论是如何得出的，从而能对评估结果进行判断和理解，有利于对监测评估的监督，提高监测评估的公信力。

公开发布的形式可以在报告中专列章节或以附录的形式，载明年度监测中所涉及的指标，指标体系及指标体系设计过程中的事项，包括指标的解释、确定的理由等；这一年度较上一年度有何变化与改进，监测评估中调研是如何开展的，包括如何搜集信息、召开了哪些会议、征求了哪些部门意见、青年参与评估的情况等等。[1]为更好

---

[1] 参见杨守建："青年发展规划的监测评估研究"，载《中国青年研究》2017年第9期。

地实现监测评估的信息公开，应做好完整的评估过程记录。

要确保青年发展拥有丰富资源的有力支持，不仅要"建立规划实施情况监测评估机制"，更要倾听青年的呼声，依靠青年的力量，不断完善"规划实施情况监测评估机制"，充分发挥制度和机制的作用，遏制急功近利的价值观和政绩观。在政府信息公开的大背景下，针对规划情况的监测评估报告应当定期进行公开，广大青年有权知悉这个"福利规划"的实施情况以及青年群体发展的情况。

（四）与现存类似监测指标的比较。

1. 与《国务院儿童发展纲要（2011～2020年）》的比较

《国务院儿童发展纲要》经历了三次重大的演进，从1992年发布了《九十年代中国儿童发展规划纲要（1991～2000年）》，之后，又分别于2001和2011年颁布了《中国儿童发展纲要（2001～2010年）》和《中国儿童发展纲要（2011～2020年）》。体现了在不同的历史时期，中国政府优先保障的儿童权利以及我国相应的儿童政策。其指标体系也是伴随着社会的更替与变革逐步完善，而本规划是我国首次发布的关于青年发展的规划，其指标体系与具体的监测指标也是首次面世。在研制本规划监测指标的同时，也对纲要的指标与就其已有的数据进行分析，进而对青年发展规划指标提出借鉴与参考。

2011纲要中指标涉及了儿童健康、生存、教育、福利、社会环境和法律保护五个领域。福利领域是2011年最新增加的，说明儿童福利正在成为当前儿童发展中的热点和关键性问题，适度普惠型的儿童福利越来越受到政府的重视。由于指标主体的不同，本规划的监测指标涉及的领域有青年道德、生存、教育、健康、婚恋、福利、法律保护、就业创业、文化、社会融入与社会参与、社会保障等。两者相同点都是涉及了最基本的生存、健康、教育、福利、社会、法律保护。然而青年由于年龄跨度较大，社会地位逐步上升，因此其监测的范围较大、内容较广、覆盖更加全面。尤其是针对创业就业的监测尤为重要。习近平总书记曾提到过，只有解决了青年的教育和就业问题，解决了他们生存的物质障碍，那么他们才有余力为建设中国特色社会主义事业而奋斗和努力。

针对监测体系中的评估，两者较为相同。对儿童发展纲要执行情况的评估在三个纲要中经历了不断发展的过程。1991纲要仅提出了建立专门的监测机制然而并未制定相关内容。2001纲要提出实行分级监测评估以及建立定期报送和审评制度。分别在国家和地方层面设立儿童状况监测体系。国家层面的监测评估包括年度监测，每3年～5年的阶段性监测评估和10年的终期监测评估。在监测评估机构方面，国务院妇女儿童工作委员会设立监测评估领导小组，下设统计监测和专家评估组2011纲要中特别强调了儿童发展综合统计制度的建立，要求将其纳入国家和部门的常规统计工作中，还提出要建立和完善国家、省、地三级儿童发展监测数据库。[1]基础性数据库的建立对儿

---

[1] 参见魏莉莉、董小苹："中国儿童政策发展趋势研究——基于1991～2020年三个《中国儿童发展纲要》的内容分析"，载《中国青年研究》2012年第3期。

童工作决策具有重要意义。

《规划》明确提出了分级实施，由国家层面和地方层面即省、自治区和直辖市，由上至下全面贯彻发展规划。本《规划》明确规定对实施情况进行年度监测、中期评估和终期评估，制定和调整促进青年发展政策措施，推动本《规划》实现。结合监测指标的数据进行定期评估。同时在共青团中央下设监测小组，对促使监测评估工作能够结合统计数据和专家的力量提供了一定的保证。

2. 对上海市青少年"十三五"发展规划监测评估的介绍

上海编制"十三五"规划初期，通过青年事务工作平台网络海选了9岁~35岁，约有101名普通青少年直接参与到规划的编制。该做法是贯彻推行青年参与的第一步，青年热情的积极性和参与度是有效宣传青年规划的最好途径。参与规划编制的青年表示希望通过自己的方式来制定一份符合自己愿望、青年人能够读的，又能够让社会接受的一种规划形态。上海市这一"众筹"的方式来实现，取得了很好的效果，值得其他省市予以借鉴。

在组织实施方面强调了加强"十三五"指标监测体系建设。将研究制定《上海市青少年发展状况综合统计报表制度》和《"十三五"指标监测方案》，定期开展监测评估，并探索建立第三方评估机制。推动将青少年发展指标监测纳入政府统计，加强专门业务培训，推进指标监测工作规范化运作。

同时要求完善推动规划实施的机制保障。制度保障方面，提出建立健全青少年工作的议事协调制度和共青团协助政府管理青年事务的工作制度。政策保障方面，提出要打造青少年发展领域政府购买服务平台和青少年协商民主参与互动平台等。资源保障方面，通过工作队伍建设、大数据共享平台建设、青少年发展问题研究体系建设，有效完成规划提出的各项任务。

指标体系方面，建立了工作小组，在与各方面专家和青少年共同商议之后，对应规划各领域目标任务，经与相关部门反复沟通和甄选，选取了16个核心指标。分别预设了2020年所要达到的目标值。这16个核心指标分别聚焦规划三个重点领域，一个是围绕着价值体系的构建，一个是核心能力的综合素质的构建，还有一个是保障政策方面提出的指标。例如，在青少年积极发展的核心能力素质方面，青少年人均年参与公益活动时间设定为30个小时，比"十二五"期末提升1.08个小时；在青少年科学发展的协调包容环境上，每10万名青少年将配备青少年事务社会工作专业人才计划达到80人。

上海市从"十一五"规划开始就已经注重青少年发展事业，经历了"十一五""十二五"规划的实施和反馈，不断地加以完善，并结合本地特色和特征，上海市的青年发展事业也算是在青少年发展规划道路上的一名老将了，其指标内容、监测方式、数据反馈、评估方式均值得借鉴和学习。

3. 对北京市"十三五"时期青少年事业发展规划监测评估的介绍

"十二五"时期是北京青少年事业发展史上不平凡的五年。在市委、市政府的坚强领导下，在全市各级党政部门、群团组织及社会各界的共同努力下，圆满完成。《北京市"十三五"时期青少年事业发展规划》是北京市贯彻落实国家京津冀协同发展战略，强化首都全国政治中心、文化中心、国际交往中心、科技创新中心城市定位的开局之期，也是加快实施国家创新驱动发展战略的关键时期。围绕疏解非首都核心功能，调整经济结构和空间结构，促进创新创业的战略部署，青少年发展必须坚持"首善"标准，用新的整体谋划来服务青少年健康成长，落实打造宜居之都的建设目标。

北京市青少年事业发展规划的主要任务是构建起适应工作、学习、生活的"纵横交错"的复合型组织服务体系，加强基于工作学习的单位型服务平台建设、加强基于生活空间的地域型服务平台建设、加强基于社会交往的兴趣型服务平台建设，多方位、多角度深化改革，全面服务首都青少年健康成长成才。例如构建青少年多元发展空间、培育青少年社会参与空间。

指标体系方面，主要分为约束性指标、预期性指标。约束性指标如，财政性教育投入占地方财政支出比重。预期性指标如义务教育毛入学率，预期至2020年达到100%。同时还囊括了外国留学生规模、义务教育免试就近入学率、少先队活动课、北京国际青年营等指标，这是北京青少年规划的亮点，突出了其首都、国际都市人才汇聚的特点与特色。

北京的青少年发展规划由青少年事务协调机构定制科学规范、切实可行的全市青少年事业发展监测评估方案，由青少年事务协调机构办公室具体开展对青少年事业发展规划实施情况的监测。该规划明确了任务分配、进度安排、过程调控，结合系统评估和社会评估，定期开展规划实施情况的自我监测评估，形成规划执行情况年度监测评估报告。探索引入第三方评估，并引导广大青少年参与规划实施和监督。逐步形成青少年发展指标体系，并将其纳入政府部门统计序列，定期进行统计和分析，实现动态监测。

4. 对山西省"十三五"青少年发展规划监测评估的介绍

该青少年发展规划强调建立和完善青少年发展指标体系。对青少年生存与发展状况进行客观描述和合理解释，对青少年社会工作和青少年政策的效果进行综合评价，对青少年发展指标实现的过程进行监测，对青少年发展状况进行国家和地区间比较，对解决青少年发展问题和制定青少年工作政策提出意见和建议，将其纳入政府部门统计序列。

同时应该建立评估体系。通过青少年工作联席会议，加强对本规划实施情况的监测，提交监测评估报告，定期向社会公布。根据规划实施进展情况及各种客观因素对本规划进行必要的调整与修改完善。将系统评估和社会评估相结合，在定期自我评估的基础上，通过社会测评的方式对全省青少年发展状况进行科学评价，形成规划执行情况的年度监测评估报告。在监测过程中，逐步建立完善第三方评估机制。

监测指标方面，主要包括了六个维度，成长成才、身心健康、创业就业、参与融合、新媒体引领、权益保护，其指标多数为预期性指标，少有约束性指标，如进城务工人员随迁子女接受免费义务教育比例为约束性指标；预期性指标如青少年日均闲暇活动时间、青少年日均睡眠时间、实现贫困地区贫困青年劳务输出就业指标等。

山西省的青年规划则是考虑到了该省份内的经济条件，加以个别指标进行了灵活处理。国家出台的统一指标是面向全国的，因此其指标的内容选择方面更加倾向于全国具有的综合特点，突出问题，较为普通综合。

二、中期评估

中期评估通过对10个领域44项发展措施，10个重点项目的完成进度、效果、实施情况、实施难点等情况进行评估分析，进而掌握规划实施的进度、效果，从而为后续工作的开展提供指导与改进建议。经过一段时间的落实与推进，结合《规划》设立的中期目标予以评估，首先需要阐明总体的实施情况是否顺利，如《规划》要求青年工作机制是否初步形成，具体的监测指标在预期的时间内是否完成一定的数量或覆盖率等。中期评估另一大功能就是提出存在的问题与挑战。在实施环节过程中，由于制约科学发展的思维定式、路径依赖、体制机制尚未健全，《规划》落实无法做到一步到位，必定会出现各种各样的问题与挑战，中期评估需要将问题汇总归纳，将挑战进行梳理。最后，中期评估报告需要针对发现的问题与挑战提出主要的解决措施，尤其是针对个别指标的调整尤为重要。

《规划》中期评估是保障规划有效实施的重要手段，对于及时总结经验、分析问题、制定对策、实现目标将起到积极的促进作用。地方的中期评估需要避免流于形式，不能够仅仅只对上一级的评估报告进行简单的复述，应该具有本地特色的评估内容与指标。同时也需要避免面面俱到，缺乏重点。规划涵盖了青年发展的各个方面，中期评估不可能做到面面俱到，应当突出重点，尤其核心的监测指标。再次，需要避免评估方法单一、评估程序不严谨、调查研究不足、审议缺乏听取各方面意见的问题。《规划》落实的成员单位应当重视中期评估工作，以便于为了更好地推动青年发展事业。

三、终期评估

终期评估对于体系与机制的形成情况，《规划》推行的基本情况，组织机构的执行情况，工作措施情况，重中之重就是各项监测指标的完成情况进行综合归纳。终期评估需要把握住三个关键问题就是评什么、谁来评、怎么评，即可以理解为评估的内容，主体和方法。

终期评估需要结合《规划》制定的规划目标来评估，需要考量青年发展政策体系和青年工作机制的形成与完善，青年发展水平提升，青年作用发挥，其中核心的目标是推动青年发展。[1]对具体项目和措施进行监测评估，涉及10个领域44项发展措施，10个重点项目的完成程度和效果做出终期评估。对于项目、措施、工作开展情况的评

---

[1] 参见杨守建："青年发展规划的监测评估研究"，载《中国青年研究》2017年第9期。

估是为了更好地督促各成员单位把实施规划工作做好做实。对于指标的监测评估所反馈出来的情况是整个青年发展状况的缩影是重要的国情。

评估主体必须是公正的、专业的、独立的、具有公信力。评估主体可以是多个主体同时进行，多元化主体共同参与。可以由客观公正的第三方专业机构、智库等实施，避免规划实施的执行者自己评估自己，无法提出改进意见，可能造成评估缺乏客观性，致使公民产生质疑的现象。也可以由各利益相关方、社会组织等参与评估，这是从提高评估的科学化和民主化的角度出发的。也可以考虑到各地区不同的情况，可以专门组建一个监测评估项目组，应当包括相关领域的智库机构，青年研究领域专家，青年优秀工作者，青年组织以及规划的制定者与执行者。

监测评估的方法应是定性评估与定量评估相结合，主客观评估相结合。定性评估与分析可能涉及价值分析，专家判断，工作分析，案例分析等等。定量评估与分析涉及的是主观数据与客观数据。选择评估的工具、路径、数据、指标等应有所区分，针对不同的评估内容，采取不同的方法。

本《规划》规定了定期评估机制，对《规划》实施的情况分别需要进行年度监测、中期评估和终期评估三管齐下。在监测和评估中进行变通的调整以促进青年发展规划政策的措施，以此来推动本《规划》实现。结合监测指标的数据进行定期评估，在动态的过程中不断完善指标，改进指标，抑或删减指标进而更好地监测青年发展规划的成效以及更真实地反映我国青年发展的状况。

规划并非是挂在墙上看看，或是交给上级完成任务，它的目的是真真正正帮助我国青年发展，引领并指导他们肩负起实现伟大中国梦。组织实施是实现的保障措施，制定一套完整的、科学的、有可操作性的组织实施方案是推动规划完成的重要推手和灯塔。而研制科学合理的指标体系与监测系统，是一个探索性强、周期性长的系统工程，需要众多的政府机构、专业研究人员以及青年同胞们共同参与、形成合力，需要不断根据应用中反映出的问题及时修正和完善。十九大报告中提到了，青年兴则国家兴，青年强则国家强。中华民族伟大复兴的中国梦终将在一代代青年的接力奋斗中变为现实，让青年规划发挥它的作用，为实现中国梦助力。

第十六章
联合国青年发展政策

青年[1]作为人生中的一个特殊阶段，之于己身以及国家与社会的重要性已经得到了各国的普遍认同。同时，随着科学技术的发展和经济的全球化，青年问题也日渐呈现出国际化的特征。联合国作为以维护世界各地和平，发展国家间友好关系，帮助各国解决贫困、医疗和教育等问题，以及充分保障人权为宗旨的各会员国间的协调机构，自成立以来即切实关注青年问题，着力谋求青年发展，半个世纪内通过了多项有关青年事务的决议和决定，逐渐形成了系统而全面的青年发展政策。

第一节 联合国青年发展政策的滥觞

若就狭义的青年发展政策而言，需专门针对青年群体，考虑青年需要，明确需达成的目标，设计专门的服务，并提供青年参与的渠道。在这一意义上，联合国青年发展政策开端是20世纪60年代《关于在青年中培养民族间和平、互相尊重及彼此了解等理想之宣言》。然而，早在联合国的前身——国际联盟时期，其就于各公约和决议中体现出了对青年的关注，算作广义的青年发展政策。

一、国际联盟时期（1919~1944年）

国际联盟是1919年《凡尔赛条约》签订后成立的国际组织，其主要宗旨是减少各国武器数量，平息国际纠纷，提高民众的生活水平以及促进国家贸易与合作。面对一战后各国工人运动的高涨，工人群体受到资本家的残酷剥削，作为国际联盟附属机构之一的国际劳工组织出台了一系列维护青年工人权益的政策。

在保护童工方面，1919年《确定儿童受雇用于工业工作的最低年龄公约》第2条规定："凡儿童在14岁以下者，不得受雇用或工作于任何公营或私营工业或其任何分部。"此后三年又相继通过三个公约，其中1920年的第7号公约《确定儿童受雇用于

---

[1] 1985年联合国为"国际青年年"首次给青年下了定义，即指15周岁~24周岁年龄段的人，同时联合国系统内所有统计部门均采用15周岁~24周岁年龄段来收集世界青年统计数据（如人口、教育、就业、健康等）。后文将详细论述。

海上工作的最低年龄公约》规定，准予在海上工作的就业年龄是14岁。1921年的第15号公约《确定未成年人受雇用为扒炭工或司炉工的最低年龄公约》规定，海船上受雇为扒炭工或司炉工的年龄为18岁。而《儿童受雇用于农业工作的年龄公约》则规定，14周岁以下的学龄儿童不得在到校上课时间内受雇用或工作于公营或私营的农业企业或其他任何分部。[1]

而在夜间工作方面，1919年的第6号公约《受雇用于工业的未成年工人夜间工作公约》规定："凡18岁以下的未成年工人在任何公营或私营的工业企业或其任何分部，均不得于夜间[2]工作。"1921年第14号建议书《农业中儿童与未成年人夜间工作建议书》则规定，农业企业中的14岁以下夜间工作儿童，应保证他们的连续休息时间不少于10小时，对14至16岁的未成年人，连续休息时间不可少于9小时。[3]

同时，国际劳工组织还十分重视儿童的体质健康，其1921年第16号公约《受雇用于海上工作的儿童及未成年人的强制体格检查公约》第2条和第3条规定，任何船舶在使用18周岁以下的未成年人时均应以强制体格检查为前提，此种检查至多每隔一年即应重复进行一次。[4]

值得一提的是，作为一战后痛定思痛的产物，国际联盟始终是反战的摇旗人。在1936年召开的国际联盟第一届世界青年代表大会上，就相继提出了关于"青年的国际责任""呼吁德国青年"等相关主题的建议书。而两年后的第二届世界青年代表大会又就"青年的国家角色"和"瓦萨和平公约"等主题提出相关建议书，在宣传和平理念、动员青年反战方面发挥了重大作用。

二、联合国成立初期（1945~1964年）

1945年10月24日《联合国宪章》的签订，标志着联合国的正式成立。作为国际联盟的继承者，国际联盟的权力和职务全面移交给联合国，国际劳工组织也过渡为联合国的专属机构。因此，在1919年以来的基础上，国际劳工组织对涉及青年工作者权益的政策文件进行了系统地修改与完善，如1946年第79号公约《对于非工业职业中儿童与未成年人夜间工作的限制公约》、1948年第90号公约《受雇用于工业的未成年人夜间工作公约》、1946年第77号公约《进行体格检查以确定儿童与未成年人是否适合受雇于工业公约》、第78号公约《进行体格检查以确定儿童与未成年人是否适合受雇于非工业职业公约》以及第79号建议书《进行体格检查以确定儿童与未成年人是否

---

[1] 参见"国际劳工组织及公约目录"，载三亿文库：http://3y.uu456.com/bp_4bnz91fs526d7jn4120m_21.html，访问日期：2017年7月20日。

[2] 1919年第6号公约所称的"夜间"是指至少连续11个小时，其中必须包括自晚上10点至次日凌晨5点的这段时间。

[3] 参见"国际劳工组织及公约目录"，载三亿文库：http://3y.uu456.com/bp_4bnz91fs526d7jn4120m_21.html，访问日期：2017年7月20日。

[4] 参见"国际劳工组织及公约目录"，载三亿文库：http://3y.uu456.com/bp_4bnz91fs526d7jn4120m_21.html，访问日期：2017年7月20日。

适合雇用建议书》等。[1]

除继承国际联盟的"遗产"外，联合国初期最为重要的成果即为出台了三大文件：《联合国宪章》（1945年）、《世界人权宣言》（1948年）以及《儿童权利宣言》（1959年）。其中，《联合国宪章》是联合国的基本大法，《世界人权宣言》是后来《公民权利与政治权利国际公约》和《经济、社会、文化权利国际公约》的基础，《儿童权利宣言》则是《儿童权利公约》的前身。另一方面，我们也可以在此三者中找到与青年群体息息相关的内容，可谓为后续专门的青年发展政策出台奠定了坚实的基础。

就《联合国宪章》与《世界人权宣言》而言，此二者为纲领性的文件，其为青年发展政策的制定设定了一个基准性的标杆，明确出最根本的底线。应该说，《联合国宪章》与《世界人权宣言》规定的是无论作为任何民族的自然人均应享有的最基本的权利。在此基础上，青年作为自然人中的一个特殊群体，由于其生理、心理和社会地位的特殊性理应受到特殊的照顾，需要我们更多的为其谋求生存、生活和发展的权利，这也在一定程度上为后续相关青年政策的出台提供了方向上的指导。

至于《儿童权利宣言》，首先需要明确的是，该《宣言》中所提及的"儿童"均指0周岁~18周岁的未成年人。不过，即便是联合国所界定的青年范围——15周岁~24周岁年龄段的人，也有部分属于《儿童权利宣言》规制的范畴。其"十大原则"涵盖了一个孩子从出生到成长与发展所应享受的各种权利，我们可以在儿童的成长健康权利、政治权利、医疗权利、受教育权利等内容中找到青年发展政策的雏形与影子。事实上，《儿童权利宣言》中的诸多内容也确实被后来联合国的多项决议所引用，也为正式的青年发展政策的出台作出了很好的铺垫。

第二节　联合国青年发展政策的三大阶段

联合国官方曾对青年发展政策作出以下定义：说明青年人在整个社会发展计划中的角色、责任、权益的全面计划，其中包括对青年服务的提供，有关如何配合青年需要的考虑，同时要订明达成目标的时限，以及青年参与的途径等，换言之，青年政策是一个全面性的，配合社会整体发展的政策。[2]在这一定义下，前文所提及的各类公约与决议等并不算严格意义上的联合国青年发展政策。根据联合国青年办公室负责人威廉·安吉尔的观点，1965年《关于在青年中培养民族间和平、互相尊重与了解等理想之宣言》是第一个联合国通过的全球性青年政策，"青年"自此成为联合国的一个重要议题。[3]

---

[1] 参见"国际劳工组织及公约目录"，载三亿文库：http://3y.uu456.com/bp_4bnz91fs526d7jn4l20m_21.html，访问日期：2017年7月20日。
[2] 参见卢汉龙主编：《社会转型与青年发展》，上海社会科学院出版社2004年版，第332页。
[3] 参见威廉·安吉尔："世界青年现状及联合国世界青年政策与纲领"，载《中国青少年研究会优秀论文集（2002年）》。

一、联合国青年发展政策的摸索期（1965~1984年）

1965年12月7日，联合国召开第20届代表大会第1390次会议，会议通过了《关于在青年中培养民族间和平、互相尊重与了解等理想之宣言》（以下简称《宣言》），即联大第2037/20号决议。具有开创意义的是，《宣言》提出了各成员国在处理青年问题上需遵循的"六大原则"：（1）要求教导青年树立崇尚和平、讲求公道、追求自由、民族间互相尊重及彼此了解的国际主义精神。（2）家庭和学校教育必须包括培养青年热爱和平、人道、自由、团结的内容。（3）应教导青年尊重基本的人权和民族自决的权利。（4）鼓励用教育、文化体育等多种方式，促进不同国家间青年建立友谊，增进交流与彼此了解。（5）要求各个国际级、国家级青年组织要平等对待各国各地区青年，要奉行本宣言精神。（6）青年教育要注重青年的全面发展，培养青年崇尚和平、自由、人权的崇高理想，家庭教育于此尤为重要。[1]

从地位上看，《宣言》是联合国历史上通过的第一个真正意义上的青年发展政策，其肯定了青年群体的重要地位，且"六大原则"也被后续的青年发展政策所吸收——1968年联大第1748次会议通过的《教育青年尊重人权与基本自由》、1948年联合国人权大会通过的《德黑兰公告》、1969年联合国人权委员会通过的《对全球青年进行人格发展教育并强化其尊重人权和基本自由》、1974年教科文组织通过的《开展国际理解、合作、和平以及人权及基本自由的教育》等均为《宣言》的贯彻与延续。

从内容上看，在《宣言》奠定的基调下，这一阶段内联合国的青年发展政策主要在于引导各民族青年热爱和平、尊重人权、追求自由、加强交流。这一阶段正是两种意识形态碰撞的最激烈时期，西方资产阶级思潮对社会主义国家产生强烈冲击，而红色国家的革命思想也在西方广泛传播，加之美国沦陷于越南战争之中，以美国为首的西方青年的反政府思想愈演愈烈，以至于迷失自我，找不到生活的方向，甚至采取极端方式发泄情绪。正是在这样的背景下，联合国的一系列青年发展政策选择以和平、自由、平等、博爱的思想积极引导青年，帮助他们树立正确的世界观、人生观与价值观，并促进各民族青年之间的包容与理解。

然而，之所以称1965~1984年为联合国青年发展政策的摸索期，是因为即便出台了以《宣言》为首的一系列青年发展政策，但大部分青年发展政策仍停留在口号性与原则性的呼吁层面，较为浅显，内容上也较为模糊，尚未针对具体、明确的主题出台相应的青年发展政策，能够切实帮助青年解决问题、实现发展的实质性政策不多。不过，值得欣喜的是，在摸索之中，联合国也确实发现的青年发展中的部分问题与需求所在。例如，1971年联大第2027次会议通过的《青年及成瘾药品第一个健康决议》、1978年第31届世界卫生大会通过的决议《对整个青年群体尤其是青少年进行控制性传

---

[1] 参见联合国网站：https://documents-dds-ny.un.org/doc/RESOLUTION/GEN/NR0/185/27/IMG/NR018527.pdf? OpenElement，访问日期：2017年7月22日。

播疾病的教育》、1979 年第 32 届世界卫生大会通过的决议《采取各种适当措施减少青年人对酒精的消费》以及 1981 年联大第 49 次会议通过的《青年人之间的体育和运动交流》等[1]，就说明了联合国已经发现了青年发展过程之中的药物成瘾与体质健康问题，并率先开展了针对性的、领域性的政策攻坚。

二、联合国青年发展政策的蓬勃期（1985~1994 年）

1979 年 12 月 17 日，联合国大会通过第 34/151 号决议，将 1985 年定为"国际青年年"，主题为"参与、发展、和平"。[2]为迎接国际青年年的到来，1985 年联合国大会通过了其青年顾问委员会提交的《关于进一步规划及推进青年领域工作的行动纲领》（以下简称《纲领》），确定了联合国在青年领域的新战略，并将青年发展政策的视角予以放大，为后续各项政策的出台指明了方向。

一方面，在探索了六十余年后，联合国首次对青年的定义予以明确。《纲领》将 15 周岁~24 周岁年龄段的人定义为青年，"是考察了全球各个国家的青少年的成长发育状况，可以说取了一个各国家各自青年年龄界限的公共部分，由于各国的实际状况不同，各国有适合和自己本国国情的青年的界定，联合国也乐于尊重各个国家的青年状况的多样性。"[3]同时，规划还定义了青年中的部分亚群体，如城市与农村青年、学生、青年工人等，使得青年事务工作的开展更具针对性。

另一方面，《纲领》分为序言、背景、目标、战略、青年状况等几个部分，详细阐述了发展的个体和社会两方面的内涵及其相互促进的关系，强调了和平与发展的关系以及青年参与维护和平的意义。同时《纲领》还分析了青年问题战略的全球性与地区性的关系，提出了长远目标方案：（1）根据各个国家的历史、条件及其紧迫性，将青年的政策与计划的创新作为国家发展计划的组成部分，特别要重视青年的教育培训、就业、住房与环境、健康与社会服务方面的政策与活动。（2）动员充分的人力资源和财政资源制定青年政策与计划，并为此提供技术合作。（3）通过改善、扩展和强化联合国与各国、各地区和国际青年组织的联系渠道促进青年的社会参与。（4）鼓励青年增加对其所在国家的文化生活的各个方面的兴趣和参与热情。[4]

更为重要的是，以 1985 年国际青年年的"参与、和平、发展"主题为开端，联合国青年发展政策不再拘泥于某个特定领域，而是"多点开花"，从更多的领域入手为青年谋发展、保权利。例如，在青年教育与就业方面，1985 年联合国第 80 次全体会与通过决议《做出努力采取措施以确保青年实现和享受人权，特别是受教育和工作的权利》，请各国协调机构或负责执行青年政策和方案的机构对青年受教育和工作的权利给

---

[1] 参见联合国网站：http://www.un.org/zh/sections/documents/general-assembly-resolutions/index.html，访问日期：2017 年 7 月 22 日。

[2] 参见联合国网站：http://www.un.org/zh/documents/view_doc.asp?symbol=A/RES/34/151，访问日期：2017 年 7 月 22 日。

[3] 参见江广平主编：《联合国青年事务》，中央编译出版社 2008 年版，第 76 页。

[4] 参见江广平主编：《联合国青年事务》，中央编译出版社 2008 年版，第 76 页。

予适当优先考虑，[1]而在1989年通过的《有关青年的政策和方案》中则吁请各国政府以及联合国有关部门优先拟定和执行有效措施以确保青年能行使其受教育和工作的权利。[2]在青少年犯罪及其预防方面，1985年联合国大会通过的《联合国少年司法最低限度标准规制》（《北京规则》）是联合国历史上通过的第一个关于青年法律问题的决议，其用六个部分的篇幅详细规定了少年司法各个领域的具体标准，从少年之基本权益出发，保护其免受司法之不公正待遇，同时又能根据行为人的具体情况给予合理的处遇。五年后《联合国预防少年犯罪准则》（《利雅得准则》）的出台，更是将我们的视角拉向青少年犯罪的预防工作之上，并强调了法制教育的重要性。此外，1985~1994年这一阶段联合国还针对青年妇女权益、青年体质健康、残疾青年关爱等领域出台了一系列政策，此处不再一一赘述。

可以发现，伴随着"冷战"的结束，1985~1994年相较于摸索期的联合国青年发展政策而言，已经不再拘泥于引导各国青年热爱和平、加强交流这一呼吁性层面，而是紧跟时代步伐，将"和平与发展"的世界性主题引入到青年政策之中。同时，在"如何发展"的问题上，联合国的目光已经聚焦于青年教育、就业、体质健康、犯罪预防等具体的领域之中，且均提出了实质性的要求与发展措施。不仅如此，随着《世界人权宣言》《公民及政治权利国际公约》《经济、社会、文化权利国际公约》《发展权利宣言》《消除对妇女一切形式歧视公约》《儿童权利公约》等一系列公约受到越来越多的国家签署，青年群体的发展需求开始被纳入到整体的社会福利政策体系之中予以考量，在诸多领域均给青年群体"特殊的照顾"。总体而言，相较于摸索期对于青年的引导与教化，这一阶段的青年发展政策更像是一种对青年的指导与服务，也标志着各国政府与联合国相关部门和青年群体之间进入到一种良性互动的局面之中。

三、联合国青年发展政策体系的形成期（1995年~）

在国际青年年之后的十年之中，世界经历了根本的政治、经济与社会文化变革。青年是这场社会重大变革的推动者、受益者以及受害者，世界各地的青年生活在不同的发展阶段和不同的社会经济环境的国家中，面临着不同的挑战，有着更多的发展需求。为此，1995年联合国大会召开青年问题特别会议，审议通过了《到2000年及其后世界青年行动纲领》[3]（以下简称《行动纲领》）。

《行动纲领》一方面以国际青年所确定的"参与、和平、发展"为最高目标，另一方面也认识到，虽然联合国人民通过他们本国政府、国际组织和志愿社团，已作出重大努力确保这些期望得以实现，包括努力执行1985年大会赞同的《关于进一步规划

---

[1] 参见联合国网站：http://www.un.org/zh/documents/view_doc.asp? symbol = A/RES/40/15，访问日期：2017年7月22日。

[2] 参见联合国网站：http://www.un.org/zh/documents/view_doc.asp? symbol = A/RES/44/59，访问日期：2017年7月22日。

[3] 又称《21世纪世界青年行动纲领》或《世界青年行动纲领》。

及推进青年领域工作的行动纲领》，但变动中的世界社会、经济和政治局势[1]使得"参与、和平、发展"这一最高目标很难在各个国家均得以实现。为尽快地扭转这一现状，扫除青年发展过程中的诸多障碍，《行动纲领》开创性地提出了保障青年权益、谋求青年发展的亟待解决的十个重点领域，包括：教育、就业、饥饿与贫穷、健康、环境、药物滥用、少年犯罪、闲暇活动、女孩和青年妇女、青年充分和有效地参与社会生活和决策。且《行动纲领》"不排除将今后或可确定的新的优先事项列入的可能性"。[2]同时，《行动纲领》还在每一部分都列举了相应的问题以及需要作出的具体的行动建议，并在"实施方法"一章专门提出了国家、地区以及国际三级行动建议。

有学者认为，《行动纲领》的推出具有以下三层意义：首先，《行动纲领》集中突出了青年事务的主体性，首次在国际舞台上专门论述青年问题，明确将青年上升到社会发展的战略高度，把青年群众视为21世纪人类社会发展的重要推动力量。其次，《行动纲领》深刻反映了青年事务的多样性，首次将青年的社会推动作用、受益角色和弱势地位并列起来，并进一步指出了解决问题的措施和途径。最后，《行动纲领》充分强调了青年事务的时代性，再次明确了参与、发展、和平的青年主题，顺应了时代发展的潮流。[3]

诚然，《到2000年及其后世界青年行动纲领》的出台是划时代的，也在后续的青年发展政策中得到了很好的贯彻与延续。1998年8月联合国于葡萄牙里斯本召开了各国政府青年事务负责人第一次国际会议，并通过《青年政策与活动里斯本宣言》，与会代表特别就《行动纲领》提及的参与、发展、和平、教育、就业、健康、药物滥用等方面的政策再次达成了共识，同时对下一阶段的工作进行了新的部署。此后，联合国根据《行动纲领》的精神要求出台了一系列相应的青年发展政策，如1999年通过的54/120号决议《有关青年的政策和方案》、1999年通过的54/149号决议《儿童权利》、2001年通过的56/117号决议《有关青年的政策和方案》、2002年通过的57/165号决

---

[1]《纲领》具体列出了12种现状，包括：(1) 对国家物质和财政资源的需求导致可用于青年方案和活动的资源减少，特别是负债累累的国家。(2) 社会、经济和政治条件不公平，包括种族主义和仇外心理，导致青年处于饥饿的人数日益增加，生活条件日益恶化，日益贫穷，使他们边缘化，成为难民、流离失所者和移徙者。(3) 从武装冲突和对抗中复员的青年人日益难于融入社区和获得接受教育和就业的机会。(4) 对青年妇女的歧视继续存在，青年妇女就业和接受教育的平等机会不足。(5) 青年失业率高，包括长期失业。(6) 无法持续的消费和生产型态，导致全球环境持续恶化，尤其是在工业化国家这是令人严重关注的问题，它使贫穷和不平衡更加严重。(7) 如疟疾和人体免疫机能丧失病毒/后天免疫机能丧失综合征（HIV/艾滋病）等疾病的发病率日增，而且如药物滥用及使用精神药物成瘾、吸烟、酗酒等威胁到健康的其他情况日益严重。(8) 职业教育和培训的机会不足，尤其就残疾人来说。(9) 家庭作为分担责任和青年社会化的工具的作用有所改变。(10) 青年人没有机会参与社会生活，并且对社会的发展和福祉做出贡献。(11) 使身体虚弱的疾病、饥饿和营养不良普遍存在，吞蚀了许多青年人的生活。(12) 青年人越来越难受到家庭生活教育，而这种教育是组成有助于分担责任的健康家庭的基础。参见联合国网站：http://www.un.org/zh/ga/50/res/a50r81.html，访问日期：2017年7月23日。

[2] 参见联合国网站：http://www.un.org/zh/ga/50/res/a50r81.html，访问日期：2017年7月23日。

[3] 参见江广平主编：《联合国青年事务》，中央编译出版社2008年版，第81~82页。

议《促进青年就业》等。[1]

之所以称1995年至今这一阶段为联合国青年发展政策体系的形成期，不仅在于政策内容本身的全面性，更重要的是，在青年发展政策推动上，"国家、地区与国际"三个层次的配合体系已经形成。在国家层面上，主要由政府或非政府组织邀请青年代表一起共同设计与推动本国青年发展政策的实施；在地区层面，主要由联合国的区域委员会[2]通过定期召开会议的形式制定本区域内的青年发展政策，并推动与监督其执行；在国际层面，主要由联合国第三委员会、经济与社会理事会以及在部分国际性青年论坛中研究与制定相应的青年发展政策。总体而言，国家、区域与国际三个层面的分工十分明确，国家与区域性的青年发展政策在体现出地方特点的同时也逐步与国际接轨，整个青年发展政策体系正朝着相互配合、良性互动的方向发展。

第三节 当前联合国青年发展政策的主要内容

联合国青年事务办公室负责人威廉·安吉尔认为，联合国历史上共通过了三个重要的全球性青年政策——1965年《关于在青年中培养民族间和平、互相尊重与了解等理想之宣言》、1985年《关于进一步规划及推进青年领域工作的行动纲领》以及1995年《到2000及其后世界青年行动纲领》。其中，最晚颁布的《到2000年及其后世界青年行动纲领》是"联合国第一重要的全球青年政策"。[3]可以看出，冷战结束后，青年事务领域原来的目标指向已经不复存在或发生转变，取而代之的是教育、就业、贫困、健康等一系列社会问题，青年发展已经完全被社会发展政策所涵盖。也正是在这样的背景下，进入到21世纪后，联合国青年发展政策体系的根基即是《到2000年及其后世界青年行动纲领》，并随着时代的发展及时地补充新的内容。

一、青年发展的十大优先领域

其实，《行动纲领》的出台本就不是为了解决"燃眉之急"，而是一份长期的规划。其第17条即指出，《行动纲领》将在2001~2010年进行系统的执行情况评估，并后续适当地调整长期目标及相应的措施，以改善社会中青年人的状况。[4]所以，从内容上看，《行动纲领》所提及的十大优先领域几乎囊括了青年发展过程中的各个领域。

（一）关于教育

晚近以来，虽然各国在普及基础教育和扫盲方面取得了明显进展，但全球范围内

---

[1] 参见联合国网站：http://www.un.org/zh/sections/documents/general-assembly-resolutions/index.html，访问日期：2017年7月23日。

[2] 联合国目前有五个区域委员会：亚太经济社会委员会（ESCAP）、非洲经济委员会（ECA）、欧洲经济委员会（ECE）、拉丁美洲及加勒比经济委员会（ECLAC）以及西亚经济社会委员会（ESCWA）。

[3] 参见威廉·安吉尔："世界青年现状及联合世界青年政策与纲领"，载《中国青少年研究会会议论文集（2002年）》。

[4] 参见联合国网站：http://www.un.org/zh/ga/50/res/a50r81.html，访问日期：2017年7月24日。

文盲的数量始终高居不下,很多发展中国家可能在很长一段时间内无法实现普及基础教育的目标。同时,各国教育制度主要呈现出以下三个问题:一是由于当地经济和社会条件的限制,发展中国家的很多父母无法送子女上学;二是女孩和青年妇女、移徙者、难民、流离失所者、街头儿童、土著少数民族青年、农村地区的青年人和残疾青年缺乏受教育的机会;三是教育的质量及其与就业的关系出现问题,教育在帮助青年人过渡至成熟的成年人并获得一定的报酬的就业岗位方面的作用不甚理想。

为此,《行动纲领》提议,要提高青年人的基础教育、技能培训和识字水平;各国政府应制定或加强教育青年人了解其社会和其他社会及全世界的文化遗产的方案;各国政府和教育机构应鼓励并设计旨在学习缔造和平以及解决争端和冲突的方案,并在各级学校实施这些方案;各国政府和教育机构应与区域和国际组织合作,建立或加强适应目前和未来就业条件的职业和技术培训;各国政府应该确保学校和教育机构充分举办有关1995年开始的联合国人权教育十年的活动;各国政府应与区域组织和国际组织合作,拟订为个体和合作企业中的青年提供培训的示范方案;各国政府应加强培训青年工人和青年领导人员的基础设施建设。[1]

（二）关于就业

联合国认为,当前世界范围内到处都有青年失业和就业不足的问题。而这个问题近年来更为严重,是因为全球性经济不景气对发展中国家影响最大。令人感到困扰的是,经济增长并不一定使就业机会有所增加。青年人很难找到适合自己的职业,而且他们还遇到其他许多问题,包括文盲和培训不足,再加上经济不时放慢和经济趋势全面转变,因此情况更为严重。

为此,《行动纲领》提议,各国政府应当制订或推动赠款计划,提供创办费,用来鼓励和支持为青年人实施的企业和就业方案;各国政府应酌情在指定用来增加青年就业机会的经费范围内,划拨资源用于支持青年妇女、残疾青年等特定青年群体的就业机会;鼓励青年参与自愿社区服务;各国政府,特别是发达国家政府,应当鼓励在一些因技术创新而迅速演变的领域为青年人创造就业机会。[2]

（三）关于饥饿与贫穷

饥饿和营养不良仍然是人类最严重和最难以应付的威胁,往往使青年和儿童无法参与社会。造成饥饿的因素很多:粮食生产和分配的管理不良、不易获得粮食、财政资源分配不善、自然资源的不明智开发等。即便是在21世纪初,全世界仍有10亿人民生活在令人无法接受的贫穷条件中,其中大多数在发展中国家,特别是在亚洲及太平洋、非洲、拉丁美洲和加勒比的低收入国家以及最不发达国家的农村地区。他们面临着饥饿与营养不良、发病率或因病死亡率增加等诸多问题。

为此,《行动纲领》提议,各国政府应当加强农村地区的教育和文化服务,以及其

---

[1] 参见联合国网站:http://www.un.org/zh/ga/50/res/a50r81.html,访问日期:2017年7月24日。
[2] 参见联合国网站:http://www.un.org/zh/ga/50/res/a50r81.html,访问日期:2017年7月24日。

他的鼓励措施，使之对青年人具有更大的吸引力；各国政府应当同青年组织合作，为青年人提供能赚取收入的技能培训；各国政府应当在财政和技术援助及培训的支持下，向青年和青年组织发放土地；鼓励城市与农村青年在粮食生产和分配方面进行合作等。[1]

（四）关于青年健康

世界上有些地区的青年人健康欠佳是社会条件造成的，其中包括诸如消极的生活态度和有害的传统习俗等因素。但在某些情况下也是青年人本身的行动所致。健康欠佳往往是因为缺乏健康的环境、日常没有支助系统、缺乏有关的资料以及保健服务不足或不当。由此造成了青年人缺乏安全卫生的生活环境、营养不良等诸多问题。同时，青少年的生殖健康问题时常被忽略，青年人感染HIV的数量亦日渐升高。

为此，《行动纲领》提议，各国政府必须保证所有青年人都有机会获得基本保健服务；各国政府应当在小学和中学两级教育机构的课程中列入以初级保健知识和实践为主的方案；各国政府应促进保健服务，包括性健康和生殖健康，并制订有关这些领域的教育方案；各国政府应与青年组织合作，提倡更健康的生活方式，并在这个前提下，探讨采取政策劝阻滥用药物、吸烟和酗酒的可能性，包括禁止烟酒广告的可能性；各国政府应在国际一级合作，采取有效措施消除对青年人的性虐待；各国政府应促进个人和青年组织执行的小学毕业后和校外保健项目，并应强调关于健康饮食习惯的信息。[2]

（五）关于环境问题

自然环境恶化是世界各地青年人关心的主要问题之一，它亦关系着全人类的未来与福祉。虽然社会各阶层都有责任维持区域内的环境完整，但是青年作为"继承这个环境的人"，需要特别关注环境问题，采取一切可能的方式保护自然资源，防止环境恶化。

《行动纲领》提议各国政府及学院应将环境教育和培训纳入教育与培训方案之中；鼓励联合国有关组织和机构以及技术先进国家的政府在国际上向青年传播关于环境问题的信息，并促进青年利用无害环境的技术；各国政府和青年组织应主动提出方案，促进青年参与植树、培林、减少废物等环境的保护、保存和改善工作；各国政府在符合言论自由的情况下，应加强媒体作为向青年大众广泛传播环境问题的工具的作用。[3]

（六）关于药物滥用

青年易于滥用药物已经发展成全世界共同关注的问题，而药物滥用与贩运药物常常也是暴力犯罪与有组织犯罪的根源。当前，精神药物的种类不断增加，在其作用与使用方法尚未被充分了解时，一些病人可能会误用药物。在青年群体中，镇静剂、安眠药以及兴奋剂的自我药疗常常引发严重的健康甚至社会问题，国际社会亟须控制高危及非法药物的供求量，并防止其被误用。

为此，《行动纲领》提议各国政府应与联合国系统有关机构以及非政府组织特别是青年组织合作，制定并执行减少青年对非法药物和烟酒需求的方案；世界卫生组织、

---

[1] 参见联合国网站：http://www.un.org/zh/ga/50/res/a50r81.html，访问日期2017年7月24日。

[2] 参见联合国网站：http://www.un.org/zh/ga/50/res/a50r81.html，访问日期2017年7月24日。

[3] 参见联合国网站：http://www.un.org/zh/ga/50/res/a50r81.html，访问日期2017年7月24日。

医学和医务辅助与配药专业协会等应积极培训医学院学生和医务辅助学生明智使用含有麻醉药物或精神药物的药剂；鼓励各国政府与民间机构对滥用药物或依赖药物的青年人以及年轻的酗酒者和烟草使用者进行治疗和康复；各国刑事司法与监狱系统应对滥用药物与依赖药物的青年人予以一定的照顾。[1]

（七）关于少年[2]犯罪

少年的违法与犯罪问题在各国均较为严重，具体强度视各个国家自身的社会、经济与文化环境而定。在许多情况下，少年犯是"街头儿童"，他们作为旁观者或受害者而遭受其周围社会环境的暴力。总体而言，他们的基本教育是差劣的，家庭教育也常常出现缺漏或偏差，且多数少年处于饥饿和贫困的社会经济环境中。

为此，《行动纲领》提议，各国政府应优先重视少年违法和少年犯罪的各种问题，应特别注意预防政策和方案；各国政府和其他有关组织，特别是青年组织，应考虑举办宣传运动以及教育和培训方案帮助青年摒弃暴力，和谐地与人沟通；各国政府应从犯罪的根本原因入手，为处于贫困、恶劣的生活条件、教育不足、营养不良、文盲、失业和缺乏娱乐活动的青年提供必要的服务与帮助。[3]

（八）关于闲暇活动

任何社会都承认，闲暇活动对青年人的心理、认知能力与身体健康均十分重要，既可以鼓励他们融入社会，又为他们提供交流机会以促进全面发展。一般而言，闲暇活动包括游戏、运动、文化、娱乐与社区服务等。同时，为青年人设计闲暇活动也在一定程度上对预防药物滥用、少年犯罪等有着很好的预防作用。

为此，《行动纲领》提议，各国政府在青年组织积极参与下规划、设计和执行青年政策和方案时应确认闲暇活动的重要性；请各国政府在国际组织的协助下在农村和城市地区设立公共图书馆、文化中心等其他文化设施；各国政府应向教育机构提供必要的资源及基础设施，并将闲暇活动纳入学校的正规课程之中；各国政府以及地方当局和社区发展机构应将闲暇活动方案和设施纳入城市与农村规划之中；应鼓励新闻媒体进行相关闲暇活动的宣传工作。[4]

（九）关于女孩与青年妇女

一个无法忽视的事实是，即便是在21世纪的今天，性别歧视与陈规陋习仍然在限制着女孩与妇女，使她们无法得到应有的发展与服务。目前全世界仍有6500万女孩失学，每年有500万15岁~19岁的妇女堕胎，其中40%是非安全的堕胎。[5]同时，在世界各地凌虐与性虐待仍在摧残着数以百万计的女孩与青年妇女，部分发展中国家仍保留着歧视或贬损女性的陈规陋习。

---

[1] 参见联合国网站：http://www.un.org/zh/ga/50/res/a50r81.html，访问日期：2017年7月25日。
[2] 根据《联合国少年司法最低限度标准规制》的规定，"少年"指0周岁至18周岁年龄段的人。
[3] 参见联合国网站：http://www.un.org/zh/ga/50/res/a50r81.html，访问日期：2017年7月25日。
[4] 参见联合国网站：http://www.un.org/zh/ga/50/res/a50r81.html，访问日期：2017年7月25日。
[5] 参见江广平主编：《联合国青年事务》，中央编译出版社2008年版，第94页。

为此,《行动纲领》提议,各国政府应采取行动,消除对女孩和青年妇女的歧视,并通过全面的政策、行动计划和方案,在平等基础上确保她们充分享有人权和基本自由;各国政府应确保女孩和青年妇女有普遍和平等机会接受和完成小学教育,而且有平等机会接受中学和大学教育;各国政府应消除在健康和营养方面对女孩和青年妇女的歧视;各国政府应按照《儿童权利公约》和《消除对妇女一切形式歧视公约》的要求,保护女孩和青年妇女免受经济和有关形式的剥削;各国政府应在国际一级合作,颁布并强制执行立法,保护女孩和青年妇女免受一切形式的暴力。[1]

(十) 关于青年充分和有效地参与社会生活和决策

尽管世界各国均普遍认同青年参与社会生活与决策的重要性,但很多国家与地区的话语权仍掌握在资格稍老的群体之中,青年人时常被排斥在社会生活与决策之外。应当看到,青年参与决策无论对于决策本身还是青年发展均有好处——其一方面为决策层带来了新的思路与想法,有利于保持决策的时代性,另一方面青年的参与也为他们自身的成长与发展提供了宝贵的机会。

为此,《行动纲领》提议采取以下行动:(1) 增加青年获得信息的途径,使他们能更好地利用参与决策的机会。(2) 利用各种机会,使青年知道其权利和义务,促进青年参与社会、政治、发展和环境方面的活动,消除阻挠他们对社会作出充分贡献的障碍,同时要充分尊重结社自由。(3) 通过为青年团体提供财政、教育和技术支助,并促进它们的活动,鼓励和提倡青年团体。(4) 考虑到青年在设计、执行和评价影响到他们所关注的事务的国家政策和计划方面的贡献。(5) 鼓励青年组织之间增加合作和交流。(6) 邀请各国政府促使青年人进一步参加国际论坛,参加方法包括在其本国出席大会的代表团中列入青年代表。[2]

二、近年来联合国青年发展政策的关注焦点

诚然,联合国历史上共在1965年、1985年与1995年通过了三个重要的全球性青年发展政策,但这并不否定其他相关青年发展政策的重要性。虽然《到2000年及其后世界青年行动纲领》是面向21世纪的长期性青年政策,但其也强调了随着时代发展而增补新的内容的重要性。近年来,联合国保持对青年发展事务的高度关注,2014年10月,联合国于阿塞拜疆巴库市召开首届全球青年政策论坛,并通过《巴库青年政策承诺》;2016年1月联合国大会通过《2030年可持续发展议程》,对青年的发展提出了新的要求。纵观近年来的联合国相关决议,可发现青年发展政策关注的焦点主要在以下几点:

(一) 青年的全面参与

即便1985年国际青年年时就已确定了以青年参与为核心的"参与、和平、发展"主题,《到2000年及其后世界青年行动纲领》亦将青年参与作为青年发展的十大优先

---

[1] 参见联合国网站:http://www.un.org/zh/ga/50/res/a50r81.html,访问日期:2017年7月25日。
[2] 参见联合国网站:http://www.un.org/zh/ga/50/res/a50r81.html,访问日期:2017年7月25日。

领域之一。但数十年来无论在国家、区域还是国际层面,青年参与更多的只是一种象征或口号,至多是"背书"一些早已替他们做好的决定。针对这一现状,联合国于2010年的《世界青年报告》中对青年参与决策的详细过程进行了规制,构建了从鼓励青年参与,到与青年建立合作关系,再至直接赋予青年制定政策的权力等多层次的参与体系。[1]而2013年的《世界青年报告》继续强调了青年参与的重要性,指出联合国不仅鼓励青年积极参与各类社会活动,如民族交流、公益宣传、节日庆典等,更为重要的是各国政府应更多地吸纳青年至政策的制定过程之中,并要求各国在制定有关政策方针时更多地听取青年意见。值得一提的是,2013年《世界青年报告》特地举例,津巴布韦政府就曾经与该国10岁~30岁的青年展开对话,就如何加强移民管理展开讨论,以此作为讨论国家发展的重要内容。通过这个对话,使得青年认识到人口走私以及非法移民的危险性,正常移民以及安全移民的重要性,使得国家发展政策更加合理,也使得青年加入到了津巴布韦的政策制订中来。[2]

正是由于青年全面参与社会生活与决策制定的重要性,在2014年10月首届世界青年政策论坛上,时任联合国秘书长的潘基文表示,青年是明日的领导者,人们在今天就需要细心地倾听他们的声音。当年轻人表达自己的想法、指出那些政策对于他们来说是重要的,政府、商业界、公民社会都可以从中受益。因此,他呼吁政府帮助年轻人积极介入公共生活、参与决策,共同建设更加美好的世界。[3]

(二) 青年教育与就业

虽然青年的教育与就业问题在《到2000年及其后世界青年行动纲领》中即作为最重要的两大领域予以了规制,但到了2016年《2030年可持续发展议程》的出台,其对教育与就业问题仍然进行了重点关注。这项具有普遍性的发展新框架要求各成员国采取行动落实目标4和目标8,[4]重点是让所有人都有机会接受包容的优质教育,促进终身学习,加强青年人的各种技能,并提供体面的就业机会。

为此,联合国亚太经济社会委员会(ESCAP)于2016年3月28日临时审议了"本区域从就学过渡到就业的趋势",并就如何帮助青年克服其中的障碍提出政策性意见。ESCAP指出了亚洲青年教育与就业领域的十余项问题,如:至2010年,本区域内的中学和大专院校入学率仅分别为64%和25%;[5]在许多国家,读完中学和大学的青年人也未必能够更好地适应当今劳动力市场的需求;[6]学校教育与劳动力市场需求严

---

[1] See United Nations, *World Youth Report* 2010: *Youth and Climate Change*, United Nations Press, p.54.
[2] 转引自夏扬:"从2013年世界青年报告看联合国青年政策的发展",载《中国青年研究》2014年第7期。
[3] 参见"首届青年政策论坛落下帷幕,成果文件《巴库青年承诺》强调青年参与",载联合国网站:http://www.un.org/chinese/News/story.asp?NewsID=22845,访问日期:2017年7月25日。
[4] 《2030年可持续发展议程》目标4:确保包容和公平的优质教育,让全民终身享有学习机会。目标8:促进持久、包容和可持续的经济增长,促进充分的生产性就业和人人获得体面工作。
[5] 参见联合国亚太经济社会委员会:《2012年亚洲及太平洋统计年鉴》,www.unescap.org/stat/data/syb2012,访问日期:2017年7月26日。
[6] 参见联合国亚太经济社会委员会:《2012年亚洲及太平洋统计年鉴》,www.unescap.org/stat/data/syb2012,访问日期:2017年7月26日。

重不匹配；[1] 2014年本区域内青年总体失业率为11.3%；[2] 青年即使有工作，也多半处于弱势就业，很少签订正式合同，无法享受社会保障与足够报酬[3]，等等。

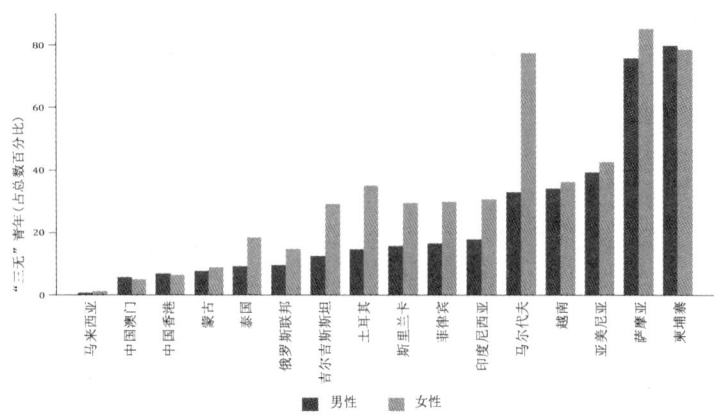

图16-1 亚太地区不工作、不上学、不受培训的青年人比例（部分国家）[4]

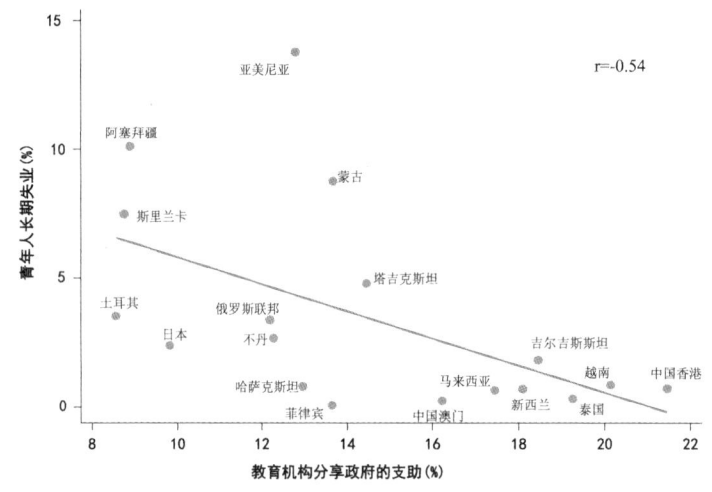

图16-2 2006~2012年亚太地区青年长期失业率与教育支出（部分国家）[5]

亚太经济社会委员会认为，青年时期是价值观、道德观和个人习惯的重要成型期，

---

[1] 参见"2013年人才短缺调查：研究结果"，载万宝盛华集团网站：www.manpowergroup.com/wps/wcm/connect/587d2b45-c47a-4647-a7c1-e7a74f68fb85/2013_Talent_Shortage_Survey_Results_US_high+res.PdfMOD=AJPERES，访问日期：2017年7月26日。

[2] 参见亚太经济社会委员会在线统计数据库：www.unescap.org/stat/data，访问日期：2017年7月26日。

[3] 参见"脆弱就业与贫困在上升，劳工组织就业趋势股股长访谈录"，载国际劳工组织网站：www.ilo.org/global/about-the-ilo/newsroom/features/WCMS_120470/lang--en/index.htm，访问日期：2017年7月26日。

[4] 参见亚太经济社会委员会在线统计数据库：www.ilo.org/ilostat，访问日期：2017年7月26日。

[5] 参见亚太经济社会委员会在线统计数据库：www.ilo.org/ilostat，访问日期：2017年7月26日。

也是获得技能的年龄段,对未来的发展起着重要作用。我们需要为其打好基础,包括:高质量并具有相关性的教育、对从学校向劳动力市场过渡的支持、体面的就业机会等。具体而言,各国政府应努力通过提高教育程度,帮助年轻人掌握使他们更容易找到正式工作的技能;必须提高教育和培训的质量和相关性,加强用人单位与教育机构之间的协调;政策制定者要靠准确的劳动力市场信息来正确了解劳动力市场内部潜在的结构性问题,并制定相应的就业、教育和经济政策;对于那些有创业意向的学生,有必要提供机会让他们掌握创业方面的宝贵技能和知识等。[1]

(三)青年信息技术

离我们最近的信息统计技术即是互联网。当今社会对互联网的依赖越来越重,我们有越来越多的信息通过互联网传递,政府的行政事务通过互联网处理,电子商务亦在蓬勃发展。但是也应该看到,全球范围内互联网的使用率有着非常大的差异。2016年11月国际电信联盟(ITU)发布的调查报告显示,在发达国家互联网的使用人数约占到总人口的,最高的冰岛甚至达到了98.2%;而在发展中国家这一比例约为40%;同时,在少数经济欠发达国家,这个数字甚至不到10%,如坦桑尼亚为5.4%,刚果为3.8%。[2]在这样的情况下,不同的社会群体之间在拥有和使用现代信息技术方面存在较大差异,拥有互联网接入的人群信息占有量越来越大、工作效率越来越高,将那些没有接入互联网国家的人群远远抛在身后,"数字鸿沟"就此诞生。[3]而在互联网与信息技术的使用者中,青年群体占据较大比重,"数字鸿沟"在不同国家青年群体中的表现亦更为明显。

进入21世纪后,联合国即关注到了消弭"数字鸿沟"与信息技术的重要性。2003年12月10日联合国在日内瓦召开信息社会世界首脑会议第一阶段会议,通过了旨在缩小全球"数字鸿沟"的《原则宣言》与《行动计划》。2005年11月16日在突尼斯召开信息社会世纪首脑会议第二阶段会议,并通过了《突尼斯承诺》与《信息社会突尼斯议程》,认为制订信息和通信技术指标对衡量"数码鸿沟"很重要,呼吁各国和国际组织为信息和通信技术统计数字拨出适当资源,制订有效的衡量方法,包括信息和通信技术的基本指标和分析信息社会的状况。[4]

自2007年起,目前联合国已经连续十年每年通过一次《信息和通信技术促进发展》的决议。在2016年最新通过的决议之中,联合国认识到信息和通信技术面临着新的机遇和挑战,迫切需要克服发展中国家在获得新技术方面所遇到的种种障碍。强调我们需要应对普遍存在的挑战,以弥合国家之间和国家内部以及男女之间的数字鸿沟,

---

[1] 参见联合国网站:http://www.unescap.org/sites/default/files/pre-ods/CSD4_3%20C.pdf,访问日期:2017年7月26日。

[2] 参见中文互联网数据咨询中心:http://www.199it.com/archives/540061.html,访问日期:2017年7月26日。

[3] 参见张新红:"什么是数字鸿沟?",载《电子政务》2008年第11期。

[4] 参见联合国经济及社会理事会:"关于衡量信息和通信技术促进发展情况的伙伴关系的报告",载https://unstats.un.org/unsd/statcom/doc07/2007-5c-ICT.pdf,访问日期:2017年7月26日。

并利用信息和通信技术促进发展。并鼓励各国政府加强国际合作，加大在教育、能力建设、语言以及文化等方面的投资，以互利条件转让信息技术和适当提供资金，继续推动有利于穷人的信息和通信技术政策落地，如基层宽带接入等。[1]

第四节　联合国青年发展政策与中国青年发展

需要注意的是，尽管联合国青年发展政策已经十分成熟并具有相当的可操作性，但在指导中国青年发展时并不能完全套用——在青年群体的界定上，联合国15周岁~24周岁的范围就与我国有着较大差异。2017年4月中共中央、国务院发布的《中长期青年发展规划（2016~2025年）》将青年界定为14周岁~35周岁年龄段的人。同时，联合国青年发展政策毕竟面向全球，其对于非洲部分极度落后国家的政策导向也并不符合我国国情。但是总体而言，联合国青年发展政策仍具有很强的指导意义，在《到2000年及其后世界青年行动纲领》出台仅三年后，联合国185个成员国中就有153个国家制定了跨部门的国家青年发展政策，有167个国家建立了相应的青年协调机构。[2] 我国是负责任的大国，亦是发展中国家的代表者，需要积极响应国际号召，在制定并推行相关青年发展政策时需深刻把握联合国青年发展政策的精神与精髓。

一、我国的青年发展与政策支持

新中国成立以来，党和政府始终高度重视青年工作，对青年寄予厚望，将其视为现代化建设的继承者和开拓者，十分注重发挥青年在社会生活与政策制定方面的作用。尤其是改革开放以来，我国积极开展青年发展领域的国际交流与合作，亦参与到了《到2000年及其后世界青年行动纲领》的起草工作之中。

与其他国家不同的是，我国青年发展工作的特色是由政府相关部门进行承担，由共青团组织予以协助。2005年，在《到2000年及其后世界青年行动纲领》出台十周年之际，共青团中央开展了一次特别调查，并发布《中国青年发展报告》。《报告》对十大优先领域的中国青年发展状况进行了详细调查，肯定了我国青年发展工作的成绩。例如，在教育方面，我国教育经费有了较大增长，青年的受教育面显著扩大，教育改革取得丰硕成效，教育投入也呈现多元化。在就业方面，中国经济的持续增长为青年提供了大量的就业岗位，政府采取多项措施积极鼓励青年创业，劳动者技能培训工作稳步推进，中国政府还通过不断完善失业保险制度为失业青年提供社会保障。在贫困方面，中国青年的贫困问题已经基本解决，政府仍在通过一系列优惠政策帮助不同的

---

[1] 参见联合国网站：http://www.un.org/zh/documents/view_doc.asp?symbol=A/RES/71/212，访问日期：2017年7月26日。

[2] 参见威廉·安吉尔："世界青年现状及联合国世界青年政策与纲领"，载《中国青少年研究会会议论文集（2002年）》。

贫困青年群体脱贫解困……[1]

需要承认的是，长期以来我国并未出台全局性、纲领性的青年发展政策，各项政策更多的是体现于各法律法规、党章以及文件之中。例如，《宪法》第四十六条规定："国家培养青年、少年、儿童在品德、智力、体质等方面全面发展。"《义务教育法》《收养法》《未成年人保护法》《预防未成年人犯罪法》等法律均将青少年作为专门对象进行权益保障，《婚姻法》《残疾人保障法》等也包含了青年群体的特殊要求。同时，《中国共产党党章》第十章专门指出："党要坚决支持共青团根据广大青年的特点和需要，生动活泼地、富于创造性地进行工作，充分发挥团的突击队作用和联系广大青年的桥梁作用。"此外，《中共中央国务院关于进一步加强和改进未成年人思想道德建设的若干意见》《中共中央国务院关于加强和改进大学生思想政治教育的意见》等文件亦对青年发展的具体领域提供了制度保障。

至2017年4月《中长期青年发展规划（2016~2025年）》的出台，我国才算有了第一部系统性的青年发展政策。其首先指明了当代中国青年的人生航向，即为成为中国特色社会主义事业的建设者和接班人、实现中华民族伟大复兴的中国梦而努力奋斗。其次，《规划》旨在促进全社会对青年事务的高度关注，坚持党委领导，政府、群团、社会协同施策，共同营造青年健康成长的良好环境。最后，《规划》处处从青年的切身利益出发，大大激发了广大青年的奋斗热情，来回报社会，把党和国家建设得更好。至此，我国的青年发展政策体系初步形成，各项具体的专项政策有了依托与抓手，中国的青年发展呈现出良好态势。

二、联合国青年发展政策的中国启示

客观地说，尽管我国在参与联合国青年事务、谋求青年发展工作中已经取得了可喜的成绩，但仍有许多不如意的地方。如"政出多门"，青年发展政策经常由不同部门制定，相互之间很难衔接。且在中国的幅员范围内，各省市青年发展情况差异较大，地方性青年发展政策较为欠缺。相反，联合国（含国际联盟时期）开展青年工作已有近百年的历史，其诸多经验值得我国借鉴。

（一）多层次的青年发展政策体系

自《到2000年及其后世界青年发展行动纲领》出台后，联合国国家、区域、国际三个层次的青年发展政策体系已经形成。《行动纲领》指出，在国家一级，要促请尚未制定和通过一项综合性国家青年政策作为解决与青年有关问题的手段的各国政府尽快制定跨部门的国家青年行动纲领；在区域合作层面，要求联合国各区域委员会与有关的区域政府和非政府青年组织以及部分青年群体积极开展合作，制定、执行、协调和评价区域一级的各类行动；在国际合作层面，邀请正在非洲、亚洲、欧洲、拉美和加

---

[1] 参见中国青年少年研究中心、团中央国际联络部课题组："联合国《到2000年及其后世界青年行动纲领》实施十周年（1995~2004年）特别调查：中国青年发展报告"，载《中国青年研究》2005年第11期。

勒比以及西亚地区负责青年事务的部长加紧相互合作，并在政府间一级积极建立伙伴关系。[1]

应该说，分层次、相互配合的青年发展政策体系更有利于结合地方特点，针对性地解决青年发展问题，服务于更多的青年群体。就我国而言，2017年4月才出台第一部全国性的青年发展规划。此前，散见于各法律与文件中的青年发展政策大多也属于国家层面。在省级范围内，虽然上海于2007年即发布了《上海市青年少年发展"十一五"规划》，并于"十二五"及"十三五"期间及时跟进。但大多数省份均未启动自身的青年发展规划编撰工作，遑论在市级层面制定与推动相应的青年发展政策。我们认为，要在短期内形成全国、省、市三级的青年发展政策体系尚不现实，但至少可要求各省份根据自身地方特色，针对本地青年发展中的突出问题，出台相应的省级青年发展规划，形成全国与省级两层次的青年发展政策体系。

（二）青年事务专司部门

联合国负责青年事务的机构为联合国青年办公室。青年办公室设在纽约联合国总部经济社会事务部及其社会政策与发展司，其在联合国系统中充当着青年事务的焦点。联合国青年办公室旨在增进各国对青年全球状况的认识并增强青年权益保护意识，同时促进各国积极制定国家级青年发展政策，以及加强与非政府青年组织的交流与合作，提高青年参与的程度。联合国青年办公室主要开展国际合作、议会服务、出版书目、地区协调、政策制定以及青年培训等工作，数十年来取得了丰硕成果。

我国的青年工作有自身特色，其主要由政府相关部门分工管理与承担，并由共青团组织予以协助。在《到2000年及其后世界青年行动纲领》出台后，团中央制定了《共青团工作跨世纪发展纲要》，并围绕青年教育、培训、就业、志愿服务等推出了一系列重要措施。但是应该看到，共青团毕竟不是政府的职能部门，团的工作与青年工作也具有一定的差异性。而我国目前又没有专门"青年事务局"的建制，各项青年发展工作只能由如教委、民政等相关部门进行承接，从而缺乏一定的协调性与规划性。在这样的情况下，在我国建立类似于联合国青年办公室的"青年事务局"便显得极为迫切。

（三）从消极救助到积极福利的转变

在数十年的联合国青年发展政策演进之中，我们发现，以往联合国采取的是"问题导向"的政策制定模式，即在青年发展过程中，某个领域出了问题，我们才想起用相应的政策去治理，进而在政策内容上主要体现出的是对青年的教化与救助。但是如今，联合国青年发展政策考虑的主要是青年的"需要"，即在青年成长过程中以其"需要"为导向，采取人性化的政策设计，体现出的是对青年的保护与服务。

应该说，我国尚处于青年发展政策体系的初级阶段，故而政策的制定仍体现出明显的"问题导向"，其针对的仍是青年思想道德、就业创业、婚恋交友、体质健康等一

---

[1] 参见联合国网站：http://www.un.org/zh/ga/50/res/a50r81.html，访问日期：2017年7月27日。

系列"出了问题的环节"。即便最新出台的《中长期青年发展规划（2016~2025年）》将"青年社会保障"作为了优先发展的十大领域之一，但其群体仍是残疾以及失学、失业、失管等部分群体，尚不触及整体福利的层面。诚然，"问题导向"的青年政策制定模式是我国现阶段国情的特殊选择，但在未来的青年发展政策研究中，只有完成从消极救助到积极福利的过渡，才能真正满足青年全面发展的客观需求，完成青年的"自我实现"。

（四）青年的全面参与

青年发展政策的客体显然是青年。联合国成立之初的青年发展政策仅仅将青年当作管理的对象，青年本身对于政策的内容、自身的客观需要没有太多的发言权，只是单纯的作为一个客体存在。但是自1985年国际青年年后，"参与、和平、发展"的主题即被定下。此后，联合国积极与青年接触，鼓励更多的青年进行社会参与，不仅要参与到社会建设之中，同时也需要参与到国家甚至国际社会的决策之中，尤其是为青年参与到自身发展政策之中创造机会。

如前文所述，我国的青年发展政策主要散见于宪法等法律、党章以及相关文件之中，而这些政策的制定过程显然是将青年群体排除在外的。值得欣慰的是，2017年4月《中长期青年发展规划（2016~2025年）》的出台将"青年社会融入与社会参与"作为十大重点领域之一优先发展。但是也要看到，这里的青年参与仍指代的是参与到社会生活之中，尚未提及青年参与到政策制定的层面。在今后的青年发展政策制定过程中，我们有必要吸纳更多的优秀青年参与其中，反客为主，成为政策制定最强有力的主体，只有这样才能始终保持青年发展政策与时俱进，深刻反映青年需求，更好地为青年谋求发展。

第十七章
国外青年发展政策的比较借鉴

自党的十八大以来,以习近平总书记为核心的党中央高度重视青年的成长和发展。习近平总书记在多个场合都强调了青年工作的重要性并对青年的成长成才提出了自己的殷切希望,习近平强调,青年是祖国的未来和希望,青年一代有理想有担当,国家民族就有前途有希望。在党的十九大报告中,习近平总书记更对青年的发展问题提出了新要求和期盼。他表示,全党应当关心和爱护青年,为他们实现人生出彩搭建舞台。青年是未来的代表,也是可塑性极强的一个群体。中国梦的实现离不开青年,中华民族伟大的中国梦终将在一代代青年的接力奋斗中变为现实。当前,青年利益和青年呼声往往受到忽视,青年的就业、婚恋、价值观树立等方面出现的问题层出不穷,日趋成为社会热点问题引发舆论的关注。而且,青年容易受到外界影响的特点更需要相关部门制定青年发展政策对青年的发展进行详实的规划,通过相应政策的制定,更好的回应青年当前可能面临的种种问题和社会热点,能够引导青年更快的成长,成为社会主义事业的合格接班人。

制定我国的青年发展政策一直以来都是学界的呼声,时至 2017 年 4 月 13 日,中共中央、国务院印发了《中长期青年发展规划（2016~2025）》,这标志着我国的青年政策制定指导开始有了新的起点。本章主要通过当前国内外的青年发展政策的横向比较,以期对当前的青年发展政策的进一步完善有所裨益。

第一节 部分国际组织的青年发展政策

一、欧盟

早在 1985 年,联合国于国际青年年会上发表宣言开始,欧洲委员会就于斯特拉斯堡举行了"为了青年"的部长级会议来协商青年政策方面的事务。1992 年,欧盟发布了"欧洲的青年"规划,规划中包含了青年学习、交流、志愿等方面的内容。[1]时至

---

〔1〕 参见［英］霍华德·威廉姆森:"欧洲共同体背景中的青年政策",余娟娟、陈晶环译,载《青年探索》2012 年第 2 期。

1998年，在布加勒斯特一个关于青年主题的欧洲青年部长会议上，"欧洲委员会的青年政策"这一个表达法得到了正式的阐明，而且包括以下一些要点：帮助青年人应对他们所面临的挑战和实现他们的愿望，在非正规教育背景下通过民主公民的培训来加强公民社会，鼓励青年人参与社会，支持青年政策的发展，以及寻求促进青年在欧洲的流动等。[1]2001年、2005年以及2007~2013年欧盟对内发布了三项重要的青年政策举措，分别为《欧洲青年白皮书》《欧洲青年公约》和《行动中的青年发展规划》。

《欧洲白皮书》主要包含了四个方面，分别为参与、信息、志愿服务以及对青年更多的了解和更好的理解。每一个主题都要通过一个所谓的"开放的协调方法"这一程序与成员国进行深入细致的双边协商。[2]需要成员国对各个主体作出自己的问卷，而后由欧盟进行分析汇总并形成综合报告和为青年制定具体政策的相应目标。《白皮书》对未来的青年发展预测十分准确，由此产生的协调协商方式对各个欧盟成员国制定青年政策起到了很大的作用。根据相关文献资料，27个欧盟成员国都将《白皮书》作为制定青年政策的依据，尤其强调了青年参与作为一项青年政策的基本要素在政策制定中起到的作用。《欧洲青年公约》是在《白皮书》的基础上制定并扩大了相关青年政策的关注点，《公约》的制定目的是为了"里斯本计划"服务的，也即强化欧洲青年的核心竞争力，将青年就业与社会融入视为第一要务。《青年行动》纲领主要建基于最早的实用性欧洲青年纲要，更重要的是，这个纲领也关注到，既要通过和青年人之间的"结构性对话"，也要通过与欧洲委员会和联合国之间的更强有力的交流合作来强化对于青年政策合作方面的支持。[3]

实际上不仅只有上述文件对欧盟形成完整的青年政策体系做出了贡献，同样，欧洲议会在政策执行上的作用功不可没。20世纪70年代，随着欧洲青年中心和欧洲青年基金会的创立。20世纪80年代欧洲指导委员会建立。与青年相关的政策制定会议还有欧盟青年总干事会议和欧洲青年部长会议。为了保障青年政策的执行，欧洲青年部长会议会对各项青年政策进行落实和评估，欧洲委员会青年工作的第二个中心还专门形成了对欧盟国家青年政策进行国际评论分析的综合报告。[4]通过相应政策的实施和评估微调，欧盟青年政策形成了完整的体系，更好地为欧洲青年服务。

二、东盟

东盟指的是东南亚国家联盟，成员国包括马来西亚、印度尼西亚、泰国、菲律宾、新加坡、文莱、越南、老挝、缅甸和柬埔寨。东盟与欧盟有所不同的是，东盟是致力于以经济合作为基础的政治、经济、安全一体化而建立的合作组织。欧盟的一体化进

---

〔1〕 参见［英］霍华德·威廉姆森："关于欧洲的青年政策"，董艳春译，载《青年探索》2011年第3期。
〔2〕 参见［英］霍华德·威廉姆森："欧洲共同体背景中的青年政策"，余娟娟、陈晶环译，载《青年探索》2012年第2期。
〔3〕 参见［英］霍华德·威廉姆森："关于欧洲的青年政策"，董艳春译，载《青年探索》2011年第3期。
〔4〕 参见李尔平："东盟和欧盟青年政策比较研究"，载《中国青年社会科学》2016年第1期。

程进度比较快，已经由区域的经济组织变为了区域政治、经济的综合体。东盟的青年政策总体来说比较分散，没有像欧盟那样，有统一的欧盟内部出台的青年政策文件，而是在各个国家中散落存在。东盟松散的原因有很多，第一是社会制度上和政治体制上的不同，从社会制度上而言，既有社会主义制度，也有资本主义制度，从政治体制上而言，包括君主立宪制、共和制、民主制、君主制等制度使得东盟在总体上很难有一个统一的机构制定适应各个成员国特殊情况的青年政策。第二是文化上的差异，文化上的差异既有受到传统教育上的不同，也有宗教信仰上的不同。第三是成立之初宗旨上就不是为了成立超越国家组织形式而成为一个新组织，目的仅仅在于完善本国的经济体系，提升区域的政治和经济实力。以上原因的出现导致了各国就青年政策的制定上具有分散性，而这种分散性的青年政策既不便于人们了解，也不便于执行和评估，从而使青年的利益难以得到有效的维护和保障。[1]

东盟之中仅有新加坡明确了青年政策的体系，其他成员国主要是根据本国的实际情况，在相关的政策法律中零散的规定涉及青年的政策条文。东盟国家青年问题主要体现在健康、教育、饥饿、贫穷等方面。[2]基于上述问题，东盟较少能够拿出相应的解决措施办法，青年的就业问题上，没有统一的东盟促进就业的政策法规对东盟成员国进行促进就业的指导，仅有零星的几个国家出台了相关措施促进本国青年的就业。在青年的社会保障问题上，东盟虽然也出台了相关文件帮助处于困境中的青少年，但却没有形成规范的青年政策，缺乏系统性的指导措施。[3]东盟作为发展中国家中最具影响力的区域合作组织之一，在青年发展政策上迟迟不能形成合力对我国当前的青年政策制定和完善有很好的借鉴作用。一方面，东盟处理青年问题是从近期出现的问题角度出发，很少照顾到青年的远期发展，尤其是青年实现自身价值的道路开拓，更多的政策是基于人的第一追求，也即生存而非发展，这表明了当前发展青年政策离不开雄厚的经济基础和实力。另一方面而言，东盟的松散性导致合作组织内部由于实力的不同导致各个国家青年政策水平的差异，我国在完善青年政策时，应当照顾区域发展水平的不同，更多地平衡和照顾各个地区的现实状况，才能更好地使青年发展规划的内容能够更有效地得到实施保障。

三、非盟

非盟主要指的是由54个非洲会员国组成的国际政治、经济和军事组织。非盟作为区域性的国家间联盟，青年问题自成立以来一直都是其关注的焦点。正如前非盟委员会主席德拉米尼·祖玛在第28届非盟峰会上所指出的那样，非洲目前就有2亿多年龄在15周岁~24周岁的青少年群体，基数十分庞大，占世界青年人数的1/4，如何利用好这么大的人口红利为非洲的发展注入强劲的动力是非洲领导人所关注的核心问题。

---

[1] 参见李尔平："东盟和欧盟青年政策比较研究"，载《中国青年社会科学》2016年第1期。
[2] 参见李尔平："东盟和欧盟青年政策比较研究"，载《中国青年社会科学》2016年第1期。
[3] 参见李尔平："东盟和欧盟青年政策比较研究"，载《中国青年社会科学》2016年第1期。

值得一提的是，第 28 届非盟峰会和第 27 届非盟峰会上，采用了相同的峰会主题，也即"通过投资青年利用人口红利"。这毫无疑问将非洲领导人们对于青年给非洲的未来能够带来红利的希望表达得淋漓尽致。

实际上，早在 2006 年的 7 月，非盟峰会就已经通过了青年的政策纲领——《非洲青年宪章》对于非洲青年（包括洲内和洲外）进行了系统的规划和指引。《青年宪章》将青年定义为 15 周岁~35 周岁的人群，并从人权、教育、政治参与、消除贫困、就业、卫生、和平和安全、环境保护、性别平等等多个方面，描述了非盟及其成员国在青年发展当中所应当承担的义务和责任。需要说明的是，虽然蓝图制定的相当宏伟，然而仅仅有 15 个非盟成员国已经签署了上述《青年宪章》，在宪章具体落实上也少有非洲国家能够真正照章办事。时至 2010 年，才在乌干达举行了首届非盟青年论坛。这些长期以来一直得不到落实的政策同样值得我们进行反思和借鉴。

随着经济的发展，非洲的基础教育活动已经全面铺开，青年识字率大幅上升，新一代的受教育群体已经初具雏形，然而，当前非盟青年面临的主要问题仍有贫困、失业和政治参与低等。从数据上来看，非洲青年，尤其是撒哈拉以南地区的青年，贫困率高达 72%。[1] 仓廪实而知礼节，非洲的基础设施建设，尤其是粮食问题亟须得到解决。而且目前，青年失业人口人数已占非洲失业人口总数的 43.7%，且有近 1/3 的人已经完全放弃了就业，成为自愿失业人口。[2] 大量的失业青年无所事事，成为游荡青年，参与暴力活动，造成了社会动荡。与此同时，青年的政治诉求也得不到关注，这是由于非洲的民主政治和青年人之间存在联系较少，据统计，非洲领导人的平均年龄比非洲青年高出 44 岁之多，青年人认识到自己对政治的影响力不足，自然也就不会有政治参与热情。在这样的时局下，相应的青年规划无法着手进行实施也就可以理解了。

第二节 代表性国家的青年发展政策

各国的青年发展政策有所不同和侧重之处，这是由于各国的青年政策和涉及青年发展的理念有所区分，所以在制定青年政策的时候对相关政策往往有符合本国国情特点的特殊制度出台。但是值得一提的是，青年的就业问题、社会保障问题、健康问题、教育问题等方面在各国的青年政策制定中都是相对浓墨重彩的一部分内容，这在各国的青年发展政策中均有所体现，这反映了就业、教育等问题的确是当前的全球性难题，当然，通过他山之石的研究和对比，这对我国当前规划的相关内容完善也有可以进行完善之处。

一、英国

自工党政府上台之后，英国青年工作迈入了新篇章。工党制定了一系列涉及青少

---

[1] 参见张学英、王璐："非洲青年就业及职业技能积累问题研究"，载《职业技术教育》2015 年第 13 期。
[2] 参见张学英、王璐："非洲青年就业及职业技能积累问题研究"，载《职业技术教育》2015 年第 13 期。

年的法律政策，对青少年管理部门进行资源整合。在《改革青年工作》《青年事务》等政府报告和绿皮书中，英国政府指出了青年工作下一步改革要遵循的基本原则。[1]尤其在2000年，克里斯事件的发生，使得社会机构之间缺乏配合机制成了改革的导火索和切入点。英国政府在《青年事务》（2005年）和《青年事务的下一步》（2006年），以及《2006年教育和检查法案》中明确希望地方当局建立青年综合支持服务体系（简称 IYSS）。[2]当然，随后各地建立的青年帮助体系各有不同。

（一）青年就业

1998年，工党推出了青年新政，新政在就业方面的主要政策是强迫青年参与就业中心的专门指导，否则将无法领取失业的津贴。在经历就业指导中心四个月的指导后如果仍未找到工作则开始继续领取津贴，连续领取6个月之后，需要再在就业指导中心进行重新培训，流程于第一次培训基本相同。该政策的实施为政府节约了青年失业的津贴，同时也在一定程度上提升了青年的就业率。2007年经济危机之后，由于普遍的经济衰退，英国政府为了刺激青年就业，相继推出了一系列国家政策，例如2009年的弹性新政和国家实习计划，通过提供补贴和提供更多教育机会的方式来促进青年就业。为了防止青年啃老，2012年，英国政府特地推出了两项举措，一是青年参与青年合同项目时退出惩罚机制，二是国内18岁~24岁的青年3个月无薪工作机制。

（二）青年健康

英国政府十分重视青年健康的问题，首先在立法上，在"所有的孩子都至关重要"（Every Child Matters）的法案中要求各青年机构需要通力合作，青年工作者需要记录所服务的青少年的行为，出具证明表明年轻人有所成果，证明自己的工作成效，满足政府所设定的目标。[3]其次，对学校和青年服务机构均提出了相应要求，要求学校通过健康教育的测评，为学生的在校环境提供一个健康、舒适的机会。就青年服务机构而言，对其形式进行规范化，鼓励青年服务机构开展例如"帮助青年单身母亲"的活动，进行生殖健康以及性教育，更好的降低社会福利机构因为单亲母亲而大量支出的补贴。此外，还有《儿童健康计划》《公共服务协议》等对青年健康进行帮扶的措施出台，更好地为青年健康服务。

（三）青年教育

2007年12月，英国出台了《儿童计划：构建更加美好的未来》，该计划明确提出英国政府2020年的基础教育发展目标，尤其强调了儿童、青年的教育发展具体目标，同时还提出相关的支持政策。[4]该计划主要有以下三个方面构成：第一，通过拨发专门的资金给第三方机构来解决存在已久的贫困家庭中的贫困儿童问题，同时加强学校对家庭的关注度，使得教育的公平化更快的实现。第二，通过《保障安全行动计划》

---

[1] 参见陈琳瑛、佘双好："新世纪英国青年工作的发展特点与趋势"，载《北京青年研究》2015年第1期。
[2] 参见陈琳瑛、佘双好："新世纪英国青年工作的发展特点与趋势"，载《北京青年研究》2015年第1期。
[3] 参见张庆华："英国青年工作框架下的青年健康问题"，载《中国青年研究》2006年第11期。
[4] 参见马宇："英国2020基础教育发展目标与政策实施"，载《教学与管理》2013年第1期。

明确家庭和学校的安全责任，保障青少年在成长过程中能够在保护下健康的成长。将互联网安全列入青少年的教育内容之中。并通过《酗酒行动计划》和《青少年犯罪行动计划》来对青少年不良行为、严重不良行为和犯罪行为进行预防以及规制。第三，对课程设置和教师配置进行进一步的改良，使得课程更加科学，教师教员的素质能够有所保障，并投入巨资对校舍进行修缮和新校舍的修建，建成配套设施。

二、美国

在美国的联邦政府中，没有直接负责青少年事务的专门机构。青少年的事务的管理是分散于各个管理部门的规章之内的。例如，劳工部的职能中包括了青少年就业内容，司法部则明确将预防青少年犯罪纳入其业务范围。[1]但是州一级，基本上都会成立青少年专门的事务部门进行管理。由于美国社区制度比较发达，社区居民对本社区内的事务参与度和责任心均处于较高水平，所以不但社区矫正的刑罚执行方式使用率比较高，而且类似纽约州政府，会在社区中设立相应的青少年工作网络，以社区为依托，将青少年服务基地同社区相互联系。值得一提的是，美国的青少年服务项目大多都是外包给一些青少年工作专门的社团组织，为了保障社团组织履行职责，一般社团组织具有以下性质：专门性、非营利性以及资金来源的多样性。政府负责青少年活动项目的策划以及发布，并通过对于社团的管理来保障青少年工作的正常运行。

美国青年失业率较高，社区较为发达，移民较多，性观念比较开放，这些都与当地的特殊国情有所关联，也是一般人对于美国的初步印象，以下就四个方面的内容做进一步的青少年政策简述。

首先，就青年就业问题而言，美国在促进青少年就业上不遗余力，美国涉及促进青年就业的法律有《劳动力投资法案》《美国复苏与再投资法案》以及《美国就业法案》等，以期通过立法的方式能够缓解青少年的失业率相对较高的现实状况。美国政府还出台了相关政策，鼓励青年人创业、减少青年人的税金收取，并通过基于《劳动力投资法案》的项目、青年暑期就业项目、2013年青年就业计划以及美国劳工部开展的项目等来帮助青年进行就业。其次，由于美国社区较为发达，所以社区在矫治未成年人犯罪方面起到的作用举足轻重，一直以来，贫困阶层都被称之为"危险的阶级"，美国通过"青年发展计划"，通过技能培训，使社区底层青少年获得翻新旧楼、建造房屋的工作机会。在这一劳动实践过程中，学员实现社会关系的重新建构，得到职业技能的培训和强化，减少和中和暴力犯罪的危险性因素，建立自尊和自我效能，实现青少年暴力犯罪保护性因素累积。[2]再次，美国在青少年移民政策上，将青少年分为两类，一类是高层次的"技术移民"，另一类是无证青少年移民。两类人员在待遇上有很大的差异，第一类人员可以享有特殊的精细化签证待遇，并通过相应措施对第一类人

---

[1] 参见曾颖如："美国纽约青少年工作研究及其启示"，载《中国青年研究》2010年第7期。
[2] 参见刘艳："论美国社会底层青少年暴力犯罪预防社区干预"，载《当代青年研究》2015年第4期。

员进行担保和劳工证制度的规制，防止冲击本国的就业和引起本国人员对移民技术人员的反感。第二类无证青少年移民则不享有任何就业、就学乃至正常生活办理相关业务的权利，一旦被发现还面临着被遣返的窘境。最后，在性教育问题上，20世纪90年代到2009年，唯禁欲性教育受到了美国联邦政府的持续资助和支持。[1]政府通过拨款的方式资助社区的唯禁欲性教育计划。各州在执行政策上有相对独立性，根据相关数据显示，共有34个州教授了禁欲，然而成效不佳，所以在2010年伊始，美国政府出资进行了全面性教育的改革，通过预防少女怀孕计划，对青少年进行性教育，并设立机构负责青少年的预防疾病、促进健康、预防卫生服务、健康信息与教育的事务。

三、日本

日本政府十分重视青年的成长成才，日本政府从1956年（昭和31年）开始出版《青少年白书》。[2]每隔几年都会有新的白皮书出版，白皮书的主要内容是对青少年的发展状况进行检测，并为政策的进一步实施，优化青年的发展环境提供基础。随着日本社会的不断进步发展，可以清楚地看到在社会由混乱向有序发展的过程中，《青少年白书》关注的焦点也由"问题"逐步转向青少年"发展"。[3]白皮书内容主要包含青少年人口、青少年健康、青少年安全、青少年教育、青少年劳动就业、青少年非行以及青少年生活和意识指标几项内容。

2003年，日本成立了综合性青少年管理机构"青少年育成推进本部"，对青少年事务进行统一的指挥管理，并于当年就发布了第一个国家层面的青年政策——《青少年培养施政大纲》，在此时期也就青少年就业问题推出了《青年自立挑战计划》，针对青少年易受网上的侵害制定了《信息化时代整顿青少年成长环境的方针》。时至2008年，日本又推出最新的《国家青年发展政策》。[4]该政策包括修订教育基本法、制订教育发展基本计划、修订涉及儿童卖淫和色情的法律、加强青年安全使用互联网等。该文本进一步提出青年工作的推动，不仅是政府的工作，更需要家庭、学校、社区及社会大众的共同参与。[5]

众所周知，日本是一个人口老龄化十分严重的国家，所以国家是鼓励生育的。尤其在青年人婚恋和生殖问题上，日本采取了十分宽容乃至优越的措施鼓励多生，甚至对一胎生育奖励日元1000万（60万人民币），并辅之以健全的配套制度，例如产假、婚假乃至孩童生病时的病假，孩子上学的费用也由国家承担一部分，并由国家建立专门的育儿园等场所保障孩子的成长，使家长在照顾孩子问题上能够更宽心。而且，日本青少年年满16周岁就可以在父母同意的情况下结婚生子，自主决定婚姻的年龄为20

---

[1] 参见岳盼、刘文利："美国两大性教育模式的效果比较与政策发展"，载《比较教育研究》2014年第1期。
[2] 参见张华："日本青少年发展指标体系的特点及其借鉴意义"，载《中国青年研究》2014年第4期。
[3] 参见张华："日本青少年发展指标体系的特点及其借鉴意义"，载《中国青年研究》2014年第4期。
[4] 参见邓伟强："五国青年政策的经验及其对澳门的启示"，载《青年探索》2013年第2期。
[5] 参见邓伟强："五国青年政策的经验及其对澳门的启示"，载《青年探索》2013年第2期。

岁。种种措施都是在日本生育率比较低的国情下为了缓解生育难问题而出台的相应措施。

日本的就业状况自2003年之后呈稳步上升趋势，青年人失业率逐年下滑，《青年自立挑战计划》功不可没。计划主要由三方面开展，首先，通过公共职业安定所和工作咖啡厅进行职业介绍活动；其次，对应届毕业生进行培训并辅之以实习计划；最后，政府对雇佣实习人员的企业予以金钱补贴。种种措施推行下日本青年的就业意识和就业能力逐年得以改善，大学毕业生就业率稳步增长。[1]日本政府通过相应措施形成青年就业的良好氛围，鼓励青年就业并对青年的职业技能进行培训以使青年更好地适应用人单位和自身发展的需求，这种的鼓励就业的措施值得借鉴和参考。

四、俄罗斯

虽然关于俄罗斯的研究，尤其是青年政策方面的研究相对于别国来说资料较少，且缺乏系统的论述。但早在1992年，俄罗斯就制定了"国家青年政策紧急法令"，以此作为对青少年为谋求自身利益而发动的"我们的诉求希望被听到"的全俄运动的回应，该法令是俄罗斯第一部青年政策法令。与该法案相伴的是随后成立的"俄联邦青年委员会"，委员会对青少年事务进行统一的管辖，青年委员会机构在成立之后几经周折，最终由俄罗斯教育部统属。由于前述的青年政策存在工作人员的专业水平较低、国家解决青年工作基础设施与青年政策要求不一致、在国家机构中没有独立的青年政策执行部门等问题，所以使一些青年认为俄罗斯青年政策存在虚无的状态，并且导致青年健康、犯罪、收支不平衡等问题频繁的出现，这使得俄罗斯开始制定新的青年政策以正面应对问题。

"俄联邦政府2012年政府活动"对青年政策的发展具有里程碑的意义。[2]这项政府青年政策通过总体布局，统一规划的方式对青年援助、青年健康、青年爱国主义教育以及青年住房等问题进行了战略构建。到现在，联邦主体内有2个中央青年政策部、10个联合部、6个国家委员会、22个青年政策委员会、5个办事处。超过150个国家机构、地方国家机关处理青年事务，在以上部门有10万以上的专业工作人员。[3]2014年11月29日，俄罗斯批准了"2025年前国家青年政策原则"，在肯定既有的青年政策基础上对青年政策发展的新趋势提出了新战略要求。同年，"俄罗斯青年2000~2025年：人力资本负责"也要求先就青年之前不满的负面事务出发进行改良，通过政策的实施对青年不良现象进行完善。

五、法国

法国的青年工作体制非常具有本国特色，法国的国家行政组织体系分为中央行政

---

[1] 参见夏媛、张佳华："日本青年就业问题及其政策对应措施"，载《当代青年研究》2017年第1期。
[2] 参见李春雨："俄罗斯青年政策的理论与实践"，载《当代青年研究》2016年第4期。
[3] 参见李春雨："俄罗斯青年政策的理论与实践"，载《当代青年研究》2016年第4期。

机构和地方行政区。虽然法国已经实施将中央权力下放到地方的权力改革，但是并不影响青年工作在中央青体部的集中管理。地方青年工作的组织者和管理者由青年体育部直接下派。大区和省政府可以介入青体工作之中，由青体部派驻地方代表与大区或省政府进行协调。[1]青体部主管青年工作和青年事务，均是无偿的免费校外服务，校内服务仍由教育部门和学校负责。

法国的青年工作队伍专业化程度和素质都较高，法国青体部所属的青年咨询员有750名之多，更小的地区和区域的负责人更在此基数上有了成比例的提高，为法国青年工作的开展形成了立体化的人力资源支撑。法国青年的社会工作体系十分发达，既有专职的青年工作团队，是专门青年工作专业出身并有了长时间的工作实践基础经验的公务员进行工作，也有闲暇时间从事志愿服务的义工，多层次的人群进行分工配合，有利于青年工作的进一步开展。对这些从事青年工作的人群，还会通过种种方式进行培训，在培训完结之后还有专门发放的认证证书。

值得一提的亮眼项目是"青年挑战"计划和互联网管理计划，"青年挑战"计划的对象是18岁~30岁的青年人，其主要目的是政府提供资金资助，鼓励和帮助青年有计划地制定计划书，并在实践中得以实现。[2]互联网管理计划包含三个子计划，分别为国家青年咨询网、"网络一代"和"青年权利"网，设立目的均为服务青年人为基础，包含了廉价上网、法律咨询等服务内容。

第三节　国外青年发展政策的特点

域外的青年发展政策有其个性，也有共通之处。共通之处在于首先，联合国和东盟作为缺乏强制执行力和中央集权的国家联盟，其制定的青年规划以及政策基本上只能作为各国作为制定青年政策的指引和参考。欧盟则和其他国家一样，通过专门机构发布青年政策并督导各成员国或地区进行青年工作。其次，各国均树立了青年优先发展的理念，青年工作的开展也是在该理念的指导下有序进行的。再次，各国青年的就业率由于金融危机、自身就业意愿不强、社会福利待遇较好等原因近年来成为老大难问题，这一直是政府的顽疾，所以，在各国际组织和国家的青年政策制定中，总离不开提高青年就业率，减少失业青年、游荡青年现象的政策出台。还有青年的健康问题，不论是心理健康还是生理健康，抑或是人员保障还是制度保障，均有国家政策出台对青年健康保驾护航。当然，各国国情不同，青年发展政策的部分区分之处也十分明显，例如日本的促进结婚率和生育率的政策，英国的就业计划中对青年不就业现象进行惩处的条款等，都是根据本国的需要对青年政策的重点方向进行细分和规划。

---

[1]　参见邓希泉:"法国青年工作的成功经验"，载《中国青年研究》2006年第5期。
[2]　参见邓希泉:"法国青年工作的成功经验"，载《中国青年研究》2006年第5期。

一、统筹管理盛行

（一）统一领导机构

统一领导是保障制度正常运行的一种必要机制。在统一领导下，各个相关的青年工作部门才不会相互对责任进行推诿，或者出现有权无责的现象。国际组织中的欧盟就有欧洲委员会和欧洲青年部长对青年事务进行管理。例如欧洲委员会对青年人就人权和跨文化学习的培训，或者欧盟对青年创业发展的支持。[1]英国明确表示要对各个涉及青少年的部门进行整合，防止克里斯事件的重演；美国虽然在联邦层级没有青少年的统一管理部门，但是各州均设立了相关机构对周内的青年事务进行统筹管理；日本在2003年就成立了青少年育成推进本部；俄罗斯的青年委员会和法国的青体部均是相关的统一管理部门。

（二）统一规划文件

国际组织中的联合国、欧盟均是由本组织直接发布涉及青年的相关政策，例如联合国发布的《到2000年及其后世界青年行动纲领》，对各国青年工作的开展，尤其是政策的制定具有很强的参考作用，这是由于联合国缺乏统一领导和大国一致原则决定联合国涉及青年政策的决定难以直接被拿来运用。欧盟作为本身具有一定影响力的国际政治经济组织，对本组织内的成员国有一定的约束力，《欧洲青年白皮书》《欧洲青年公约》和《行动中的青年发展规划》都是对成员国青年政策制定的直接指引。

统一的规划文件不仅在国际组织中比较盛行，在国家层级制定的青年政策中基本也采取这种形式，由于国家内部行政机构更加紧密，管理层级明晰，所以不论是日本的《白皮书》或者是俄罗斯青年的《俄联邦政府2012年政府活动》均是在统一规划文件的指引下开展相应青年工作的，并且在执行上有国家层级的制度保障和强制力。

二、青年优先发展

（一）理论支撑

青年优先发展作为一项国家战略的指导思想，在《青年中长期规划》中被确定为一项基本的核心理念。然而"青年优先发展"理念并不是中国的独创，欧美国家对于"青年优先发展"理念的研究更早，论述相对来说更成体系。早在古希腊罗马时期，亚里士多德就显示了对青年人的偏爱，他表示"青年人身上表现出来的主要是美德，而在老年人身上所表现的主要是缺点"，这样的观点可以视为"青年优先"理念的萌芽阶段。波兰社会学家阿尔姆斯基（1971年）通过其《青年社会学问题》一书，把青年研究开始向综合、系统、学科理论的方向转化，他认为从青年发展的自身特征来谈论"优先发展"观念会更加科学。[2]在这个阶段，社会学家们研究的主要是青年优先发

---

[1] 参见[英]霍华德·威廉姆森："关于欧洲的青年政策"，董艳春译，载《青年探索》2011年第3期。

[2] 参见胡荣华、张震宇："对'青年优先发展理论'的思考"，载《当代青年研究》2016年第1期。

展的普遍环节。进入20世纪80年代后,"青年优先发展"问题研究随着全球化发展开始从一般问题转向个别具体化思维,主要涉及教育、就业、工作、婚姻、家庭、劳动等多个方面。[1]

(二) 实际践行

青年的优先发展不仅是理念上的提出和概念的不断诠释和完善,更是各国在实践发展中,将青年发展置于国家政策的前沿阵地,对青少年权益进行保障;对侵害青少年的行为进行打击;对青少年的发展进行规划的种种政策制定和实施。这当然是各国对于"青年优先发展"理念的践行。有不少国际组织和国家早已将青年优先发展战略安排为国家发展战略和国际组织的重点发展方向。青年优先发展理念的体现不仅是在发展战略的口号里和确立理念存在于指导思想的纲领中,更在青年生存和发展的各个环节上。对青年的教育、就业、健康等方面都进行了政策上的详细规划。例如在教育问题上,投资方面,政府加大了对于教育方面的资金投入,保障学生的就学、教师的待遇以及校园、设备的更新等方面的教育支出。专业上,专门设立了"青年工作的组织"专业,以对口为青年进行服务的机构和组织,据统计,已经有超过10万名的青年工作专家以及4500多个市政机构从事青年工作。制度上,2005年还出台了199号法令,加强地区和市政教育管理机构在青年政策领域的工作。通过种种方式,真正的出台措施践行优先青年发展的理念。

三、就业问题凸出

就业问题一直是各国青年工作的焦点问题和重点问题。各国在制定青年工作的过程中都会出台相应的青年政策。这有时代背景的缘故,尤其是时至2008年发生的世界性金融危机,各国在金融危机的影响下,纷纷陷入了经济状况不佳,青年人大量失业和毕业生就业难的困境。各国为解决本国出现大量失业青年导致可能引发的社会治安状况差、社会动荡不安、满意度支持率下降等问题纷纷出台相应措施鼓励青年就业和预防青年不就业。相比较而言,几乎所有的国家和国际组织都制定了促进就业和预防失业的青年政策。虽然就个性而言,各国的促进就业政策各有不同之处,但是基本上都是由以下几个部分的内容构成。首先,提高就业者的素质,也即通过学校的专业教育提升文化水平,通过专门的技能培养锻炼实践能力。其次,增加就业岗位的输出,例如荷兰政府为解决国内青年就业问题制定了一项计划,并建立了一个工作组负责具体的合作、沟通和宣传事务,鼓励推动企业和其他利益攸关方为青年创造4万个新增就业机会,支持地方政府的就业工作,发起和鼓励创新型活动。[2]一般而言都是政府提供补贴,政府与企业签订培养协议或者政府单独开展大型市政工程以扩大青年就业。再次,为了保障青年就业,还会通过政策调节实现平等就业乃至优先就业,为青年人

---

[1] 参见胡荣华、张震宇:"对'青年优先发展理论'的思考",载《当代青年研究》2016年第1期。
[2] 参见修晶、杜东、刘凯:"促进青年就业的国别政策",载《中国青年政治学院学报》2009年第5期。

提供更好的就业咨询和定位并关注弱势群体的工作难问题，对其进行政策倾斜。最后，各国在鼓励青年创业上也下了功夫，通过创业指导等方式使青年多元化就业，减少青年创业失败的可能性，并提供创业补贴等方式鼓励青年进行创业。当然，德国作为欧盟成员国之中失业率最低的国家，其采取的双元制职业教育体制，也即德国青少年在初中毕业后既需要在职业学校学习职业化的专业理论和通识文化知识，又需要在企业接受职业技能培训和与专业相关的实用理论知识，[1]在奥地利等国家进行实践也取得了成功，值得进行参考借鉴。

四、聚焦青年健康

随着时代的不断进步和发展，各国在担心青年温饱问题上的疑惑日趋减少，而对于青年健康问题的重视程度却日益提高。之所以重视青年的健康问题主要是因为当前青年由于生活条件的好转和网络时代的到来，肥胖率不断提升而体能测试的合格率不断下降，不仅如此，还伴随着自杀率、近视率以及沉迷网络的概率大幅度增加，这种新时代的特殊现象引起了各国政府的高度关注。所以，对青年的健康问题，各国也十分重视。青年的健康问题包含两个方面，一方面是青年的心理健康程度，另一方面则是青年身体素质的培养。就心理健康上而言，在各国的青少年司法中就有明显的体现，近年来我国才刚刚施行的合适成年人制度早在欧美国家已经进行了实践的检验，还有例如社会调查制度、未成年人隐私保护制度和未成年人前科隐匿制度，包括少年司法的教育、感化、挽救的根本方针，都是对于青少年的心理健康问题进行了广泛而持久的关注才采取的措施。就保障青少年身体健康而言，美国出台了《美国人体育活动指南》《增进身体活动：社区预防服务工作小组的建议报告》以及"总统青少年健身计划"等政策为提升青少年身体素质可谓煞费苦心。

青年的健康问题在解决措施上各国采取的方式一般有三种，分别为政策制定、资金投入和监督管理。政策的制定是必然要求，通过多方政策的调节能够使青年的健康问题得到更好的管理和更多的社会关注度，促进青年健康成长；资金的投入是保障，只有通过资金的投入确保了青少年保障机构的正常运行，才能使其在青少年工作中没有后顾之忧，才能使青少年在生活中有更多的获得感；监督管理是必然，监督管理主要由三个角度出发，一方面是对资金投入的监管，确保财尽其用，使投入切切实实地落在青少年的身体健康上；一方面是对青少年机构的监管，保障青少年机构扎实履行自己的本职工作，保障青少年合法权益；一方面是对青年活动进行监管，使弱势青少年得到更好的帮助，越轨青少年能够尽早得到矫治，以使他们重返社会不致再造成危害。

五、彰显本国国情

各个国家和国际组织在制定青年发展政策时，必然会考虑凸显本国特色，这也是

---

[1] 参见成新轩、冯洁："德国青年失业治理的策略及其启示"，载《河北大学成人教育学院学报》2016年第3期。

由各国之间的国情所决定的。彰显本国国情也体现在国际组织之中，基于国际组织的性质，所以相对产生的政策也各有差异。例如在东盟，不仅成员国的宗教信仰、文化渊源和国体政体均有不同之处，而且东盟之类的国家联盟本身就不具备政策执行的强制力，所以各国基本上都是各自为政，而东盟缓慢的经济一体化进程明显制约了东盟政府机构的完善与发展，这种缺陷又进一步制约了相关青年事务工作部门的成立，也难以形成完善、规范、统一的青年政策体系。[1]欧盟中的大多数国家都是发达国家，针对本国青年制定的青年政策，更多地从青年的发展角度出发进行规划而非仅从生存的角度出发看待青年，由于东西方的价值文化的差异，所以西方在培养青年人的时候，更注重青年人个体之间的差异，也即个性的培养，而东盟的国家则具有鲜明的东方特色，注重集体性的培养，由于经济水平不均，所以出发点也大多是本国青年的基本权益而非发展权。就各国的特色而言，在美国，移民众多，所以政府在针对青少年移民政策的执行上采取了分类的方式让对美国发展更为有利的青年"技术移民"享有同美国居民一致的待遇以更好的留下精英青年；在日本，由于人口老龄化问题的凸显，日本政府在青年人婚恋、生育方面进行了政策鼓励，不但给予进行生育的青年以物质支撑，也建设有配套设施减轻年轻人照顾孩子的负担；在英国，社会福利较好，据相关统计显示，英国的单亲母亲的待遇甚至比一般家庭的待遇要更好，这也导致单亲母亲的责任更多的由国家社会承担，所以，英国进行了广泛的生殖健康、家庭文化塑造的政策导向以减轻国家对于单亲母亲的财政负担。

第四节　对完善我国青年发展政策的启示

《规划》，是中国历史上第一个对于青年人发展问题产生的规划，确立了党管青年原则作为青年管理的基本原则，明确了青年优先发展理念是青年发展的基本理念，还建立了党委领导，各类党政机关共同参与的"青年联席会议"，而且规划中明晰了青年发展的十大核心权益，并提出要对十项核心发展权益开展具体工作进行保障。《规划》的出台不仅是对青年权益保障和青年进行发展问题的概念理清和脉络指引，也是对于国外有关青年发展制定政策纲领的经验吸收和对于我国一直以来学界关于诞生青年发展规划的美好愿景和期盼的回应。通过规划的制定，在可以预见的未来，各地会纷纷进行"青年联席会议"的筹备工作以及落实规划具体内容的相关措施，中国的青年发展迈入了一个历史的新篇章。虽然中国的青年发展政策指引上有了历史性的进步和突破，但是不可否认的是，在《规划》出台前后，有一些青年工作尚未落实，需要扎实推进，在一些方面尚不完善，需要尽快借鉴国外经验和国内的情况进行对接，力争解决问题。

---

〔1〕　参见李尔平："东盟和欧盟青年政策比较研究"，载《中国青年社会科学》2016年第1期。

一、我国青年发展政策的不足

(一) 缺乏专门青年部门

我国的国家行政体系中没有青年部门,这既不符合世界各国惯例,也不符合实际工作需要。[1]从之前的域外介绍中可以发现,俄罗斯的联邦委员会、法国的青体部、日本的青少年育成推进本部都是本国对于青年事务专门进行管理的部门,起到了统筹管理的作用。可以发现的是,在世界上绝大多数国家都有专门的青年管理部门,由政府组织开展青少年事务的研究和部署,已成为各国的惯例。这种模式可以对青年问题进行综合治理、统筹管理,不会相互掣肘。然而,我们国家较为习惯的思路是将青少年工作视为党的工作、群众工作,将其与政党政治、革命传承、思想工作等连接在一起,忽略了青少年工作作为政府社会管理职能的根本属性,在实际工作中,必然会将青少年工作与政府事务分离开来。[2]在这样的情况下原来我国的青年工作主要是由共青团负责的,但是共青团本身不具备管理青年工作的权力和在管理过程中资源调配的权力,所以势必难以履行其被赋予的青年管理工作的职能。虽然,在《规划》中明晰了将"青年联席会议"作为协同性的青年政策实施机制,但是,"联席会议"的机制不能视为具有强制力的青年事务管理部门,也即虽然由党委对会议进行领导的概念已经进行了明确,是由分管群众青年工作的领导担任"联席会议"的召集人。但是,在"联席会议"上的表决方式和青年政策的制定、出台、落实等方面如何进行监督管理是一个新问题。而且,各党政部门共同参与的会议,有可能因为各部门的权限、资金分配、义务承担以及诸如此类的纠纷产生新的矛盾导致联席会议出现新的问题。

(二) 青年相关法律政策不全

在当前,不仅许多国家制定了青年政策,而且也出现了专门的青年立法,例如韩国的《韩国青少年基本法》。我国早在1994年的国务院常务会议上就提出了"在1995年之前制定施行《青年法》及配套法规,将青年的教育、就业、劳动保护、婚姻恋爱及其他社会权利,以法律形式确定下来"[3]的议题,但时至今日,专门的《青年法》仍然遥遥无期。实际上,不仅专门的青年法尚未出台,我国的未成年人法律体系也远远没有达到成熟的体系状态。根据姚建龙教授的观点,我国未成年人法律体系的理想结构是"1+5+X"模式,即《未成年人保护法》加《家庭教育法》《义务教育法》《未成年人福利法》《网络空间未成年人保护法》《未成年人司法法》等核心法典,再加若干必要专门性法律。[4]在当前,《未成年人保护法》《义务教育法》已经出台,《家庭教育法》草案正在起草,剩余的三部法律仍然处于理论论证阶段,就真正的出台还有

---

[1] 参见陆士桢、王剑英:"我国青少年政策与事务",载《中国青年政治学院学报》2012年第1期。
[2] 参见陆士桢、王剑英:"我国青少年政策与事务",载《中国青年政治学院学报》2012年第1期。
[3] 参见《中国21世纪议程——中国21世纪人口、环境与发展白皮书》,中国环境科学出版社1994年版,第183页。
[4] 参见姚建龙、张少男:"我国未成年人立法状况与完善愿景",载《预防青少年犯罪研究》2016年第5期。

很遥远的距离。其他的法律文件制定更为缓慢。举例而言，近来，随着游戏"王者荣耀"的火爆，许多媒体曝出青少年沉溺于游戏引发家庭矛盾纠纷的事宜，《人民日报》连发9篇社论评价王者荣耀，这引发腾讯紧急推出防沉迷系统，包括绑定硬件设备一键禁玩、实名认证体系等措施，不得不说企业的措施走在了法律制定的前沿，的确值得我们反思网络空间针对未成年人立法上保护的不足。

不仅如此，在当前，各部法律中对青年和少年仍然没有进行科学的区分，没有形成统一的意见，随着时代的发展，青年人步入社会和成熟的年龄有越来越晚的趋势，在这样的情形下，对于青年是否应当采取仅限于十八岁的法律规定值得探索。

（三）青年特殊问题关注不足

各国国情都有所不同，在青年政策的出台上尤其要注意本国青年的特殊境况。根据青年存在的特殊问题进行针对性的政策规制。当前，我国青年存在以下几个较为严重的问题亟须出台青少年政策进行完善和规制。第一，由于我国人口的流动性较大，如何保障留守青少年的身心健康、跟随父母来到城市的青少年的就学就业以及可能引发的社会问题值得关注，众所周知，随着城市化进程的不断发展，越来越多的人口涌入了城市，给城市带来了负重过载的弊端，随之而来的流动人口尤其是青少年流动人口给城市的治安带来了不稳定因素。因为在城市就学可能面临的种种困境，导致一些流动青少年无学可上或者只能上相对教育资源较为薄弱的学校，加剧了教育资源的不平等分配，留守在农村的儿童又长期得不到父母的关爱，可能引发各类心理问题。第二，当前我国青少年的性教育缺失十分严重，这是引发各类对未成年人进行性侵害案件多发的主要原因之一。对青少年的性教育缺失是一直以来的历史遗留问题，这主要也源于我国一直以来的历史文化传承中就包括了对性教育的羞于启齿。这与美国、英国等国家制定的抑制性开放措施有着迥异的特征却都引发了青年乃至少年的过早怀孕问题和"少女母亲""单亲母亲"的出现。第三，青年健康问题堪忧，根据相关数据，我国青少年的身体素质已经有了很大的滑坡，无论是体测数据的下降还是肥胖率的不断增高，都显示我国在制定青少年健康问题上的政策已经到了刻不容缓的地步。不仅在青年的身体素质上我国的数据存在连年下滑的问题，在青年的心理问题上也存在制度不完善，包括心理矫治人员、设备、资金不充裕的状况。第四，青年人的就业率偏低，存在就业歧视等问题。每年的毕业季媒体都会表示今年是最难就业年已经成了通行的惯例。随着大学的扩招，每年的应届毕业生都在增长，今年的毕业生人数已经几近800万人。在招聘时，学历歧视、性别歧视、户口歧视乃至残障歧视已经屡见不鲜。

二、我国青年发展政策的完善

（一）青年管理权责明晰

青年政策的制定和执行离不开党管青年原则的落实，我国青年政策的主体是各级党委、人大、政府和共青团组织。[1]也即通过党领导人大、政府和共青团组织的工作。横向的来看，人大是立法的主体，政府具有行政规章和行政法规的制定权，共青团组织承担青年工作的桥梁作用。党管青年原则的落实体现在青年政策的主导实施上，从《规划》中就能看出，是由党中央和国务院一起发布的，并且，成立了从国家到县一级的青年联席会议作为青年工作的部门。

《规划》中设立的青年联席会议需要明晰其权责。就其权力而言，联席会议对青年事务的管理权限毋庸置疑，党对于联席会议的领导作用也毋庸置疑，但是任何部门都应有其权力清单，对其职权进行划定，明确青年联席会议的权限是政府有效管理、服务青年，青年事务不至于被相互推诿的基础。我国青年政策内容包括青年地位和作用、青年思想引导、青年学习成长、青年生活和健康、青年就业和职业发展、青年参与、青年司法保护、扶持弱势青年群体等八个方面，许多属于政府管理的青年事务范畴。[2]青年联席会议应当确认和细化相应的管理方向以便更好地为青年提供服务。就责任而言，有权必有责，用权受监督，权责统一在十八大之后已经成了一项常态化的措施和观念。当前，虽然没有明确的监督及责任落实的具体政策解读，但是青年联席会议所做的决策措施应当监督是毫无疑问的，但是需要明确的是，责任的相应落实应当具体到某个部门或者个人，由青年联席会议本身负责不够具体化，对个人责任的落实和个人积极性的提升会失位。最后是青年联席会议的组织构架上，青年联席会议类似于国外联邦青年委员会、青体部性质的综合管理部门，但是其内部的统筹管理、组织架构以及共青团如何承担协调、督促的职能值得商榷。笔者认为，联席会议不宜成为各部门参与讨论的会议，而应当成立相应的政策执行部门或者履行监督部门对成员单位青年工作的任务完成进行督促。通过制度保障来确保青年工作能够得到高效、顺利的开展。

（二）完善青年政策法规

从联合国 1995 年制定《到 2000 年及其后世界青年行动纲领》、韩国 1993 年施行《韩国青少年基本法》、印度 2012 年制定《国家青年政策》等情况看，制定跨部门的综合性青年政策有利于更好地整合青年发展资源，实现青年政策的应有价值。[3]我国当前的《规划》也属于综合性的青年政策，对于当前我国的青少年立法是一个空白的补充，尤其是其中还提出了青年优先发展的理论和党管青年的原则，更是对于我国青年的爱护和关切。为了完善青年政策法规体系，应当出台更多的细则，完善当前的十个优先发展方向，关注已经出现的问题的解决方案和新出现的青年问题的根源及解决方式，为我国《青年法》的最终出台打下良好的基础。

（三）治理青年特殊问题

由于我国的国情，当前社会上存在三个较为严重的涉及青年的问题，就第一个问

---

[1] 参见张良驯："中国青年政策的价值分析"，载《青年探索》2017 年第 4 期。
[2] 参见张良驯："论我国青年政策的独立性、完整性和专项性"，载《中国青年研究》2015 年第 2 期。
[3] 参见张良驯："中国青年政策的价值分析"，载《青年探索》2017 年第 4 期。

题，也即留守儿童以及随迁儿童的问题。笔者以为，首先应当避免"留守儿童"的污名化。留守儿童的犯罪或者针对留守儿童犯罪报道较多，但是需要指出的是，多数新闻报道资料仅仅是对典型个案的描述，而且为了增强新闻性和吸引力大多采用了夸张的手法进行报道。由于经济发展、教育水平、生活习惯等各方面的差别，各个地区的留守儿童的状况也不尽相同，以偏概全、以个案来描述整个群体，是不科学的。[1]其次应当统筹规划，减少城乡之间、东西部之间的资源差异，尤其是教育资源的均衡发展，推进教育平等。最后，应当保障随迁儿童的受教育权利，为其提供平等教育的机会。第二，当前根据犯罪统计，大多数的针对青少年的性犯罪都属于熟人犯罪，且存在多次犯罪和封闭性犯罪的特点。出现这一现状的主要原因是由于当前我国性教育的缺失，家长、老师对于性教育羞于启齿，性教育基本靠自学。面对现状，应建立一种由家庭—学校—社会组成的整套教育体系，把性知识教育、性道德教育和性法制教育有机地统一起来。[2]第三，青年人的心理健康问题和身体素质问题。就青年人的心理健康问题而言，应当早发现早治疗，青少年心理问题不可忽视，家长不仅应当从小培养其独立意识和受挫折的抗压能力，学校也应当建立心理辅导室并由有资历的老师对出现心理问题的学生进行引导。当然，还可以通过媒体引导社会对于青年心理问题的关注，更好地让青年认识到自身的问题，以便心理疏导。就身体健康而言，一方面国家需要保障落后地区青少年的身体发育，通过免费早午餐等形式对青少年身体健康进行保障，对城市青少年身体素质下降的问题，可以通过保障体育课的不缺失，进行广播体操项目和足球训练比赛以及运动会等项目的开展吸引青少年多参与体育锻炼。

我国已经迎着时代进步的潮流，迈步走进了青年政策制定的队伍中。但是，需要指出的是，在国外对青年政策的制定已经从部门到体系，从青年的生存权到青年发展权开始了转变。国际上有比较重要影响力的国际组织和国家基本上都有成体系的青年发展政策和伴随的青年管理机构。这些先进的经验和他们青年工作中走过的弯路、不足都值得我们借鉴对比以及参考。我国《规划》的出台，是对于我国青年政策的规划和总结，填补了我国没有青年专门政策的空白。《规划》中提出的青年优先发展理念、党管青年原则和为青年发展创设联席会议机制都是党和国家心系青年，为青年谋福祉的具体政策体现。当然，虽然《规划》是一项为青年服务的政策规划，但是通过对比，可以发现当前我国的《规划》还存在一些不足之处，相信随着政策的进一步推广和实践的不断深入，未来的青年政策会日趋完善，更好地为青年服务，更好的成为伴随青年成长，护航青年发展的重要举措。

---

[1] 参见姚建龙、常怡蓉："留守儿童犯罪：污名化的反思与修正"，载《中国青年社会科学》2016年第4期。

[2] 参见袁小武、高华兵："对未成年人性教育现状的研究及教育思考"，载《企业家天地下半月刊（理论版）》2007年第3期。

附录
中长期青年发展规划（2016~2025年）

青年是国家的未来、民族的希望。青年兴则民族兴，青年强则国家强。促进青年更好成长、更快发展，是国家的基础性、战略性工程。依据党和国家有关政策法规，按照经济社会发展的总体目标和要求，结合我国青年发展的实际情况，制定本规划。

本规划所指的青年，年龄范围是14周岁~35周岁（规划中涉及婚姻、就业、未成年人保护等领域时，年龄界限依据有关法律法规的规定）。

序 言

党和国家历来高度重视青年、关怀青年、信任青年，始终坚持把青年作为党和人民事业发展的生力军，为青年在革命、建设、改革中施展才华创造条件、提供舞台；尊重青年敢想敢干、富有梦想的特质，注重激发青年的参与热情和创新活力，引领青年勇开风气之先、走在时代前列；关心、解决青年的现实问题和迫切需求，支持青年在人民的伟大奋斗中实现自己的人生理想。党的十八大以来，以习近平同志为核心的党中央高度重视青年发展事业，反复强调青年一代有理想、有担当，国家就有前途，民族就有希望，实现中华民族伟大复兴就有源源不断的强大力量；进一步明确中国特色社会主义青年运动方向，全面加强对青年的思想政治引领和成长成才服务，制定实施一系列促进青年发展的政策措施，激励引导青年与民族同命运、与祖国共奋进、与时代齐发展，为广大青年指明了正确成长道路，创造了良好成长环境。

在党和国家的关心、支持和推动下，我国青年发展事业取得巨大进步和历史性成就。青年的思想政治面貌总体健康向上，拥护中国共产党的领导，对中国特色社会主义事业充满信心；青年的基本生活条件不断改善，物质生活水平显著提高，精神文化生活日益丰富，青年群体文明程度不断提升；教育事业长足发展，青壮年人口文盲基本消除，新增劳动力平均受教育年限达到13.3年，处于我国历史上最好水平，与发达国家之间的差距显著缩小；社会保障制度更加健全、水平不断提升，法治国家建设不断推进，青年发展权益得到更好维护；青年的创新能力、创业活力不断增强，青年人才队伍不断壮大，在报效祖国、服务人民、奉献社会的过程中实现着自身的成长发展。

未来10年，是实现"两个一百年"奋斗目标、实现中华民族伟大复兴中国梦的关键时期。面对复杂多变的国际环境和国内艰巨繁重的改革发展任务,统筹推进"五位一体"总体布局和协调推进"四个全面"战略布局,适应和引领经济发展新常态,牢固树立和贯彻落实创新、协调、绿色、开放、共享的发展理念,需要青年一代充分发挥作用,在改革发展稳定第一线建功立业、接续奋斗。

青年是国家经济社会发展的生力军和中坚力量。党和国家事业要发展,青年首先要发展。必须清醒认识到,青年发展事业与社会主义现代化建设的新要求、经济社会发展的新形势、广大青年的新期待相比,还存在不少亟待解决的突出问题。主要是:青年思想教育的时代性、实效性有待增强,用共产主义和中国特色社会主义引领青年,用中国梦和社会主义核心价值观凝聚共识、汇聚力量的任务尤为紧迫;青年体质健康水平亟待提高,部分青年心理健康问题日益凸显;青年社会教育和实践教育需要加强,提高教育质量的任务仍十分艰巨;青年就业的结构性矛盾比较突出,影响就业公平的障碍有待进一步破除;青年创业创新的热情有待进一步激发,鼓励青年创业创新的政策和社会环境需要不断优化;人口结构的新特点新变化使得青年一代的工作和生活压力不断增大,在婚恋、社会保障等方面需要获得更多关心和帮助;统筹协调青年发展工作的体制机制还不完善,各方面共同推进青年发展的合力有待进一步形成。

赢得青年才能赢得未来,塑造青年才能塑造未来。要站在党和国家事业后继有人、兴旺发达的高度,把青年发展摆在党和国家工作全局中更加重要的战略位置,整体思考、科学规划、全面推进,努力形成青年人人都能成才、人人皆可出彩的生动局面,为实现"两个一百年"奋斗目标、实现中华民族伟大复兴的中国梦注入强劲、持久的青春动力。

一、指导思想、根本遵循、总体目标

1. 指导思想。高举中国特色社会主义伟大旗帜,全面贯彻党的十八大和十八届三中、四中、五中、六中全会精神,坚持以马克思列宁主义、毛泽东思想、邓小平理论、"三个代表"重要思想、科学发展观为指导,深入学习贯彻习近平总书记系列重要讲话精神和治国理政新理念新思想新战略,坚持党管青年原则,牢牢把握为实现中华民族伟大复兴中国梦而奋斗的时代主题,充分照顾青年的特点和利益,优化青年成长环境,服务青年紧迫需求,维护青年发展权益,促进青年全面发展,引导青年树立共产主义远大理想和中国特色社会主义共同理想,坚定中国特色社会主义道路自信、理论自信、制度自信、文化自信,自觉团结凝聚在党的周围,更好成长为中国特色社会主义事业的合格建设者和可靠接班人。

2. 根本遵循。坚持马克思主义青年观和中国特色社会主义青年运动方向,全面贯彻落实以习近平同志为核心的党中央关于青年工作的决策部署,引导广大青年坚定不移听党话、跟党走;坚持以青年为本,尊重青年主体地位,把服务与成才紧密结合,让青年有更多获得感,促进青年在投身实现中华民族伟大复兴中国梦的实践中放飞青春梦想、实现全面发展;坚持全局视野,从战略高度看待青年发展事业,党委加强领导,政府、群团组织、社会等各方面协同施策,共同营造有利于青年发展的良好环境。

3. 总体目标。到2020年,具有中国特色的青年发展政策体系和工作机制初步形成,广大青年思想政治素养和全面发展水平进一步提升,在决胜全面建成小康社会伟大实践中的生力军和突击队作用得到充分发挥。到2025年,具有中国特色的青年发展政策体系和工作机制更加完善,广大青年思想政治素养和全面发展水平明显提升,不断成长为志存高远、德才并重、情理兼修、勇于开拓,堪当实现中华民族伟大复兴中国梦历史重任的有生力量。

二、发展领域、发展目标、发展措施

(一) 青年思想道德

发展目标:广大青年积极践行社会主义核心价值观,中国特色社会主义道路自信、理论自信、制度自信、文化自信进一步增强,思想道德水平和文明素质进一步提高,为实现中国梦而奋斗的共同思想道德基础更加巩固。

发展措施:

1. 加强青年理想信念教育。深入开展共产主义、中国特色社会主义和中国梦学习宣传教育,开展习近平总书记系列重要讲话精神和治国理政新理念新思想新战略学习教育,使中国梦成为青年共同追求的奋斗目标,使中国特色社会主义成为青年衷心拥护的发展道路,使共产主义成为青年矢志追求的远大理想,增进青年对党的信赖、信念、信心。注重引导青年学习马克思主义基本原理,树立辩证唯物主义和历史唯物主义的世界观、方法论。注重加强宣传教育、示范引领和实践养成,引导广大青年增强使命意识和责任意识,自觉把人生追求融入党和国家事业。深入实施青年马克思主义者培养工程。充分发挥思想政治理论课在青年学生思想政治教育中的主渠道作用。实施高校思想政治理论课建设体系创新计划,建设学生真心喜爱、终身受益的高校思想政治理论课。

2. 在青年中培育和践行社会主义核心价值观。引导青年勤学、修德、明辨、笃实,使社会主义核心价值观内化为青年的坚定信念,外化为青年的自觉行动。大力弘扬以爱国主义为核心的民族精神和以改革创新为核心的时代精神,把爱国主义教育贯穿国民教育和精神文明建设全过程,引导青年学习了解党史国史、近现代史和改革开放史,继承五四运动以来的革命文化传统,坚持爱国、爱党、爱社会主义相统一,自觉培养爱国之情、砥砺强国之志、实践报国之行。引导青年传承弘扬中华优秀传统文化,增强文化自信和价值观自信。深入开展形式多样的青年群众性精神文明创建活动,引导青年大力弘扬社会公德、职业道德、家庭美德,培养良好个人品德,积极倡导和培育诚信品格,争当"向上向善好青年",在引领社会文明风尚中发挥积极作用。加强民族团结宣传教育,推动各族青年交往交流交融,树立正确的国家观、民族观、历史观、文化观、宗教观,自觉抵制宗教极端思想,共同维护祖国统一和各民族繁荣发展。开展青年国防教育,推动军地青年共建共育,教育适龄青年自觉履行兵役义务。

3. 分类开展青年思想教育和引导。面向中学中职学生,广泛开展"与人生对话"主题活动,引导他们从小确立人生奋斗的远大志向,培养爱国、爱党、爱社会主义的感情。面向大学生,广泛开展"与信仰对话"主题活动,引导他们认识马克思主义的真理性,坚定走中国特色社会主义道路的信念。面向企业青年,广泛开展岗位建功活动,引导他们正确看待个人、企业、社会、国家的关系,以积极、务实、理性的态度面对职业生涯中遇到的具体问题。面向进城务工青年,注重把解决思想问题与解决实际问题相结合,在排忧解难、传递关怀中引导他们心向党和政府、矢志拼搏奋斗。面向农村青年,广泛宣传党和政府的支农惠农政策,引导他们树立"农村天地广阔、青年大有可为"的思想认识。

4. 强化网上思想引领。把互联网作为开展青年思想教育的重要阵地,团结、带动和壮大网上积极力量,大力开展正面宣传,实施"青年好声音"系列网络文化行动,增强网络正能量,消解网络负能量。提升网络舆情分析和引导能力,疏导青年情绪,澄清误解和谣言,引导青年形成正确认知。在青年群体中广泛开展网络素养教育,引导青年科学、依法、文明、理性用网。广泛开展青年网络文明志愿者行动,组织动员广大青年注册成为网络文明志愿者,参与监督和遏止网上各种违法和不良信息传播,为构建清朗网络空间做贡献。

(二) 青年教育

发展目标:青年受教育权利得到更好保障,基本公共教育服务均等化逐步实现,教育公平程度明显提升。新增劳动力平均受教育年限达到13.5年以上,高等教育毛入学率达到50%以上。

发展措施:

1. 提高学校育人质量。坚持立德树人,深化教育改革,把增强学生社会责任感、法治意识、创新精神、实践能力作为重点任务贯彻到学校教育全过程。改善课堂教学,调动青年学生自主学习的积极性,完善知识结构,培养创新兴趣和科学素养。科学设计开展实践育人活动,通过探索实施高校共青团"第二课堂成绩单"制度等途径,帮助学生开阔视野、了解社会、提升综合素质。丰富学生创新实践平台,深入开展"挑战杯"竞赛和中国青少年科技创新奖评选,支持培育学生科技创新社团,营造校园科技创新氛围,为学生开展科技创新探索提供必要条件。将中小学共青团、少先队工作纳入教育督导。完善现代职业教育体系,推进产教融合、校企合作,办好全国职业院校技能大赛。深化考试招生制度改革,把促进学生健康成长成才作为改革的出发点和落脚点,扭转片面应试教育倾向。加强教师队伍建设,严格教师准入制度,突出教师职业道德教育和业务能力培训,深化教师评价管理体系改革。深入开展文明校园、绿色校园创建,创造和谐优美校园环境。在社会科学研究机构、高等学校加强青年学研究。

2. 科学配置教育资源。加大公共教育投入向中西部和民族边远贫困地区的倾斜力度,逐步缩小地区间教育资源差距。普及高中阶段教育,逐步分类实现中等职业教育全部免除学杂费，率先从建档立卡的家庭经济困难学生实施普通高中免除学杂费。实施国家贫困地区定向招生专项计划。完善贫困家庭学生、进城务工青年、少数民族青年和残疾青年等特殊青年群体帮扶救助机制，健全资助体系、完善资助方式，实现家庭经济困难学生资助全覆盖。进一步完善和落实进城务工人员随迁子女接受义务教育后在当地参加升学考试政策。

3. 强化社会实践教育。完善扶持政策，加大经费投入，加强青年社会实践基地建设，鼓励机关、军队、企事业单位、社会组织为有组织的青年社会实践提供帮助和便利。在青年中广泛开展科普教育和群众性科技创新活动，引导广大青年讲科学、爱科学、学科学、用科学。广泛开展大中专学生"三下乡"、志愿服务等社会实践活动，鼓励青年参与社会公共服务和社会公益事业。推进青年信用体系建设，逐步应用到青年入学、就业、创业等领域，引导青年践行诚信理念。

4. 促进青年终身学习。强化家庭教育基础作用，全面宣传普及家庭教育科学理念、知识和方法，实现家庭教育对优秀传统文化、爱国主义、社会责任、生活技能、勤俭美德、自律能力的基础性培养。大力发展继续教育，建立个人学习账号和学分累计制度，开展师生互动式、同伴共享式技能学习培训。加大青年社会教育投入，建立多渠道筹措资金投入机制。创造社会教育良好环境，规划青年成长成才各个环节的教育需求，统筹协调文化、出版、影视、网络等资源，实现对青年教育空间的全覆盖。构建并推行终身职业技能培训制度。推动各类学习资源开放共享，鼓励社会力量和民间资本提供多样化教育服务，推进教育信息化，发展在线教育和远程教育，扩大优质教育资源覆盖面，构建灵活开放的终身教育培训体系。

5. 培育青年人才队伍。实施青年英才开发计划，在重点学科领域培养扶持一批青年拔尖人才；在高水平研究型大学和科研院所优势基础学科建设一批国家青年英才培养基地。统筹推进党政人才、企业经营管理人才、专业技术人才、高技能人才、农村实用人才、社会工作人才等领域青年人才队伍建设。建立健全对青年人才普惠性支持措施。加大教育、科技和其他各类人才工程项目对青年人才培养支持力度，在国家重大人才工程项目中设立青年专项。改革完善青年人才管理体制，创新青年人才培养开发、评价发现、选拔任用、流动配置、激励保障机制，善于发现、重点支持、放手使用青年优秀人才。加强知识产权保护，鼓励青年人才创新创造。鼓励和支持青年人才参与战略前沿领域研究，着力培养一批青年科技创新领军人才。坚持自主培养开发与海外引进并举，用好国内优秀人才，吸引海外高层次青年人才和急需紧缺青年专门人才。

（三）青年健康

发展目标：持续提升青年营养健康水平和体质健康水平，青年体质达标率不低于90%；有效控制青年心理健康问题发生率，青年心理健康辅导和服务水平得到较大提升；引领青年积极投身健康中国建设。

发展措施：

1. 提高青年体质健康水平。实施全民健身计划，严格执行《国家体育锻炼标准》和《国家学生体质健康标准》，在学校教育中强化体质健康指标的硬约束。加强学校体育工作，完善国家体育与健康课程标准，发挥学校体育考核评价体系的导向作用，保证体育课时和课外锻炼时间得到落实。组织青年广泛参与全民健身运动，培养体育运动爱好，提升身体素质，掌握运动技能，养成终身锻炼的习惯。在城乡社区建设更多适应青年特点的体育设施和场所，配备充足的体育器材，方便青年就近就便开展健身运动。鼓励和支持青年体育类社会组织发展，带动更多青年培养体育兴趣和爱好。

2. 加强青年心理健康教育和服务。注重加强对青年的人文关怀和心理疏导，引导青年自尊自信、理性平和、积极向上，培养良好心理素质和意志品质。促进青年身心和谐发展，指导青年正确处理个人与他人、个人与集体、个人与社会的关系。加强对不同青年群体社会心态和群体情绪的研究、管控和疏导，引导青年形成合理预期，主动防范和化解群体性社会风险。加强青年心理健康知识宣传普及，提高心理卫生知晓率。支持各级各类青年专业心理辅导机构和社会组织建设，大力培养青年心理辅导专业人才。重点抓好学校心理健康教育，在高校、中学和职业学校普遍设置心理健康辅导咨询室，有条件的学校配备专职心理健康教育师资队伍。构建和完善青年心理问题高危人群预警及干预机制。加强源头预防，注重对青年心理健康问题成因的研究分析，及时识别青年心理问题高危人群，采取有效措施解决或缓解青年在学业、职业、生活和情感等方面的压力。

3. 提高各类青年群体健康水平。重视服务残疾青年的专业康复训练，落实器材、场所等配套保障。解决农村地区、贫困地区、西部地区青年学生的营养健康问题。引导高校学生"走下网络、走出宿舍、走向操场"，养成健康文明的生活习惯。做好青年职业病的预防和治疗工作，大幅度降低在职青年职业病发生率。关注进城务工青年健康状况，开展健康监测。动员社会力量，通过志愿服务、慈善捐助等形式为青年群体提供有针对性的健康服务。

4. 加强青年健康促进工作。编撰和出版有关生命教育的读物，引导青年尊重生命、热爱生活。定期组织青年参与公共场所安全演练，开展灾害逃生、伤害自护、防恐自救、互助互救等体验教育，增强青年在应对突发性事件中的自我保护意识和防灾避险能力。在青年中倡导健康生活方式，加强健康教育，提升青年健康素养水平。广泛开展禁烟宣传，让青年成为支持禁烟、自觉禁烟的主体人群。完善艾滋病和性病的防治工作机制，针对重点青年群体加强宣传教育，推广有效的干预措施，切实降低艾滋病和性病发生率。做好禁毒宣传教育工作，提高青年群体尤其是青年学生群体对毒品及其危害性的认识。强化对娱乐场所的监管，严厉打击吸毒贩毒、卖淫嫖娼等违法犯罪行为。

（四）青年婚恋

发展目标：青年婚恋观念更加文明、健康、理性；青年婚姻家庭和生殖健康服务水平进一步提升；青年的相关法定权利得到更好保障。

发展措施：

1. 加强青年婚恋观、家庭观教育和引导。将婚恋教育纳入高校教育体系，强化青年对情感生活的尊重意识、诚信意识和责任意识，引导青年树立文明、健康、理性的婚恋观。发挥大众传媒的社会影响力，广泛传播正面的婚恋观念，鲜明抵制负面的婚恋观念，形成积极健康的舆论导向。倡导结婚登记颁证、集体婚礼等文明节俭的婚庆礼仪。引导青年树立正确的家庭观念，倡导尊老爱幼、男女平等、夫妻和睦、勤俭持家、邻里团结，传承优良家教家风，培育家庭文明。加强青年敬老、养老、助老道德建设，大力弘扬孝敬老人的传统美德。

2. 切实服务青年婚恋交友。支持开展健康的青年交友交流活动，重点做好大龄未婚青年等群体的婚姻服务工作。规范已有的社会化青年交友信息平台，打造一批诚信度较高的青年交友信息平台。依法整顿婚介服务市场，严厉打击婚托、婚骗等违法婚介行为。充分发挥工会、共青团、妇联等群团组织和社会组织的作用，为青年婚恋交友提供必要的基础保障和适合青年特点的便利条件。

3. 开展青年性健康教育和优生优育宣传教育。在青年中加强对国家人口发展战略和政策的宣传教育，促进人口均衡发展。加大对性知识的普及力度，在有条件的学校推广性健康课程，加强专兼职性健康教育师资队伍建设。预防和减少不当性行为对青年造成的伤害，大幅度降低意外妊娠的发生率。大力弘扬以"婚育文明、性别平等；计划生育、优生优育；生殖健康、家庭幸福"为核心的婚育文化，坚决抵制非医学需要的胎儿性别鉴定和选择性别人工终止妊娠行为。加大对适龄青年的婚育辅导力度，加大适龄青年婚前检查、孕前检查和产前检查的普及力度。

4. 保障青年在孕期、产假、哺乳期期间享有的法定权益。全面落实女性青年在怀孕、生育和哺乳期间依法享有的各项权利。鼓励条件成熟的地方探索在物质、假期等方面给予青年更多支持。

（五）青年就业创业

发展目标：青年就业比较充分，高校毕业生就业保持在较高水平；青年就业权利保障更加完善，青年的薪资待遇、劳动保护、社会保险等合法权益得到充分保护；青年创业服务体系更加完善，创业活力明显提升。

发展措施：

1. 推动完善促进青年就业创业政策体系。根据就业形势和就业工作重点变化，加强就业政策与产业、贸易、财税、金融等政策的协调，进一步完善积极就业政策。发挥公共财政促进青年就业作用，完善落实财政金融扶持政策，扶持发展现代服务业、战略性新兴产业、劳动密集型企业和小微企业，吸纳青年就业。加强对灵活就业、新就业形态的支持，促进青年自主就业，鼓励多渠道多形式就业。进一步完善青年创业就业配套政策及法律法规。加强就业统计工作，健全青年就业统计指标体系。

2. 加强青年就业服务。实施青年就业见习计划。健全城乡均等的公共就业创业服务体系，完善服务功能，把有就业意愿的青年全部纳入服务范围，全面落实免费公共就业服务，对就业困难青年提供就业援助，帮助长期失业青年就业。创新就业信息服务方式方法，注重运用互联网技术打造适合青年特点的就业服务模式。加强青年职业培训，健全面向青年的劳动预备制培训计划，落实职业培训补贴政策。实施离校未就业高校毕业生就业促进计划，为毕业生提供职业指导、就业信息、就业见习、就业帮扶等服务。开展青年农民工职业技能培训，通过订单、定向和定岗式培训，对农村未升学初高中毕业生等新生代农民工开展就业技能培训，为有创业意愿的青年农民工提供创业培训。开展青年重点群体职业培训，加大贫困家庭子女、青年失业人员和转岗职工、退役青年军人和残疾青年等劳动者职业技能和创业培训力度，按规定提供培训补贴，对农村贫困家庭学员和城市居民最低生活保障家庭学员给予生活补贴。

3. 推动青年投身创业实践。建立青年创业人才汇聚平台，建设青年创业导师团队，开展普及性培训和"一对一"辅导相结合的创业培训活动，帮助青年增强创业意识、增进创业本领。推动青年创业第三方综合服务体系建设，搭建各类青年创业孵化平台，完善政策咨询、融资服务、跟踪扶持、公益场地等孵化功能。加大青年创业金融服务落地力度，优化银行贷款等间接融资方式，支持创业担保贷款发展，拓宽股权投资等直接融资渠道。支持青年创业基金发展，发挥好国家新兴产业创业投资引导基金和中小企业发展基金等政府引导基金的作用，带动社会资本投入，解决青年创业融资难题。落实结构性减税和普遍性降费政策。建设青年创业项目展示和资源对接平台，搭建青年创业信息公共服务网络，办好青年创新创业大赛、展交会、博览会等创业品牌活动。着力培育服务青年创业的社会组织，建设专业化的服务队伍和服务实体。深入实施大学生创业引领计划，建立健全教学与实践相融合的高校创新创业教育体系，显著提升青年创新型人才培养质量；整合发展国家和省级高校毕业生就业创业基金。深入开展农村青年创业致富带头人培养，支持青年返乡创业。完善互联网创新创业政策，实施青年电商培育工程。加强对留学回国创业青年的服务，帮助他们了解国内信息、熟悉创业环境、交流创业经验、获得政策扶持。推动形成鼓励创新、宽容失败的体制机制和社会环境，更好激发青年创新潜能和创业活力。

4. 加强青年就业权益保障。完善青年就业、劳动保障权益保护机制，加大劳动保障监察执法、劳动人事争议调解仲裁诉讼、安全生产监管监察工作力度。加强人力资源市场监管，规范招人用人制度，营造公平就业环境。完善失业保险、社会救助与就业的联动机制。

（六）青年文化

发展目标：更好引导青年传承中华优秀传统文化、弘扬社会主义先进文化。青年文化活动更加丰富，文化精品不断增多，传播能力大幅提升，人才队伍发展壮大，服务设施、机构和体制更加健全。青年对提升国家文化软实力贡献率显著提高。

发展措施：

1. 加强文化精品创作生产。发挥精神文明建设"五个一工程"、国家舞台艺术精品创作工程、中国艺术节、中国文化艺术政府奖、中国新闻奖、中国出版政府奖等国家级重大工程项目、评奖的引导带动作用，鼓励文化机构、文艺工作者特别是青年文化人才，创作生产展现当代青年奋发向上、崇德向善、传承中华文明的文化精品。引领网络文化，保护网络文化知识产权，扶持高质量网络文化产品生产，加强微电影、动漫、游戏等内容创作创新，提升优秀网络文化产品供给能力和传播能力。国家艺术基金、国家出版基金等文化发展基金要加强对青年题材重点选题项目的扶持，鼓励优秀青年文化人才参与创作，支持青年题材优秀图书、影视、音乐、舞蹈、戏剧、曲艺、美术等生产、发行和推广。

2. 丰富青年文化活动。广泛开展优秀文化作品全国性巡展巡演。深入挖掘中华优秀传统文化的时代价值，开展优秀传统文化艺术展示交流，引导青年积极参与文化遗产保护、传统工艺振兴、民间文艺传承。以校园文化、企业文化、军营文化、乡村文化、社区文化、社团文化、网络文化为载体，加强基层特色文化品牌建设，推动青年人均年度图书阅读量和艺术鉴赏、科普水平逐年提高。加强中国青年与各国青年人文交流，学习、吸收、借鉴世界优秀文化成果，讲好中国故事、传播好中国声音，不断提升文化自信。

3. 造就青年文化人才。通过全国文化名家暨"四个一批"人才培养工程、文化产业人才培养工程、非物质文化遗产传承人、新闻出版广播影视领军人才和互联网创新人才培养等项目，实施青年文化人才培养计划，资助具备文化创新能力、掌握现代传媒技术、熟悉国际人文交流、善于经营管理的青年文化人才主持重大课题研究、领衔重点文化项目。加强后备文化人才队伍建设，面向青年文化工作者开展文化创意服务、文化生产实践、文化经营管理、媒体融合发展、国际合作规则等方面培训，凝聚文化研究、创作、表演、传播、经营、管理、志愿服务等青年人才。

4. 优化青年文化环境。鼓励和支持有条件的报刊、电台、电视台、新闻网站设立青年栏目、节目，制作和传播有益于青年健康成长的内容，增加青年题材报道内容和播出时间，大力宣传青年在推动经济社会发展中的积极作用。在报刊和网络重点栏目、电视和院线黄金时段，增加优秀青年文化精品的宣传内容、频次，引导青年树立高尚精神追求、文明生活方式和正确消费观念。推进公共文化设施免费开放，增强针对青年群体的服务功能。

5. 积极支持青年文化建设。加强文化理论研究，及时掌握青年文化需求、文化观念、文化潮流的动态变化，引领和指导青年文化实践。扶持以服务青年为主要功能的报纸、刊物、新闻出版、网站等文化企事业单位发展。完善公益性演出补贴制度，通过票价补贴、剧场运营补贴等方式，支持青年艺术表演团体公益演出。促进企业和民间资本增加对青年文化事业的投入。鼓励国家投资、资助或拥有版权的文化产品无偿用于公益性青年文化活动和服务。鼓励和支持各类文化单位在五四青年节面向青年免费或低收费开展文化活动、提供文化服务。采取政府购买、项目补贴、定向资助等方式，鼓励青年文化阵地、青年文化团体等社会力量承接青年文化服务。

（七）青年社会融入与社会参与

发展目标：青年更加主动、自信地适应社会、融入社会。青年社会参与的渠道和方式进一步丰富和畅通，实现积极有序、理性合法参与。共青团、青联、学联组织在促进青年社会融入和社会参与中的主导作用充分发挥，带动各类青年组织在促进青年有序社会参与中发挥积极作用。青年参与社会主义现代化建设的积极性主动性进一步增强，青年志愿服务水平进一步提高。不同青年群体相互理解尊重。青年对外交流合作不断拓展。

发展措施：

1. 健全党领导下的以共青团为主导的青年组织体系。积极推进共青团改革，着力构建凝聚青年、服务大局、当好桥梁、从严治团的工作格局，充分发挥共青团作为党的助手的作用。加强共青团自身建设，适应青年发展的新情况新特点，不断创新组织设置，更多更广地覆盖新兴领域青年和流动青年；尊重青年主体地位，调动广大青年参与的积极性和主动性，活跃基层团组织，完善青年社会参与的基本组织依托。教育广大共青团员切实增强先进性光荣感，自觉做共产主义远大理想和中国特色社会主义共同理想的坚定信仰者和忠实实践者，充分发挥在青年中的模范作用和对青年的凝聚作用。充分发挥青联在爱国主义、社会主义旗帜下广泛团结各族各界青年的功能，强化共青团在青联组织中的引领作用，推动青联组织带领各族各界青年在大团结大联合中实现共同发展。加强共青团对学联组织的指导，推动学联组织引导学生追求进步、维护学生合法权益。发展培育青年社团，加强对各行各业青年的凝聚和服务。更好联系、服务和引导青年社会组织，促进青年有序社会参与。支持共青团、青联、学联依法承接政府职能转移，更好参与青年社会事务管理和服务；支持各类青年社会组织立足自身优势，以合适方式参与政府购买服务。

2. 着力促进青年更好实现社会融入。鼓励和支持青年参与社会实践和公益服务，推动理论学习与劳动实践相结合，突出个人实践与社会公益有机统一，学会自我教育、自我管理、自我提升，在为家庭谋幸福、为他人送温暖、为社会做贡献的过程中增加人生历练，强化社会交往能力和社会责任感。充分发挥家庭在青少年社会融入中的重要作用，鼓励青少年自强自立，为青少年接触社会、开展社会交往创造更多机会、提供有效指导。学校教育要支持青年学生开展各种课外和校外活动，加强对青年学生社会融入的针对性指导，促进青年学生学会生存生活，学会做人做事，主动了解社会、适应社会。积极促进在内地就学、就业少数民族青年和进城务工青年及其子女的社会融入，帮助他们更快适应当地习俗、更好融入所在社区。充分发挥青年社会组织等社会力量的独特作用，吸引和带动青年广泛参与各类社会服务，不断培养和提升社会化技能。引导青年正确认识网络空间与现实社会的关系，多到社会实践中长见识、练本领，防止沉迷网络。要在全社会推动形成鼓励青年多样化参与、支持青年个性发展、宽容青年失误的氛围，为青年更好融入社会营造良好环境。

3. 引领青年有序参与政治生活和社会公共事务。支持共青团、青联代表和带领青年积极参与人大、政府、政协、司法机关、社会有关方面各类协商，就涉及青年成长发展的重大问题协商探讨、提出意见、凝聚共识，充分发挥政治参与职能。探索建立有关人大代表、政协委员青少年事务联系机制，为青年参与畅通渠道、搭建平台。鼓励青年参与城乡基层群众自治，推动完善民主恳谈、民主议事制度，在实践中提高青年政治参与能力。推荐优秀青年代表担任人民陪审员、人民监督员、人民调解员等，依法履行相关职责。

4. 鼓励青年在经济社会发展中充分发挥生力军和突击队作用。围绕国家整体发展战略需要，深化各类建功活动，树立先进典型，激励青年在各行各业积极创新，拓展工作领域和空间，形成发展新动力。鼓励青年积极参与生态环境保护，带头践行绿色生产生活方式，共建生态文明，共创美丽中国。组织动员广大青年积极投身脱贫攻坚，充分发挥青年企业家、青年科技工作者、青年致富带头人、青年志愿者等群体作用，为贫困地区改善区域发展环境、促进经济社会发展提供资金、人才、技术、管理等支持。摸清底数、精准施策，充分发挥教育和就业创业在青年脱贫中的重要作用，促进贫困青年早日脱贫。坚持围绕大局、服务社会需求、突出青年特色，深化青年志愿服务工作，组织引导广大青年大力弘扬"奉献、友爱、互助、进步"的志愿精神。

5. 引导青年社会组织健康有序发展。加强对青年社会组织的政治引领，完善党委和政府与青年社会组织沟通交流机制，把对青年社会组织的管理和引导纳入法治化轨道。改进对青年社会组织的联系服务，充分发挥共青团和青联组织作用，通过资金支持、提供阵地场所、培训骨干人员等方式扶持青年社会组织健康发展。重点支持行为规范、运作有序、公信力强、适应经济社会发展要求的青年社会组织，重点发展科技类、公益慈善类、城乡社区服务类青年社会组织，积极发挥重点青年社会组织的示范带动作用。改善对青年社会组织的监督管理，建立完善民政部门和共青团、青联等群团组织及有关职能部门协同发挥作用的管理机制。

6. 增进不同青年群体的交流融合。整合各方资源，帮助解决重点、新兴领域青年群体的实际困难，增进新生代农民工、青年企业家、青年社会组织骨干、青年新媒体从业人员、高校青年教师、归国留学青年等群体的政治认同和社会参与。发挥共青团组织优势，主动联系新的社会阶层青年群体，吸纳他们中的优秀分子进入组织体系。创造条件推动不同阶层、不同领域青年群体进行经常性对话交流，增进理解、认同和包容，舒缓社会压力，融洽社会关系。

7. 增强港澳台青年的国家认同、民族认同和文化认同。实施港澳台青少年交流计划，以中华文化为纽带，不断探索创新工作方式，提高交流实效，实现在多元文化背景下包容差异、消除隔阂、增进认同。积极创造条件，搭建港澳台青年来内地创新创业平台，支持港澳台青年在国家发展及海峡两岸暨港澳经贸融合中寻找发展机会，为港澳台青年就业创业提供便利服务。帮助港澳台青年形成对"一国两制"的正确认知、对祖国文化的认同。

8. 支持青年参与国际交往。拓宽青年参与国际交往的渠道，为青年开展国际交流与合作搭建更广阔的平台。完善选拔方式、丰富选拔手段，让更多的青年群体代表参与国际交流。培养推荐青年优秀人才到国际组织任职。加大宣传力度，提升青年国际交流活动的影响力和辐射面。

（八）维护青少年合法权益

发展目标：青少年权益维护的法律法规和政策体系更加完善，得到全面贯彻实施。青少年权益保护的工作体系和工作机制更加健全，合法权益得到切实维护。侵害青少年合法权益的行为受到有效打击和遏制。

发展措施：

1. 全面贯彻实施有关青少年发展的法律法规。加强《中华人民共和国未成年人保护法》《中华人民共和国预防未成年人犯罪法》以及教育、卫生、就业创业、社会保障等领域涉及青少年权益的法律法规贯彻实施，切实保障青年合法权益。共青团等群团组织要及时了解和研判青年发展状况，监督涉及青年发展权益的法律法规和政策执行，代表青年向有关部门反映问题、提出建议，推动及时有效解决青年实现发展权益面临的现实困难和突出问题。

2. 完善青少年权益维护法律法规和政策。针对青年权益保障中的突出问题，制定修改相关法律法规和政策，在现有法律法规和政策体系中增加有利于维护青年普遍性权益的内容。以《中华人民共和国未成年人保护法》《中华人民共和国预防未成年人犯罪法》和《中华人民共和国刑事诉讼法》中的"未成年人刑事案件诉讼程序"专章为基础，建立健全涵盖福利、保护、司法等内容的未成年人法律制度。加快制定电子商务、个人信息保护、互联网信息服务管理等法律法规，出台《未成年人网络保护条例》，严格落实互联网服务提供者的主体责任，有效防范暴力、色情、赌博、毒品、迷信、邪教等腐朽没落文化和丑化党和国家形象及革命先烈的信息传播。

3. 健全青少年权益保护机制。尊重青年主体地位，拓展青年权益表达渠道，充分发挥共青团、青联组织代表和反映青年普遍性利益诉求的作用。建立青年权益状况舆情监测体系和舆论引导机制。支持共青团建设青少年维权工作网络平台和 12355 青少年服务台，把法治宣传教育与法律服务结合起来，带动青年社会组织、青少年事务社会工作者积极参与维护青少年权益。深化"青少年维权岗"创建活动，建立健全基层青少年维权工作机制。加强对困难青年群体、进城务工青年及其未成年子女等群体的关爱和权益维护工作。完善法律援助工作网络，鼓励和支持法律服务机构、社会组织、事业单位等依法为未成年人提供公益性法律服务和援助。健全未成年人行政保护与司法保护衔接机制，加强监护缺失、受到监护侵害的未成年人权益保护工作。

4. 依法打击侵害青少年合法权益的行为。贯彻落实涉及青少年权益保护的法律法规，严厉打击拐卖、性侵害、遗弃、虐待等侵害未成年人合法权益的违法犯罪行为。大力开展青少年禁毒工作，依法惩处涉及青少年的毒品违法犯罪活动。严厉打击涉校违法犯罪活动。加强网络领域综合执法，严厉打击各类涉青少年网络违法犯罪。

（九）预防青少年违法犯罪

发展目标：青少年法治宣传教育常态化、全覆盖，青少年法治观念和法治意识不断增强，成长环境进一步净化。形成比较完善的重点青少年群体服务管理和预防犯罪工作格局，建立针对有严重不良行为和涉罪青少年进行教育矫治的有效机制，青少年涉案涉罪数据逐步下降。

发展措施：

1. 加强法治宣传教育。在青少年中广泛开展法治宣传教育，使青少年明确基本的法律底线和行为边界，自觉尊法学法守法用法。把法治教育纳入国民教育体系，坚持课堂教学主渠道，积极开拓第二课堂，配齐配强中小学校兼职法治副校长、辅导员。落实国家机关"谁执法谁普法"普法责任制，建立法官、检察官、行政执法人员、律师在法律实施过程中面向青少年开展法治教育的制度规范。把法治教育纳入精神文明创建和平安建设内容，健全媒体公益普法制度，注重运用网络新媒体扩大宣传教育覆盖面，统筹青少年法治教育实践基地建设，发展壮大青少年普法工作队伍和志愿者队伍。

2. 优化青少年成长环境。清理和整治社会文化环境，加大"扫黄打非"工作力度，打击各类侵权盗版行为，加强对影视节目的审查，强化以未成年人为题材和主要销售对象的出版物市场监管。加强校园周边环境治理和安全防范工作，严格落实禁止在中小学校园周边开办上网服务营业场所、娱乐场所、彩票专营场所等相关规定。依法采取必要惩戒措施，有效遏制校园欺凌、校园暴力等案（事）件发生。净化网络空间，完善网络文化、网络出版、网络视听节目审查制度和市场监管，定期开展专项整治行动，持续整治网络涉毒、淫秽色情及低俗信息。推动互联网上网服务行业健康发展，进一步规范上网服务营业场所服务管理，依法查处违规接纳未成年人的行为，依法取缔无照场所。

3. 做好重点青少年群体服务管理工作。大力推进"为了明天"预防青少年违法犯罪工程，推动预防青少年违法犯罪工作列入各地工作规划和财政预算，不断健全组织机构和工作体系。在全国县级地区全面推开并不断深化重点青少年群体服务管理工作，明确各类群体工作重点，建立覆盖完整、切实有效、主责清晰、协调联动的工作机制。强化家庭监护和学校教育职责，防止青少年脱离与家庭、学校的联系，出现不良行为时能够及时采取有针对性的预防措施。加强专门学校建设和专门教育工作，畅通有严重不良行为未成年人进入专门学校接受教育矫治的渠道，研究建立符合条件的涉案未成年人进入专门学校接受教育矫治的程序。完善专门学校管理体制和运行机制，加强教师队伍建设，不断提高教育矫治水平。充分发挥青少年事务社会工作专业人才和社会工作服务机构作用，对重点青少年群体提供困难帮扶、法治教育、法律援助、心理疏导、行为矫治等专业服务。

4. 完善未成年人司法保护制度。深化未成年人司法改革，公安机关、人民检察院、人民法院、司法行政机关要加强专门机制建设，明确专门机构或者指定专人办理未成年人违法犯罪案件。改革完善未成年人收容教养制度。在侦查、起诉、审判、刑事执行涉及未成年人案件中，落实社会调查、心理疏导与测评、分押分管、严格限制适用逮捕措施、强制辩护、合适成年人参与、当事人和解、附条件不起诉、分案起诉、法庭教育、回访帮教、犯罪记录封存、分类矫治等特殊保护制度。有条件的地区建立未成年人帮教基地。妥善安置附条件不起诉、适用非监禁刑、特赦的未成年人以及解除收容教养和其他刑满释放的青少年。

（十）青年社会保障

发展目标：社会保障体系充分覆盖青年急需的保障需求，并在各类青年群体之间逐步实现均等化。

发展措施：

1. 加强对残疾青年的关心关爱和扶持保障。健全完善残疾青年教育、医疗、就业等方面的服务保障政策，进一步提高保障水平和服务能力。推动残疾青年平等参与社会生活、共享经济社会发展成果，依法保障残疾青年政治、经济、社会、文化教育权利。大力开展面向残疾青年的专业社会工作和志愿服务，鼓励和引导社会各界参与、支持残疾青年权益维护，培育理解、尊重、关心、帮助残疾青年的社会风尚。

2. 加强青年社会救助工作。完善社会救助制度，健全救助服务管理工作机制。加大对流浪未成年人的救助力度，促使其回归家庭，有针对性地解决流浪未成年人在心理、健康、技能等方面存在的问题。为家庭困难的失学、失业、失管青年提供就业、就学、就医、生活等方面的帮助。加大临时救助政策的落实力度，解决包括进城务工青年在内的困难群众突发性、紧迫性、临时性生活困难。切实解决部分农村留守儿童中存在的学业失教、生活失助、亲情失落、心理失衡、安全失保问题。大力推进城镇基本公共服务向常住人口全覆盖，为进城务工青年与其未成年子女共同生活提供生活居住、日间照料、义务教育、医疗卫生等方面的帮助。

三、重点项目

1. 青年马克思主义者培养工程。着重在青年学生骨干、团干部、青年知识分子等青年群体中选拔一批骨干作为培养对象，以理想信念教育为核心，开设党性教育、理论学习、实践锻炼、工作锤炼、对外交流等方面的课程，进行阶段性集中教育培训，着力培养一批对党忠诚、信仰坚定、素质优良、作风过硬的中国特色社会主义事业合格建设者和可靠接班人。注重后续跟踪培养，动态调整培养方式，充分发挥骨干力量对各行业的示范带动作用。青年马克思主义者培养工程分全国、省级、省级以下三级实施，每年培养不少于20万人。

2. 青年社会主义核心价值观培养工程。坚持不懈用党的科学理论武装青年，推动邓小平理论、"三个代表"重要思想、科学发展观特别是习近平总书记系列重要讲话精神和治国理政新理念新思想新战略进课堂、进教材、进头脑，引导青年深入理解党的理论和路线方针政策。把社会主义核心价值观融入青年教育全过程，搭建课堂教学、社会实践、文化熏陶等多位一体的育人平台；开展革命传统教育和公民道德宣传，宣传先进青年典型，开展社会道德实践，引导青年形成修身律己、崇德向善、诚信互助、礼让宽容的道德风尚。引导青年传承弘扬中华优秀传统文化，深刻挖掘重要节庆日、纪念日蕴藏的丰富教育资源，引导青年汲取中华优秀传统文化的思想精华和道德精髓，增强做中国人的骨气和底气。

3. 青年体质健康提升工程。深化学校体育改革，强化体育课和课外锻炼，以足球为突破口，集中打造青年群众性体育活动载体，大力开展阳光体育系列活动和大学生"走下网络、走出宿舍、走向操场"主题课外体育锻炼活动，使坚持体育锻炼成为青年的生活方式和时尚。培养青年体育运动爱好，经常性参加足球、篮球、排球、田径、游泳、乒乓球、羽毛球、网球等体育运动项目和健身操（舞）、健步走、传统武术、太极拳、骑车、登山、跳绳、踢毽等健身活动，力争使每个青年具备1项以上体育运动爱好，养成终身锻炼的习惯。引导青年树立健康促进理念，在健康促进事业中发挥积极作用。完善青年体质健康监测体系，实现定期抽样监测和公开发布监测结果，倡导青年形成良好的饮食、用眼和睡眠习惯，控制肥胖、近视、龋齿等常见病的发生率。改进普通高校高水平运动队招生工作，激励青年学生参与体育锻炼。

4. 青年就业见习计划。按照"项目化运作、社会化动员、规范化管理"思路，在企业、社区、科研院所建设一批见习、实习基地，开发一批具有职业发展空间、技能训练机会的见习、实习岗位。把大学生实习纳入高校实践学分管理。把未就业大中专毕业生、各类社会青年纳入就业见习范围。加强青年就业见习培训和管理，提高见习实效。充分汇聚政府、企业、社会的力量，为青年参与就业见习提供补贴与支持。

5. 青年文化精品工程。支持青年文化精品创作推广，支持青年文化创意赛事及文化体验，支持青年文化创意人才培养。每年创作生产一批思想性、艺术性、观赏性俱佳的涵盖各文化类别的青年题材文艺精品。打造一批有影响力的青年网络新媒体产品展播平台，开展全国性青年互联网创新创意活动。在国家级文化、出版类评奖推荐活动中，每年向青年推荐优秀影视、网络、动漫文化作品不少于100小时，图书、报刊文字量不少于200万字，应用类网络游戏不少于3部、网络音乐不少于10首。

6. 青年网络文明发展工程。深入推进"阳光跟帖"行动，引导广大青年依法上网、文明上网、理性上网，争当"中国好网民"。发展壮大青年网络文明志愿者队伍，持续广泛、强有力、有针对性地发出青年好声音。鼓励支持互联网企业、社会组织、文化机构制作推广符合社会主义核心价值观和青年喜欢的网络新媒体文化产品。加大对中国青年网、未来网、中青在线等青年门户网站、青年公益组织专属网站以及"两微一端"平台的建设扶持力度；加大对青少年新媒体领域社会组织的引导和支持力度，举办网络安全、网络技能、网络文化产品等方面竞赛，发掘、吸引、培养各方面的青年网络人才；加大网络文明队伍指挥协调系统建设力度，开发运行平台，形成管理机制，提升组织效能。倡导网络公益活动，使互联网空间成为青年成长的温馨家园。

7. 中国青年志愿者行动。全面推行青年志愿者实名注册制度，发挥共青团员示范作用，到 2025 年实现实名注册的青年志愿者总数突破 1 亿人。稳步培育青年志愿服务骨干队伍，构建分层分类志愿服务项目库，扩大基层志愿服务组织覆盖，加强激励评价、保险保障等机制建设，形成规模宏大、来源广泛、门类齐全、管理规范的全国青年志愿服务队伍、项目和组织体系，推动青年志愿服务制度化、日常化、便利化开展。坚持以社区为主阵地，广泛开展青年学雷锋志愿服务活动。深入开展大学生志愿服务西部计划，每年选派 2 万名应届大学毕业生到中西部地区开展志愿服务。坚持立德树人，建立健全学生志愿服务工作体系。深化关爱农民工子女志愿服务专项行动和中国青年志愿者助残"阳光行动"。积极参与并做好重大赛事和会议的志愿服务工作。大力实施中国青年志愿者海外服务计划。

8. 青年民族团结进步促进工程。实施青年民族团结交流万人计划，每年组织边疆民族地区青年与内地各族青年开展互访、联谊活动，鼓励不同民族青年之间结对子、互帮互助。开展高校"中华文化进校园"活动，每年在 200 所高校举办图片、影视展和歌舞活动，宣传中华民族形成发展历史，增进中华文化认同，宣传各民族为祖国做出的贡献，增强各族青年学生的中华民族共同体意识。在广大青年中开展民族常识和民族法律法规政策知识大赛。在少数民族流动人口较多的沿海地区和大中城市开展"中华一家亲，可爱城市共同建"活动，为外来少数民族青年融入城市提供帮助。

9. 港澳台青少年交流工程。进一步扩大内地与港澳青少年之间的交流规模，提升交流质量。继续办好港澳青少年实习实践、体验营、训练营和形式多样的交流考察活动，支持内地与港澳青年组织举办青年论坛，组织青少年开展常态化的结对交流和项目合作，促进相互了解。举办海峡青年论坛、两岸青年社团负责人圆桌会议、两岸青年联欢节等活动。

10. 青少年事务社会工作专业人才队伍建设工程。到 2020 年建成 20 万人、到 2025 年建成 30 万人的青少年事务社会工作专业人才队伍，全面参与基层社区社会工作，重点在青少年成长发展、权益维护、犯罪预防等领域发挥作用。在青少年事务社会工作专业教育培训领域，重点扶持发展 10 家高等教育机构，建立 30 家具有继续教育资质的培训机构、50 家重点实训基地、100 家标准化示范单位。制定青少年社会工作服务标准，推动各级团组织以及青少年服务组织和机构设置社会工作岗位，培育青少年事务社会工作服务机构，逐步实现每个"青年之家"综合服务平台至少配备 1 名青少年事务社会工作专业人才。把青少年社会工作服务纳入政府购买服务指导性目录，组织实施涵盖重点群体、重点领域、重点环节的青少年事务社会工作项目。依法成立青少年事务社会工作领域的社会组织，建设人才队伍管理信息系统平台。建立健全青少年事务领域社区、社会组织、专业社会工作联动机制和社会工作专业人才、志愿者协作机制。完善青少年事务社会工作专业人才培养、评价、使用、激励相关政策配套体系。

四、组织实施

1. 加强对规划实施工作的组织领导。在党中央统一领导下，设立推动规划落实的部际联席会议机制，共青团中央具体承担协调、督促职责。各地区各部门要高度重视青年工作，关心、支持青年事业的发展，形成工作合力。县级以上党委和政府建立青年工作联席会议机制，负责推动本规划在本地区的落实，协调解决规划落实中的问题，县级以上团委具体承担协调、督促职责。在规划实施中，要积极回应和解决青年关心的问题，多为青年办实事。

2. 建立健全青年发展规划体系。各地要以本规划为指导，根据实际编制本地区青年发展规划。注重加强青年发展规划与各地经济社会发展规划及相关专项规划的衔接，更加重视青年发展工作。

3. 充分发挥共青团维护青年发展权益重要作用。共青团要按照《中共中央关于加强和改进党的群团工作的意见》和中央党的群团工作会议精神，全面推进自身改革，保持和增强政治性、先进性、群众性，始终紧跟党走在时代前列、走在青年前列，切实代表和维护青年发展权益。同时，要引导青年识大体、顾大局，依法理性表达诉求，自觉维护社会和谐稳定。

4. 加强服务青年发展阵地建设。大力推进"青年之声"网络互动社交平台建设，依托城乡社区综合服务设施建设"青年之家"综合服务平台，加强网上网下深度融合对接，使其成为服务青年发展的重要阵地。

5. 保障青年发展经费投入。各级政府将本规划实施所需经费纳入财政预算。动员社会力量，多渠道筹集资金，支持青年发展。

6. 营造规划实施良好社会环境。大力宣传党和国家关于青年工作的重大战略思想和方针政策，宣传关心青年就是关心未来的理念，宣传青年先进典型和成功经验，形成全社会关心、支持青年发展的良好社会氛围，形成推动本规划实施的强大合力。

7. 建立规划实施情况监测评估机制。对本规划实施情况进行年度监测、中期评估和终期评估，制定和调整促进青年发展政策措施，推动本规划实现。规范和完善与青年发展有关的统计指标体系，收集、整理、分析相关数据和信息，建立和完善中央、省（自治区、直辖市）两级青年发展监测数据库。

参考文献

安国启、邓希泉：《新世纪中国青年发展报告（2000~2010年）》，光明日报出版社2012年版。
陈慈幸：《青少年法治教育与犯罪预防》，涛石文化事业有限公司2002年版。
程斯辉：《教育之道》，安徽教育出版社2008年版。
范国睿：《教育系统的变革与人的发展》，安徽教育出版社2008年版。
高鸿业主编：《西方经济学（宏观部分）》（第5版），中国人民大学出版社2010年版。
龚维斌、赵秋雁：《中国社会体制改革报告》，社会科学文献出版社2016年版。
郭星华：《漂泊与寻根——流动人口的社会认同研究》，中国人民大学出版社2011年版。
郝银钟：《遏制青少年犯罪新思维》，中国法制出版社2012年版。
江广平主编：《联合国青年事务》，中央编译出版社2008年版。
李磊：《社会保障法律问题研究：基于社会保障权视角》，中国民主法制出版社2011年版。
刘星亮：《体质健康概论》，中国地质大学出版社2010年版。
刘秀生、杨雨青：《中国清代教育史》，人民出版社1994年版。
卢汉龙主编：《社会转型与青年发展》，上海社会科学院出版社2004年版。
罗红光：《人类学》，中国社会科学出版社2014年版。
《马克思恩格斯全集》，人民出版社2002年版。
麦可思研究院编著：《2011年中国大学生就业报告》，社会科学文献出版社2011年版。
阮凤英主编：《社会保障通论》，山东大学出版社2004年版。
田宏政：《中小学法制教育读本》，山西人民出版社2008年版。
吴宗宪：《西方犯罪学史》，警官教育出版社1997年版。
郗杰英：《当代中国青年发展状况指标体系研究》，文心出版社2004年版。
郗杰英主编：《当代中国青年权益状况研究报告》，研究出版社2009年版。
习近平：《之江新语》，浙江人民出版社2007年版。
夏淑梅、罗遐主编：《社会保障概论》，安徽大学出版社2005年版。
徐建：《青少年犯罪学》，上海社会科学院出版社1986年版。
杨雄：《中国青年发展演变研究》，上海文化出版社2008年版。
姚建龙：《青少年犯罪与司法论要》，中国政法大学出版社2014年版。
姚建龙：《长大成人：少年司法制度的建构》，中国人民公安大学出版社2003年版。
姚建龙主编：《中国青少年犯罪研究综述》，中国检察出版社2009年版。
应培礼主编：《犯罪学通论》，法律出版社2016年版。

张晓玲：《人权理论基本问题》，中共中央党校出版社 2006 年版。

张远煌：《犯罪学原理》（第 2 版），法律出版社 2008 年版。

郑功成：《社会保障学——理念、制度、实践与思辨》，商务印书馆 2000 年版。

中共中央文献研究室编：《十五大以来重要文献选编》（下册），人民出版社 2003 年版。

"中国教育与人力资源问题"课题组：《从人口大国迈向人力资源强国》，高等教育出版社 2003 年版。

周洪宇：《教育公平论》，人民教育出版社 2010 年版。

《思想道德修养与法律基础》编写组：《思想道德与法律基础》（修订版），高等教育出版社 2015 年版。

《中国 21 世纪议程——中国 21 世纪人口、环境与发展白皮书》，中国环境科学出版社 1994 年版。

中国大百科全书出版社编辑部编：《中国大百科全书·政治学》，中国大百科全书出版社 1992 年版。

美丽扣扣（Meilicoco）《新时代男女的 22 个婚恋观》，中国言实出版社 2011 年版。

[法] Emile Durkheim：《道德教育》，陈光金译，上海人民出版社 2006 年版。

[美] Philip W. Jackson：《什么是教育》，吴春雷译，安徽人民出版社 2012 年版。

[美] 房龙：《宽容》，北京出版社 1999 版。

[美] 特拉维斯·赫西：《少年犯罪原因探讨》，吴宗宪译，中国国际广播出版社 1997 年版。

[英] 霍华德·威廉姆森："欧洲共同体背景中的青年政策"，余娟娟、陈晶环译，载《青年探索》2012 年第 2 期。

[英] 霍华德·威廉姆森："关于欧洲的青年政策"，董艳春译，载《青年探索》2011 年第 3 期。

操学诚等："2010 年我国未成年犯抽样调查分析报告"，载《青少年犯罪问题》2011 年第 6 期。

曹文宏："'双创'背景下当前青年创业问题探析"，载《中国青年研究》2016 年第 4 期。

曾锦华："社会发展中的青年社团参与"，载《当代青年研究》1997 年第 1 期。

曾静："马克思主义青年观及其当代价值"，载《青年研究》2016 年第 4 期。

曾颖如："美国纽约青少年工作研究及其启示"，载《中国青年研究》2010 年第 7 期。

陈昌盛、蔡跃洲："中国政府公共服务：基本价值取向与综合绩效评估"，载《财政研究》2007 年第 6 期。

陈成文、孙嘉悦："社会融入：一个概念的社会学意义"，载《湖南师范大学社会科学学报》2012 年第 6 期。

陈菲："刍议福利经济学与社会保障"，载《经营管理者》2011 年第 18 期。

陈寒冰："我国高等教育资源配置存在的问题及对策"，载《教育探索》2012 年第 5 期。

陈亮："论青年文化在传播中的社会导进功能"，载《中国青年研究》2005 年第 3 期。

陈琳瑛、佘双好："新世纪英国青年工作的发展特点与趋势"，载《北京青年研究》2015 年第 1 期。

陈桃："青少年网络违法行为及其预防"，载《长春教育学院学报》2016 年第 6 期。

陈晓雯等："当代大学生校内创业问题研究——基于上海市高校大学生创业的分析"，载《科技创新导报》2015 年第 8 期。

陈媛："浅析我国青少年毒品犯罪"，载《青海师专学报》2006 年第 S2 期。

成新轩、冯洁："德国青年失业治理的策略及其启示"，载《河北大学成人教育学院学报》2016 年第 3 期。

邓伟强："五国青年政策的经验及其对澳门的启示"，载《青年探索》2013 年第 2 期。

邓希泉："法国青年工作的成功经验"，载《中国青年研究》2006 年第 5 期。

邓希泉:"中国青年人口与发展统计报告(2015年)",载《中国青年研究》2015年第11期。

范爱国:"西方国家干预主义思想的演进及对我国的政策启示",载《重庆工业高等专科学校学报》2003年第3期。

方晓珍:"高校'立德树人'的理论指导与实践路径",载《思想理论教育导刊》2013年第6期。

冯艳、高岩鹰:"高等教育资源优化配置基本理论问题研究述评",载《现代教育管理》2012年第11期。

付华:"论家庭教育对青少年犯罪的影响",载《山西警官高等专科学校学报》2014年第3期。

高维俭、梅文娟:"论少年法的立法体系",载《预防青少年犯罪研究》2013年第5期。

高文霞:"浅析中国当代青年的政治参与性",载《河北省社会主义学院学报》2003年第4期。

葛剑平:"关注青少年体质健康提升民族健康素质",载《群言》2014年第9期。

葛云祥、朱燕:"就业路上与你同行——南通市青年职业见习计划运行四年回顾",载《中国就业》2010年第2期。

共青团中央书记处:"坚持党管青年的重要原则",载《求是》2017年第16期。

共青团中央书记处:"用社会主义核心价值观培育当代新青年——学习习近平总书记关于在青少年中培育和践行社会主义核心价值观的重要论述",载《求是》2015年第5期。

共青团中央专项课题组:"中国青年发展状况综述",载《中国青年研究》2017年专刊。

顾承卫、田贵超:"上海市引进海外科技人才政策实施情况研究",载《科技和产业》2015年第7期。

郭靖:"福利经济学视角下的社会救助政策改革",载《赤峰学院学报(汉文哲学社会科学版)》2011年第9期。

洪明:"完整理解和实现儿童受教育权",载《中华家教》2017年第1期。

侯春英:"家庭小型化对初级群体社会关系的影响",载《山西师大学报(社会科学版)》2013年第S2期。

胡洪彬:"习近平青年观的五重新境界",载《五邑大学学报(社会科学版)》2015年第2期。

胡荣华、张震宇:"对'青年优先发展理论'的思考",载《当代青年研究》2016年第1期。

胡伟华:"女性人力资本对家庭规模小型化的影响分析",载《前沿》2015年总第377期。

胡献忠、郗杰英:"中国共产党与中国青年关系论略",载《青年探索》2013年第1期。

黄匡时、嘎日达:"西方社会融合概念探析及其启发",载《理论视野》2008年第1期。

吉海东、刘刚:"青年优先发展理念及其涵义",载《上海青年管理干部学院学报》2011年第1期。

金国兴:"试论青年的政治参与",载《北京青年政治学院学报》2000年第4期。

金志:"当代青年社会参与的若干问题",载《当代青年研究》1994年第Z1期。

康树华:"青少年犯罪、未成年人犯罪概念的界定与涵义",载《公安学刊·浙江公安高等专科学校学报》2000年第2期。

赖兰芳、陈森林:"青少年吸毒现象的思考",载《湖北科技学院学报》2013年第8期。

兰林火、徐延辉:"社会资本与青年群体的幸福感",载《当代青年研究》2015年第4期。

冷熙亮:"14岁至35岁:当代青年的年龄界限",载《中国青年研究》1999年第3期。

李春玲:"80后和90后的尼特与啃老现象",载《黑龙江社会科学》2015年第1期。

李春雨:"俄罗斯青年政策的理论与实践",载《当代青年研究》2016年第4期。

李尔平:"东盟和欧盟青年政策比较研究",载《中国青年社会科学》2016年第1期。

李建明、李新建:"中国城市居民家庭小型化及其对消费需求的影响",载《人口学刊》1988年第

3期。

李丽鹏、苏建国、史锡刚:"青少年维权工作机制研究",载《学理论》2010年第27期。

李义军:"我国青少年犯罪特点及现状",载《河北理工大学学报(社会科学版)》2008年第1期。

李毅红:"青年概念的当代阐释",载《北京行政学院学报》2007年第5期。

梁宏志、张士斌、张天龙:"国际视野下的中国青年社会保障制度构建",载《经济问题探索》2010年第12期。

梁宏志:"青年群体社会保障制度的中外比较与启示",载《开放导报》2010年第6期。

刘宏森:"'规划'落地关键在于资源落实",载《中国共青团》2017年第7期。

刘建娥:"从欧盟社会融入政策视角看我国农民工的城市融入问题",载《城市发展研究》2010年第11期。

刘璞:"大学生就业社会保障体系的建立与完善",载《继续教育研究》2010年第12期。

刘卫平:"论社会转型期市场经济变革的社会效应",载《湖北社会科学》2003年第9期。

刘艳:"论美国社会底层青少年暴力犯罪预防社区干预",载《当代青年研究》2015年第4期。

卢亮、胡若痴、但彬:"发达国家大学生创业措施及对中国的借鉴",载《中国高教研究》2014年第8期。

陆士桢、王剑英:"我国青少年政策与事务",载《中国青年政治学院学报》2012年第1期。

吕宏伟:"西方福利经济学的发展以及对我国社会福利保障发展的借鉴之处",载《才智》2013年第12期。

吕星宇:"教育过程公平研究:教育公平研究的新趋势",载《当代教育科学》2008年第15期。

马宇:"英国2020基础教育发展目标与政策实施",载《教学与管理》2013年第1期。

毛俊、双传学:"论习近平的青年观及启示",载《江苏师范大学学报(哲学社会科学版)》2015年第1期。

毛俊:"中国共产党人青年观研究述评",载《青少年研究(山东省团校学报)》2014年第3期。

孟登迎:"青年文化研究再探讨",载《中国青年社会科学》2017年第2期。

曲青山:"坚持和发展中国特色社会主义的最新理论成果——学习《习近平总书记系列重要讲话读本》",载《求是》2014年第13期。

任啸辰、吕厥中:"当前青少年犯罪的现状、成因与消解",载《中国青年研究》2016年第6期。

任远、邬民乐:"城市流动人口的社会融合:文献述评",载《人口研究》2006年第3期。

邵景均:"全方位帮助青年健康发展",载《中国行政管理》2017年第6期。

沈杰:"中国社会发展进程青年发展:阶段及其特点",载《青年探索》2001年第5期。

沈杰:"中国社会发展进程中的青年发展——一项宏观视角的分析(下)",载《青年探索》2001年第6期。

石国亮:"创新创业与青年发展",载《青年发展论坛》2017年第2期。

史向军、乔夏阳:"维护意识形态安全的三点思考",载《理论探索》2015年第3期。

苏静静、张大庆:"世界卫生组织健康定义的历史源流探究",载《中国科技史杂志》2016年第4期。

谭毅:"《中长期青年发展规划(2016~2025年)》的政策学解读",载《中国青年研究》2017年第9期。

陶文昭:"互联网上的民粹主义思潮",载《理论导报》2011年第7期。

滕洪昌、李月华:"基于心理成因的青少年犯罪预防分析",载《鲁东大学学报(哲学社会科学版)》

2015年第6期。

田杰："共青团依法维护青少年权益的策略"，载《山东青年政治学院学报》2013年第3期。

田杰："全球化背景下青年工作的发展战略"，载《当代青年研究》2002年第5期。

万峰："网络文化的内涵和特征分析"，载《教育学术月刊》2010年第4期。

万美容："论青年文化及其功能"，载《学校党建与思想教育》2010年第14期。

王飞："生存权和发展权是首要的人权的路径分析"，载《山东青年》2015年第3期。

王锋、秦恒："上海青少年权益保护与发展报告"，载《当代青年研究》2012年第8期。

王锋："'面对面'活动十年回顾"，载《中国共青团杂志》2017年第8期。

王立："宪法学视野下青少年权益保障研究"，载《河南社会科学》2016年第4期。

王蕊："着力推进青年人才发展"，载《中共山西省委党校学报》2011年第1期。

王顺安、韩冰："21世纪以来青少年犯罪的状况、特点、规律、走向及防治对策"，载《预防青少年犯罪研究》2014年第5期。

王晓南："习近平青年观的丰富内涵探析"，载《思想政治教育研究》2017年第2期。

王新："促进大学生就业创业的国外经验及借鉴"，载《教育与职业》2015年第7期。

王义明："中国青年创业的组织化趋势分析"，载《中国青年研究》2011年第11期。

威廉·安吉尔："世界青年现状及联合国世界青年政策与纲领"，载《中国青少年研究会优秀论文集（2002年）》。

魏莉莉、董小苹："中国儿童政策发展趋势研究——基于1991～2020年三个《中国儿童发展纲要》的内容分析"，载《中国青年研究》2012年第3期。

吴庆："国家青年发展规划执行过程中的青年因素分析"，载《青年探索》2017年第4期。

吴烨宇："青年年龄界定研究"，载《中国青年研究》2002年第3期。

吴宗宪："论社会力量参与预防青少年犯罪的长效机制"，载《华东政法大学学报》2013年第5期。

郗杰英等："当代中国青年发展状况指标体系研究概述"，载《中国青年研究》2005年第5期。

夏扬："从2013年世界青年报告看联合国青年政策的发展"，载《中国青年研究》2014年第7期。

夏媛、张佳华："日本青年就业问题及其政策对应措施"，载《当代青年研究》2017年第1期。

谢昌逵："中国历史中的青年"，载《中国青年研究》2010年第8期。

谢超峰、廖仲明："维护青少年合法权益工作机制研究"，载《广西青年干部学院学报》2011年第5期。

邢福生："多元文化格局下传统文化的传承与发展"，载《人民论坛》2016年第30期。

邢文会："新型城镇化背景下推进流动人口社会融入的思考"，载《决策探索（下半月）》2014年第10期。

熊金才："社会保障城乡一体化的路径选择"，载《行政与法》2013年第3期。

修晶、杜东、刘凯："促进青年就业的国别政策"，载《中国青年政治学院学报》2009年第5期。

修耀华："论中国特殊群体的社会保护政策——青年劳动者社会保障制度研究"，载《探索》2010年第6期。

徐丙奎："西方社会保障三大理论流派述评"，载《华东理工大学学报（社会科学版）》2006年第3期。

徐继敏："公民受教育权研究"，载《河北法学》2004年第2期。

徐明："当代青年社会保障问题及对策研究"，载《中国青年研究》2017年第3期。

许小玲:"青年失业问题探析———一项来自上海宝山区的调查",载《青年研究》2003年第4期。

严金:"论家庭对青少年犯罪的影响与防范",载《法制与社会》2015年第1期。

颜湘颖、姚建龙:"'宽容而不纵容'的校园欺凌治理机制研究——中小学校园欺凌现象的法学思考",载《中国教育学刊》2017年第1期。

杨丽坤:"关于思想道德概念的几点认识",载《学校党建与思想教育》2007年第1期。

杨守建:"青年发展规划的监测评估研究",载《中国青年研究》2017年第9期。

杨雄:"国家战略与青年发展",载《青年研究》2006年第12期。

姚建军、师蔷薇:"大学生社会实践存在的问题及破解思路",载《思想理论教育导刊》2016年第3期。

姚建龙:"中国少年司法的历史、现状与未来",载《法律适用》2017年第19期。

姚建龙、常怡蓉:"留守儿童犯罪:污名化的反思与修正",载《中国青年社会科学》2016年第4期。

姚建龙、张少男:"我国未成年人立法状况与完善愿景",载《预防青少年犯罪研究》2016年第5期。

姚建龙:"中国为什么需要少年法院:简单但却容易被忽视的理由",载《青少年犯罪问题》2006年第5期。

姚建龙:"转型社会的青少年犯罪控制——以'全国重点青少年群体教育帮助和预防犯罪试点'为例的研究",载《社会科学》2012年第4期。

叶鸣、焦敬伟、苏训诚:"上海市大学生体质健康现状测试与分析",载《上海体育学院学报》2009年第2期。

叶学丽:"青年志愿者行动——共青团创新工作领域、服务社会需求的一大创举",载《中国共青团》2017年第1期。

叶忠:"家庭教育投入:教育改革与发展的重要支持性因素",载《南京师大学报(社会科学版)》2013年第3期。

袁小武、高华兵:"对未成年人性教育现状的研究及教育思考",载《企业家天地下(理论版)》2007年第3期。

岳盼、刘文利:"美国两大性教育模式的效果比较与政策发展",载《比较教育研究》2014年第1期。

展亚冰:"习近平青年教育观及现实意义",载《山东工会论坛》2016年第1期。

张传慧、孟芳兵、何晓阳:"中国特色维护青少年权益工作体系研究",载《中国青年研究》2009年第8期。

"在贯彻落实'四个全面'上凝神聚焦发力——张德江委员长参加十二届全国人大三次会议代表团审议侧记",载《中国人大》2015年第6期。

张华:"日本青少年发展指标体系的特点及其借鉴意义",载《中国青年研究》2014年第4期。

张荆:"青年文化的由来",载《青年研究》1988年第8期。

张景华、董城:"中关村创新创业的六大趋势",载《中国中小企业》2015年第9期

张利丽:"全球化背景下外来文化对中国传统文化的影响",载《河南科技学院学报》2009年第3期。

张良驯:"论我国青年政策的独立性、完整性和专项性",载《中国青年研究》2015年第2期。

张良驯:"中国青年政策的价值分析",载《青年探索》2017年第4期。

张庆华:"英国青年工作框架下的青年健康问题",载《中国青年研究》2006年第11期。

张士斌:"青年社会保障政策的国际比较与借鉴",载《探索》2010年第5期。

张新红:"什么是数字鸿沟?",载《电子政务》2008年第11期。

张学英、王璐:"非洲青年就业及职业技能积累问题研究",载《职业技术教育》2015年第13期。
张翼:"中国家庭的小型化、核心化与老年空巢化",载《中国特色社会主义研究》2012年第3期。
张翼:"中国青年人口的基本特征及其面临的主要问题——基于'第六次人口普查'数据的分析",载《江苏社会科学》2012年第5期。
章璐等:"'依法治国'背景下的青少年法律体系建设系列研讨会综述",载《青少年犯罪问题》2015年第5期。
章宁、李峻:"高等教育评估中的社会参与机制研究",载《国家教育行政学院学报》2013年第7期。
赵俊康:"山西省基本社会保障城乡一体化的思考",载《社会保障研究》2012年第5期。
赵燕潮:"中国残联发布我国最新残疾人口数据",载《残疾人研究》2012年第1期。
赵亦菲:"用好新媒体坚守新阵地——试论新形势下高校思想政治教育的新模式",载《陕西教育（高教）》2016年第8期。
赵志宏:"我国未成年人受教育权的法律保护制度",载《北京青年政治学院学报》2006年第2期。
郑大俊、高立伟:"当代社会思潮与青年发展问题的思考",载《思想理论教育导刊》2009年第12期。
郑功成:"中国社会保障演进的历史逻辑",载《中国人民大学学报》2014年第1期。
中国青少年研究中心、团中央国际联络部课题组:"联合国《到2000年及其后世界青年行动纲领》实施十周年（1995~2004年）特别调查:中国青年发展报告",载《中国青年研究》2005年第11期。
周丽芳、王胜利:"对我国二十年来青年政策研究状况的分析",载《天津职业院校联合学报》2010年第1期。
周晓燕:"国家视角下的青年发展",载《青年发展论坛》2017年第3期。
朱峰:"地方青年发展规划编制实施需准确把握三个关键问题",载《中国共青团》2017年第4期。
朱峰:"我国青年发展规划编制实施的基本历程考察",载《中国青年研究》2017年第9期。
朱敏、高志敏:"终身教育、终身学习与学习型社会的全球发展回溯与未来思考",载《开放教育研究》2014年第1期。
"流动青少年权益保护与犯罪预防研究"课题组:"我国八城市流动青少年违法犯罪状况调查",载《青少年犯罪问题》2009年第1期。
"秦宜智书记在全团学习贯彻习近平总书记重要批示精神暨2014年年中工作交流会上的讲话纲要",载《北京青年工作研究》2014年第4期。
"把科技人力资源开发放在科技创新最优先位置——解读《中国科技人力资源发展研究报告（2014年）》",载《科协论坛》2016年第6期。
兰亚明:"关于青年马克思主义者培养的若干问题研究",南京大学2013年博士学位论文。
余岚:"大学生个性化体质健康促进研究——基于体育教学改革的视角",北京体育大学2013年博士学位论文。
曹承龙:"关于我国西北农村地区未成年人权益保护的调查报告——以甘肃省镇原县上肖乡为例",兰州大学2010年硕士学位论文。
陈丹霞:"我国转化医学模式研究",北京协和医学院2014年硕士学位论文。
陈昕:"大学生婚恋观的现状及对策研究",东北石油大学2013年硕士学位论文。
郭旭:"恩格斯的婚恋观及其当代价值",沈阳师范大学2013年硕士学位论文。

蔺菁："共青团组织维护青少年合法权益的问题研究"，吉林大学2016年硕士学位论文。

马晓慧："青年公共就业培训比较研究"，华东师范大学2009年硕士学位论文。

王丁杰："新世纪以来青少年违法犯罪的特征、趋势与治理研究"，天津商业大学2013年硕士学位论文。

王芳："新公共管理视野下共青团的职能转变及实现路径"，山东大学2016年硕士学位论文。

王新："毛泽东青年观研究"，广西师范大学2008年硕士学位论文。

王震："论我国当前的青少年犯罪问题及其预防"，西北大学2015年硕士学位论文。

魏杰："新时期大学生心理健康标准整合的探索性研究——以江苏省为例"，南京大学2013年硕士学位论文。

徐小倩："中国近代'青年说'研究"，宁夏大学2016年硕士学位论文。

薛梦莹："我国青少年权益保护问题研究"，河北师范大学2015年硕士学位论文。

赵尔："我国城市残疾青年社会保障研究——N市D区残疾青年调查引发的思考"，南京师范大学2011年硕士学位论文。

陈庆新、靳春龙："多措并举维护青少年合法权益"，载《中华新闻报》2007年3月16日。

江泽民："在李大钊诞辰100周年纪念大会上的讲话"，载《人民日报》1989年10月29日。

李昌禹："筑牢青年发展之基——团中央负责人解读中长期青年发展规划"，载《人民日报》2017年5月18日。

李若鹏："网络文明，从青年开始"，载《人民日报》2015年4月7日。

刘宏森："'青年发展规划'资源意义解读"，载《中国青年报》2017年6月5日。

刘俊彦："三大维度看规划"，载《中国青年报》2017年4月24日。

罗中云："北京大学张宗玉教授指出基因决定了男人比女人寿命短"，载《北京科技报》2004年9月15日。

任然："普及青少年性教育，先要补强成年人性认知"，载《中国妇女报》2016年10月27日。

世界卫生组织："世界卫生组织之组织法（即约章）"，载《世界卫生组织汇报》1947年1月10日。

孙兴伟："青年就业有了法律保障"，载《中国劳动保障报》2007年9月12日。

万俊人："道德何以兴国立人？"，载《光明日报》2013年12月13日。

王林、任明超："中国如何应对'低生育率陷阱'"，载《中国青年报》2016年3月26日。

王宇萌、杨雪："婚介市场，'玫瑰'陷阱深几许"，载《记者调查》2015年3月5日。

杨建义："推进青年社会融入"，载《中国教育报》2017年6月1日。

张晓松、崔清新、黄小希："筑就民族团结进步的中国梦——十八大以来以习近平同志为总书记的党中央关心少数民族和民族地区纪实"，载《中国青年报》2014年9月28日。

朱基钗："聚焦首个青年发展'10年规划'"，载《中国青年报》2017年4月14日。

"2015年全国教育事业发展统计公报"，载《中国教育报》2016年7月7日。

"2016年中国学生资助发展报告"，载《人民日报》2017年3月5日。

"发展权：中国的理念、实践与贡献"白皮书，载《人民日报》2016年12月2日。

"还没找到工作，可以先见习"，载《南京日报》2009年3月5日。

"南昌：全面启动青年就业创业见习计划"，载《就业时报》2007年6月7日。

"齐抓共管，维护青少年合法权益——访中央社会治安综合法治理委员会办公室主任陈冀平"，载《人民日报》2000年11月23日。

"运用司法保障证制度维护青少年合法权益——崂山区法律援助中心",载《青岛日报》2006年9月26日。

"中国艾滋病现状分析2016：性观念趋于开放性知识仍显滞后",载《人民日报》2016年12月1日。

"筑牢青年发展之基础——解读《中长期青年发展规划（2016~2025年）》",载《中国青年报》2017年4月24日。

"筑青年发展之基育民族复兴之力",载《中国青年报》2017年4月17日。

国际劳工组织："脆弱就业与贫困在上升，劳工组织就业趋势股股长访谈录",载 www.ilo.org/global/about-the-ilo/newsroom/features/WCMS_120470/lang--en/index.htm.

国际劳工组织："国际劳工组织及公约目录",载三亿文库：http://3y.uu456.com/bp_4bnz91fs526d7jn4l20m_21.html.

国家体育总局：《2014年国民体质监测公报》。

国务院："国家教育事业发展'十三五'规划",载中国政府网：http://www.gov.cn/zhengce/content/2017-01/19/content_5161341.htm.

教育部、国家统计局、财政部："2015年全国教育经费执行情况统计公告",载中华人民共和国教育部网站：http://www.moe.edu.cn/srcsite/A05/s3040/201611/t20161110_288422.html.

教育部："2015年全国教育事业发展统计公报",载中华人民共和国教育部网站：http://www.moe.edu.cn/srcsite/A03/s180/moe_633/201607/t20160706_270976.html.

教育部："2016年中国学生资助发展报告",载中华人民共和国教育部网站：http://www.moe.edu.cn/jyb_xwfb/xw_zt/moe_357/jyzt_2016nztzl/2016_zt14/16zt14_ywq/201703/t20170314_299503.html.

教育部等四部门：《关于印发〈高中阶段教育普及攻坚计划（2017~2020年）〉的通知》（教基[2017]1号）。

联合国经济及社会理事会："关于衡量信息和通信技术促进发展情况的伙伴关系的报告",载 UNSD：https://unstats.un.org/unsd/statcom/doc07/2007-5c-ICT.pdf.

联合国亚太经济社会委员会："2012年亚洲及太平洋统计年鉴",载 UNESCAP：www.unescap.org/stat/data/syb2012/.

民政部："关于开展未成年人社会保护试点工作的通知",2013年5月13日发布,载中华人民共和国民政部官网：http://www.mca.gov.cn/article/zwgk/tzl/2013-05/20/130500456869.shtml.

团中央规划办：《青年发展规划信息》2017年第5期。

团中央规划办：《青年发展规划信息》2017年第6期。

中共中央、国务院：《中长期青年发展规划（2016~2025年）》。

中国残疾人联合会：《中国残疾人事业发展统计公报》。

最高人民法院："2016年全国法院司法统计公报",载中国法院网：http://gongbao.court.gov.cn/Details/faccf2e3c1216069f9c87cd2dc535d.html.

《党的十九大报告》。

《汪鸿雁同志在全团青年发展工作研讨推进会上的讲话》。

代小琳："中国青年就业调查报告",载北京晨报：http://edu.163.com/edu2004/editor_2004/job/050525/050525_198181.html.

国际金融报："青年失业率居高不下",载人民网：http://paper.people.com.cn/gjjrb/html/2013-11/25/

content_1334175.htm.

湖北日报网："李鸿忠：以青少年为重点深入推进国防教育"，载湖北日报网：http://news.cnhubei.com/xw/zw/201609/t3690573.shtml.

教育部："如何正确理解基本公共教育均等化"，载中华人民共和国教育部网站：http://old.moe.gov.cn//public files/business/html.

"普通高等学校学生管理规定"（2016年12月16日经教育部2016年第49次部长办公会议修订通过），载中华人民共和国教育部网站：http://www.moe.edu.cn/srcsite/A02/s5911/moe_621/201702/t20170216_296385.html.

"习近平：大力弘扬伟大爱国主义精神"，载今日中国网：http://www.chinatoday.com.cn/chinese/news/201512/t20151231_800045823.html.

李斌雄："怎样迈稳步子、夯实根基，培养青年人才"，载人民网：http://theory.people.com.cn/n1/2017/0628/c40531-29367441.html.

"首届青年政策论坛落下帷幕，成果文件《巴库青年承诺》强调青年参与"，载联合国网站：http://www.un.org/chinese/News/story.asp?NewsID=22845.

联合国网站：http://www.un.org/zh/documents/view_doc.asp?symbol=A/RES/34/151.

联合国网站：http://www.un.org/zh/documents/view_doc.asp?symbol=A/RES/40/15.

联合国网站：http://www.un.org/zh/documents/view_doc.asp?symbol=A/RES/44/59.

联合国网站：http://www.un.org/zh/documents/view_doc.asp?symbol=A/RES/71/212.

联合国网站：http://www.un.org/zh/ga/50/res/a50r81.html.

联合国网站：http://www.un.org/zh/sections/documents/general-assembly-resolutions/index.html.

联合国网站：http://www.unescap.org/sites/default/files/pre-ods/CSD4_3%20C.pdf.

联合国网站：https://documents-dds-ny.un.org/doc/RESOLUTION/GEN/NR0/185/27/IMG/NR018527.pdf?OpenElement.

麦克思研究院、社会科学文献出版社："2016年中国大学生就业报告"，载中国社会科学网：http://ex.cssn.cn/dybg/gqdy_sh/201606/t20160623_3081988.shtml.

"人民日报：用马克思主义科学理论武装全党——学习习近平同志关于加强马克思主义理论学习的重要论述"，载人民网：http://opinion.people.com.cn/n1/2016/0324/c1003-28222244.html.

"习近平：核心价值观其实就是一种德国无德不兴"，载人民网：http://politics.people.com.cn/n/2014/0505/c1024-24975911.html.

"学习十八大报告：贯彻十八大精神深刻理解社会主义核心价值观的内涵和意义"，载人民网：http://theory.people.com.cn/n/2013/0522/c40531-21565926.html.

"关于提高'教育质量'听听教育部长袁贵仁怎么说"，载搜狐网：http://www.sohu.com/a/40540075_117882.

谭晶晶、李建敏："人口因素：导致中国就业压力巨大"，载新华网：http://finance.sina.com.cn/MBA/towork/20050520/18101608693.shtml.

王旭："住房公积金新政能否给青年一个'家'"，载中国青年网：http://news.youth.cn/wztt/201411/t20141103_5971387_1.htm.

"中共中央政治局召开会议审议'健康中国2030'规划纲要"，载中国政府网：http://www.gov.cn/xinwen/2016-08/26/content_5102636.htm.

"坚持'四个自信'的内在依据和重大意义",载新华网:http://news.xinhuanet.com/politics/2016-10/27/c_1119795391.htm.

"实录:习近平总书记在党的十九大的报告",载新华网:http://news.youth.cn/sz/201710/t20171018_10888424.htm.

"习近平:青年要自觉践行社会主义核心价值观——在北京大学师生座谈会上的讲话",载新华网:http://news.xinhuanet.com/politics/2014-05/05/c_1110528066.htm.

"习近平在同全国各族少年儿童代表共庆'六一'国际儿童节时强调让孩子们成长得更好",载新华网:http://cpc.people.com.cn/n/2013/0530/c64094-21680190.html.

亚太经济社会委员会在线统计数据库:www.ilo.org/ilostat.

亚太经济社会委员会在线统计数据库:www.unescap.org/stat/data.

"共青团中央:通过每年评估、五年评估等确保规划落实",央载视网:http://news.cctv.com/2017/05/17/ARTIE652TdMvLR8JzuiQmn5M170517.shtml.

杨媚、权娟:"党管干部的具体内容包括什么?",载中国共产党新闻网:http://dangjian.people.com.cn/n/2012/0919/c349309-19050843.html.

张宏、韩飞:"人民日报热点辨析:党管人才是为了人尽其才",载人民网:http://opinion.people.com.cn/n1/2016/1010/c1003-28763789.html.

中共中央办公厅、国务院办公厅:"关于进一步加强和改进新形势下高校宣传思想工作的意见",载新华网:http://news.xinhuanet.com/edu/2015-01/19/c_1114051345.htm.

"田忠福:对民族团结重要性的再认识",载中国共产党新闻网:http://theory.people.com.cn/GB/49157/49165/9304368.html.

"习总书记'勤学、修德、明辨、笃实'是青年的座右铭",载中国共产党新闻网:http://cpc.people.com.cn/pinglun/n/2014/0505/c241220-24977086.html.

"蓝图已就青年可期《规划》为青年发展注入洪荒之力",载中国青年网:https://baijiahao.baidu.com/s?id=1564881556140022&wfr=spider&for=pc.

"习近平谈思想道德建设:为实现中国梦提供强大精神力量",载中国网:http://www.china.com.cn/guoqing/2015-12/31/content_37429294.htm.

"新闻办就《中长期青年发展规划(2016-2025年)》举行发布会",载中国网:http://www.gov.cn/xinwen/2017-05/17/content_5194648.htm#1.

"中共十九大开幕,习近平代表十八届中央委员会作报告",载中国网:http://www.china.com.cn/cppcc/2017-10/18/content_41752399.htm.

中国与全球化智库发布:"中国留学生发展报告(2016年)蓝皮书",载搜狐网:http://www.sohu.com/a/132303394_490529.

"美国经济学诺奖得主有几多?",载中青在线:http://news.cyol.com/content/2014-07/10/content_10349969.htm.

竹青、申宁:"教育部:2017届全国普通高校毕业生预计795万人",载人民网:http://edu.people.com.cn/n1/2016/1130/c1006-28915417.html.

"2013年人才短缺调查:研究结果",载万宝盛华:www.manpowergroup.com/wps/wcm/connect/587d2b45-c47a-4647-a7c1-e7a74f68fb85/2013_Talent_Shortage_Survey_Results_US_high+res.PdfMOD=AJPERES.

"2018年教育局是否开始实行十二年义务教育",载星空网络:http://web.xkyn.net/pc-zmcnvzzjcvx-nzchcknm.htm.

"共青团中央、共青团中央办公厅关于开展'青少年权益工作创新'试点工作的通知",载共青团权益工作网:http://12355.gqt.org.cn/notice/201311/t20131113_666060.htm.

"人民法院审理刑事案件罪犯情况(1997~2015年)",载中华人民共和国国家统计局网站:http://www.stats.gov.cn/tjsj/ndsj/2016/indexch.htm.

"习近平代我们对发展权'发声'",载人民网:http://nd.fjsen.com/zt/2016-12/07/content_18808213.htm.

"习近平寄语全国各族少年儿童:美好的生活属于你们美丽的中国梦属于你们",载人民网:http://cpc.people.com.cn/n/2015/0602/c64094-27088929.html.

"习近平同团中央新一届领导班子成员集体谈话",载人民网:http://politics.people.com.cn/n/2013/0620/c70731-21917348.html.

"习近平在北大考察:青年要自觉践行社会主义核心价值观",载新华网:http://news.xinhuanet.com/politics/2014-05/04/c_126460590.htm.

"习近平在中国政法大学考察",载人民网:http://cpc.people.com.cn/nl/2017/0504/c64-29252496.htm.

Center for Venture Research, "CVR Analysis Reports" (2012) [2014-01-15], http://paulcollege.unh.edu/research/center-venture-research/cvr-analysis-reports.

Charles T. Kuntzlemana and Guy G. Reiffa, "The Decline in American Children's Fitness Levels", *Research Quarterly for Exercise and Sport*: 63 (2), 1992.

B. Goldfarb and M. Henrekson, "Bottom-up versus Top-down Policies towards the Commercialization of University Intellectual Property", *Research Policy*, 2003.

J. Lerner and U. Malmendier "With a little Help from My Random Friends: Success and Failure in Post-business School Entrepreneurship", *Review of Financial Studies*, 2013.

United Nations, *World Youth Report* 2010: *Youth and Climate Change*, United Nations Press.

S. R. Xavier et al., *Global Entrepreneurship Monitor* 2012 *Global Report*, Global Entrepreneurship Monitor, 2013.

后 记

2016年，中共中央办公厅印发了《共青团中央改革方案》，其中所确定的一项重要改革举措是"团中央精减机关行政编制，补充相应数量的挂职干部"。基于这一改革措施的要求和组织的信任，我于2016年10月作为第一批团中央机关挂职干部挂任团中央权益部副部长。后因为书记处领导的信任又兼任规划办副主任，指定负责青年发展规划监测指标研制等工作，这促使我不得不加强对青年发展规划的学习和研究。组织编写本书，正是学习和研究的结果。

此前很多年，我一直以学者的身份参与维护青少年权益及预防青少年违法犯罪工作。除了团中央外，其实也一直为最高人民法院、最高人民检察院、民政部、全国妇联、国务院妇儿工委、全国人大等部委提供有关青少年法律与政策领域的咨询服务。从"站着说话不腰痛"到"实际动手操作者"的角色变化，是一个难得的学习和升华的过程，尽管不乏疲惫但充实而受益良多。不过需要说明的是，本书仍然只是以学者视角和身份对规划进行解读和研究，与我的挂职身份无关。

本书由我设计研究框架和统稿，青年才俊常怡蓉和郗培植两位副主编负责具体组织、督促研究进程以及协助进行了大量统稿。尽管我反复与各章作者讨论和指导写作思路、明晰写作要求，前后修改了九稿，有一些章节我还在统稿过程中做了重大修订或者重写。但因编写时间紧迫和作者能力所限等原因，本书仍然不可避免的会存在诸多不足，还请读者谅解和指正。

本书各章作者如下：前言、后记 姚建龙；第一章 张丹、常怡蓉；第二章 尹娜娜；第三章、第十七章 蔡领；第四章 林需需；第五章 李阳；第六章 郗培植；第七章 滕欣子；第八章 纪时雨；第九章 韩一师；第十章 唐红云；第十一章 王盼盼；第十二章 耿献勇；第十三章 朱冬卿；第十四章、第十六章 孙鉴；第十五章 常怡蓉。

本书的编写得到了团中央书记处汪鸿雁书记、尹冬梅书记，团中央青年发展部杨松部长、张豪处长，团中央权益部王锋部长、史学林副部长等同志的指导和支持，团中央规划办审读了全书书稿并提出了宝贵的完善意见，特致谢忱。

后 记

除了本书外,我还有撰写《青少年维权论》一书的计划,以系统总结和梳理多年来参与青少年维权实务及研究青少年维权理论的心得,希望这一设想也能够早日实现。

姚建龙

2017 年 11 月 4 日初稿于京

2017 年 11 月 18 日修订于沪